Christian Zentner
Illustrierte Geschichte des Dritten Reiches

Christian Zentner

Illustrierte Geschichte des Dritten Reiches

BECHTERMÜNZ VERLAG

BILDQUELLEN

Andres, Erich, Hamburg. Bibliothek für Zeitgeschichte, Stuttgart. Bundesarchiv, Koblenz. Hoffmann, Herbert, Berlin. Hubmann, Hans, München. Rübelt, Lothar, Wien. Schaller, Hans, Berlin. Süddeutscher Verlag, Bilderdienst, München. Ullstein-Bilderdienst, Berlin. The Wiener Library, London. Zydowski Istytut Historyczny, Warschau. Archiv des Verfassers.

Völlig neu bearbeitete Ausgabe

Umschlag: Design-Team, München
Druck und Bindung: Ljudska pravica, Jugoslawien

Inhalt

Vorwort

Jede Generation muß aufs neue begreifen, daß sie sich von der Geschichte ihrer Eltern nicht abkoppeln, das Erbe der Vergangenheit nicht ausschlagen kann. Nur über diesen – meist schmerzlichen – Lernprozeß gewinnt sie die Freiheit im Umgang mit der Gegenwart. Im geteilten Deutschland, in einer Welt des hochgerüsteten Ost-West-Gegensatzes ist die Bereitschaft zur Annahme selbst so bitterer Erbstücke wie Drittes Reich, Zweiter Weltkrieg und Holocaust eine Frage des Überlebens geworden. Denn nur im Verständnis des Woher läßt sich das Wohin realistisch kalkulieren.

Über die Propagandaformel vom »Tausendjährigen Reich« des Nationalsozialismus ist viel gespottet worden – angesichts der zwölfjährigen Episode durchaus verständlich. Nur: Geschichte läuft nicht nach der Stoppuhr ab. Es gibt historische Stichflammen von wenigen Jahren, die ganze Jahrhunderte versengen. Etwa die Französische Revolution oder eben jenes Dritte Reich, das den weltgeschichtlichen Prozeß so dramatisch beschleunigt und ihm eine ganz unvermutete Richtung gegeben hat.

Wir »verdanken« Hitler den weltpolitischen Bankrott Europas und die endgültige Machtergreifung der Flügelmächte USA und Sowjetunion. Er hat das Atomzeitalter herbeigebombt und das Ende traditioneller Kriegführung. Diese ist nun nicht mehr wie noch bei Bismarck die »Fortsetzung der Politik mit anderen Mitteln«, sondern wäre deren Ende. Hitlers »nationalsozialistische Revolution« stürzte nicht bloß überkommene Wertsysteme, sondern kippte die globale Machtbalance.

Und sie führte die Deutschen in eine noch längst nicht überwundene Identitätskrise. Der fraglose nationale Stolz wurde nachhaltig erschüttert. Viele Menschen verloren ihre Heimat gleich zweimal, sie wurden nicht nur aus gewachsenen Bindungen vertrieben, sondern büßten zugleich die Geborgenheit eines mißbrauchten Gemeinschaftsbegriffs ein. Die Nachbeben dieses nationalen wie internationalen Schocks spürt man in allen innen- wie außenpolitischen Problemen bis heute. Die Lunte glomm schon, als Hitler am 30. Januar 1933 die Macht »ergriff«. Nun aber fraß sich der Funke immer rascher knisternd ans reich gefüllte Waffenarsenal der Großmächte heran, angeblasen von einem Weltherrschaftsatem, den niemand im kürzlich noch zutiefst gedemütigten Deutschland vermutet hatte. Vor diesem Wind segelte Hitler einen aggressiven Kurs, den die mehr oder minder freiwillig zugestiegenen Bootsinsassen allesamt erst durchschauten, als sie von den Brechern der Brandung gegen die Klippen geschleudert wurden. Das Bild ist militärisch wie moralisch zu verstehen. Viele Diktatoren haben ihre Völker in kriegerische Katastrophen geführt, Hitler aber machte sein Volk zugleich zum Komplizen eines Verbrechens, das beispiellos ist in der Geschichte. Wieviel wie viele davon gewußt haben oder besser: wie wenig, ist eine Frage, die das private Gewissen entlasten mag, das kollektive keinesfalls. Die Mit- und auch die Nachwelt nimmt uns in Mithaftung für die Untaten jener Jahre. Der Verweis auf persönliche Unschuld fruchtet nichts. Wie wir zu Erben aller Siege geworden wären, sind wir es nun für alle Niederlagen.

Ihnen ins Gesicht zu sehen, bleibt niemandem erspart, der heute handeln und urteilen will. Die vorliegende »Illustrierte Geschichte des Dritten Reiches« soll dabei helfen zu zeigen, wie alles kam. Sie schildert die allgemeinen Zustände, insbesondere den Niedergang der Republik, die den Aufstieg Hitlers ermöglichten. Sie beschreibt die wirtschaftlichen und außenpolitischen Erfolge, die Blitzsiege des leichtfertig entfesselten Krieges, den Horror der »Endlösung«, den vergeblichen Widerstand und das bittere Ende – symbolisiert durch die über dem Reichstag wehende rote Fahne.

Vorgeschichte

I

Der Erste Weltkrieg endete schrittweise. Sein Finale trägt ein paar äußere Stichdaten und ein inneres Datum, die sichtbaren und das unsichtbare. Sichtbar: das war der 9. oder der 11. November 1918, die Proklamation der Republik oder der Abschluß des Waffenstillstandes; unsichtbar: das war ein später Septembertag, als der federführende Stratege und heimliche Regent Deutschlands, Erster Generalquartiermeister Erich Ludendorff, den Krieg für verloren hielt. Abend für Abend hatte er zuvor beim Kartenstudium schon die schlimmsten Vorstellungen gehabt und seinen Mitarbeitern wiederholt verkündet: »Jetzt sind sie durch!« Die alliierten Truppen waren zwar nicht durchgebrochen, aber sie wurden täglich stärker. Eineinhalb Millionen amerikanische Soldaten, unverbraucht und kampfesfreudig, befanden sich bereits auf französischem Boden, weitere wurden gerade in Truppentransportern über den Atlantik gebracht. Ungeheure Materialmengen, auf den ersten Fließbandsystemen der Welt gefertigt, begleiteten sie, von deutschen U-Booten kaum mehr behelligt. Es war nur noch eine Frage der Zeit, vermutlich sehr knapp bemessener Zeit, daß der dünne feldgraue Schleier vor dem reservenlosen deutschen Hinterland reißen würde. Was dann? Während Deutschland im Osten siegreich ist, Rußland niedergeworfen und große Teile vor allem der Ukraine besetzt hat, steht die Westfront vor dem Zusammenbruch.

In dieser Lage versagen dem General Ludendorff die Nerven. Nach Jahren der Überanstrengung als engster ratgebender und eigentlich ausschlaggebender Mitarbeiter des Generalstabschefs Hindenburg ist er seelisch kraftlos geworden, wenigstens für einen folgenschweren Schwächemoment. Er sieht die deutschen Truppen mit letztem Willen sich behaupten und meint, es müsse unverzüglich ein Waffenstillstandsangebot hinausgehen an den Präsidenten Wilson in Washington, wobei man dessen »vierzehn Punkte« vom Januar 1918 als Gesprächsbasis zugrunde zu legen habe. Diese Punkte waren ja insgesamt ganz maßvoll, Ausgangslage also für einen ehrenvollen Frieden. Ludendorff vergißt nur, daß jetzt nicht mehr Januar ist, sondern fast Oktober, und daß, was damals vielleicht noch zu haben war, jetzt nicht mehr zu bekommen ist, zumal, wenn man dem Gegner mit einem Waffenstillstandsvorschlag signalisiert, daß man am Ende sei. Vergebens warnt der neuernannte Reichskanzler Prinz Max von Baden, warnen andere Einsichtige vor den Folgen bei Feind und Freund; denn auch die eigene Seite wird hellhörig daraus entnehmen, wie kritisch es steht, und aus der bisherigen ungebrochenen, gefährlichen Siegeszuversicht, die längst nicht mehr am Platze ist, in einen Abgrund der Ernüchterung stürzen.

Bei den Abgeordneten, als sie von der geplanten Friedensnote erfahren, kann man die Reaktion des Volkes im kleinen studieren. Sie sind fassungslos, sie erbleichen, die Worte fehlen ihnen. Das wird sich in den nächsten Tagen hunderttausendfach an den Stammtischen wiederholen, in den Universitäten, in den Heimatkasernen, in den Familien. Alle, die sich bis hierher blind dem Glauben an die Unbesiegbarkeit des deutschen Heeres ergeben haben, müssen sich darein finden, daß der Krieg – sagen wir: nicht mehr gewonnen werden kann. Wie schlecht es in Wahrheit steht, ahnen sie noch immer nicht. Und noch etwas ahnen sie nicht und werden es auch nicht erfahren: daß die Friedensnote von der Obersten Heeresleitung erzwungen worden ist. Die quasi geknebelte Presse, die seit vier Jahren nicht mehr schreiben kann, was sie will, vermittelt auf Wunsch der Regierung den Eindruck im Volk, der Friedensschritt gehe von ihr aus. Die Heeresleitung, die Truppe sollen aus den Spekulationen herausgehalten

Die militärische Niederlage des deutschen Kaiserreichs war besiegelt, im Land gärte die Revolution. In einem Alleingang versuchte der SPD-Politiker Philipp Scheidemann weiterer Radikalisierung zuvorzukommen und rief am 9. November 1918 von einem Fenster des Reichstagsgebäudes die Republik aus. Er überrumpelte damit seinen Parteichef und eben ernannten Kanzler Friedrich Ebert, der noch angestrengt darüber nachdachte, wie die Monarchie trotz Abdankung des Kaisers über den Zusammenbruch hinwegzuretten wäre.

werden. Die Kenner wissen ohnehin Bescheid, aber die Masse soll es nicht erfahren. Das Heer steht noch fest; den Eindruck will man bewahren.

Wir begreifen, wie sich hier die Legende vom »Dolchstoß« entwickelt: Die kriegsermüdete Heimat habe das standhafte Heer von hinten erstochen und um den Sieg gebracht. Und der General Ludendorff wird am lautesten verkünden, daß es sich so und nicht anders verhalten habe. Damit ist der kommenden Republik, noch ehe sie in die Geschichte eintritt, schon ein Giftkeim eingepflanzt, der ihre ohnehin schwache Gesundheit zusätzlich belasten wird.

Noch haben wir zwar eine Monarchie, aber nicht mehr lange. Schon jetzt werden die Weichen gestellt. Auch dabei betätigt sich Ludendorff neben seiner eigentlichen Aufgabe, den Generalstabschef Hindenburg strategisch zu beraten, in bestimmendem Maße, denn keiner hat in diesem letzten Kriegsjahr so viel Macht wie er. Äußerlich werden alle Spielregeln der Verfassung beachtet, aber in Zweifelsfragen zwischen dem Kaiser, der Regierung, dem Parlament und der Heeresleitung gibt sein Wort den Ausschlag. So weit ist es gekommen. Zweierlei sieht Ludendorff trotz seiner überspannten Nerven ganz genau: Die Alliierten werden kaum mit einer Regierung verhandeln wollen, die nicht nach demokratischen Prinzipien regiert, und: Die Regierung wird Verantwortung für die Niederlage zu übernehmen nur bereit sein, wenn sie vom Parlament gestützt ist und mit seinem Vertrauen handeln kann.

Diese Überlegungen führen konsequent zu einem Verfassungsumbau in zwölfter Stunde der Monarchie. Was die Parteien, jedenfalls in der Mitte, halblinks und links, vom Zentrum bis zu den Sozialdemokraten, seit langem vergeblich erhofft oder gefordert haben, bekommen sie plötzlich geschenkt. Aber das Geschenk ist vergiftet wie Schneewittchens Apfel... Aus der konstitutionellen Monarchie, worin die Regierung dem Reichstag nicht verantwortlich ist, wird in einem Akt der »Nottaufe« (Golo Mann) die parlamentarische Monarchie, in der der Reichskanzler nur mit Vertrauen und Zustimmung der Parlamentsmehrheit regieren kann. Im übrigen – das ist die dritte Überlegung des

Von den Militärs gedrängt, streckten deutsche Politiker im Herbst 1918 Friedensfühler aus in der Hoffnung, den Krieg auf der Basis des 14-Punkte-Programms von US-Präsident Wilson beenden zu können. Doch weder Demonstrationen der Bevölkerung *(unten)* noch Appelle der Politiker an die Vernunft der Sieger halfen. Frankreich setzte sein Rachekonzept durch und machte es den Deutschen noch schwerer, die Niederlage zu akzeptieren. Nur zu gerne glaubten viele nun die Legende vom Dolchstoß der Heimat in den Rücken des »im Felde unbesiegten« Heeres *(Zeitschriftentitel oben),* wie sie die Militärs förderten und die zum verhängnisvollen Geburtsmakel der Republik wurde.

Generals – kann solche Verfassungsreform zugleich ein Ventil des Unmuts sein. Wird das Volk stärker an der Macht beteiligt, so wird es in der Krise der Monarchie eher stillhalten; die »Revolution von oben« – den Ausdruck stiftet Ludendorff zusammen mit seinem Vertrauensmann im Auswärtigen Amt, dem Staatssekretär Hintze – kann einer Revolution von unten vorbeugen. So schlau dies alles eingefädelt ist, so schön nach Plan läuft es auch ab. Denn Ludendorff besitzt in Friedrich Ebert, dem SPD-Vorsitzenden, einen verträglichen, einen vaterlandstreuen Gegenspieler, besser: Mitspieler; einen, der sich dem Ruf nach Übernahme der Verantwortung in der Stunde der Not nicht entzieht. Es ehrt den vielgeschmähten, danach bald verunglimpften und verleumdeten Sattlergesellen Ebert vor der Geschichte, daß er die Suppe auszulöffeln bereit war, die andere eingebrockt hatten. Die marxistischen deutschen Sozialdemokraten hatten sich schon immer staatstreuer gezeigt, als ihre Parteiprogramme verrieten. Spätestens 1914, als Kaiser Wilhelm, seinem berühmten Wort gemäß, »keine Parteien mehr« kannte, »nur noch Deutsche«, war die SPD vom erklärten Staatsfeind (»vaterlandslose Gesellen«) zur Staatsstütze geworden. Sie hatte die Kriegslasten mitgetragen, draußen im Schützengraben, drinnen in der Heimat. Es mußte für Ebert in diesem Sinn logisch sein, die Regierung des Prinzen Max von Baden jetzt in der Krise zu unterstützen.

Mit Ebert als dem Führer der stärksten Fraktion, mit seiner Zustimmung oder Ablehnung steht oder fällt die nächste Entwicklung. Ebert sagt ja. Das macht ihn erinnerungswürdig. Aber es kommt ihn teuer zu stehen. Zunächst geht die Schlußphase des Ersten Weltkriegs ihren unerbittlichen Gang. Noch hält die Front, aber die Truppe ist, in der Boxsprache, stehend k. o. Die Feindseite spürt unter ihren pausenlosen Schlägen das Wanken des Riesen. Entsprechend sind die Antworten des Präsidenten Wilson auf die Friedensnote wenig konziliant. Einem sichtbar Ermatteten macht man keine Zugeständnisse, jedenfalls nicht in der Politik oder auf dem Schlachtfeld. Der unselige General Ludendorff, als er die Unnachgiebigkeit der Gegner erkennt, kehrt in die Rolle des starken Mannes zurück; er hat sich gefangen. In einem Armeebefehl vom 24. Oktober ruft er zum Widerstand »mit den äußersten Kräften« auf, ohne sich mit der Regierung auch nur abzusprechen.

Jetzt reicht es dem ohnehin erbosten Kanzler. Vor kurzem noch Siegesgeschrei, dann Untergangspsychose, jetzt künstliche Festigkeit: das ist zuviel. Der Prinz nutzt die verbreitete Mißstimmung gegen den bisher fast allmächtigen General und setzt beim Kaiser seine Entlassung durch. Es ist ein letzter kleiner Triumph der politischen Führung über die selbstherrliche Armee. Zwei Tage später, am 28. Oktober, genau an dem Tag, als der Verfassungsumbau Gesetzeskraft erlangt, beginnen die Matrosen in Wilhelmshaven und Kiel zu meutern. Sie finden keinen Gefallen mehr daran, jetzt, da das Kriegsende sichtbar bevorzustehen scheint, noch Untergang und Tod zu riskieren, nur weil die Admirale mit ihren überzogenen Ehrbegriffen eine aussichtslose Seeschlacht der Kapitulation vorziehen wollen. So verhindern die Matrosen das Auslaufen der Hochseeflotte und leiten damit die Revolution in Deutschland ein. Für die Dolchstoßlegende ist es ein Schönheitsfleck: Nicht die Arbeiter in den Fabriken erheben sich zuerst gegen die Fortsetzung des Krieges, sondern des Kaisers Elitetruppe, sein Lieblingsspielzeug Kriegsflotte macht nicht länger mit.

Der Funke des Widerstandes springt aufs Binnenland über. Aus der Militärrebellion wird eine bürgerliche, die Anfang November wie ein Steppenfeuer von Stadt zu Stadt, von Provinz zu Provinz durchs Land eilt. Aber es ist nicht das, was die Franzosen, die Russen aus ihren Geschichtserfahrungen eine Revolution nennen; hier sind keine weltumstürzenden Leidenschaften am Werk. Es ist mehr eine »Hunger- und Erschöpfungsrevolte« (Eschenburg). Selbst die SPD, bisher noch die linkeste der Parteien, denkt nicht daran, die Monarchie abzuschaffen. Die Entwicklung dahin erfolgt eher selbsttätig, aus eigener Schwerkraft, nicht durch einen erklärten Willen. Die Revolution ist im Grunde führungslos: der beste Beweis, daß es im »eigentlichen« Sinne gar keine ist. Sie hat keinen Kopf, anders als die Französische Revolution ihn in der ersten Phase in Sieyès, in Mirabeau besaß, die bolschewistische von vornherein in Lenin. Ziellos strömen Arbeiterkolonnen, Soldatentrupps umher; man bildet Arbeiter- und Soldatenräte nach sowjetischem Muster, aber sowjetisch ist dieser Umsturz nicht zu nennen – abgesehen davon, daß die extremen Linken in der SPD, die sich seit längerem in zwei Flügel gespalten hat, derartiges im Sinne tragen.

Natürlich gibt es Übergriffe, Zügellosigkeit. Offizieren werden die Schulterstücke heruntergerissen; aber das sind eher Ausnahmen. Im allgemeinen wahrt die Truppe ihre altanerzogene Disziplin, und es ist typischer für das Ganze, wenn der Dichter Carl Zuckmayer, damals Leutnant, in seinen Erinnerungen berichtet: »Man beließ mir die Achselstücke und Orden, band mir eine rote Binde um den Arm, übertrug mir Befehlsgewalt. So führte ich den Rest unserer Truppe über die Rheinbrücke bei Kehl... Ausgehungert, geschlagen, aber mit unseren Waffen, marschierten wir nach Hause.« Das, nebenbei, unterscheidet ja den Ersten Weltkrieg und dessen Ausgang grundsätzlich vom Zweiten: Eine zwar ausgeblutete, aber geordnete Truppe kehrte in Etappen, in kleinen und großen Formationen, zu Fuß, zu Pferde, per Eisenbahn zurück;

der Feind stand nicht im eigenen Land. Front und Heimat waren bei uns zweierlei geblieben, nicht ein einziges wirres, zerborstenes Ineinander von Chaos und Auflösung.

Und die Monarchen, die vielen kleinen und größeren Landesväter, der Kaiser? Eintausendundsieben Jahre hatten die Deutschen unter Kaisern, Königen, Herzögen gelebt, wenn man das Jahr 911 – die Wahl Konrads von Franken – als Stichdatum des Beginns eines deutschen Staates, einer eigenen deutschen Geschichte betrachtet. Dergleichen läßt sich nicht einfach abstreifen wie ein zu eng gewordenes Kleidungsstück; so eng hatten sich unsere Deutschen auch nie gefühlt in ihrem monarchischen Gewand, sie waren, aufs Ganze gesehen, recht zufrieden gewesen mit ihren gekrönten Häuptern. Sie hatten immer gern aufgeblickt zu einem Herrn voll Huld und Strenge, sofern er es an der Gerechtigkeit nicht hatte fehlen lassen.

So gibt es denn auch jetzt keine Volksströmung gegen die bestehenden Herrscherhäuser. Aber ausgerechnet beim konservativsten deutschen Volksstamm erfolgt der Anstoß zu einer Kettenreaktion. Eine entschlossene Gruppe um den Sozialisten Kurt Eisner ruft die Republik aus, einen »Freistaat Bayern«. Der unbeliebte Wittelsbacher-König Ludwig III. flieht aus seiner Residenz. In dem Reizklima dieser Tage, der Kriegsmüdigkeit, der flackernden Aufruhr-Gesinnung, wirkt der Schritt wie eine Initialzündung auf die hochadeligen Kollegen rings im Lande. Ein Herrscherhaus nach dem anderen resigniert. Der überaus populäre König von Sachsen, Friedrich August III., tritt ab mit dem berühmten Ausspruch »Macht euren Dreck alleene«. Als er dann ins Exil reist, auf seinen Landsitz in Schlesien, jubeln ihm die Menschen auf jeder Bahnstation zu: Revolution in Deutschland . . .

Der Kaiser schwankt. Was soll er tun? Nur noch ein Schatten seiner einstigen Herrscherherrlichkeit, kann er sich doch nicht entschließen, mit einer hoheitsvollen Geste des Abschieds von der Macht die Konsequenz daraus zu ziehen, daß der verlorene Krieg zuvörderst sein verlorener Krieg ist; denn als oberste Symbolfigur repräsentiert er die deutsche Monarchie, die vielen Teilmonarchien. Nein, er will Truppen zusammenraffen und gegen Berlin marschieren! Eine letzte Großmannspose des im Herzen unsicheren und eigentlich friedfertigen Mannes. Mit Mühe bringt ihn seine Umgebung von dem unsinnigen Vorhaben ab.

Aber unwiderbringliche Zeit geht über dem Zaudern verloren, Zeit, in der die Monarchie als System vielleicht zu retten gewesen wäre. Mit jeder Stunde schwindet die Aussicht. Und dann gehen die Ereignisse einfach darüber hinweg. Während der Zentrumsabgeordnete Matthias Erzberger im alliierten Hauptquartier bei Marschall Foch in Compiègne über die Waffenstill-standsbedingungen »verhandelt«, besser: sich diktieren lassen muß, was Deutschland zu tun habe, gibt der Reichskanzler am Vormittag des 9. November aus eigener Vollmacht die Abdankung Wilhelms II. bekannt, um die Entwicklung nicht steuerlos werden zu lassen. Aber sie ist es schon. Wenig später, nachdem Max von Baden die Regierung mit Billigung aller Staatssekretäre an Friedrich Ebert übergeben hat, auf dessen Verlangen, proklamiert Philipp Scheidemann in einer Stegreif-Rede von einem Fenster des Reichstages aus die Republik. Ebert, als er es hört, läuft rot an vor Zorn; er und der Prinz hatten die Monarchie retten wollen. Das ist vorbei. Fast beiläufig erhält die deutsche Geschichte nach tausend Jahren Königtum ein neues Etikett: Republik. Aber die Eigenmächtigkeit des SPD-Mannes hat ihre Logik. Der Bewußtseinseinbruch ist eben tief; Deutschland ist aus dem größten aller bisherigen Kriege als Verlierer hervorgegangen, ob das nun in den Augen der meisten mit rechten Dingen passiert ist oder nicht. Da soll die Demokratie das Zeichen für einen Neubeginn sein, für eine bessere Zukunft, so schwer sie auch werden wird; da soll das Volk die Dinge selber in die Hand nehmen. Auch ist die Lawine der Abdankungen nicht gerade ein Beweis für Selbstvertrauen bei den Monarchisten, in den Dynastien.

Etwas kommt hinzu bei der eiligen Ausrufung der Republik: die Furcht vor sowjetischen Verhältnissen. In der Tat dauert es nur wenige Stunden, bis Karl Liebknecht vor dem Schloß das gleiche tut, was Philipp Scheidemann im Reichstag getan hatte, nur mit einem scharfen Ruck weiter nach links. Der bürgerlichen Republik mit gemäßigt sozialistischen Vorstellungen setzt er die sozialistische Republik nach bolschewistischem Vorbild entgegen. So ist Deutschland am 8. und 9. November eine dreifach proklamierte Republik: einmal in München, zweimal in Berlin. Durchsetzen wird sich, wer mehr Macht hinter sich hat.

Die Macht liegt bei der Armee, nicht bei den Arbeitern. Sie müssen sich also Hilfe borgen. Die Armee ihrerseits, die richtig erkennt, daß die Monarchie verloren ist, sucht im Chaos nach dem relativ verläßlichsten Partner, um die Ordnung wiederherzustellen, so gut es geht. Dieser Partner kann für die konservativ erzogenen Militärs nur der gemäßigtere der konkurrierenden Republikaner sein, die Richtung Ebert-Scheidemann, nicht die Richtung Liebknecht-Luxemburg. So kommt es zum Zweckbündnis zwischen beiden, die jetzt das gleiche wollen: den Staat erhalten. In der Nacht vom 9. zum 10. November telefoniert Ebert in Berlin mit General Groener im Hauptquartier Spa in Belgien. Groener ist Nachfolger Ludendorffs, doch von anderem Zuschnitt; militärisch nicht genial wie jener, dafür mit Vernunft begabt, mit praktischem Verstand, ein politisch denkender General, kein weltfremder Spielertyp, der zwischen den Extremen Alles oder Nichts leichtfertig schwankt. Atmosphärisch wichtig ist, daß Ebert und Groener sich als landsmannschaftlich verwandt (der erste aus Heidelberg, der zweite aus Ludwigsburg) gut verständigen können. Ihr gemeinsamer süddeutscher »Draht« funktioniert in dieser entscheidenden nächtlichen Stunde zugunsten der Übereinkunft: »Die Oberste Heeresleitung stellt sich der Regierung zur Verfügung.« So notiert Groener es in seinem Tagebuch. Dafür hat er die Rückendeckung Hindenburgs, der unangefochtenen militärischen Autorität mit dem Nimbus des Siegers von Tannenberg. Die Niederlage geht am Ansehen des Generalstabschefs spurlos vorüber. Daß er einmal zur Symbolgestalt des Staates werden wird, dem er hier mit Trauer im Herzen seinen Segen gibt, kann er noch nicht ahnen.

II

Die Situation ist seltsam, sowohl rechtlich als auch praktisch. Wer und was legitimiert die neue Regierung? Nach der Verfassung ernennt der Kaiser den Kanzler. Der Kaiser ist nach Holland ins Exil gefahren. Ebert wurde nicht »ernannt«, sondern sein Vorgänger hatte ihm die Regierung auf Wunsch übertragen, gleichsam wie ein Gepäckstück aufgehalst, sich verabschiedet und ihm Glück und Segen gewünscht; dann war er nach Hause gefahren, nach Baden. Am 10. November 1918 bildet Ebert ein Kabinett, das sich »Rat der Volksbeauftragten« nennt. Er führt den Vorsitz und bezeichnet sich nicht mehr als Kanzler, war also Kanzler nur für einen Tag. Mit dieser Konstruktion, einem vorbildlosen Verfassungsinstrument, wird die Frage nach der verfassungkonformen Rechtmäßigkeit umgangen; die bisherige Verfassung ist aufgegeben. Das geschieht freilich nicht ohne eine Art von Volksvotum: durch die Vollversammlung der Berliner Arbeiter- und Soldatenräte. Im Gremium der Volksbeauftragten sitzen sechs Sozialdemokraten, je drei aus beiden Lagern. Denn seit 1917 ist die Sozialdemokratie gespalten. Damals hatten diejenigen, die den Krieg nicht länger mitzutragen bereit waren, die Unabhängige Sozialdemokratische Partei Deutschlands (USPD) gegründet. Seither bilden sie im marxistischen Weltanschauungsspektrum den linken Flügel. Auch diese Linken unter den Linken sind wiederum in sich uneins. Ihre Spannweite reicht vom demokratischen Sozialismus parlamentarischer Prägung bis zu weltrevolutionären Zielen, wie sie im »Spartakusbund« von 1917 (Liebknecht, Rosa Luxemburg) eine eigene Plattform der Willensbildung gefunden haben. Man muß sich über die Schattierungen klar sein, um das Folgende zu verstehen. »Links« ist längst nicht gleich »links«, auch wenn die nationale Rechte bald alle Linken – jene für die Demokratie und jene gegen die Demokratie – unterschiedslos in einen Topf werfen und der Verachtung preisgeben wird.

Die drei USPD-Leute, die Ebert in seine Regierung geholt hat, sind nicht gerade solche der extremen Richtung, aber sie wollen die Chance, daß die Monarchie abgeschafft ist, doch zu tiefgreifenden Gesellschaftsveränderungen nutzen; sie sind der aktive, vorwärtstreibende Teil unter den Volksbeauftragten. Ebert demgegenüber haßt die Revolution »wie die Sünde«. Er fühlt sich als Konkursverwalter des Kaiserreiches, »immer noch bemüht, den organischen Zusammenhang mit der Vergangenheit nicht zu lösen« (Max von Baden). Er ist für gleitenden Übergang, ohne Entwicklungsbruch, ist gegen Gewalt. So steht also radikaler Fortschritt gegen maßvollen Fortschritt, Revolution gegen Evolution – im Grund der alte schwelende Streit in der Sozialdemokratie seit Ende des 19. Jahrhunderts, der Streit zwischen »Orthodoxie« und »Revisionismus«. Lange hatte er sich unter dem gemeinsamen Dach SPD noch leidlich auffangen lassen, dann war das Dach zerbrochen. Jetzt hat man sich erneut zu einer Notgemeinschaft zusammengefunden, wahrt einen Burgfrieden, doch ist abzusehen, daß er nicht vorhalten wird.

Eberts Tragik: Er nimmt von der Revolution ein Amt an, das sichtbar mit Verfassungsformen der Vergangenheit bricht, aber verwalten will er das Amt im Sinne der Erhaltung, des Maßes, der Ordnung. Damit wird er für die »linken« Linken zum Verräter. Aber für die Rechten ist er nicht weniger verdächtig; »Rat der Volksbeauftragten«: ist das nicht verkappter Bolschewismus? So kann er es niemandem recht machen.

Die große Belastungsprobe für den SPD-Vorsitzenden und seine Gefolgsleute kommt in den Wintermonaten 1918/19. Die SPD-Spitze will im Einvernehmen mit der Heeresleitung die Arbeiter- und Soldatenräte entmachten, denn keine Regierung kann auf die Dauer konkurrierende Herrschaftsorgane, Nebenregierungen dulden. Die Erfahrung lehrt zudem, daß in solch revolutionären Zellen die Tendenz zur Radikalisierung liegt. Paris nach 1789 und Petersburg 1917 sind warnende Beispiele.

Überraschend bleibt aber sogar die Mehrheit der Arbeiter- und Soldatenräte auf dem Boden des bestehenden Staates. Beim Deutschen Rätekongreß Mitte Dezember 1918 in Berlin sprechen sich 400 Delegierte für Wahlen zur Nationalversammlung und nur 50 dagegen aus. Leidenschaftlich prallen die Zielvorstellungen aufeinander. Ebert: »Das siegreiche Proletariat richtet keine Klassenherrschaft auf. Es überwindet politisch und wirtschaftlich die alte Klassenherrschaft und setzt an deren Stelle die Gleichheit all dessen, was Menschenantlitz trägt.« Richard Müller als Sprecher der Gegenrichtung: »Wir wollen keine bürgerliche Republik, sondern eine proletarische Republik. Wir wollen die sozialistische

Republik im vollsten Maße... Wir müssen unsere Macht behaupten, wenn nicht anders, dann mit Gewalt.«

Wer Gewalt predigt, fordert Gegengewalt heraus. Ob es dazu kommen muß, wenn neun Zehntel friedlich sind, ist nicht zu entscheiden, weil die Ereignisse hier, wie so oft, von Zufällen vorangetrieben werden. Es gibt Konflikte um die Entlohnung für die Volksmarinedivision, die militärische Stütze der Arbeiter- und Soldatenräte. Sie ist aus den Meutereien an der Küste hervorgegangen: eine Truppe mit revolutionärem Einschlag. Zu Weihnachten 1918 entbrennen Straßenschlachten in Berlin. Marine-Angehörige kämpfen gegen Einheiten, die der Heeresleitung unterstehen. Die Matrosen behalten die Oberhand. Ihren Sieg nutzen sie nicht aus, denn es ist Heiligabend. Lenins giftiges Wort, wonach Deutsche, wenn sie Revolution machen und einen Bahnhof stürmen wollen, erst eine Bahnsteigkarte kaufen, läßt sich abwandeln: Wenn deutsche revolutionäre Soldaten am 24. Dezember einen Sieg erringen, dann feiern sie erst einmal Weihnachten.

Die Atempause verhilft der Gegenseite dazu, sich wieder zu fangen, neu zu ordnen. Die ganze Szene verändert sich außerdem. Die USPD-Minister treten aus der Regierung aus, weil sie mit einem Mann, der zusammen mit dem Heer die Revolution bekämpft, nicht länger politisch arbeiten wollen. Der Spartakusbund als Speerspitze der Revolution trennt sich endgültig von der »zu weichen« USPD und gründet zum Jahresende die KPD. Die Teile der Arbeiterschaft, die mit dem Fortgang oder besser Nichtfortgang der Revolution unzufrieden sind, radikalisieren sich. Daraus entstehen die »Spartakuskämpfe« der ersten Januarhälfte 1919 in Berlin. Empört soll Rosa Luxemburg gegenüber Karl Liebknecht geäußert haben (die Worte werden unterschiedlich wiedergegeben): »Karl, ist das unser Programm?« Beide nämlich haben trotz verwandter Endzielvorsätze unterschiedliche Ansichten über den Weg dahin. Rosa Luxemburg, jetzt 47 Jahre, der schärfste Intellekt der deutschen Sozialdemokratie, als polnische Jüdin mit einem ausgezeichneten Deutsch begabt, ist bei allem Weltveränderungswillen nicht zur Gewalt bereit. So, wie sie gesagt hat, Freiheit sei immer die Freiheit des Andersdenkenden, so will sie nicht den sowjetischen Kurs nachvollziehen: erst Umsturz, dann das Volk zu gewinnen suchen, sondern umgekehrt erst das Volk gewinnen und danach die Gesellschaft neu einrichten. Spartakus werde »nie anders die Regierungsgewalt übernehmen als durch klaren, unzweideutigen Willen der großen Mehrheit der proletarischen Masse in ganz

Sozialistischer Aufstand gegen eine sozialistische Regierung: Friedrich Eberts *(linke Seite oben)* gemäßigter SPD-Kurs erregte den Unwillen der linken USPD und deren »weiche« Haltung die Wut der Spartakisten. Sie entfesselten im Januar 1919 in Berlin den bewaffneten Kampf *(linke Seite außen)* gegen das Bündnis der Reichsregierung mit der Armee, verkörpert durch General Groener *(linke Seite unten)*. Er hatte schon am 17. Nobember 1918 seiner Frau geschrieben: »Der Feldmarschall (Hindenburg) und ich wollen Ebert, den ich als geraden, ehrlichen und anständigen Charakter schätze, stützen, solange es geht, damit der Karren nicht noch weiter nach links rutscht.« Der Sozialdemokrat Gustav Noske konnte daher beim Kampf gegen die Aufständischen auf Reichswehrtruppen *(oben)* zurückgreifen, die er in Eberts Auftrag die proletarische Revolte niederschlagen ließ. Zu den Ausschreitungen dabei äußerte er sich nicht, sondern stellte nur lakonisch fest, einer müsse ja »der Bluthund« sein. Das Bündnis mit den Militärs sollte sich für die SPD nicht auszahlen. Sie tauschte letztlich die rote Revolution gegen die braune von 1933, die die Republik von Weimar verschlingen wird.

Deutschland«. Daher steht sie auch nicht hinter denen, die jetzt auf der Straße für die Weltrevolution fechten, gleich, ob die Kämpfe spontan ausgebrochen sind oder gesteuert. Wahrscheinlich toben sie ungesteuert.

Die Konterrevolution unterscheidet nicht zwischen den Ansichten unter den extrem linken Marxisten. Sie zerstampft, was sich ihr in den Weg stellt. Die Freikorps (Freiwilligenverbände aus entlassenen Frontsoldaten, aber auch aus jungen Männern, die nicht mehr eingezogen worden waren und hier für Abenteuerlust, Kampfbegierde und Vaterlandsgeist ein Betätigungsfeld finden) unter Führung von Offizieren und Oberbefehl des Volksbeauftragten Noske (»einer muß ja der Bluthund sein«) gehen mit großer Brutalität gegen die Aufständischen vor. Plakate rufen zur Lynchjustiz auf, und die Freikorpsleute selber lassen sich nicht nötigen. Spartakus? Der Verein wird doch von Liebknecht und Luxemburg geführt? Wo sind sie, spürt sie auf! Man findet die beiden, bringt sie kaltblütig mit Gewehrkolben und Schüssen um und wirft die Leichen in den Landwehrkanal. Die Kommunisten haben ihre ersten Märtyrer, kaum daß die Partei gegründet ist. Und die Mehrheitssozialisten unter Ebert, Scheidemann, Noske tragen Blutflecken auf dem Gewand ihrer Ordnungsliebe. Das ist ein unschöner Beginn. Vielleicht war nichts anderes möglich beim Bündnis von Militär und gemäßigten Sozialisten gegen radikale Sozialisten. Auf jeden Fall entsteht spätestens hier der unheilbare Bruch, die Todfeindschaft zwischen Kommunisten und Sozialdemokraten. Ideologisch vorbereitet in der Kaiserzeit, durch den Krieg vorübergehend gekittet, dann erneut aufgerissen, ist die Spaltung nun auf dem blutbefleckten Pflaster Berlins besiegelt.

Die Anzeigenseiten des sozialdemokratischen »Vorwärts« sind Anfang 1919 überschwemmt von Aufrufen der Freikorps an vaterländisch gesinnte Männer, sich zur Verteidigung der Heimat »gegen spartakistischen Umsturz im Innern« und »gegen Angriffe von außen« (in Oberschlesien gegen polnische Expansion, im Baltikum gegen sowjetische) freiwillig zu melden. Die Freikorps Hülsen, Dohna, die Brigade Erhardt, die Batterie Schmidt, die Eiserne Eskadron drängen sich mit schwarzgeränderten Appellen aneinander, und kaum noch haben schlichte herkömmliche Werbetexte Platz: für Färben und Reinigen, für Hebammen-Hilfe (»Vertrauensvolle Auskunft«), für eine gute Kapitalanlage und für das Zaubermittel, das einem grauen Kopf sofort die frühere Farbe zurückgibt.

Schwarz auf weiß ist hier die seltsame Krisengemeinschaft zwischen Linksdemokratie und Rechtsorganisationen aufbewahrt, die für die Anfänge der Weimarer Republik so kennzeichnend ist. Wie sich die Verbündeten in Berlin der Spartakisten wenig ruhmvoll entledigen, so schlagen die Freikorps Anfang Mai in München noch viel blutiger drein. Dort hatte sich im April aus den Wirren, die der Ermordung Kurt Eisners durch einen Nationalisten gefolgt waren, eine Räterepublik erhoben. Ein kommunistischer Putsch ausgerechnet in der weiß-blauen Landeshauptstadt war alles andere als populär. Die Münchner jubelten den Soldaten entgegen. Geiselerschießungen durch die Kommunisten in letzter Stunde wurden grausam gerächt.

Das alles wirft schwere Schatten auf den jungen Staat. Wie die extremen Linken ihm alles Böse wünschen, so verachten aber auch – tragische Ironie – die Uniformierten das System, für das sie kämpfen. Abschätzig blicken sie auf Ebert als »Friedrich den Kleinen« und halten großenteils die Sozialdemokraten für Landesverräter (»Dolchstoß«!). Der Oberst Reinhard erzählt schon zu Weihnachten 1918 jedem, der es hören will, er diene einem »Lumpengesindel«. Warum weigert er sich dann nicht und viele mit ihm? Weil ihnen einstweilen die Gefahr einer bolschewistischen Revolution nicht gebannt erscheint; da gilt dann die demokratische Republik als das kleinere Übel. So denken viele in den bisher führenden Schichten. Seien wir gerecht: Man kann ihnen nicht verübeln, daß die wenigsten unter ihnen Demokraten aus Überzeugung sind. Woher denn auch? Sie sind in der Monarchie großgeworden, haben darin ihre lebensformenden Eindrücke und Vorstellungen gewonnen. Zum Übelnehmen ist nur, daß sie Gelegenheit bekommen, dem neuen Gemeinwesen die Ablehnung aktiv mitzuteilen. Denn die »Revolution« 1918/19 unter dem friedfertigen Ebert ist so systemerhaltend, daß die alte Beamtenschaft, die Lehrer, Professoren, Richter, Staatsanwälte so gut wie geschlossen in Amt und Würden bleiben. Die bisherige staatstragende Elite wird übernommen. Das ist für vaterlandstreue und in einer Herzensecke konservative Männer von der Art Eberts logisch, aber lebensgefährlich. So wird fortan mit ihrer Duldung gegen sie erzogen, gegen sie gelehrt, gegen sie Recht gesprochen und selten für sie Partei ergriffen werden. Das muß man schon tragisch nennen. Es ist, als ob ein Arzt sich im Selbstversuch gefährliche Keime injiziert, um zu sehen, ob er erkrankt.

Bald kommt ein entscheidendes Ereignis hinzu, welches den Wohlmeinenden an der Spitze das Leben noch ungleich schwerer machen wird als bisher.

Links: Sozialdemokraten und Regierung schauten hilflos zu, wie Reichswehrtruppen und Freikorps ihren Auftrag zur Niederwerfung des Spartakus-Aufstandes zu einem Blutbad nutzten. Prominenteste Opfer: Karl Liebknecht und Rosa Luxemburg, die am 15. Januar 1919 mißhandelt und ermordet wurden.

Rechts: Clemenceau (Mitte, neben Woodrow Wilson – links – und Lloyd George – rechts) triumphiert. Im Spiegelsaal von Versailles hat die deutsche Delegation die alliierten Friedensbedingungen hinzunehmen.

Münchner Zirkus

(Zeichnungen von E Schilling)

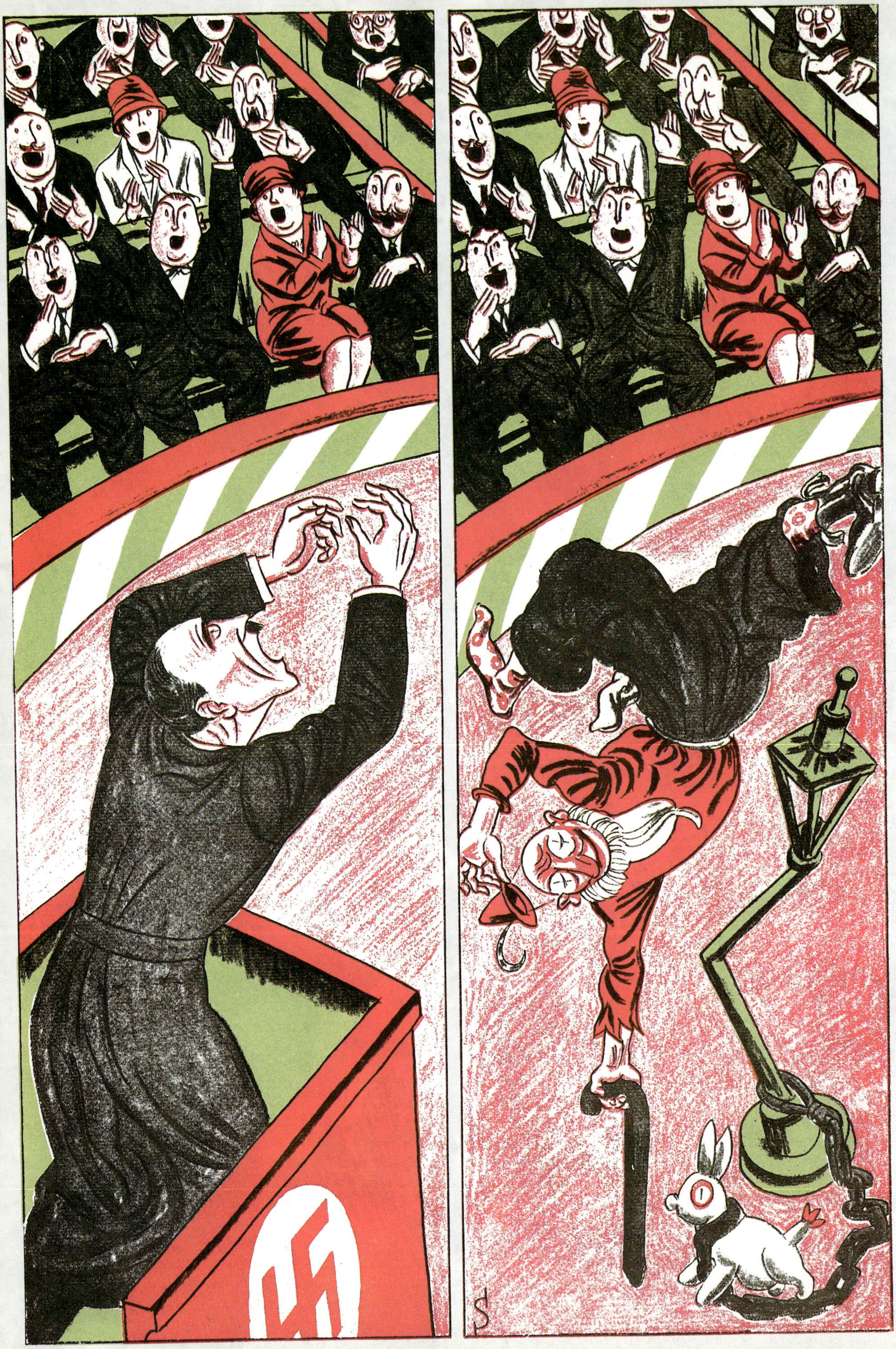

Adolf und August

Im Spiegelsaal des barocken Königschlosses Versailles bei Paris begann und endete der Weg des zweiten Kaiserreiches. Wo Ludwig XIV. sein Herrschergefühl in Stein und Prunk versinnbildlicht hatte, wo der Preußenkönig Wilhelm 1871 von den deutschen Fürsten zum Kaiser ausgerufen worden war, versammeln sich achtundvierzig Jahre später unter penibler Beachtung des gleichen Datums (18. Januar) die Siegermächte und ihre Verbündeten, um die Erinnerung an die Kaiserproklamation demonstrativ zu übertünchen.

Beherrschend auf der Konferenz ist Georges Clemenceau, 77 Jahre alt, französischer Ministerpräsident, ein Mann von eisernem Willen, genannt »le tigre«. Daß die Franzosen bis zum gemeinsamen Sieg durchgehalten haben, ist wesentlich sein Verdienst. Er dürstet nach Rache. Deutschland soll für Frankreichs furchtbare Opfer und schwere Zerstörungen so bestraft werden, daß es als Gefahr für Fankreich auf Dauer ausgeschaltet ist. Die Gelegenheit ist günstig, den Friedensvertrag gleichzeitig zu einem Instrument wirtschaftlicher Schwächung zu schmieden. Deutschland hat 25 Millionen Einwohner mehr als der Nachbar im Westen, nachdem beide Länder 1871 noch etwa zahlengleich gewesen waren. Daraus haben sich westlich des Rheins traumatische Unterlegenheitsängste entwickelt, die der gewonnene Krieg nicht aus der Welt geschafft hat. Das Energiepotential ist nicht nur ungleichgewichtig in der Menschenkraft, auch bei den Rohstoffen. Die geschätzten Kohlereserven betrugen im Stichjahr 1913 in Deutschland 423 Millarden Tonnen, in Frankreich 18 Millarden. Verstärkt wird diese Tendenz durch den transatlantischen Schatten Amerika. Die Vereinigten Staaten sind nicht mehr gleichzusetzen mit der alten Vorstellung von einem unbekannten Dorado, in dem hungernde oder abenteuerlustige Europäer ihr Glück zu machen suchen und auf Nimmerwiedersehen im fernen Westen verschwinden. Der romantische Traum Amerika ist zu einer handfesten Wirtschaftsmacht geworden voll dampfender Schlote, ein Großgläubiger seiner europäischen Bündnispartner, kurz: ein Riesengewicht in der politisch-ökonomischen Waagschale. Wie soll man, denken die jetzt maßgeblichen Franzosen, seine Schulden bezahlen, wie überhaupt auf Dauer gegen die USA standhalten? Mit Hilfe Deutschlands natürlich! Die »boches« sollen bluten dafür.

Das ist das Klima, in dem die Friedenskonferenz in Versailles einen Frieden zimmert, der keiner sein kann.

»Münchner Zirkus – Adolf oder August?« Simplicissimus-Karikatur aus den zwanziger Jahren auf die Anfänge Hitlers und der NSDAP.

Ein Ausplünderungsdiktat sichert nicht den Frieden, sondern bereitet den Boden für Revanchegelüste. Einsichtige Leute erkennen das schon 1919. Aber Clemenceau, der Ministerpräsident, und Poincaré, der Staatspräsident, sind blind und taub für die Gefahren ihres Tuns. Hindern kann sie keiner. Die anderen Alliierten wollen dies im Grunde auch nicht. Frankreich hat am schlimmsten unter dem Krieg gelitten; ihm wird das Recht zu harten Forderungen zuerkannt. Lloyd George, der britische Ministerpräsident, fällt seinem französischen Kollegen mit dem Seehundsbart nur gelegentlich mäßigend in den Arm, trägt zur Milderung mancher Bestimmungen bei, was nichts daran ändert, daß Großbritannien sich beispielsweise fast die gesamte deutsche Handelsflotte holt. Und Präsident Wilson? Nach seinem hochgemuten Friedensprogramm vom Januar 1918 durfte es eigentlich weder Sieger noch Besiegte geben. Jetzt, in Versailles, wird er von den Europäern glatt ausgespielt. Außerdem haben die Kongreßwahlen von 1918 zu Kräfteverschiebungen geführt und ihm den parlamentarischen Rückhalt geraubt; fest auftreten könnte er gar nicht, selbst wenn er die Persönlichkeit dazu wäre.

Als dann im Frühsommer 1919 die Friedensbedingungen in 440 Artikeln vorliegen (die vielen Anlage- und Anhangparagraphen nicht mitgezählt), da hatten alle eine enorme Fleißarbeit vollbracht, aber staatsklug kann man sie nicht nennen. Der weite Bogen spannt sich von erwarteten, selbstverständlichen Forderungen bis zu ungerechten Demütigungsklauseln. Deutschland hat abzutreten: Elsaß-Lothringen (Frankreichs Rückgabe-Verlangen seit 1871), Posen und Westpreußen einschließlich Danzig, das Memelgebiet. In weiteren Grenzbezirken dürfen wenigstens Abstimmungen über die Zugehörigkeit stattfinden. Das Saarland geht für 15 Jahre in die Treuhandschaft des Völkerbundes über, dann sollen die Bewohner über die weitere Zukunft abstimmen. Die linksrheinischen Gebiete Deutschlands werden von den Alliierten besetzt, mit rechtsrheinischen Brückenköpfen. Deutschland verzichtet auf alle früheren überseeischen Besitzungen.

Zu den Landverlusten kommen die Reparationen in Geld und anderen Werten. Die Finanzfrage wird zunächst pauschal abgetan: Eine eigene Kommission soll darüber befinden. Sie befindet, um es vorwegzunehmen, nach mehreren Konferenzen in der Weise, daß Deutschland 132 Milliarden Goldmark binnen 37 Jahren bezahlt. Dazu kommt eine 26prozentige Ausfuhrabgabe, kommen rund zwei Milliarden Mark jährlich an Zinsen, gewissermaßen so, als ob die Gesamtsumme als alliiertes Guthaben dem Verlierer noch leihweise überlassen sei und daher verzinst werden müsse.

Bei den materiellen Gütern greift der »Vertrag«, den man schwerlich so nennen kann, ins Volle: zehn Jahre lang sind zuerst je 45, dann 35 Millionen Tonnen Kohle zu liefern, dazu insgesamt 5000 Lokomotiven und Lastwagen, 150000 Waggons, die Handelsflotte (wie schon erwähnt), über eine halbe Million Stück Vieh vom Zuchthengst bis zur Ziege; Fabrikbesitz und Lizenzen in Übersee werden beschlagnahmt.

Zu allem tritt die Forderung nach fast völliger Demilitarisierung. Die Wehrlosigkeitsklausel trifft besonders hart: Abrüstung auf 100000 Mann Heeresstärke und 15000 zur See, Auflösung des Großen Generalstabs, Ablieferung der Kriegsflotte und des allermeisten Kriegsmaterials, Schleifung der Festungen bis 50 Kilometer östlich des Rheins.

Das gesamte Monsterparagraphenwerk wird gerechtfertigt mit dem Artikel 231, wonach »Deutschland und seine Verbündeten als Urheber aller Verluste und aller Schäden verantwortlich sind, welche die alliierten und assoziierten Regierungen und ihre Angehörigen infolge des ihnen durch den Angriff Deutschlands und seiner Verbündeten aufgezwungenen Krieges erlitten haben«.

»Aufgezwungener Krieg«, »Urheber aller Verluste und Schäden«: Die Politiker machen es sich leichter als die Historiker, sind mit Urteilen, die ihren Völkern, vor allem ihren Wählern gefallen, schnell bei der Hand. Nun kann zwar die Politik mit ihren Meinungen über geschichtliche Schuldfragen nicht jedesmal warten, bis die Historiker ihre Forschungen vorgelegt haben; daß aber die Dinge nicht so lagen, wie hier mit Siegerworten festgehalten, konnte schon damals jeder sehen, der nicht voreingenommen und nicht rachsüchtig war, und vielleicht sahen diese es auch, wollten es nur nicht zugeben. Denn alle Großmächte hatten 1914 den Krieg zumindest in Kauf genommen, wenn nicht gar darauf zugearbeitet. Der französische Staatspräsident Poincaré (seit 1913) durfte getrost als kriegswillig bezeichnet werden. Einflußreiche Kreise in Rußland hielten einen Krieg als Mittel für geeignet, von inneren Schwierigkeiten abzulenken. Frankreich und Rußland rüsteten sehr stark. Serbien auf dem Balkan, nur ein kleines Land, spielte immerfort mit den Zündhölzern wie ein unfolgsames Kind: mit Zündhölzern für einen Weltbrand. Die Deutschen standen hinter den anderen nicht zurück: mit der aggressiven Flottenrüstung, mit einer Großmannssucht in markigen kaiserlichen Worten, die nicht so gefährlich war, wie sie klang, aber leider so aufgefaßt wurde, und schließlich mit einer ausgesprochen kriegstreiberischen Politik in der Julikrise 1914 nach dem Mord von Sarajewo. Damals hat Berlin wesentlich dazu beigetragen, daß aus der österreichisch-serbischen Krise der große Krieg wurde, weil der Generalstab meinte: wenn er schon auf die Dauer unvermeidlich ist, dann solle er lieber jetzt beginnen, solange die deutsche Seite sich militärisch noch überlegen fühlte.

Eine bedeutende deutsche Mitschuld am Krieg 1914/18

»Bestätigungsurkunde zu dem Friedensvertrag zwischen Deutschland und den alliierten und assoziierten Mächten, zu dem dazugehörenden Protokolle und zu der Vereinbarung über die militärische Besetzung der Rheinlande« – unterschrieben von den Sozialdemokraten Ebert und Bauer. Ihr Parteigenosse Scheidemann hatte die Unterzeichnung »dieses Mordplans« abgelehnt: »Eine Verwilderung der moralischen Begriffe ohnegleichen, das wäre die Folge eines solchen Vertrages von Versailles.«

ist nicht von der Hand zu weisen; der Vorwurf der Alleinschuld ist ungerecht. Darauf aber gründet sich jetzt das gesamte Friedensdiktat von Versailles. Und dieses Diktat ist verhängnisvoll. Wir haben zu unterscheiden. Dem Besiegten Kriegskosten aufzuerlegen, ist nichts Neues; das tat Deutschland 1871 gegenüber Frankreich auch. Auch jetzt wäre, im Fall eines deutschen Sieges, den Besiegten eine saftige Rechnung präsentiert worden; hatte doch der Staatssekretär Helfferich im Reichsschatzamt während des Krieges angesichts der großen Kriegsanleihen und der damit verbundenen enormen Eigenverschuldung beruhigend versichert, nach gewonnenem Kampf könne man sich das Geld ja bei den Gegnern wiederholen. Darin stünden also die Deutschen moralisch kaum besser da, und es soll hier auch überhaupt nicht mit Moral argumentiert werden – darüber ist die Geschichte längst hinweggegangen. Der große und entscheidende Irrtum im Jahr 1919 ist vielmehr, daß die Sieger glauben, sie könnten ihre ganze Wirtschaft vom Besiegten sanieren lassen und ihn bei der Gelegenheit gleich als Konkurrenten aus dem Feld schlagen – möglichst für das ganze nächste Jahrhundert. Das zeugt von einer tragischen volkswirtschaftlichen Ahnungslosigkeit unter all diesen Berufspolitikern. In einem wirtschaftlich eng verflochtenen, hochindustrialisierten Kontinent kann nicht einer zugunsten der anderen ausgeplündert werden, ohne daß alle anderen auf die Dauer mitgeschädigt werden. Außerdem bleibt die elementarste Logik auf der Strecke: Die horrenden Zahlungen können allenfalls durch eine deutsche Wirtschaft aufgebracht werden, die sich in einem Exportboom Überschüsse verschafft. Aber gerade den deutschen Außenhandel hält man im Würgegriff.

So stimmt das Ganze vorn und hinten nicht. Versailles – das ist schlichtweg eine Katastrophe. Einsichtige Leute bei den Siegern erkennen das. Der englische Diplomat Harold Nicolson, der zur Delegation seines Landes in Paris gehört, schreibt am 8. Juni 1919 an seinen Vater: »Es gibt keinen einzigen unter den Jüngeren hier, der nicht unglücklich und enttäuscht wäre über die Bedingungen. Die einzigen, die damit einverstanden sind, sind die alten Feuerfresser.« Er fühle sich »krank vor Lebensekel«. Selten in der Geschichte der Menschheit habe sich so viel Rachsucht in so viel salbungsvolle Sophistik gekleidet. »Heuchelei war das vorherrschende und unvermeidliche Ergebnis.«

Man versteht, was er meint, wenn man nur vier hintereinanderfolgende Sätze Clemenceaus bei der Übergabe der Friedensbedingungen an die deutsche Delegation unter Reichsaußenminister Graf Brockdorff-Rantzau liest: »Die Stunde der Abrechnung ist da. Sie haben uns um Frieden gebeten. Wir sind geneigt, ihn Ihnen zu gewähren. Wir übergeben Ihnen das Buch des Friedens.« Abrechnung und Frieden – das paßt nicht zusammen. Ahnungsvoll und prophetisch erklärt Marschall Foch, wahrlich kein Deutschenfreund: Der Friede von Versailles sei kein Friede, sondern ein Waffenstillstand, der zwanzig Jahre halten werde. Zwanzig Jahre – dann wird man das Jahr 1939 schreiben ...

Die Versailler Bedingungen fallen wie eine Kriegserklärung über die Regierung Scheidemann her. Die emotionalen Auswirkungen in Deutschland sind verheerend. Der Reichskanzler spricht das berühmte Wort: »Welche Hand müßte nicht verdorren, die sich und uns in diese Fesseln legt!« Gemeint: durch die Unterschrift. Demonstrativ tritt er vom Amt zurück. Das ehrt ihn, aber es ändert nichts. Der alliierte Druck ist unausweichlich. Die Person läßt sich auswechseln, die Sache bleibt. Sein Nachfolger Bauer steht vor demselben Problem. Auch Gustav Bauer ist Kanzler von seiten der SPD. Auf ihr, der stärksten und daher führenden Partei, lastet die schwere Verantwortung, der zu entgehen

sie keinen Ausweg sieht. Es ist von heute her, nach Zeiten totaler Entmündigung im Gefolge des Zweiten Weltkrieges, leicht zu sagen: die deutsche Regierung hätte damals die Unterschrift verweigern und die Drohung der Westmächte, einzumarschieren, gelassen hinnehmen sollen; dann hätten die Alliierten ja die wirkliche Lage erkannt und sehen müssen, daß ihre Forderungen überzogen waren. Die Argumentation übersieht, daß die Deutschen nach 1918 ein ungebrochenes Nationalbewußtsein besaßen und fremde Besetzung des ganzen Landes als unerträglich empfunden hätten. Wer den Unbesiegbarkeitsglauben nicht abgelegt, wer 1918 die Niederlage nicht anerkannt hat, der kann nicht 1919 die Grenzen öffnen: Bitte, holt euch doch euer Rindvieh persönlich ab! Das kam nicht in Betracht.

Daher bleibt der Regierung gar nichts anderes übrig, als zu unterschreiben. Der neue Außenminister Hermann Müller (nach dem Rücktritt von Brockdorff-Rantzau) und der Verkehrsminister Johannes Bell reisen nach Versailles wie zu einer Hinrichtung und setzen ihre Unterschrift unter das fatale Dokument. Das ehrt sie ebenso wie die Verweigerung Scheidemanns; denn sie nehmen etwas auf sich, von dem sie wissen, daß es an ihnen haften wird wie ein Fluch. Der eigene Parteifreund hat ihn ja ausgestoßen, und die politischen Gegner wenden den Ausspruch ohne Absicht des Urhebers gegen seine Genossen. So stehen sie jetzt erst recht am Pranger der Nation, wobei scheinbar alles sich logisch ineinanderfügt: Erst sind sie friedensbereit und unterzeichnen die Kapitulation, dann setzen sie ihre Namen unter den »Schandvertrag«. Die Ereignislinie wird zusammengefaßt zum Schimpfwort »Novemberverbrecher«. Damit wird die demokratisch-parlamentarische Linke Weimars, bis hin zur parteigeographischen Mitte leben müssen, solange die Republik besteht.

IV

Die Empörung im Volk über die unerträglichen Bedingungen der Siegermächte wird bei nächster Gelegenheit mit dem Wahlzettel ausgedrückt werden. Die ersten Reichstagswahlen im Juni 1920, also ein Jahr später, werden der Parteiengruppe, die »Versailles« verantwortet, schwere Verluste bringen. Die SPD verliert dann gegenüber den Wahlen zur Nationalversammlung vom Januar 1919 über 60 Mandate, die Linksliberalen büßen 36 Sitze ein, und das Zentrum schrumpft um 27. Das ist insgesamt ein Rückgang um mehr als ein Drittel der parlamentarischen Repräsentation: Ausdruck sowohl eines Rechtsrucks als auch einer deutlichen Stärkung der gegenstaatlichen USPD auf der äußeren Linken. Die äußerste Linke, die KPD, gewinnt nur eine halbe Million Wähler für sich und zieht mit kläglichen vier

Abgeordneten in den ersten Deutschen Reichstag ein. Aber wir stehen erst im Sommer 1919, als gerade die neue Verfassung, vom Berliner Staatsrechtslehrer Hugo Preuß entworfen, in der Nationalversammlung beraten (und in Teilen abgeändert) wird. Die Nationalversammlung war im Februar in Weimar zusammengetreten. Sie konnte dort ruhiger arbeiten als im aufgeregten Berlin. Daß man gerade Weimar wählte, geschah nicht zufällig. Die deutsche Bildungstradition reichte noch ungebrochen aus der »klassischen« Zeit jenes deutschen Kulturmittelpunktes herüber, und es war ein im Grunde rührender Zug der jetzt herrschenden historischen Aufsteigerschicht, daß sie sich dieses Kulturerbe sichtbar zu eigen machte. Übrigens hatte die Nationalversammlung im Februar Ebert zum »vorläufigen« Reichspräsidenten und Scheidemann zum Kanzler gewählt.

Am letzten Julitag 1919 wird die Verfassung vom Plenum der Nationalversammlung mit 262 gegen 75 Stimmen angenommen. Die Mitte-Links-Koalition (Zentrum, Deutsche Demokraten, SPD) sagt ja, die USPD, die Rechtsliberalen (Deutsche Volkspartei) und die Deutsch-Nationalen sagen nein. Am 11. August 1919 tritt sie, mit den Unterschriften des Reichspräsidenten und der Reichsminister, in Kraft.

Schauen wir uns diese Gründungsurkunde des Weimarer Staates näher an. Es ist ein Dokument des Vertrauens in den mündigen Bürger. Der Obrigkeitsstaat bismarckscher Prägung ist begraben zugunsten der parlamentarischen Regierung – so, wie die Monarchie es in ihrer zwölften Stunde schon gesetzlich verankert hatte. Die Träume der Paulskirche von 1848/49 sind siebzig Jahre danach endlich erfüllt. Außer durch die Parteien kann aber das Volk seine Stimme direkt in Volksentscheiden kundtun. Auch der Reichspräsident wird nach der Verfassung direkt gewählt. Ebert bildet eine Ausnahme; als er gewählt wurde, gab es noch keine Verfassung, und jetzt kann man diesen Akt schlecht für ungültig erklären und noch einmal an der Wahlurne des Volkes nachholen. Das Besondere, das Weimar bei der Person des Staatsoberhauptes von Bonn unterscheidet, ist außer der direkten Wahl auch die weit stärkere Machtausstattung des ersten Mannes. Die Kaiserzeit lag zu nahe, als daß die Verfassungsväter jetzt auf einen Ersatzkaiser verzichten wollen und können. Teils bewußt, teils unbewußt zimmern sie aus Paragraphen eine herausragende Führunggestalt. Damit tritt eine konkurrierende Kraft neben das Parlament. Regiert werden soll zwar durch Parteien, denen der Kanzler und die Minister parlamentarisch verantwortlich sind. Aber der Reichspräsident ist mehr als ein hoher Schiedsrichter. Das wird man erst in der Weimarer Spätkrise richtig erkennen. Dann wird der Notstandsartikel 48 in seiner Hand zu einem Instrument der Neben- oder Ersatzregierung werden.

Was ihm zusätzlich Einfluß verschafft, ist die Schlüsselrolle bei der Kanzlerberufung. Der Artikel 54 ist eine gefährliche Fußangel auf dem Wanderweg der Republik, obwohl man ihm das gar nicht ansieht. Da steht ganz logisch und geradezu selbstverständlich, daß der Kanzler und die Minister zurücktreten müssen, sobald ihnen das Mißtrauen ausgesprochen wird. Nur – was dann? Dann kann das Staatsoberhaupt zusehen, woher es einen neuen Kanzler bekommt. Das Parlament braucht sich darum nicht zu bekümmern. Der große Nachteil liegt auf der Hand. Über Bagatellfragen können sich Zufallsmehrheiten der Unzufriedenheit bilden und die Regierung abwählen. Ein Fünftel aller Weimarer Regierungskrisen ist daraus entstanden, daß die Stabilitätsklausel des »konstruktiven« Mißtrauensvotums fehlte: daß also ein Kanzlersturz nur durch gleichzeitige Neuwahl eines Nachfolgers möglich ist. Hierin hat Bonn aus den schmerzlichen Erfahrungen bei der Vorgänger-Republik die Folgerungen gezogen (Art. 67 des Grundgesetzes). In den Krisenjahren der Weimarer Republik seit 1930 rückte die Person des Reichspräsidenten schon dadurch immer mehr in den Vordergrund, daß das Parlament zwar im Neinsagen schnell bei der Hand war, aber unfähig, noch mehrheitlich einem Regierungschef gegenüber ja zu sagen. So wurde aus der parlamentarischen eine Präsidialdemokratie: von der Verfassung nicht gewollt, aber durch sie möglich. Wieviel ruhiger sich das parlamentarische Leben entwickelt, wenn der Sicherheitsriegel eines Artikels 67 vor den Vertrauensentzug geschoben wird, zeigt sich daran, daß in der bisherigen Geschichte der Bundesrepublik nur zweimal ein Kanzlersturz gelang.

Zur Unruhe des politischen Lebens in der ersten deutschen Demokratie trägt nicht wenig bei, daß – gemäß Art. 22 – ein Verhältniswahlrecht eingeführt ist. In ihrem Gerechtigkeitsdenken haben die Verfassungsjuristen möglichst jede Wahlstimme zur Geltung bringen wollen. Auf diese Weise erhalten Splitterparteien Zugang zum Parlament; etablierte Parteien, die an Auszehrung leiden, bleiben trotzdem drin. Nicht immer ist Gerechtigkeit segensreich. Auch hier hat Bonn bei der »Reinschrift« Weimars seine Lehren gezogen. Die heilsame Fünf-Prozent-Klausel des Wahlgesetzes schützt vor der Wiederholung einer ungesund wuchernden Vielgestalt. Erst wenn eine Partei sich zu dem soliden Rückhalt einer Millionen-Wählerschaft hinaufgedient hat, darf sie an der Gesetzgebung teilnehmen. Wie schwer es neuen Gruppierungen fällt, die Hürde zu überspringen, erlebt die Bundesrepublik seit dreißig Jahren im Bewußtsein einer klaren Überschaubarkeit der Parteienlandschaft. Hierzulande herrscht heute ein Mischsystem zwischen dem Verhältniswahlrecht von damals und dem Mehrheitswahlrecht nach englischem Muster. Das erste ist ganz gerecht, aber unstabil, das zweite läßt viele Wählerstimmen ersatzlos entfallen, schafft aber gesunde Mehrheiten.

Die Weimarer Verfassung ist, als Ganzes betrachtet, ein Werk aufrichtigen Wollens, aus bester Tradition: mit Anleihen bei den Konstitutionen der Vereinigten Staaten, Frankreichs, der Schweiz. Aber die freiheitlichste Staatsordnung auf dem Papier ist nur gerade so gut wie die soziale und politische Gesamtlage, ist nur so leistungsfähig wie die Gesellschaft, die sie trägt. Und hier erweisen sich die Zeitverhältnisse zwischen 1919 und 1932 als ein Härtetest, dem sie nicht gewachsen ist. Einer ihrer stärksten Herausforderer schickt sich eben zu diesem Zeitpunkt an, im öffentlichen Leben eine Rolle zu spielen: Adolf Hitler.

V

Es ist der 12. September 1919. Der ehemalige Gefreite Hitler, der in München noch in der Kaserne lebt, weil er in ein normales bürgerliches Leben nicht zurückfindet nach vier Jahren Schützengraben, besucht eine Parteiversammlung, die an diesem Abend im Sterneckerbräu in einem der bescheideneren Wohnviertel Münchens tagen soll. Sie tagt dort auch. Die Partei heißt Deutsche Arbeiter-Partei (DAP) und ist von einem Eisenbahnschlosser namens Anton Drexler am Beginn dieses Jahres 1919 gegründet worden. Sie verfügt über etwa 50 Mitglieder, besitzt aber großspurig einen »Reichsvorsitzenden«, Karl Harrer. In der Namenverbindung von »Deutsch« und »Arbeiter« liegt eine Herausforderung. Die bestehenden älteren Arbeiterparteien sind marxistisch und daher internationalistisch. Der nicht- oder übernationale Anstrich, den das Proletariat sich im 19. Jahrhundert im Gefolge von Karl Marx, Friedrich Engels gegeben hatte, war aber 1914–1918 in gewissem Maß widerlegt worden; die Arbeiter hatten sich überwiegend zu ihren jeweiligen Vaterländern bekannt und für sie gekämpft. Eine »deutsche«, eine »nationale« Arbeiterschaft schien derzeit ein logischer Gedanke zu sein. Übrigens war er nicht neu. Schon vor dem Ersten Weltkrieg hatte es in Böhmen eine »Deutsche Arbeiter-Partei« gegeben – aus dem ähnlichen Gedanken heraus, daß Grenzlanddeutsche, die ja besonders vaterländisch dachten, den marxistischen Internationalismus nicht mitmachen.

Eigentlich müßte die neue, die Nachfolge-DAP nun wie ein Zündholz in einer Scheune wirken. Wenn die Idee so zeitgemäß ist, warum strömen die Arbeiter ihr nicht zu? Weil sie aus ihrer Deutschbetontheit heraus einen aggressiven Antimarxismus predigt, und die organisierte Arbeiterschaft ist nun einmal weithin marxistisch zu jener Zeit, abgesehen von den katholischen Bergarbeitern an der Ruhr, die sich in der christlichen Gewerkschaft organisiert haben. Bayern, nicht eben ein Gliedstaat mit ausgeprägtem Industrie-Charakter und rauchenden Schlotlandschaften, ist insgesamt kein geeigneter Boden für eine Arbeiter-Partei. Oder liegt es nur an der vereinsmeierlichen Biederkeit und Begrenztheit dieses Vorstands? Denn merkwürdigerweise verändert sich das Vereinsklima fast im Handumdrehen, als der 30jährige Ex-Gefreite erscheint und bald Mitglied wird. Aber fragen wir doch zuerst, was ihn dort hingeführt hat. Die Frage ist nur zu beantworten, wenn wir uns sein bisheriges Leben als Ganzes im Umriß vor Augen stellen.

Geboren wurde er am 20. April 1889, kurz nach dem deutschen »Dreikaiserjahr« 1888, in Braunau am Inn als Sohn eines 51jährigen österreichischen Zollbeamten. Der Vater, ein strebsamer, willensstarker Autodidakt aus unehelicher dörflicher Herkunft, war erst mit 38 Jahren für ehelich erklärt worden und hatte den Mutternamen Schicklgruber in Hitler vertauscht, Alois Hitler. Durch Versetzung nach Passau verbrachte der Vater eine Reihe Jahre in der niederbayerischen Grenzstadt, und der Junge eignete sich den Dialekt an. Später in der »Kampfzeit« in München trugen die mundartlichen Beimischungen des Niederbayerischen mit zu Hitlers Erfolgen bei; für die Bayern war er stammesmäßig verwandter als die Nur-Österreicher.

Zur Schule ging Adolf Hitler in seiner eigentlichen Heimat. Die Schul- und Wohnorte wechselten wiederholt. Anfänglich ein sehr guter Schüler, ließ er nach dem Übergang auf die Realschule in Linz (1900) in den Leistungen nach, mußte die erste Klasse wiederholen. In »Mein Kampf« wird der Leistungsabfall mit dem Wunsch des Vaters, er solle Beamter werden, und dem Protest dagegen durch Lernboykott begründet. Da ein Klassenphoto der Zeit einen gedrückten, freudlosen Zwölfjährigen zeigt, ist ein Zusammenhang nicht von der Hand zu weisen. Er lernte nur noch, was ihm Spaß machte (Geschichte, Erdkunde vor allem), und zeichnete mit beachtlichem Talent.

Er träumte von kommender Künstlergröße und wurde darin von der Mutter bestärkt. Klara Hitler hatte nach drei früh verlorenen Kindern alle Hoffnungen in ihr erstes überlebendes Kind, Adolf, gelegt. Unfreiwillig unterstützte sie damit seine Lernunlust. Was sollen Mathematik, Französisch, Naturwissenschaften, wenn man auf dem Weg ist, ein Genie der Malkunst zu werden... Daher war es für den 16jährigen nicht schwer, zwei Jahre nach des Vaters Tod allen Schulzwang wie eine Fessel abzustreifen. So verließ er die Oberrealschule in Steyr mit dem Zeugnis der 4. Klasse, weit entfernt davon, einen Schulabschluß zu haben. Formell besaß er nicht einmal die mittlere Reife, allenfalls dem Alter nach. Das sollte sich als nachteilig erweisen, als der 18jährige, nach zwei Jahren süßen

Nichtstuns und hochfliegender Zukunftspläne, in Wien durch die Aufnahmeprüfung der Kunstakademie fiel. Der Sturz war bodenlos, jetzt stand er plötzlich vor dem Nichts. Die Prüfer in der berüchtigt strengen, anspruchsvollen Kunstbildungsstätte hatten ihm ersichtliches Nichttalent für Malerei bescheinigt, aber dafür Begabung in der Architektur. Nur: Dafür benötigte der Studierende mindestens das Abgangszeugnis in der Bauschule für Technik als Voraussetzung; dorthin aber gelangte man nicht ohne Mittelschulabschluß. So hatte der Junge sich aus Trotz gegen den Vater wie auch aus Nachgiebigkeit gegen eigene Traumwelten alles verbaut. Vielleicht wäre er aber selbst bei genügenden Voraussetzungen nicht weit gekommen in seinem Ausbildungsweg, weil ausdauernde, systematische Arbeit ihm nicht lag. »Er war entschieden begabt, ... nur pflegte seine Arbeitslust sich immer rasch zu verflüchtigen«, urteilte sein Linzer Lehrer in Französisch und Deutsch, Dr. Huemer.

Der abgewiesene Malerei-Bewerber, wie half er sich? Durch einen hilflosen zweiten Startversuch, der noch eindeutiger fehlschlug als der erste. Von da an hat Hitler keine reguläre Berufsausbildung mehr angestrebt, sondern in Wien die bohèmehafte Existenz eines Amateurmalers geführt, der vom Verkauf selbstgefertigter Postkarten lebte: mit Architekturmotiven, die er in realistischer Genauigkeit von Vorlagen abzeichnete und danach aquarellierte. Die zahlreich erhaltenen Beispiele seines Broterwerbs (besser: Miterwerbs, denn aus Erbschaft und Waisenrente kamen Gelder hinzu, die ihm ein auskömmliches Leben gestatteten) zeigen repräsentative, schön anzusehende Gebäude, die er in gefälliger Weise wiederzugeben verstand. Er suchte immer das Imposante, Eindrucksvolle, die klassizistische Augenpracht. Die aufregenden modernen Kunstrichtungen gerade jener Jahrzehnte gingen an seinem Blick und an seinem Interesse unbeachtet vorüber, der beste Beweis, daß Hitler kein wirklicher Künstler war. Statt die Anregungen der kunstfreudigen Stadtatmosphäre aufzusaugen, um daraus den eigenen Stil zu entwickeln, lebte er völlig im Mal- und Baugeschmack des Überkommenen, und daran änderte sich auch nichts mehr. Besonders seine Vorstellungen von Architektur verharrten rein im Klassizistischen: und möglichst groß, gewaltig, einschüchternd. Seine Bauwut in den Jahren der Macht verwirklichte die Jugendideale, nur ins Gigantische vergrößert, entsprechend seinen Plänen eines kontinentbeherrschenden, neogermanischen Großreiches.

Es stimmt längst nicht mehr, was ältere Hitler-Biographen über seine Wiener Jahre schreiben: daß er dort als armer Hungerleider herumvegetierte, eine halbe Stadtstreicher-Existenz. Emsige Recherchen haben seinen damaligen Sozialstatus so durchleuchtet, daß man seine

J. F. Klinger

BRAUNAU
STADTGRÄBEN 318

äußeren Lebensumstände in Wien heute gut kennt. Zur Hungerleider-Legende trug Hitler selber nicht wenig bei, indem er in »Mein Kampf« aus taktischen Erwägungen, um Sympathien bei vielen inzwischen Verarmten zu gewinnen, erzählte, er habe »fünf Jahre Elend und Jammer« erlebt. Das gilt nicht mehr. Aber dennoch lebte er eigenbrötlerisch und seltsam menschenarm am Rande der Gesellschaft, in ziellosem Trott, wobei Visionen irgendeiner unbestimmten Zukunftsbedeutung aus Tiefenschichten seines Bewußtseins aufstiegen. Sein einziger Freund jener Jahre, August Kubizek aus Linz, der jetzt in Wien Musik studierte, hat in seinen Erinnerungen ein Bild vermittelt, wonach wir uns einen Müßiggänger mit einem Sendungsbewußtsein vorzustellen haben, das auf seine Chance wartete, eine Chance, die mehr im Öffentlich-Politischen, nicht im Künstlerischen zu liegen schien.

Hier ist natürlich die Frage am Platz, was für ein Weltbild sich damals in einem Menschen formte, der ja nun in der Tat zu einiger Bedeutung in unserer Welt gelangt ist. Zeigte sich schon deutlich oder wenigstens in Ansätzen, was er später in den Mittelpunkt seines Handelns gestellt hat: Rassenkampf und Raumgewinnung?

Wien war ein Schmelztiegel, im kleinen ein Abbild der Vielvölker-Monarchie. Slawisches, Ungarisches, Deutsches mischten sich von altersher, und neuerdings strömten Scharen verarmter Juden aus den kompakten jüdischen Siedlungsgebieten der Monarchie, vor allem aus Galizien, herbei, um hier vielleicht, in der glitzernden Metropole, ihr Glück zu machen. Die vielen Habenichtse bildeten einen nicht geringzuschätzenden Faktor sozialer Spannungen und Konkurrenz, wie Theodor Herzl, einer der großen Vorkämpfer der Juden für die Wiedergewinnung eines eigenen Staates, ohne Beschönigung aussprach. Was er nüchtern und leidenschaftslos als Tatbestand registrierte, taten andere mit Zorn und Eifer: Die Juden seien ein Unglück, die Gesellschaft werde von ihnen überfremdet, man müsse sich wehren, zum Beispiel durch Boykott ihrer Geschäfte, durch Ausschluß der Juden aus »nationalen« Gesellschaften, Vereinen. Das geschah auch. Auf dem Exerzierfeld Österreich wurde vieles eingeübt, was in Hitlers Staat verschärft und riesenhaft gesteigert wiederkehrte.

Schon allein aus dieser Ereignisverwandtschaft läßt sich mit Gewißheit annehmen, daß Hitler in seiner Jugend nicht unberührt geblieben sein konnte von den Haßgesängen des Ritters Georg von Schönerer, des Wiener Bürgermeisters Karl Lueger, des Rassenfanatikers Jörg Lanz (»von Liebenfels«) mit seinen schaurigen Hirngespinsten von blondblauen arischen Edelmenschen auf der einen Seite und dunklem minderwertigen Schöpfungspfuschwerk auf der anderen. Wer 1909–13 fünfeinhalb Jahre in Wien, mit der antisemitischen Grundstim-

Als Kleinkind *(linke Seite oben)*, Schüler *(unten, oberste Reihe Mitte)* und Soldat *(oben, rechts mit Hund):* Adolf Hitler, Sohn des Zollbeamten Alois Hitler und der zärtlich geliebten Mutter Klara, geb. Pölzl. Der Erziehungsstil im Hause Hitler unterschied sich in wenigem vom damals üblichen, höchstens darin, daß der ungewöhnlich alte Vater – bei Adolfs Geburt immerhin 51 – ungewöhnlich starre Ansichten hatte und damit ungewöhnliche Aufsässigkeit beim eigenwilligen Sohn provozierte. Der Junge, der um keinen Preis die vom Vater gewünschte Beamtenlaufbahn einschlagen wollte, scheiterte in der Schule und als Künstler. Erst als Soldat des bayerischen Königs im Infanterie-Regiment Nr. 16 (List) konnte sich Hitler im Weltkrieg bewähren. Das Fronterlebnis prägte ihn entscheidend, und die Niederlage wies ihm dann den Weg: Er »beschloß, Politiker zu werden«. Ausgerüstet war er dafür mit stabilen Vorurteilen, die die Katastrophe von 1918 zum »granitenen Fundament« seiner Weltanschauung gehärtet hatte: In einem gewaltigen Endkampf wollte er das Ariertum zum Sieg über die Weltverschwörung des Judentums führen.

mung in beträchtlichen Teilen der Bevölkerung, zugebracht hat, wer danach bei seinem ersten politischen Auftreten 1919 als praktisch fertiger Antisemit mit einem perfekten Feindbild ausgestattet war – der dürfte schon vor dem Ersten Weltkrieg manches davon in sich getragen haben, für Judenhaß empfänglich gewesen sein. Seltsam nur, daß alle vorhandenen Lebenszeugnisse aus der Zeit nichts darüber enthalten. Das Wort Jude kommt in Hitlers Werdegang bis 1918 in keinem Schriftstück vor. Nach zehntausenden Seiten biographischer Spürarbeit und Forschungs-Akribie haben wir davon auszugehen, daß es ein frühes, negatives Schlüsselerlebnis bei Adolf Hitler in bezug auf die Juden nicht gab. Wie es zu der später einzigartigen Haßverdichtung bei ihm gekommen ist, läßt sich mit einiger Sicherheit nicht bestimmen. Er wird »in Maßen« Antisemit gewesen sein, aber wie und wodurch ereignete sich der »Sprung« in den Haß? Durch die Niederlage 1918 und seinen persönlichen Schock? Hier wird manches rätselhaft bleiben, um so mehr, als seine nachweislichen Begegnungen mit Juden positiver Art waren: Der Arzt seiner Mutter, Dr. Bloch, war Jude. Er hat die krebskranke Frau bis zum Tod 1907 behandelt und hat noch im Zweiten Weltkrieg in Amerika bezeugt, Hitler habe sein Versprechen, »ihm immer dankbar zu sein«, stets eingehalten. In Wien gehörten wohlhabende Juden zu den regelmäßigen Abnehmern seiner Bilder. Und im Ersten Weltkrieg war es ein jüdischer Regimentsadjutant, der den Gefreiten wegen Tapferkeit zum Eisernen Kreuz I. Klasse vorschlug. Dies alles läßt sich mit dem Haß gedanklich nicht logisch zusammenordnen.

Auf festerem Grund steht man bei der Suche nach Ansätzen für seinen ausgeprägten Nationalismus. Der schon genannte niederösterreichische Politiker Schönerer war ein Deutsch-Nationaler, der den Vielvölkerstaat, die Habsburger Monarchie leidenschaftlich ablehnte und für einen Zusammenschluß des deutschstämmigen Österreich mit dem Deutschen Reich eintrat. Sehr bezeichnend, daß sein Bewunderer die Propagandaschrift »Mein Kampf« mit dem Bekenntnis einleitet, er betrachte die Wiedervereinigung beider Staaten als »eine mit allen Mitteln durchzuführende Lebensaufgabe«. Sein Geschichtslehrer in Linz, Dr. Poetsch, muß ihn wohl am frühesten in diesem Sinne beeinflußt haben. »Wer konnte auch unter einem solchen Lehrer deutsche Geschichte studieren, ohne zum Feinde des Staates zu werden, der durch sein Herrscherhaus in so unheilvoller Weise die Schicksale der Nation beeinflußte?« So steht es gleichfalls in »Mein Kampf«. Viele Formulierungen, die später in München zu seinem, Hitlers, demagogischen Sprachschatz gehörten, fanden sich bereits bei den »Alldeutschen«, deren Zeitschriften er anscheinend als Schüler in Linz kennengelernt hat. Die Alldeutschen wollten alles Deutsche in Europa in gemeinsamen Grenzen sammeln, so daß sie notwendig einen imperialistischen Weltanschauungskurs steuerten. Diese Weltmachtträumer dachten in geradezu abenteuerlichen Raumausdehnungen, bauten sich ein deutsches Ostimperium in Gedanken zurecht, das bis zum Persischen Golf reichte. Es fällt nicht schwer, hier Ursprünge und Grundlagen für Hitlers ostwärts gerichtetes Lebensraum-Programm zu erkennen. – 1913 ging der 24jährige von Wien nach München (in »Mein Kampf« steht irrtümlich oder absichtlich verschleiernd: 1912). Der Verfasser will uns den Eindruck vermitteln, er habe es in dem »Rassenbabylon« nicht mehr ausgehalten und sich endlich nach einer »deutschen« Stadt gesehnt. Erst die Forschungen der letzten Jahrzehnte haben als eigentlichen Grund der Übersiedlung ergeben, daß Hitler vor dem habsburgischen Wehrdienst ausgerissen ist. Das geschah nicht aus Feigheit oder Widerwillen gegen das Soldatsein; nur in der völkerbunten, »undeutschen« Armee der Donaumonarchie wollte er nicht dienen. Schon 1909 wäre seine Dienstpflicht fällig gewesen. Damals entzog er sich durch häufigen Wechsel der Unterkunft dem Zugriff der Behörden und versuchte »Gustl« Kubizek vergeblich dazu zu überreden, sich nicht zu stellen. Nach Jahren unbehelligten Wohnens in einer Großpension mit Einzelzimmer (»Männerheim«) schien der Wehrflüchtige sich 1913 neuerlich bedroht zu fühlen und siedelte deshalb nach Deutschland über. Die langsam arbeitende österreichische Bürokratie fand aber trotzdem seine Spur und langte mit dem Arm kollegialer deutscher Amtshilfe nach ihm. Hitler mußte, ob er wollte oder nicht, zur Musterung nach Österreich – und wurde wegen schwächlicher Gesundheit als »waffenunfähig« vom Wehrdienst befreit.

Das passierte im Februar 1914. Ein halbes Jahr später brach der Erste Weltkrieg aus, und der Schwächling gehörte zu den ersten, die sich begeistert freiwillig meldeten – in der Armee des bayerischen Königs. Nach neun Wochen sehr harter Ausbildung wurde er mit seinem Regiment nach Flandern transportiert und augenblicklich in schwere Kämpfe verwickelt. Hitler, tollkühn und todesmutig, scheute keine Gefahr und erwarb sich als Meldegänger (seit 1915) den Respekt seiner Kameraden und seiner Vorgesetzten. 1918 erhielt er das »EK I«, für einen Gefreiten eine selten verliehene Auszeichnung. Denn Gefreiter ist er vom November 1914 bis zum November 1918, bis zum Waffenstillstand, geblieben. Kurz vor Kriegsende geriet er in einen Gasangriff der Gegner und erblindete zeitweilig. In dem Zustand erlebte er die Niederlage, die Proklamation der Republik, die Abdankungen der deutschen Fürsten.

Er selber stellt den 9. November 1918 und die Ereignisse darum herum, die in seine leidvolle Finsternis im

Lazarett Pasewalk in Mecklenburg drangen, als ein Schockerlebnis dar. Wir haben keinen Anlaß, daran zu zweifeln, so vorsichtig alle Selbstaussagen Hitlers auch zu behandeln sind. Er hatte vier Jahre lang im Schützengraben eine Art Heimat gehabt, sah sich zum erstenmal im Leben anerkannt; schon dieser »Heimatverlust« mußte ihn schmerzlich treffen. Dazu kam der für ihn unverständliche Ausbruch der Revolution; denn aus seiner Meldegänger-Sicht stand die Front noch immer fest, und der einfache Soldat hatte keinen Einblick, wie ungleichgewichtig die Kräfte geworden waren. Der Nationalist Hitler, der Patriot, fühlte sich verraten und glaubte ernsthaft an den »Dolchstoß« marxistischer Pazifisten. Spätestens jetzt wurde er zu einem erbitterten Feind der Sozialdemokratie.

Den Schock, den der »blinde Krüppel« im Lazarett durchmachte, hat er als die Initialzündung seines öffentlichen Wirkens dargestellt, als Erweckung: »Ich aber beschloß, Politiker zu werden.« Die Schuldigen hatte er schon entdeckt; nun galt es, die »Schmach« zu rächen. In diesen Tagen und Stunden begann eine der verhängnisvollsten Karrieren der Weltgeschichte. Hitlers unbestimmte Sendungsgefühle hatten ihre befreiende Chance gefunden: Niederlage, Revolution, Umsturz der Werte, eine aus dem Gefüge geratene Ordnung, Ratlosigkeit. Hier konnte einer etwas werden, der bisher, jedenfalls vor dem Krieg, als Kümmerpflanze zwischen gesellschaftlichen Prachtgewächsen aus Adel, Militär und Beamtenschaft vegetiert hatte. Jetzt ließ sich eine neue Laufbahn aus dem Nichts gründen. So rational hat er das natürlich nicht gesehen, aber als Instinktmensch erkannte er fährtensicher Aufstiegs- und Betätigungsmöglichkeiten, die es für seinesgleichen, ohne Examina und Diplome, bis dahin im öffentlichen Leben nicht gegeben hatte. Und irgendwie drängte es ihn aus dumpfen Tiefenschichten in die Menge, die Masse...

Der Weg vom Erkennen zur Tat verlief allerdings in Windungen. Zunächst änderte sich gar nichts. Der Genesene wurde nach München zu seiner alten Einheit entlassen. Die Frontkämpfer schieden teils aus der Armee aus, um ins bürgerliche Leben zurückzukehren, teils fanden sie den Anschluß nicht mehr und lebten weiter in der Kaserne. Die Armee wurde ja erst ein Jahr später, mit Inkrafttreten des Versailler Vertrages, einer radikalen Abmagerungskur unterworfen. Hitler, von dem aus der ersten Jahreshälfte 1919 keinerlei Selbstzeugnisse existieren mit Ausnahme einer Datentabelle über seine Stationen der Kriegszeit, tauschte seinen Kasernentrott lediglich im März mit Gefangenenbewachung im Lager Traunstein. Bewegung kam erst wieder in sein Leben, als die Räteherrschaft niedergeschlagen war und München in Reaktion darauf einen Rechtsruck erlebte.

Jetzt, im Frühjahr 1919, organisierte die Reichswehr parallel dazu politische Aufklärungsarbeit. Ein kommunistischer Umsturz sollte sich nicht wiederholen. Die Reichswehrführung gab hierfür eine Grundsatzerklärung heraus, in der es hieß: »Unter dem Schutz der jungen Reichwehr muß eine sinnvolle Neubegründung aller innerstaatlichen Verhältnisse unseres Vaterlandes durchgesetzt werden können.« Die politische Aufklärung im Heer habe die Aufgabe, nationales Selbstvertrauen zu wecken. Eine Propaganda- und Nachrichtenabteilung entstand unter Leitung von Hauptmann Karl Mayr. Mayr suchte nationalgesinnte Vertrauenspersonen (»V-Männer«) für die gestellte Aufgabe. Hitler, der dem Hauptmann als »national zuverlässig« aufgefallen war, wurde mit anderen von gleicher Gesinnung zu Aufklärungskursen in die Universität München geschickt. Hochschullehrer und auch externe Lehrkräfte rüsteten sie dort weltanschaulich aus, und dann ging's hinaus ins Lager Lechfeld, wo deutsche Heimkehrer aus der Kriegsgefangenschaft als· anfällig für linke Parolen galten, als zum Teil »verseucht«.

Über die fünftägige Propagandaarbeit und die Erfolge mußten die Teilnehmer hinterher dem Reichswehrgruppenkommando Bericht erstatten, aus eigener Sicht. Von hier stammen die ersten Zeugnisse über Hitlers Redetalent. Einer seiner Mit-Aufklärer schrieb: »Hitler... entpuppte sich als hervorragender und temperamentvoller Redner und fesselte die Aufmerksamkeit der ganzen Zuhörer für seine Ausführungen.« Hitler selbst hat den Widerhall seiner ersten rednerischen Kontaktnahme mit der Masse Mensch ausdrücklich als Erfolgserlebnis in »Mein Kampf« verbucht. Was er bisher dumpf gefühlt habe, sei hier bestätigt worden: »Ich konnte reden!« Wer sich auf einen Stichtag für den Beginn seines politischen Wirkens nicht festlegen mag, vielmehr eine Reihe von Stichdaten erkennt, wird jedenfalls in den Tagen vom 20. bis 25. August 1919 einen sehr entscheidenden Einschnitt sehen.

Kurz danach hatte der rührige Hauptmann einen anderen Auftrag für seinen zuverlässigen Gefreiten. Mayr, der die politische Szene in München mit ihrer Unzahl nationaler Clubs und Zirkel sorgfältig beobachtete, wollte gern über die DAP Bescheid wissen. Und so sind wir denn wieder bei jenem 12. September 1919 angelangt. Hitler findet in dem Hinterzimmer des Restaurants eine kleine Versammlung von 45 Leuten, die sich einen Vortrag anhören (von Gottfried Feder über »Zinsknechtschaft« des jüdischen Kapitals) und anschließend diskutieren. Durch ein provozierendes Stichwort greift der Gast von der Reichswehr in die Debatte ein, derart leidenschaftlich, daß der Parteigründer Drexler seinem Nebenmann im schönsten Bayerisch zuflüstert: »Mensch, der hat a Gosch'n, den kunnt mer braucha.«

Der Mensch mit der Gosch'n verläßt die Versammlung; folgen wir seinen eigenen Angaben, mit eher abschätzigen Gefühlen. Angeblich hat er dann eine Mitteilung bekommen, er sei in die Deutsche Arbeiter-Partei aufgenommen worden. Das ist fraglich, denn wer schon aufgenommen ist, braucht doch nicht mehr um Aufnahme zu ersuchen. Das aber ist geschehen; der Aufnahmeantrag ist erhalten. Er trägt das Datum vom 19. Oktober 1919. Hitler gibt als Beruf Kaufmann an und fügt hinzu, er möchte Werberedner werden, »man spricht mir diese Begabung zu«. So wird er Mitglied der DAP, wird siebenter Funktionär des Arbeitsausschusses, mit dem Aufgabenbereich: Werbung. Aus dieser Zahl machte er die legendäre »Nr. 7« der Parteimitgliedschaft, was nicht stimmt. Die Partei besitzt bis dahin 54 Mitglieder, und der Neuzugang ist der Fünfundfünfzigste. Da die DAP aber nach außen hin mehr sein will, als sie ist, hat sie erst bei 501 begonnen zu zählen... Adolf Hitlers erster Mitgliedsausweis in der Deutschen Arbeiter-Partei trägt die Nummer 555.

VI

Im politischen Kräftespiel des Jahres 1919 ist Adolf Hitler eine gänzlich unbekannte Größe. Doch was sich in diesen Monaten und in den folgenden drei Jahren in München, unbeachtet von der außerbayerischen Öffentlichkeit, entwickelt und aufbaut, ist nichts Geringeres als die Keimzelle des Dritten Reiches. Hier unten wird erprobt, was ein reichliches Jahrzehnt danach auf der Weltbühne Berlin aufgeführt werden wird. Wir müssen deshalb im weiteren Verlauf zwischen München und der Berliner Reichspolitik pendeln, je nachdem, wo gerade die Schwerpunkte liegen.

Die Gesamtentwicklung Weimars wird nach den aufregenden Anfangsereignissen ruhiger, abgesehen vom kritischen Jahr 1923. Wenn man die Geschichte der Republik graphisch veranschaulicht, als einen Gebirgszug, dann beginnt die Wanderung sofort mit den mächtigen Bergmassiven des Anfangs, von wo an der Weg durch flachere Zonen verläuft, mit kleineren Erhebungen (Kapp-Putsch, Rathenau-Mord) und einem hohen Anstieg nach einem Drittel der Gesamtstrecke (Ruhr-Besetzung, Inflation, Hitler-Putsch, Rentenmark). Von da an geht es bequem weiter bis zu den wolkenumhüllten Gipfeln auf der letzten Strecke: das ist die große Krise, die schließlich ins Hitlerreich hinüberführt. Aus dem Bildvergleich ergibt sich, warum den Frühereignissen der Republik relativ viel Platz eingeräumt worden ist. Dort ballt es sich, dort nimmt seinen Ausgang, was in der Spätkrise zur Entscheidung kommt. Man versteht das Ende nicht, wenn die Anfangszeit zu rasch durchschritten wird.

Kaum ist Hitler Werbeobmann der DAP, da entfaltet er eine Energie, die vor dem Hintergrund seines bisherigen Lebens wie eine Verwandlung wirkt; als sei einer alten Karosserie ein neuer Motor eingebaut worden. Es ist aber in Wahrheit kein neuer Mensch aus seiner alten Hülle herausgewachsen, sondern er hat lediglich nach längerem Suchen die endgültige Richtung gefunden. Die erkannte Rednerbegabung und die unscheinbare Hinterstubenpartei ziehen einander wie zwei Magneten an. Mit einer jungen, formbaren politischen Kraft, meint er, lasse sich besser arbeiten und beweglicher manövrieren als innerhalb der verkrusteten Führungsgremien der bestehenden großen Parteien. Sein schlummernder Demagogen-Instinkt hält sie auch für lenkbarer und sich selber insgeheim für den kommenden Steuermann. Augenblicklich reißt er seinen kläglichen Verein aus seiner Selbstgenügsamkeit und zerrt ihn ins Rampenlicht. Nur durch ständiges Auftreten kann Aufmerksamkeit erlangt werden. Und allmählich werden die Münchner aufmerksam auf die drei Buchstaben und den rührigen Werber. Im Winter 1919/20 nehmen die Teilnehmerzahlen der Versammlungsabende stetig zu. Hitler verdrängt den »Reichsvorsitzenden« Harrer von der Spitze, weil Harrer von der Thule-Gesellschaft, einer völkischen Gruppierung mit einflußreichen Persönlichkeiten, abhängig ist; unkontrollierbare Hintermänner aber will der selbstbewußte Agitator nicht dulden: So ficht er mit Erfolg seinen ersten Machtkampf aus. An Harrers Stelle darf Drexler die Partei führen; er hat sie ja auch gegründet. Der Regisseur hält sich persönlich noch zurück.

Im Februar 1920 gibt die DAP durch den Mund ihres Werbeobmanns die »25 Punkte« bekannt, ihr Parteiprogramm. Wäre Hitler im Parteihaus schon Alleinherrscher, so hätte er wahrscheinlich darauf verzichtet, die DAP an Paragraphen zu fesseln; man wird dadurch taktisch unbeweglich, und er ist Taktiker durch und durch. Hieraus läßt sich die Annahme ableiten, daß er an der Formulierung der 25 Punkte nicht maßgeblich, allenfalls redaktionell beteiligt war. Aber die Partei bekannte sich später unter seiner Führung zu ihren frühen Grundsätzen. Sie galten zu dem Zeitpunkt schon als ein Denkmal der historischen Anfänge.

Die wichtigsten Forderungen des Programms: Zusammenschluß aller Deutschen zu einem Großdeutschland aufgrund des Selbstbestimmungsrechts der Völker (1); Aufhebung der alliierten Friedensbestimmungen (2); Ausschluß der Juden aus der Volksgemeinschaft, da sie nicht »deutschen« Blutes seien (4); Juden dürfen keine öffentlichen Ämter bekleiden (6) und sind im Falle unzureichender Ernährung für die Gesamtbevölkerung auszuweisen (7); Kriegsgewinne sind einzuziehen (12); Arbeitnehmer müssen an den Gewinnen der Großbetriebe beteiligt werden (14); Bodenspekulation ist zu

verhindern und eine Bodenreform einzuleiten (17); Bildung eines Volksheeres (22); im Presseberuf dürfen keine Juden arbeiten (23); für den Staat wird eine starke Zentralgewalt gefordert (25).

Als Partei, die sich den Arbeitern verpflichtet fühlt, muß sie arbeiterfreundliche Programmpunkte vorlegen (12, 14, 17). Später, in der großen Wirtschaftskrise, wenn Hitler sich bei den Unternehmern um Spenden bemüht und überhaupt bei ihnen gesellschaftsfähig werden will, werden die Herren in den Chefetagen mit ärgerlichem Zeigefinger auf diese Paragraphen weisen, und Hitler wird Mühe haben, sie nur als Verzierung hinzustellen. Tatsächlich denkt er aber so, er ist viel mehr Kapitalist als Sozialist und will nicht ernsthaft am Eigentum rühren – wird es im Dritten Reich auch nicht tun. Letztlich interessieren ihn diese Streitprobleme, die die Industrialisierung des 19. Jahrhunderts in die Welt gesetzt hat, überhaupt nicht, sondern nur und einzig das Nationale und alles, was damit zusammenhängt. Im Parteinamen Nationalsozialismus ist nur der erste Bestandteil für ihn von wirklichem Belang. Übrigens geschieht es gerade jetzt, Ende Februar 1920, daß die DAP sich die beiden zusätzlichen Buchstaben zulegt und daraus den neuen Namen NSDAP entstehen läßt. Inhaltlich ändert sich nichts, denn »national« verdeutlicht nur, was schon in »deutsch« enthalten ist, »sozialistisch« ist lediglich eine Unterstreichung des Wortes »Arbeiter«: vom Sinn her also eine unnötige Buchstabenvermehrung. Sie aber ist es, die sich von jetzt an mit dem Namen Hitler untrennbar verbindet.

Die Säle in München, bald auch in der bayerischen Provinz, füllen sich, sobald »Herr Hitler« auf den Plakaten als Redner angekündigt wird. Wie kommt es? Wer heute Redeausschnitte von ihm hört, ihn dabei mit wilden Gesten agieren sieht, fragt sich hilflos, wie der Mensch einmal die Massen hat bewegen können. Meistens schreit er, schleudert seine Wortkaskaden mit kehliger Heiserkeit und rrrollendem »r« in die Menge; das wirkt belustigend oder stößt ab. Er ist einfach nicht übertragbar auf ein gänzlich verwandeltes Zeitklima, in dem die großen pathetischen Worte nicht mehr »ankommen«. Damals war es anders, Paukentöne gehörten ins nationale Orchester, der Zeitgeist war mit vaterländischem Vokabular getränkt. Daß dies anders geworden ist, daran hat der große Ruinierer des Vaterlandes selber den allerstärksten Anteil.

Wichtiger zum Verständnis des Redners Hitler ist aber seine Ausstrahlung, die sich durch Funk oder Fernsehen nicht mehr vermitteln und übertragen läßt. Unzählige sind damals von einer seltsam medialen Kraft, einer suggestiven Wirkung ergriffen worden, die rational nicht erklärbar ist. Von jeher aber haben die großen Volkstribunen über irrationale Wirkungsmittel verfügt. Wenn Hitler vor der Menge stand, begann das unbe-

Mit dem geborenen Agitator Hitler *(unten, bei einer Wahlrede)* gewann die Hinterzimmer-Partei DAP *(oben, Zentrale im Münchner Sterneckerbräu)* rasch Zulauf. Die Dopplung des Namens Deutsche Arbeiter-.Partei durch die Vorschaltung des Beiworts »Nationalsozialistische« erwies sich dabei als zugkräftig.

wußte Wechselspiel der Gefühlskontakte. Mit unfehlbarem Spürsinn erfaßte er die Stimmungslage der Zuhörerschaft, ob er »ankam« oder auf Vorbehalte stieß, und richtete die Wortwahl und den Tonfall darauf ein. Die Zeitsorgen und drängenden Probleme, die Affekte und Ängste der Menschen im Saal fing er auf wie eine Antenne die Funksignale und verstand, all dies, was »in der Luft lag« und sich ihm mitteilte, mit schlagwortartiger Vereinfachung wieder an die Zuhörer abzugeben. Das Leitungssystem von Empfang und Wiedergabe, die Empfindungsübertragung zwischen Redner und Masse gelang hier naturhaft, wurde aber von Hitler zunehmend bewußt gestaltet und verfeinert, mit eingelernten Mitteln der Rhetorik. Unbestreitbar entwickelte sich im Lauf der Jahre einer der größten Volksführer der Geschichte, ein Rattenfängergenie. Begabt mit seinen Mitteln, hätte er – rein theoretisch – jede beliebige Menge lenken können. Seine Erfolge verdankte er indes zusätzlich dem Umstand, daß er die hauptsächlichen Abwehrreaktionen der überwiegenden Mehrheit mit persönlicher Leidenschaft, mit eigenem Haß teilte. Wie so viele die Juden ablehnten, so hatte er wichtige, empfängliche Jahre in dem von verarmten Juden überfluteten Wien verbracht; wie so viele die Marxisten verachteten, so hatte er prägende Eindrücke in der Münchner Rätewirrnis in sich aufgenommen; wie so viele an das Märchen von der unbesiegten Front glaubten, so hatte er, der persönlich Tapfere, natürlich die »Beweise« für die Dolchstoß-These; wie fast alle gegen »Versailles« wetterten, so fand er, der alldeutsche Nationalist, die Bedingungen der Sieger ganz besonders empörend – und so fort. Hitlers Aufstieg: das war in hohem Maße das Ineinander, die Verwandtschaft zwischen Zeit und Person, zwischen Kollektiv und Individuum. Nur wenn wir uns darüber klar sind, werden wir vor dem Irrtum bewahrt, in Hitler einen reinen »Betriebsunfall« der deutschen Geschichte zu sehen. Eine Interessengemeinschaft zwischen breiten Bevölkerungskreisen und dem einzelnen Demagogen trug ganz wesentlich dazu bei, daß er an die Macht gelangte. Doch ohne die tödliche Wirtschaftskrise wäre dies vermutlich trotz allem nicht geschehen.

Bis dahin sind noch zehn Jahre Zeit. Im März 1920 hat die geplagte Republik eine neue Kraftprobe zu bestehen. Der ostpreußische Verwaltungsbeamte (Generallandschaftsdirektor) Wolfgang Kapp, ein schon von früheren Aktivitäten her bekannter Alldeutscher, 61 Jahre alt, verbindet sich mit dem Reichswehrgeneral Walther Freiherr von Lüttwitz zum Putsch gegen die Reichsregierung. Äußerer Anlaß ist die Versailler Bestimmung, die Streitkräfte auf das Hunderttausend-Mann-Heer zu verringern, was viele in der Armee als unerhörte Zumutung ablehnen; die meisten freilich fügen sich. Die Truppe ist unpolitisch erzogen und dient der politischen Staatsgewalt, ob bereitwillig oder widerwillig sei dahingestellt. Lüttwitz fügt sich nicht und wird damit zum militärischen Arm des im Wortsinn machtlosen Kapp. Der General ist der Musterfall derjenigen Offiziere, die sich zuerst für die Republik geschlagen haben (gegen die Spartakisten) und jetzt, da die früheren Machteliten aus der Betäubung von 1918 erwacht sind, den Spieß umkehren gegen die eigene Zentralgewalt.

Dennoch finden beide nicht die erwartete Unterstützung. Das »System« ablehnen und mit Waffen dagegen kämpfen ist zweierlei. Die leitende Beamtenschaft verweigert Kapp den Dienst, als er in Berlin erscheint und anfangen will zu regieren. (Das Kabinett Gustav Bauer ist nach Dresden und Stuttgart geflüchtet). Die Reichswehr als Ganzes versagt insofern, als sie sich den Rebellen aus den eigenen Reihen nicht entgegenstellt (»Reichswehr schießt nicht auf Reichwehr«). Dafür treten die organisierten Arbeiter in den Generalstreik, und nach wenigen Tagen ist der Spuk vorbei. Gleichzeitig beginnt statt dessen eine kommunistische Aufruhrbewegung im Ruhrgebiet – nach dem Angriff von rechts außen also ein neuer von links außen. Zuerst kämpfen Freikorps vergeblich gegen die »Rote Armee«, dann marschiert Reichswehr ein und schlägt den Aufruhr in schweren Kämpfen nieder. Das alte Grundmuster von der Wende 1918/19 schimmert wieder durch: Wenn Kommunisten sich erheben, dann schützt man vergleichsweise doch noch lieber den ungeliebten Weimarer Staat... Die ganze Wirrnis der Zeit ist an diesen Frontwechseln abzulesen.

Das weitere Jahr 1920 und das Jahr 1921 ragen nicht durch vergleichbare Ereignisse heraus. Aber 1922 tritt Deutschland außenpolitisch zum erstenmal wieder eigenständig hervor. In Rapallo, einem Kurort bei Genua, vereinbaren Deutschland und die Sowjetunion den beiderseitigen Verzicht auf alle Ansprüche, ferner diplomatische und konsularische Beziehungen und zuletzt wechselseitige Meistbegünstigung im Handel. Zwei Kriegsverlierer, zwei international Geächtete, zwei Außenseiter der Völkerfamilie verbinden sich zu lockerer Interessengemeinschaft, weil sie beide glauben, davon Gewinn zu haben. Deutschland speziell folgt dem physikalischen Gesetz, wonach beständiger Druck auf die eine Seite eines Körpers dessen Ausweichen zur anderen Seite bewirkt. Der Druck – das ist die unerbittliche Siegerpolitik vor allem Frankreichs. Aber auch Lloyd George ist nicht unschuldig am Rapallo-Vertrag, diesem aufregenden Randergebnis der großen internationalen Wirtschafts- und Währungskonferenz von Genua: Dreimal hatte ihn Reichsaußenminister Rathenau an den Vortagen um eine Unterredung gebeten; dreimal hatte der Premierminister sich entschuldigen lassen. Rathenau, der im Grunde viel lieber Verständigung mit dem Westen sucht, folgt dem Lockruf der Sowjets daher widerstrebend. Tragischer Augenblick: Als er zum Vertragsabschluß fahren will, lädt Lloyd George telefonisch zu einer Zusammenkunft. Als sie zustande kommt, ist schon unterschrieben. Der Vertragsabschluß schlägt wie eine Bombe ein. So harmlos das deutsch-sowjetische Abkommen ist, so schockierend wirkt es. Die Alliierten vermuten natürlich Geheimklauseln dahinter, die es nicht gibt. In den westlichen Delegationen und in den Hauptstädten Frankreichs und Englands kocht Empörung. Der Vertrag wird aber bis zu Hitlers Machtantritt, elf Jahre lang, buchstabengetreu eingehalten. Für die Sowjets bildet Rapallo den Einstand auf der politischen Weltbühne, für die Westmächte wird der Name zum Reizwort mit Symbolgehalt für jede Art von deutsch-sowjetischen Absprachen, und für Rathenau ist es ein diplomatischer Erfolg.

Kurz darauf, im Juni 1922, fällt er einem Mordanschlag von Rechtsradikalen zum Opfer. Wie stets im Wagen auf derselben Fahrtroute vom Grunewald in die Innenstadt und an diesem warmen Sommertag auch noch mit offenem Verdeck, macht er es seinen Mördern leicht. Das Angebot des Polizeischutzes hatte er abgelehnt. Als Jude und als »Erfüllungspolitiker«, wie die Konkursverwalter des verlorenen Krieges abschätzig genannt wurden, war er doppelt gefährdet im Klima der Verhetzung. Aber der Berufung ins Auswärtige Amt hatte der weltläufige, sprachenkundige, umfassend gebildete frühere Firmenchef der AEG sich nicht entziehen wollen: »Ich muß ja, sie haben keinen anderen gefunden, der im Ausland etwas gilt.« Für Deutschland ist Rathenaus Tod ein unersetzlicher Verlust; er wurde umgebracht von Leuten, die anscheinend nicht wußten, wie »vaterländisch« dieser Jude dachte; 1914–1918 hatte er die Kriegsrohstoffabteilung im preußischen Innenministerium geleitet und das Reich vielleicht überhaupt nur durch sein Organisationstalent in die Lage versetzt, wirtschaftlich vier Jahre durchzuhalten.

Reichskanzler Wirth (Zentrum) hält für seinen linksliberalen Ministerkollegen die Trauerrede mit den berühmten Worten: »Der Feind . . . steht rechts.« Die Ansprache leuchtet in die Zeit: »Wir haben in Deutschland geradezu eine politische Vertiertheit . . . Wundern Sie sich dann etwa, wenn . . . Briefe an mich kommen, wie gestern ein Brief, der datiert ist: ›Am Tage der Hinrichtung Dr. Rathenaus‹? Auch der letzte Funke politischer Vernunft ist hier erloschen. Ich will nur den Schlußsatz dieses Briefes verlesen: ›Mit Güte habt Ihr Männer des Erfüllungswahnsinns nicht hören wollen auf die Stimmen derer, die von der Fortsetzung der Wahnsinnspolitik abraten. So nehme denn das harte Verhängnis seinen Lauf, auf daß das Vaterland gedeihe.‹ Das ist das System des politischen Mordes. Wir müssen alle daran arbeiten, diese Atmosphäre zu

entgiften. Und wie kann sie entgiftet werden? Sie werden mir gewiß zurufen, diese Frage wäre zuerst an die Alliierten zu stellen. Ich war Zeuge einer bedeutsamen Unterhaltung unseres ermordeten Freundes in Genua mit dem mächtigsten aller Staatsmänner; einen beredteren Anwalt des Volkes als ‚athenau in diesem kleinen intimen Gespräch hätten Sie in ganz Deutschland nicht finden können. Er sagte damals zu Lloyd George: Unter dem System, wie es die Alliierten befolgen, kann das deutsche Volk überhaupt nicht leben. Nun lese ich in diesem Briefe, daß alle die Verträge von ihm abgeschlossen worden sind, damit er und seine Judensippschaft sich bereichern! . . .«

Es ist schwer für einen jungen Staat, sich zu behaupten, der von drei Seiten bekämpft wird: durch Unnachgiebigkeit von außen und durch Gewalt von rechts und links im Innern; ein Staat, der überdies in seinen tragenden Schichten überwiegend keine aufrichtigen Verteidiger hat.

VII

Im Krisenjahr 1923 sind alle drei gegnerischen Kräfte erneut in schönster Eintracht zu finden. Man könnte Moltke zitieren: Getrennt marschieren, vereint schlagen . . .

Es beginnt im Januar mit dem französisch-belgischen Einmarsch ins Ruhrgebiet wegen angeblich säumiger deutscher Kohlenlieferungen. Die Regierung des parteilosen Reichskanzlers Cuno (das siebente Kabinett innerhalb von vier Jahren, wenn die Volksbeauftragten unter Ebert nicht mitgezählt werden) proklamiert aus Protest den »passiven Widerstand«. Die Kohlenlieferungen werden eingestellt, das französische Militär muß die Kohlenvorräte selber abtransportieren; die deutschen Eisenbahner weigern sich, dabei zu helfen. Die Franzosen wiederum greifen hart durch – die gegenseitige Stimmung ist offen feindselig.

Passiver Widerstand ist erstmals 1921 erfolgreich in Indien praktiziert worden, als Waffe des indischen Politikers Gandhi gegen die Engländer. Gerade jetzt erleben sie verdrossen, wie die Inder sich weigern, britische Erzeugnisse zu kaufen, und ihren zivilen Ungehorsam auch noch auf andere Weise kundtun. Aber was in einem Agrarland für die Bevölkerung folgenlos bleibt, wirkt sich in einem durchindustrialisierten Staat verheerend aus. Wenn ich die elektrische Zuleitung blockiere, um meinen mir aufgezwungenen Untermieter zu ärgern, dann brennt auch mein eigenes Licht nicht . . . Deutschland spürt bald höchst empfindlich den Produktionsausfall an der Ruhr bei gleichzeitigem Zwang, die Bergarbeiter zu unterstützen. Immer weiter verfällt die Währung, immer größere Mängel werden im Binnen-

land sichtbar. Deutsche Versuche, sich mit Frankreich friedlich zu einigen, scheitern. In Paris merkt man, daß der passive Widerstand zum Bumerang in Deutschland wird. Sollen die doch zu Kreuze kriechen . . .

Das tun sie denn auch. Als die Regierung Cuno gescheitert ist, zeigt sich der rechtsliberale Nachfolger Stresemann zum Einlenken bereit. Der Ruhrkampf wird abgebrochen. Frankreich triumphiert; freilich fällt der Triumph mager aus, denn seit der Besetzung des Ruhrgebietes gelangt weit weniger Kohle nach Frankreich als vorher.

Zusammen mit der außenpolitischen Niederlage entstehen neue Unruhen gegensätzlicher Art im Innern. Auf der politischen Rechten kommt es zu einem schweren Konflikt zwischen dem Reich und der bayerischen Landesregierung. Der nationalsozialistische »Völkische Beobachter« in München druckt einen wütenden Angriff gegen den Chef der Heeresleitung, General Seeckt. Seeckt fordert den bayerischen Wehrkreiskommandeur General von Lossow auf, die Zeitung zu verbieten. Lossow weigert sich, Seeckt setzt ihn ab. Daraufhin setzt Gustav von Kahr, der im Augenblick als ernannter Diktator die Vollzugsgewalt in Bayern ausübt, Lossow wieder ein. Außerdem verpflichtet er die Reichswehr in Bayern ausdrücklich auf die dortige Exekutive – ein klarer Fall von Hochverrat. Darüber hinaus gibt es Anzeichen, daß die Führung in München

– Kahr, Lossow und Polizeichef von Seißer – etwas im Schilde führen, sei es ein »Marsch auf Berlin« nach dem Vorbild von Mussolinis »Marsch auf Rom« 1922, sei es die Abtrennung Bayerns vom Reich. Putschpläne werden jedenfalls diskutiert, wie sich nachträglich aus Beweisen ergibt. Bayern bildet im Augenblick eine Art Speerspitze rechtspolitischer Empörung gegen den außenpolitischen Kurs der Nachgiebigkeit. Das Klima erreicht Siedehitze, während zugleich kommunistische Unruhen in Hamburg ausbrechen und in Sachsen eine Volksfrontregierung zwischen Sozialdemokraten und Kommunisten entsteht, die sich gleichfalls offen herausfordernd gegen die Zentralmacht stellt. Zu allem Überfluß ermuntern die Franzosen auch noch deutsche Separatisten in Aachen und Speyer zu Abspaltungsversuchen. Doch wehrt sich die überwältigende Mehrheit der Bevölkerung mit Erfolg.

Während die Inflation in astronomische Ziffern abrutscht und jeden geordneten Geschäftsgang zunichte macht (eine Zeitung kostet acht bis zehn Milliarden Mark), schlägt die Krise auf der nationalen Seite in Gewaltanwendung um. Wo? In der Stadt mit der höchsten nationalen Temperatur, mit dem stärksten Potential an Republikgegnern: in München. Im Lauf der vier Jahre seit dem Herbst 1919 hat sich Hitler mit seiner NSDAP, die er seit 1921 als Vorsitzender diktatorisch führt, im Kräftespiel der bayerischen Rechtsgruppie-

Schnell brach der Operettenputsch Hitlers am 9. November 1923 – 4. Geburtstag der Republik – zusammen. Am Nachmittag hielten noch ein paar Versprengte *(rechts, Straßensperre, in der Mitte mit Brille der spätere Reichsführer SS Himmler)* wenige Stützpunkte, ergaben sich aber noch am selben Tage. Aus der mißglückten Generalprobe zur Machtergreifung aber zog Hitler die Konsequenzen. Schon den Prozeß gegen sich *(links, mit dem pickelhaubenbewehrten Ludendorff in einer Pause)* machte er zum Tribunal gegen die Republik der »Novemberverbrecher«, die er fortan streng legal erobern und dann beseitigen wollte.

rungen klar an die Spitze gesetzt. Aus dem Nichts ist eine Partei geworden, von der man mittlerweile auch im übrigen Land spricht. Dieser Hitler soll ja ein ganz begabter Demagoge sein, ein Öffentlichkeitsmagnet. Und dann hat er da eine »Saalschutz«-Truppe aufgebaut, SA genannt, »schlagkräftige«, braununiformierte Kerle, die die Kommunisten aus den Versammlungen hinausprügeln; und Juden sind auch nicht erwünscht als Zuhörer. Ohnehin bekämen sie immer nur zu hören, daß sie an allem schuld seien, was Deutschland zu erleiden hat. Hitler, dieser merkwürdige Mann, der reifen Gönnerinnen in der Münchner Gesellschaft mit österreichischer Zuvorkommenheit die Hand küßt und sich auf dem Podium in einen Vulkan hetzerischer Volksaufwiegelung verwandelt, Hitler fiebert in diesen Novembertagen 1923 vor Erregung. Wird Kahr, wenn es gegen Berlin geht, ihm zuvorkommen? Einerseits möchte er die »Ordnungszelle« Bayern ermuntern, endlich im »roten« Berlin aufzuräumen; andererseits fürchtet er, überspielt zu werden.

Am Abend des 8. November, fünf Jahre nach der Revolution, entscheidet sich's. Hitler nutzt eine Rede Kahrs im Bürgerbräukeller, bei der die Münchner Prominenz versammelt ist, zu einem Gewaltstreich. Vielleicht glaubt er, Bayerns »starker Mann« wolle an diesem Abend zum Sturz der Reichsregierung aufrufen; so abwegig ist der Verdacht auch keineswegs. Wenn Kahr

dergleichen vorhat, so kommt er jedenfalls nicht dazu, es zu verkünden. Denn mit einemmal springen die Saaltüren auf; Bewaffnete, Uniformierte drängen herein, der NSDAP-Chef, im Gehrock und mit Eisernem Kreuz an der Brust, springt auf einen Stuhl, feuert in die Decke, als befinde er sich in einem Western-Saloon, und verschafft sich Gehör. »Die nationale Revolution ist ausgebrochen«, erfahren die verblüfften Anwesenden, »die bayerische Regierung ist abgesetzt, eine provisorische Reichsregierung wird gebildet.« Dann nötigt er die Dreier-Gruppe Kahr, Lossow, Seißer in einen Nebenraum und versucht, sie zum Mitmachen zu gewinnen, indem er ihnen Posten in seiner gedachten neuen Herrschaft anbietet. Kahr soll Landesverweser in Bayern werden, gleichsam ein bürgerlicher König, Lossow wird mit dem Reichswehrminister-Amt umworben, Seißer mit dem Posten eines Polizeiministers im Reich geködert.

Der leuchtendste Name auf der Rechten ist zu dieser Zeit Ludendorff. Hitler hat ihn ins Spiel einbezogen, ohne daß der General von seinem Glück weiß. Er will ihm die Armee übertragen, nach anderen Quellen die Reichspräsidentschaft, sich selber in jedem Fall die Leitung der provisorischen Reichsregierung sichern. Als die Herren nach Ludendorffs Ansicht fragen, kann der Rebell nur erwidern, Exzellenz Ludendorff sei »bereitgestellt« und werde gerade geholt. Der bisher

Ahnungslose sieht, als er bald darauf von seinem Münchner Wohnsitz herbeigefahren worden ist, noch griesgrämiger drein als sonst schon; aber er sagt nicht nein. Deutlich verärgert, unterstützt er den Putsch. Dadurch erst bequemen sich die zögernden Drei zuzustimmen. Bis heute ist nicht sicher, ob dies Taktik war, schon mit der Absicht, das Bündnis bei erster Gelegenheit aufzukündigen, oder ob sie ernsthaft gewillt waren, sich Hitler anzuschließen. Vor der immer noch unruhig wartenden Menge im Saal, die der SA-Chef Hermann Göring unterdessen halbwegs auf Hitlers Seite gebracht hat, erscheinen die freiwillig-unfreiwilligen Verschwörer nun in einer mindestens nach außen hin demonstrativen Eintracht. Die Fünfer-Gruppe »drückt sich die Hände zum Rütlischwur« (Helmut Heiber). Hitlers Gesicht spiegelt Erleichterung, kindliche Freude, daß das gewagte Spiel gelungen ist und die Anwesenden nun mit fliegenden Fahnen und »Heil«-Rufen sein Vorhaben unterstützen.

Die Freude ist verfrüht. In der Nacht lösen sich die drei bayerischen Mitspieler aus dem Zwangspakt und leiten erste militärische Gegenmaßnahmen ein, während der »Völkische Beobachter« mit der Ankündigung der »völkischen Diktatur« und dem Datum vom 9. November 1923 in den Druck geht. Die Situation ist grotesk. Aus verwandter Denkrichtung planen zwei Staatsgegner Ähnliches. Der eine kommt dem anderen zuvor, durchkreuzt seine mehr oder weniger vagen Absichten. Jetzt, spätestens in der ernüchternd kühlen Novembernacht, zieht der Übertölpelte sich von dem überstürzten Unternehmen zurück, sei es, weil er nicht nur im Schlepptau mitgehen will, sei es aus anderen Gründen. Nun kann er aber nicht gleichzeitig einen Aufrührer bekämpfen und selber nach Berlin marschieren. Hitlers scheiternder Putsch verhindert Bayerns (möglichen) Putsch. Die Welle der doppelt umstürzlerischen Absicht überschlägt sich, und es tritt wieder Ruhe ein. Halt, noch nicht ganz. Erst muß Hitlers Vorhaben endgültig zusammenbrechen. Das geschieht wortwörtlich dadurch, daß sein und Ludendorffs Demonstrationsmarsch zur Feldherrnhalle am Mittag des 9. November (ein letzter Versuch, die Volksmeinung vielleicht auf der Straße einfach mitzureißen gegen die Staatsordnung) im Feuer der Polizei zersprengt wird. Wer den ersten Schuß abgegeben hat, ist nie geklärt worden. Nur das Ergebnis liegt buchstäblich vor Augen: 19 Tote, darunter drei Polizisten. Hitler, der einen Nebenmann untergehakt hatte, wird von ihm, als er getroffen wird, zu Boden gerissen und kugelt sich den Arm aus. Ludendorff, ebenfalls in der ersten Reihe hinter zwei Fahnenträgern marschierend, ist nicht umsonst ein berühmter Soldat. Verachtungsvoll schreitet er auf die kugelspeienden Gewehre zu und läßt sich festnehmen. Hitler ist verschwunden. Ist er ausgeris-

sen? Feigheit braucht man ihm nicht zu unterstellen, nicht einmal, daß er die Nerven verloren hat. Aber er übersieht in seiner Versehrtheit augenblicklich, daß der Putsch endgültig mißglückt ist. Er läßt sich von einem Sanitätsauto der SA (deren Führer Göring schwer getroffen worden ist) abtransportieren und versteckt sich bei einem Freund auf dem Land. Dort überdenkt er die hoffnungslose Lage und ergibt sich dann der Staatsgewalt.

Nach anfänglichen Befürchtungen, er könne wegen Hochverrats kurzerhand vor ein Standgericht gestellt werden, erkennt er erleichtert, daß der bayerische Staat ein ordentliches Verfahren plant, sogar das Reichsgericht in Leipzig davon abbringt, den Prozeß an sich zu ziehen. Bayern steht nicht ohne Grund in dem Ruf, ein Zentrum »rechter« Gesinnung zu sein. Der Gerichtsvorsitzende läßt den Angeklagten Hitler so ausgiebig zu Wort kommen, daß der Justizsaal sich in ein Propaganda-Forum der NSDAP verwandelt. Hitler nutzt die Gelegenheit um so mehr, als er seine gute Position erfaßt: Die »Mitverschwörer« vom Bürgerbräu, Kahr, Lossow, Seißer, sind nicht mitangeklagt, treten nur als Zeugen auf. Man wird ihn, Hitler, und seine vor Gericht stehenden Genossen (samt Ludendorff) kaum schwer bestrafen dürfen, wenn die anderen drei ungeschoren bleiben. Gnadenlos läßt er den Zeugen Kahr unter eigenen bohrenden Fragen zappeln. Jedem Zuhörer wird deutlich, daß der bisherige starke Mann Bayerns (gerade zurückgetreten) viel zu verbergen hat. Entsprechend mild fällt das Urteil aus. Der Hauptangeklagte wird zu fünf Jahren Festung verurteilt (eine nicht »ehrenrührige« Bestrafungsart), wobei ihm bei guter Führung bereits nach sechs Monaten die Freilassung auf Bewährung winkt. Das Ganze gleicht also mehr einem Erholungsaufenthalt auf Staatskosten. Ludendorff wird freigesprochen. Drei Mitangeklagte erhalten die gleichen Strafen wie Hitler, andere werden sofort mit Bewährungsfrist auf freien Fuß gesetzt. Weitere Verfahren folgen, so daß in den nächsten Wochen noch eine Reihe anderer Nationalsozialisten auf der Festung Landsberg am Lech eingeliefert werden, unter ihnen Hitlers Vertrauter Rudolf Heß.

VIII

In der engen Arbeits- und Gedankengemeinschaft gerade dieser beiden entsteht nun eines der eigentümlichsten Bücher der politischen Literatur. Landläufig (und auch nicht falsch) gesagt, hat Hitler »Mein Kampf« Heß als seinem Privatsekretär in die Maschine diktiert. Die Mitarbeit des Genossen erschöpfte sich jedoch nicht darin, nur die Ideen des anderen in Buchstaben umzuwandeln. »Er hat«, schreibt der Heß-Bio-

Proklamation
an das deutsche Volk!

Die Regierung der Novemberverbrecher in Berlin ist heute
für abgesetzt erklärt worden

Eine provisorische deutsche
National-Regierung
ist gebildet worden.

Diese besteht aus

General Ludendorff, Adolf Hitler
General von Lossow, Oberst von Seisser

9. November 1923: Der großsprecherische Auftakt . . .

Aufruf!

Trug und Wortbruch ehrgeiziger Gesellen haben aus einer Kundgebung für Deutschlands nationales Wiedererwachen eine Szene widerwärtiger Vergewaltigung gemacht. Die mir, dem General Lossow und dem Obersten v. Seisser mit vorgehaltener Pistole abgepreßten Erklärungen sind null und nichtig. Ein Gelingen des sinn- und ziellosen Umsturzversuches hätte Deutschland samt Bayern in den Abgrund gestoßen. An der Treue und dem Pflichtbewußtsein der Reichswehr und der Landespolizei ist der Verrat gescheitert. Auf diese Getreuen gestützt ruht die vollziehende Gewalt fest in meiner Hand. Die Schuldigen werden rücksichtslos der verdienten Strafe zugeführt.

Die nationalsozialistische deutsche Arbeiterpartei, die Bünde Oberland und Reichskriegsflagge sind aufgelöst.

Unbeirrt aber durch Unverstand und Tücke werde ich mein deutsches Ziel verfolgen: Unserem Vaterlande die innere Freiheit zu erringen.

München, den 9. November 1923.
Ausgegeben 7¾ Uhr morgens

Der Generalstaatskommissar
Dr. von Kahr

. . . und das klägliche Ende des »Bürgerbräu-Putsches«.

graph Wulf Schwarzwäller, »den Gedankenfluß Hitlers einigermaßen geordnet, er hat beraten, redigiert, umgestellt, eigene Gedanken eingebracht.« Vielleicht wäre das Buch »sonst noch weniger lesbar«.

Was steht eigentlich drin? Alles, was Hitler später ausgeführt hat. Er bietet die selten zu findende Einheit des politischen Denkers und politischen Tatmenschen, des Programmatikers – wie er sich selber nannte – und des Handelnden. Noch viel ungewöhnlicher ist die Offenheit, in der aggressive Herrschaftsziele verkündet werden. Denn nichts Geringeres steht hier geschrieben als die Absicht, in den Weiten des Ostens ausreichenden Lebensraum für das deutsche Volk zu gewinnen. Im Jahr 1924 wird das »Unternehmen Barbarossa« von 1941 proklamiert. »Wenn wir heute in Europa von neuem Grund und Boden reden, können wir in erster Linie nur an Rußland und die ihm untertanen Randstaaten denken . . . Wenn die nationalsozialistische Bewegung wirklich die Weihe einer großen Mission für unser Volk vor der Geschichte erhalten will, muß sie . . . unser Volk und seine Kraft . . . sammeln zum Vormarsch auf jener Straße, die aus der heutigen Beengtheit des Lebensraumes unser Volk hinausführt zu neuem Grund und Boden . . .« Hitler sieht als Ziel der

deutschen Außenpolitik nichts anderes so lockend und verheißungsvoll wie: »Raum im Osten«. Das Recht dazu findet er im »aristokratischen Grundgedanken der Natur«. Die Natur wünsche den »Sieg des Stärkeren und die Vernichtung des Schwachen oder seine bedingungslose Unterwerfung«.

Hier meldet sich in seiner Vorstellungswelt sowohl Nietzsches Übermenschen-Philosophie mit der Verachtung alles Schwächlichen und dem Recht des Stärkeren, als auch die Naturschau von Charles Darwin mit dem Überleben des »Tauglichsten«. Dabei wurde der Engländer vom »Sozialdarwinisten« Hitler wie auch von allen anderen, die ihn auf die Gesellschaft übertragen haben, mißverstanden. Bei Darwin wird nämlich beim »Kampf ums Dasein« gar nicht, oder nicht vorrangig, gegeneinander gekämpft, sondern miteinander gegen die Natur. Sie trifft die Auslese, indem sie überleben läßt, wer am besten angepaßt ist und den Rest beseitigt. So kann in Darwins Sinn durchaus ein Exemplar einer »schwachen« Tierart leichter überleben als dasjenige einer stärkeren, sofern es unter den gegebenen Umständen zufällig zweckmäßiger ausgestattet ist.

Neben dem Raum ist die Rasse das andere vorrangige, beherrschende Thema in »Mein Kampf«. Was er aus

Wien – wahrscheinlich – in dumpfer Unbewußtheit mitgebracht hatte, wurde in den ersten Jahren seines politischen Wirkens zum System ausgebaut; sofern man die verstreuten Ideenbestandteile seiner geistig uneinheitlichen Schrift als System bezeichnen darf. Zusammenhängender tritt sein Welt- und Geschichtsbild erst in dem sogenannten »Zweiten Buch« von 1928 hervor, das 1961 erstmals gedruckt worden ist. Woher seine Begriffswelt in der Rassenlehre stammt, wird in unserem Kapitel über die weltanschaulichen Grundlagen des Nationalsozialismus näher erläutert. Begnügen wir uns hier zu skizzieren, welche Schlüsse er aus seinen geistigen Vorlagen (Arthur Graf Gobineau, Houston Stewart Chamberlain und anderen) zieht.

Der Sozialdarwinist Hitler, so wurde schon gesagt, sieht in der Gesellschaft den gleichen »Kampf ums Dasein« wie in der Natur. Er sieht ihn in doppelter Weise. Wie die Völker oder Rassen (die Begriffe sind bei ihm austauschbar) nach außen hin um Lebensraum streiten, so können sie dies erfolgreich nur leisten, wenn sie im Inneren einen gesunden, hochwertigen Rassekern besitzen. Rassisch hochstehend ist nur der »kulturschöpferische« Arier – auch ein falsch verstandener Begriff und auch nicht nur von Hitler. Er steht im Kampf mit dem »kulturzerstörerischen« Juden. Der Jude, so werden wir von dem wahnhaften Ideologen Hitler belehrt, könne selber keinen Staat, keine Kultur errichten, er könne sich nur wie ein Parasit einnisten, brauche »als Unterlage der eigenen Existenz die Arbeit und schöpferischen Tätigkeiten anderer Nationen«. Sein letztes Ziel bleibe immer »die Versklavung produktiv tätiger Völker«. Das versuche er mit den Waffen des Kapitals (»Finanzjudentum«), der Demokratie, des Parlamentarismus, des Pazifismus, des Marxismus. Sämtliche gesellschaftlichen Feindbilder des Demagogen in der Festung Landsberg sind im Juden vereint.

Wie eine fixe Idee hat sich bei ihm die Vorstellung verfestigt, Arier und Juden stünden in einem tödlichen Kampf miteinander, ähnlich dem dualistischen Gut-Böse-Prinzip, dem Gegenüber von Licht und Finsternis in der alt- und neupersischen Religion. Im Endkampf beider Rassen um die Herrschaft der Welt sah Hitler die entscheidende Frage der künftigen Menschheitsgeschichte.

Nach der Katastrophe des europäischen Judentums hat man natürlich nicht versäumt, in Hitlers Selbstzeugnissen nach Anzeichen zu suchen, wie er sich diesen »Endkampf« gedacht habe. Zwangsläufig mußte man nachdenklich auf Seite 772 von »Mein Kampf« hängenbleiben: »Hätte man zu Kriegsbeginn (1914) und während des Krieges einmal zwölf- oder fünfzehntausend dieser hebräischen Volksverderber so unter Giftgas gehalten, wie Hunderttausende unserer allerbesten deutschen Arbeiter aus allen Schichten und Berufen es im Felde

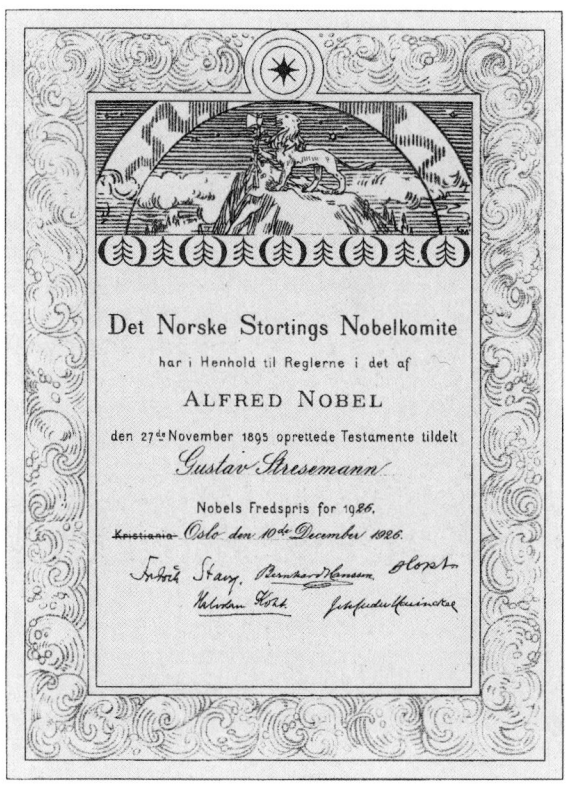

erdulden mußten, dann wäre das Millionenopfer der Front nicht vergeblich gewesen.«

Niemand kann sich des Verdachts erwehren, daß dies schon der Ursprungsgedanke, die geistige Urzelle dessen ist, was heute als »Auschwitz« für immer im Gedächtnis der Menschheit haftet. Aber das muß keineswegs so gewesen sein. In der historischen Forschung streiten die zwei Auffassungen, ob die Vernichtung der Juden aus einem einheitlichen Gesamtplan hervorgegangen sei oder sich schrittweise dahin entwickelt habe. Eines nur scheint sicher: Ein Mensch, der, aus welchen Gründen auch immer, so fanatisch und unbeirrbar in den Juden die Verderber der Völker gesehen hat, der ist nach allem Massenmord an ihnen dennoch ohne Gewissen gestorben, der war sich offensichtlich bis zur letzten Lebensstunde seines verbrecherischen Tuns gar nicht bewußt.

IX

Gern reden wir von den »Goldenen Zwanzigern«. Da spielt viel verklärende Erinnerung hinein. Golden waren sie nur in der Kunst. In ihr reihte sich ein großes Talent ans andere, folgte einer denkwürdigen Theateraufführung die nächste, hatte die Literatur eine Glanzzeit; der junge Film erprobte kühn seine Möglichkeiten, in der Malerei und Baukunst wurde wagemutig experimentiert. »Die Künste blühten wie eine Wiese vorm Schnitt«, schrieb Carl Zuckmayer 1966 in Anspielung auf die Glücks- und Krisenstimmung von damals. Im Zentrum der Begabungsexplosion stand Berlin. Der jüdische Anteil an den überragenden Leistungen der Epoche war auffallend groß.

In der Wirtschaft waren die Goldenen Zwanziger höchstens Doublé. Ein Anschein von echter Gesundung, aber eben doch nur ein Anschein. Denn die Gesundung, die mit der »Rentenmark« vom 15. November 1923, eine Woche nach dem Hitler-Putsch, in Gang gesetzt wird, ist weitgehend auf Pump gegründet. Deutschland ist durch die Reparationen so stark belastet, daß es seinen Aufschwung nicht aus eigenen Kräften schafft. Es muß sich Geld borgen. Von wem? Vom reichen Onkel aus Amerika. Die Amerikaner schwimmen in Geld. Und ironischerweise ist es vor allem deutsches Geld, in dem sie schwimmen. Die europäischen Alliierten der USA sind nämlich aus dem Krieg schwer verschuldet bei den Amerikanern. Ihre Kriegsanleihen zahlen sie aus deutschen Reparationen an den transatlantischen Gläubiger zurück. Insofern ergibt sich die tragikomische Situation, daß wir unser eigenes Geld von Amerika in Form von Anleihen zurückbekommen. Mit diesen Summen wird die deutsche Industrie gespeist. Sie schafft viele Arbeitsplätze, und doch sinkt

Mit einigem Glück überwand die Republik in den Anfangsjahren die Bedrohung von rechts und links. Die Wende kam mit Gustav Stresemann, der zwar als Kanzler wie die meisten Weimarer Regierungschefs rasch scheiterte, der aber bis zu seinem Tod im Jahr 1929 Außenminister blieb und so Kontinuität in die deutsche Politik brachte. Für seine Verdienste um die Aussöhnung mit dem Westen erhielt er gemeinsam mit seinem französischen Kollegen Briand den Friedensnobelpreis *(Urkunde oben).* Die Stresemann-Jahre waren auch wirtschaftlich von zunehmender Gesundung geprägt: Flaute für die Radikalen. Der haftentlassene Hitler nutzte diese windstille Zeit zur Reorganisation seiner Partei und lud am 27. Februar 1925 zur Neugründung der NSDAP *(Plakat links oben).* Er verpflichtete sie auf seine Weltanschauung und sein politisches Programm, die er in der Zelle niedergeschrieben hatte: »Mein Kampf«, so der Titel des autobiographisch-programmatischen Schrift, wurde zu einem der ungelesensten Bestseller. Niemand, auch das Ausland nicht *(links unten: NS-Werbung von 1936),* ahnte, daß Hitler die darin formulierten Ziele buchstabengetreu zu verwirklichen gedachte.

die Arbeitslosigkeit im relativ besten Weimarer Jahr, 1925, nicht unter 780 000.

Immerhin, es gibt Hoffnungen. Die überaus schwierigen Anfänge werden, wenn nicht vergessen, so doch von Zuversicht überdeckt. Es beginnt das Jahrfünft, das sich mit dem Namen Stresemann gedanklich untrennbar verbindet. Schon in seiner kurzen Kanzlerzeit Ende 1923 war er sein eigener Außenminister gewesen. Jetzt regieren andere, aber Stresemann, der Rechtsliberale (»Nationalliberale«), verbleibt in allen folgenden Kabinetten bis zu seinem frühen Tod 1929 und leitet das Außenressort. Er bringt als einziger Dauer, Kontinuität in die Kurzlebigkeit der Regierungen der nächsten drei Kanzler (Marx, Luther, Müller). Zugleich steht er symbolhaft für das zähe, leidvolle Bemühen, mit dem Westen über alle Widerstände und Demütigungen hinweg zur Verständigung zu gelangen. Vor seinem Lebenshintergrund ist gerade diese Anstrengung besonders beachtenswert, denn im Krieg gehörte Stresemann zu den rabiaten Chauvinisten, die lautstark für einen »Siegfrieden« und für Annexionen eintraten noch zu einer Zeit, als die Lage schon hoffnungslos war.

Der Schock der Niederlage war so groß für ihn gewesen, daß er sich als Vorsitzender der rechtsliberalen Deutschen Volkspartei (DVP) zunächst gegenüber der Republik ablehnend verhielt. Er konnte sich nicht dazu durchringen, der Weimarer Verfassung vom August 1919 zuzustimmen. Dann wurde aus dem Saulus ein Paulus, aus dem Verfolger und Feind ein Anhänger und Verteidiger, und jetzt, seit 1923, reibt er sich im Dienst des ungeliebten, von so vielen gehaßten Staates auf. Er weiß, daß er dafür nicht belohnt werden wird, und tut es trotzdem. »Der Dank für das, was wir jetzt dem Reich draußen und hier leisten, wird uns die Gegenwart nicht abstatten, die sieht nur die Krankheiten und Leiden des deutschen Körpers. Die Zukunft, die gerechter urteilt, wird denjenigen Persönlichkeiten den Dank nicht versagen, die in dieser kritischen Zeit auf ihrem Posten ausgeharrt und die Saat für eine gute Zukunft gestreut haben.« Das klingt schon wie sein eigener Nachruf.

Gustav Stresemann hat das zeitweilige Glück, daß auf der Gegenseite der Außenpolitik, in Frankreich, der Geist der Verständigung stärker ist als die Unversöhnlichkeit. Zwischen mehreren Kabinetten des haßerfüllten Poincaré gewinnt die Stimme der Vernunft die Oberhand. Verkörpert ist sie in Aristide Briand, einem oftmaligen Ministerpräsidenten und Außenminister über Jahrzehnte. Briand hat einen ähnlichen Weg hinter sich wie Stresemann. Auch bei ihm mußten erst reife Jahre den Sinn dafür wecken, daß Europa im Herzen krank bleibe, wenn Deutschland und Frankreich einander feindlich sind.

Auf mancherlei Umwegen kommt es 1925 zum Vertrag von Locarno, der als Pakt kollektiver Sicherheit verstanden wird, daher auch nicht nur ein deutsch-französisches Übereinkommen darstellt, sondern England, Belgien und Italien einbezieht. Die Konferenz in dem kleinen Ort im Tessin wird dadurch begünstigt, daß Sieger und Besiegte hier von vornherein nicht im Panzer steifer Würde einhergehen, sondern sich ungezwungen und locker zu Round-table-Gesprächen treffen, mal in großer Runde, oft im vertraulichen Zwiegespräch. Bei aller Härte in den Sachfragen ist die Stimmung unverkrampft und auf Verständigung aus. Das Ergebnis im Oktober 1925 sieht so aus:

Die fünf Länder sprechen eine kollektive Bürgschaft der deutschen Westgrenze aus. Das bedeutet sowohl den deutschen Verzicht auf Elsaß-Lothringen als auch den französischen auf Separatismus-Experimente am Rhein. Vereinbart wird ferner die Entmilitarisierung des Rheinlandes: keine deutschen Truppen, aber auch Abzug der fremden. Dieser Passus wird leider dadurch entwertet, daß es noch fünf Jahre dauert, bis der letzte ausländische Soldat deutschen Boden verläßt. Für die Ostgrenzen leistet Stresemann Gewaltverzicht, behält sich aber die friedliche Revision von unvernünftigen und nicht lebensfähigen Versailler Bestimmungen vor. Die fünf Teilnehmerstaaten verpflichten sich, ihre Streitfragen nur mit diplomatischen Mitteln zu lösen. Deutschland soll in den Völkerbund aufgenommen werden (was 1926 auch geschieht). Locarno, das heißt insgesamt: Deutschland ist gegenüber den Westmächten nicht mehr isoliert wie vorher; es beginnt, wieder als Mitglied der Völkerfamilie angesehen zu werden.

Die nationale Rechte in Deutschland bekämpft das Vertragswerk erbittert, weil Stresemann sich erdreistet hat, Landstriche aufzugeben, die ohnehin verloren sind. Dem jungen Demagogen Joseph Goebbels im Rheinland fällt zu Locarno nichts anderes ein, als in sein Tagebuch zu schreiben: »Ein grauenhaftes Gemisch von Betrug, Gemeinheit, Niedertracht und Pharisäerhaftigkeit«. So zermürben den Außenminister die Widerstände im Innern noch mehr als die Schwierigkeiten draußen. Oder anders: Wäre das Ausland entgegenkommender (denn die eine Schwalbe »Locarno« macht noch keinen Sommer), dann würden die deutschen Demokraten es im Innern leichter haben.

Doch auch innenpolitisch bekommt die deutsche Demokratie 1925 eine Chance. Ironischerweise bekommt sie sie durch einen Mann, der im Herzen nicht Demokrat, sondern Monarchist ist. Paul von Hindenburg wird Reichspräsident. Nach Eberts Tod im Amt mußte neu gewählt werden. Die vereinigten Rechtsparteien hatten zuerst einen heute vergessenen Politiker als Kandidaten aufgestellt, den Nationalliberalen Karl Jarres. Zwar gewann er, aber nicht die erforderliche absolute Mehrheit. Für den zweiten Wahlgang gelang es dann, den Feldmarschall zu überreden, sich zur Verfügung zu stellen. Mit relativer Mehrheit, die diesmal genügte, wurde er das zweite Staatsoberhaupt der Republik. Die wuchtige Erscheinung mit dem Quadratschädel, dem stoisch blickenden Auge, dem Legendenkranz des Helden von Tannenberg und letzten Generalstabschefs der kaiserlichen Armee, wird zur Vaterfigur der mittleren und späten Weimarer Jahre. Obwohl auch er den Unsinn vom Verrat der Heimat 1918 verbreitet hat, obwohl er es besser wissen mußte, nimmt er doch seinen Eid auf die Verfassung ernst und bemüht sich, ein loyaler Diener des ungeliebten Staates zu sein. Das ist ungemein wichtig, weil er viele Ablehnende auf der rechten Seite nachdenklich macht, ob sie ein Recht haben, weiterhin abseits zu stehen, wenn er, der Kaisertreue, mitmacht... Er ist jetzt 77 Jahre alt. Zum zweitenmal ist er aus dem Ruhestand zurückgekehrt, erst 1914 an die Spitze einer Armee, jetzt 1925 an die Spitze des Reiches. Eine der erstaunlichsten Alterskarrieren der Geschichte. Sieben Jahre weiter, bei der erneuten Wahl zum höchsten Amt, wird er 84 sein und gegen Hitler antreten, der Feldmarschall gegen den Gefreiten. Da wird er zum Symbol der Demokratie werden gegen die drohenden Gefahren des Nationalsozialismus; da werden die Demokraten und auch die vielen, die eigentlich keine sind, aber Hitler nicht wollen, in dem Greis den letzten Garanten der Republik feiern und ihn, den uralten Mann, für sieben Jahre im Amt bestätigen...

Aber jetzt schreiben wir das Jahr 1925. Und wo ist Hitler? Er ist Ende 1924 aus Landsberg entlassen worden und hat gegenüber dem bayerischen Ministerpräsidenten Held zu erkennen gegeben, daß er bei unverändertem Willen, die demokratische Ordnung durch eine »nationale« zu ersetzen, den Weg der Gewalt meiden werde. Es solle künftig alles legal geschehen. Unter diesen Umständen sieht Heinrich Held keinen Hinderungsgrund, die verbotene NSDAP wieder zuzulassen, auch den »Völkischen Beobachter«. Hitler geht daran, sein zerstreutes Parteivolk zu sammeln. Während der Haft war die führerlose Bewegung zerfallen, die Fraktionen hatten sich zerstritten und einander bekämpft. Eine Ersatzvereinigung der Völkischen unter dem Namen Nationalsozialistische Freiheitsbewegung hatte bei den Reichstagswahlen im Mai 1924 immerhin 32 Sitze errungen. Als im Dezember 1924 abermals gewählt werden mußte, schrumpfte die Mandatzahl auf 14. Deutlich spiegelte sich darin die Festigung der politischen und wirtschaftlichen Verhältnisse in Deutschland. Im gleichen Maß, in dem der demokratische Staat sich stabilisierte, verlor die Rechtsaußen-Bewegung Anhänger. Sechs Jahre später werden wir das Gegenteil erleben: die große Wirtschaftskrise schwächt die Republik; die Radikalen vermehren sich sprunghaft...

Jetzt steht es nicht günstig für Hitler, der nur in Krisen Zulauf hat. Er gründet seine NSDAP neu (Februar 1925), führt sie wiederum diktatorisch, ist augenblicklich wieder Herr im Hause der Nazis. Aber ein böses Handicap macht ihm gleich darauf zu schaffen. Die Landesregierung, erschreckt von seinen nach wie vor hetzerischen Reden, verbietet ihm, öffentlich aufzutreten. Nur in geschlossenen Veranstaltungen darf er sprechen. Hitler, der ohne Redestrom einem gefesselten Prometheus gleicht, kann sich jetzt nur mit dem gedruckten Wort Gehör verschaffen. Damit fehlt ihm die Möglichkeit der lebendigen, suggestiven Überzeugungskunst.

In Norddeutschland, wo die Nazis recht kräftig ins Kraut schießen, aber mentalitätsbedingt anders anzusprechen sind, wirbt jetzt vor allem Gregor Strasser im Auftrag des Parteichefs, der auch im Norden nur in wenigen Ländern reden kann. Strasser, ein Niederbayer von derber Urwüchsigkeit, vertritt eine sehr viel sozialistischere Politik innerhalb der NSDAP als Hitler; ihm ist es ernst mit dem zweiten Bestandteil des Parteinamens. Er ist betont antikapitalistisch. Daraus entstehen natürlich Differenzen im Propagandaton, in der »Ansprache«, in den Zielsetzungen. Da Strasser einen Verbündeten in Joseph Goebbels findet, dem begabtesten Agitator im ganzen Norden, und da auch sonst noch allerlei Streitpunkte das Klima zwischen Nord und Süd belasten, so droht der Partei zeitweilig die Gefahr des Auseinanderfallens. Der »Chef«, der die Dinge lange treiben läßt, führt schließlich 1926 eine Kraftprobe auf einer Führertagung in Bamberg herbei, wo er die Opposition in einem einzigen Anlauf zu Boden schleudert. Wenig später gelingt es ihm, Goebbels zu sich hinüberzuziehen. Dann schickt er ihn als Gauleiter ins »rote« Berlin – personalpolitisch ein geschickter Zug.

Im Moment sieht es trübe aus. Was nützen innerparteiliche Siege, wenn das Volk von der Partei nicht viel wissen will? Was sind Prestige-Erfolge über Dissidenten wert, wenn die Wähler andere Parteien bevorzugen? Da mag Bamberg, eine Hochburg des »Frankenführers« Julius Streicher, in Hakenkreuzfahnen schwimmen, da mögen endlose Kolonnen der neuorganisierten SA an dem Parteiführer, mit Geschmetter von Blech, vorbeimarschieren wie an einem Feldherrn – es herrscht nicht Konjunktur im radikalen Lager. Zwar steigen die Mitgliederzahlen, von 27000 im Jahre 1925, 49000 (1926) auf 72000 (1927) und 108000 (1928). Aber es fehlt das große, weithallende Echo, es mangelt an vergleichbarem Zulauf wie in den frühen Krisenjahren der Demokratie von Weimar. Als dann die Reichstagswahlen von 1928 nur 810000 Wähler für die Rechtsextremen auf die Beine bringen; als sie mit kläglichen zwölf Abgeordneten ins Parlament einziehen, da scheint alle Mühe und Kraft der Demagogie vergeblich gewesen zu sein. Ist die NSDAP am Ende? Hat Hitler noch Aussichten?

Die Machtergreifung

»Hitler ist erledigt!« »Das Ende der Nazis!« »Der ›Trommler‹ hatte falsch getrommelt!« Das ist der Tenor der Pressestimmen am Montag, dem 21. Mai 1928, einen Tag nach der Reichtagswahl.

In der NSDAP herrscht über den Wahlausgang bedrückte Stimmung. Adolf Hitler allerdings will davon nichts wissen. Überzeugt von seiner Person und seiner »Mission«, suggeriert er sich und seiner Umwelt die Gewißheit ein, daß seine Zeit noch nicht gekommen ist, daß sie aber unweigerlich kommen muß und kommen wird.

Er hat seine »Bewegung«, wie er selbst sagt, in den vergangenen Jahren wieder aufgebaut, praktisch aus dem Nichts heraus. Nach dem gescheiterten November-putsch 1923 in München weiß er, daß mit einer Revolution nichts zu machen ist, daß er bei dem Versuch einer gewaltsamen Machteroberung gegen alle vorhandenen Machtfaktoren angehen müßte. Gegen Regierung und Polizei ebenso wie gegen die Reichswehr und die politischen Organisationen der Republik, gegen das sozialdemokratische »Reichsbanner« ebenso wie gegen den kommunistischen »Rotfrontkämpferbund«, gegen seine Feind-Freunde vom deutsch-nationalen »Stahlhelm« ebenso wie gegen die Gewerkschaften, gegen die reale und moralische Autorität des Reichspräsidenten von Hindenburg und gegen die das Staatsleben zusammen-haltende und auf die Republik vereidigte Beamten-schaft.

Hitler hat während seiner Festungshaft in Landsberg genug Zeit gehabt, seine zukünftige Taktik zu überden-ken. Er hat sich entschlossen, den »Weg der Legalität« zu gehen, der ihm nun als der allein erfolgverspre-chende erscheint. Schon auf der Festung Landsberg hat er einem Mitgefangenen gesagt:

»Wenn ich meine Tätigkeit wieder aufnehme, werde ich eine neue Politik einschlagen müssen. Statt die Macht durch Waffengewalt zu erringen, werden wir zum Ärger der Zentrumsleute und der Marxisten unsere Nase in den Reichstag stecken. Wenn es auch länger dauert, sie zu überstimmen als sie zu erschießen, so wird uns schließlich ihre eigene Verfassung den Erfolg garantie-ren. Jeder legale Vorgang ist langsam... früher oder später aber werden wir die Mehrheit haben – und damit Deutschland.«

Nach seiner Entlassung baut Hitler die Parteiorganisa-tion in einer völlig neuen Gliederung auf. Entsprechend seiner neuen Absicht, den Staat von innen her auf legalem Weg zu erobern, entspricht nun der Parteiauf-bau weitgehend dem Staatsaufbau. Die Parteiorganisa-tion ist in 34 »Gaue« eingeteilt, die etwa den Reichs-tagswahlbezirken entsprechen. Darüber hinaus gibt es weitere sieben Gaue in den nicht zum Staatsgebiet der Weimarer Republik gehörenden Ländern und Gebieten Österreich, Saarland, Sudetenland und Danzig. Damit macht Hitler ganz deutlich klar, daß für ihn diese Gebiete ebenfalls zu Deutschland gehören.

Die Gaue sind wiederum unterteilt in Kreise, und diese in Ortsgruppen, die sich in größeren Städten noch in Zellen und Blocks gliedern. Dieser schon nach Hitlers Haftentlassung 1925 begonnene Organisationsaufbau wird bis zum bitteren Ende 1945 beibehalten.

Die Leitung der Parteiorganisation wird ebenso der Gliederung der Staatsführung angepaßt. Es gibt eine Auslandsabteilung, Abteilungen für Innenpolitik, .Justiz, Landwirtschaft, Wirtschaft, Presse, Gewerk-schaften und das »Wehrpolitische Amt« unter General Ritter von Epp. Auch hier zeigt sich wieder Hitlers neue raffinierte Taktik, den Staat nicht zu stürzen, sondern mit dem Deckmantel der Legalität zu unter-höhlen.

Darüber hinaus aber versucht Hitler, die Massen des Volkes zu erfassen. So entsteht die Organisation für die

Die Arbeitslosigkeit war das große Problem der Regierungen in den letzten Jahren der Weimarer Republik. Keiner von ihnen gelang ein spürbarer Erfolg in der Beschäftigungspolitik. Ein Heer von Arbeitslosen, deren Zahl schließlich auf sechs Millionen anwuchs, demonstrierte augenfällig die Krise der parlamentarischen Demokratie.

Jugend von 14 bis 18 Jahren, die »Hitlerjugend«, die HJ. In ihr gibt es eine besondere Organisation für die Mädchen, den BDM, den »Bund deutscher Mädel«. Für die Frauen wird die »NS-Frauenschaft« geschaffen. Es gibt einen NS-Kulturbund und besondere Organisationen für Studenten, Lehrer, Juristen, Ärzte und Beamte. Entscheidender aber als diese »Parteigliederungen« ist in jener Zeit die Kampforganisation der NSDAP, die SA. Die ursprüngliche Aufgabe, Hitlers Massenversammlungen zu schützen, wird zwar noch immer erfüllt, aber fast noch wichtiger ist die andere Aufgabe der SA: die nationalsozialistische »Bewegung« für jeden sichtbar nach außen hin zu praktizieren, denn die »militärischen« Aufgaben sind seit 1923 entfallen. Bald werden die braunen Marschkolonnen zu einem gewohnten Bild auf den Straßen deutscher Städte. Das ist genau das, was Hitler, der in dieser Hinsicht ungemein raffinierte Massenpsychologe, will.

Die Menschen sollen sich an den Anblick der braunen Kolonnen gewöhnen; allmählich soll auch dadurch der Gedanke in die Hirne der Massen dringen, daß die Hitlerbewegung nicht mehr aus dem politischen Leben wegzudenken ist, daß man mit ihr rechnen muß. Gewiß, die Wähler haben 1928 Hitlers Taktik noch nicht honoriert, aber Hitler ist davon überzeugt, daß er schon jetzt die organisatorischen und die psychologischen Voraussetzungen für seinen späteren Sieg geschaffen hat . . .

Und noch eine Organisation gibt es schon jetzt, die später die Voraussetzung für die endgültige Umwandlung Deutschlands in das »Dritte Reich« Hitlers sein wird. Es ist eine kleine, kaum beachtete Organisation. Sie zählt 1928 kaum 200 Mann, die zwar zur SA gehören, jedoch nicht braune, sondern schwarze Uniformen tragen, die nicht auf der Straße marschieren, die nur zu Hitlers persönlichem Schutz da sind. »Schutzstaffel« heißt dieses kleine Grüppchen, abgekürzt SS.

Niemand, nicht einmal Hitler selbst, kann ahnen, daß diese SS und der Terror, den sie ausübt, nur wenig später als ein Jahrzehnt Herr über fast ganz Europa sein wird. Der nicht sehr geschäftstüchtige Besitzer einer Hühnerfarm aus dem bayerischen Dorf Waldtrudering bei München ist es, der 1929 die Führung der »Schutzstaffel« Hitlers übernimmt und sie im Lauf der Jahre zu dem schreckenerregenden Begriff macht, der heute noch unsere und ganz Europas Erinnerung bedrückt. Er ist keine heldische Erscheinung, dieser Spießbürger mit dem runden, nichtssagenden Gesicht und dem randlosen Kneifer auf der Nase. Wenn man ihn nach der von ihm selbst verkündeten Rassenlehre typologisieren wollte, müßte man zunächst – wie bei den meisten NS-Größen einschließlich Hitler – feststellen, daß er alles andere ist als ein »Germane«. Man könnte ihn mit dem Ausdruck bezeichnen, den er selbst zu Unrecht viele Jahre später, im August 1944 nämlich, für einen der

Verschwörer des 20. Juli erfindet. »Ostischer Bumskopf«, sagt der verunglückte Hühnerzüchter, als er Herr über Europa und über die Massenvernichtungslager ist. Der Ausdruck würde ihn selbst treffend charakterisieren. Heinrich Himmler heißt dieser Mann, von dem bösgesonnene Freunde sagen, er heiße deswegen Himmler, »weil er den Adolf so anhimmelt«.

Noch einige neue Namen sind im Lauf der Zeit aufgetaucht, und ihre Träger sind in den Vordergrund der Parteiarbeit gerückt. Da ist zunächst Gregor Strasser, der damals die SA in Landshut führt. Ehemaliger Oberleutnant und von Beruf Apotheker, hat er sich ganz der Parteiarbeit verschrieben. Während Hitler auf der Festung Landsberg saß, hat er zusammen mit Ludendorff und Alfred Rosenberg die »Deutsche Freiheitsbewegung« gegründet, die bei den Reichstagswahlen 1924 zwei Millionen Stimmen gewinnen kann. Hitler hat sich darüber nicht gefreut. Er will die Bewegung selber leiten. Lieber soll während seiner Haft alles bisher Aufgebaute einstürzen, er wird es dann schon wieder aufrichten.

Dennoch hat Hitler ihn zum Aufbau der Organisation nach Norddeutschland entsandt. Er weiß bei aller persönlichen Antipathie, die beide füreinander hegen, daß Strasser als großer Organisator seinen Zwecken nützlich ist.

Strasser arbeitet vom Rheinland aus. Sein Sekretär in Bayern ist Himmler gewesen, nun stellt er einen jungen Dr. phil. ein, der nirgends Arbeit findet und für seine schriftstellerischen Ergüsse keinen Verleger. Der junge Mann, dessen rechter Fuß durch eine Kinderkrankheit verkrüppelt ist, stammt aus einem streng katholischen Elternhaus und hat auch mit Hilfe des Stipendiums einer kirchlichen Stiftung studiert. Als Strasser ihn kennenlernt, merkt man ihm von christlicher Gläubigkeit nicht viel an. Eher ist der 28jährige so etwas wie ein Kommunist. Er heißt Joseph Goebbels und entpuppt sich bald als mitreißender Redner, der mehr ist als nur Strassers Sekretär.

Hitler beobachtet die beiden im Rheinland mit äußerstem Mißtrauen. Ihm scheint, hier haben sich zwei politisch verwandte Seelen gefunden, denn auch Strasser betont weit mehr das »sozialistische« am Parteinamen als das Wort »national«.

In Goebbels' handschriftlichem Tagebuch aus dem Jahr 1925/26, das erhalten geblieben ist, finden sich Eintragungen wie: »Weil das Kapital das will. Das Kapital allein hat heute zu sagen.« Zwei Tage später, am 23. Oktober 1925, schreibt er: »Letzten Endes wäre es für uns besser, unsere Tage unter dem Bolschewismus zu beschließen, als die kapitalistische Sklaverei zu ertragen.«

Von Hitler und der Parteiführung hält der akademische Revoluzzer dementsprechend nicht viel. In seinem

Führertagung der NSDAP 1930 in einem Wirtshauszimmer. Am Präsidiumstisch von links: Der Parteiideologe und Hauptschriftleiter des »Völkischen Beobachter« Alfred Rosenberg, unbekannt, Schatzmeister Franz Xaver Schwarz, Hitler, Reichsorganisationsleiter Gregor Strasser, Reichsführer SS Heinrich Himmler. Rechts, mit dem Rücken zur Tür: der Gauleiter in Franken und Herausgeber des »Stürmer«-Hetzblattes Julius Streicher.

Tagebuch spricht er verächtlich von den »Münchnern«. Am 12. Oktober 1925 notiert er für sich: »In München sind Lumpen am Werk. Dummköpfe, die keinen Kopf neben sich dulden... Deshalb der Kampf gegen Strasser und mich. Auch Rosenberg ist verzweifelt.«

»Kein Mensch glaubt mehr an München«, schreibt er am 11. Februar 1926. »Elberfeld soll das Mekka des deutschen Sozialismus werden.« Und vier Tage später: »... der gute, ehrliche Strasser, ach Gott, wie wenig sind wir diesen Schweinen da unten gewachsen!«

Es dauert seine Zeit, bis Goebbels der unermüdlichste, gläubigste und ehrfurchtsvollste Jünger seines »Führers« wird, als den ihn die Welt später kennt.

Im November 1925 beruft Strasser in Hannover eine Konferenz der norddeutschen Nationalsozialisten ein. Es geht um die Fürstenabfindung. Kommunisten und Sozialdemokraten fordern die entschädigungslose Beschlagnahme von Grundbesitz und Vermögen der ehemaligen deutschen Fürstenhäuser. Die Parteiführung der NSDAP ist gegen den von Kommunisten und Sozialdemokraten geplanten Volksentscheid über diese Frage. Gregor Strasser und sein Bruder Otto Strasser sowie Goebbels sind gegen die »Münchner Linie«, sie fordern, daß die NSDAP in dieser Frage mit SPD und KPD zusammengeht. Außerdem wollen sie das 25-Punkte-Parteiprogramm erneuern.

Hitler schickt als seinen Vertreter den »Erfinder« des Programms, Gottfried Feder. Goebbels will Feder gar nicht erst zu der Versammlung zulassen. »Wir brauchen hier keine Lockspitzel«, schimpft er.

Unter den Anwesenden sind einige, die später im Dritten Reich führende Stellungen bekleiden werden: Erich Koch, später Gauleiter von Ostpreußen und Reichskommissar für die Ukraine; Bernhard Rust, später Reichserziehungsminister; Hans Kerrl, der spätere Kirchenminister; Robert Ley, Reichsleiter der »Arbeitsfront« und der Organisation »Kraft durch Freude«. Aber nur Ley ist in dieser Versammlung für Hitler. Goebbels schreit ihn im Verlauf der Auseinandersetzung an: »Ich beantrage, daß dieser kleine Bourgeois Hitler aus der Nationalsozialistischen Partei ausgeschlossen wird!«

Hitler schlägt zurück. Er beruft für den 14. Februar eine Tagung nach Bamberg ein. Dieser Tag ist ein Wochentag, und die norddeutschen Parteiführer sind zumeist nicht von der Partei angestellt, sondern arbeiten in ihren Berufen. So können nur Gregor Strasser und Goebbels erscheinen. Damit hat Hitler gerechnet. Die treu zu ihm haltenden süddeutschen Führer sind weit in der Überzahl. Eine Abstimmung ergibt einen klaren Sieg für Hitler. Wenn die Partei nicht gespalten werden soll, müssen sich die Norddeutschen und ihre Vertreter Strasser und Goebbels fügen.

Sie kapitulieren auch, aber die Sympathie von Goebbels hat Hitler damit noch nicht.

Doch Hitler läßt nicht locker. Er kämpft um Goebbels, weil er dessen große Fähigkeiten für die Zwecke seiner Politik richtig einschätzt. Er lädt Goebbels ein, in mehreren Versammlungen in München zu sprechen.

Vom 7. April bis 17. April 1926 ist Goebbels der Einladung gefolgt. Fast stets in diesen Tagen ist er mit Hitler zusammen. Schon über die erste Versammlung am 8. April schreibt Goebbels in sein Tagebuch: »Abends um 8 Uhr im Auto zum Bürgerhaus. Hitler ist schon da. Mir klopft das Herz zum Zerspringen... Tobende Begrüßung... und dann rede ich zweieinhalb Stunden... Man lärmt, man tobt. Am Schluß umarmt mich Hitler. Die Tränen stehen (unleserlich: ›mir‹ oder ›ihm‹) in den Augen. Ich bin so etwas wie glücklich...« Wenige Tage später ergibt sich Goebbels. Er vertraut es seinem Tagebuch mit folgenden Worten an: »Er (gemeint ist Hitler) spricht drei Stunden. Glänzend. Könnte einen irre machen... Ich liebe ihn... Er hat das alles durchdacht. Ich bin bei ihm in allem beruhigt... Ich beuge mich dem Größeren, dem politischen Genie.«

Nun hat Hitler den treuesten seiner Gefolgsleute gefunden, den einzigen, der ihm und dem er bis zum grausigen Ende wirklich treu bleiben wird.

Ende 1926 schickt Hitler Goebbels als Gauleiter nach Berlin. In der Reichshauptstadt gibt es bis dahin nur rund 500 Nationalsozialisten, die zum Teil untereinander verfeindet sind. Goebbels soll den Streitereien ein Ende machen und die »Rowdys« aus der Partei entfernen. Nur so kann in Berlin die Partei sich weiterentwickeln.

Die Reichshauptstadt ist »rot«. Kommunisten und Sozialdemokraten sind die stärksten Parteien. Trotzdem löst Goebbels die Aufgabe, die Hitler ihm gestellt hat. Innerhalb weniger Jahre gibt es in Berlin rund 50000 Parteimitglieder. So zeigt sich Hitlers neuester Mitarbeiter in kurzer Zeit schon als erster seiner besten. Von den alten Gefolgsleuten sind nach der Flucht oder der Haft im Anschluß an die Ereignisse vom November 1923 wieder aktiv Hermann Göring, Ernst Röhm, Rudolf Heß, Wilhelm Frick. Frick ist einer der wenigen

Gregor Strasser mit Goebbels und dessen Stiefsohn Harald Quandt beim Aufmarsch der SA-Gruppe Nord in Braunschweig im Oktober 1931. Strasser und Goebbels gehörten einer Fraktion der NSDAP an, die entschieden antikapitalistisch eingestellt war und sogar zeitweilig plante, den Opportunisten Hitler aus der Partei auszustoßen. Hitler indes setzte sich durch. Goebbels lief zu ihm über, Gregor Strasser gab 1932 seine Parteiämter auf. E wurde beim sogenannten Röhm-Putsch ermordet.

Reichstagsabgeordneten der NSDAP und wird 1930 der erste nationalsozialistische Minister in einer Landesregierung, Heß leitet die Parteikanzlei. Ernst Röhm hat zunächst, aus der Reichswehr ausgeschieden, abseits gestanden, ist dann nach Bolivien gegangen, wo er als militärischer Berater für die Regierung tätig ist. 1931 kehrt er zurück und übernimmt die Führung der SA.

Hermann Göring hat in Italien und Schweden gelebt, ist durch die von einer Kriegsverwundung verursachten Schmerzen rauschgiftsüchtig geworden und zieht 1928 als Abgeordneter in den Reichstag ein. Er ist Hitler in dieser Zeit vor allem bei der Herstellung gesellschaftlicher Kontakte behilflich.

General Ritter von Epp tritt 1928 der NSDAP bei und wird ebenfalls Reichstagsabgeordneter.

Ein Mann, der bisher noch keine große Rolle gespielt hat, wird in den Jahren 1926 bis 1930 von besonderer Bedeutung für die NSDAP, obwohl heute außer Fachhistorikern kaum noch jemand seinen Namen kennt. Es ist der ehemalige Hauptmann Pfeffer von Salomon. Er ist Freikorpsführer gewesen, hat während der Ruhrbesetzung Widerstandsaktionen organisiert und ist später, nach der Neugründung der NSDAP, dieser beigetreten und in Westfalen Gauleiter geworden. Er gehört zunächst zu dem Kreis um die Brüder Gregor und Otto Strasser und Goebbels, die Hitler, seine Art der Führung und auch die Grundlinien seiner Politik ablehnen. Von diesem Kreis wird er nach München geschickt, wo er in die Parteileitung eintreten soll, damit durch einen Vertreter der norddeutschen Nationalsozialisten ein gewisses Gegengewicht zu den auf Hitler eingeschworenen bayerischen Führern entsteht.

Hitler ist davon gar nicht angetan, macht dann aber gute Miene zum bösen Spiel und nimmt von Pfeffer (der seinen eigentlichen Namen von Salomon nicht mehr verwendet, weil er zu jüdisch klingt) in die Parteiführung auf. Zu überlegen bleibt, welche Aufgabe von Pfeffer übernehmen soll. Da bietet sich fast von selbst die Gesamtführung der SA an.

Die wiedergegründete SA hat keine Führung, sondern ist nur der jeweiligen örtlichen Leitung unterstellt. Auch über ihre Aufgaben herrscht Unklarheit. Die durch die enge Bindung mit der Reichswehr einst vorherrschende Betätigung als militärischer Ausbildungs- und Reserveverband ist längst überholt. Auch gibt es keine aktiven Reichswehroffiziere mehr in den Führerstellen. Ein großer Teil der Mitglieder besteht nun schon nicht mehr aus ehemaligen Soldaten, sondern aus jüngeren, ungedienten Männern.

Von Pfeffer hat klare Vorstellungen von der Aufgabe der SA, und es gelingt ihm, Hitler von der Richtigkeit seiner Auffassungen zu überzeugen. Wenn die SA nicht mehr wie früher im militärischen Raum tätig werden soll, dann darf sie auch nicht wie eine Armee aufgebaut und ausgebildet sein. Hier stimmt Hitler mit Pfeffer überein, wie auch der der SA gewidmete Abschnitt des 2. Bandes von »Mein Kampf« zeigt.

Aber Hitler ist der Meinung, daß die SA nun eine Abteilung der Partei sein soll wie Propaganda, Kultur, Presse und andere. Pfeffer dagegen fordert eine weitgehende Selbständigkeit der SA, die zwar auf unterer Ebene mit den Parteileitungen eng zusammenarbeitet, aber auch zu geschlossenen Großeinsätzen verfügbar sein muß, die von der SA-Führung angeordnet werden. Umgekehrt darf die SA keine selbständigen politischen Entscheidungen treffen, keine selbständige Propaganda treiben. Als Grundsatz gilt: Einsatz der SA auf Befehl der politischen Leitung, im angeordneten Einsatz dann Auftreten ohne Einmischung einzelner politischer Leitungen der Partei. Militärische Ausbildung wird ausdrücklich untersagt. Die SA soll eine reine Propagandatruppe, Schutztruppe und Störtruppe gegen feindliche Versammlungen und Demonstrationen sein. Die Kosten für die Dienstteilnahme, für Uniform und Ausrüstung müssen die SA-Mitglieder selber aufbringen – das ändert sich erst später unter dem Zwang der Verhältnisse in der Zeit der Wirtschaftskrise.

In nicht ganz drei Jahren ist der grundlegende Neuaufbau der SA nach den Richtlinien Pfeffers – der die Dienstbezeichnung OSAF, »Oberster SA-Führer« trägt – beendet. Zum Parteitag in Nürnberg am 3. und 4. August 1929 erscheinen SA-Einheiten aus ganz Deutschland. Auch der organisatorische Aufbau der Partei selbst ist zu diesem Zeitpunkt im wesentlichen beendet. Die NSDAP ist nun keine bayerische Partei mehr, sondern sie hat ihre Stützpunkte in ganz Deutschland.

Die ruhige politische Entwicklung der letzten Jahre, der wirtschaftliche Aufschwung haben der Partei bisher große Erfolge versagt, aber Hitler ist davon überzeugt, daß diese Entwicklung nicht für immer anhalten wird. Die organisatorischen Voraussetzungen für künftige Erfolge in einer veränderten politischen und wirtschaftlichen Situation jedenfalls sind nun geschaffen. Schon am Ende dieses Jahres 1929 steht die neugeschaffene Partei vor der ersten Bewährungsprobe.

Der amerikanische Präsident der internationalen Kommission für Reparationsfragen Owen D. Young legt einen neuen Plan für die Zahlung der deutschen Reparationen vor. Die Zahlung der Reparationen hat nicht nur Deutschland bisher Schwierigkeiten bereitet, sondern hat auch das Gleichgewicht der Wirtschaft in den Empfängerländern durch Wegfall entsprechender Eigenaufträge gestört. Nach Youngs Plan soll die Tilgung der Reparationen zunächst schneller und in steigenden Raten, danach in kleiner werdenden Raten erfolgen. Die letzte Reparationszahlung soll 1988 erfolgen.

Hitler mit zwei Kampfgefährten, Hermann Göring und Ernst Röhm. Der hochdekorierte Jagdflieger Göring war 1922 Mitglied der NSDAP und Führer der SA geworden. Nach dem Hitler-Putsch floh er nach Österreich, Italien und Schweden, kehrte 1928 zurück und bekam eines der zwölf NSDAP-Mandate für den Reichstag. Röhm, Hauptmann a. D., hatte nach Differenzen mit seinem Duzfreund Hitler Deutschland verlassen und war 1928–30 im Generalstab der bolivianischen Armee tätig gewesen. Im Januar 1931 holte ihn Hitler zurück und ernannte ihn zum Stabschef der SA.

Dieser Young-Plan leidet an so viel inneren Widersprüchen, daß er mit Sicherheit bald revidiert werden muß. Gerade das ist einer der Gründe, weshalb Gustav Stresemann – nicht mehr Reichskanzler, sondern seit Jahren Außenminister – für die Annahme dieses Planes ist. Dabei stellt er den Alliierten noch die Bedingung, daß die noch immer besetzten Gebiete des Rheinlandes geräumt werden sollen.

Reichspräsident Generalfeldmarschall von Hindenburg – 1925 nach Friedrich Eberts Tod in das höchste deutsche Amt gewählt – unterstützt diese Politik Stresemanns und plädiert ebenfalls für die Annahme des Young-Planes. Natürlich kann und darf niemand der Öffentlichkeit sagen, daß man eben deshalb für den Plan ist, weil er wegen seiner Widersprüchlichkeit bald revisionsbedürftig sein wird. Dann würden die Alliierten selbst diesen Plan fallen lassen.

Zunächst entfesselt die Deutschnationale Volkspartei unter Führung des früheren Krupp-Direktors Geheimrat Alfred Hugenberg eine wilde Kampagne gegen die Annahme des Young-Planes, der eine »Versklavung« Deutschlands auf Generationen hinaus bedeute. Hugenberg ist am besten dazu in der Lage, eine solche Kampagne durchzuführen, denn ihm gehört eine Vielzahl von Zeitungen und Verlagen, ihm gehört die große Filmgesellschaft UFA, die auch mit ihrer in allen Kinos gezeigten Wochenschau Propaganda für Hugenbergs Ziele macht.

Auf Hugenbergs Vorschlag schließen seine Partei, die Frontkämpfervereinigung »Stahlhelm«, und Hitlers NSDAP ein Abkommen, mit dem die Durchführung eines Volksbegehrens und danach eines Volksentscheides gegen den Young-Plan erreicht werden soll. Damit soll ein »Gesetz gegen die Versklavung des deutschen Volkes« nicht vom Reichstag, sondern direkt von den Wählern beschlossen werden. Dieses Gesetz sieht nicht nur die Ablehnung des Young-Planes, sondern die sofortige Einstellung jeglicher Reparationszahlungen vor. Die unsinnigste, aber mit Bedacht als propagandistisch wirksamster Passus aufgenommene Forderung des Gesetzentwurfes besagt, Mitglieder der Reichsregierung, die weitere Reparationszahlungen leisten wollen, seien als Hochverräter zu bestrafen.

Erstmals gibt es jetzt wieder harte politische Auseinandersetzungen, in die Hitler nicht nur mit gestärkter Organisation, sondern dank des Bündnisses mit Hugenberg auch finanziell gesicherter eingreifen kann. Hugenberg schätzt Hitler überhaupt nicht, aber er weiß, wie dieser Agitator auf die Massen zu wirken versteht.

Das Volksbegehren wird schließlich knapp erfolgreich, der Volksentscheid dagegen wird am 22. Dezember 1929 nur von knapp sechs Millionen Wählern – 13,8 Prozent der Stimmen – befürwortet.

Hitler hält das keinesfalls für eine Niederlage. An einen Sieg hat er gar nicht gedacht. Aber der monatelange

Hektisches Treiben herrschte am 29. Oktober 1929, dem »Schwarzen Freitag«, vor der Börse in New York. Vom Beginn der Weltwirtschaftskrise bis zu ihrem Tiefpunkt 1932 ging hier der Gesamtwert der Industrieaktien von 90 Milliarden Dollar auf etwa 15 Milliarden zurück.

Propagandarummel um Volksbegehren und Volksentscheid hat ihn nicht nur wieder bei der Bevölkerung ins Gespräch gebracht, sondern er wird durch die Zusammenarbeit mit Hugenberg in Kreisen salonfähig, die bisher geringschätzig auf den österreichischen Agitator herabsahen. Hitler wertet die ganze Kampagne als Erfolg für NSDAP und SA und als Manöver zur Überprüfung der Gefechtsbereitschaft für den Ernstfall.

Nur wenige Wochen vor dem Volksentscheid sind zwei Ereignisse eingetreten, die entscheidende Änderungen der politischen Lage in Deutschland mit sich bringen werden. Am 3. Oktober stirbt Außenminister Stresemann, der überragende Politiker der Deutschen Volkspartei, der zunächst als Reichskanzler für die wirtschaftliche Gesundung Deutschlands nach der Inflation Entscheidendes geleistet, der als Außenminister für die Versöhnung mit Frankreich gearbeitet und Deutschland die Achtung der Welt zurückgewonnen hat. Mit ihm verliert die Weimarer Republik die nach Friedrich Ebert bedeutendste Persönlichkeit.

Noch entscheidender wird sich das andere Ereignis auswirken, auch wenn das im Augenblick noch niemand ganz zu ermessen weiß: der »Schwarze Freitag«, der New Yorker Börsenzusammenbruch vom 24. Oktober 1929. Er kündet die schlimmste Wirtschaftskrise an, von der die Welt je geschüttelt worden ist. Mit diesem »Schwarzen Freitag« sind die fünf »Goldenen zwanziger Jahre« endgültig vorüber.

Schon das ganze Jahr hat einen schleichenden Wirtschaftsrückgang gebracht. Die Arbeitslosigkeit hat zugenommen. Vor allem die Landwirtschaft ist in eine Notlage geraten – in Norddeutschland kommt es 1929 sogar zu Bombenattentaten empörter Bauern gegen Finanzämter und andere staatliche Gebäude.

Nun greift die amerikanische Wirtschaftskrise nach Deutschland. Ihre Auswirkungen sind in Deutschland schneller und krasser zu spüren als in anderen Ländern. Deutschland ist durch die zahlreichen amerikanischen Kredite besonders eng mit der US-Wirtschaft verbunden, und außerdem haben die Amerikaner in den vergangenen Jahren eine große Anzahl deutscher Industriebetriebe aufgekauft, die nun als erste von der Krise im Mutterland mitbetroffen werden.

Die Arbeitslosenzahl steigt mit beängstigender Geschwindigkeit. Im März 1930 gibt es schon rund 2 Millionen Arbeitslose – eine Zahl, die über das von ihr verkörperte wirtschaftliche Elend nicht viel aussagt. Denn sie enthält weder die noch höhere Zahl der Kurzarbeiter noch die Zahl der amtlich überhaupt nicht registrierten Arbeitslosen. Sie enthält vor allem nicht die Zahl der Familienmitglieder, die von ihrem nun arbeitslosen Ernährer abhängig sind.

Am 27. März 1930 wird der sozialdemokratische Reichskanzler Müller wegen Auseinandersetzungen über die Arbeitslosenversicherung von seiner eigenen Partei gestürzt. Dieses Datum bezeichnet einen dunklen Tag der deutschen Geschichte. An diesem Tag sah Deutschland die letzte parlamentarisch zustande gekommene Regierung bis 1949.

Der nächste Reichskanzler ist der Zentrumspolitiker Dr. Brüning. Seine Regierung erhält nicht die Zustimmung des Reichstages. Mit einer Order des Reichspräsidenten Hindenburg wird daher der Reichstag aufgelöst, Neuwahlen werden angesetzt.

Die Situation erinnert in vielem an die des Jahres 1923: die immer schlechter werdende wirtschaftliche Lage, die politische Radikalisierung der Volksmassen, die einander widerstrebenden Absichten und Taten der politischen Führungskräfte.

Wie 1923 die Reichswehr unmittelbar Einfluß auf die Politik nahm, so auch diesmal. Dr. Brüning ist dem Reichspräsidenten nicht von der Zentrumspartei vorgeschlagen worden, sondern durch den Generalleutnant Kurt von Schleicher, der, nachdem er jahrelang die politische Abteilung des Reichswehrministeriums geleitet hat, »Chef des Ministeramts« im Reichswehrministerium im Rang eines Staatssekretärs ist. Nach dem Reichswehrminister und – zwar nicht formell, aber faktisch – vor dem Chef der Heeresleitung und dem Chef der Marineleitung ist er der wichtigste Mann der Reichswehr. Dazu kommt noch, daß er im gleichen Regiment wie Feldmarschall von Hindenburg gedient hat, unter diesem während des Krieges als Stabsoffizier in der Obersten Heeresleitung tätig war und persönlichen Einfluß auf den Reichspräsidenten hat.

Einfluß hat Schleicher auch auf seinen unmittelbaren Vorgesetzten, den Reichswehrminister Groener, unter dem er in Krieg diente, als Groener zum Nachfolger Ludendorffs in der Stellung des Generalquartiermeisters geworden war.

Es ist jedoch nicht nur Schleichers Einfluß auf Hindenburg und Groener, der Brüning zum Reichskanzler macht, sondern es ist auch Groeners eigene Überzeugung, daß Brüning der richtige Mann ist.

Die Reichswehrführung ist der Meinung, daß nach den jahrelangen Regierungswechseln, den ständigen Streitereien im Reichstag, die weder eine vernünftige politische Arbeit noch eine Linderung der Volksnot zulassen, eine starke, mit diktatorischen Vollmachten ausgestattete Regierung notwendig ist. Vor allem scheint es der Reichswehrführung wichtig, die nationale Rechte an der Regierung zu beteiligen. Mit parlamentarischen Mitteln ist das kaum möglich.

Seit 1919 ist noch keine Reichsregierung auf einer stabilen Parteigrundlage gebildet worden. Eine Regierungsbildung ist stets nur dann möglich gewesen, wenn verschiedene Parteien ihre Vertreter benannten. Eine echte Gemeinsamkeit der Regierungspolitik ist unter solchen Voraussetzungen – wenn man von der Überzeugungskraft einer Persönlichkeit wie Stresemann absieht – nie möglich gewesen und wird auch in Zukunft nicht möglich sein. Die Parteiführer sind stets vom »Kuhhandel« um Regierungsposten und dem Kampf von Interessengruppen in Anspruch genommen. Die stärksten Oppositionsparteien wiederum – die Deutschnationalen und die Kommunisten – waren natürlich erst recht nicht willens, eine Koalitionsregierung zu bilden.

Keine Partei nahm ernsthaft auf nationale Interessen Rücksicht. Wichtig war jeder vor allem das Interesse an der Durchsetzung der Wünsche ihrer eigenen Partei. So wurde gestritten, ob der Industrie Steuern erlassen, die Arbeitslosenunterstützung erhöht oder gekürzt, ob den kleinen oder den großen Bauern oder überhaupt geholfen werden sollte.

Die Vorstellungen der Reichswehrführung über eine Änderung der Regierungsform sind auch dem Reichspräsidenten nicht fremd. So läßt er lieber den Reichstag auflösen, als Brüning stürzen zu lassen, der entschlossen ist, mit Notverordnungen zu regieren.

Die Neuwahlen zum Reichstag finden am 14. September 1930 statt. Bis dahin hat Brüning schon seit März »geschäftsführend« weiterregiert. Die Zahl der Arbeitslosen hat sich trotz aller Notverordnungen bis dahin schon auf drei Millionen erhöht. Die Wirtschaftskrise nimmt immer größere Ausmaße an. Kleine Geschäftsleute müssen in Massen Konkurs anmelden, denn ihre Kundschaft hat kein Geld mehr, bei ihnen zu kaufen. Die Industrie schränkt die Produktion ein, sie wird ihre Erzeugnisse nicht los. Das gleiche gilt für die Schwerindustrie, denn wer kann in der Krise neu investieren? Die Landwirtschaft bleibt auf ihren Produkten sitzen, weil der Verbrauch weiter sinkt.

Die Wirtschaft gleicht einer Teufelsspirale, die immer weiter in den Abgrund führt. Und niemand weist den immer mehr verbitterten Volksmassen einen Ausweg. Die Parteien, die zur Führung berufen wären, streiten sich nur, und Brünings Notverordnungen haben bisher auch nichts zum Guten verändert.

Nur zwei Parteien waren noch nie an einer Regierung beteiligt – die Kommunisten und die Nationalsozialisten. Ausgerechnet diese beiden Parteien aber behaupten, sie wüßten einen Ausweg aus der Not.

Die Ärmsten der Armen verlassen sich mehr auf das, was die Kommunisten sagen. Sie sind für die radikalsten Änderungen alles Bisherigen: das Land den Landarbeitern, die den Boden bearbeiten; die Fabriken den Arbeitern, die dort Werte schaffen; die Universitäten nur für Arbeiterkinder. Fort mit der Religion, dem »Opium fürs Volk«. Was unten war, soll oben sein, was oben war, unten: Diktatur des Proletariats! Sowjetdeutschland! Freiheit für die Unterdrückten! »Friede den Hütten, Krieg den Palästen!«

Den lockenden Versprechungen des Nationalsozialismus verfallen eher die, die erst jetzt zum Proletariat geworden sind. Angehörige des Mittelstandes, des Kleinbürgertums, stellungslose Akademiker, arbeitslose Facharbeiter – und vor allem Bauern. Die Erregung der Bauern hat sich schon im Vorjahr mit Bombenattentaten unter der schwarzen Fahne der Bauernkriege Luft gemacht, auch die Bauern sind radikalisiert. Aber für sie kommt niemals der Kommunismus in Frage. Eine kommunistische Herrschaft würde ihnen den Boden ganz fortnehmen und zum anonymen Staatseigentum machen.

Für alle diese Kreise hat die NSDAP, hat Hitler Antworten auf die drängenden Fragen parat. Zunächst auf die Frage, wer an der Not schuld sei.

Schuld sind die Siegermächte des Weltkrieges, der Versailler Schandvertrag, die Reparationen. Schuld ist die Republik der Novemberverbrecher, die das tapfer kämpfende Volk 1918 durch Verrat um den Preis des Sieges gebracht haben. Schuld sind die anderen Parteien des Weimarer »Systems« und ihre korrupten Politiker. Schuld sind die Kriegs- und Inflationsgewinnler, die Geldsäcke, die Monopolkapitalisten, die an der Not des Volkes noch verdienen. Schuld sind die Marxisten, die Sozialdemokraten und die Bolschewisten, die das Volk zum Klassenkampf gegeneinander hetzen. Vor allem aber schuld sind die Juden, die sich am Elend des Volkes bereichern, die alle führenden Stellungen einnehmen, die die Weltherrschaft des Judentums über die anderen Völker anstreben. Hitlers Rassenhaß, den er schon früh zu schüren wußte, ist jetzt Kernpunkt seines Programms.

Der Ausweg?

Zusammenschluß aller anständigen Deutschen gegen die bisherigen Parteien, die samt und sonders versagt haben. Errichtung einer echten Volksgemeinschaft, in der der fleißige Unternehmer ebenso zum Wohl des gesamten Volkes beiträgt wie der tüchtige Arbeiter. Arbeit adelt! Beseitigung gesellschaftlicher Vorrechte der bisher herrschenden Kreise, Kultur und Bildung für alle. Volle Unterstützung dem »Nährstand«, den Bauern, der Lebensgrundlage jedes gesunden Volkes. Beseitigung der Arbeitslosigkeit durch staatliche Arbeitsbeschaffung, Einrichtung eines Arbeitsdienstes für junge Leute. Die deutschen Tugenden Fleiß, Disziplin, Tüchtigkeit und Selbstachtung sind noch nicht ausgestorben. Laßt sie wieder zur Geltung kommen. Schließt euch zusammen, verjagt die korrupten Politiker aus ihren Ministersesseln. Arbeiter der Stirn, Arbeiter der Faust – wählt NSDAP!

Anders als die kommunistische Propaganda, die auf die Gewinnung einer Klasse ausgerichtet und von strengen Moskauer Parteidoktrinen eingeengt wird, wendet sich Hitlers Propaganda an die breiten Massen des Volkes.

Das Wahlergebnis bringt eine Überraschung, auch für Hitler selbst. Die NSDAP, die sich noch bei den letzten Wahlen mit 810000 Stimmen und 12 Sitzen im Reichstag begnügen mußte, wird jetzt von 6409600 wahlberechtigten Deutschen gewählt und erhält im neuen Reichstag 107 Abgeordnetenmandate. Die NSDAP ist buchstäblich über Nacht zur zweitstärksten Partei geworden. So wird der 14. September 1930 zum ersten entscheidenden Schritt auf dem Weg zur Erringung der Macht im Staat.

Auch die Kommunisten haben große Fortschritte gemacht: 4592000 Stimmen und 77 Abgeordnete statt zuvor 3265000 Stimmen und 45 Abgeordnete.

Die beiden radikalen Parteien, die sich den Sturz der Republik zum erklärten Ziel gesetzt haben, verfügen nun über fast ein Drittel aller Sitze im Reichstag. Nimmt man noch die anderen Gegner der Republik wie Deutschnationale oder Deutschhannoversche Partei hinzu, dann hat sich schon jetzt fast die Hälfte der deutschen Wähler gegen die Republik entschieden.

Die Deutschnationalen haben übrigens Stimmen eingebüßt und den prozentual größten Rückschlag erlitten. Gegenüber zuvor 78 Reichstagssitzen verfügen sie nunmehr nur noch über 41. Das Bündnis Hugenberg-Hitler ist schon nach dem Volksentscheid vom vergangenen Jahr wieder in die Brüche gegangen. Wenn es nun zu einem neuen Bündnis kommen sollte, dann ist nicht mehr Hugenberg, sondern Hitler der stärkere Partner. Hitler ist zu einem Faktor geworden, dem man nun in ganz Europa Beachtung schenken muß. Immerhin, der Führer der zweitstärksten deutschen Partei. Hitler wird von Auslandskorrespondenten interviewt, die Weltpresse bringt Bilder von ihm, die seriöse Londoner »Times« bringt gar den gesamten Wortlaut seiner Erklärung nach der Wahl, in der er unter anderem feststellt, daß er als ehemaliger einfacher Frontsoldat ein Mann des Friedens sei. Das britische Massenblatt »Daily Mail« freut sich über den Sieg des bisher gar nicht beachteten Österreichers und nennt ihn einen Sieg im Kampf Europas gegen den Bolschewismus. Auch im Ausland also verkennt man die Gefährlichkeit dieses Mannes.

Seit dieser Zeit ist Hitler in der Partei der »Führer«. Formell ist er das seit dem 2. September, vorher war er »Vorsitzender« der NSDAP, manche – so Goebbels – nannten ihn »Chef«, andere, wie die Strassers, blieben bis zuletzt bei der Anrede »Herr Hitler«.

Der »OSAF« von Pfeffer ist nach vier Jahren Aufbauarbeit von der SA-Führung zurückgetreten. Seine Differenzen mit Hitler lassen sich nicht mehr überbrücken. Es geht dabei um verschiedene Fragen, eine davon ist jetzt unmittelbar vor der Reichstagswahl, besonders akut: Hitler meint einer Forderung des ostdeutschen SA-Oberführers Stennes nachkommen zu müssen, wonach besonders viele SA-Führer Reichstagsmandate bekommen sollen. Die immer noch sich verschärfende Wirtschaftskrise hat sich auch auf die Finanzierung der SA ausgewirkt. Die SA ist gewachsen – aber die hauptamtlichen Führer können nicht mehr bezahlt, die Büros nicht mehr unterhalten werden. Die Abgeordnetendiäten sind dann eine wertvolle, für die SA geradezu lebensnotwendige Hilfe.

Pfeffer jedoch ist prinzipiell gegen SA-Führer als Abgeordnete. Die SA ist die Kampforganisation der Partei, ihre Führer haben in der »Schwatzbude« nichts verloren, das ist Sache der politischen Leiter.

Hitler erläßt daraufhin eine Verfügung, in der er bekanntgibt, daß er selbst die Führung der SA und ihrer Untergliederung SS übernimmt. Einen Mann, der ihm die unmittelbare Leitung der SA abnehmen kann, braucht er aber doch. Er verfällt auf seinen früheren Vorgesetzten und zeitweiligen Kampfgefährten aus der Münchner Zeit bis 1923, Ernst Röhm. Hitler bittet ihn, der es in Bolivien mittlerweile zum Oberstleutnant gebracht hat, nach Deutschland zurückzukehren.

Röhm stimmt zu und wird von Hitler zum »Stabschef der SA« ernannt. Wie die spätere Entwicklung zeigt: zum Unglück für Röhm, für die SA, für Hitler selbst, für ganz Deutschland.

Wie ein Blitzlicht erhellt wenige Tage nach der Reichstagswahl ein Prozeß das Problem, um das es später auch zwischen Röhm, der SA und Hitler gehen wird. Der Prozeß wird am 23. September 1930 vor dem Reichsgericht in Leipzig eröffnet. Die Angeklagten sind drei junge Offiziere des Ulmer Artillerieregiments 5. Die Anklage lautet auf Vorbereitung zum Hochverrat, begangen durch nationalsozialistische Propaganda in der Reichswehr.

Nach den mißglückten Marsch auf Berlin 1923 hat sich die Reichswehrführung ausdrücklich von Hitler und der NSDAP distanziert. Die Reichswehr kümmert sich nicht um Politik, lautet die Parole, die Reichswehr steht zur Republik. Hitler umgekehrt hat beim Neuaufbau der SA betont, daß die SA kein Militärersatz sei und auch keine militärische Parteiarmee, weil er weiß, daß er nur mit der Reichswehr und niemals gegen sie siegen kann.

Die drei Offiziere im Leipziger Prozeß – Leutnant Ludin, Leutnant Wendt und Leutnant Scheringer – werden von Hitlers Anwalt Hans Frank, dem späteren »Generalgouverneur« in Polen, verteidigt. Frank läßt Hitler als Zeugen vorladen.

Hitler erklärt als Entlastungszeuge für die drei jungen Leutnants, daß nationalsozialistische Propaganda in der Reichswehr schon deshalb kein Hochverrat sein könne, da die Nationalsozialisten legal zur Macht kommen wollten. Zunächst wendet er sich weniger an das Gericht, als offenkundig zum Fenster hinaus an die

Als Zeuge im Ulmer »Reichswehrprozeß« bekräftigte Adolf Hitler seine Taktik, legal an die Macht zu kommen: »Unsere Bewegung hat die Gewalt nicht nötig. Die Zeit wird kommen, da die deutsche Nation unsere Ideen begreifen wird, und dann werden 35 Millionen Deutsche hinter mir stehen . . .«

Reichswehrführung mit folgenden Worten über die SA: »Ich bin zu lange Soldat gewesen, um zu wissen, daß man eine Parteiorganisation nicht gegen die geschlossene Heeresmacht kämpfen lassen kann... Ich habe alles getan, was ich konnte, um zu verhindern, daß die SA militärischen Charakter bekam. Ich habe immer die Auffassung vertreten, daß jeder Versuch, die Reichswehr ersetzen zu wollen, sinnlos wäre... Aus diesem selben Grunde war ich auch immer der Ansicht, daß jeder Versuch, die Reichswehr zu zersetzen, Wahnsinn wäre. Keiner von uns hat das geringste Interesse an solcher Zersetzung... Wenn wir zur Macht gekommen sind, werden wir dafür sorgen, daß aus der jetzigen Reichswehr die große deutsche Volksarmee hervorgeht...«

Der Präsident des Gerichts zweifelt an, daß Hitler legal zur Macht kommen wolle, denn das sei wohl nicht möglich. Hitler erwidert, daß über all seinen Befehlen an Partei und SA der Grundsatz stehe, es dürfe nirgendwo gegen die Gesetze verstoßen werden. Und er fügte hinzu: »Ich habe bei Nichtbefolgung dieser Aufgabe stets augenblicklich durchgegriffen und widersetzliche Parteigenossen ausgeschlossen. Zu ihnen gehört auch Otto Strasser. Er hat tatsächlich mit dem Gedanken der Revolution gespielt.«

Tatsächlich hat Otto Strasser seine nationalbolschewistischen Ideen nie aufgegeben und nach seinem Aus-

Woran die Weimarer Republik schließlich zugrunde ging, war in erster Linie ihr Mangel an tatkräftigen Demokraten. »Sie tragen die Buchstaben der Firma – aber wer trägt den Geist?« Karikatur von Th. Th. Heine. Ohne das auch in intellektuellen Kreisen weitverbreitete antidemokratische Denken in der Weimarer Republik wäre Hitlers Machtergreifung nicht möglich gewesen.

Folgende Seite: Ein weiterer Grund für das Scheitern der Republik war die Parteienzersplitterung einerseits und die Verantwortungsscheu ihrer führenden Politiker andererseits. Während Hitler selbstbewußt nach der ganzen Macht strebte, schoben sich die demokratischen Parteien die Verantwortung wie einen »Schwarzen Peter« zu. Treffend kritisierte der Soziologe Alexander Rüstow in einem Vortrag der dreißiger Jahre die »höchst seltsame und paradoxe Einstellung, daß politische Verantwortung heute das ist, was der Politiker flieht, was er zu vermeiden hat, das, was man seinem ärgsten Feinde wünscht. Man hat das Gefühl, er ist hineingefallen, wenn er die Verantwortung hat auf sich nehmen müssen.«

schluß aus der NSDAP vor einem halben Jahr die Partei »Revolutionäre Nationalsozialisten« und später die »Schwarze Front« gegründet. Sein Bruder Gregor dagegen ist noch immer der Organisationsleiter der NSDAP.

Hitler fürchtet, daß diese Erklärung die radikalen Elemente in Partei und SA an die Seite Otto Strassers treiben könnte, und so setzt er hinzu:

»Ich darf Ihnen aber versichern: Wenn die nationalsozialistische Bewegung in ihrem Kampfgeist siegt, dann wird ein nationalsozialistischer Staatsgerichtshof kommen, dann wird der November 1918 seine Sühne finden, dann werden auch Köpfe rollen... Aber dazu bedarf es keiner illegalen Mittel... Unsere Propaganda zielt auf die geistige Revolutionierung des deutschen Volkes. Unsere Bewegung hat die Gewalt nicht nötig. Die Zeit wird kommen, da die deutsche Nation unsere Ideen begreifen wird, und dann werden 35 Millionen Deutsche hinter mir stehen... Wir werden unsere Partei auf legalem Wege zum entscheidenden Faktor machen. Aber wenn wir dann im Besitz der konstitutionellen Rechte sind, werden wir den Staat so formen, wie wir das für richtig halten.«

Der Präsident fragt zurück: »Auch das auf konstitutionellem Wege?«

Hitler antwortet: »Ja!«

Hitler hat unter Eid ausgesagt, und so wird diese Szene im Leipziger Reichsgericht bald »Hitlers Legalitätseid« genannt. Hitler bekommt von den Radikalen in der SA, denen sein Auftreten vor Gericht nicht revolutionär genug war und die nicht recht wissen, ob er das, was er da beschwor, auch ernst gemeint haben mochte, den spöttischen Beinamen »Adolphe Legalité«.

Die drei Leutnants werden trotz Hitlers entlastender Aussage verurteilt. Aber einem von ihnen gefällt Hitlers Eid, daß er keinen Hochverrat betreibe, nicht einmal. Leutnant Richard Scheringer tritt während der Festungshaft zu den Kommunisten über und telegrafiert – nachdem die Kommunisten seine Übertrittserklärung im Reichstag verlesen haben – an Goebbels: »Erklärung authentisch. Hitler Revolution verraten!«

Welche Widersprüche es in dieser Hinsicht noch in der Partei gibt, zeigt ein Vorfall vom 14. Oktober 1930. Die Reichstagsfraktion der NSDAP reicht einen Gesetzentwurf ein, nach dem der Zinsfuß im Höchstfall vier Prozent betragen darf, nach dem das »gesamte Vermögen der Bank- und Börsenmagnaten« entschädigungslos enteignet und alle Großbanken verstaatlicht werden sollen. Der Gesetzentwurf ist natürlich das Werk von »Revolutionären« wie Strasser. Hitler läßt den Gesetzentwurf sofort zurückziehen.

Als die Kommunisten daraufhin geschickt manövrierend ihrerseits wortwörtlich den NSDAP-Antrag als eigenen Gesetzentwurf vorlegen, läßt Hitler dagegen stimmen. Er hat einen Grund, gerade jetzt lieber eine

Blamage durch die Kommunisten einzustecken – die sowieso morgen vergessen sein wird –, als durch eine unüberlegte Gesetzesvorlage wichtige Leute zu vergrämen, auf die er angesichts der Wirtschaftskrise mehr denn je angewiesen ist.

Bisher hat die deutsche Wirtschaft Gelder für politische Zwecke nur für die Deutschnationale Volkspartei, die Demokratische Partei, die Deutsche Volkspartei und das Zentrum gespendet. Die radikale NSDAP kam dafür nicht in Frage. Und eben jetzt hat Hitler den bisherigen Chefredakteur der »Berliner Börsenzeitung« dafür gewinnen können, sich bei der Industrie für Spenden an die NSDAP einzusetzen.

Walter Funk – später Hitlers Wirtschaftsminister – hat durch seine journalistische Tätigkeit viele Verbindungen zu Wirtschaftskreisen. Es gelingt ihm auch, eine Anzahl Kaufleute und Industrieller davon zu überzeugen, daß die nun zweitstärkste deutsche Partei unterstützt werden müsse. Auch hier macht sich das Ergebnis der Wahlen bemerkbar – mochte Hitler auch auf diesen oder jenen noch immer lächerlich oder ordinär wirken: Er war wichtig geworden.

Noch im Nürnberger Kriegsverbrecherprozeß angesichts des zu erwartenden Todesurteils beteuert Funk später: »Meine Freunde aus der Industrie und ich waren in jenen Tagen davon überzeugt, daß die NSDAP in nicht allzu ferner Zukunft an die Macht kommen würde, ja kommen müßte, wenn Kommunismus und Bürgerkrieg vermieden werden sollten.«

Hitler seinerseits ist 1931 oft unterwegs, um in persönlichem Einsatz von Industriellen Geld einzusammeln. Das geschieht insgeheim. Weder darf die Presse davon erfahren, die sonst behaupten würde, Hitler sei von der Industrie bezahlt – obwohl die anderen Parteien schon immer und dazu auch jetzt noch wesentlich mehr Spendengelder einnehmen –, noch darf den Radikalen in Partei und SA Gelegenheit gegeben werden, Unzufriedenheit zu stiften oder gar durch »revolutionäre« Aktionen wie jenen Gesetzentwurf die Geldgeber zu verschrecken.

Die Wirtschaftskrise entwickelt sich noch immer weiter. Nach den Septemberwahlen ist wieder Brüning Reichskanzler geworden, und er regiert wieder mit Notverordnungen, die ihm der Reichspräsident von Hindenburg entsprechend dem Artikel 48 der Weimarer Verfassung unterschreibt. Brüning verordnet Gehaltskürzungen für Beamte, Kürzungen der Arbeitslosenunterstützung und gibt eine steuerbegünstigte Reichsbahnanleihe für ein Arbeitsbeschaffungsprogramm aus. Das Arbeitsbeschaffungsprogramm wird nie Wirklichkeit; dafür versucht die Regierung Brüning auf außenpolitischem Gebiet Erfolge zu erzielen.

Am 21. März wird ein deutsch-österreichischer Zollunions-Vertrag veröffentlicht. Versucht werden soll damit, durch die Schaffung eines größeren Wirtschaftsgebietes die Krise sowohl in Österreich als auch in Deutschland besser in die Hand zu bekommen. Außerdem erhofft sich die Regierung von diesem Abkommen einen propagandistischen Erfolg. Wenn schon die alliierten Sieger 1919 die vom österreichischen Volk im Sinn des Selbstbestimmungsrechtes der Völker einmütig geäußerte Absicht, sich mit Deutschland wiederzuvereinigen, durch Verbot vereitelt haben, so wird die Volksstimmung in beiden Ländern wenigstens dieses Wirtschaftsabkommen als politischen Erfolg werten.

Doch es kommt anders. Die alliierten Mächte protestieren, und die Regierung Brüning muß den Vertrag beschämt rückgängig machen. Statt als »national« dazustehen, muß Brüning nun erst recht Spott und Hohn wegen seiner »Rückgratlosigkeit« gegenüber dem Ausland über sich ergehen lassen. Nichts will Brüning gelingen. Auch die Einführung der Mineralölsteuer – über die Deutschlands Kraftfahrer noch heute schimpfen: sie entstammt einer Brüningschen Notverordnung – hilft ihm nicht aus der Misere.

Brüning, der von 1955 bis zu seinem Tod 1970 in den USA lebte, wird von denen, die ihn kannten, als redlich, selbstlos, bescheiden, geradezu asketisch geschildert; aber auch als ein Mann, nicht in der Lage, die treibenden Kräfte der Geschichte zu erkennen, nicht fähig, das Volk selbst zu verstehen oder gar mitzureißen.

Ohne Zweifel hat Brüning mit seinen so unpopulären Notverordnungen nur das Beste gewollt. Seine Sparsamkeitsmaßnahmen, etwa die Kürzung der Beamtengehälter, sollten helfen, die Not des Volkes zu lindern – aber Brüning war nicht der Mensch, das dem Volk auch zu sagen.

Nein, diese Zeit ist nicht die Zeit der nüchternen Rechner, seien ihre Absichten noch so gut und edel – diese Zeit ist die Zeit der aufgeputschten Gefühle, der Stimmungen, der Stimmen; der Stimmen von Massenrednern, die weniger an den Verstand als an die Gefühle der Massen zu appellieren verstehen.

Die »Massen«? Das ist ein Begriff, den schon 1895 der französische Arzt Gustave Le Bon mit seinem Buch »Psychologie der Massen« geprägt hat, mit einem Buch, das zu Recht Weltruhm erlangte – und in seinen Grundzügen noch heute Gültigkeit besitzt.

Le Bon stellte fest, daß bei zufälligen oder beabsichtigten Vereinigungen von einzelnen Menschen unter äußerem Einfluß – etwa durch eine zündende Rede, durch die Teilnahme an einem Demonstrationszug, durch ein Platzkonzert mit patriotischer Militärmusik – übereinstimmende Gefühle und Gedanken entstehen, durch die sich eine »Gemeinschaftsseele« bildet.

Die Fähigkeit nüchterner Gedankentätigkeit läßt nach, die kritische Fähigkeit, Wahrheit und Irrtum zu unter-

scheiden, verringert sich und geht schließlich ganz verloren. Die Gefühle der Massen, sagt Le Bon in seinem Buch, seien einseitig und zugleich überschwenglich; sie könnten leicht zu einer Art religiösem Fanatismus werden.

Noch mehr als Hitler ist Thälmann ein Beispiel dafür. Wenn man bei Hitler noch Logik in seinen Reden finden kann, so ist Thälmann der Produzent geradezu großartiger Ungereimtheiten und Stilblüten.

Als »Teddy« über die SAP spricht – eine Splittergruppe der KPD, die die Tradition der USPD wieder beleben will –, sagt er: »Ein totgeborenes Kind, das sich im Sande verlaufen hat...« Während des Hamburger Kommunistenaufstandes spricht er über »... die Stunde des Augenblicks«, und während des Berliner BVG-Streiks, an dem gemeinsam mit den Kommunisten auch die Nationalsozialisten teilnehmen, erklärt er: »Die Straßenbahner stehen mit dem einen Fuß im Grab, mit dem anderen nagen sie am Hungertuch!« Nicht verbürgt ist, daß daraufhin aus der Versammlung die Frage kam: »Und wer klingelt dann?« Verbürgt aber ist als nur einer von vielen Aussprüchen Thälmanns der, mit dem er seine Parteigenossen darauf hinweisen will, daß es gilt, auch die Frauen für die Partei zu gewinnen, und daß dies in erster Linie durch die unteren Parteiorgane, die Betriebszellen und die Wohngruppen erfolgen muß. »Teddy« sagt dazu auf einer Berliner Parteikundgebung: »Man muß die Frauen vor allem in den dazu bestimmten unteren Organen bearbeiten!«

Nicht nur die Gegner, sondern auch die Intellektuellen der eigenen Partei lachen über diese Thälmannschen Schnitzer. Die »Masse« lacht nicht, sie hat kein Ohr für solche Entgleisungen, das Ohr der Masse ist nur geöffnet für das Entscheidende in Thälmanns Reden: Es muß alles anders werden, besser; und das ist nur möglich in einem Sowjet-Deutschland.

Thälmann hat vermutlich Le Bon nicht gekannt, sondern sich nur instinktiv die Erkenntnisse des französischen Arztes zu eigen gemacht. Von Hitler weiß man, daß er Le Bon gelesen und dessen Erkenntnisse ganz bewußt angewandt hat – vielleicht mit einer der Gründe dafür, weshalb von den beiden extrem radikalen Parteien schließlich nicht die KPD, sondern die NSDAP

1932 mußte das deutsche Volk viermal an die Wahlurnen. Die Agitation der Parteien wurde immer hitziger und nahm oft genug gewalttätige Formen an. *Linke Seite oben:* KPD-Führer Ernst Thälmann. *Mitte:* Jugendliche beteiligen sich an einer Straßenschlacht. *Unten:* Mitglieder des kommunistischen Rotfrontkämpferbundes prügeln sich mit der Polizei. *Rechte Seite oben:* Preußens Innenminister Carl Severing (SPD) bei einer Kundgebung der Eisernen Front. *Unten:* Joseph Goebbels, NSDAP-Gauleiter, mit seiner Schlägergarde bei einer Propagandafahrt im »Roten Berlin«.

55

über die Republik von Weimar gesiegt hat. Wer »Mein Kampf« gelesen hat, weiß, daß Hitler Le Bons Erkenntnisse manchmal fast wörtlich als eigene Weisheiten wiedergibt, nach denen er zu handeln gedenkt – was er ja dann auch getan hat.

Ein Angehöriger der jüngeren Generation, der heute auf einer Schallplatte Hitler reden hört oder ihn gar in einer dokumentarischen Fernsehsendung dazu auch noch sieht, wird nur den Kopf schütteln bei dem Gedanken, wie es jenem Mann wohl möglich sein konnte, einen großen Teil des deutschen Volkes mitzureißen, für sich zu gewinnen. Der heutige Zuschauer und Zuhörer findet diesen Redner Hitler mit seiner gutturalen, von österreichischem Dialekt durchsetzten Stimme, mit seinen wilden Gesten, geradezu abstoßend, zumindest lächerlich.

Aber solche Empfindungen packen nicht nur den jüngeren Menschen, für den das heute alles nur Geschichte ist, sondern auch den älteren. Mancher, der damals zu den jubelnden Massen gehört hat, der ehrlich und aufrichtig begeistert war, wenn Hitler zu ihm und den anderen in der Masse sprach – auch der versteht das heute nicht mehr und wundert sich kopfschüttelnd über sich selber. In Wahrheit ist dieses Gewesene nur zu begreiflich, weil Hitler es eben verstand, die damalige Massenstimmung – »so kann es nicht weitergehen« – zu ergreifen, sie in seinen politischen Strom zu leiten.

Hitler versteht im gegebenen Augenblick – wie er von seinem Lehrmeister Le Bon gelernt hat – den Massen zu schmeicheln (»deutsche Wertarbeit, deutsche Kultur, deutsches Heldentum, vom Feinde unbesiegt . . .«), er versteht es, an ihren Gerechtigkeitssinn zu appellieren (»Selbstbestimmungsrecht sogar für Neger, aber nicht für uns Deutsche; das waffenstarrende Ausland – nur wir sind wehrlos und sollen es bleiben; andere haben Kolonien, aber wir sind in der Mitte Europas zusammengepfercht, ohne genügend Lebensraum«).

Heute gibt es weder eine solche Massenstimmung, hervorgerufen durch Not und maßloses Elend, noch eine solche hektische politische Aktivität auf allen Seiten, die fast täglich bis zu Mord und Totschlag geht. Deshalb fällt es auch schwer, heute die Wirksamkeit solcher Massenredner wie Hitler wirklich zu begreifen.

Es ist wahr: »Hunderttausende haben an mich geglaubt, weil ich an sie geglaubt habe« – das ist die wichtigste Erklärung für Hitlers Erfolg, wenn man den zweiten Halbsatz übersetzt mit: ». . . weil ich das sagte, was sie hören wollten!«

Der »Notverordnungs-Kanzler« Brüning tut das nicht. Er sagt nicht, was die Massen hören wollen, sondern das, was sie seiner Meinung nach hören müssen: den Riemen noch enger schnallen, um durch Sparsamkeit, durch die Schaffung von Reserven aus der Wirtschaftskrise herauszukommen. Hätte Brüning mit dem

Arbeitsbeschaffungsprogramm – dem die Sparverordnungen dienen sollen – wenigstens Erfolg, so würde er trotz seiner mangelnden Begabung, das Volk anzusprechen, vielleicht mehr Vertrauen gewinnen. Aber die Widersprüche im Reichstag und im außerparlamentarischen Leben sind viel zu groß, als daß Brüning die widerstrebenden Interessen zusammenfassen könnte.

Aber noch steht hinter Brüning der General von Schleicher – zudem mit Hindenburgs Sohn Oskar befreundet –, noch steht hinter ihm Reichswehrminister Groener, steht hinter ihm der Reichspräsident selbst, der ihm immer wieder die Möglichkeit gibt, diktatorisch mit Notverordnungen zu regieren – gegen das Parlament, das nun völlig in einander widerstrebende Interessengruppen zerfallen ist.

Schleichers Überlegung zu dieser Zeit hat sehr viel wahre Erkenntnisse für sich: Es scheint wirklich nicht mehr möglich, mit diesem längst zerfallenen Reichstag zu regieren, der gar nicht in der Lage ist, einer Regierung klare Richtlinien für eine Politik zu geben, mit der, wenn schon nicht eine Mehrheit, so doch wenigstens eine starke Gruppe der Abgeordneten einverstanden ist. Es muß, so meint General von Schleicher, im Interesse des Volkes diktatorisch regiert werden – und dabei dennoch demokratisch. Schließlich ist der Reichspräsident von der Mehrheit des Volkes gewählt worden, er repräsentiert damit den Willen des Volkes und hat so auch das legitime Recht, einem Reichskanzler seines Vertrauens die Ermächtigung zum Regieren mit Notverordnungen zu geben. Notwenig ist dazu natürlich, daß die einzige echte Macht im Staate, die Reichswehr, hinter einer solchen Regierung steht. Vorläufig ist das noch der Fall – die Reichswehr selbst in Gestalt Schleichers, Groeners und des 1930 ernannten Chefs der Heeresleitung Hammerstein, von manchem der »rote Hammerstein« genannt – hat für die Einsetzung Brünings gesorgt. Aber Brünings ständige Mißerfolge lassen die Reichswehrführung bald daran zweifeln, ob er der richtige Mann dazu ist, Deutschland aus der Krise wieder herauszuführen.

Den ersten Stoß bekommt das Vertrauen zu Brüning durch die Ergebnisse der Reichstagswahl vom 14. September 1930. Sieger dieser Wahl ist ohne Zweifel Hitler, den auch Schleicher bis dahin nicht recht ernst genommen hat. Nun beginnt Schleicher, im Hintergrund neue Fäden zu ziehen. Er nimmt Verbindung mit dem aus Bolivien zurückgekehrten neuen SA-Stabschef Röhm auf, mit dem Organisationsleiter der NSDAP Gregor Strasser und schließlich mit Hitler selbst.

Hitler konferiert daraufhin im Beisein Görings mit Brüning. Brüning hat um diese Unterredung gebeten. Er bittet Hitler als den Führer der nun zweitstärksten deutschen Partei, seine Regierung wenigstens bis zur Neuwahl des Reichspräsidenten im März 1932 vor allem

Nationalsozialisten, Deutschnationale, »Stahlhelm« und andere »vaterländische Verbände« schlossen sich im Oktober
1931 als »nationale Opposition« in der »Harzburger
Front« zu einem Bündnis gegen Demokratie und Republik
zusammen.
Oben: Hitler und sein Stab in
Bad Harzburg. *Links:* Geheimrat Hugenberg, Parteivorsit-
zender der DNVP und Herr
über den größten Pressekon-
zern der Weimarer Republik,
und der »Stahlhelm«-Funktio-
när Freiherr von Stephani.

in der Reparationsfrage zu unterstützen. Inzwischen ist deutlich geworden, daß die noch von Stresemann ausgelegten Fußangeln im Young-Plan zugeschnappt sind. Der Young-Plan hat sich jetzt tatsächlich als undurchführbar erwiesen und muß revidiert werden. Wenn aber Brüning eine solche Revision durchsetzen will, darf er den Alliierten gegenüber nicht als Vertreter nur des Reichspräsidenten dastehen; er muß zeigen können, daß mehr Kräfte hinter ihm stehen.

Aber Hitler ist durch das Wahlergebnis noch viel selbstsicherer geworden. Er denkt nicht daran, eine verpflichtende Bindung einzugehen, zumal er weiß, wie wenig Popularität der »Hungerkanzler« im Volk genießt.

Kurz darauf, am 10. Oktober 1931, wird Hitler zum erstenmal vom Reichspräsidenten Generalfeldmarschall von Hindenburg empfangen – so wie bei Brüning ebenfalls durch Vermittlung des Generals von Schleicher, der Hitler gern als Mitglied der Regierung sehen möchte, um seinen Tatendrang unter eine gewisse Kontrolle zu bringen und gleichzeitig die Hitler hörigen Volksmassen für seine, Schleichers, Politik einsetzen zu können.

Die Unterredung zwischen dem Generalfeldmarschall und dem Gefreiten verläuft ergebnislos. Vor allem deshalb, weil Hitler hier den Fehler macht, der ihm in Zukunft stets unterlaufen wird: Er hat Le Bons Buch »Psychologie der Massen« entweder doch nicht richtig gelesen und verstanden, oder aber er vergißt im entscheidenden Augenblick das wichtigste daraus. Er hält dem greisen Kriegshelden eine Rede, die bei einer »Masse« wohl zünden würde, jedoch gegenüber einem einzelnen, noch dazu gegenüber einem so sehr in sich selbst ruhenden Charakter wie Hindenburg, nur peinlich wirken kann. Und er fordert, Reichskanzler zu werden, nicht »Mitglied« einer Regierung, die andere Interessen hat als er selbst.

Nach dieser Unterredung sagt der Reichspräsident mißmutig zu General von Schleicher– der ihm diese Unterredung nahegelegt hat –, dieser »böhmische Gefreite« sei als Reichskanzler unvorstellbar. Allenfalls, so sagt Hindenburg, könne Hitler bei ihm Postminister werden. Da könne Hitler ihn auf den Briefmarken »von hinten...«

Am Tag nach dieser Zusammenkunft fährt Hitler nach Bad Harzburg. Dort findet eine von demonstrativen Aufmärschen umrahmte Kundgebung der »rechten« Parteien und Organisationen statt. Unter anderem nehmen an der Harzburger Kundgebung Hugenbergs Deutschnationale Partei, der Frontsoldatenbund »Stahlhelm« unter seinen Führern Seldte und Düsterberg, Deutschlands »Retter aus der Inflation«, Dr. Schacht, der frühere Chef der Heeresleitung, General von Seeckt, sowie Vertreter der Industrie teil. Hier geht Hitler sein zweites Bündnis mit Hugenberg ein – die

»Harzburger Front«. Aber auch dieses Bündnis bricht bald wieder auseinander. Hitler beansprucht als Führer der in diesem Bündnis bei weitem stärksten Partei die Führung, auf die Hugenberg jedoch nicht verzichten will.

Schon während der Harzburger Tagung selbst zeigen sich die Spannungen. Hitler hält seine Rede so lustlos, wie man das von ihm keinesfalls gewohnt ist; er nimmt den Vorbeimarsch seiner SA-Einheiten ab und verschwindet, noch bevor der Vorbeimarsch des »Stahlhelm« beginnt. Zwar besagt das offizielle Kommuniqué der Tagung, daß sich die nationalen Parteien und Verbände zu einem gemeinsamen Vorgehen in den Reichstagssitzungen und zur Zusammenarbeit bei der Bildung nationaler Regierungen im Reich und in Preußen entschlossen hätten, aber es bleibt bei diesen leeren Worten. Am 13. Oktober 1931 stellt Brüning seine neue Regierung im Reichstag vor. In seiner Antrittsrede gibt er zu erkennen, daß er noch mehr als bisher gewillt ist, diktatorisch und mit Hilfe von Notverordnungen zu regieren. Er sagt:

»Alle Versuche, die ich seit Wochen und Monaten unternommen habe, haben ergeben, daß ein Zusammenfinden der Parteien in Deutschland ausgeschlossen ist. In der schwersten und schicksalsreichsten Stunde des deutschen Volkes gehen die Tendenzen eher darauf hinaus, schärfste Fronten gegeneinander aufzurichten, als sich zusammenzufinden in der einfachsten Pflichterfüllung für das ganze Volk.

Deshalb habe ich mich entschlossen – in der Erkenntnis, daß kein anderer Weg möglich sein werde –, eine Regierung zu bilden, die noch unabhängiger von den Parteien ist als das bisherige Kabinett. Ich glaubte, dem deutschen Volk einen Dienst zu tun, wenn ich das Ziel verfolgte, daß diese Regierung keine Rücksicht auf irgendeine Partei... zu nehmen hat...«

In der kurzen Zeit vom April bis zu dieser Regierungserklärung im Oktober hat der Reichstag nicht ein einziges Gesetz erlassen, aber Brünings erste Regierung hat mit Zustimmung des Reichspräsidenten 40 Notverordnungen hervorgebracht. Die neue Regierung Brüning wird es sogar auf 59 Notverordnungen bringen.

Hitler toleriert diese Regierung nicht, wie Brüning ihn gebeten hat. Im Gegenteil, er bekämpft sie auf das schärfste. Schon am Tag nach Brünings Regierungserklärung, am 14. Oktober, veröffentlicht er einen »Offenen Brief an den Reichskanzler«, in dem er zu erkennen gibt, daß die neue Regierung mehr als jede andere zuvor in unmittelbarer Beziehung zur Reichswehr steht. Er bezeichnet die Politik der Regierung Brüning als »schmählichen Verrat« an den Interessen des deutschen Volkes und wendet sich mit einer Nachschrift auch an die Generäle Groener und Schleicher: »Das Bedauerlichste aber ist, daß das letzte Instrument, das im Allge-

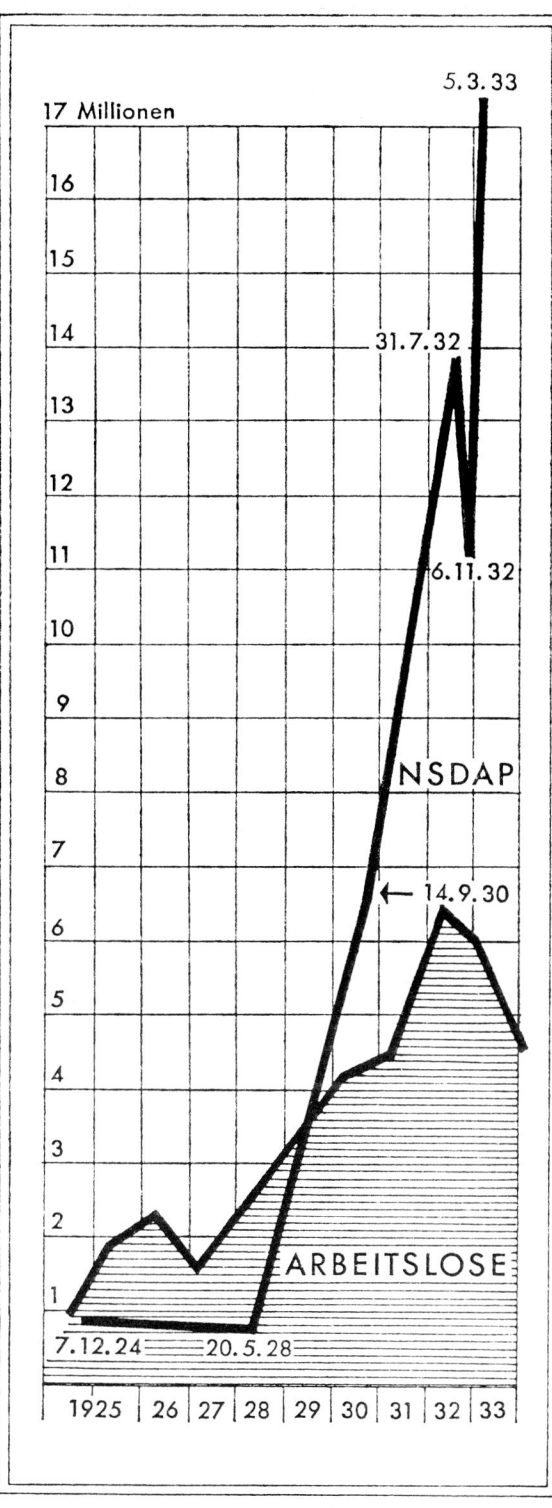

17 Millionen

16

15

14

13

12

11

10

9

8

7

6

5

4

3

2

1

5.3.33

31.7.32

6.11.32

NSDAP

← 14.9.30

ARBEITSLOSE

7.12.24 = 20.5.28

| 1925 | 26 | 27 | 28 | 29 | 30 | 31 | 32 | 33 |

Von der Weltwirtschaftskrise, die an keiner Industrienation spurlos vorüberging, wurde Deutschland besonders hart betroffen. Das Schaubild zeigt die Entwicklung der Arbeitslosigkeit im Vergleich zum Stimmenanstieg der NSDAP.

meinen noch eine gesunde Auffassung hat – das Instrument, auf das heute allein noch Verlaß ist –, die Reichswehr, jetzt durch seine Vertreter in der Regierung direkt und indirekt in diese Kämpfe verwickelt ist ...
Für uns ist die Reichswehr der Ausdruck der Kraft der Nation, deren Interessen sie nach außen hin verteidigt. Für Sie, Herr Reichskanzler Brüning, ist sie letzten Endes eine Institution, um die Regierung im Innern zu verteidigen ... Die Folge Ihrer Auffassung, Herr Reichskanzler, wird die sein, daß die Reichswehr zur Aufrechterhaltung eines Systems verpflichtet wird, welches nach seiner Tradition und nach seinen innersten Anschauungen der Todfeind des Geistes einer Armee ist. Und so wird schließlich, ob mit oder ohne Absicht, die Reichswehr den Charakter einer Polizeitruppe bekommen, die mehr oder weniger den Zweck hat, im Inneren eingesetzt zu werden!«

Nachdem Hitler so zu erkennen gegeben hat, daß ihm Reichswehr-Hintergründe der Brüningschen Regierung nicht verborgen geblieben sind, fährt er am 17. Oktober nach Braunschweig, wo er seine eigenen Heerscharen inspiziert.

38 Sonderzüge und 5000 Lastkraftwagen haben die gesamte SA nach Braunschweig befördert. In einem stundenlangen Zug marschieren rund 100 000 SA-Männer an Hitler und den anderen Führern der NSDAP vorbei. 100 000 – so stark darf nach dem Versailler Vertrag die Reichswehr sein. Die SA hat diese Stärke bereits jetzt erreicht.

Die Kampfverbände anderer politischer Richtungen wachsen ebenfalls immer mehr an – das »Reichsbanner« der Sozialdemokraten, der »Rote Frontkämpferbund« der Kommunisten, der »Stahlhelm« und wie sie alle heißen. Sie besitzen ein Vielfaches der zahlenmäßigen Stärke der Reichswehr.

Daß die politischen Kampfverbände – durchaus nicht nur die SA – ständig stärker werden, ist nicht verwunderlich. Die Wirtschaftskrise nimmt immer schlimmere Formen an, die Not des Volkes steigert sich ins Unerträgliche. Schon gibt es im Dezember 1931 fünf Millionen Arbeitslose. Brüning aber erläßt neue Notverordnungen, mit denen Löhne weiter gesenkt und Steuern weiter erhöht werden. Er erklärt dazu, daß er hoffe, die Krise werde im Frühjahr nachlassen und die Alliierten würden vielleicht die Reparationszahlungen – die zur Zeit eingestellt sind – ganz erlassen.

Für das hungernde Volk sind solche vagen Zukunftshoffnungen des »Hungerkanzlers« ein schwacher Trost. Brüning kann die notleidenden Massen von der Richtigkeit seiner Politik nicht überzeugen. In Scharen strömen die Menschen in die Reihen der radikalen Parteien und ihrer Kampfverbände. Am stärksten wächst Hitlers Partei.

Im Lauf des Jahres 1931 hat sich die Mitgliederzahl der

NSDAP verdoppelt und ist von rund 400 000 auf 800 000 angestiegen. Landtagswahlen in Oldenburg, in Hamburg und in Hessen haben gezeigt, daß die Nationalsozialisten immer mehr an Einfluß gewinnen. General von Schleicher, der »Mann hinter den Kulissen«, bemüht sich deshalb immer wieder, Hitler dazu zu bewegen, in der Regierung eine Mitverantwortung zu übernehmen. Auch in Hitlers Umgebung drängen Kräfte auf eine Beteiligung der NSDAP in der Regierung, vor allem der Organisationsleiter Gregor Strasser. Doch Hitler lehnt alle derartigen Vorschläge ab. Für ihn gibt es nur: »Alles oder nichts.« Er weiß, daß er bei einer bloßen Mitarbeit in der Regierung für deren Versagen mitverantwortlich gemacht würde und daß ihm dadurch eine große Anzahl von Anhängern und Wählern verlorenginge. In der Opposition dagegen hat er es viel leichter, mit seiner Agitation gegen Republik und Regierung die Massen zu beeinflussen.

Im April 1932 ist die siebenjährige Amtszeit des Reichspräsidenten abgelaufen. Hindenburg ist nun 84 Jahre alt. Er selbst möchte sich nicht zur Wiederwahl stellen, er haßt die damit verbundene Aufregung, den Streit der Meinungen, die unsachliche Agitation, all die persönlichen Anwürfe, die mit einem solchen Wahlkampf verbunden sind. Hindenburg gibt das auch Reichskanzler Brüning zu verstehen. Brüning seinerseits weiß, daß seine Regierung steht und fällt mit der Unterstützung durch Hindenburg. Ohne Hindenburg keine Notverordnungen, ohne Notverordnungen keine Regierung Brüning.

So kommt Brüning auf den Gedanken, gar keine Wahl des Reichspräsidenten durchzuführen, sondern einfach durch Gesetze die Amtszeit des Präsidenten zu verlängern. Brüning steht mit diesem Gedanken nicht allein. Will Brüning mit einem Gesetz die Amtszeit Hindenburgs nur um zwei Jahre verlängern – bis dahin hofft Brüning auf einen Erfolg seiner Politik –, so machen andere sogar den Vorschlag, Hindenburg durch Gesetz auf Lebenszeit zum Präsidenten zu ernennen.

Ein solches verfassungsänderndes Gesetz muß im Reichstag eine Zweidrittelmehrheit erhalten. Brüning muß also mit den verschiedenen Parteien verhandeln, um deren Stimmen für das geplante Gesetz zu erhalten. Die Mittelparteien stimmen zu, nach einigem Zögern auch die Sozialdemokraten. Aber ausgerechnet die »Nationalen«, deren Kandidat Hindenburg bei seiner ersten Wahl gewesen ist, lehnen es ab, dem vorgeschlagenen Gesetz über die Verlängerung von Hindenburgs Amtszeit zuzustimmen.

Hugenberg, der Führer der Deutschnationalen Partei, ist dagegen, weil er um keinen Preis mit den Sozialdemokraten gemeinsam stimmen will. Hitler sagt zwar zu, knüpft aber an diese Zusage die Bedingung, daß zuvor der Reichstag aufgelöst werden soll und Neuwahlen

zum Reichstag stattfinden müßten. Diese Bedingung leht Brüning ab. Er fürchtet mit Recht, daß Hitler bei einer weiteren Wahl noch mehr Stimmen als bisher erhalten würde und daß dann eine Regierung Brüning auf noch mehr Schwierigkeiten stoßen könnte.

So bleibt nichts anderes übrig als ein Wahlkampf um das Amt des Reichspräsidenten. Schweren Herzens stimmt Hindenburg zu, sich nochmals als Kandidat aufstellen zu lassen.

Doch anders als vor sieben Jahren unterstützen ihn nun die Parteien, die auch für eine Verlängerung der Amtszeit gewesen wären, die katholische Zentrumspartei, die Sozialdemokratische Partei, die Liberalen und die Gewerkschaften.

Gegen Hindenburg – wobei diese Gegnerschaft in erster Linie Brüning gilt – treten die Parteien und politischen Kräfte auf, die Hindenburg für die seinen hält. Hindenburg macht Brüning dafür verantwortlich, daß er plötzlich zum Kandidaten der »Linken« geworden ist und meint, Brüning sei bei den Verhandlungen ungeschickt gewesen. Das bisher enge Vertrauensverhältnis zwischen Präsident und Kanzler ist seitdem empfindlich gestört.

Am 13. März findet die Wahl statt. Gegen Hindenburg stehen als Kandidaten Ernst Thälmann für die Kommunistische Partei, die den Sozialdemokraten vorwirft, mit ihrem Eintreten für Hindenburg die »Arbeiterklasse zu verraten«, und der frühere Oberstleutnant Theodor Düsterberg, stellvertretender Kommandeur des »Stahlhelm« – dessen Ehrenkommandeur Hindenburg ist. Erst drei Wochen vor der Wahl stellt sich ein vierter Kandidat den Wählern vor: Hitler.

Er hat lange gezögert, sich zur Wahl zu stellen. Es wird nicht einfach sein, gegen Hindenburg aufzutreten, den gerade nationale Kreise, die Hitler gewinnen will, als den Repräsentanten eines besseren Deutschlands ansehen. Aber dann entschließt sich Hitler doch zur Kandidatur. Hindenburg ist – ganz gegen seinen Willen – so eindeutig zum Kandidaten der SPD und der anderen republikanischen Kräfte geworden, daß Hitler hoffen kann, Erfolg zu haben, wenn er nur genügend kräftig die nationale Trommel rührt.

Es gibt nur eine, allerdings sehr ernsthafte Schwierigkeit für Hitlers Kandidatur: Hitler ist staatenlos. Reichspräsident aber kann nach der Verfassung nur ein deutscher Staatsbürger werden. 1925 hat Hitler die österreichische Staatsangehörigkeit aufgegeben, um der Gefahr einer Ausweisung aus Deutschland zu entgehen. Zweimal hat er bereits versucht, die deutsche Staatsangehörigkeit zu erwerben. Der formell einfachste Weg dazu ist eine Ernennung zum Beamten. Im thüringischen Städtchen Hildburghausen – Thüringens Innenminister ist Hitlers alter Mitkämpfer Dr. Wilhelm Frick – soll Hitler zum Polizeikommissar ernannt werden.

Aber das zu befürchtende Hohngelächter über den »Gendarmen von Hildburghausen« läßt es Hitler ratsam erscheinen, auf diese Beamtenstelle zu verzichten. Auch seine Ernennung zum Professor an einer Braunschweiger Hochschule zerschlägt sich.

Jetzt aber wird es mit dem Erwerb der deutschen Staatsbürgerschaft ernst, wenn Hitler sich als Reichspräsident zur Wahl stellen will. Die Braunschweiger Regierung, deren Innenminister nach den letzten erfolgreichen Landtagswahlen ebenfalls ein Nationalsozialist ist, ernennt Hitler am 25. Februar 1932 zum Regierungsrat bei der braunschweigischen Vertretung in Berlin. Damit ist Hitler automatisch deutscher Staatsbürger geworden. Der Wahlkampf kann beginnen.

Goebbels nennt zur Eröffnung der Kampagne den greisen Feldmarschall Hindenburg den »Kandidaten der Deserteurpartei« und wird deshalb aus dem Reichstag gewiesen. Alle Fronten scheinen sich verkehrt zu haben. Die politischen Gruppen, die einst Hindenburg unterstützt haben, wenden sich jetzt gegen ihn. Selbst die Hindenburg nahestehende »Deutsche Zeitung« schreibt gegen ihn und meint: »Es handelt sich jetzt darum, ob die internationalistischen Verräter und Pazifisten mit Hindenburgs Billigung Deutschland endgültig zum Untergang führen sollen.«

Unterstützt wird Hindenburg – der konservative Preuße, Protestant und Monarchist – von den Linken, den Republikanern und vom katholischen Zentrum. Für Hitler – den »Revolutionär«, Katholiken, Österreicher, Obdachlosen unklarer Herkunft – treten die protestantischen Oberschichten aus dem Norden Deutschlands, die konservative Landbevölkerung, der sonst stets konservative Mittelstand und auch viele Monarchisten ein, unter ihnen sogar der deutsche Kronprinz.

Hitler entfacht einen Propagandafeldzug, wie er in Deutschland noch nicht dagewesen ist. Er selbst und die beiden anderen Hauptredner der Partei – Goebbels und Gregor Strasser – reisen kreuz und quer durch Deutschland. Hitler benutzt fast ausschließlich ein Flugzeug. Sein »Deutschlandflug«, wie die Parteipropaganda die Rundreise werbewirksam nennt, ermöglicht es ihm nicht nur, an einem Tag auf mehreren Kundgebungen in verschiedenen Städten zu sprechen, sondern umgibt ihn auch mit dem Nimbus eines Sportsmannes, und dafür haben die Massen immer etwas übrig. Kein anderer Politiker ist bis jetzt auf die Idee gekommen, bei Wind und Wetter mit einem kleinen Flugzeug vom Himmel herab bei den wartenden Menschenmassen zu erscheinen. Das imponiert. In ganz Deutschland sind die Mauern der Städte und Dörfer mit den Plakaten der Nationalsozialisten beklebt. »Hitler über Deutschland« steht in Anspielung auf Hitlers Flüge in knallroten Buchstaben auf diesen Plakaten. »Mit Hitler in die Freiheit!«

Acht Millionen Flugschriften und zwölf Millionen Extraausgaben ihrer Parteizeitungen werden von den Nationalsozialisten verteilt. Während des Wahlkampfes organisiert die NSDAP täglich durchschnittlich 3000 Versammlungen und Kundgebungen.

Goebbels, der seit einiger Zeit nicht nur Gauleiter von Berlin, sondern zugleich auch Propagandaleiter der Partei ist, stellt als erster Politiker bewußt die moderne Technik in den Dienst seiner Propaganda. Lautsprecherwagen fahren auch durch kleinste Dörfer, so daß von Schallplatten Hitlers Stimme auch dort ertönt, wo er persönlich nicht auftreten kann. Filmwagen erscheinen in Orten, deren Bewohner noch nie in einem Kino waren und nun von den nationalsozialistischen Propagandafilmen schon um der sensationellen Neuheit willen beeindruckt sind.

Doch alle Anstrengung ist vergebens. Hitler wird nicht zum Reichspräsidenten gewählt. Noch hat allein der Name des Feldmarschalls einen zu guten Klang, als daß eine noch so starke Gegenpropaganda die Stimmung des Volkes entscheidend gegen ihn umschlagen ließe. Dazu kommt, daß Hitler über ein Propagandamittel nicht verfügt, das sich als das Wichtigste erweist – den Rundfunk. Reichskanzler Brüning, sonst auch zu politischen Gegnern fair, hat diesmal den Rundfunk in den Dienst der Propaganda für seine eigene Regierungspolitik und für die Wahl Hindenburgs gestellt. Die drei anderen Kandidaten erhalten keine Erlaubnis, im Rundfunk zu sprechen.

Hindenburg, der die Kandidatur nur widerwillig angenommen hat, um nicht in den Schmutz der Propaganda gezogen zu werden, spricht während des ganzen Wahlkampfes nur ein einziges Mal, drei Tage vor der Wahl, über den Rundfunk. Er warnt vor Hitler, indem er sagt, daß die Wahl eines Parteimannes mit einseitigen, radikalen Ansichten dem Vaterland schwere Unruhen bringen müsse, deren Folgen für Deutschland nicht abzusehen seien. Das müsse vermieden werden. Aber, so sagt Hindenburg zum Schluß seiner Ansprache: »Ich bitte niemanden um seine Stimme, der mich nicht wählen will.«

Am Morgen des 14. März steht das Wahlergebnis fest:

1. Hindenburg	18 651 497 Stimmen (49,6 %),
2. Hitler	11 339 446 Stimmen (30,1 %),
3. Thälmann	4 983 341 Stimmen (13,2 %),
4. Düsterberg	2 547 729 Stimmen (6,8 %).

Die Weimarer Verfassung sieht vor, daß der Reichspräsident im ersten Wahlgang mit absoluter Mehrheit der Stimmen gewählt werden muß. Doch dazu fehlen Hindenburg ein paar Zehntel Prozent. Die Wahl muß also wiederholt werden – jetzt genügt eine relative Mehrheit. Eine schwere Enttäuschung für Hindenburg.

Die Führer der NSDAP sind ebenso enttäuscht. Gewiß hat die Präsidentenwahl für Hitler fast die doppelte Anzahl der Stimmen gebracht wie die Reichstagswahl im September 1930, aber die Zahl der Stimmen für Hindenburg ist eben um vieles höher. Wieder einmal breitet sich in der NSDAP Resignation aus, wieder einmal ist es Hitler, der nicht aufgibt und die anderen erneut mitreißt.

Schon am anderen Tag verkündet er in einem Extrablatt des »Völkischen Beobachter«: »Der erste Wahlkampf ist beendet, der zweite hat mit dem heutigen Tag begonnen!«

Abermals fliegt er mit der gecharterten Junkers-Maschine über Deutschland hin und her und hält drei, vier und einmal gar fünf Reden am Tag in verschiedenen Städten. Hat er im ersten Wahlkampf vor allem in negativer Form agiert, indem er die Republik, das »System« kritisierte, auf die Not des Volkes verwies, auf die noch immer steigende Arbeitslosigkeit, so ändert er im zweiten Wahlkampf seine Taktik. Jetzt spricht er positive Seiten an, jetzt erzählt er, was alles sich zum Guten ändern würde, wäre er erst einmal Reichspräsident.

Hitler verspricht allen alles, jedem jedes. Wenn er siegt, dann werden die Arbeitslosen Arbeit bekommen, die Geschäftsleute werden wieder bessere Geschäfte machen, die Reichswehr wird stärker werden und bessere Waffen erhalten, die Bauern werden höhere Preise erzielen und – das sagt er während einer Kundgebung im Berliner Lustgarten, dem heutigen »Marx-Engels-Platz« – »jedes deutsche Mädchen wird im Dritten Reich einen Mann finden!«

Aber auch diese geänderte Taktik führt nicht zum Sieg. Hitler kann zwar seinen Stimmenanteil noch einmal erhöhen, doch das ist vor allem der Tatsache zu verdanken, daß die Deutschnationalen ihren Kandidaten Düsterberg zurückgezogen und ihre Anhänger aufgefordert haben, diesmal für Hitler zu stimmen. Die Zahl der von Hitler hinzugewonnenen Stimmen entspricht fast der Stimmenzahl, die im ersten Wahlkampf auf Düsterberg entfallen war. So sehen die Ergebnisse der Reichspräsidentenwahl vom 10. April 1932 aus:

1. Hindenburg	19 359 983 Stimmen (53,0 %),
2. Hitler	13 418 547 Stimmen (36,8 %),
3. Thälmann	3 706 759 Stimmen (10,2 %).

Damit hat Hindenburg die notwendige Stimmenzahl erreicht und ist wieder Reichspräsident.

Hitler hat mehr als ein Drittel des deutschen Volkes hinter sich – gewiß ein großer Erfolg, den noch zwei Jahre zuvor niemand für möglich gehalten hätte. Doch steht Hitler nun vor der Frage, ob er an der Grenze

Plakat aus dem Präsidentschaftswahlkampf 1932. In sonderbarer Verdrehung der bisherigen politischen Verhältnisse wurde Hindenburgs Kandidatur von Kräften unterstützt, die sonst nicht auf seiner Seite gewesen waren: Zentrum, SPD, Liberale und Gewerkschaften. Der Marschall war inzwischen, da den Regierungen jede Legitimation fehlte, zum letzten Bollwerk gegen Hitler und die Kräfte geworden, die der Weimarer Republik den Untergang geschworen hatten.

dessen angekommen ist, was er je erreichen kann. Es scheint ihm jetzt zweifelhaft, daß er irgendwann für sich oder die Partei die absolute Mehrheit der Wählerstimmen gewinnen kann.

Sein Organisationsleiter Gregor Strasser ist fest davon überzeugt, daß der Höhepunkt möglicher Erfolge erreicht ist. Weiter aufwärts geht es nicht, allenfalls kann es mit der NSDAP wieder abwärts gehen, meint Strasser. Er schlägt Hitler deshalb vor, die bisherige Taktik zu ändern und die Parole »Alles oder nichts« aufzugeben. Jetzt bleibe nichts anderes übrig, als mit den bestehenden Institutionen zu verhandeln und die Mitarbeit anzubieten. Auf diesem Weg könne man irgenwie doch noch zur Macht kommen.

Hitler lehnt Strassers Gedanken nicht wie bisher von vornherein ab, er stimmt jedoch auch nicht zu. Noch ist er unschlüssig.

Da wird ihm die Entscheidung abgenommen. General Groener, der im zweiten Kabinett Brüning Reichswehrminister und Innenminister zugleich ist, verbietet die SA! Am 13. April 1932 unterschreibt der eben wiedergewählte Reichspräsident Hindenburg die entsprechende Verordnung, die damit in Kraft tritt.

Den Anlaß zum Verbot gibt die SA selbst. Während des ersten Tages der Präsidentenwahl hat Röhm die nun rund 400 000 Mann der SA in Alarmbereitschaft versetzt, Berlin ist von SA-Einheiten, zahlenmäßig stärker als die Reichswehr in ganz Deutschland, umringt gewesen. Die sozialdemokratische preußische Polizei hat Dokumente beschlagnahmt, aus denen sich entnehmen läßt, daß die SA für den Fall von Hitlers Wahlsieg einen Staatsstreich geplant hat. Zwar versichert Röhm dem General von Schleicher, es habe sich dabei im Gegenteil um Abwehrmaßnahmen für den Fall gehandelt, daß trotz einer Wahl Hitlers zum Reichspräsidenten die politischen Gegner den Amtsantritt Hitlers gesetzwidrig zu verhindern suchten. Wie dem auch sei – der Anlaß für das SA-Verbot ist gegeben.

Schon längst haben sozialdemokratisch beherrschte Länderregierungen, vor allem die Regierung des weitaus größten Landes Preußen, von der Reichsregierung ein SA-Verbot gefordert. Nun, nach Hindenburgs Wiederwahl, glaubt Brüning diesen Forderungen nachgeben zu müssen. Reichswehr- und Innenminister Groener ist der gleichen Ansicht. Ohne Zustimmung oder zumindest stillschweigende Duldung durch die noch immer stärkste deutsche Partei, die SPD, kann Brüning nicht regieren. Außerdem hat er auch eigene Gründe für das SA-Verbot. Solange der Ausgang der Präsidentenwahl ungewiß war, mußte man sich Hitler gegenüber vorsichtig verhalten. Jetzt aber kann man zum Angriff übergehen. Hitlers stärkste Macht besteht in den disziplinierten Kolonnen der SA. Hitler hat immer erklärt, er werde sich nicht an einer Regierung beteiligen, es sei

denn, er selbst würde Reichskanzler: »Alles oder nichts«. Nachdem Hitler nun die Präsidentenwahl verloren hat, sehen Brüning und Groener die Gefahr, daß Hitler die Macht mit Gewalt übernehmen könnte. Möglich wäre das nur mit der SA.

Hindenburg hat das Verbot nur nach langem Zögern unterschrieben. Wenn auch Hitler eben im Wahlkampf gegen ihn aufgetreten ist und die SA Demonstrationen gegen ihn veranstaltet hat, so hält Hindenburg die SA doch für aufrechte Patrioten, auf die der Staat nicht verzichten kann und die sich der Staat erst recht nicht durch ein Verbot zu Feinden machen sollte. Doch schließlich gibt Hindenburg dem Drängen Brünings und Groeners nach.

Der Mann im Hintergrund, General von Schleicher, ist zunächst ebenfalls für das Verbot gewesen, ändert aber seine Meinung schon bald. Er verhandelt hinter den Kulissen mit der NSDAP-Führung, weil er glaubt, eine Regierung könne im Interesse einer nationalen Politik zum Wohl des deutschen Volkes niemals gegen ein Drittel der Wähler, die sich für Hitler entschieden hatten, arbeiten.

Zunächst schlägt er dem Reichspräsidenten vor, auch das »Reichsbanner«, die Kampforganisation der SPD, zu verbieten, die sogar über drei Millionen Mitglieder hat. Das »Reichsbanner« sei sogar noch militärischer als die zahlenmäßig viel schwächere SA. Schleicher legt dem Präsidenten sorgsam gesammeltes Material über den Waffenbesitz des »Reichsbanners« und über stattgefundene militärische Übungen der sozialdemokratischen Parteitruppe vor.

Hindenburg verlangt daraufhin von Groener, dieser solle nach der SA nun auch das »Reichsbanner« verbieten. Groener lehnt ab und bietet sogar gemeinsam mit Reichskanzler Brüning seinen Rücktritt an. Hindenburg gibt nach, ergänzt aber seine Verordnung vom 13. April durch eine auf das »Reichsbanner« gemünzte Bestimmung, wonach »militärische Verbände« in Zukunft von der Regierung kontrolliert werden und zu diesem Zweck ihre Satzungen vorlegen und genehmigen lassen müssen.

Schleicher ist inzwischen zu der Überzeugung gelangt, daß er sich seinerzeit zuviel von Brüning versprochen hat. Jetzt scheint Brüning ihm nicht mehr der rechte Mann, Deutschland aus der Krise herauszuführen. Schleichers Plan sieht nun anders aus: Zusammenarbeit mit der einzigen nationalen Partei, die eine Massenbasis im Volk hat, mit der NSDAP. Hitler besteht zwar noch immer darauf, nur als Reichskanzler Verantwortung übernehmen zu wollen, aber Schleicher konferiert auch mit dem SA-Stabschef Röhm und mit dem Organisationsleiter Strasser. Diese beiden gehen eher auf Schleichers Argumente ein.

Vor allem Röhms Ansichten decken sich weitgehend

mit denen Schleichers. Im Gegensatz zu Hitler und zum bisherigen SA-Führer Pfeffer will Röhm die SA wieder zu einem militärischen Kampfverband machen, zur Grundlage eines »Volksheeres«. Etwas ähnliches will Schleicher. Allerdings denkt der General daran, die SA der Reichswehr anzugliedern, um nicht nur die Reichswehr zu verstärken, sondern um gleichzeitig die SA unter Kontrolle zu bekommen, während Röhm sich als Reichswehrminister sieht und die Reichswehr selbst mit Hilfe seiner SA zu einer »Volksarmee« machen möchte.

Goebbels notiert in seinem Tagebuch, das später unter dem Titel »Vom Kaiserhof zur Reichskanzlei« gedruckt wird, nach einer Unterredung Schleichers mit Hitler am 4. Mai: »Als erster muß Groener und nach ihm Brüning fallen.«

Am 8. Mai notiert Goebbels: »Der Führer hat eine entscheidende Unterredung mit General Schleicher; einige Herren aus der nächsten Umgebung des Reichspräsidenten sind dabei. Alles geht gut ... Brüning soll in den nächsten Tagen schon fallen. Der Reichspräsident wird ihm sein Vertrauen entziehen.«

Schleicher ist nicht untätig gewesen. Er hat es fertiggebracht, Hindenburgs Vertrauen zu Brüning und zu Groener zu erschüttern. Obwohl Groener bis dahin eine Art väterlichen Freundes für den viel jüngeren Schleicher gewesen ist, intrigiert Schleicher bei Hindenburg gegen ihn. Er kennt Hindenburgs altpreußisch-puritanische Auffassung in moralischen Dingen. So erzählt er Hindenburg von dem Spitznamen, den man Groeners eben geborenem Sohn in den Reichswehrkasinos gegeben hat.

Groener, 62 Jahre alt, hat kürzlich zum zweitenmal geheiratet – seine um vieles jüngere Sekretärin. Das ist zwar etwas, was dem konservativen Hindenburg nicht gefällt, aber das mag noch hingehen. Schlimmer scheint dem alten Marschall schon, daß bereits fünf Monate nach der Eheschließung Groeners Sohn das Licht der Welt erblickt. »Nurmi« nennt man in den Offizierskasinos den Groenerschen Sohn spöttisch nach dem finnischen Schnelläufer. Nachdem eine Illustrierte den General mit Kinderwagen – unmögliche Situation für einen deutschen General – fotografiert und das Bild publiziert hat, reicht es Hindenburg.

Ist es schon schlimm, wenn ein General so laxe Moralauffassungen hat, so ist ein Reichswehrminister, über den gelacht wird, den die Offiziere lächerlich finden, einfach unmöglich.

Schleicher kann den NSDAP-Führern mitteilen, daß Groeners Tage gezählt sind. Nun muß noch Brüning fallen. Auch ihn wird Schleicher bald stürzen.

Zum erstenmal seit jenem »schwarzen Freitag« an der New Yorker Börse scheint die Wirtschaftskrise in ihrer Macht gebrochen. Die Arbeitslosenziffer stagniert, Brünings Hoffnung auf Erfolg seiner Notverordnungs-

maßnahmen scheint endlich nicht mehr zu trügen. Zudem steht er mit den Alliierten in Verhandlungen wegen der Einstellung der Reparationszahlungen. Vieles deutet darauf hin, daß die Alliierten nachgeben werden. Dann hat Brüning nicht nur einen großen außenpolitischen Erfolg errungen, sondern auch die Wirtschaft wird sich durch den Wegfall der Reparationen leichter erholen können.

Brüning merkt aber zugleich, daß sich etwas gegen ihn zusammenbraut. In der Reichtagssitzung vom 10. Mai hat Groener gegen heftige Angriffe der Nationalsozialisten das SA-Verbot verteidigt. Als er die Rednertribüne verlassen hat, ist General von Schleicher auf ihn zugetreten und hat ihm gesagt, er, Groener, besäße nicht mehr das Vertrauen der Reichswehr. Groener tritt daraufhin zunächst vom Amt des Innenministers, und als Hindenburg ihn in einer persönlichen Unterredung schroff fallenläßt, auch vom Amt des Reichswehrministers zurück. Auch Brünings Wirtschaftsminister Warmbold tritt zurück.

So sieht Brüning ausgerechnet in dem Augenblick, da er meint, die Früchte seiner Notverordnungspolitik ernten zu können, sein Kabinett zerbröckeln und das Vertrauen des Reichspräsidenten zu ihm schwinden. Brüning versucht, den preußischen Preiskommissar Dr. Goerdeler – zugleich Leipziger Oberbürgermeister und

später Verschwörer gegen Hitler – als Wirtschaftsminister zu gewinnen. Vergebens.

Er bittet Schleicher, an Stelle Groeners das Reichswehrministerium zu übernehmen. Auch Schleicher lehnt ab. Er wäre bereit dazu, sagt Schleicher, »aber nicht in Ihrer Regierung!«

Goebbels schreibt am 19. Mai in sein Tagebuch: »Sendboten von Schleicher. Man ist schon dabei, die Ministerliste zusammenzustellen. Für den Übergang ist das nicht so wichtig!«

Die NSDAP-Führung weiß also noch vor Brüning selbst, daß dessen Sturz bei den maßgebenden Leuten bereits beschlossene Sache ist.

Am 29. Mai empfängt Hindenburg Brüning zum Vortrag und erklärt ihm dabei, daß er in Zukunft keine Notverordnungen mehr unterschreibe: Brüning müsse in Zukunft mit Zustimmung des Parlaments regieren und Gesetze diesem zur Entscheidung vorlegen.

Brüning weiß, daß ihm das nicht möglich sein wird, noch dazu jetzt, da sein Kabinett auseinanderzufallen droht. Am nächsten Tag überreicht er dem Präsidenten sein Rücktrittsgesuch. Hindenburg hat schon darauf gewartet. Ohne Diskussion nimmt er das Gesuch an, und noch am gleichen Tag flüstert man sich in eingeweihten Kreisen zu, wer der neue Reichskanzler sein wird: Franz von Papen.

Dieser Name überrascht. Er ist kaum bekannt. Bisher ist Papen als Politiker nicht besonders hervorgetreten. Er ist Zentrumsabgeordneter im preußischen Landtag, Mitherausgeber der katholischen Zeitung »Germania« und passionierter Herrenreiter. Viel mehr weiß man von dem 53jährigen kaum. Vielleicht noch, daß er zu Beginn des Weltkrieges deutscher Militärattaché in Washington war und wegen der Verwicklung in etliche Spionageaffären abberufen werden mußte.

Der französische Botschafter in Berlin schreibt über Papens Ernennung zum Reichskanzler: »Der Entschluß des Präsidenten begegnete zuerst Ungläubigkeit. Man will nicht daran glauben, und als dann die Nachricht bestätigt wird, lacht oder lächelt man allgemein. Papen hat das Sonderbare an sich, daß weder seine Freunde noch seine Feinde ihn ganz ernst nehmen... Man bezeichnet ihn als oberflächlich, händelsüchtig, falsch, ehrgeizig, verschlagen und intrigant...«

Papen hat keinerlei politische Macht hinter sich. Er ist nicht einmal Reichstagsabgeordneter, und als er nun am 1. Juni 1932 Reichskanzler wird, schließt ihn seine eigene Partei wegen des »Verrats an Brüning« aus. Aber Papen hat etwas viel wichtigeres hinter sich, wie er glaubt – nämlich Schleicher und damit die Reichswehr. Papen bekommt von Schleicher auch gleich die komplette Regierung geliefert, das »Kabinett der

Linke Seite: Brüning mußte gehen. Der Zentrumspolitiker (in der Bildmitte mit eisernem Kreuz), der vom März 1930 bis zum Mai 1932 mit Präsidialkabinetten, ohne parlamentarische Mehrheit, aber mit Zustimmung des Reichspräsidenten Hindenburg, regiert hatte, wurde von diesem »100 Meter vor dem Ziel« (Brüning), als sich wirtschaftliche und außenpolitische Erfolge abzuzeichnen begannen, fallengelassen.
Rechte Seite: Einige der Männer, die von Brünings Sturz profitierten und in den folgenden Monaten bis zu Hitlers »Machtergreifung« eifrig am Intrigenkarussell mitdrehten. Von rechts: Der »in der Verfassung nicht vorgesehene Sohn des Reichspräsidenten« Oskar von Hindenburg, Staatssekretär Meissner, Franz von Papen und Kurt von Schleicher.

Barone«, wie die Papenregierung bald allseits genannt wird.

Fünf Mitglieder der Regierung sind Adelige, zwei sind Konzerndirektoren – und der Reichswehrminister heißt Kurt von Schleicher.

Am Tag vor der Ernennung ist auch Hitler bei Hindenburg gewesen, und Hindenburg bestätigt dem Führer der NSDAP, was dieser schon längst von Schleicher erfahren hat: Das SA-Verbot soll aufgehoben, der Reichstag aufgelöst und Neuwahlen sollen ausgeschrieben werden. Unter diesen Umständen, erklärt Hitler dem Präsidenten, sei die NSDAP bereit, die Regierung Papen zu unterstützen.

Goebbels schreibt am Abend dieses Tages noch, was für die NSDAP das wichtigste ist: (»Die) Unterredung mit dem Reichspräsidenten ist gut verlaufen ... v. Papen ist als Reichskanzler vorgesehen. Aber das interessiert nun nicht so. Wählen, wählen! Heran ans Volk! Wir sind alle sehr glücklich!«

Am 4. Juni bereits löst Papen den Reichstag auf und setzt für den 31. Juli Neuwahlen an. Das SA-Verbot wird am 15. Juni aufgehoben; die beschlagnahmten Büros und Versammlungsräume werden freigegeben. Die SA marschiert wieder durch die Straßen.

Es gibt blutige Zusammenstöße mit Kommunisten und Sozialdemokraten wie nie zuvor.

Allein in den ersten drei Wochen des Juni gibt es im Land Preußen 461 Auseinandersetzungen auf den Straßen, bei denen 82 Menschen ums Leben kommen. Die Situation ähnelt immer mehr einem beginnenden Bürgerkrieg.

Die Kommunisten bekämpfen nicht nur die SA, sondern mit der gleichen Brutalität auch ihre »Klassengenossen« von der SPD und deren »Reichsbanner« – »Reichsbananen«, spotten die Kommunisten, »genauso weich wie Bananen und genauso krumm!« Auch »Radieschen« werden die Sozialdemokraten von ihren Klassenbrüdern gern genannt: »Außen rot und innen weiß.« Und der aus Leipzig stammende Berliner Kommunistenchef Ulbricht verkündet mit seiner hohen, singenden Stimme die neueste Kampfparole aus Moskau: »Schlagt die Faschisten, wo ihr sie trefft« – nur daß mit den »Faschisten« keineswegs die Nazis, sondern die Sozialdemokraten, die »Sozialfaschisten« gemeint sind. Man schlägt sich zwar mit den Nazis, man bringt sich in Straßenschlachten gegenseitig um – aber das dient vor allem der Anheizung der Bürgerkriegsatmosphäre, dient dazu, den Elan der Parteimitglieder immer in Schwung zu halten. Der wahre Gegner der Kommunisten ist die SPD, nicht die NSDAP. Die von Moskau befohlene Politik der KPD nimmt in kauf, daß die Nationalsozialisten zur Macht kommen. Dieser Politik liegt die Überlegung zugrunde, daß eine gewaltsame Machtergreifung, die »proletarische Revolution« gegen

eine sozialdemokratische oder von der SPD tolerierte Regierung nicht möglich ist. Noch hat die SPD den entscheidenden Einfluß auf die Massen der Arbeiterschaft, vor allem in den Millionen Gewerkschaftsmitgliedern. Wenn aber Hitler zur Macht gelangt, dann wird er zwangsläufig die Arbeiterklasse unterdrücken. Dann wird gemeinsam mit den sozialdemokratischen Arbeitern ein Aufstand gegen die Nationalsozialisten möglich und erfolgreich sein.

Darum versucht die KPD-Führung einmal durch die Losung von den »Sozialfaschisten« die Massen der Arbeiter von der gemäßigten sozialdemokratischen Führung zu trennen und andererseits durch immer mehr gesteigerte Bürgerkriegsstimmung den Nationalsozialisten in ihrem Kampf um die Macht zu helfen.

Am Sonntag, dem 17. Juli 1932, veranstaltet die NSDAP einen von der sozialdemokratischen Stadtregierung genehmigten Demonstrationszug durch das rote Altona, damals noch zu Preußen gehörig und vom benachbarten Hamburg unabhängig. Die Kommunisten haben mit Angriffen auf den Zug gedroht, deshalb erbittet die NSDAP Polizeischutz und erhält ihn auch.

Auf Anweisung der Sektion Westeuropa der Kommunistischen Internationale, der »Komintern«, soll der Demonstrationszug zerschlagen werden.

Als die rund 7000 Demonstranten, begleitet von fast 100 Polizisten, darunter 40 Berittenen, in die enge Schauenburger Straße einbiegen, erfolgt aus den Häuserfenstern und von den Dächern ein blitzartiger Feuerüberfall, obwohl die Polizei vorher in allen Straßen, die der Zug durchqueren wird, zum Schließen der Fenster aufgerufen und auf verdächtige Gestalten auf den Häuserdächern Schreckschüsse abgegeben hat.

Sozialdemokratische Polizisten und Nationalsozialisten wälzen sich in ihrem Blut. Herrenlose Polizeipferde galoppieren in panischer Angst durch die Straße. Die Polizei erwidert das Feuer.

Es gibt 17 Tote in der Schauenburger Straße, zwei Demonstranten, vier Kommunisten, die anderen sind Polizeibeamte der sozialdemokratischen Stadtverwaltung und Straßenpassanten.

Am gleichen Tag werden in Greifswald drei SA-Männer ermordet.

Der neue Reichskanzler von Papen benutzt die Vorgänge dieses »Blutsonntags«, wie er bald genannt wird, dazu, ein längst geplantes Vorhaben in die Tat umzusetzen: den Sturz der preußischen Regierung.

Preußen, das größte Land Deutschlands, das mehr als die Hälfte des Reichsgebietes umfaßt, wird seit dem Kriegsende fast ununterbrochen sozialdemokratisch regiert. Ministerpräsident ist in all den Jahren der Sozialdemokrat Otto Braun, sein Innenminister der Sozialdemokrat Carl Severing. Im Augenblick ist die Regierung nach den letzten Landtagswahlen nur

»Unsere letzte Hoffnung: Hitler« lasen die Menschen an den Liftfaßsäulen. »Wir erreichen alles, wenn wir Hunger, Verzweiflung und Opfer für unsere Ziele in Marsch setzen«, hatte

Joseph Goebbels 1926 geschrieben. Das wirtschaftliche Elend der dreißiger Jahre brachte in der Tat das Massenpotential für die NSDAP hervor.

»geschäftsführend«. Erstmals haben die Sozialdemokraten keine Regierung in Preußen zustande gebracht. Die NSDAP ist in den Landtagswahlen vom 24. April – 14 Tage nach der Wiederwahl Hindenburgs zum Reichspräsidenten – mit Riesenabstand die stärkste Partei im Landtag geworden:

NSDAP	162 Sitze
SPD	93 Sitze
Zentrum	67 Sitze
KPD	57 Sitze
Deutschnationale	31 Sitze
Deutsche Volkspartei	7 Sitze
Kleinere Parteien	6 Sitze

Die Oppositionsparteien haben also die überwältigende Mehrheit, und die Regierung Braun wird durch einen gemeinsamen Mißtrauensantrag von KPD, NSDAP, DNVP und der Deutschen Volkspartei gestürzt, obwohl

die Regierung vorher selbst schon ihren Rücktritt erklärt hat.

Trotzdem ist Brauns Kabinett noch immer im Amt, weil die Oppositionsparteien sich zwar in der Ablehnung der SPD, nicht jedoch bei der Bildung einer eigenen Regierung einig sind. Hindenburg hat schon von Brüning, wenn auch nicht sehr energisch, die Möglichkeit überprüfen lassen, die preußische Regierung abzusetzen. Nun glaubt Papen, es sei so weit.

Mit der Begründung, die ständigen Unruhen und Straßenkämpfe im Land Preußen hätten den Beweis erbracht, daß die ohnehin nur »geschäftsführende« Regierung Braun nicht mehr Herr der Lage sei, setzt Papen durch eine von Hindenburg unterzeichnete Notverordnung einen »Reichskommissar« für Preußen ein. Das ist nicht ungewöhnlich. Auch sozialdemokratische Reichsregierungen haben schon zu diesem Mittel gegriffen: 1923 in Sachsen und Thüringen sowie in Bayern, wo allerdings die politischen Kräfte des Landes stärker waren und den »Reichskommissar« sein Amt nicht antreten ließen. Und der Reichspräsident, der die entsprechenden Notverordnungen nach dem Artikel 48 der Verfassung unterzeichnete, hieß nicht Hindenburg, sondern Ebert und war Sozialdemokrat.

Papen verhängt zunächst über Berlin den Ausnahmezustand und überträgt die Vollzugsgewalt dem Kommandeur des Berliner Wehrkreises, General von Rundstedt, der später einmal Hitlers Feldmarschall und Vorsitzender des »Ehrengerichtshofs« gegen die militärischen Verschwörer vom 20. Juli 1944 sein wird. Da Innenminister Severing – Ministerpräsident Braun befindet sich auf Krankheitsurlaub – erklärt hat, er werde nur der Gewalt weichen, schickt Papen ihm den neuernannten Berliner Polizeipräsidenten und zwei Polizeibeamte in die Amtsräume, worauf der Form Genüge getan ist und der Innenminister – der über eine gut ausgebildete, zuverlässige Polizei verfügt, die stärker als die dortige Reichswehr ist – der »Gewalt« weichen kann. Auch der Gedanke an einen Generalstreik, der bei den Sozialdemokraten für kurze Zeit auftaucht, wird verworfen. So haben Preußen und das Reich nun eine im wesentlichen einheitliche Regierung. Hitler ist Papens »Staatsstreich« gegen Preußen unwillkommen. Sein propagandistisches Paradepferd ist ja die »Judenregierung« in Berlin, die Regierung der »marxistischen Verräter« und »Systemverbrecher«. Papen hat ihm dieses prachtvolle Ziel für jede wirkungsvolle Agitation fortgenommen.

Wenn Papen den Schlag gegen die sozialdemokratische Regierung auch als Schlag gegen die NSDAP zugleich geführt hat, um der NS-Massenbewegung den wichtigsten Angriffspunkt für revolutionäre Aktionen zu nehmen, so hat er doch eines dabei übersehen: Hitler und die NSDAP brauchen Ziele für ihre Agitation, und so wird jetzt Papen zwangsläufig selber zu diesem Ziel.

Im Propagandakampf zu den Reichstagswahlen am 31. Juli führt Goebbels zwar nicht gegen Papen direkt, wohl aber gegen dessen deutschnationalen Innenminister von Gayl heftige Angriffe. Die Regierung Papen ist in der Bevölkerung dermaßen unbeliebt, daß im Vergleich dazu der nüchterne »Hungerkanzler« Brüning geradezu ein Volksheld genannt werden kann. Wenn die Nationalsozialisten nicht von Papen in den Untergang gezogen werden wollen, müssen sie sich trotz des Versprechens, das Hitler Hindenburg gegeben hat, deutlich von der Politik Papens distanzieren.

Wieder fliegt Hitler von einer Stadt zur anderen, und dieser sein dritter »Deutschlandflug« wird zu einem noch größeren Erfolg. Noch immer hält das wirtschaftliche Elend die Menschen gepackt, noch immer scheint es keinen anderen zu geben, der einen Ausweg weiß, als eben diesen Hitler. Menschenmassen strömen überall zu Hitlers Kundgebungen. An einem Tag spricht Hitler vor 60000 Menschen in Brandenburg, vor ebenso vielen

in Potsdam und darauf noch im Berliner Grunewaldstadion, wo 120000 Menschen zusammengeströmt sind und weitere 100000 draußen vor dem Stadion der Lautsprecherübertragung zuhören.

Ein andermal fliegt Hitler bei stürmischem Regenwetter von Königsberg in Ostpreußen nach Stralsund. Der Pilot muß einem Gewitter ausweichen und eine Zwischenlandung vornehmen. Inzwischen ist es Abend geworden, Blindfluginstrumente gibt es zu dieser Zeit noch nicht. Hitlers Flugzeug startet auf seinen Befehl wieder, es gerät in der Finsternis über die stürmische Ostsee, nur mit Mühe findet der Flugkapitän den richtigen Kurs wieder, und mit den letzten Tropfen Treibstoff wird gelandet.

Es ist inzwischen drei Uhr morgens geworden, die Kundgebung im Freien war für den vergangenen Abend vorgesehen. Das fast Unglaubliche ist geschehen: Die vieltausendköpfige Menge hat in strömendem Regen die ganze Nacht ausgehalten und auf Hitler gewartet! Wie überall, so wird auch hier Hitler mit Jubel begrüßt. Nachdem er seine Rede beendet hat, geht, wie von einem Regisseur eigens eingerichtet, im Osten die Sonne auf. Die Menschenmenge singt gemeinsam das Deutschlandlied – Hitler hat wieder einmal die von Le Bon entdeckte Massenseele in eine fast religiöse Begeisterung versetzt.

Der Wahlausgang ist entsprechend: Die NSDAP ist jetzt die stärkste Partei im Reichstag. Das politische Kräfteverhältnis in Deutschland hat sich entscheidend zugunsten der Nationalsozialisten verschoben. So haben die deutschen Wähler am 31. Juli 1932 entschieden:

NSDAP		13745000 Stimmen	230 Sitze,
SPD	knapp	8000000 Stimmen	133 Sitze,
KPD	rund	5250000 Stimmen	89 Sitze,
Zentrum	rund	4500000 Stimmen	75 Sitze.

Die Deutschnationale Volkspartei erhält nur noch 39 Sitze und hat damit gegenüber der letzten Reichstagswahl fünf Mandate verloren. Die KPD ist wieder wie 1930 drittstärkste Partei im Reichstag, ein Beweis dafür, daß die Radikalisierung nicht nur nach rechts, sondern auch nach links weiter zunimmt. Ohne Zweifel ist der Erfolg der KPD dem lauen Verhalten der sozialdemokratischen preußischen Regierung zu verdanken, die von der SPD verlorenen zehn Mandate sind bei den zwölf, um die sich die kommunistischen Abgeordneten vermehrt haben.

Jetzt steht Hitler wohl vor der bisher schwersten Entscheidung. Er führt die stärkste Partei – nach allen parlamentarischen Spielregeln müßte ihn der Reichspräsident beauftragen, den Versuch einer Regierungsbildung zu machen. Aber dazu braucht er einen Koalitionspartner, denn wenn die NSDAP auch die stärkste

Partei ist, so beträgt doch der Anteil ihrer Abgeordneten an der Gesamtzahl der Mandate nur 37 Prozent, also keineswegs die absolute Mehrheit, die notwendig wäre, um allein die Regierung bilden zu können.

Die SPD kommt als Koalitionspartner für Hitler ebensowenig in Frage wie Hitler für die SPD, von den Kommunisten ganz zu schweigen. Die politisch am nächsten stehenden Deutschnationalen Hugenbergs kommen nicht als Partner in Frage, weil sie über zuwenig Mandate verfügen – mit ihnen zusammen hätte Hitler noch immer keine Mehrheit im Reichstag. So bleibt als einziger möglicher Koalitionspartner nur noch die katholische Zentrumspartei übrig.

Hitler überlegt lange, führt heftige Diskussionen mit Goebbels, Röhm und Strasser. Dann bespricht er sich mit dem Mann, von dem er nun schon längst weiß, daß er alle Fäden in der Hand und das Vertrauen des Reichspräsidenten hat, mit General von Schleicher.

Hitler will seine Gedanken noch nicht dem Reichspräsidenten vortragen, der ihn bis jetzt auch noch nicht zu einer Aussprache eingeladen hat. Schleicher gegenüber erklärt Hitler nun, daß er, vom Präsidenten mit der Regierungsbildung beauftragt, folgende Bedingungen zu stellen habe:

Er selbst müsse Reichskanzler werden, das sei die wichtigste Voraussetzung. Weiter müsse er für seine Partei das Amt des preußischen Ministerpräsidenten, das Reichs- und das preußische Innenministerium, das Justizministerium, das Wirtschaftsministerium sowie die neuzubildenden Ministerien für Luftfahrt und Volksaufklärung fordern. Schleicher solle das Reichswehrministerium behalten. Schleicher sagt weder ja noch nein, aber Hitler hat den Eindruck, daß Schleicher dem Präsidenten in positivem Sinne berichten wird.

Hitler fährt zum Platterhof auf dem Obersalzberg bei Berchtesgaden zurück, wo er seit einiger Zeit wohnt. Er wartet auf die Einladung Hindenburgs, die in jedem Augenblick eintreffen müßte. Aber Hitler wartet zunächst vergebens.

Statt dessen kommt am 8. August ein Anruf Strassers aus Berlin. In der Berliner Partei und SA brodelt es. Nach dem überwältigenden Wahlsieg ist alles auf die Regierungsübernahme eingestellt. Goebbels notiert: »Die ganze Partei hat sich bereits auf die Macht eingestellt. Die SA verläßt die Arbeitsplätze, um sich bereitzumachen. Die politischen Amtswalter richten sich auf die große Stunde ein. Wenn es gut geht, dann ist alles in Ordnung. Geht es aber schlecht, dann gibt es einen furchtbaren Rückschlag!«

Es geht offensichtlich schlecht. Das Zentrum ist an einer Regierungsbeteiligung unter Hitlers Führung nicht interessiert. Um aber, was Hitlers feste Absicht ist, wie Brüning oder Papen mit Notverordnungen ohne Parlament regieren zu können, braucht er die Zustim-

mung Hindenburgs. Doch der Reichspräsident läßt nichts von sich hören.

Am 11. August hält Hitler die Ungewißheit nicht mehr aus. Er fährt in seinem Mercedes-Kompressor nach Berlin, um bereit zu sein, wenn Hindenburg ihn ruft – und um die erregten Gemüter der Parteimitglieder und SA-Leute zu beruhigen.

Hindenburg läßt auch in den nächsten beiden Tagen nichts von sich hören – er denkt offensichtlich nicht daran, den Führer der stärksten Partei mit der Regierungsbildung zu beauftragen. So spricht Hitler noch einmal mit Schleicher, diesmal in Gegenwart des amtierenden Reichskanzlers von Papen. Hitler steckt seine Forderungen etwas zurück, bleibt aber dabei, daß er auf jeden Fall Reichskanzler werden müsse.

Schleicher, der Hitler vor einigen Tagen durch sein Verhalten Hoffnungen gemacht hat, steht jetzt wieder auf der Seite seines Schützlings Papen, und so muß Hitler zu seinem großen Zorn hören, daß Papen an der Regierung zu bleiben gedenkt und daß Hitler allenfalls als Vizekanzler in diese Regierung eintreten könne. Mit dem Trost, die endgültige Entscheidung liege natürlich beim Herrn Reichspräsidenten, muß Hitler sich zunächst zufrieden geben.

Hitler zieht sich in sein Berliner Hauptquartier, das Hotel »Kaiserhof« am Wilhelmsplatz (heute Ernst-Thälmann-Platz im Ostsektor Berlins), zurück. Um drei Uhr nachmittags nimmt Goebbels einen Anruf des Staatssekretärs Planck entgegen. Das muß die Einladung zu Hindenburg sein!

Aber Goebbels ist mißtrauisch. Er will auf jeden Fall seinem Führer eine Blamage ersparen und fragt deshalb gleich: »Ist die Entscheidung schon gefallen? Wenn, dann hat es keinen Zweck mehr, daß der Führer noch kommt!«

Tatsächlich ist die Entscheidung schon gefallen, aber der Staatssekretär antwortet, der Reichspräsident möchte Herrn Hitler sprechen, bevor er sich entscheide. Hindenburg empfängt Hitler in seinem Arbeitszimmer stehend, auf einen Stock gestützt. Er bleibt während der ganzen Unterredung stehen und deutet durch diese frostige Atmosphäre von vornherein an, daß Hitler auf ihn nicht zählen kann.

Nachdem Hitler noch einmal erklärt hat, daß für ihn als den Führer der stärksten Partei keinesfalls die Mitarbeit in einer anderen Regierung, sondern eben nur die Kanzlerschaft in Frage käme, spricht Hindenburg. Der alte Feldmarschall hält dem Gefreiten eine regelrechte Standpauke. Die NSDAP sei zu unduldsam, zu undiszipliniert, zu lärmend. Hitler habe eine Menge zügelloser Elemente in seiner Partei und in der SA. Im Ausland fürchte man Hitler, seine Berufung könne deshalb zu außenpolitischen Schwierigkeiten führen. Hitler solle gefälligst, wenn er Verantwortung übernehmen wolle, wie er immer sage, in eine Koalitionsregierung als Vizekanzler oder Minister eintreten. Dann könne er beweisen, ob es ihm ernst damit sei, Verantwortung zu tragen. Die alleinige Macht könne er ihm jedenfalls nicht übertragen.

Hitler muß enttäuscht in das Hotel »Kaiserhof« zurückkehren. Er ist nicht nur verbittert über die Haltung Hindenburgs, sondern auch über die von Papen und Schleicher. Schleichers »Umfall« wird er ihm nicht vergessen.

Zunächst muß Hitler seine eigene Partei und vor allem die unter Führung Röhms nach Taten drängende SA beruhigen. Eine große Anzahl von SA-Führern und auch einfachen SA-Leuten drängt zur »Revolution«. Wenn der alte Hindenburg Hitler nicht dann die Kanzlerschaft überträgt, wenn die NSDAP die meisten Wählerstimmen hat, dann wird er es niemals mehr tun. Also muß die Staatsmacht mit Gewalt erobert werden!

Die SA-Führer in Nord- und Ostdeutschland haben ihre Einheiten schon zum Sturm auf Berlin zusammengezogen. Wilde Gerüchte laufen um – Papen und Schleicher wollen eine offene Militärdiktatur errichten, die NSDAP soll verboten, Hitler verhaftet werden.

Hitler aber bleibt bei seiner Linie der Legalität, zu der er sich damals auf der Festung Landsberg entschlossen hat. Nur mit Mühe kann er die Revoluzzer unter seinen SA-Führern wieder zur Besinnung bringen. Wenn etwas von dem SA-Aufmarsch um Berlin bekannt wird, muß wirklich mit einem Parteiverbot gerechnet werden. Dann ist alle bisherige Arbeit vergebens gewesen.

Hitler trägt den Sieg über die innerparteiliche Opposition davon, aber es schwelt weiter. Die Unruhe unter denen, die eine zwar nationale, aber doch auch sozialistische »Revolution« wollen, hält an. Wozu ist denn die SA da, wenn Hitler es nicht wagt, sie einzusetzen! Wieder einmal geht das Wort um, Hitler habe die Revolution verraten, Hitler habe die SA im Stich gelassen und paktiere mit den Schlotbaronen.

Tatsächlich sucht Hitler jetzt Verbindung mit der Zentrumspartei – wenn auch nur dazu, der Regierung Papen-Schleicher einen Schreck einzujagen und ihr verständlich zu machen, daß es für ihn noch andere Möglichkeiten gibt, als nur mit dem »Kabinett der Barone« oder dem Reichspräsidenten zu verhandeln. Immerhin verfügen die NSDAP und Zentrum zusammen über die absolute Mehrheit im Reichstag, und Papen ist sich dieser Gefahr durchaus bewußt.

Tatsächlich bahnt sich schon am 30. August durch ein Zusammengehen des Zentrums mit der NSDAP im Reichstag das Ende der Regierung Papen an. NSDAP und Zentrum wählen gemeinsam den Reichstagspräsidenten – Hermann Göring.

Am 12. September 1932 tritt der Reichstag wieder zusammen. Zum erstenmal in der Geschichte der Wei-

marer Republik sitzt ein Nationalsozialist auf dem Platz des Präsidenten, und Präsident Göring weiß sein Amt zu nutzen.

Reichskanzler Papen will in einer Rede vor den Abgeordneten sein Regierungsprogramm verkünden. Vorsichtshalber aber hat er den Reichspräsidenten vorher schon gebeten, ihm im Falle etwa eines Mißtrauensantrages die Genehmigung zur Auflösung des Reichstages zu geben. Hindenburg hat zugestimmt, aber der Auflösungsbeschluß ist noch nicht ausgefertigt.

Ein Mißtrauensantrag gegen die Regierung muß vorher im Reichstag angekündigt worden sein, dann muß über ihn abgestimmt werden. Wird der Mißtrauensantrag erst während der Sitzung selbst ohne vorherige Ankündigung gestellt, dann genügt der Einspruch schon eines Abgeordneten, um die Abstimmung zu verhindern.

Papen kommt nicht dazu, seine Rede zu halten. Gleich zu Beginn der Sitzung erhebt sich der kommunistische Fraktionsvorsitzende Torgler und stellt den Antrag, der Regierung Papen das Mißtrauen auszusprechen und die Tagesordnung entsprechend zu ändern. Reichstagspräsident Göring hat dem Kommunisten das Wort erteilt, obwohl er sieht, daß der Reichskanzler sprechen will.

Als nächster meldet sich der frühere Reichstagspräsident, der Sozialdemokrat Paul Löbe. Auch ihm erteilt Göring sofort das Wort – auch Löbe stellt wie Torgler den Mißtrauensantrag.

Göring blickt demonstrativ über die Regierungsbank hinweg und richtet an das Haus die Frage, ob sich Widerspruch gegen die damit beantragte Änderung der Tagesordnung erhebt.

Eisiges Schweigen.

Ob die Abgeordneten, die für eine Regierung Papen sind – denn sicher gibt es sie, wenn ihre Zahl auch nur gering ist –, über den bisher einmaligen Vorgang der Brüskierung des Kabinetts durch den Präsidenten die Sprache verloren haben? Jedenfalls erhebt sich nicht einmal die nur notwendige eine Stimme, um gegen die Änderung der Tagesordnung und damit für Papen zu sprechen.

Papen wird, welche Ironie, ausgerechnet durch einen taktischen Fehler des NSDAP-Fraktionsvorsitzenden Dr. Frick gerettet. Frick ist verwirrt und weiß nicht, wie sich seine Fraktion entscheiden soll. Denn dann müßte die NSDAP gemeinsam mit den Kommunisten und den Sozialdemokraten gegen die noch zuvor »national« genannte Regierung Papen stimmen. So beantragt er die Unterbrechung der Sitzung für eine halbe Stunde. Der Antrag wird mit den Stimmen von Zentrum und NSDAP genehmigt.

Papen erkennt seine letzte Chance. In aller Eile bittet er telefonisch in der Kanzlei des Reichspräsidenten um die Auflösungsverordnung für den Reichstag. Wenn er sie vor Wiederbeginn der Sitzung vorlegen kann, dann ist er gerettet. Gelangt die Order erst nach der Abstimmung über die Mißtrauensanträge in seine Hand, dann ist seine Regierung gestürzt. So beginnt ein merkwürdiges Wettrennen um die Zeit.

Hindenburgs Staatssekretär Meißner hat sofort erkannt, daß es um die Existenz der Regierung Papen geht. So schreibt er selbst in aller Eile die Verordnung handschriftlich aus und legt sie Hindenburg vor. Der Reichspräsident unterschreibt, und Meißner bringt das Dekret persönlich mit einem Mercedes im Renntempo hinüber zum Reichstag. Papen wartet schon in fieberhafter Ungeduld. Ein Stein fällt ihm vom Herzen, als Meißner ihm die bekannte »Rote Mappe« übergibt, von der jeder aus vergangenen ähnlichen Situationen weiß, daß diese Mappe stets Verordnungen über die Auflösung des Reichstages enthält.

Als Göring die Sitzung wieder eröffnet, meldet Papen sich gleich zu Wort. Jeder hat die »Rote Mappe« gesehen, jeder weiß, was Papen jetzt sagen wird. Nur Göring tut so, als habe er weder die Mappe gesehen noch Papens Wortmeldung gehört. Statt dessen fordert er zur Abstimmung über den von Torgler gestellten Mißtrauensantrag auf.

Während Papen immer wieder ruft, der Reichstag sei aufgelöst und Göring schließlich die Verordnung aufs Pult legt, geht die Abstimmung vor sich.

»Sie können mich doch jetzt nicht stören!« sagt Göring gespielt ärgerlich zu Papen und schiebt die Mappe gleichgültig beiseite, als ahne er nicht, was sie enthält. Papen verläßt mit seinen Regierungsmitgliedern wütend den Reichstag, gefolgt von Gelächter und Schimpfworten.

Die Abstimmung ergibt eine so vernichtende Niederlage Papens, wie sie noch keinem deutschen Kanzler zuteil geworden ist. Alle Parteien stimmen gegen Papen, auch seine eigene frühere Partei, das Zentrum. Nur 32 Stimmen werden gegen den kommunistischen Mißtrauensantrag abgegeben, und von diesen steht durchaus nicht fest, ob sie deshalb für Papen abgegeben werden.

Nun erst öffnet Göring mit gespielter Verwunderung die »Rote Mappe«, zieht das Dokument über die Auflösung des Reichstages hervor und liest. Dann hebt er bedauernd die Schultern, während er in den Saal blickt. Er erklärt, daß er hier eben eine Verordnung über die Reichstagsauflösung gefunden habe. Aber sie sei natürlich ungültig, denn sie sei von einem eben erst abgesetzten Reichskanzler unterzeichnet.

Die Abgeordneten – ob Kommunisten, Nazis oder Sozialdemokraten – brechen in Gelächter aus, klappern mit den Pultdeckeln.

Selbst politischen Gegnern ist der neue Reichstagspräsident Göring in diesem Augenblick sympathisch. Mit dieser Solo-Einlage des Komödianten Göring hebt sich der Vorhang zum letzten Akt der Tragödie der Weimarer Republik.

Papen bleibt zunächst noch im Amt. Der Geschäftsordnungsausschuß des Reichstages stellt nachträglich fest, daß nach der Rechtslage die Auflösung des Reichstages erfolge, wenn die Urkunde darüber dem Reichstagspräsidenten zugestellt worden sei. Die Zustellung sei in dem Augenblick erfolgt, da die Mappe auf Görings Pult gelegen habe – also vor Beendigung der Abstimmung. Aber diese formelle Feststellung kann an Papens Schicksal nichts mehr ändern. Zu demonstrativ ist die Ablehnung durch den Reichstag gewesen. Die Öffentlichkeit betrachtet Papen nicht mehr als »richtigen« Reichskanzler, und, was bei dem ständigen Spiel hinter den Kulissen fast noch wichtiger ist: General von Schleicher ist jetzt entschlossen, sich von Papen zu trennen.

Die Neuwahlen werden für den 6. November 1932 ausgeschrieben. Den Nationalsozialisten ist diese Reichstagswahl zuviel. Das ganze Jahr 1932 über haben Wahlen stattgefunden: zwei Präsidentenwahlen, die Juli-Wahl zum Reichstag, zahlreiche Landtags- und Kommunalwahlen. Die Anhänger der NSDAP sind müde geworden. Wenn schon der große Erfolg der Juli-Wahl nicht zu Hitlers Kanzlerschaft ausgereicht hat, dann kann eine abermalige Wahl allenfalls noch Rückschläge bringen.

Die Führung macht sich vor allem Sorgen um die Finanzen. Den Wahlkampf in dem Ausmaß zu führen wie die drei vergangenen großen Wahlkämpfe dieses Jahres, scheint unmöglich. Die Parteikassen sind nicht nur leer, sondern die Partei hat Schulden über Schulden – schon jetzt über zehn Millionen Reichsmark!

Die Herren der Industrie, die 1931 und Anfang dieses Jahres der NSDAP Geld gespendet haben, sind zu einen großen Teil abgesprungen. Das radikale Verhalten der SA, die Revolutionsdrohungen einiger ihrer Führer, die Reichstagsabstimmung gemeinsam mit Kommunisten und Sozialdemokraten – das alles ist nicht ohne Wirkung geblieben. Wer weiß, was dieser Hitler wirklich macht, wenn er die Regierung übernehmen könnte. Ob er sich gegen die Radikalen in seiner Partei durchsetzen kann?

Die Industrie unterstützt lieber Papen, sozialistische oder revolutionäre Experimente liegen dem bestimmt fern.

Am 2. November stößt Goebbels in seinem Tagebuch einen Seufzer aus: »Der Geldmangel ... ist zu einer chronischen Krankheit geworden. Es fehlen die primitivsten Voraussetzungen, um den Wahlkampf sachgemäß durchzuführen ...«

Einen Tag vor der Wahl, am Sonnabend, dem 5. November, trägt er ein: »Letzter Ansturm. Verzweifeltes Aufbäumen der Partei gegen die Niederlage ... Es gelingt uns in letzter Minute noch, 10000 RM aufzutreiben, die wir am Sonnabend nachmittag noch in die Propaganda hineinpfeffern. Was getan werden konnte, das haben wir getan.«

Wie Goebbels vorausgesehen hat, geht die Stimmenzahl für die NSDAP zurück. Zwei Millionen Wähler weniger als im Juli stimmen für Hitler, 34 Reichstagssitze gehen verloren – die Kommunisten dagegen steigern ihre Wählerzahl um weitere 682 000.

So sieht jetzt nach dieser Wahl die Zusammensetzung des Reichstages aus:

1. NSDAP	196 Sitze
2. SPD	121 Sitze
3. KPD	100 Sitze
4. Zentrum	70 Sitze
(+ 19 der Bayerischen Volkspartei),	
5. Deutschnationale	54 Sitze.

Weitere Stimmen entfallen in geringer Anzahl auf die kleineren Parteien, deren Anteil an der Zahl der Mandate so gering ist, daß sie nicht einmal das vielzitierte »Zünglein an der Waage« spielen können.

Zwar hat die NSDAP immer noch weit mehr Stimmen und Mandate als selbst bei dem überraschenden Wahlerfolg 1930 – aber dennoch macht sich Niedergeschlagenheit breit. Es ist zurückgegangen mit der Partei, der Glaube an die Unbesiegbarkeit der »nationalsozialistischen Bewegung« ist erschüttert.

Ausgerechnet jetzt meldet sich Papen bei der NSDAP. Er geht von der Voraussetzung aus, daß Hitler nach dieser Niederlage sich nicht mehr so aufspielen kann, wie nach der Juli-Wahl. Jetzt muß Hitler seine Forderungen zurückstecken. Vielleicht ist nach diesem Dämpfer eine Zusammenarbeit mit ihm möglich.

Aber Papen täuscht sich. Hitler bleibt noch immer bei seinem »Alles oder nichts«, wobei das »Alles« wie schon früher keineswegs die unumschränkte Macht, sondern lediglich seine Kanzlerschaft und zwei, drei Ministerien für seine Partei bedeutet.

Papen hat sich in eine Sackgasse verrannt, aus der er nicht mehr herauskommt. Seine Regierung zu erhalten wäre nur möglich, wenn der Reichspräsident den soeben erst gewählten Reichstag gleich wieder auflösen würde. Das aber ist nicht zu erwarten, zumal General von Schleicher jetzt entschieden gegen Papen Stellung nimmt.

Schleicher fordert Papen zum Rücktritt auf. Der Reichskanzler kapituliert und legt am 17. November mit seinen Ministern das Amt nieder. Damit ist auch Schleicher nicht mehr Reichsminister – aber er hat ohnehin etwas ganz anderes vor, nämlich selber Reichskanzler zu werden.

Davon ahnt zur Stunde nicht einmal Hindenburg etwas. Von dem Gedanken, Schleicher zum Kanzler zu machen, ist der Reichspräsident noch weit entfernt.

Schleicher schlägt ihm sogar vor, Hitler noch einmal zu empfangen und mit der Regierungsbildung zu beauftragen – allerdings mit der Bildung einer Regierung, die von der Mehrheit des Parlaments unterstützt wird.

Hindenburg empfängt Hitler am 19. November. Diesmal bietet der Präsident dem NSDAP-Führer einen Stuhl an. Auch sonst ist die Atmosphäre freundlicher als bei der letzten Unterredung am 13. August. Hindenburg beauftragt Hitler mit der Bildung der Reichsregierung – und Hitler nimmt den Auftrag an!

Zwei Tage später muß Hitler den Auftrag an Hindenburg zurückgeben. Es ist ihm nicht gelungen, mit Zentrum und Deutschnationalen eine arbeitsfähige Mehrheit zustande zu bringen. Das Zentrum hat sich bereit erklärt, in eine Regierung unter Hitler einzutreten, aber der über Hitler und dessen Propaganda gegen ihn persönlich äußerst verärgerte Geheimrat Hugenberg lehnt eine Beteiligung der Deutschnationalen ab. Zentrum und NSDAP aber haben im neuen Reichstag von insgesamt 584 Mandaten zusammen nur 266. Eine Mehrheit käme nur mit den 54 Mandaten der DNVP zustande, das wäre dann die notwendige absolute Mehrheit von 320 Abgeordneten.

Hindenburg macht Hitler nun nochmals den Vorschlag, in ein mit Notverordnungen regierendes Präsidialkabinett Papen als Vizekanzler einzutreten. Denn wenn es schon unmöglich sei, mit einer Parlamentsmehrheit zu regieren, dann sei ihm doch lieber, wenn Papen, zu dem er Vertrauen habe, mit Notverordnungen regiere. Hitler lehnt wieder ab. Hindenburg beruft Papen am 1. Dezember wieder zum Reichskanzler. Aber es wird die kürzeste Amtsdauer, die je ein deutscher Reichskanzler überstand – sie dauerte nur einen Tag.

Schleicher hat sich zuvor mit Gregor Strasser in Verbindung gesetzt und ihn gebeten, bei Hitler zu sondieren, ob dieser bereit wäre, in eine Regierung einzutreten, in der nicht Papen, sondern er, Schleicher, Kanzler sei. Strasser selbst könne das Amt des preußischen Ministerpräsidenten übernehmen.

Die NSDAP-Führer Hitler, Strasser, Frick, Goebbels und Göring konferieren am 1. Dezember in Weimar über Schleichers Angebot. Strasser und Frick sind für die Annahme des Vorschlags, Göring, Goebbels und Hitler sind dagegen. Goebbels vertraut die Gründe für seine Entscheidung wieder seinem Tagebuch an: »Jeder mit gesundem Menschenverstand sieht, daß das System in den letzten Zuckungen liegt, und daß es geradezu ein Verbrechen wäre, wenn wir uns in diesem Augenblick noch einmal mit ihm verbündeten.«

Schleicher hat den Oberstleutnant Ott nach Weimar geschickt, der Hitlers Antwort entgegennehmen soll. Hitler bittet Ott, Schleicher auszurichten, dieser solle im eigenen Interesse die Kanzlerschaft nicht übernehmen. Doch dieser Rat kommt zu spät.

Papen hat von Schleichers Intrigen keine Ahnung. Als er am Morgen des 2. Dezember 1932 die erste Kabinettssitzung seiner alten, neuen Regierung abhält, ist er erstaunt, als General von Schleicher plötzlich erklärt, die am Vortag vom Reichspräsidenten ausgesprochene Ernennung Papens zum Reichskanzler müsse rückgängig gemacht werden. Die Reichswehr habe kein Vertrauen mehr zu Papen und lehne eine weitere Zusammenarbeit ab.

Schleicher begründet diese Ablehnung damit, daß Papen die Absicht habe, nicht nur mit Notverordnungen, sondern ausgesprochen gegen die Verfassung zu regieren. Sein Vorhaben, den Reichstag auf unbestimmte Zeit nach Hause zu schicken, dann bei gegebener Gelegenheit eine Verfassungsreform durchzuführen und dazu eine Änderung des Wahlrechts einzuführen, bedeute unweigerlich den Bürgerkrieg. Nazis und Kommunisten, dazu vermutlich die Sozialdemokraten stünden dann auf verschiedenen Seiten der Barrikaden, und die Reichswehr sei nicht in der Lage, unter solchen Umständen für Ruhe und Ordnung zu sorgen. Dazu käme die gerade im Augenblick akute Bedrohung durch Polen. Polen würde im Fall bürgerkriegsähnlicher Auseinandersetzungen in Deutschland sofort die Gelegenheit zu einem Überfall auf Schlesien ergreifen. Die schwache Reichswehr sei unter den geschilderten Umständen dagegen machtlos. So bedeute Papens geplante diktatorische Politik eine schwere Gefahr für den Bestand des Deutschen Reiches.

Zu Papens Entsetzen läßt Schleicher gleich einen Stabsoffizier mit umfangreichem Beweismaterial für seine Behauptungen aufmarschieren. Die Reichswehr hat zusammen mit der Polizei ein Planspiel unter den von Schleicher angenommenen Umständen durchgeführt, dessen Ergebnis klar besagt, daß Reichswehr und Polizei nicht in der Lage sind, in einem Bürgerkrieg und zugleich als Schutz gegen einen polnischen Angriff einzuschreiten.

Der erschreckte Papen begibt sich zu Hindenburg, um ihn zu bitten, Schleicher zu entlassen. Aber Papen kommt zu spät. Der Reichspräsident kennt das Ergebnis des militärischen Planspiels bereits und scheut sich nun davor, eine reaktionäre, restaurative Diktatur Papens zu unterstützen, wenn sie so schwerwiegende Folgen haben kann.

»Sie werden mich, lieber Papen«, sagt Hindenburg verlegen zu seinem Ein-Tage-Kanzler, »für einen Schuft halten, wenn ich jetzt meine Meinung ändere. Aber ich bin zu alt geworden, um am Ende meines Lebens noch die Verantwortung für einen Bürgerkrieg zu übernehmen. Dann müssen wir in Gottes Namen Herrn von Schleicher sein Glück versuchen lassen.«

Am gleichen Abend schon ist General von Schleicher Reichskanzler. Er hat sein Ziel erreicht. Was aber fängt er mit dem Reichskanzlerposten nun an? Ist ihm der Titel Reichskanzler Selbstzweck, oder will er wirklich eine neue, besondere Politik durchführen?

Schleicher ist kein Reaktionär wie Papen, er ist frei von Standesvorurteilen und aufrichtig davon überzeugt, er könne eine zugleich nationale und soziale Politik durchführen, indem er »anständige« Nationalsozialisten und »vernünftige« Sozialdemokraten, aufgeschlossene Zentrumspolitiker und fortschrittliche Deutschnationale unter einen Hut bringt.

Um diesen nationalen und zugleich sozialen Block zu schmieden, beginnt er mit der Bearbeitung des »linken« Flügels der NSDAP, dessen Repräsentant Gregor Strasser ist. Er macht Strasser mit seinen Plänen vertraut. An das, was er noch 1929 – es ist gerade drei Jahre her – in einer Lagebesprechung den Reichswehrkommandeuren über Hitler und seine »Bewegung« gesagt hat, denkt Schleicher schon längst nicht mehr: »Die Nationalsozialisten sind wesentlich gefährlicher als die Kommunisten, weil sie ihren Umsturzbestrebungen ein nationales Mäntelchen umhängen!«

Oder hat ihn dieser Gedanke doch noch nicht ganz verlassen? Wendet er sich gerade dieser einst von ihm befürchteten Gefahr wegen nicht an Hitler, sondern an Strasser – und später auch wieder an Röhm?

Strasser ist in diesem Augenblick in der richtigen Stimmung, um Schleichers Angebot ernsthaft in Betracht zu ziehen. Er ist ernsthaft beunruhigt über den Rückschlag, den die Partei eben bei den Reichstagswahlen erlitten hat. Er denkt daran, daß er schon bei der zweiten Reichspräsidentenwahl vor einem halben Jahr der Überzeugung war, der Höhepunkt der Erfolge sei nun erreicht. Der Rückgang der Wählerstimmen bei der eben abgeschlossenen Wahl bestätigt ihm seine Ansicht noch einmal.

Mehr als jeder andere ist Strasser durch seine Funktion als Reichsorganisationsleiter der NSDAP mit der Basis der Partei, den Ortsgruppen und Kreisleitungen, verbunden. Er kennt wie kein zweiter die Stimmung der Mitglieder und der unteren Führer. Sie entspricht fast überall seiner eigenen: Der Höhepunkt des Erfolgs ist überschritten.

Strasser fürchtet, wenn nicht bald etwas Entscheidendes geschieht, wird die Partei auseinanderfallen. Was aber soll geschehen? So kommen ihm Schleichers Verhandlungsangebote wie gerufen. Vielleicht liegt hier der Weg, der gegangen werden muß.

Gegen eine Zusammenarbeit mit »anständigen« Sozialdemokraten oder Gewerkschaftlern hat Strasser nichts einzuwenden. Im Gegenteil. Er hofft, daß gerade dadurch die »sozialistische« Richtung in der Partei wieder Auftrieb bekommt und sich gegen die Hitlerschen Ansichten durchsetzen kann.

Gewiß ist auch Strasser für die »Legalitäts-Politik«,

aber gerade deshalb findet er Hitlers Parole vom »Alles oder Nichts« widerspruchsvoll und gefährlich. Das Schwinden der Massenbasis macht einerseits das »Alles« unmöglich, schafft aber zugleich die Gefahr, daß die radikalen Elemente in der Partei das Übergewicht gewinnen und mit Gewalt nach der Macht im Staat greifen. Nur ein Kompromiß kann die Bewegung noch retten und ihr wenigstens einen Anteil an der Staatsmacht sichern.

Schleicher frohlockt. Jetzt muß Strasser anbeißen! Der General-Reichskanzler spricht darüber mit dem Feldmarschall-Reichspräsidenten. Strasser soll Vizekanzler und zugleich preußischer Ministerpräsident werden. Die anständigen Elemente in der NSDAP, von denen auch Hindenburg viel hält, würden Strasser bestimmt folgen.

Wirklich hat Gregor Strasser in der Partei noch immer großen Einfluß. In Norddeutschland heißen viele Parteihäuser nicht wie im Süden »Adolf-Hitler-Haus«, sondern »Gregor-Strasser-Haus«. Für viele ist Strasser der eigentliche Führer der NSDAP.

Schleicher rechnet damit, daß auch eine große Zahl prominenter NSDAP-Führer Strasser folgen wird. So der Reichstags-Fraktionsvorsitzende Dr. Wilhelm Frick, der einstige Parteiideologe Gottfried Feder, der ostpreußische Gauleiter Erich Koch, der Hamburger Gauleiter Karl Kaufmann und der Gauleiter des Ruhrgebietes Terboven. Eine Spaltung der NSDAP wäre dann unvermeidlich. Die guten Kräfte wären gewonnen, die Anhänger Hitlers würden bedeutungslos werden. Auch Hindenburg ist der Meinung, daß dies ein guter Weg wäre.

Während Schleicher nun mit Gewerkschaftsvertretern verhandelt, mit den »linken« Kräften der verschiedenen Parteien, finden in der Führung der NSDAP heftige Auseinandersetzungen statt. An der Diskussion im Hotel »Kaiserhof« am 5. Dezember 1932 nehmen neben anderen Hitler, Frick, Göring, Goebbels und Strasser teil. Es bilden sich bald zwei feindliche Fronten heraus. Strasser und Frick sind dafür, Schleicher zu unterstützen – wobei Strasser den anderen Parteiführern noch immer verschweigt, daß er am Sonntag zuvor heimlich General Schleicher in dessen Haus besucht hat. Göring und Goebbels sind gegen eine Unterstützung Schleichers, sie sind sogar dagegen, Schleicher auch nur zu tolerieren.

Erstmals steht Hitler zwischen zwei Fronten, erstmals kommen auch ihm Zweifel an der Richtigkeit seiner Politik des »Alles oder Nichts«. So ist er es, der die Kompromißformel findet, die noch jede endgültige Entscheidung offenläßt: Schleicher weder unterstützen noch bekämpfen, sondern noch einmal mit ihm verhandeln.

Erst nach diesem Entschluß erfährt Hitler von Strassers heimlichem Treffen mit General Schleicher. Denn Strasser fährt diese Unterredung nun als stärkstes Geschütz auf und versichert Hitler, daß Schleicher im Falle einer Verweigerung der Zusammenarbeit den eben erst gewählten Reichstag auflösen und wieder Neuwahlen ansetzen werde.

Schleicher sind Wahlen gleichgültig – er hat ohnehin nicht vor, mit dem Parlament zu regieren. Aber für die NSDAP wären nochmalige Wahlen der sichere Untergang. Die Industriespenden sind völlig ausgeblieben, die Mieten für SA- und Parteibüros sind zum Teil schon monatelang nicht bezahlt worden, die Drucker und Setzer der Parteipresse drohen wegen rückständiger Lohnzahlungen mit einem Streik gegen ihre eigene Parteiführung – Strasser sieht die Partei vor der Vernichtung und versucht, Hitler von der Notwendigkeit der Zusammenarbeit mit Schleicher zu überzeugen.

Hitler kommt dieser schroffe Angriff unerwartet. So bleibt er zunächst bei seinem Kompromißvorschlag nochmaliger Verhandlungen mit Schleicher, um wenigstens Zeit für eine endgültige Entscheidung zu gewinnen.

Am nächsten Tag erfährt er, daß Schleicher seinem Organisationsleiter Strasser den Vizekanzler- und den preußischen Ministerpräsidentenposten angeboten hat und daß Strasser dieses Angebot zumindest nicht abgelehnt hat.

Goebbels schreibt dazu in seinem Tagebuch über seinen einst besten Freund, mit dem er gemeinsam gegen den »Bourgeois« Hitler gestritten hat:

»Strasser malt wie immer in der letzten Zeit die Lage in der Partei Schwarz in Schwarz...

Durch einen Zufall erfahren wir auch den wahren Grund der Strasserschen Sabotagepolitik: er hat am Sonntagabend mit General Schleicher eine Unterredung gehabt, in deren Verlauf der General ihm den Posten eines Vizekanzlers anbot. Strasser hat dieses Angebot nicht nur nicht ausgeschlagen, sondern seinen Entschluß mitgeteilt, bei einer eventuell kommenden Neuwahl eine eigene Liste Strasser aufzustellen.

Das ist also schlimmster Verrat am Führer und an der Partei. Mir kommt das nicht unverhofft, ich habe nie etwas anderes geglaubt.

Wir warten jetzt nur noch auf den Augenblick, wo er seinen Verrat auch öffentlich vollzieht...

Am Tag nach der Besprechung der NSDAP-Führer im »Kaiserhof« und nach der Goebbelsschen Tagebuchnotiz am 6. Dezember findet die Eröffnung des neugewählten Reichstages statt. Die Eröffnungsrede hält der jeweils älteste Abgeordnete in seiner Eigenschaft als Alterspräsident des Deutschen Reichstages. Diesmal ist Alterspräsident der greise NSDAP-Abgeordnete General von Litzmann – dem zu Ehren Hitler später die polnische Stadt Lodz in Litzmannstadt umbenennt. Die

Kommunisten unterbrechen seine Rede, versuchen ihn niederzuschreien. Es gibt Tumulte.

Zitieren wir getrost noch einmal Goebbels, der zu dieser Eröffnungssitzung des Reichstages notiert: »Wahl des Präsidiums: Göring geht wieder glatt durch... Göring hält eine schneidende Antrittsrede... Dann folgen erregte Tagesordnungsdebatten. Die Lage im Reich ist katastrophal. In Thüringen haben wir... nahezu 40 Prozent Verluste erlitten....«

Am nächsten Tag schreibt er: »Wir sitzen den ganzen Tag im Reichstag. Es werden Fraktions- und Plenarsitzungen abgehalten. Kleine Redereien und Abstimmungen. Zwischendurch zur Abwechslung eine blutige Prügelei in den Wandelhallen zwischen einer Reihe unserer Abgeordenten und Kommunisten. Einer von uns wird dabei schwer verletzt.

Immer noch wird hier und da die Möglichkeit ventiliert, in Preußen in die Macht zu gehen. Ich halte das für ganz falsch. Entweder wir müssen die ganze Macht erhalten oder aber weiterhin die schärfste Opposition durchführen!«

Am 8. Dezember schreibt der Reichspropagandaleiter und Gauleiter von Berlin: »In der Organisation herrscht schwere Depression. Die Geldsorgen machen jede zielbewußte Arbeit unmöglich... Es laufen Gerüchte um, daß Strasser eine Palastrevolution plane... Mittags platzt die Bombe: Strasser hat an den Führer einen Brief geschrieben, in dem er ihm mitteilt, daß er seine sämtlichen Parteiämter niederlege...«

Das geschieht, nachdem Hitler und Strasser am Vortag eine heftige Auseinandersetzung gehabt haben, bei der Hitler seinem Organisationsleiter Verrat vorgeworfen hat, Strasser seinem Parteichef dagegen maßlose Überheblichkeit, durch die die Partei zugrunde gerichtet würde.

Goebbels schreibt weiter, zunächst noch über Strassers Brief an Hitler: »Man müsse die Partei an den Staat führen, es sei jetzt der Augenblick gekommen, einzulenken, die Bewegung verbrauche sich in nutzloser Opposition, er könne diesen Kurs nicht mehr gutheißen und lehne die Verantwortung dafür ab... Diese Gründe beweisen nichts, als höchstens, daß bei Strasser der Drang zum Ministeramt stärker ist als die Treue zum Führer und zur Partei... Die Inspekteure der Partei sind beim Führer versammelt... Alle sind in sehr gedrückter Stimmung... Abends ist der Führer bei uns zu Hause. Es will keine rechte Stimmung aufkommen. Wir sind alle sehr deprimiert, vor allem im Hinblick darauf, daß nun die Gefahr besteht, daß die ganze Partei auseinanderfällt und alle unsere Arbeit umsonst getan ist.

Anruf von Dr. Ley: Die Lage in der Partei spitzt sich von Stunde zu Stunde zu. Der Führer muß augenblicklich wieder in den ›Kaiserhof‹ zurück...«

Dr. Ley, später einmal spöttisch »Reichstrunkenbold« genannt, hat recht mit seinem verzweifelten Anruf. Der Streit Hitler-Strasser hat sich in der Partei herumgesprochen. Viele sind der Meinung, daß Strasser im Recht ist. Wenn man jetzt nicht mit Schleicher zusammen einen Teil der Macht ergreift, dann wird man in Kürze gar nichts mehr bekommen, dann ist die »Bewegung« am Ende.

Aber noch weiß niemand etwas von Strassers Brief. Noch hofft Hitler, die auseinandergefallene Partei zusammenzuhalten, wenn er Strasser bewegen kann, seine »Abdankung« zurückzunehmen.

Hitler fährt zum Hotel zurück, in dem es, mitten in der Nacht, zugeht wie in einem Taubenschlag. Alles stürmt auf Hitler ein: Wie soll es weitergehen? Was soll unternommen werden? Strasser hat doch recht, warum geben Sie nicht nach?

Hitler wischt alles beiseite. Im Augenblick gibt es nur eins: Strasser muß her! Der Organisationsleiter hat doch mehr Anhängerschaft hinter sich, als Hitler geglaubt hat. Um das Auseinanderfallen der Partei zu verhindern, ist Hitler jetzt, in höchster Not, dazu bereit, Strasser Zugeständnisse zu machen. Aber Strasser muß das erst einmal erfahren.

Kuriere fahren zu Strassers Hotel, da sich am Telefon niemand meldet. Sie kehren mit betretenen Gesichtern zurück – der Reichsorganisationsleiter ist spurlos verschwunden. Im Hotel »Excelsior« war nur zu erfahren, daß er seine Rechnung verlangt und bezahlt hat. Abgereist sein kann Strasser aber nicht, um diese Zeit geht kein Zug nach München, wo Strasser seine Familie hat und seinen Arbeitsplatz im »Braunen Haus«.

Ein Schwarm Motorradfahrer des NSKK, des »Nationalsozialistischen Kraftfahrkorps«, fährt durch die Stadt, besucht die Stammkneipen Strassers, klingelt Bekannte von Strasser aus dem Schlaf – nichts, Strasser bleibt spurlos verschwunden.

Der Reichsorganisationsleiter, der den gesamten Parteiapparat unter sich hat, der von vielen als die letzte Hoffnung der NSDAP angesehen wird, dem Hitler jetzt, in dieser nächtlichen Stunde vom 8. auf den 9. Dezember 1932, jedes Zugeständnis machen würde; der Mann, der damit vielleicht Deutschland retten könnte – wo steckt er?

Strasser sitzt in einer kleine Kneipe. Er hat seinen Koffer in der Gepäckaufbewahrung des Anhalter Bahnhofs abgegeben, weil bis zur Abfahrt des Zuges nach München noch viel Zeit ist. Auf dem Bummel durch die nächtlichen Berliner Straßen begegnet er einem guten Freund, mit dem er in die Eckkneipe gegangen ist, weil es dort bayerisches Bier gibt. Mit ihm, der von den letzten Vorgängen in der NSDAP-Führung keine Ahnung hat, unterhält er sich angeregt, bis die Abfahrtszeit seines Zuges heran ist.

Als die letzten NSKK-Kuriere zu Hitler in das Hotel »Kaiserhof« zurückkehren, um Hitler zu melden, daß der Reichsorganisationsleiter nicht aufzufinden ist, besteigt Strasser auf dem Anhalter Bahnhof den Zug nach München.

Hitler ist fast am Verzweifeln.

»Wenn die Partei zerfällt«, sagt er, »dann mache ich in drei Minuten mit der Pistole Schluß!«

Aufgeregt rennt er im Hotelzimmer auf und ab. Zum erstenmal in seiner Laufbahn vom kleinen Reichswehragenten zum Führer der stärksten Partei Deutschlands sieht er keinen Ausweg, keine Rettung mehr.

Ein junger Journalist, der nach dem Kriege, nach Hitlers Tod, als Chefredakteur der britischen Besatzungszeitung »Die Welt« und als Leitartikler des Massenblattes BILD unter dem Pseudonym »Hans im Bild« bekannt werden wird, bringt Hitler aus Sensationsgier unbeabsichtigt die Rettung. Hans Zehrer heißt der Mann, der in der »Täglichen Rundschau« dieses Tages einen sensationellen Artikel veröffentlicht.

Geben wir noch einmal Goebbels' Tagebuch von diesem Tag das Wort: »Um zwei Uhr nachts werde ich wieder von dort (aus dem ›Kaiserhof‹) angerufen. Ich fahre gleich herunter und treffe Himmler schon dort an. Die Morgenausgabe der ›Täglichen Rundschau‹ bringt einen Artikel, in dem der bis dahin geheimgehaltene Rücktritt Strassers von seinen Parteiämtern ausposaunt wird mit ausführlicher Darlegung aller Gründe . . .

Hier wird Strasser als der große Mann der Partei ausgegeben, der einzig und allein in der Lage ist, die Bewegung aus ihrer heillosen Verwirrung wieder herauszulavieren. Der Artikel läuft auf nichts anderes hinaus, als Strasser an Hitlers Statt zum Führer der Bewegung zu machen. Öffentlich läßt Strasser verlautbaren, daß er in Urlaub gefahren sei . . . Uns steht allen der Verstand still vor soviel Niedertracht.

Verrat! Verrat! Verrat!«

Nun, da er sieht, daß Strasser endgültig mit ihm gebrochen hat, daß es hier nichts mehr zu kitten gibt, nachdem die Öffentlichkeit unterrichtet worden ist, fängt sich Hitler wieder. Jetzt handelt er endlich, nachdem er durch Zehrer weiß, daß es keinen Kompromiß mehr geben kann.

Doch noch einmal Goebbels: »Wir sprechen die Lage durch: Zuerst muß der Machtapparat, den Strasser in der Partei aufgerichtet hat, zerschlagen werden. Der Führer selbst übernimmt die Organisationsabteilung und ernennt Dr. Ley zu seinem Stabsleiter. Die Ressorts der Volksbildung und der Landwirtschaft werden selbständig gemacht. Das eine kommt zu mir, das andere zu Darré.

Der Führer geht stundenlang mit langen Schritten im Hotelzimmer auf und ab. Man sieht es seinen Gesichtszügen an, daß es mächtig in ihm arbeitet. Er ist verbit-

tert und durch diese Treulosigkeit aufs tiefste verwundet . . .

Es fängt schon an hell zu werden, als ich morgens todmüde, mit verglasten Augen und fieberheißen Händen zu Hause ankomme . . .«

Letzten Endes wird Hitler durch sein geradezu unheimliches Vermögen, sich in andere hineinzuversetzen, gerettet. Nachdem er in dem Artikel Zehrers gelesen hat, daß Strasser einen Urlaub angetreten habe, weiß er instinktiv, daß er Strasser nicht mehr zu fürchten braucht. Tatsächlich hört man auch seit diesem Tag nichts mehr von Strasser, der wirklich von München aus nach Italien auf Urlaub gefahren ist. Strasser hat, ohne jeden Grund, politischen Selbstmord begangen, bevor er eineinhalb Jahre später von der SS seines einstigen Sekretärs Himmler auch physisch ermordet wird.

Was wäre aus der NSDAP, was aus Deutschland und der Welt geworden, hätten die Motorrad-Kuriere Strasser in der Berliner Kneipe gefunden; hätte Strasser nicht so unnötig kapituliert; hätte die »Tägliche Rundschau« nicht ihren Sensationsartikel gebracht?

Müßige Frage, allein schon deshalb, weil die gleiche Frage während der folgenden Jahre immer wieder auftauchen wird. Es gibt noch so viele Situationen, in denen ein Mann, ein Zeitungsartikel, ein winziger Zufall Hitler in den Arm fallen könnte – aber nichts dergleichen wird geschehen, sowenig wie jetzt eben, da Hitler fast dem Untergang geweiht war.

Hitler gibt sofort Befehl, Strasser nicht in das Münchner »Braune Haus« am Karolinenplatz hineinzulassen.

Morgen tagt noch einmal der Reichstag. Die führenden NSDAP-Funktionäre sind alle Abgeordnete. So entwirft Goebbels in fieberhafter Eile eine Treueerklärung zu Hitler, die den Abgeordneten am anderen Tag vorgelegt wird. Zur gleichen Zeit gehen Telegramme und telefonische Anweisungen hinaus, mit denen die wichtigsten Anhänger Strassers ihrer Ämter enthoben werden.

Für die Tagung am nächsten Abend stellt Göring das Palais des Reichstagspräsidenten zur Verfügung. Die anwesenden Führer und Abgeordneten sind ebenfalls zum Teil Anhänger Strassers. Sicher gelänge es dem bisherigen Reichsorganisationsleiter noch immer, mit Hitler zu einer Übereinkunft zu gelangen – aber Strasser sitzt um diese Zeit schon mit seiner Familie in einem Zug nach Italien, wo er Urlaub machen will. So gelingt es Hitler, mit einer tränenreichen Ansprache über den »Verräter«, den »jahrelangen Saboteur« Strasser, die Anwesenden hinter sich zu vereinen. Die vorbereitete Goebbelssche Treueerklärung wird von allen ohne Ausnahme unterschrieben.

Als andere Zeitungen die Sensation von der »Täglichen Rundschau« übernehmen, ist der Riß in der NSDAP längst gekittet, Hitler wieder gerettet. Goebbels stellt den Antrag, Strasser aus der Partei auszuschließen, und veröffentlicht einen scharfen Artikel gegen Strasser in der Berliner Parteizeitung »Der Angriff«. Hitler, der sich bewußt ist, daß die »Einheitsstimmung« von der Tagung im Reichstagspräsidentenpalais leicht wieder umschlagen kann, ist dagegen, Strasser auszuschließen, und er zwingt Goebbels sogar dazu, sich im »Angriff« von der scharfen Kritik an Strasser zu distanzieren. Noch glaubt er nicht sicher daran, daß Strasser sich wirklich völlig kampflos zurückgezogen hat.

Reichskanzler-General Schleicher hat indessen Verhandlungen mit der Sozialdemokratie über eine Beteiligung an seiner autoritären »Präsidialregierung« aufgenommen. Der frühere Reichswehrminister Noske sowie die Gewerkschaftsführer Leipart und Graßmann, selbst der »der Gewalt gewichene« bisherige preußische Innenminister Severing sind nicht abgeneigt, weil sie sich von einer solchen Zusammenarbeit eine entscheidende Schwächung Hitlers versprechen. Aber die SPD-Parteiführung ist dagegen, vor allem Dr. Breitscheid und Friedrich Stampfer lehnen eine Zusammenarbeit und auch nur eine Tolerierung der Regierung Schleicher energisch ab.

Noske, der »Bluthund« aus der Anfangszeit der Republik, schreibt zu dieser Situation: »In einer Verranntheit, wie sie in der Geschichte aller Parteien mir sonst nicht bekannt geworden ist, widersetzten sich Leute, die sich einbildeten, Führer zu sein, der letzten Möglichkeit, sich und ihre Einrichtungen vor der drohenden Vernichtung zu bewahren... Nie ist eine politische Situation gründlicher verkannt worden.«

Der Gegner einer Zusammenarbeit mit Schleicher, Friedrich Stampfer, meint dagegen, Schleichers Plan, die Sozialisten der NSDAP abzuspalten und sie gemeinsam mit der Gewerkschaft zu einer Koalition zusammenzufassen, sei zu phantastisch gewesen, um ihn ernst zu nehmen: »Im Bunde mit Schleicher hätte sich die Sozialdemokratie nur kompromittieren können, ohne das Schicksal aufzuhalten.«

So sieht auch General Schleicher sich bald vor der Tatsache, daß er falsch kalkuliert hat. Die NSDAP kann er nicht mehr spalten, da Strasser aufgegeben hat, und SPD und Gewerkschaften machen von vornherein nicht mit. Dazu aber hat sich Schleicher durch die Strasser-Episode den unversöhnlichen Haß Hitlers zugezogen. Auch Papen versucht alles, um ihn zu stürzen, weil er ihm den »Verrat« vom 2. Dezember nicht vergessen kann.

Das Schlimmste aber für Schleicher: Reichspräsident und Reichswehr beginnen sich von ihm abzuwenden. War dem Feldmarschall ebenso wie der Reichswehrführung die Aussicht auf ein Paktieren mit den Sozialdemokraten ohnehin nicht sehr angenehm, so finden sie jetzt, daß Schleicher durch die Abfuhr, die er sich von

der SPD-Führung geholt hat, kaum noch als Kanzler in Frage kommt.

Doch Entscheidungen werden im Augenblick nirgendwo getroffen. Der Reichstag hat sich bis nach Neujahr auf unbestimmte Zeit vertagt, und Reichspräsident von Hindenburg hat eine Verordnung über einen von allen Parteien zu wahrenden »Weihnachtsfrieden« herausgegeben. So wird jetzt nur noch hinter den Kulissen verhandelt.

Den ersten Schritt in Richtung auf eine Entscheidung macht Papen. Die Feindschaft zwischen ihm und der NSDAP ist vergessen; schwerer wiegt Papens Haß gegen Kurt von Schleicher. Papen führt mit Hitler ein Gespräch, das für die weitere Entwicklung bedeutsam werden soll.

Noch aber ist alles friedlich. Selbst kluge Leute ahnen nicht, daß dies die berüchtigte Stille vor dem Sturm ist. In den Tagen vor der Jahreswende 1932/33 hat es keine heftigen politischen Auseinandersetzungen gegeben. Die Arbeitslosenziffer ist von 6 Millionen im Herbst auf 5,7 Millionen zurückgegangen, die Produktion der Schwerindustrie ist zum erstenmal wieder etwas gestiegen. Die angesehensten Zeitungen prophezeien in ihren Artikeln zum neuen Jahr eine günstige Weiterentwicklung und malen die Zukunft in helleren Farben als bisher.

Am 3. Januar 1933 ist der politische »Weihnachtsfriede« zu Ende. In dem kleinen Ländchen Schaumburg-Lippe mit nur 170000 Einwohnern beginnt der Propaganda-Kampf um die bevorstehenden Landtagswahlen. Die gesamte NSDAP-Prominenz wird sich beteiligen und selbst in den allerkleinsten Dörfern auftreten. Nach den vergangenen Wahlniederlagen ist es hier in diesem kleinen Land möglich, wieder einen Erfolg zu erzielen, der zwar wegen der geringen Wählerzahl keine unmittelbare praktische, doch eine psychologische Wirksamkeit vor allem auf die resignierenden eigenen Anhänger hätte.

Am Abend des 3. Januar begibt sich Hitler, wie er angekündigt hat, nach Schaumburg-Lippe. Doch merkwürdigerweise fährt er nicht mit seinem inzwischen in ganz Deutschland bekannten Mercedes-Kompressor, sondern mit der Eisenbahn. Und noch merkwürdiger ist, daß er nicht den Zug nach Hannover besteigt, sondern in Richtung Köln fährt. Hitlers Begleitung schaut sich fragend an. Doch keiner ahnt etwas.

»Der Führer wird schon wissen, was er tut!« sagt sein Pressechef Dietrich auf eine Frage.

Was außer den unmittelbar Beteiligten niemand, nicht einmal Hitlers Vertraute wissen, das hat auf geheimnisvollen Wegen wieder der Journalist Hans Zehrer erfahren. Er kennt Hitlers Ziel und beordert sofort zwei Reporter dorthin.

In Bonn verläßt Hitler den Zug und begibt sich wie

immer, wenn er im Rheinland ist, in das Godesberger »Rheinhotel Dreesen«. Dort ist man ebenfalls überrascht, denn Hitler hat sich nicht angemeldet. Es ist schon früher Morgen. Hitler frühstückt mit seiner Begleitung, dann gibt er seinem Pressechef Dietrich eine geheimnisvolle Anweisung.

Um 11 Uhr soll Dietrich mit dem Mercedes, der vor dem Hotel geparkt steht, durch Köln und bis drei Kilometer hinter die Stadtgrenze fahren, dort an einer bestimmten Stelle warten, bis Hitler eintrifft. Hitlers Fahrer Schreck, der das gleiche Bärtchen wie sein Chef trägt, soll mitfahren, aber auf dem Beifahrersitz. Der Leibfotograf Hofmann wird im Fond Platz nehmen.

Dietrich fragt nicht nach den Gründen für diese seltsamen Befehle. Etliche Zeit vor ihm besteigt Hitler mit Heß, Himmler und seinem Wirtschaftsberater Keppler vor dem Personaleingang einen Pkw mit verhängten Fenstern und fährt davon.

Dietrich, Schreck und Hofmann warten dann stundenlang in Dunst und Regen an der vereinbarten Stelle auf der Landstraße hinter Köln, bis Hitler endlich eintrifft, seinen eigenen Mercedes besteigt und zu einer Wahlversammlung nach Detmold fährt.

Wo Hitler in all den Stunden gewesen ist, erfahren seine Anhänger erst gemeinsam mit aller Welt am nächsten Morgen aus der »Täglichen Rundschau«.

Hitler hat sich im Privathaus des bekannten Bankiers Freiherr von Schröder mit Exkanzler von Papen getroffen. Was dort gesprochen worden ist, weiß natürlich auch der findige Zehrer nicht. Aber es ist nicht sehr schwer, die Wahrheit zu vermuten – es geht gegen die Regierung Schleicher!

Goebbels' Tagebuch hält an diesem Tage fest: »Die SA marschiert durch Berlin... Ein phantastischer Anblick... Der Sportpalast ist abends überfüllt. Wir halten eine ergreifende Trauerfeier für den ermordeten Hitlerjungen Wagnitz ab; und dann setze ich mich in einer Generalabrechnung mit dem Kabinett Schleicher auseinander. Ich fordere für den Führer die ganze Macht, lehne jeden Kompromiß ab und erkläre, daß die Partei auch diese Krise durchstehen wird. Wir erlebten noch nie solche Stimmung. Berlin ist wieder in Front. Die Frage Strasser existiert hier nicht mehr.

Die Unterredung zwischen dem Führer und Herrn von Papen hat stattgefunden. Sie sollte geheim bleiben, aber durch eine Indiskretion ist sie in die Öffentlichkeit gedrungen, und Schleicher läßt sie nun ganz groß in der Presse ausposaunen. Man scheint zu ahnen, was hier gespielt wird... Eines wird die amtierende Regierung auch wissen: daß es im Ernst um ihren Sturz geht. Wenn dieser Coup gelingt, dann sind wir nicht mehr weit von der Macht entfernt.«

Am 6. Dezember heißt es bei Goebbels: »(Man findet) kaum noch die Lust, sich um die schlechte Finanzlage der Organisation zu bekümmern. Kommen wir diesmal zum Streich, dann spielt das alles keine Rolle mehr... Die Berliner Presse kann sich nicht beruhigen über den Inhalt der Kölner Unterredung. Man merkt, daß die Regierung von einer wahren Angstpsychose befallen ist...«

Unter dem Datum des nächsten Tages steht die Eintragung: »Der Hitlerjunge Wagnitz wird zu Grabe getragen. Mit einer Beteiligung des Berliner Volkes, als wäre er ein König... dann geht ein endlos langer Leichenzug durch den nieselnden Regen... Hunderttausende sind auf den Beinen... Mit tiefer Ergriffenheit stehen an den Straßenzügen ringsumher die Menschenmassen, und dann defilieren bis um die Mitternacht Zehntausende am Grab vorbei... Im Lustgarten sind 200 000 Menschen aufmarschiert. Ein phantastisches Bild im grauen Nachtnebel der Stadt! Das Lied vom guten Kameraden erklingt... Es herrscht in Berlin eine Stimmung, die irgendwie zu einer Explosion drängt...

Die Presse ist immer noch voll von der Unterredung des Führers mit Herrn von Papen. Es ist ihr nun ein Licht aufgegangen; sie weiß bereits, worum es geht.« Es geht darum, daß Papen Hitler nochmals den Vorschlag einer Zusammenarbeit gemacht hat. Er hat dazu eine »geniale« Idee: Da Hitler noch immer »Alles oder Nichts« verlangt, könnte man Hitler vielleicht zum Kanzler machen, ohne ihn zum Kanzler zu machen. Papen hat diesen unverständlich klingenden Vorschlag näher erläutert: Ein Duumvirat, eine Zweimännerherrschaft, der eine als Kanzler, der andere als Vizekanzler, aber in Wahrheit gleichberechtigt, ohne daß man das in der Öffentlichkeit verkünden müsse. Wäre das nichts? Nein, für Hitler ist auch das nichts. Papen spricht gewunden, in halben Andeutungen; so entgeht Hitler, daß durchaus von den beiden gleichberechtigten »Kanzlern« er der offizielle sein könnte.

Die nächsten Tage vergehen mit Verhandlungen hin und her. Papen berichtet dem Reichspräsidenten, Hitler habe sich endlich koalitionsbereit gezeigt – aber nur, wenn er, Papen, die Regierung bilde. Das ist zwar glatt erfunden, aber es ist ein gut gezielter Schuß gegen Schleicher, denn Hindenburg muß es nun so erscheinen, als gäbe es eine bessere Alternative als die Regierung des Generals.

Am 11. Januar verhandelt Hindenburg auf Vorschlag Schleichers mit Strasser. Strasser ist aus Italien zurückgekehrt und hat sich nun – viel zu spät – entschlossen, den Kampf noch einmal aufzunehmen. Hindenburg ist von Strasser sehr angetan, dieser bedächtige, kluge Akademiker sagt ihm weit mehr zu als der proletarische, laute Hitler. Er ist bereit, Strasser zum Vizekanzler in einer neuen Regierung Schleicher zu machen. Aber er hält diesen Gedanken noch zurück, da Strasser ihm ganz offen, wie es seine Art ist, erklärt, daß an eine

Spaltung der NSDAP nicht mehr zu denken sei. Er, Strasser, käme quasi allein in die Regierung, ohne Anhang.

Auch mit Geheimrat Hugenberg, dem Vorsitzenden der Deutschnationalen, konferiert Hindenburg, um dessen Ansichten zu erfahren.

Am 15. Januar ist Schleicher praktisch schon völlig isoliert, ohne das zu merken. Am gleichen Tag sagt er zu dem späteren österreichischen Bundeskanzler Schuschnigg, daß die nationalsozialistische Gefahr überwunden sei.

An eben diesem Sonntag findet die Wahl im Ländchen Schaumburg-Lippe statt. Die Wahl wird für die NSDAP zum Erfolg. Ihr Stimmenzuwachs beträgt 14 Prozent, ihr Anteil an den Mandaten nun fast 40 Prozent. Die Deutschnationalen dagegen haben fast 40 Prozent ihrer Wähler verloren und nur noch 6 Prozent der Stimmen erhalten.

Für Papen ist das ein ausgezeichnetes Argument gegenüber Hindenburg, daß die nationalen Kräfte nun einmal hinter Hitler stünden, nicht hinter Hugenbergs Deutschnationalen.

Die beiden Tage, an denen sich alles entscheidet, sind der 22. und 23. Januar.

Für den 22. Januar hat die NSDAP zu einer Kundgebung auf dem Bülowplatz (dem heutigen Rosa-Luxemburg-Platz im Ostsektor Berlins) aufgerufen. Es soll ein Gedenkstein für den von dem kommunistischen Zuhälter Ali Höhler ermordeten SA-Sturmführer Horst Wessel enthüllt werden. Diese Kundgebung ist deshalb von besonderer Bedeutung, weil der Platz im Berliner »Scheunenviertel« liegt, in dem fast nur Kommunisten wohnen, und weil das Parteihaus der KPD, das »Karl-Liebknecht-Haus«, am Bülowplatz steht. Es wird also unvermeidlich zu einer Kraftprobe zwischen den Radikalen von links und rechts kommen.

Geben wir dazu drei Teilnehmern dieser Kundgebung das Wort, einem Nationalsozialisten und zwei Kommunisten.

Goebbels schreibt in seinem Tagebuch am 20. Januar: »Wir planen eine große SA-Parade . . . zur Einweihung eines Gedenksteines für Horst Wessel.

Die SA soll in Front vor dem Karl-Liebknecht-Haus stehen. Die Wilhelmstraße (also die Regierung Schleicher) schwankt; sie möchte es jetzt nicht zu einer letzten Auseinandersetzung kommen lassen, unterläßt aber angesichts der angespannten Lage und ihrer gefährdeten eigenen Situation das Verbot der Kundgebung . . . Peinlich wäre nur, wenn die Polizei diese Demonstration im letzten Augenblick verböte.«

Am nächsten Tag heißt es: »Den ganzen Tag Beratungen über unsere Bülowplatz-Demonstration. Die kommunistische Presse hat Sturm geblasen, und so ist über Nacht aus diesem Aufmarsch eine Haupt- und Staatsak-

tion geworden . . . Die Vorarbeiten für den Sturz des Schleicherkabinetts sind in vollem Gange . . .«

Die Eintragung am entscheidenden 22. Januar lautet: »In Berlin herrscht dicke Luft.

Unser Aufmarsch hat die Geister in Bewegung gesetzt. Die Polizei durchfährt die Straßen des Scheunenviertels mit Maschinengewehren und Panzerwagen. Die KPD hat trotz Verbots zu einer Riesenkundgebung aufgefordert. Wenn sie unterliegt, dann wird sie einen nicht wieder gutzumachenden Prestigeverlust erleiden . . .

Der Platz gleicht einem Heerlager. Die Kommune tobt in den Seitenstraßen . . .

Um 2 Uhr trifft der Führer ein. Die SA marschiert vor dem Karl-Liebknecht-Haus auf. Eine verwegene Sache . . . Auf dem Friedhof redet der Führer. Er stellt das Andenken an Horst Wessel in seiner symbolischen Bedeutung heraus . . .

SA marschiert . . . Der Bülowplatz gehört uns. Die KPD erhält eine furchtbare Niederlage . . . Die Kommune hat es nicht fertiggebracht, ernsthafte Zusammenstöße heraufzubeschwören. Wir haben eine Schlacht gewonnen . . .«

Der Schriftsteller Gustav Regler, damals Kommunist, schreibt in seinem Buch »Das Ohr des Malchus« über die kommunistische Niederlage vom Bülowplatz:

»Die KP-Leitung hatte das Haus geräumt. Unfähig, die Arbeitermillionen wie eine Schutzmauer um sich zu legen, im tiefsten von ihrer Niederlage schon überzeugt, hatten Thälmann und sein Zentralkomitee . . . die Rouleaus ihrer Schreibtische heruntergerollt, abgeschlossen und sich ›nach Hause gemacht‹. Einige waren sogar gleich in illegale Quartiere gegangen.

Die Parteiflugblätter, die am nächsten Tag gedruckt wurden, sprachen von dem ›kläglichen Scheitern der Nazi-Provokation‹ und riefen wieder zur ›revolutionären Tat‹ auf . . . Nie hat eine dramatische Lage dümmere Häuptlinge auf der Seite der Unterdrückten gesehen.

Durch Geheimbefehl waren wir, das Volk, in die Richtung des Karl-Liebknecht-Hauses dirigiert worden. Wenn genug kamen – hunderttausend nämlich –, dann war die absperrende Polizei leicht weggedrückt, und wir konnten unseren Platz selbst füllen, und Röhm mußte beschämt abziehen.

Wir waren vielleicht fünfhundert Leute aus fünfzig verschiedenen Zellen, verstärkt durch einige dreihundert Erwerbslose, die sowieso auf der Straße lagen und verbissen und verhungert wie sie waren, gern etwas gegen die gut ernährten braunen Truppen unternahmen. Als wir das erstemal von heranstürmenden Polizisten aus einer Straße gejagt wurden, hatte ich das Pech, einen Gummiknüppel auf das rechte Schulterblatt zu bekommen.

Ich behaupte heute noch, daß der Schlag dazu bestimmt

Polizeieinsatz gegen Demonstranten in Berlin. Die Aufhebung des SA-Verbots im Juni 1932 brachte Hitlers Prügelgarden auf die Straße zurück. Nun sangen sie wieder: »Blut muß fließen, Blut muß fließen knüppelhageldick! Haut'se doch zusammen, haut'se doch zusammen, diese gottverdammte Judenrepublik!«

war, mich zu wecken. Ich taumelte in ein Haus ... und stand lange da mit ... dem Gefühl, daß ich betrogen worden war, aber diesmal in weit umfassenderem Maße als vor Liebknechts Tod und in Münchens hektischen Tagen.

Nach etwa zwanzig Minuten verließ ich das Haus; ich begegnete Polizisten, die mich frei passieren ließen; ich war allein, ich war nichts mehr ...

Ich kam ans Spreeufer, sah das Gewerkschaftshaus ... Wieviel Millionen (Mitglieder) hat der Gewerkschaftsbund? Er hatte einmal gegen Ludendorff gesiegt, gegen Kapp, gegen Cuno. Ich las die Inschrift auf einem Plakat: Alle Räder stehen still, wenn dein starker Arm es will!

Wo war der starke Arm? Alle Büros waren geschlossen wie an einem Feiertag. Ich besuchte einen der Sekretäre:

›Lassen wir ihn ruhig zur Macht kommen‹, sagte er und meinte Hitler, ›in acht Monaten hat er abgewirtschaftet...‹«

In ihrem Buch »Von Potsdam nach Moskau« schreibt Margarete Buber-Neumann: »An die Stelle der Leninschen Hoffnung auf die deutsche Revolution trat Stalins Bemühen, eine solche Revolution zu verhindern. Seinen imperialistischen Zwecken war ein nationalsozialistisches Deutschland dienlicher als ein kommunistisches. (Er fürchtete), daß dann die (deutsche) Sektion der Komintern um der industriellen Stärke Deutschlands willen der sowjetrussischen Vormachtstellung gefährlich werden könnte. So tat er ab 1931 alles, um die Kampfkraft der KPD systematisch zu schwächen ... Manuilski (der Komintern-Chef) ... sagte, daß der Nationalsozialismus als eine Art Vorspann für die proletarische Diktatur anzusehen sei, da er die SPD und die Gewerkschaften zertrümmere. Danach würden die Massen der Arbeiter sich der Führung der KPD anvertrauen...: ›In der Absicht, die Massen zu betrügen, behaupten die Sozialdemokraten bewußt, der Hauptfeind der Arbeiterklasse sei der Faschismus. Es ist nicht wahr, daß der Faschismus... den Hauptfeind darstellt!‹ Die Nationalsozialisten brachten im Sommer 1931 gemeinsam mit den... Deutschnationalen... ein Volksbegehren gegen die Regierung Braun ein. Sie wollten auf diese Weise den Sturz der sozialdemokratischen Regierung Preußens erzwingen... Dann... traf... die Stellungnahme der Komintern im Karl-Liebknecht-Haus ein und enthielt den Befehl, die KDP habe sich am kommenden Volksentscheid gegen die sozialdemokratische Preußenregierung zu beteiligen. Diese Zumutung ging selbst den ans Gehorchen gewöhnten Politbüro- und ZK-Mitgliedern zu weit...

Darauf beorderte man drei von ihnen – Thälmann, Remmele und Neumann – nach Moskau zu einer ›Aussprache‹. Dort bedurfte es wahrscheinlich keiner allzugroßen Anstrengung, um ihre politischen Einwände gegen die Einheitsfront mit den Nazis zum Schweigen zu bringen, denn es stellte sich heraus, daß der Initiator des gemeinsamen Volksentscheids Stalin persönlich war. Während die drei noch in Moskau waren, soll übrigens dort ein Schreiben Ulbrichts eingetroffen sein, in dem er seine Begeisterung für die Idee des gemeinsamen Volksentscheids äußerte.

Zum 22. Januar 1933 kündigte die SA einen Aufmarsch durch die Arbeiterviertel Berlins an. Remmele, der noch zur Parteiführung gehörte, schlug vor, diese faschistische Provokation mit einer kommunistischen Gegendemonstration zu beantworten, denn er vertrat den Standpunkt, daß... es nur durch mutigen Widerstand möglich sei, das Schlimmste zu verhindern. Kurz vor dem Tag der geplanten SA-Kundgebung kam ein Telegramm der Komintern mit der kategorischen Weisung, daß jegliche Gegendemonstration der KPD zu unterbleiben habe... Als sich die Parteileitung widerspruchslos diesem Befehl beugte, diesen Dolchstoß in den Rücken der Arbeiterbewegung hinnahm, versuchte Remmele vergeblich, dagegen Sturm zu laufen.«

Daher also die leeren Büros im Karl-Liebknecht-Haus, daher die fehlende Führung der kommunistischen Massen. Wie schreibt Goebbels an diesem Tag? »Die KPD erhält eine furchtbare Niederlage!«

Möglich, daß Goebbels nicht weiß, daß die KPD diese Niederlage vor allem ihrer Moskauer Führung verdankt. Aber etwas anderes weiß Goebbels, obwohl er in seinem Tagebuch darüber kein Wort verliert. Nach dem Sieg über die Kommunisten am Nachmittag fällt am Abend die zweite Entscheidung für die NSDAP – nicht im Lärm einer Großkundgebung, sondern still, im Verborgenen.

Und diesmal klappt die Tarnung besser als bei dem Kölner Gespräch mit Papen. Nachdem Hitler auf dem Bülowplatz gesprochen hat, hält er noch im Sportpalast eine Rede vor einer begeisterten Menge. Danach verschwindet er spurlos. Um die gleiche Zeit sitzen zwei Männer in einer reservierten Loge der Deutschen Staatsoper Unter den Linden. Der, wie spitze Zungen sagen, »in der Verfassung nicht vorgesehene« Sohn des Reichspräsidenten, Oberst Oskar von Hindenburg, und der Staatssekretär des Reichspräsidenten, Dr. Otto Meißner, der schon in gleicher Eigenschaft dem sozialdemokratischen Reichspräsidenten Ebert gedient hat und auch bis zum bösen Ende als Staatssekretär dem »Führer und Reichskanzler« dienen wird.

Heimlich verlassen beide während der Aufführung die dunkle Loge und begeben sich wie Diebe in der Nacht aus einem Hinterausgang in das abendliche Schneegestöber. Mit einer Taxe fahren sie nach Berlin-Dahlem. Ein Stück vor ihrem Ziel lassen sie halten und gehen den Rest des Weges durch den Schneesturm zu Fuß.

Ihr Ziel ist die Villa eines früheren Sektvertreters der bekannten Firma Henkell. Ribbentrop heißt der durch Adoption adelig gewordene, in der Politik völlig unbekannte nunmehrige Schwiegersohn des Sektfabrikanten. Oberst von Hindenburg und Staatssekretär Meißner werden bereits erwartet. Hitler, Frick und Göring kommen aus dem verschneiten Garten ins Haus. Ex-Reichskanzler von Papen ist auch schon da. Die Herren werden von Ribbentrop und seiner Frau zu Tisch gebeten, es wird Sekt serviert. Nur Hitler trinkt Mineralwasser. Die Unterhaltung ist zunächst gezwungen, steif und förmlich. Keiner scheint so recht zu wissen, was der andere von ihm will. Bis plötzlich Hitler ganz überraschend den Oberst Hindenburg in ein Nebenzimmer bittet, dessen Tür sofort von Ribbentrop, der auf ein solches Stichwort anscheinend gewartet hat, geöffnet wird.

Die beiden bleiben über eine Stunde allein. Was sie während dieser Zeit besprechen, wird niemals bekannt. Hindenburg spricht nicht einmal mit Meißner darüber, auch nicht in späteren Jahren. Nur seinem Vater, dem Reichspräsidenten, berichtet er am nächsten Tag.

Natürlich ruft solch hartnäckiges Schweigen Gerüchte hervor, und so wird bis heute vielfach behauptet, Hitler habe den »in der Verfassung nicht vorgesehenen Sohn« Hindenburgs erpreßt. Erpreßt mit dem »Osthilfeskandal«, in dem der Oberst Hindenburg wie viele ostelbische Großagrarier unkorrekte Geschäfte gemacht haben soll.

Der »Osthilfeskandal«: Über ihn ist neben allem andern schon Brüning gestürzt. Die für die Sanierung notleidender Landwirtschaftsbetriebe von der Regierung Brüning auf Kosten des notleidenden Volkes ausgeworfenen Mittel sind damals von etlichen ostpreußischen

Großgrundbesitzern, wie das ein Abgeordneter im Reichstag grob ausspricht, »verjeut und verhurt« worden. Brüning hat das damals den letzten Rest vom Vertrauen des Volkes gekostet, zugleich aber auch endgültig das Vertrauen Hindenburgs, der Brünings Maßnahmen gegen diesen echten Skandal – nämlich die Enteignung und Aufteilung derart verrotteter Güter – für »Agrarbolschewismus« hielt.

Nun geht also das Gerücht, Hindenburg junior habe sich ebenfalls an der »Osthilfe« bereichert und Hitler habe ihn damit erpreßt. Doch das bleibt bis zum heutigen Tag eine ungeklärte Frage. Fest steht nur, daß der Oberst auf der Heimfahrt bedrückt zu Staatssekretär Meißner sagt: »Es hilft alles nichts, ich fürchte, wir werden um diesen Hitler nicht herumkommen.« Er sollte damit recht behalten...

Bekannt ist aber heute, was während dieser Stunde in Ribbentrops Salon zwischen Göring, Papen und Meißner gesprochen worden ist.

Der Reichstagspräsident versichert jetzt zur Überraschung seiner Gesprächspartner, daß Hitler im Interesse des Vaterlandes zu Zugeständnissen bereit sei, die in der vergangenen Zeit nicht einmal der Reichspräsident von ihm gefordert habe. Die NSDAP verlange keineswegs die alleinige Macht, das sei sowieso ein Mißverständnis gewesen. Die NSDAP versichere auf das feierlichste, streng nach der Verfassung zu regieren. Vor allem aber: Wenn Hitler Kanzler wird, will die Partei von zwölf Ministersesseln nur zwei, obwohl ihr auf Grund ihrer Stärke weit mehr zustünden.

Das ist in der Tat ein überraschendes Angebot, zumal Göring noch hinzufügt, daß selbstverständlich der Herr Reichspräsident als Staatsoberhaupt und Oberbefehlshaber der Reichswehr über die Besetzung des Reichsaußenministeriums und des Reichswehrministeriums allein zu entscheiden habe. Die NSDAP würde bedingungslos jeden vom Reichspräsidenten vorgeschlagenen Minister anerkennen, gleich wer er auch sei.

Nach der Entscheidung vom Nachmittag über das Kräfteverhältnis zwischen Nationalsozialisten und Kommunisten fällt nun in dieser nächtlichen Besprechung die zweite Entscheidung: Papen, Meißner und Oberst Hindenburg können nichts anderes tun, als dem Reichspräsidenten von diesem veränderten, ungewöhnlich günstigen Angebot Hitlers Mitteilung zu machen. Daß zumindest Hindenburg seinem Vater zureden wird, das Angebot anzunehmen, steht fest. Aber auch Papen und Meißner können gegen dieses Angebot kaum mehr etwas vorbringen.

»Die Minen sind gelegt«, schreibt Goebbels später, ohne die Art dieser Minen zu erklären. Tatsächlich gehen Hitlers Minen bereits am nächsten Tag los, nachdem seine drei Gesprächspartner sie mit ihrer Berichterstattung beim Reichspräsidenten noch einmal ge-

schärft haben. Der Reichskanzler-General Schleicher, für den die Minen bestimmt sind, bringt sie an diesem Tag auch nichtsahnend zur Explosion.

Schleicher erscheint beim Reichspräsidenten zum Vortrag. Er ist sich der Gefahr durchaus bewußt, die ihm jetzt, da sowohl SPD, Gewerkschaften und der Strasser-Flügel der NSDAP für seine Politik nicht mehr in Frage kommen, von Hitler droht. Und so macht er dem Reichspräsidenten genau den Vorschlag, über den er vor drei Wochen seinen Vorgänger Papen zu Fall gebracht hat. Er bittet den Reichspräsidenten um die Ermächtigung, den eben erst gewählten Reichstag aufzulösen, ohne jedoch Neuwahlen auszuschreiben. Der Reichstag soll – verfassungswidrig – auf unbestimmte Zeit völlig ausgeschaltet werden. Schleicher spricht offen aus, daß er eine Militärdiktatur zu errichten gedenkt. Der Staatsnotstand soll ausgerufen und die vollziehende Gewalt der Reichswehr – also ihm selbst, der nicht nur Kanzler, sondern außerdem auch wieder Reichswehrminister ist – übertragen werden.

Hindenburg ist erstaunt. Er schweigt lange, bevor er zu Schleicher sagt: »Lieber junger Freund, Sie schlagen mir da etwas vor, was Sie mir vor zwei Monaten selbst noch als ganz unmöglich hingestellt haben. Deshalb mußte Herr von Papen zurücktreten. Dabei wollte er nur das, was Sie jetzt von mir wollen...«

Schleicher hat sich natürlich auf diesen Einwand vorbereitet. Als Hindenburg ihm vorhält, daß im Falle eines solchen Staatsstreiches Unruhen, vielleicht sogar ein Bürgerkrieg entstehen könnte und daß es ja gerade Schleicher war, der darauf und auf die Unmöglichkeit hingewiesen hatte, solche Unruhen zu unterdrücken, antwortet der Kanzler, daß er ja im Gegensatz zu Papen die Reichswehr fest in der Hand habe.

Hindenburg lehnt es ab, die Verfassung zu brechen, und fordert Schleicher nochmals auf, eine parlamentarische Mehrheit zustande zu bringen.

Als Hindenburg das ausspricht, weiß er, daß das unmöglich ist. Schleicher weiß es ebensogut. Diese Aufforderung des Reichspräsidenten ist die, wenn auch noch nicht formelle, Entlassung Schleichers aus seinem Amt.

Am 28. Januar erklärt Schleicher seinen Rücktritt. Etwas anderes bleibt ihm nun nicht mehr übrig. Am 31. Januar, in drei Tagen also, tritt der Reichstag wieder zusammen. Da Hindenburg Schleicher die Auflösung des Reichstags verwehrt hat, wird es bei der Tagung zu einem Mißtrauensantrag kommen und Schleicher vom Reichstag gestürzt werden. So geht er lieber vorher von selbst.

Noch einmal beschwört er den Reichspräsidenten, ihm unbeschränkte Vollmachten zu geben, ihm auch den alleinigen Oberbefehl über die Reichswehr zu übertragen. Es sei die letzte Möglichkeit, eine Diktatur Hitlers zu vermeiden, auch wenn man dazu die Verfassung brechen müsse. Die Väter der Verfassung hätten eine solche kritische Lage nicht voraussehen können. KPD, SA und SS müßten sofort verboten, Goebbels und andere Radikale verhaftet werden. Einen Aufstand der Kommunisten oder Nazis werde die Reichswehr zusammenschlagen.

Schleicher spricht erregt, mit heiserer Stimme. Er fühlt sich in diesem Augenblick wirklich als letztes Bollwerk gegen die Herrschaft des Nationalsozialismus und ist es vielleicht auch.

Hindenburg empfindet die aufrichtige Sorge, die Schleicher in diesem Moment treibt. Er ist überzeugt, daß Schleicher seine Staatsstreichpläne nicht aus persönlichem Ehrgeiz vorbringt. Und deshalb weist er, wie er das sonst wohl getan hätte, Schleichers nochmaligen Vorstoß nicht schroff zurück.

In ruhigen Worten weist er noch einmal darauf hin, daß er einen Eid auf die Verfassung abgelegt habe, den er niemals brechen werde, noch dazu, wenn daraus ein Bürgerkrieg entstehen könne. Er nimmt Schleichers Rücktritt an und sagt bei der Verabschiedung müde: »Ich werde ja wohl bald vor dem ewigen Richter stehen, und der wird mir sagen, ob ich recht gehandelt habe oder nicht. Hier kann mir das keiner sagen.«

Hitler rechnet damit, daß Hindenburg ihm Schleicher zum Reichswehrminister gibt und hat sich bereits damit abgefunden. Aber wieder macht Schleicher einen Fehler. In Zehrers »Täglicher Rundschau«, von der jeder weiß, daß sie die Zeitung Schleichers ist, mit Reichswehrgeldern finanziert, erscheint am gleichen Tag ein Artikel gegen Papen. Schleicher hat seinem Haß gegen Papen Luft gemacht und läßt den Verfasser sagen, eine etwaige Wiederberufung Papens werde zu einer Krise um den Reichspräsidenten selbst führen.

Damit hat es sich Schleicher mit Hindenburg endgültig verdorben. Zur gleichen Zeit sagt Papen dem Präsidenten, er wolle nur Vizekanzler werden, da Hitler sich mit zwei Ministerposten zufriedengebe. Außerdem habe sich Hitler einverstanden erklärt, stets zusammen mit ihm, Papen, beim Reichspräsidenten zu erscheinen. Damit sei Hitler von allen Seiten völlig unter Kontrolle. Hindenburg nickt müde. »Dann habe ich also die unangenehme Pflicht, diesen Hitler als Kanzler zu berufen«, sagt er resignierend; eine Resignation, die Deutschlands Unglück heraufbeschwören wird.

Nach Papen erscheint noch der Vorsitzende der Bayerischen Volkspartei, Fritz Schäffer – nach dem Krieg von den Amerikanern als bayerischer Ministerpräsident eingesetzt und noch später Finanz- und Justizminister der Bundesrepublik Deutschland. Auch Schäffer ist dafür, Hitler zum Reichskanzler zu machen und erklärt sich sogar bereit, in Hitlers Regierung einzutreten. Mitten in der Nacht bittet der Chef der Heeresleitung,

General von Hammerstein-Equord – der »rote Hammerstein« – mit einem anderen General um ein Gespräch mit Hindenburg.

Die beiden versuchen, ihrem Oberbefehlshaber klarzumachen, daß die Abberufung Schleichers rückgängig gemacht werden müßte, da Schleichers Rücktritt für die Armee untragbar sei. Weiter kommen sie nicht. Der Feldmarschall ist über diese Forderung, die an Meuterei grenzt, geradezu entsetzt.

»Was für die Wehrmacht tragbar ist, das weiß ich selbst. Ich muß mir in dieser Hinsicht jede Belehrung durch die Herren Offiziere verbitten.«

Der Feldmarschall-Präsident wendet sich zornig um und verläßt den Raum.

Der Erfolg der Intervention der beiden Generale besteht darin, daß sich Hindenburg schon am nächsten Morgen entschließt, Schleicher, der ja noch geschäftsführend im Amt ist, sofort jede militärische Vollmacht zu entziehen, ganz gleich, wann und mit wem es zu einer neuen Regierungsbildung kommt.

Neuer Reichswehrminister soll der General von Blomberg werden, der sofort von Genf, wo er an der Abrüstungskonferenz des Völkerbundes teilnimmt, nach Berlin zurückbeordert wird. So hat die noch gar nicht existierende Hitler-Regierung bereits einen Reichswehrminister, von dem niemand etwas weiß.

Inzwischen haben die Verhandlungen zwischen den für die Regierung vorgesehenen Ministern einen gewissen Abschluß erreicht. Nur in einem Punkt gibt es noch Differenzen. Hitler hat als Ausgleich dafür, daß er nur zwei Ministerposten verlangt, die – im Gegensatz zu Schleichers Forderung verfassungsmäßige – Auflösung des Reichstages und Neuwahlen gefordert. Er erklärt, daß er nur mit dem Vertrauen des ganzen Volkes regieren wolle.

Aber gerade das macht die anderen stutzig. Diese Forderung ist fast zu demokratisch, die Annahme aber, Hitler sei über Nacht zum Demokraten geworden, zu absurd, als daß man sie ernst nehmen könnte. Was steckt wohl dahinter?

Vor allem Geheimrat Hugenberg ist gegen Neuwahlen. Er weiß, daß seine Deutschnationale Volkspartei dabei nur verlieren kann.

Hindenburg kann sich ebenfalls nicht dazu entschließen, Hitler dieses Zugeständnis zu machen. So ist plötzlich alles wieder in der Schwebe. Hitler wird an diesem Sonntag, dem 29. Januar 1933, entgegen seiner Erwartung noch nicht zum Reichskanzler berufen.

Ein Ereignis am Sonntag abend gibt endlich den Ausschlag. Es laufen Gerüchte um, Schleicher plane mit den um Berlin liegenden Truppen einen Putsch. Der Chef der Heeresleitung sei auf seiner Seite. Hindenburg solle verhaftet und nach Ostpreußen auf sein Gut Neudeck gebracht werden.

Vieles spricht dafür, daß diese Gerüchte nicht unbegründet sind. Papen besucht noch in der Nacht zum Montag den Reichspräsidenten und spricht mit ihm über diese Gefahr. Hindenburg ist geneigt, den Warnungen zu glauben. Schleicher hat es mit seinen Diktaturplänen ernst gemeint. Und die »Meuterei« des Chefs der Heeresleitung gestern abend? Hier muß energisch gehandelt werden.

So kommt Papen von Hindenburg zurück und meldet allen Beteiligten telefonisch und persönlich, der Reichspräsident sei mit der Regierung Hitler einverstanden und erwarte um 11 Uhr morgens die Herren zur Vereidigung.

Als erster wird um 9 Uhr früh der soeben aus Genf eingetroffene General Werner von Blomberg vereidigt, der gar nicht weiß, wie ihm geschieht. Hindenburg junior hat ihn vom Zug abgeholt und ihn sofort zu seinem Vater gebracht. Beinahe wäre dabei noch eine Panne passiert. Oberst von Hindenburg hat sich am Zug etwas verspätet, und so ist der nichtsahnende Blomberg von einem Adjutanten des Generals von Hammerstein-Equord empfangen worden, der ihn im Auftrag des Chefs der Heeresleitung zum Reichswehrministerium in der Bendlerstraße bringen soll – ein Beweis dafür, daß die Putschgerüchte nicht ganz so frei erfunden sind.

Kurz vor elf Uhr betreten die anderen Regierungsmitglieder den Amtssitz des Reichspräsidenten in der Wilhelmstraße, und Hitler erfährt hier als erstes, daß Blomberg sein Reichswehrminister und sogar schon vereidigt und im Amt ist.

Fast wäre Hitlers Ernennung noch verhindert worden. Hugenberg weigert sich plötzlich, mitzumachen, wenn Hitler auf Neuwahlen bestünde. Hitler wird vor Schreck blaß. So kurz vor dem Ziel – und dann vielleicht alles vergebens, nur weil der »Hugenzwerg« plötzlich Schwierigkeiten macht.

Hitler redet mit Engelszungen, er beschwört Hugenberg. Umsonst. Hugenberg bleibt bei seinem »Nein!« Staatssekretär Meißner drängt zur Eile. Die Empfangszeit ist ja schon überschritten.

»Meine Herren, bitte, meine Herren! Sie können doch den Herrn Reichspräsidenten nicht so lange warten lassen!«

Hindenburg sitzt bereits in seinem Amtszimmer und zürnt.

»Die Herrschaften sollen sich endlich entschließen, ob sie nun eine Regierung bilden wollen oder nicht. Für Verhandlungen war vordem genügend Zeit!«

Meißner überbringt diese Mahnung den in Papens Wohnung Streitenden und macht darauf aufmerksam, daß der Präsident sich jeden Augenblick zurückziehen könne. Dann werde heute nichts mehr aus der Vereidigung.

Hitler packt Hugenberg am Arm. Er weiß ja, weshalb

der kleine Geheimrat und Presseherrscher Angst vor Neuwahlen hat. So schwört er ihm jetzt in höchster Verzweiflung: »Herr Geheimrat, ich gebe Ihnen hiermit mein feierliches Ehrenwort, daß ich mich von keinem der hier anwesenden Herren trennen werde, mögen die Wahlen ausfallen wie sie wollen!«

Nun erst gibt Hugenberg ein Stück nach und erklärt, die Entscheidung über die Reichstagsauflösung müsse ohnehin der Herr Reichspräsident treffen.

Endlich kann die Vereidigung stattfinden. Jetzt muß die Regierung Hitler im Empfangssaal auf den Präsidenten warten. Als er erscheint, läßt er sich schweigend die Regierungsmitglieder vorstellen. Dann verliest er ohne Übergang mit ruhiger, tiefer Stimme die Eidesformel.

Als erster tritt der neue Reichskanzler Adolf Hitler vor und spricht mit zum Schwur erhobener Hand den Eid nach: »Ich schwöre: Ich werde meine Kraft für das Wohl des deutschen Volkes einsetzen, die Verfassung und die Gesetze des deutschen Volkes wahren, die mir obliegenden Pflichten gewissenhaft erfüllen und meine Geschäfte unparteiisch und gerecht gegen jedermann führen!« – ein Eid, den er in jedem Wort zum Meineid machen wird.

Nachdem alle Minister vereidigt sind, versichert Hitler dem Präsidenten nochmals, daß er die Verfassung achten und vor allem die Rechte des hochverehrten Herrn Reichspräsidenten in Ehren halten werde. Sein oberstes Bestreben sei es, im Auftrag und zum Wohle des ganzen Volkes zu arbeiten.

Hindenburg nickt zustimmend, hält aber keine Antwortrede. Er stößt nur seinen Stock vor sich in den Teppich und sagt: »Und nun, meine Herren, vorwärts mit Gott!«

Dieser Tag, der 30. Januar 1933, wird seitdem zwölf Jahre lang von Hitler und seinen Anhängern als der »Tag der Machtergreifung« gefeiert. Und Hitlers Gegner tun es ihm bis heute nach. Noch heute liest man, daß der 30. Januar 1933, ein schnee-nebliger Montag, der Tag gewesen sei, an dem Deutschlands Untergang begonnen habe. Sicher, dieser Tag setzt ein äußeres Zeichen, in Wirklichkeit ist er unter all den Tagen, die historische Bedeutung haben, der unwichtigste. Der 22. und der 23. Januar waren entscheidend, und es wird später noch entscheidende Tage geben wie den 30. Juni 1934 und vor allem den 2. August 1934. Der 30. Januar 1933, den Hitlers Gegner bis zum heutigen Tag mit ihrem längst vergangenen Widerpart »feiern«, war nur das Blitzlicht einer historischen Fotokamera, nichts weiter. Aber ein solches Blitzlicht hält manchmal Momente fest, die zwar selbst nicht entscheidend sind, aber dennoch für eine Epoche typisch.

»Draußen toben die Massen vor dem Kaiserhof,« schreibt Goebbels in sein Tagebuch. »Mittlerweile ist Hitlers Berufung überall bekanntgeworden. Aus den

»Wir sind die Moorsoldaten.« Das KZ-Lied der Verfemten
und Verfolgten. *Folgende Seite:* »Die Fahne hoch!« Das Lied
triumphierender Kampfbereitschaft und Radikalität.

Von Kampf und Freiheit

Horst Wessel-Lied

Feierlich

1. Die Fah-ne hoch! die Rei-hen dicht ge-schlos-sen! S. A. mar-schiert mit
2. Die Stra-ße frei den brau-nen Ba-tail-lo-nen! Die Stra-ße frei dem
3. Zum letz-ten Mal wird Sturm-a-larm ge-bla-sen! Zum Kampfe stehn wir
4. Die Fah-ne hoch! Die Rei-hen dicht ge-schlos-sen! S. A. mar-schiert mit

1. ru-hig fe-stem Schritt. Kam'-ra-den, die Rot-front und Re-ak-tion er-schos-sen,
2. Sturm-ab-tei-lungs-mann! Es schaun aufs Ha-ken-kreuz voll Hoff-nung schon Mil-lio-nen.
3. al-le schon be-reit. Bald flat-tern Hit-ler-fah-nen ü-ber al-len Stra-ßen,
4. ru-hig fe-stem Schritt. Kam'-ra-den, die Rot-front und Re-ak-tion er-schos-sen,

1. mar-schiern im Geist in un-sern Rei-hen mit. |1. Kam'-ra-den, mit. ____ |2.
2. Der Tag für Frei-heit und für Brot bricht an. Es schaun aufs an. ____
3. die Knecht-schaft dau-ert nur noch kur-ze Zeit! Bald flat-tern Zeit! ____
4. mar-schiern im Geist in un-sern Rei-hen mit. Kam'-ra-den, mit. ____

Oben: Endlose Kolonnen von SA, SS und »Stahlhelm« marschierten am Abend des 30. Januar 1933, dem Tag der »Machtergreifung«, an Hitler und Hindenburg vorbei.

Links: Das Kabinett Hitler. Drei Nationalsozialisten »eingerahmt« von acht Bürgerlich-Konservativen. Stehend, von links: Seldte (Arbeitsminister, DNVP), Gereke (Ostsiedlungskommissar), Schwerin von Krosigk (Finanzminister, parteilos), Hugenberg (Wirtschafts- und Ernährungsminister, DNVP) Sitzend, von links: Göring (Minister ohne Geschäftsbereich, NSDAP), Hitler, von Papen (Vizekanzler, parteilos).

87

Tausenden werden Zehntausende. Ein unendlicher Menschenstrom ergießt sich in die Wilhelmstraße...
Um sieben Uhr gleicht Berlin einem aufgescheuchten Ameisenhaufen.

Und dann beginnt der Fackelzug. Endlos, endlos, von 7 Uhr abends bis 1 Uhr nachts marschieren unten an der Reichskanzlei die Menschen vorbei. SA-Männer, SS-Männer, Hitlerjugend, Zivilisten, Männer, Frauen, Väter, die ihre Kinder auf dem Arm tragen und zum Fenster des Führers emporheben. Es herrscht ein unbeschreiblicher Jubel. Wenige Meter von der Reichskanzlei entfernt, steht der Reichspräsident an seinem Fenster, eine ragende Heldengestalt, ehrwürdig und von mythischem Zauber umwittert... Hunderttausende und Hunderttausende ziehen im ewigen Gleichschritt unten an den Fenstern vorbei.

Das ist der Aufbruch der Nation!

Deutschland ist erwacht!

In einer spontanen Explosion bekennt sich das Volk zur Revolution der Deutschen... Als sich weit nach Mitternacht der Zug seinem Ende zuneigt, stehen noch immer Zehntausende von Menschen vor der Reichskanzlei und singen das Horst-Wessel-Lied...«

Gustav Regler hat diesen Tag anders erlebt:

»Um sieben Uhr abends stand ich mit einer jungen kommunistischen Redakteurin unter den Massen vor dem Reichskanzlerpalais. Auf der Straße zogen mit schwelenden Fackeln die Sturmtruppen und der Stahlhelm vorbei.

Wir waren eingeklemmt in die Zuschauer und sahen uns gelegentlich an. Marianne hatte eine große Zeitung für Arbeiterinnen redigiert... Aber wenn man sie jetzt hier erschlüge, würde durch die Hunderttausende ihrer Freunde nur ein Zucken gehen. ›So schlimm steht es also!‹ würden sie sagen, und die Frauen würden die letzte Nummer von Mariannes Blatt schnell und verstohlen hinunter in den Mülleimer tragen und sich dem Gesetz der Geschichte beugen.

Das Geschrei schwoll plötzlich an. Am Fenster quer oben erschien Adolf Hitler. Er hob die Hand....Rings um uns gingen die Arme hoch. Einer schrie verächtlich, da wir nicht grüßten: ›Schau, die Kommune ist auch da!‹ Aber keiner packte uns. Sie waren im Siegestaumel; mochten die zwei Persönchen da ruhig mit ansehen, welch herrliche Zeiten jetzt anbrachen! Oben verzog sich Hitler wieder in das beleuchtete Innere des Hauses.

›Wo sind denn eigentlich unsere Führer?‹ fragte Marianne leise an meinem Ohr. Es war eine unsägliche Verlassenheit in ihren Augen...«

Auch andere Kommunisten und Sozialdemokraten fühlen sich verlassen, vor allem die Kommunisten. Und so handeln viele von ihnen so, wie sie es kurz zuvor selbst nie geglaubt hätten. Auch darüber berichtet Regler:

»Da hämmerten Fäuste an die Tür. ›Geh nicht!‹ rief ich und schämte mich. ›Es ist noch nicht so weit‹, sagte sie und ging hinaus.

Einer unserer Rotfrontkämpfer stand im Türrahmen. Er hatte eine Hakenkreuzbinde am Arm. Ich sah sie nicht, aber Marieluise bemerkte sie sofort.

›Ich will euch nur warnen‹, sagte der Bursche. ›Ihr seid zuerst dran und ohne Pardon. Deshalb – na, nichts für ungut. Wir haben verloren...‹

›Danke. Danke sehr‹, sagte Marieluise und schloß schnell die Tür.

Ich begriff erst später, daß er schon übergelaufen war.«

Dieser Rotfrontkämpfer ist nicht der einzige Überläufer. Von der Parteiführung verraten, ohne Anweisung zur Tat, sind mancherorts ganze Einheiten des Rotfrontkämpfer-Bundes geschlossen in die SA eingetreten. Die Führer sind zum Teil schon vor der Berufung Hitlers zum Reichskanzler in illegale, seit Monaten und Jahren vorbereitete Quartiere untergetaucht oder flüchten jetzt ins Ausland – Walter Ulbricht, Ernst Thälmann, Wilhelm Pieck, Willy Münzenberg und die anderen, die all die von ihnen aufgeputschten Arbeiter auf Befehl Stalins feige im Stich lassen.

Begeistert begrüßt wird Hitlers Berufung nicht nur von den Nationalsozialisten, sondern auch von den vielen, die sich von Hitlers Kanzlerschaft das Ende des Parteienstreits, die Einigung des deutschen Volkes zu einer wahren »Volksgemeinschaft« versprechen. Darunter sind auch viele Offiziere der Reichswehr, vor allem die jüngeren.

Als in Bamberg die Ernennung Hitlers zum Reichskanzler bekannt wird, formiert sich spontan ein Demonstrationszug begeisterter Menschen. An der Spitze dieses Zuges marschiert in Uniform ein junger Leutnant der Kavallerie. Der Leutnant bekommt daraufhin Schwierigkeiten mit seinen Vorgesetzten. Ein Offizier hat sich nicht derart politisch zu exponieren. Der Leutnant bringt in seiner Antwort auf diesen Vorwurf Verachtung für die kritisierenden Vorgesetzten und seine Begeisterung für Hitler zugleich zum Ausdruck, als er sagt, die großen Soldaten aus der Zeit der Befreiungskriege hätten »wohl mehr Gefühl für solche echte Volkserhebung« gehabt als seine jetzigen Vorgesetzten.

Der Kavallerieleutnant ist ein Urenkel des großen Soldaten Gneisenau, sein Name: Claus Schenk Graf von Stauffenberg. Elfeinhalb Jahre nach seiner Demonstration für Hitlers »echte Volkserhebung« wird er, enttäuscht und alarmiert von Hitlers verbrecherischem Regime, das Attentat auf Hitler verüben und darauf von Kameraden im Hof des OKW-Gebäudes in Berlin erschossen werden.

Ein anderer Leutnant hat schon früher im Offizierskasino des Infanterieregiments 6 in Potsdam vor seinen

Kameraden das Parteiprogramm der NSDAP propagiert und verteidigt. Dieser Leutnant ist Henning von Tresckow, ebenfalls einer der späteren Verschwörer, der sich nach dem Scheitern des Putschs im Juli 1944 als Generalleutnant selbst das Leben nimmt.

Der Oberleutnant Helmuth Stieff hat an seine Braut geschrieben: »Wenn man nicht hoffte, daß die ganze Blase Schleicher pp. ... eines Tages von der doch nicht aufzuhaltenden wahren nationalen Bewegung weggefegt werden, dann könnte man sich gleich einen Zylinder kaufen...«

Helmuth Stieff wird nach dem 20. Juli 1944 gehenkt. Er ist der General, den Himmler noch nach dem Tod mit dem Wort vom »ostischen Bumskopf« beleidigen wird.

Der Kommandeur des Artillerieregiments 5 in Ulm hat schon 1930 seine drei vor dem Reichsgericht in Leipzig wegen nationalsozialistischer Propaganda angeklagten Leutnants verteidigt und im Manöverquartier Hitlers großen Wahlsieg gefeiert. Oberst Ludwig Beck wird als General der Artillerie Hitlers Generalstabschef und endet wenige Minuten vor Stauffenberg im Dienstgebäude des OKW durch den Gnadenschuß eines Feldwebels, nachdem er zweimal vorher vergeblich versucht hat, sich selbst zu erschießen.

Viele, die später die einzige ernst zu nehmende Verschwörung gegen Hitler zustande bringen werden, sind damals für ihn und versprechen sich von der nationalsozialistischen Bewegung den Ausweg aus dem wirtschaftlichen und politischen Chaos, in dem Deutschland versunken ist – ein Irrtum, der ihnen und Millionen anderen das Leben kosten wird.

Kein Wunder, daß die politisch längst nicht so gebildete Masse des Volkes sich von Hitler ebenfalls die Rettung verspricht und daß selbst politische Gegner, vom Sog der Ereignisse mitgerissen, auf die Seite Hitlers treten. Hitler hat beim Reichspräsidenten die Auflösungsorder für den Reichstag erhalten und die Neuwahlen für den 5. März 1933 festsetzen lassen. Wenn Hindenburg dem Kanzler-General Kurt von Schleicher die gleiche Order verweigert hat, dann deshalb, weil Schleicher ohne jede Fristfestsetzung und ohne Neuwahlen für unbestimmte Zeit eine Militärdiktatur errichten wollte. Dieser »böhmische Gefreite« aber hat die Auflösung des Reichstages nur gefordert, um seine Regierung – übrigens fast das gleiche »Kabinett der Barone«, das er unter Führung Papens und Schleichers so bekämpft hat – dem ganzen Volk zur Wahl zu stellen, und er hat dazu einen verfassungsmäßigen Termin vorgesehen.

Hindenburg ist jetzt wirklich im Zweifel, ob er mit seiner jahrelangen Ablehnung des österreichischen »Trommlers« nicht doch im Unrecht war. Bis jetzt handelt dieser Mann aus den untersten Schichten des Volkes anscheinend demokratischer und parlamentarischer als die letzten vier Regierungen vor ihm: die

beiden Regierungen Brüning, die Regierungen Papen und Schleicher.

Obwohl Hitler mit seinen beiden Ministern Dr. Frick – Reichsinnenminister – und Göring – Minister ohne Geschäftsbereich, aber zugleich preußischer Innenminister – wirklich von acht anderen im Kabinett »eingerahmt« wird, hat er im Wahlkampf natürlich eine ganze Anzahl von Vorteilen, wie bisher nie. Er kann für seine Propaganda uneingeschränkt über den Rundfunk verfügen, er kann Staatsmittel für Wahlpropaganda einsetzen, wie das die sozialdemokratische Preußenregierung zumindest bei der Reichspräsidentenwahl getan hat. Und eben weil er das wußte, hat Hitler auf Neuwahlen für den Reichstag bestanden.

Den besten Wahlschlager liefert für Hitler am 27. Februar 1933, eine Woche vor dem Wahltag, ein junger Mann, der eigentlich das Gegenteil wollte: nämlich ein Signal zum Widerstand gegen die Nazis geben. Am Abend dieses Montags brennt das Gebäude des Deutschen Reichstages.

Der junge Holländer Marinus van der Lubbe, Mitglied der anarchistischen Sekte »Raden-Kommunisten« (Räte-Kommunisten), ist gegen 21 Uhr in das verlassene Gebäude eingestiegen und hat mit einigen Päckchen Kohlenanzündern Feuer angelegt. Die Feuerwehr erscheint unbegreiflich spät, und so kann das Feuer genügend lange Zeit um sich greifen, bis es zum Löschen zu spät ist.

Hitler, Papen, Göring und Goebbels erscheinen am Tatort. Für sie ist klar: Das können nur die Kommunisten getan haben. Es war sowieso merkwürdig, daß die KPD noch keinen Aufstandsversuch, noch keine größeren Terror- und Sabotageakte durchgeführt haben, obwohl sie das in ihren Zeitungen, in Flugblättern, in Broschüren und Parteianweisungen stets verkündet und vor Jahren in Mitteldeutschland, im Ruhrgebiet, in Hamburg, Berlin und München auch getan haben. Jetzt scheint es also so weit zu sein.

Die Korrespondenten der Auslandspresse, die im brennenden Reichstag um die Prominenz herumstehen, hören Hitler und Göring toben, der kommunistische Aufstandsversuch werde sofort erbarmungslos niedergeschlagen. Göring brüllt den eben erst von ihm eingesetzten Chef des neugegründeten Geheimen Staatspolizeiamtes an: »Das ist der Beginn des kommunistischen Aufstandes... Es gibt jetzt kein Erbarmen... Jeder kommunistische Funktionär wird erschossen, wo er angetroffen wird...!«

Die Auslandsjournalisten wundern sich, woher Hitler und die anderen jetzt schon wissen können, daß es sich bei der Brandstiftung um einen kommunistischen Aufstandsversuch handelt. Auch daß die gesamte Prominenz so schnell – eher als der letzte Einsatzwagen der Feuerwehr – zur Stelle ist, berührt merkwürdig. So entsteht bald der Verdacht, daß die Nationalsozialisten den Brand selbst gelegt haben, um einen Wahlschlager und einen Vorwand für das Verbot der KPD und die Verhaftung kommunistischer Abgeordneter zu haben. Wirklich – wenn schon die Nationalsozialisten den Brand nicht gelegt haben, so kommt er ihnen doch wie gerufen. Hier haben sie die großartige Möglichkeit, eine Woche vor der Reichstagswahl den Massen noch einmal einzuhämmern, daß die Nationalsozialisten als einzige in der Lage sind, Deutschland vor dem Sturz in das »bolschewistische Chaos« zu bewahren. »Wählt Hitler, den Retter des Vaterlandes!«

Schon am nächsten Morgen unterschreibt Reichspräsident von Hindenburg – der den Brand zufällig von einem Fenster des Herrenklubs aus, wo er bei Papen zu Gast war, gesehen hat – die ihm von Hitler und Papen vorgelegte »Notverordnung zum Schutz von Volk und Reich«.

Mit dieser Verordnung werden die sieben Artikel der Verfassung für befristete Zeit außer Kraft gesetzt, die die bürgerlichen und persönlichen Freiheiten garantieren. Als Begründung dafür wird die notwendige »Abwehr kommunistischer staatsgefährdender Gewaltakte« angegeben. Und so heißt es in der Verordnung:

»Es sind daher Beschränkungen der persönlichen Freiheit, des Rechts der freien Meinungsäußerung, einschließlich der Pressefreiheit, des Vereins- und Versammlungsrechtes, Eingriffe in das Brief-, Post-, Telegrafen- und Fernsprechgeheimnis, Anordnungen von Haussuchungen und von Beschlagnahmen sowie Beschränkungen des Eigentums auch außerhalb der sonst hierfür bestimmten gesetzlichen Grenzen zulässig...« Zugleich wird die Reichsregierung vom Präsidenten ermächtigt, im Notfall die ganze Macht in den Ländern zu übernehmen. Das ist nicht nur wichtig, um in ganz Deutschland einheitliche Maßnahmen durchführen zu können, sondern auch zur Abwehr politischer Gegner, die für die Nationalsozialisten weit gefährlicher sind als die von ihrer Führung längst verlassenen Kommunisten, nämlich verschiedene bürgerliche Landesregierungen.

Bereits in der Nacht, Stunden bevor Hindenburg die Notverordnung unterschreibt, ordnet Göring in seiner Eigenschaft als preußischer Innenminister, dem damit die Polizei untersteht, eine Verhaftungswelle an. SA und Stahlhelm werden als Hilfspolizei vereidigt.

Die meisten Verhaftungen erfolgen aufgrund der von der sozialdemokratischen Regierung längst für ähnliche Fälle angefertigten Listen. Es handelt sich dabei um kommunistische Funktionäre und Abgeordnete. Göring hat dazu noch einige Sozialdemokraten und andere den Nationalsozialisten besonders mißliebige Personen auf die Liste setzen lassen.

Die Presse der KPD ist schon Tage vorher nach zwei

Oben: In der Nacht vom 27. Februar 1933 stand der Reichstag in Flammen. Der Brandstifter, ein holländischer Anarchist namens Marinus van der Lubbe, hatte ein Fanal gegen die Nazis setzen wollen – aber die einzigen, die rasch darauf reagierten, waren diese selbst.

Rechts: Die Notverordnung »zum Schutze von Volk und Staat«, ausgestellt einen Tag nach dem Reichstagsbrand, setzte die wichtigsten Grundrechte außer Kraft und erlaubte den Nationalsozialisten, jeden beliebigen Gegner zu verhaften.

Durchsuchungen des Karl-Liebknecht-Hauses am Berliner Bülowplatz verboten worden. Jetzt erfolgt auf Grund der Notverordnung auch das Verbot von SPD-Zeitungen. Zeitungen, Flugblätter und Plakate der Nationalsozialisten und Deutschnationalen sind nun in der Überzahl.

Die Straßen werden von SA, SS, Hitlerjugend und Stahlhelm beherrscht; aus den Fenstern wehen nicht mehr die Fahnen der Republik, sondern schwarzweißrote und Hakenkreuzfahnen. In ganz Deutschland jagt eine Massenversammlung die andere; nächtliche Demonstrationszüge unter einem glühenden Strom brennender Fackeln ziehen durch die Straßen, eilends aufgestellte Lautsprecher in den Großstädten, Lautsprecherwagen in den Landkreisen übertragen die Reden von Hitler, Göring, Goebbels und den anderen Führern der NSDAP.

Die NSDAP hat wieder Geld! Am 20. Februar hat in dem nun von Göring beherrschten Palais des Reichstagspräsidenten eine Versammlung der einflußreichsten Industriefürsten Deutschlands stattgefunden. Hjalmar Schacht ist der Gastgeber.

Göring und Hitler sprechen zu den Industriellen davon, daß die NSDAP den Marxismus vernichten werde, der die Existenz des Unternehmertums bedrohe, und daß die Unternehmer selbst etwas dazu beitragen müßten – nämlich durch Geldspenden.

Hitler überzeugt die Anwesenden, unter denen Robert Bosch, Voegler von den Vereinigten Stahlwerken, Schnitzler von IG-Farben und Krupp sind. Krupp hat noch am 29. Januar den Reichspräsidenten inständig gebeten, um Himmels willen nicht Hitler als Kanzler zu berufen. Jetzt ist er geradezu begeistert und hält im Namen der Versammelten die Dankesrede.

Schacht geht danach mit dem Hut in der Hand durch die Reihen der Industriebosse und läßt ihn mit Schecks füllen. Drei Millionen Mark kommen so für Hitlers Wahlkampf zusammen.

In der Nacht vom 4. zum 5. März, nachdem Hitler von Königsberg aus in einer von allen Rundfunksendern übertragenen Rede den Höhepunkt des Wahlkampfes markiert hat, brennen auf allen Bergen und Höhenzügen in Deutschland Freudenfeuer.

Doch noch ist nicht klar, ob die Freude der nationalen Rechten berechtigt ist. Das stellt sich erst am nächsten Tag heraus, nachdem die Wahl beendet und die Ergebnisse ausgezählt sind. So hat sich die Bevölkerung am 5. März entschieden:

NSDAP	17 277 180 Stimmen	288 Sitze
SPD	7 181 620 Stimmen	120 Sitze
KPD	4 848 058 Stimmen	81 Sitze
Zentrum	4 424 900 Stimmen	73 Sitze
Deutschnationale	3 136 760 Stimmen	53 Sitze

Dazu kommen noch 19 Mandate für den bayerischen Ableger der Zentrumspartei, die Bayerische Volkspartei; 5 für die Staatspartei, 4 für den Christlich-Sozialen Volksdienst und je 2 Mandate für Stresemanns Deutsche Volkspartei und die Deutsche Bauernpartei.

Damit haben Hitler und Hugenberg, die beiden wieder einmal für kurze Zeit Verbündeten, 341 Abgeordnete von insgesamt 647 gewählten Volksvertretern im Reichstag. Das ist erstmals seit vielen Jahren wieder eine einwandfreie, regierungsfähige Mehrheit im Parlament.

Ohne Zweifel also ein Sieg – aber kein entscheidender Sieg, denn eine verfassungsändernde Zweidrittelmehrheit ist das nicht. Will Hitler aber gesetzmäßig weiterregieren und seine der jetzigen Reichsverfassung widersprechenden Pläne legal verwirklichen, dann muß er dazu die Zustimmung von mindestens 431 Abgeordneten haben oder die Zustimmung von zwei Dritteln der in der Sitzung Anwesenden, wenn insgesamt der Reichstag zu zwei Dritteln besetzt und damit zu Verfassungsänderungen berechtigt ist.

In vielen Verhandlungen gelingt es den Nationalsozialisten, die Zustimmung aller Parteien außer der SPD zu erhalten – die KPD, deren Abgeordnete geflüchtet oder verhaftet worden sind, zählt ohnehin nicht mehr. Die gewonnenen 81 Mandate werden der KPD aberkannt, so daß die Zahl der Gesamtmandate nur noch 536

beträgt und die für Verfassungsänderungen notwendige
Zweidrittelmehrheit 378 Stimmen. Goebbels hat sich
für die Eröffnung des Reichstages noch einen besonders
wirksamen Propagandatrick ausgedacht. Die Reichstagseröffnung soll am 21. März – dem Jahrestag der
ersten Reichstagseröffnung durch Bismarck 1871 –
feierlich in der Potsdamer Garnisonkirche stattfinden.
So geschieht es auch. Zunächst begeben sich die Abgeordneten am Vormittag dieses Tages in die Kirchen
ihrer Konfession. Für die evangelischen Abgeordneten
findet der feierliche Gottesdienst in der Nikolaikirche,
für die Katholiken in der katholischen Stadtkirche statt.
Nach den beiden Gottesdiensten begeben sich die Abgeordneten in zwei Zügen durch die festlich geschmück-
ten Straßen Potsdams zur Garnisonkirche.
An der Spitze des evangelischen Zuges gehen die
Reichsminister Göring und Frick, der Zug der Katholiken wird angeführt vom Reichskanzler Hitler, vom
Reichsführer SS Himmler und dem vor einer Woche

Der »Tag von Potsdam«, die feierliche Reichstagseröffnung in
der Potsdamer Garnisonkirche am 21. März 1933, sollte dem
deutschen Volk eine Versöhnung zwischen preußisch-national-
christlicher Tradition und neuem Nationalsozialismus einprägsam vor Augen führen.
Oben: »Der Gefreite des Weltkrieges verneigt sich ehrfürchtig
vor dem Generalfeldmarschall des großen Krieges.« So lautete
die offizielle Beschreibung der Begrüßungsszene zwischen
neuem Reichskanzler und altem Staatsoberhaupt.
Rechts: Hitler im Gespräch mit seinem Vizekanzler Franz von
Papen und Reichswehrminister Blomberg.

ernannten Reichspropagandaminister Goebbels. Hitler und Goebbels haben am Gottesdienst in der katholischen Kirche nicht teilgenommen, sondern legten währenddessen an den Gräbern ermordeter Nationalsozialisten Kränze nieder.

In der Garnisonkirche spricht zunächst Hindenburg, danach Hitler. Die feierliche Zeremonie dauert nicht lange, um so länger dauert dann vor der Kirche die Parade der Reichswehr, der SA, der Hitlerjugend, des Stahlhelms und der preußischen Schutzpolizei.

Am Abend findet in der Berliner Kroll-Oper die erste Arbeitssitzung statt. Auf der Tagesordnung steht nur die Wahl des Reichstagspräsidenten. Göring wird erwartungsgemäß wiedergewählt.

Zwei Tage darauf, am 23. März 1933, einem Donnerstag, ist die nächste Sitzung des Reichstages, jene historische Sitzung, in der die Abgeordneten den Tod dieser Institution und den Selbstmord ihrer eigenen Parteien beschließen werden.

Es hat bei allen Parteien, auch bei der mit Hitler verbündeten Deutschnationalen Volkspartei, Bedenken gegen das Ermächtigungsgesetz gegeben. Aber die meisten dieser Bedenken sind schon vor dem historischen Tag zurückgestellt worden.

Das Gesetz trägt den Namen »Gesetz zur Behebung der Not von Volk und Reich« und ermächtigt die Reichsregierung, vier Jahre lang Aufgaben durchzuführen, die bisher allein dem Reichstag als der gewählten Volksvertretung vorbehalten waren. In den fünf Abschnitten des kurzen Gesetzes wird der Reichsregierung die Befugnis übertragen

1. Gesetze zu erlassen,
2. den Reichshaushalt selbst zu kontrollieren,
3. Verträge mit fremden Staaten abzuschließen,
4. Verfassungsänderungen zu beschließen und
5. alle diese Regierungsvollmachten unmittelbar dem Reichskanzler zu übertragen.

Es gibt nur eine Einschränkung: Die Rechte des Reichspräsidenten dürfen nicht berührt werden.

Die Vertreter der Parteien sprechen zu diesem Gesetz, das Hitler diktatorische Vollmachten gibt. Zunächst spricht Hitler selbst, diesmal verhältnismäßig sachlich und ruhig. Er begründet die Gesetzesvorlage. Danach vertagt sich das Haus zur Beratung der Fraktionen.

Beim Wiederzusammentritt erteilt Präsident Göring als erstem Otto Wels, dem Sprecher der SPD, das Wort. Wels lehnt im Namen seiner Fraktion das Ermächtigungsgesetz ab. Es ist eine mutige, aufrechte Rede, in der es heißt:

»Eine wirkliche Volksgemeinschaft läßt sich (auf diesem Gesetz) nicht gründen. Ihre erste Voraussetzung ist gleiches Recht... Freiheit und Leben kann man uns nehmen, die Ehre nicht...

Otto Wels vertrat als Sprecher der SPD die Ablehnung des Ermächtigungsgesetzes. Seine Rede am 23. März 1933 im Reichstag war das Schlußwort auf 14 Jahre parlamentarische Demokratie in Deutschland, Danach wurde im Reichstag nur noch gesungen und Beifall gebrüllt.

Noch niemals, seit es einen Deutschen Reichstag gibt, ist die Kontrolle der öffentlichen Angelegenheiten durch die gewählten Vertreter des Volkes in solchem Maße ausgeschaltet worden... Eine solche Allmacht der Regierung muß sich um so schwerer auswirken, als auch die Presse jeder Bewegungsfreiheit entbehrt...

Wir Sozialdemokraten bekennen uns in dieser geschichtlichen Stunde feierlich zu den Grundsätzen der Menschlichkeit und der Gerechtigkeit, der Freiheit und des Sozialismus. Kein Ermächtigungsgesetz gibt Ihnen die Macht, Ideen, die ewig und unzerstörbar sind, zu vernichten. Sie selbst haben sich ja zum Sozialismus bekannt...

Wir grüßen die Verfolgten und die Bedrängten... Ihre Standhaftigkeit und Treue verdienen Bewunderung...« Beifall wird nur in den Reihen der SPD zaghaft laut. Dann nimmt Hitler noch einmal, unvorhergesehen, das Wort und antwortet Wels mit schreiender Stimme. Zur Ablehnung des Gesetzes durch die SPD sagt er abschließend: »... ich will auch gar nicht, daß Sie dafür stimmen! Deutschland soll frei werden, aber nicht durch Sie!«

Nachdem die tobenden Heilrufe der NSDAP-Abgeordneten verklungen sind, spricht Prälat Dr. Kaas für das Zentrum und stimmt dem Ermächtigungsgesetz zu: »...Die gegenwärtige Stunde kann für uns nicht im Zeichen der Worte stehen. Ihr Gesetz, ihr einziges, beherrschendes Gesetz ist das der raschen, bewahrenden, aufbauenden und rettenden Tat...«

Ritter von Lex, später einmal Staatssekretär der Bundesregierung, spricht für die Bayerische Volkspartei und stimmt ebenfalls zu. Ebenso erklären die Vertreter der Staatspartei und des Christlich-Sozialen Volksdienstes ihre Zustimmung zur Alleinherrschaft Hitlers. Von Stresemanns einst so stolzer Partei ist nur die Hälfte der gewählten Abgeordneten erschienen – nämlich einer, der deshalb auch auf eine Stellungnahme verzichtet, dann aber für das Gesetz stimmt. Die Deutschnationalen verzichten ebenfalls auf eine Stellungnahme, sie haben schließlich das Gesetz selbst mit eingebracht.

Dann nimmt Göring die namentliche Abstimmung vor, bei der jeder Abgeordnete eine Karte mit seinem Namen und dem Wort »Ja« oder »Nein« abgeben muß. Göring hat es sehr eilig mit der Durchführung und erklärt die Abstimmung für beendet, als die Saaldiener noch dabei sind, die Karten einzusammeln. Hat er Angst, daß eine Partei es sich noch anders überlegen könnte?

Die Sozialdemokraten verlassen den Saal der Kroll-Oper, in der bisher vorwiegend komische Opern und Operetten auf dem Programm standen. Sie wissen, daß jetzt eine Tragödie gespielt wird, und sie kennen deren Ausgang, nachdem die anderen Parteien sich alle hinter Hitler gestellt haben.

Die Stimmkarten sind bald ausgezählt, und Göring verkündet das Ergebnis der Abstimmung:

»Meine Damen und Herren! Das vorläufige Ergebnis der Abstimmung ist folgendes: Abgegeben wurden 535 Karten. Es haben gestimmt mit »Nein« 94, mit »Ja« 441 Abgeordnete... Da es sich um ein verfassungsänderndes Gesetz handelt, ist folgende Feststellung zu treffen: Die gesetzliche Mitgliederzahl des Hauses beträgt 566. Davon sind zwei Drittel 378. Davon wiederum zwei Drittel 252. Somit ist das Ermächtigungsgesetz mit der verfassungsmäßigen Mehrheit von 441 Stimmen angenommen...«

Der Deutsche Reichstag ist das geworden, was er dann auch im Volkswitz sein wird: der teuerste Gesangverein der Welt, der nur noch zusammenkommen wird, um sich eine Hitlerrede anzuhören und danach das Deutschland- und Horst-Wessel-Lied zu singen.

Hitler hat die Ermächtigung zur Diktatur erhalten. Von Männern wie dem früheren Reichskanzler Dr. Wirth, der später als Vorsitzender des »Bundes der Deutschen« Ulbrichts Paradepferd für seine Version der Wiedervereinigung sein wird; von dem Abgeordneten Dr. Heuss, dem späteren Bundespräsidenten und anderen ehrenwerten Männern, die nicht in der Lage sind, vorauszusehen, was Hitler mit ihrer Ermächtigung anfangen wird. Wer aber wollte eine solche Voraussicht dann von den politisch ungebildeten Volksmassen erwarten? Auch Franz von Papen, der jetzt neben Hitler stehend brausende Heil-Rufe entgegennimmt, denkt noch immer, daß es ihm und den anderen Nicht-Nazis in der Regierung gelingen wird, Hitler zu bändigen.

Aber schon vier Monate später muß Papen in einer Rede in Dresden zugeben: »Wer von uns hätte es für möglich gehalten, daß die unwiderstehliche Angriffskraft des Nationalsozialismus... in vier Monaten dieses Deutsche Reich für sich eroberte, daß keine der bürgerlichen Parteien mehr das Feld behauptete, daß die Institutionen des demokratischen Jahrhunderts wie mit einem Federstrich ausgelöscht wurden, daß der Reichskanzler eine Machtfülle in sich vereinigt, die kein deutscher Kaiser vor ihm besessen hat.«

Hitler hat auch nicht gezögert, die ihm von den Volksvertretern übertragene Macht sofort einzusetzen.

Am 31. März schon werden die Landtage aufgelöst, nachdem bereits aufgrund der alten Notverordnung des Reichstagsbrandes vorher in allen Ländern »Reichskommissare« eingesetzt worden sind. Am 7. April werden in allen Ländern »Reichsstatthalter« eingesetzt, und das auf der bisherigen föderalistischen Reichsverfassung beruhende Eigenleben der Länder hat damit endgültig aufgehört. Die Reichsstatthalter sind natürlich sämtlich Funktionäre der NSDAP, zumeist gleichzeitig Gauleiter der Partei.

Den 1. Mai erklärt Hitler zum »Nationalen Feiertag der Arbeit«. Der Tag wird mit riesigen politischen Kundgebungen gefeiert, wie sie Deutschland noch nie sah. In Berlin nehmen eineinhalb Millionen Menschen an der Kundgebung auf dem Tempelhofer Feld teil.

Am Tag darauf werden die Gewerkschaftshäuser von SA und Polizei besetzt, das Gewerkschaftsvermögen beschlagnahmt, führende Gewerkschaftsfunktionäre verhaftet. Gewerkschaftshäuser, -einrichtungen und -vermögen werden von der DAF übernommen, der »Deutschen Arbeitsfront«, Hitlers »Ersatzgewerkschaft«. Die »Volksgemeinschaft« ist auf dem Marsch, fort mit dem Klassenkampf!

Es gibt keine Streiks und keine Aussperrungen mehr; über Tarifstreitigkeiten entscheiden von Hitler eingesetzte »Treuhänder der Arbeit«.

Am 10. Mai besetzt die nun im Reich unter einheitlicher Führung stehende Polizei die Parteibüros der SPD, beschlagnahmt das Parteivermögen und sämtliche sozialdemokratische Zeitungen. Dennoch billigen die Sozialdemokraten neun Tage später im Reichstag die Außenpolitik Hitlers und wenden sich gegen ihre eige-

nen, vor Hitler ins Ausland geflüchteten Parteigenossen. Es nützt nichts: Am 22. Juni wird die SPD verboten, ihr derzeitiger Führer, der langjährige Reichstagspräsident Paul Löbe, wird verhaftet und mit ihm andere leitende Funktionäre. Den Parteien, die Hitler zum Diktator gemacht haben, geht es nicht anders.

Am 4. Juli löst sich die Bayerische Volkspartei »freiwillig« auf, am nächsten Tag folgt ihr die Zentrumspartei selbst, die gleiche katholische Zentrumspartei, die einst so stark war, daß sie im »Kulturkampf« gegen einen Reichskanzler von Bismarck siegen konnte. Der Reichskanzler Hitler aber ist stärker als sie.

Immerhin – das Zentrum ist die letzte Partei außer der NSDAP. Schon am 21. Juni, einen Tag noch vor der SPD, zerschlägt Hitler die Partei seines Koalitionspartners, die Deutschnationale Volkspartei. Polizei und SA besetzen deren Parteibüros, und am 29. Juni tritt der Wirtschaftsminister der Hitler-Regierung aus Protest zurück: Geheimrat Hugenberg, der »den verunglückten österreichischen Maler an die Leine nehmen« wollte. Die Partei löst sich »freiwillig« auf. Deutsche Volkspartei und Staatspartei gehen den gleichen Weg der Selbstauflösung.

Am 14. Juli 1933 schon ist der Selbstmord der deutschen Parteien beurkundet. Hitler erläßt ein Gesetz, in dem es heißt:

»In Deutschland besteht als einzige politische Partei die Nationalsozialistische Arbeiterpartei.

Wer es unternimmt, den organisatorischen Zusammenhalt einer anderen ... Partei aufrechtzuerhalten oder eine neue politische Partei zu bilden, wird ... mit Zuchthaus ... oder mit Gefängnis ... bestraft.«

So hat Hitler in kürzester Zeit jede politische Gegnerschaft beseitigt. Ungehindert kann er schalten und walten. Nur eine Gefahr gibt es noch für ihn. Und das ist ausgerechnet »seine« SA.

Noch herrscht in Deutschland Arbeitslosigkeit, noch ist kein plötzlicher wirtschaftlicher Aufschwung zu spüren. Die SA aber setzt sich zu fast zwei Dritteln aus Arbeitslosen und Unterstützungsempfängern zusammen. Der Führer hat am 30. Januar die Macht ergriffen, meinen sie. Wo bleibt nun die Belohnung, wo bleibt die eigentliche Revolution, wo bleibt der Sieg der SA?

Zunächst wird der Tatendrang der plötzlich weder von Polizei noch von politischen Gegnern angegriffenen SA auf den Terror gelenkt. Die SA-Hilfspolizei verhaftet nach dem Reichstagsbrand wahllos politisch Andersdenkende. Die Zahl der Verhaftungen ist groß, der

Willkür sind Tür und Tor geöffnet. Oft wird jemand nur deshalb festgenommen, weil ein mißgünstiger Nachbar ihn denunziert oder weil ein SA-Mann einen persönlichen Streit zu bereinigen gedenkt. In SA-Lokalen werden Menschen gefoltert, die ersten Konzentrationslager entstehen, wild, ohne Befehl etwa der Regierung.

Es mutet wie ein blutiger Witz an, wenn 1933 ausgerechnet die Organisation am meisten gegen die SA-Willkür, gegen Mord und Totschlag und gegen die Errichtung von KZs unternimmt, deren Name später zum Schrecken ganz Europas und die zur allgewaltigen Herrscherin über die Konzentrationslager wird – die GESTAPO.

Linke Seite: Häftlingsappell im KZ Oranienburg. In den ersten Monaten von Hitlers Herrschaft wanderten mehr als 25 000 Personen in »Schutzhaft«.
Oben: SA besetzt am 2. Mai 1933 das Gewerkschaftshaus am Engelufer in Berlin. »Wir schlagen dem marxistischen Gesindel seine Hauptwaffe aus der Hand und nehmen ihm damit seine letzte Möglichkeit, um sich neu zu stärken«, lautete der Kommentar des späteren Arbeitsfront-Führers Robert Ley zu dieser von ihm geleiteten Aktion.

Göring hat sofort nach seinem Amtsantritt als preußischer Innenminister das »Geheime Staatspolizei-Amt« gegründet, dessen Leitung er einem jungen Oberregierungsrat überträgt. Rudolf Diels hat in dem bisher über zehn Jahre lang sozialdemokratisch geleiteten preußischen Innenministerium kommunistische Angelegenheiten bearbeitet, so wie sein Kollege Oberregierungsrat Robert Kempner – der spätere US-Ankläger im Nürnberger Prozeß – die nationalsozialistischen.

GPA soll die neue Einrichtung abgekürzt heißen, aber es werden Bedenken laut: Diese Abkürzung erinnert zu sehr an die berüchtigte sowjetische GPU. Ein unbekannter Berliner Postbeamter prägt schließlich die bis heute bekannte Abkürzung. Das neue Amt braucht eine Frankiermaschine für seine Postsachen. Dem Postbeamten ist der Name »Geheimes Staatspolizei-Amt« zu lang, und so steht dann auf dem von der Post gelieferten Frankierstempel die Abkürzung »Gestapo«. Und bei diesem Namen bleibt es.

Die Gestapo, eigentlich das Gestapo, nämlich das Geheime Staatspolizei-Amt – versucht, gegen die wilden Aktionen der SA die Gesetzlichkeit durchzusetzen. Göring hat sich die unmittelbare Leitung der Gestapo vorbehalten. Trotzdem gelingt es Diels, hin und wieder gegen die SA-Totschläger einzuschreiten und sogar Görings Unterstützung dazu zu bekommen. So stehen oftmals Polizei und Beamte der Gestapo gemeinsam der SA und SS bewaffnet gegenüber.

In manchen Fällen kann sich die Gestapo durchsetzen. Mit Waffengewalt werden die Folterstätten in der Berliner Hedemannstraße, in der Kantstraße, der Fürstenfeldstraße, der General-Pape-Straße geschlossen, einige der Verantwortlichen werden festgenommen. Göring läßt zwei SA-Männer, die den durch Verrat in seiner illegalen Wohnung verhafteten Ernst Thälmann mißhandelt haben, bestrafen.

Aber das sind nur Tropfen auf einen heißen Stein. Schlimmer sind die KZs. SA und SS, die diese wilden Lager eingerichtet haben, mißachten die Staatsautorität, auch wenn es sich nicht mehr um die Republik, sondern den neuen Staat handelt. Sie wollen ihre Revolution, ihre Abrechnung mit dem Gegner. Wieder und wieder stehen sich Polizei und Gestapo auf der einen, SA und SS auf der anderen Seite bewaffnet gegenüber. Im Lager Papenburg droht der SS-Kommandant, sich mit den Gefangenen gegen die Polizei zu verbünden. Diels schreibt darüber in seinem Buch »Luzifer ante portas«: »Göring beauftragte mich, bei Hitler in seiner Gegenwart über das Geschehene zu berichten. Hitler befahl die ›Übernahme‹ der Lager durch die Polizei. . . Zwei Hundertschaften der Polizei werden in Marsch gesetzt, aber Hitler schickt einen Abgesandten mit Drohungen zu dem kommandierenden Offizier, als das KZ Papenburg von den Polizisten umstellt ist.« Diels berichtet weiter:

»Ich frug nun unmittelbar bei Hitler an, ob die Polizei nunmehr mit Waffengewalt gegen die SS vorgehen könne. Hitler ließ mich zu sich kommen, um mir nach einer erneuten Darstellung der Exzesse in den Lagern, mit militärischer Kommandostimme ins Wort fallend, zu befehlen, Artillerie des Heeres bei dem Reichswehrminister anzufordern und die Lager, die SS und die Gefangenen ›erbarmungslos zusammenschießen‹ zu lassen . . .«

Diels führt diesen Befehl natürlich nicht aus, aber es gelingt ihm, die Polizei das Lager übernehmen zu lassen. Andere Lager werden nach Entlassung des größten Teils der Gefangenen ganz geschlossen. Denn noch ist Himmler nur Chef der bayerischen Polizei und Reichsführer SS – die SS wiederum ist noch immer eine Untergliederung der SA.

Noch hat auch Hitler nicht die unumschränkte Macht. Er muß zwischen seinen eigenen Anhängern verschiedener Richtung lavieren. So greift er zuweilen persönlich gegen ihm bekanntwerdende Ausschreitungen ein und nimmt andererseits ebensolche Übeltäter in Schutz, wenn er fürchtet, es sich sonst mit der SA zu verderben, die immer noch eine gewaltige Macht darstellt.

In wenigen Monaten ist die Zahl der SA-Männer auf rund 3 Millionen angestiegen – zum überwiegenden Teil noch immer Erwerbslose, die nun bei der SA wenigstens Verpflegung und Kleidung erhalten, zum anderen aber auch eine Beschäftigung. Das Wort von der »Zweiten Revolution« geht um. Die SA-Führung unter Röhm und den vor allem an den Ausschreitungen Schuldigen wie Karl Ernst und Edmund Heines weiß, welche Macht ihr gegeben ist – und Hitler weiß es auch.

Im August befiehlt Göring die Auflösung der SA-Hilfspolizei. Hitler hält schon im Juli eine Rede vor den Reichsstatthaltern, in der er sagt:

»Die Revolution ist kein permanenter Zustand; sie darf sich nicht zu einem Dauerzustand ausbilden. Man muß den freigewordenen Strom der Revolution in das sichere Bett der Evolution hinüberleiten . . . Die Reichsstatthalter haben dafür zu sorgen, daß nicht irgendwelche Organisationen (Hitler umschreibt, daß er hier die SA meint) oder Parteistellen sich Regierungsbefugnisse anmaßen, Personen absetzen und Ämter besetzen . . .«

Röhm pocht auf seine reale Macht und antwortet auf diese deutlichen Warnungen bei einer Parade der SA auf dem Tempelhofer Feld in Berlin unmißverständlich: »Jeder, der glaubt, daß die Aufgabe der SA erfüllt sei, wird sich an den Gedanken gewöhnen müssen, daß wir noch da sind und daß wir dazubleiben beabsichtigen, komme was wolle!«

Ende Februar verschärft sich die Spannung. Der damalige Lordsiegelbewahrer und spätere Premierminister Großbritanniens, Anthony Eden, besucht Hitler in Berlin. Es geht um die deutsche Wiederaufrüstung. Eden moniert vor allem die riesige zahlenmäßige Stärke der SA.

Hitler ist Eden geradezu dankbar für diese Vorhaltungen. Er bietet dem Engländer sofort die Reduzierung der SA um zwei Drittel an. Damit kann er drei Fliegen mit einer Klappe schlagen. Zunächst kann er die immer gefährlicher werdende SA so zurechtstutzen, daß sie nicht mehr gefährlich werden kann. Zweitens hat er mit der britischen Forderung für alle Gegner ein unwiderlegbares Argument: wenn nicht Verringerung der SA, dann keine militärische Gleichberechtigung Deutschlands auf der Genfer Abrüstungskonferenz. Und drittens zeigt er damit seinen guten Willen nach außen, kann er das Ausland beruhigen.

Aber die Verhandlungen mit Eden zerschlagen sich. Eden selbst erkennt die Chance nicht, die sich ihm bietet, die NS-»Revolution« mit zu zähmen. Hitler muß sein Vorhaben einer Reduzierung der SA fallenlassen. So kommt es, daß die SA – in der inzwischen auch die Soldatenverbände Stahlhelm und Kyffhäuserbund aufgegangen sind – sogar noch weiter wächst bis auf rund 3,5 Millionen Mann.

Sie profitierten beide von der Mordaktion gegen Ernst Röhm und seine SA-Führung: Heinrich Himmler konnte seine SS aus der Vormundschaft der SA befreien, Reichswehrminister Blomberg war die paramilitärische Konkurrenz der braunen Kolonnen los.

Es zeigt sich, daß Hitler noch immer nicht der »Führer« ist, der allein zu entscheiden hat. Es gibt für ihn im Frühjahr 1934 noch zwei außerordentlich ernst zu nehmende Gefahren: die Reichswehr und die SA. Die weitaus größere ist die SA, denn in der Reichswehr setzen sich immer mehr die Anhänger des Nationalsozialismus durch. Die Gefahr von seiten der Reichswehr besteht eben darin, daß viele Kommandeure sich vor Röhms Drohungen und Ambitionen, die SA zur bewaffneten Macht zu machen, fürchten und nicht sicher sind, ob nicht doch Hitler hinter solchen Plänen steht. So schreibt der Reichswehrminister General von Blomberg im März 1934 an Hitler einen Bericht über

die zunehmende Stärke und Bewaffnung der SA, in dem es heißt: »Zahlenmäßig würde sich das im Bereich des Wehrkreiskommandos VI allein auf 6000 bis 8000 ständig mit Gewehr und Maschinengewehr bewaffneter SA-Leute auswirken...«

Im April kommt es zur ersten Entscheidung im Dreiecksverhältnis Partei–SA–Reichswehr. Hitler nimmt an den Manövern der Kriegsmarine teil. Auf dem neuen Panzerschiff »Deutschland« – es ist der Panzerkreuzer A, um dessen Bau es 1928 so heftige Diskussionen gegeben hat, bis die sozialdemokratische Preußenregierung den Bau ermöglichte – bespricht sich Hitler mit den führenden Vertretern von Heer und Marine. Reichspräsident Hindenburg ist erkrankt, und es ist anzunehmen, daß der nun 86jährige nicht mehr lange leben wird. Was dann? Wer soll sein Nachfolger werden?

Hitler möchte auch dieses Amt, um alle Autorität des Staates in seiner Hand zu vereinigen. General von

Blomberg plädiert bei der Besprechung dafür. Die anderen – General Freiherr von Fritsch, Chef der Heeresleitung, nachdem der »rote« Hammerstein in den Ruhestand getreten ist – und Admiral Dr.h.c. Raeder, der Befehlshaber der Kriegsmarine, sind ebenfalls für Hitler als künftiges Staatsoberhaupt. Aber sie stellen eine Bedingung: Röhms Pläne müssen verhindert, die SA muß wieder zu einer rein politischen Organisation werden, die Reichswehr allein ist die bewaffnete Streitmacht des Reiches.

Hitler stimmt zu, und so ist man sich an Bord der »Deutschland« bald einig.

Nach seiner Rückkehr von den Flottenmanövern in Kiel wiederholt Hitler heimlich sein bereits einmal gemachtes Angebot auf Reduzierung der SA an die Regierungen Englands und Frankreichs. Am 16. Mai findet unter Vorsitz des Chefs der Heeresleitung von Fritsch eine Konferenz höherer Offiziere des Heeres in Bad Nauheim statt. Fritsch unterbreitet der Konferenz den Vorschlag, im Falle des Ablebens von Generalfeldmarschall von Hindenburg Hitler zum Staatsoberhaupt zu machen. Auch hier stimmen die Offiziere erst zu, nachdem Fritsch die auf dem Panzerschiff »Deutschland« von Hitler eingegangenen Bedingungen bekanntgibt.

Die Reichswehr ist wieder voll und ganz auf Hitlers Seite. Jetzt hat er die einzige Macht hinter sich, die es ihm ermöglicht, Röhm und die SA in ihrem Tatendrang zu dämpfen. Bei einem »Dämpfen« soll es bleiben. Hitler hat nicht die Absicht, ernsthaft gegen die SA vorzugehen. Er ist noch Mitte Juni 1934 der Überzeugung, daß die SA durch die weitere Entwicklung der Wirtschaft, durch die zunehmende Beseitigung der Arbeitslosigkeit von selbst machtlos, zu einer bloßen Erziehungsorganisation für die Jugend werden würde. Da er nun die Reichswehr, die bewaffneten Streitkräfte hinter sich weiß, meint er, diese zwangsläufige Entwicklung in Ruhe abwarten zu können.

Goebbels steht noch immer auf der Seite Röhms und fordert in Reden und Zeitungsartikeln die »Zweite Revolution«. Hitler läßt ihn gewähren in der Hoffnung, damit eine weitere Beunruhigung unter den radikalen Kräften in der SA aufzufangen und abzulenken.

Am 5. Juni empfängt Hitler seinen Stabschef. Die Unterredung mit Röhm dauert fünf Stunden. Einzelheiten darüber sind nicht bekanntgeworden. Fest steht nur, daß Hitler dem SA-Chef sein und seiner Unterführer skandalöses Verhalten in moralischer Hinsicht vorgeworfen hat.

Hitler selbst sagt später in seiner Reichstagsrede vom 13. Juli: »Ich beschwor ihn zum letztenmal, von sich aus diesem Wahnsinn (einer zweiten Revolution) entgegenzutreten und seine Autorität anzuwenden, um eine Entwicklung zu verhindern, die so oder so nur in einer Katastrophe enden konnte.«

Röhm dagegen versucht, Hitler noch einmal für den Gedanken einer »Volksarmee« aus den Reihen der SA zu gewinnen. Offensichtlich sind sich die beiden alten Freunde nicht einig geworden. Denn unmittelbar nach dem Gespräch ordnet Hitler in seiner Eigenschaft als OSAF, als »Oberster SA-Führer«, einen Zwangsurlaub für die SA an. Während des Monats Juli darf kein SA-Dienst gemacht werden. Hitler verbietet der SA, während dieser Zeit Uniform zu tragen und an irgenwelchen Kundgebungen oder Demonstrationsmärschen teilzunehmen.

Röhm scheint zu resignieren. Er erklärt öffentlich, daß er sich selbst während des SA-Urlaubs einer Erholungskur unterziehen wolle. Aber hat er wirklich diese Absicht? In Hitler tauchen wieder Zweifel auf, denn wenige Tage später, am 10. Juni, veröffentlicht Röhm einen Aufruf an die SA, in dem es heißt:

»Wenn die Feinde der SA sich in der Hoffnung wiegen, die SA werde aus ihrem Urlaub nicht mehr zurückkehren oder nur zum Teil wieder einrücken, so wollen wir ihnen diese kurze Hoffnungsfreude lassen. Sie werden zu der Zeit und in der Form, in der es notwendig erscheint, darauf die gebührende Antwort erhalten.

Die SA ist und bleibt das Schicksal Deutschlands!«

Das ist eine offene Drohung. Goebbels trifft sich heimlich mit Röhm in einem Nebenzimmer der Gaststätte »Bratwurstglöckl« in München, um noch einmal zu sondieren, was Röhm nun eigentlich will. Nachdem Goebbels seinem Führer über dieses Gespräch berichtet hat – Hitler ist eben von seinem ersten Auslandsbesuch bei Mussolini in Venedig zurückgekehrt –, stellt er sich nun wieder ganz auf Hitlers Seite.

Zugleich erfährt Hitler, daß Röhm mit General von Schleicher, der sich offiziell aus der Politik zurückgezogen hat, eine Besprechung hatte, in der festgestellt worden sei, das heutige Regime müsse beseitigt, die Wehrmacht und alle nationalen Verbände in einer Hand – nämlich der Röhms – zusammengefaßt werden. Mit Hilfe der zahlreichen, stark bewaffneten Stabswachen der SA – vor denen General von Blomberg Hitler eben gewarnt hat – müsse ein Staatsstreich durchgeführt werden. Auch Gregor Strasser sei an diesem Komplott mit Schleicher und Röhm beteiligt. Daß Hitler diesen Bericht glaubt, ist wahrscheinlich.

Obwohl die SA in Zwangsurlaub gehen soll, beruft Röhm für den Tag zuvor, den 30. Juni, eine Führertagung nach Bad Wiessee ein. Ein sehr verdächtiges Vorhaben zumindest in Hitlers Augen. So sagt er, um allen Gerüchten die Spitze abzubrechen, selbst sein Erscheinen bei dieser Führertagung zu, obwohl er nun allmählich befürchtet, daß Röhm ihn vielleicht bei dieser Gelegenheit in Gewahrsam nehmen könnte.

Eben hat der steile Aufstieg des Waldtruderinger Geflügelzüchters Heinrich Himmler begonnen. Noch immer ist er mit seiner SS Röhm unterstellt und dessen Untergebener. Aber vor wenigen Wochen ist er vom Chef der politischen Polizei in Bayern zu der viel wichtigeren Stellung des stellvertretenden Gestapochefs in Berlin mit Einfluß im ganzen Reich aufgestiegen; sein Adlatus Reinhard Heydrich, ein wegen moralischer Verfehlungen aus der Marine ausgestoßener ehemaliger Oberleutnant zur See, ist Chef des Geheimen Staatspolizei-Amtes Berlin geworden. Oberregierungsrat Diels hat sich nicht mehr gegen Himmler halten können, nachdem er mit Hilfe der Polizei das grauenhafte KZ auf der Vulkanwerft in Stettin geschlossen und die verantwortlichen SS-Führer verhaftet hat. Daher ist Himmler sein unerbittlicher Feind geworden und hat ihn schließlich besiegt.

Hitler wählt die rücksichtsloseste Möglichkeit, sich gegen die SA-Führung zu schützen: mit Hilfe der SS. Die Reichswehr wünscht zwar dringend die Beseitigung der Macht Röhms und der SA, aber es ist selbstverständlich, daß die Reichswehrführung sich nicht selbst die Finger schmutzig machen will.

Himmler, der selbst daran interessiert ist, Röhm zu beseitigen, drängt Hitler mit immer neuen Nachrichten über Verschwörungen, geheime Waffenlager der SA und Attentatspläne zum Handeln. Aber Hitler zögert noch immer. Keiner weiß, ob es die alte Freundschaft zu Röhm oder Bedenken wegen des ungewissen Ausganges einer Auseinandersetzung sind, die ihn noch zurückhalten. Dabei dürfte es für ihn kein Zögern mehr geben, denn die Reichswehrführung hat kategorisch gefordert, nun endlich mit Röhm Schluß zu machen.

Am 21. Juni hat Hitler den kranken Reichspräsidenten auf seinem Gut Neudeck in Ostpreußen besucht. Bei dieser Gelegenheit hat ihm Reichswehrminister von Blomberg ein unzweideutiges Ultimatum gestellt: Entweder sorgt er schnellstens für eine »Entspannung« – also die Beseitigung Röhms und der Gefahr, die die Reichswehr in der SA sieht –, oder der Reichspräsident verhängt den Ausnahmezustand und überträgt die gesamte vollziehende Gewalt der Reichswehr! Mit Hitler als Reichskanzler wäre es dann trotz aller bisherigen Erfolge aus, der jahrelange »Kampf um die Macht« vergeblich geführt.

Am 25. Juni ordnet der Chef der Heeresleitung, General Freiherr von Fritsch, für die Reichswehr in ganz Deutschland Alarmbereitschaft an, um Hitler weiter unter Druck zu setzen. Drei Tage darauf wird SA-Stabschef Röhm aus dem Offiziersbund ausgeschlossen. Die Entscheidung fällt am 28. Juni. Hitler nimmt als Trauzeuge an der Hochzeit des Gauleiters in Essen Terboven – später Reichskommissar für Norwegen – teil. Welcher Umstand oder welche Nachricht ihn zur Entscheidung veranlaßt haben, ist bis heute unbekannt geblieben.

Am Tag darauf trifft aus Berlin die Nachricht ein, daß der Berliner SA-Chef Karl Ernst die gesamte SA der Reichshauptstadt alarmiert hat, obwohl sie doch in Urlaub gehen soll.

Nun gibt es für Hitler kein Zurück mehr. Er handelt gesetzlos und brutal.

Die Reichswehr transportiert eilig 700 Mann der »Leibstandarte« unter Führung von Sepp Dietrich nach München. Göring und Himmler ordnen in Berlin Alarmbereitschaft für Polizei und SS an.

Um zwei Uhr morgens am 30. Juni fliegt Hitler von Bonn nach dem Münchener Flugplatz Oberwiesenfeld, wo er am 1. Mai 1923 mit der mißglückten Demonstration gegen den SPD- und KPD-Aufmarsch seine erste Niederlage erlitten hat. In rasender Fahrt geht es dann nach Bad Wiessee. Die dort weilenden SA-Führer werden von der SS verhaftet. Hitler selbst holt Röhm aus dem Bett und erklärt ihn unter Beschimpfungen für verhaftet. Der schlaftrunkene SA-Stabschef sieht Hitlers drohend auf ihn gerichtete Pistole und vermag nur zu sagen: »Was ist denn los, Adolf? Bist du verrückt geworden?«

Die Verhafteten werden nach München in die Strafanstalt Stadelheim gebracht. Auch die anderen, die schon bei ihrer Ankunft auf dem Münchener Hauptbahnhof von der SS verhaftet werden, landen in Stadelheim. Neunzehn werden im Gefängnishof von einem Exekutionskommando der SS sofort erschossen.

Das letzte Opfer in München ist am 2. Juli Ernst Röhm. Hitler scheint noch immer gezögert zu haben, seinen alten Freund umbringen zu lassen. Röhm wird eine Pistole in die Zelle gebracht, um ihm die Möglichkeit zu geben, wie die beiden SS-Männer sagen, sich »selbst zu richten«. Röhm lehnt höhnisch ab: »Ich denke nicht daran. Soll mich doch der Adolf selber erschießen!« Das sind seine letzten Worte, bevor ihn nun die SS-Wache niederschießt.

Das gleiche Bild wie in München-Stadelheim bietet sich in Berlin. Dort ist es die ehemalige Kadettenanstalt Lichterfelde, wo die Erschießungen stattfinden.

Es sind nicht nur SA-Führer, sondern auch SS-Führer, die dem Blutbad zum Opfer fallen. Über den Tod der meisten von ihnen wird kaum jemand trauern. Fast alle gehören zu den übelsten Folterknechten des vergangenen Jahres, gegen die von Diels' Gestapo ein so ungleicher Kampf geführt worden ist.

Da ist der SS-Führer Toifl, der Oberhenker vom Columbia-Haus am Potsdamer Platz, da ist der Berliner SA-Chef Karl Ernst, der das Gebäude der SA-Führung in der Hedemannstraße zu einer wahren Hölle gemacht hat; da ist der Kommandant des von Diels geschlossenen Stettiner KZs; da ist der Urheber und Hauptmörder der »Köpenicker Blutwoche«; da ist der sadistische SA-Sturmführer »Schweinebacke« – verständlich, daß sich wegen des Todes dieser und vieler anderer Verbrecher keine große Unruhe unter der Bevölkerung erhebt.

Gewiß macht sich mancher kritische Gedanken über die ganz und gar ungesetzliche Mordaktion, aber viele begrüßen auch die Beseitigung dieser Leute. Sie meinen: Endlich also wird Ruhe eintreten, endlich also hat man diejenigen, die dem Nationalsozialismus Schande gebracht haben, vor denen jeder in Angst leben mußte, ausgemerzt. Mag das auch ungesetzlich gewesen sein – die Erschossenen haben selber stets ungesetzlich gehandelt. So ist ihnen nur recht geschehen.

Diese Meinung wird noch verstärkt dadurch, daß der Reichspräsident Generalfeldmarschall von Hindenburg ein Gesetz erläßt, wonach die Erschießungen als »Staatsnotwehr« für geltendes Recht erklärt werden. Über all der im Fall der SA- und SS-Führer verständlichen Zustimmung geraten die anderen ebenfalls ohne jegliches Gerichtsverfahren ermordeten Opfer bald in Vergessenheit.

General von Schleicher und seine Frau, auch General von Bredow, sind in ihren Wohnungen erschossen worden. Gregor Strasser ist in Berlin verhaftet und im Gestapo-Gebäude in der Prinz-Albert-Straße umgebracht worden. Der Leiter der »Katholischen Aktion«, Klausener, wird erschossen. Der frühere bayerische Ministerpräsident von Kahr, dessen Putsch Hitler damals vorantreiben wollte, wird tot in einem Wald bei München gefunden, ebenso Pater Bernhard Stempfle, der einst Hitlers »Mein Kampf« redigierte.

Ob alle diese Morde von Hitler befohlen worden sind, ist nicht nachweisbar, aber wahrscheinlich.

Die Reichswehrführung jedenfalls ist zufrieden. Hindenburg, der Oberbefehlshaber, schickt Hitler ein Danktelegramm dafür, »daß Sie durch Ihr entschlossenes Vorgehen und Ihr mutiges persönliches Eingreifen alle hochverräterischen Umtriebe im Keime erstickt haben«. Kein Wort davon, daß unter den Erschossenen auch sein langjähriger Vertrauter Schleicher gewesen ist. Reichswehrminister von Blomberg überbringt im Namen der Reichswehrführung Hitler persönlich die Glückwünsche und erläßt auch einen entsprechenden Tagesbefehl, in dem es heißt:

»Der Führer bittet uns, zu der neuen SA in herzliche Beziehungen zu treten. Dies zu tun, werden wir in dem Glauben an ein gemeinsames Ideal freudig bestrebt sein!«

Im Namen der Reichswehrführung nennt Blomberg den Reichskanzler mit dessen Parteibezeichung: »Der Führer« und spricht vom »gemeinsamen Ideal«. Es gibt keinen Zweifel, die Reichswehrführung wartet nur noch auf den Tod des alten Feldmarschall-Präsidenten, um Hitler die ganze Macht übertragen zu können.

Am 2. August 1934 ist es soweit. Hindenburg schließt im Alter von fast 87 Jahren auf seinem Gut Neudeck für immer die Augen.

Die Regie klappt ausgezeichnet. Noch am selben Tag treten überall in ihren Standorten die deutschen Soldaten an, um den insgeheim längst vorbereiteten Eid auf das neue Staatsoberhaupt zu leisten. Wenn bisher der Eid auf die Verfassung abgelegt wurde, die zu schützen und zu verteidigen der Soldat sich verpflichtete, so muß der Soldat nun Gehorsam gegenüber einem einzigen Menschen schwören, und das ist Adolf Hitler: »Ich schwöre bei Gott diesen heiligen Eid, daß ich dem Führer des Deutschen Reiches und Volkes Adolf Hitler, dem Oberbefehlshaber der Wehrmacht, unbedingten Gehorsam leisten und als tapferer Soldat bereit sein will, jederzeit für diesen Eid mein Leben einzusetzen.« Also nicht für das deutsche Volk, nicht für das Vaterland, für die Verteidigung seiner Rechte, sondern für die Person Adolf Hitlers soll der Soldat kämpfen und sterben.

Der Text dieses in seiner Bedeutung ungeheuerlichen Eides kommt nicht einmal von Hitler selbst, er kommt von der Reichswehrführung. General von Reichenau, später von Hitler zum Marschall befördert, hat die Eidesformel erfunden und damit die Reichswehr, nun Wehrmacht genannt, bedingungslos in Hitlers Hand gegeben. Der Kreis hat sich geschlossen.

Der Gefreite, der nach dem Krieg in München als Agent der Reichswehr politische Versammlungen kontrollierte, dem von der Reichswehr die SA aufgebaut wurde – die fortan nur noch die nichtssagende Rolle einer Art Kriegerverein spielen wird –, der mit der Reichswehr Bayerns Berlin erobern wollte und für die Reichswehr die politische Führung der zivilen »Kampfverbände« in Bayern übernahm, er erhält am 19. August 1934 bei der Volksabstimmung über das deutsche Staatsoberhaupt – »Das Amt des Reichspräsidenten wird mit dem des Reichskanzlers vereinigt« – 38 Millionen Ja-Stimmen, 4,25 Millionen stimmen mit »Nein«. Für Adolf Hitler, dem die völlige Alleinherrschaft nun zufällt, ist das ein triumphaler Erfolg.

Oben: Edgar Jung war einer der antidemokratisch eingestellten Intellektuellen, die den Boden für Hitlers Machtübernahme bereitet hatten. Als Mitarbeiter Papens befand er sich jedoch bald in Gegensatz zur NS-Führung. Er wurde zusammen mit anderen vermeintlichen oder realen Hitler-Gegnern am 30. Juni 1934 beim Röhm-Putsch ermordet.

Oben links: SA-Männer üben Sprechchöre. Nach der Ermordung ihres Führers Ernst Röhm sank die SA zum unbedeutenden Sport- und Freizeitverein ab.

Links: Ernst Röhm, Hitlers Duzfreund aus Münchner »Kampfzeiten« (hier mit Reichsführer SS Himmler), war der letzte Vertreter sozialistischer Forderungen innerhalb der NSDAP. Seine Ermordung brachte Hitler entgültig die unwidersprochene Alleinherrschaft in seiner Bewegung.

103

Die Göttin des Westens

Hitlers Weltanschauung – in einer NS-Karikatur. Hinter der »Göttin des Westens«, der »Sancta Democratia«, verbirgt sich lauernd der Jude. Pazifismus, Menschlichkeit, bürgerliche Freiheiten – das sind nur die Mittel, mit denen er seine Weltherrschaftspläne durchsetzen will.

Weltanschauung

»Die Stärke der nationalsozialistischen Bewegung«, schrieb der Herausgeber des nationalbolschewistischen »Widerstand« Ernst Niekisch im Jahre 1931, »war bisher ihre ungestaltete Umrißlosigkeit; eben dieser verdankt sie ihre überwältigenden Erfolge... Noch heute ist ihr Programm von einer grandiosen Vagheit. Diese Unbestimmtheit der Zielsetzung gereichte ihrer Anziehungskraft zum Segen. Millionen Entwurzelter strömten ihr zu. Kein positiver Programmsatz hinderte sie daran, von der Partei die Erfüllung ihrer mannigfaltig sich durchkreuzenden Hoffnungen zu erwarten. Wer irgend Sehnsucht im Herzen trug, durfte sich vertrauensvoll in den Schoß der Partei flüchten. Keinem, der sich die Welt anders wünschte, war verwehrt, von der Partei zu glauben, daß sie wirklich nach seinem Sinne die Welt auch umformen werde.« Kommt in diesen Worten von Niekisch auch die Taktik der Nationalsozialisten, mit der sie die Macht in Deutschland eroberten, äußerst treffend zum Ausdruck, so darf man daraus jedoch nicht schließen, daß es Hitler lediglich darum ging, die Macht zu erobern, und nicht auch darum, mit dieser Macht bestimmte Pläne zu verwirklichen. Daß Hitler diesen Zielen der nationalsozialistischen Weltanschauung in seinem Machtbereich dereinst die alleinige Verbindlichkeit einräumen wollte, hatte er schon recht früh in »Mein Kampf« zum Ausdruck gebracht: »Denn die Weltanschauung ist unduldsam und kann sich mit der Rolle einer ›Partei neben anderen‹ nicht begnügen, sondern fordert gebieterisch ihre eigene, ausschließliche und restlose Anerkennung sowie die vollkommene Umstellung des gesamten öffentlichen Lebens nach ihren Anschauungen. Sie kann also das Weiterbestehen einer Vertretung des früheren Zustandes nicht dulden.« Im Mittelpunkt dieser nationalsozialistischen Weltanschauung stand der Rassegedanke, der von dem französischen Grafen Arthur Gobineau erstmals in seinen Abhandlungen über die »Ungleichheit der menschlichen Rassen« (erschienen 1855) zur fundamentalen Kategorie seiner eigenwilligen Kultur- und Geschichtsbetrachtung gemacht worden war. Nach seinen als wissenschaftlich ausgegebenen, wissenschaftlich aber völlig unhaltbaren Erkenntnissen ist allein die weiße Rasse im Gegensatz zur schwarzen und gelben dazu befähigt, schöpferische Kräfte zu entfalten. Innerhalb dieser weißen Rasse sind es dann wiederum die am wenigsten blutsvermischten Arier und Germanen, die zu den edelsten und wertvollsten Menschen gehören und denen die körperlich degenerierten und geistig unschöpferischen Semiten als ihr äußerster Gegensatz gegenübergestellt werden. Bestimmung dieser Arier sei es, die Welt zu beherrschen, was ihnen allerdings nur dann gelingen könne, wenn sie ihr hochwertiges Blut möglichst rein erhielten und es nicht in einer Rassenmischung zugrunde gehen ließen.

Von Gobineau ausgehend erhielt diese rassische Geschichtsauffassung jedoch erst durch Houston Stewart Chamberlain in Deutschland ihre weiteste Verbreitung, und zwar in dessen äußerst flüssig und einprägsam geschriebenen, wissenschaftlich aber ebenfalls nicht haltbaren Buch »Die Grundlagen des 19. Jahrhunderts«. Chamberlain, gebürtiger Engländer und Schwiegersohn Richard Wagners (dessen antisemitische Schrift »Das Judentum in der Musik«, 1850, wurde innerhalb von 20 Jahren über ein dutzendmal aufgelegt), glaubt hier in der Rassenfrage über die Schlüssel zu verfügen, mit denen sich alle Pforten der Weltgeschichte öffnen lassen. Und auch hier sind es wiederum die Germanen und Arier, die bereits von den ältesten Zeiten an alles Große und Kulturschöpferische geschaffen haben, während die Juden und Semiten als »Bastardrasse«, »deren Dasein Sünde, ein Verbrechen gegen die heiligen Gesetze des Lebens ist«, ewig nur Minderwertiges hervorzubringen vermögen.

Von hier aus führte dann der Weg des rassischen Antisemitismus auf das niedere Niveau der völkischen Kreise, wie es bei Theodor Fritsch in dessen »Handbuch der Judenfrage« so typisch zum Ausdruck kommt: »Der Jude geht hinter der Menschheit wie der Wolf hinter der wandernden Herde. Was matt und lahm wird und zurückbleibt, das fällt ihm zum Raube. Das ist seine

Mission: das Entartete in den Schlund des Verderbens hinabzuziehen – die einzige ehrliche Mission, die er aufzuweisen hat. Jedem Wesen ward ein Feind erschaffen, der auf seine Vernichtung lauert. Der Wache und Gesunde hält sich den Feind lachend vom Leibe; dem gebrochenen aber naht er als Erlöser, als ein Abkürzer des Untergangsschmerzes. Und so erscheint der Jude auch unserem Volke gleichsam als der verordnete Henker.«

Genau auf diesem Niveau halten sich auch die Ausführungen Adolf Hitlers, wobei noch nicht einmal erwiesen ist, ob die Gedanken von Gobineau und Chamberlain, denen er, was seine rassische Geschichtsauffassung anbetrifft, im wesentlichen nichts mehr hinzuzufügen hatte, von ihm selbst auf dieses Niveau heruntergebracht worden waren oder ob er sich mit deren Gedanken gar nicht im Original, sondern nur in Vulgärpublikationen vertraut gemacht hatte.

Seit den Forschungen von Wilfried Daim läßt vieles darauf schließen, daß Hitler seine rassischen Vorstellungen auch von dem einstigen Mönch Lanz von Liebenfels bezogen hat, die dieser in seinen billigen und äußerst primitiven, aber relativ weitverbreiteten »Ostara-Heften« publizierte. Im Mittelpunkt dieser Publikationen steht die blauäugig-blonde, die »arischen Rasse«, die der »Götter Meisterwerk« sein soll, während die »Dunkelrassen der Dämonen Pfuschwerk« seien. Diese Dunkelrassen, die »Tschandalen«, seien »von einem unbezwingbaren Zerstörungstrieb beseelt« und ließen durch Rassenmischung mit der »blonden herrischen Rasse« diese ebenfalls zum »Rassepöbel« degenerieren. »Alles Häßliche und Böse stammt von der Rassenmischung her.« »Die Juden als ein aus den Schlacken aller untergegangenen Kulturvölker zusammengemischtes Tschandalenvolk sind die lebendigen Zeugen und Zeichen des Vernichtungstodes der alten heldischen Völker im Urmenschentum.« Nur durch eine Hoch- und Reinzüchtung könne der Arier aus dem »Grabe der Rassenvermischung« wieder auferstehen und dem Untergang entgehen. Vorstellungen von Kastration und Sterilisation bis zur direkten Liquidation

Wahnvorstellungen wie die des Lanz von Liebenfels über den Kampf der »Blonden« gegen die »Tschandalen« gehörten zum Bildungsgut auch der »besseren Kreise« im Österreich-Ungarn der Kaiserzeit. Doktoren und Professoren zerbrachen sich die Köpfe über den Unterschied zwischen »Gesäßformen der höheren und niederen Rassen« und ähnliche Themen. Ob Hitler seinen Antisemitismus direkt von diesem Lanz von Liebesfels bezog, ist umstritten. Auf alle Fälle aber gehörten die Schriften des ehemaligen Mönchs mit zu dem damals weitverbreiteten System von Rassenstolz, Vorurteil und abergläubischer Furcht vor dem »Anderen«, aus dem auch Hitler seine Weltanschauung schöpfte.

Sind Sie blond? Dann sind Sie Kultur-Schöpfer und Kultur-Erhalter! Lesen Sie daher die „Ostara", Bücherei der Blonden und Mannesrechtler!

Nr. 72.

Rasse und äußere Politik
von J. Lanz-Liebenfels

Inhalt: Rassenpsychologische und rassenhistorische Grundlagen der Politik, die Rassenzugehörigkeit der verschiedenen Völker

Sind Sie blond? Dann drohen Ihnen Gefahren! Lesen Sie daher die „Ostara", Bücherei der Blonden und Mannesrechtler!

Nr. 73

Die Blonden als Musik-Schöpfer
von J. Lanz-Liebenfels

Inhalt: Ursprung und Wertung der Musik, ihre sexuelle Wurzel, infibulierte Musiker, Rassenphrenologie und musikalische

Ueber den Umgang mit Tschandalen, ein neuer „Knigge". I. Teil.

Von J. Lanz v. Liebenfels

Inhalt: Bekämpf zuerst den Tschandalen in Dir, dann erst den Tschandalen um Dir! Der Tschandale in der Verwandtschaft. „Mea culpa", wir sind selbst an der Existenz der Tschandalen schuld, daher keinen fanatischen Haß gegen die Tschandalen, sondern nur gegen unsere Laster. Ein kurzes, aber bedeutsames Gespräch mit Lenin. Kastraten um des „Reiches der Himmlischen" willen. Der Tschandale in Freundschaft und Gesellschaft, in Organisationen, Vereinen und Berufen. Wie schützt man sich gegen Pumpversuche u. Schnorrer? Der Umgang mit Vertragspartnern.

Abb. 47.
Gesäßformen: A. der niederen, B. der höheren Rasse.

der niederrassigen Juden vereinigen sich bei Lanz mit der Parole: »Blonde, rüstet zur Wiedereroberung der Welt!«

Inwieweit sich Hitler nun tatsächlich von diesen okkulten und unmenschlichen Ausführungen beeinflussen ließ, mag hier dahingestellt bleiben. Als seine großen Wiener »Lehrmeister« nennt er lediglich Ritter von Schönerer mit seiner Deutschen Arbeiterpartei, von der die Ablehnung der Juden als ein »Hauptförderungsmittel echt volkstümlicher Gesinnung« betrachtet wurde, und Karl Lueger, »den gewaltigsten Bürgermeister aller Zeiten«, dessen Christlich-Soziale Partei ebenfalls antisemitisch eingestellt war. Aber gerade diesen Antisemitismus Luegers, den Hitler hier zwar als propagandistisches Instrument schätzen lernte, lehnte er im Grund völlig ab. Denn während bei Lueger der Antisemitismus auf Glaubensjuden beschränkt war, blieb für Hitler ein Jude unabhängig von seiner Religionszugehörigkeit stets ein Jude, der von vornherein durch seine Rassenzugehörigkeit zur ewigen »Minderwertigkeit« verurteilt ist. Gemäß dieser falschen Hitlerschen Prämisse hieß es dann auch in dem Organ der SS, dem »Schwarzen Korps«, vom 5. Mai 1938: »Für uns war, ist und bleibt der Jude unser Feind, dessen Wesensart ihm auf Grund seiner rassischen Zusammensetzung gebietet, Feind zu sein, und der nicht etwa aus eigenem Gutdünken unser Freund werden kann. Für uns gibt es keinen ›anständigen‹ Juden, der ein so schlechter Jude ist, daß er beinahe als Arier gelten könnte. Denn ein Mensch vermag seine Rasse nicht zu verleugnen…«

Hier wurde der Antisemitismus, der in Deutschland aus religiösen und wirtschaftlichen Motiven schon seit Jahrhunderten existierte, auf den angeblich vorhandenen rassisch minderwertigen Kern des Judentums zurückgeführt. Während früher dieser latent vorhandene nicht-rassisch bedingte Antisemitismus immer dann mehr oder minder offen zum Durchbruch kam, wenn die nichtjüdische Mehrheit, die durch Aussehen, Kleidung, Religion und sonstige Lebensgebräuche sich unterscheidende jüdische Minderheit in irgendeiner Krisensituation als Sündenbock für Not und Elend und das eigene Versagen verantwortlich machte, so sollte jetzt, im nationalsozialistischen rassischen Antisemitismus, der Jude allein durch seine Rassenzugehörigkeit stets und immer nur Unheil über die Menschheit bringen.

Aus diesem pervertierten Rassenbegriff, der bestimmten biologischen Erscheinungen auch ganz bestimmte geistig-seelische Eigenschaften zuschrieb, mißdeutete Hitler dann auch den Verlauf der bisherigen menschlichen Geschichte: »Als Eroberer unterwarf er (der Arier) sich die niederen Menschen und regelte dann deren praktische Betätigung unter seinem Befehl, nach seinem Wollen und für seine Ziele. Allein, indem er sie so einer nützlichen, wenn auch harten Tätigkeit zuführte, schonte er nicht nur das Leben der Unterworfenen, sondern gab ihnen vielleicht sogar ein Los, das besser war als das ihrer früheren sogenannten ›Freiheit‹. Solange er den Herrenstandpunkt rücksichtslos aufrechterhielt, blieb er nicht nur wirklich der Herr, sondern auch der Erhalter und Vermehrer der Kultur. Denn diese beruhte ausschließlich auf seinen Fähigkeiten und damit auf seiner Erhaltung an sich. Sowie die Unterworfenen sich selber zu heben begannen und wahrscheinlich auch sprachlich dem Eroberer sich näherten, fiel die scharfe Scheidewand zwischen Herr und Knecht. Der Arier gab die Reinheit seines Blutes auf und verlor dafür den Aufenthalt im Paradies, das er sich selbst geschaffen hatte… So brechen Kulturen und Reiche zusammen, um neuen Gebilden den Platz freizugeben. Die Blutsvermischung und das dadurch bedingte Senken des Rassenniveaus ist die alleinige Ursache des Absterbens aller Kulturen; denn die Menschen gehen nicht an verlorenen Kriegen zugrunde, sondern am Verlust jener Widerstandskraft, die nur dem reinen Blute zu eigen ist. Was nicht gute Rasse ist auf dieser Welt, ist Spreu. Alles weltgeschichtliche Geschehen ist aber nur die Äußerung des Selbsterhaltungstriebes der Rassen im guten oder schlechten Sinne…«

Aber nicht nur für die Vergangenheit, sondern auch für die Zukunft wollte Hitler diese »Gesetzmäßigkeiten« in Geltung wissen: »Die Sünde wider Blut und Rasse ist die Erbsünde dieser Welt und das Ende einer sich ihr ergebenden Menschheit.

… Demgegenüber erkennt die völkische Weltanschauung die Bedeutung der Menschheit in deren rassischen Urelementen. Sie sieht im Staat prinzipiell nur ein Mittel zum Zweck und faßt als seinen Zweck die Erhaltung des rassischen Daseins der Menschen auf. Sie glaubt somit keineswegs an eine Gleichheit der Rassen, sondern erkennt mit ihrer Verschiedenheit auch ihren höheren oder minderen Wert und fühlt sich durch diese Erkenntnis verpflichtet, gemäß dem ewigen Wollen, das dieses Universum beherrscht, den Sieg des Besseren, Stärkeren zu fördern, die Unterordnung des Schlechteren und Schwächeren zu verlangen. Sie huldigt damit prinzipiell dem aristokratischen Grundgedanken der Natur und glaubt an die Geltung dieses Gesetzes bis herab zum letzten Einzelwesen… Menschliche Kultur und Zivilisation sind auf diesem Erdteil unzertrennlich gebunden an das Vorhandensein des Ariers. Sein Aussterben oder Untergehen wird auf diesem Erdball wieder die dunklen Schleier einer kulturlosen Zeit senken.

… Nein, es gibt nur ein heiliges Menschenrecht, und dieses Recht ist zugleich die heiligste Verpflichtung, nämlich: dafür zu sorgen, daß das Blut rein erhalten bleibt, um durch die Bewahrung des besten Menschen-

Erscheint wöchentlich. Preis 5 Pfg. August 1933. 24.Folge. 1.Jahrgang.

Der tote Jude.
Deutsche und jüdische Turnvereine/Fritz Rosenfelder ist vernünftig und hängt sich auf.

In Cannstatt in Württemberg wurde vor kurzem der Jude Fritz Rosenfelder aus dem dortigen deutschen Turnverein ausgeschlossen. Das ist eine Sache, so selbstverständlich, dass man darüber eigentlich gar kein Wort verlieren sollte. Juden sind Juden und haben deshalb in deutschen Turnvereinen nichts zu suchen. Sie haben darin ebensowenig etwas zu suchen, wie andererseits in dem jüdischen Turnverein B a r K o c h b a deutsche Turner etwas zu suchen haben. Dieser jüdische Turnverein wurde von Juden gegründet und nimmt nur Juden auf. Deutsche würden es auch ohnehin aus Reinlichkeitsgründen ablehnen, ihm beizutreten. Wenn sich nun die Juden das Recht herausnehmen, in Deutschland rein J ü d i s c h e Turnvereine zu bilden, dann ist es schon eine bodenlose, echt jüdische Frechheit, wenn sie sich darüber beschweren, dass die Deutschen nunmehr auch ihrerseits Wert darauf legen, rein d e u t s c h e Turnvereine zu haben. Dabei ist ganz davon abgesehen, dass Deutschland das Vaterland der D e u t s c h e n und nicht der Juden ist. Und dass es deshalb dem Deutschen freisteht, in seinem eigenen Lande das zu tun, was er für richtig hält. Wenn es wir Deutsche gestatten, dass sich die Juden in jüdische Turnvereine zusammenschliessen, dann ist das von uns schon ein grosses Entgegenkommen und die Juden haben dafür dankbar zu sein.

Dies hat der Jude Fritz Rosenfelder aus Cannstatt nicht verstehen können. Er hat bisher als J u d e den d e u t s c h e n Turnverein in Cannstatt geleitet und es kam scheinbar in seinem Judenhirn der Gedanke gar nicht auf, dass dies eine grosse Anmassung und Unverschämtheit ist. Als er nun unumgänglicherweise von den Cannstattern nach vollzogener Revolution ausgeschlossen wurde, war er so tief beleidigt, dass er sich in Abrahams Schoss zurückzog. Wie er starb, wissen wir nicht, er wird sich wohl aufgehängt haben. In seiner jüdisch="auserwählten" Naivität hinterliess er, um Eindruck zu schinden, auch einen Abschiedsbrief. Er lautet:
Ihr lieben Freunde!
Hierdurch mein letztes Lebewohl!

Das Faksimile aus dem Nachrichtendienst einer NSDAP-Ortsgruppe zeigt, wie stark der nationalsozialistische Antisemitismus selbst einen Toten zu verunglimpfen vermochte.

tums die Möglichkeit einer edleren Entwicklung dieser Wesen zu geben.

Ein völkischer Staat wird damit in erster Linie die Ehe aus dem Niveau einer dauernden Rassenschande herauszuheben haben, um ihr die Weihe jener Institution zu geben, die berufen ist, Ebenbilder des Herrn zu zeugen und nicht Mißgeburten zwischen Mensch und Affe.« Aus diesen Äußerungen lassen sich nun folgende wissenschaftlich gänzlich unbegründete Elemente der nationalsozialistischen Weltanschauung deutlich ersehen.

1. Die Rassenzugehörigkeit ist der Ausgangspunkt aller weiterer Überlegungen.

2. Die Rassenzugehörigkeit wird durch die Erbmasse, durch das Blut bestimmt.

3. Die einzelnen Menschen und Rassen besitzen nicht den gleichen Wert. Der Arier als Träger des besten Blutes wird als rassischer Höchstwert dem rassischen Tiefstwert, dem Juden, gegenübergestellt: »Den gewaltigsten Gegensatz zum Arier bildet der Jude.«

4. Auf Grund seiner rassischen Beschaffenheit ist der Arier jedoch nicht nur der »bessere« Mensch, sondern gleichzeitig auch der »stärkere«. Begriffe wie »Kampf ums Dasein«, »Auslese der Besten« »Überleben der Stärkeren«, die Charles Darwin für die Tier- und Pflanzenwelt prägte, wurden von den Sozialdarwinisten und auch von Hitler auf die menschliche Gesellschaft übertragen: »Stets hat vor Gott und der Welt der Stärkere das Recht, seinen Willen durchzusetzen. Die Geschichte beweist: Wer nicht die Kraft hat, dem nutzt das ›Recht an sich‹ gar nichts! ... Die ganze Natur ist ein gewaltiges Ringen zwischen Kraft und Schwäche, ein ewiger Sieg des Starken über den Schwachen. Nichts als Fäulnis wäre in der ganzen Natur, wenn es anders wäre. Verfaulen würden die Staaten, die gegen dieses Elementargesetz sündigen ...

Die Idee des Kampfes ist so alt wie das Leben selbst, denn das Leben wird nur dadurch erhalten, daß anderes Leben im Kampf zugrunde geht ...

Nicht durch Prinzipien der Humanität lebt der Mensch oder ist er fähig, sich neben der Tierwelt zu behaupten, sondern einzig und allein durch die Mittel des brutalsten Kampfes.«

5. »Das Recht des Stärkeren« und die Höchstbewertung des Ariers werden nicht aus dem persönlichen Willen Hitlers, aus seiner subjektiven Überzeugung heraus legitimiert, sondern aus den angeblich »streng wissenschaftlich« erkannten ewigen Gesetzen der Natur.

6. Diesen »ewigen Naturgesetzen« gehorchend ist es daher die höchste Aufgabe des Staates, die arische Rasse reinzuhalten und heraufzuzüchten, und sie vor allem vor der Blutsvermischung mit den minderwertigen Rassen, insbesondere der minderwertigsten, der jüdischen Rasse, zu bewahren.

Denn diese jüdische Rasse war für Hitler von Anbeginn seiner politischen Tätigkeit bis zu seinem Ende das absolut Böse, das er überall dort am Werk wähnte, wo sich ihm etwas entgegenstellte und wo irgendein Zustand herrschte, den er nicht billigen wollte. In seiner durch nichts mehr zu erschütternden, völlig vernunftwidrigen Voreingenommenheit sah er den Juden als Urheber aller »Übel« dieser Welt. Demokratie, Parlamentarismus und Liberalismus, Pazifismus und Klassenkampf, Kapitalismus und Bolschewismus reduzierte er zu Erfindungen des internationalen Judentums, mit denen die Arier zugunsten der Juden um ihre wohlverdiente Weltherrschaft betrogen werden sollten.

»Er (der Jude) ist und bleibt der ewige Parasit, ein Schmarotzer, der wie ein schädlicher Bazillus sich immer mehr ausbreitet, sowie nur ein günstiger Nährboden dazu einlädt. Die Wirkung seines Daseins aber gleicht ebenfalls der von Schmarotzern: wo er auftritt, stirbt das Wirtsvolk nach kürzerer oder längerer Zeit ab ...

Je höher er klimmt, um so lockender steigt aus dem Schleier der Vergangenheit sein altes, ihm einst verheißenes Ziel heraus, und mit fiebernder Gier sehen seine hellsten Köpfe den Traum der Weltherrschaft schon wieder in faßbare Nähe rücken ...

Wenn wir all die Ursachen des deutschen Zusammenbruches vor unserem Auge vorbeiziehen lassen, dann bleibt als die letzte und ausschlaggebende das Nichterkennen des Rasseproblems und besonders der jüdischen Gefahr übrig. Die Niederlagen auf dem Schlachtfelde im August 1918 wären spielend leicht zu ertragen gewesen. Sie standen in keinem Verhältnis zu den Siegen unseres Volkes. Nicht sie haben uns gestürzt, sondern gestürzt wurden wir von jener Macht, die diese Niederlagen vorbereitete, indem sie seit vielen Jahrzehnten planmäßig unserem Volke die politischen und moralischen Instinkte und Kräfte raubte, die allein Völker zum Dasein befähigen und damit auch berechtigen ...

Das ist die Schuld des Juden, daß er die breite Masse in diesen Wahnsinn des November hineingehetzt hat ...

Und weiter hat unsere rechte Seite ja ganz vergessen, daß die Demokratie grundsätzlich nichts Deutsches, sondern etwas Jüdisches ist. Sie hat ganz vergessen, daß die jüdische Demokratie der Majoritätsbestimmung immer und jederzeit nur Mittel war zur Vernichtung der tatsächlichen arischen Führerschicht ...

Sie (die nationalsozialistische Bewegung) muß dem Volk die Augen öffnen über die fremden Nationen und muß den wahren Feind unserer heutigen Welt immer und immer wieder in Erinnerung bringen. An Stelle des Hasses gegen Arier, von denen uns fast alles trennen kann, mit denen uns jedoch gemeinsames Blut oder die große Linie einer zusammengehörigen Kultur verbindet, muß sie den bösen Feind der Menschheit, als den wirklichen Urheber allen Leidens, dem allgemeinen Zorne weihen.

Sorgen aber muß sie dafür, daß wenigstens in unserem Lande der tödlichste Gegner erkannt und der Kampf gegen ihn als leuchtendes Zeichen einer lichteren Zeit auch den anderen Völkern den Weg weisen möge zum Heil einer ringenden arischen Menschheit . . . Siegt der Jude mit Hilfe seines marxistischen Glaubensbekenntnisses über die Völker dieser Welt, dann wird seine Krone der Totentanz der Menschheit sein, dann wird dieser Planet wieder wie einst vor Jahrmillionen menschenleer durch den Äther ziehen. Die ewige Natur rächt unerbittlich die Übertretung ihrer Gebote.

So glaube ich heute im Sinne des allmächtigen Schöpfers zu handeln: Indem ich mich des Juden erwehre, kämpfe ich für das Werk das Herrn.«

In diesen haßerfüllten Phantasien ohne jeglichen Realitätsbezug werden die Juden als »Bazillen« zu den handgreiflichen »Erregern«, deren ungehemmtes Sichauswirken zwangsläufig zum Untergang der Kultur und zur Vernichtung der Menschheit führen muß.

Im wesentlichen hatte sich Hitler bereits in Wien in diesen Judenhaß hineingesteigert, für den er in seinen endlosen antisemitischen Auslassungen auch nicht einen einzigen Beweis zu erbringen vermochte. »In dieser Zeit bildete sich mir ein Weltbild und eine Weltanschauung, die zum granitenen Fundament meines derzeitigen Handelns wurden. Ich habe zu dem, was ich einst mir so schuf, nur weniges hinzulernen gemußt, zu ändern brauchte ich nichts.« – Die keineswegs originellen Gemeinplätze der völkischen Kreise und des radikalen Wiener Antisemitismus, die Hitler völlig unkritisch in sich aufnahm, versetzten ihn in die Lage, ohne eigene geistige Analyse komplizierter Sachverhalte, die »wahren« Gründe für das zu finden, was sich seinen Absichten entgegenstellte: »Gab es da einen Unrat, eine Schamlosigkeit in irgendeiner Form, vor allem des kulturellen Lebens, an der nicht wenigstens ein Jude beteiligt gewesen wäre? Sowie man nur vorsichtig in eine solche Geschwulst hineinschnitt, fand man, wie die Made im faulenden Leibe, oft ganz geblendet vom plötzlichen Lichte, ein Jüdlein.«

So konnte sich Hitler allein schon durch die Tatsache, daß er kein Jude war, als »etwas Höheres« fühlen, als ein »besserer« Mensch, der noch dazu auf Grund seines »Wissens« über die Bedeutung des Judentums dazu berufen war, den »wertvollsten« Teil der Menschheit zu retten. Eine weitere Wurzel seines Judenhasses dürfte auch in einem quälenden Sexualneid zu erblicken sein: »Der schwarzhaarige Judenjunge lauert stundenlang, satanische Freude in seinem Gesicht, auf das ahnungslose Mädchen, das er mit seinem Blute schändet und damit seinem, des Mädchens Volke raubt . . . Juden

waren und sind es, die den Neger an den Rhein bringen, immer mit dem gleichen Hintergedanken und klaren Ziele, durch die dadurch zwangsläufig eintretende Bastardisierung die ihnen verhaßte weiße Rasse zu zerstören, von ihrer kulturellen und politischen Höhe herunterzuschmettern und selber zu ihren Herren aufsteigen.« An anderer Stelle spricht Hitler von der »Alpdruckversion der Verführung von Hunderten und Tausenden von Mädchen durch widerwärtige, krummbeinige Judenbastarde«.

In diesen Worten Hitlers kommt schon die ganze Perversität zum Ausdruck, mit der der Sexualverbrecher Julius Streicher in seinem »Stürmer« allwöchentlich Hitlers Rassegedanken in primitivster Form zu popularisieren trachtete: »Artfremdes Eiweiß ist der Same eines Mannes von anderer Rasse. Der männliche Same wird bei der Begattung ganz oder teilweise von dem weiblichen Mutterboden aufgesaugt und geht so in das Blut über. Ein einziger Beischlaf eines Juden bei einer arischen Frau genügt, um deren Blut für immer zu vergiften. Sie hat mit dem ›artfremden Eiweiß‹ auch die fremde Seele in sich aufgenommen. Sie kann nie mehr, auch wenn sie einen arischen Mann heiratet, rein arische Kinder bekommen, sondern nur Bastarde, in deren Brust zwei Seelen wohnen und denen man körperlich die Mischrasse ansieht . . . Wir wissen nun, warum der Jude mit allen Mitteln der Verführungskunst darauf ausgeht, deutsche Mädchen möglichst frühzeitig zu schänden, warum der jüdische Arzt seine Patientinnen in der Narkose vergewaltigt, warum sogar die Judenfrauen ihren Männern den Verkehr mit Nichtjüdinnen gestatten: Das deutsche Mädchen, die deutsche Frau soll artfremden Samen eines Juden in sich aufnehmen, sie soll niemals mehr deutsche Kinder gebären.«

An Dummheit sind Streichers Tiraden kaum zu überbieten. Die Äußerungen anderer NS-Idole unterscheiden sich indes kaum davon, bei der Abstrusität der Hitlerschen Weltanschauung kein Wunder:
»Gebären die Frauen einer Nation Neger- oder Judenbastarde; geht eine Schlammflut von Nigger-Begeisterung und Nigger-Kunst weiter so ungehindert über Europa hinweg wie heute; darf die jüdische Bordelliteratur weiterhin noch ins Haus gelangen wie jetzt; wird der Syrier vom Kurfürstendamm noch weiter als Volksgenosse und ehemöglicher Mann betrachtet, dann wird einmal der Zustand eintreten, daß Deutschland und Europa in seinen geistigen Zentren nur von Bastarden bevölkert sein wird . . . Der härteste Mann ist für die eiserne Zukunft gerade noch hart genug. Wenn auf Rassen- und Volksverhöhnung, wenn auf Rassenschande einmal Zuchthaus und Todesstrafe stehen werden, dann erst wird es stählernen Nerven und schroffesten Formkräften gelingen, den kommenden Typus zu schaffen«, schrieb der Chefideologe und »Beauftragte

für die gesamte weltanschauliche Schulung der NSDAP«, Alfred Rosenberg, der in seinem »Mythus des 20. Jahrhunderts« den »Mythus des Blutes« und die Schöpferkraft des Ariers verherrlichte und Judentum wie Christentum mit unversöhnlichem Haß verfolgte.

Aber auch Joseph Goebbels, der sich auf seine Intelligenz soviel zugute hielt, verfiel beim Thema Juden in primitivste Verteufelung und unsinnigste Verdächtigungen: »Der Jude ist der plastische Dämon des Verfalls. Wo er Unrat und Fäulnis wittert, da taucht er aus dem Verborgenen auf und beginnt sein verbrecherisches Schächtwerk an den Völkern. Er kleidet sich in die Maske derer, die er betrügen will; gut Freund mit seinen Opfern, und ohne daß der Arglose es merkt, hat er ihm schon das Genick gebrochen. Der Jude ist unschöpferisch. Er produziert nicht, er handelt nur mit Produkten. Mit Lumpen, Kleidern, Bildern, Edelsteinen, Getreide, Aktien, Völkern und Staaten. Und alles, womit er handelt, hat er irgendwo und irgendwann gestohlen... Er ist ein Mensch, allerdings – aber was für einer. Wenn jemand deine Mutter mit der Peitsche mitten durchs Gesicht schlägt, sagst du dann auch: Danke schön, er ist auch ein Mensch? Das ist kein Mensch, das ist ein Unmensch. Wieviel Schlimmeres hat der Jude unserer Mutter Deutschland getan und tut es ihr heute noch an!... Wir sind Judengegner, weil wir uns zum deutschen Volk bekennen. Der Jude ist unser aller großes Unglück. Das soll anders werden, so wahr wir Deutsche sind.«

Und der Mann, der auf Geheiß Adolf Hitlers den schrecklichsten Beitrag dazu lieferte, daß es im Dritten Reich dann wirklich »anders« wurde, daß diese rassischen Wahnideen nicht in vereinzelten Köpfen und Pamphleten verblieben, sondern durch die Träger der höchsten deutschen Staatsgewalt verwirklicht wurden, der nach Hitler für diese Verbrechen hauptverantwortliche Heinrich Himmler, äußerte seinen verschrobenen rassischen Biologismus so: »Der Untermensch – jene biologisch scheinbar völlig gleichgeartete Naturschöpfung mit Händen, Füßen und einer Art von Gehirn, mit Augen und Mund, ist doch eine ganz andere, eine furchtbare Kreatur, ist nur ein Wurf zum Menschen hin, mit menschenähnlichen Gesichtszügen – geistig, seelisch jedoch tiefer stehend als das Tier. Im Innern dieses Menschen ein grausames Chaos wilder, hemmungsloser Leidenschaften: namenloser Zerstörungswille, primitivste Begierde, unverhüllteste Gemeinheit. Untermensch – sonst nichts!... Der Untermensch lebte. Er haßte das Werk des anderen. Er wütete dagegen, heimlich als Dieb, öffentlich als Lästerer – als Mörder. Er gesellte sich zu seinesgleichen. Die Bestie rief die Bestie. – Nie wahrte der Untermensch Frieden, nie gab er Ruhe. Denn er brauchte das Halbdunkle, das Chaos. Er scheute das Licht kulturellen Fortschritts. Er brauchte

zur Selbsterhaltung den Sumpf, die Hölle, nicht aber die Sonne. – Und diese Unterwelt der Untermenschen fand ihren Führer: den ewigen Juden!«

Was hier die NS-Größen für richtig hielten – als Weltanschauung ausgegebene Hitlersche Vorurteile –, wurde auch in einem umfangreichen populär-politischen und populär-rassekundlichen Schrifttum immer wieder unter die Leute gebracht. Das Wort »Jude« (»jüdisch versippt«, »jüdisch verseucht«) wurde in primitivster Weise zum Universalkriterium erhoben. In der Malerei, Musik und Literatur, in dem gesamten Bereich der Kultur, in Wirtschaft, Justiz und Politik wurde zunächst einmal alles unter dem völlig sachfremden Gesichtspunkt des Rassischen, des Arteigenen und des Artfremden betrachtet und bewertet.

In seinem Buch »Juden sehen dich an«, dessen Titel dem Buche Paul Eippers »Tiere sehen dich an« nachgebildet worden war, unterschied Dr. Johann von Leers in den einzelnen Kapiteln Blutjuden, Lügejuden, Betrugsjuden, Zersetzungsjuden, Kunstjuden und Geldjuden, wobei es sich bei den hier verunglimpften Persönlichkeiten noch nicht einmal um Juden handeln mußte. Wer mit jüdischen Gedanken sympathisierte oder sich nicht mit den Vorstellungen der Nationalsozialisten identifizieren wollte, wurde zum »Judenknecht«, zum »Söldling Judas« abgestempelt, der nicht so fühlen konnte, wie ein Deutscher guten Blutes nun einmal zu fühlen hatte. Unter dem Regiment einer solchen Weltanschauung wurde der »rassereine Arier« Konrad Adenauer zum »Zersetzungsjuden«, und die Sturmmänner des SA-Akademikerbundes sangen das folgende Lied, dessen Text ein entlarvendes Dokument der Niedertracht und der Niveaulosigkeit darstellt:

»Wetzt die langen Messer / auf dem Bürgersteig
Laßt die Messer flutschen / in den Judenleib
Blut muß fließen knüppeldick / wir scheißen
auf die Freiheit der Judenrepublik!«

Aus Hitlers Rassegedanken ergaben sich auch die beiden anderen wesentlichen Elemente der nationalsozialistischen Weltanschauung: die Ablehnung der Demokratie zugunsten des germanischen Führerstaates und das Recht der »arischen« Deutschen, die »minderwertigen« Slawen im Osten zu bekriegen, zu vertreiben und zu unterwerfen. Die Demokratie versuchte Hitler insbesondere dadurch herabzusetzen, daß er sie als hinterhältige Erfindung des Judentums bezeichnete. »Die Demokratie (ist) das Instrument derjenigen Rasse geworden, die ihren inneren Zielen nach die Sonne zu scheuen hat, jetzt und in allen Zeiten der Zukunft. Nur der Jude kann eine Einrichtung preisen, die schmutzig und unwahr ist wie er selber.«

»Wenn wir heute unter unseren verschiedenen Waffen

DAS REICH

30 PFENNIG

Nr. 46 JAHR 1941 ✳ DEUTSCHE WOCHENZEITUNG ✳ BERLIN 16. NOVEMBER

ENGLAND UNTER FREUNDESDRUCK

Die Juden sind schuld!
Von Reichsminister Dr. Goebbels

Die historische Schuld des Weltjudentums am Ausbruch und an der Ausweitung dieses Krieges ist so hinreichend erwiesen, daß darüber keine Worte mehr zu verlieren sind. Die Juden wollten ihren Krieg, und sie haben ihn nun. Aber es bewahrheitet sich an ihnen auch die Prophezeiung, die der Führer am 30. Januar 1939 im Deutschen Reichstag aussprach, daß, wenn es dem internationalen Finanzjudentum gelingen sollte, die Völker noch einmal in einen Weltkrieg zu stürzen, das Ergebnis nicht die Bolsche-

In dem Artikel „Die Juden sind schuld" von Reichsminister Dr. Goebbels in der NS-Renommierzeitschrift „Das Reich", dem bevorzugten Blatt der bürgerlichen Intelligenz, hieß es unter anderem: „Die Juden wollten ihren Krieg, und sie haben ihn nun. Aber es bewahrheitet sich an ihnen die Prophezeiung, die der Führer am 30. Januar 1939 im Deutschen Reichstag aussprach, daß, wenn es dem internationalen Finanzjudentum gelingen sollte, die Völker noch einmal in einen Weltkrieg zu stürzen, das Ergebnis nicht die Bolschewisierung und damit der Sieg des Judentums sein werde, sondern die Vernichtung der jüdischen Rasse in Europa." Diese und die weiteren Ausführungen des Dr. Goebbels unterscheiden sich in ihrem Kern nicht im geringsten von den Auslassungen des „Frankenführers" Julius Streicher, der in seiner antisemitischen Hetzschrift „Der Stürmer" die Juden stets von neuem verunglimpfte und beleidigte. Abbildung rechts: Das Titelblatt der berüchtigten „Ritualmord-Nummer", die nichts anderes als längst widerlegte Lügen enthielt. Das Niveau dieser Wochenzeitschrift war so miserabel, daß selbst der nicht gerade zart besaitete Max Amann, Hitlers bayerischer Spieß aus dem I. Weltkrieg und Chef des NS-Pressetrust, den „Stürmer" als ein „Saublatt, dös i ninet anrühr" bezeichnete. Von Hitler hingegen wird berichtet, daß er von jeder Nummer des Stürmers begeistert war; es sei das einzige Blatt, das er gerne und von der ersten bis zur letzten Zeile lese — sagte er zu Hermann Rauschning.

Brief eines Mädchens an den „Stürmer"

Lieber Stürmer!

Gauleiter Streicher hat uns so viel von den Juden erzählt, daß wir sie ganz gehörig hassen. Wir haben in der Schule einen Aufsatz geschrieben unter dem Titel: „Die Juden sind unser Unglück". Ich möchte bitten, meinen Aufsatz in Abdruck zu bringen.

Die Juden sind unser Unglück.

Leider sagen heute noch viele: „Die Juden sind auch Geschöpfe Gottes. Darum müßt Ihr sie auch achten." Wir aber sagen: „Ungeziefer sind auch Tiere, und trotzdem vernichten wir es." Der Jude ist ein Mischling. Er hat Erbanlagen von Ariern, Asiaten, Negern und Mongolen. Bei einem Mischling herrscht das Böse vor. Das einzig Gute, das er hat, ist die weiße Farbe. Ein Sprichwort der Bewohner der Südseeinseln lautet: „Der Weiße ist von Gott, und der Schwarze ist von Gott. Der Mischling aber ist vom Teufel." Jesus sagte einmal zu ihnen: „Ihr habt zum Vater nicht Gott, sondern den Teufel." Die Juden haben ein böses Gesetzbuch. Das ist der Talmud. Auch sehen die Juden in uns das Tier und behandeln uns danach. Geld und Gut nehmen sie uns mit aller List weg. Auch schon am Hofe Karls des Franken regierten Juden. Deshalb wurde das römische Recht eingeführt. Dieses paßte aber nicht für den deutschen Bauern: es war aber auch kein Gesetz für den römischen Ackerbürger, sondern es war ein jüdisches Händlergesetz. Sicherlich sind die Juden auch schuld an dem Mord Karls des Franken. In Gelsenkirchen hat der Jude Grüneburg Aas an uns verkauft. Das darf er nach seinem Gesetzbuch. Aufstände haben die Juden angezettelt, und zum Krieg haben sie gehetzt. Rußland haben sie ins Elend geführt. In Deutschland gaben sie der KPD Geld und bezahlten die Mordbuben. Wir standen am Rande des Grabes. Da kam Adolf Hitler. Jetzt sind die Juden im Auslande und hetzen gegen uns. Aber wir lassen uns nicht beirren und folgen dem Führer. Wir kaufen nichts beim Juden. Jeder Pfennig, den wir ihnen geben, tötet einen unserer Angehörigen.

Heil Hitler!

Erna Listing, Gelsenkirchen, Oswaldstr. 8

„Der Stürmer", Januar 1935

Preis 30 Pfennig

Ritualmord-Nummer

Der Stürmer

Deutsches Wochenblatt zum Kampfe um die Wahrheit

HERAUSGEBER: JULIUS STREICHER

| Sonder-Nummer 1 | | Nürnberg, im Mai 1934 | | 12. Jahr 1934 |

Jüdischer Mordplan

gegen die nichtjüdische Menschheit aufgedeckt

Das Mördervolk

Die Juden stehen in der ganzen Welt in einem furchtbaren Verdacht. Wer ihn nicht kennt, der kennt die Judenfrage nicht. Wer die Juden nur ansieht, wie Heinrich Heine (Chaim Bückeburg) sie beschreibt: „Ein Volk, das zu seinem Unterhalt mit Wechseln und alten Hosen handelt und dessen Uniform die langen Nasen sind," der ist auf falschem Wege. Wer aber weiß, welch eine ungeheuerliche Anklage schon seit Anbeginn gegen die Juden erhoben wird, dem erscheint dieses Volk in einem anderen Lichte. Er sieht in ihnen nicht nur ein eigenartiges, seltsam anmutendes Volk, er sieht in ihnen Verbrecher und Mörder und Teufel in Menschengestalt. Und es überkommt ihn gegen dieses Volk ein heiliger Zorn und Haß.

Der Verdacht, in dem die Juden stehen, ist der des Menschenmordes. Sie werden bezichtigt, nichtjüdische Kinder und nichtjüdische Erwachsene an sich zu locken, sie zu schlachten und ihnen das Blut abzuzapfen. Sie werden bezichtigt, dieses Blut in die Mazzen (ungesäuertes Brot) zu verbacken und auch sonstige abergläubische Zauberei damit zu treiben. Sie werden bezichtigt, ihre Opfer, besonders die Kinder, dabei furchtbar zu martern und zu foltern. Und während dieses Folterns Drohungen, Flüche und Verwünschungen gegen die Nichtjuden auszustoßen. Dieser planmäßig betriebene Menschenmord hat eine besondere Bezeichnung, er heißt

Ritualmord.

Das Wissen vom jüdischen Ritualmord ist schon Jahrtausende alt. Es ist so alt wie die Juden selbst. Die Nichtjuden haben es von Generation zu Generation übertragen. Es ist uns durch Schriften überliefert. Es ist aber auch in der breiten Volksmasse vorhanden. In den verstecktesten Bauerndörfern stößt man auf dieses Wissen. Der Ahne sprach von ihm zu seinem Enkel. Und dieser wieder trug es weiter zu Kind und Kindeskinder. So vererbte es sich bis zum heutigen Tag.

Es ist auch in den anderen Völkern vorhanden. Wo irgendwo in der Welt eine Leiche gefunden wird, die die Anzeichen des Ritualmordes trägt, erhebt sich sofort laut und groß die Anklage. Sie richtet sich überall nur gegen die Juden. Hunderte und aberhunderte von Völkern, Stämmen und Rassen bewohnen den Erdball. Niemand denkt daran, sie des planmäßigen Kindermordes zu beschuldigen und sie als Mördervolk zu bezeichnen. Den Juden allein wird diese Anklage aus allen Völkern entgegengeschleudert. Und viele große Männer haben

Judenopfer

Durch die Jahrtausende vergoß der Jud, geheimem Ritus folgend, Menschenblut

Der Teufel sitzt uns heute noch im Nacken, es liegt an Euch die Teufelsbrut zu packen

Die Juden sind unser Unglück!

von der Waffe des Parlamentarismus Gebrauch machen«, propagierte Hitler 1930, »so heißt das nicht, daß parlamentarische Parteien nur für parlamentarische Zwecke da sind. Für uns ist ein Parlament nicht ein Selbstzweck, sondern ein Mittel zum Zweck... Im Prinzip sind wir keine parlamentarische Partei, denn damit stünden wir im Widerspruch zu unserer ganzen Auffassung; wir sind nur zwangsweise eine parlamentarische Partei, und was uns zwingt, ist die Verfassung. Die Verfassung zwingt uns, solche Mittel anzuwenden...«

An die Stelle der Demokratie sollte das romantisch verbrämte »Führerprinzip« gesetzt werden, das in der brutalen Wirklichkeit des Dritten Reiches praktisch darauf hinauslief, allein den Willen Hitlers zur Geltung zu bringen. »Die Bewegung vertritt im kleinsten wie im größten den Grundsatz der unbedingten Führerautorität, gepaart mit höchster Verantwortung.

Die praktischen Folgen dieses Grundsatzes in der Bewegung sind nachstehende:

Der erste Vorsitzende einer Ortsgruppe wird durch den nächsthöheren Führer eingesetzt, er ist der verantwortliche Leiter der Ortsgruppe. Sämtliche Ausschüsse unterstehen ihm und nicht er umgekehrt einem Ausschuß. Abstimmungs-Ausschüsse gibt es nicht, sondern nur Arbeits-Ausschüsse. Die Arbeit teilt der verantwortliche Leiter, der erste Vorsitzende, ein. Der gleiche Grundsatz gilt für die nächsthöhere Organisation, den Bezirk, den Kreis oder den Gau. Immer wird der Führer von oben eingesetzt und gleichzeitig mit unbeschränkter Vollmacht und Autorität bekleidet...

Wer Führer sein will, trägt bei höchster unumschränkter Autorität auch die letzte und schwerste Verantwortung.

Wer dazu nicht fähig ist oder für das Ertragen der Folgen seines Tuns zu feige ist, taugt nicht zum Führer. Nur der Held ist dazu berufen...

Damit ist die Bewegung aber antiparlamentarisch, und selbst ihre Beteiligung an einer parlamentarischen Institution kann nur den Sinn einer Tätigkeit zu deren Zertrümmerung besitzen, zur Beseitigung einer Einrichtung, in der wir eine der schwersten Verfallserscheinungen der Menschheit zu erblicken haben...«

Wurde dieses »Führerprinzip« als dem »arischen Blut« entsprechend gerechtfertigt, so glaubte Hitler, seinen Expansionsdrang nach dem Osten zum einen aus der Höherwertigkeit der arischen Rasse und zum anderen aus dem »Recht des Stärkeren« hinreichend legitimieren zu können. Von dem Grundsatz ausgehend, daß »Volkswert nicht gleich Volkswert« ist, müssen »wir Nationalsozialisten unverrückbar an unserem außenpolitischen Ziele festhalten, nämlich dem deutschen Volke den ihm gebührenden Grund und Boden auf dieser Erde zu sichern... Staatsgrenzen werden durch Men-

schen geschaffen und durch Menschen geändert. Die Tatsache des Gelingens eines unmäßigen Bodenerwerbs durch ein Volk ist keine höhere Verpflichtung zur ewigen Anerkennung desselben. So wie unsere Vorfahren den Boden, auf dem wir heute leben, nicht vom Himmel geschenkt erhielten, so wird auch uns in Zukunft den Boden und damit das Leben für unser Volk keine göttliche Gnade zuweisen, sondern nur die Gewalt eines siegreichen Schwertes... Allerdings, eine solche Bodenpolitik kann nicht etwa in Kamerun ihre Erfüllung finden, sondern heute fast ausschließlich nur mehr in Europa... Wenn wir aber heute in Europa von neuem Grund und Boden reden, können wir in erster Linie nur an Rußland und die ihm untertanen Randstaaten denken. Das Schicksal selbst scheint uns hier einen Fingerzeig geben zu wollen. Indem es Rußland dem Bolschwismus überantwortete, raubte es dem russischen Volke jene Intelligenz, die bisher dessen staatlichen Bestand herbeiführte und garantierte. Denn die Organisation eines russischen Staatsgebildes war nicht das Ergebnis der staatspolitischen Fähigkeiten des Slawentums in Rußland, sondern vielmehr nur ein wundervolles Beispiel für die staatenbildende Wirksamkeit des germanischen Elementes in einer minderwertigen Rasse... Seit Jahrhunderten zehrte Rußland von diesem germanischen Kern seiner oberen leitenden Schichten. Er kann heute als fast restlos ausgerottet und ausgelöscht angesehen werden. An seine Stelle ist der Jude getreten. So unmöglich es dem Russen an sich ist, aus eigener Kraft das Joch des Juden abzuschütteln, so unmöglich ist es dem Juden, das mächtige Reich auf die Dauer zu erhalten... Das Ende der Judenherrschaft in Rußland wird auch das Ende Rußlands als Staat sein. Wir sind vom Schicksal ausersehen, Zeugen einer Katastrophe zu werden, die die gewaltigste Bestätigung der völkischen Rassentheorie sein wird...«

Fragt man sich nun, wie eine derartige Weltanschauung überhaupt zur Macht gelangen konnte, so muß man sich in erster Linie den eingangs von Niekisch beschriebenen Sachverhalt vor Augen halten, die Tatsache nämlich, daß die nationalsozialistische Weltanschauung während der »Kampfzeit« aus taktischen Gründen nur so verschwommen propagiert worden war, daß sich fast jeder ohne Gewissensbisse dazu bereit finden konnte, es gegen Ende der Weimarer Republik auch einmal mit dieser »Hitler-Bewegung« zu versuchen. War dem einfachen Mann das Weltanschauliche von vornherein ziemlich gleichgültig, sehnte er in Hitler lediglich den »starken Mann« herbei, der ihm seine bedrohte Lebensexistenz für die Zukunft sichern sollte, so glaubten weite Kreise der Intelligenz – insbesondere das große Lager des »antidemokratischen Denkens«, das der NS-Propaganda so manches Schlagwort geliefert hatte –, das »Radikale« und doch offensichtlich so Falsche und

Widersinnige in Hitlers Weltanschauung einfach nicht ernst nehmen zu müssen.

Aber auch als Hitler an die Macht gekommen war, konnte er nur wenige von seiner Weltanschauung überzeugen. Im Gegenteil, trotz aller »weltanschaulichen Schulung« mußte er die geheimgehaltene Euthanasieaktion auf den Druck der Öffentlichkeit hin einstellen, mußte er den Kirchenkampf abbrechen, durfte er einen Raub- und Eroberungskrieg niemals öffentlich propagieren. Für wie wenig reif für die wahren Grundsätze seiner Weltanschauung er sein Volk noch nach einem Jahrzehnt pausenloser Indoktrinierung hielt, bewies die »Endlösung der Judenfrage«: Kein Geheimnis wurde sorgsamer gehütet als der planmäßige, systematische, massenhafte Mord an den Juden Europas in den Vernichtungslagern im Osten. Die Zeitumstände, Glück, rednerisches und organisatorisches Talent, die Fähigkeit, leistungsstarke Mitarbeiter für sich zu gewinnen, durch eine virtuose Propaganda noch größer erscheinende tatsächliche innenpolitische und außenpolitische Erfolge, die Unterdrückung jeder oppositionellen Meinung durch Terror und Gewalt, bombastische und rauschhafte Massenveranstaltungen, aber nicht die nationalsozialistische Weltanschauung ließen Hitler die Macht erringen und zwölf Jahre lang behaupten.

Mochte Hitler auch seinen Fanatismus, seine Willenskraft und seinen Glauben aus dieser Weltanschauung herleiten, war diese nationalsozialistische Weltanschauung auch das rationalisierte Ziel seines Machttriebes, so ging er doch gerade auch machtpolitisch an dieser Weltanschauung zugrunde, nämlich dann, als ihn die vorgefaßten und falschen »Gewißheiten« dieser Weltanschauung daran hinderten, die Realität zu erkennen. In seiner vernunftwidrigen Besessenheit ließ er Millionen tapferer Soldaten auf den Schlachtfeldern des Zweiten Weltkrieges verbluten, ließ er Deutschland in Not, Trümmer und Elend versinken, ließ er seine Haßgegner, die Juden, zu Millionen ermorden. Die großen Verbrechen, die Hitler mit seinen zahlreichen Helfershelfern im Namen, aber nicht mit Billigung des deutschen Volkes begangen hat, finden ihren tieferen Grund in einer Weltanschauung und in einem Führer, die Volk, Rasse und Kampf zu Götzen erhoben und in denen der Sinn für die Würde und den Wert des einzelnen Menschen, die Humanität, das Mitleid, die christliche Liebe und die Verantwortung vor Gott gestorben waren.

Unbedingt Rasse

Im ersten Schriftstück seiner politischen Laufbahn, datiert vom 16. September 1919, legte Hitler – wohl nicht zufällig – antisemitische Gedankengänge nieder.

Der Antisemitismus als politische Bewegung darf nicht und kann nicht bestimmt werden durch Momente des Gefühls, sondern durch die Erkenntnis von Tatsachen. Tatsachen aber sind:
Zunächst ist das Judentum unbedingt Rasse und nicht Religionsgemeinschaft. Und der Jude selbst bezeichnet sich nie als jüdischen Deutschen, jüdischen Polen oder etwa jüdischen Amerikaner, sondern stets als deutschen, polnischen oder amerikanischen Juden. Noch nie hat der Jude von fremden Völkern, in deren Mitte er lebt, viel mehr angenommen als die Sprache. Und damit ergibt sich die Tatsache, daß zwischen uns eine nichtdeutsche, fremde Rasse lebt, nicht gewillt und auch nicht imstande, ihre Rasseneigenarten zu opfern, ihr eigenes Fühlen, Denken und Streben zu verleugnen, und die dennoch politisch alle Rechte besitzt wie wir selber. Bewegt sich schon das Gefühl des Juden im rein Materiellen, so noch mehr sein Denken und Streben. Der Tanz ums Goldene Kalb wird zum erbarmungslosen Kampf um alle jene Güter, die nach unserem inneren Gefühl nicht die höchsten und einzig erstrebenswerten auf dieser Erde sein sollen.
Sein Mittel zum Kampf ist jene öffentliche Meinung, die nie ausgedrückt wird durch die Presse, wohl aber immer durch sie geführt und gefälscht wird. Seine Macht ist die Macht des Geldes, das sich in Form des Zinses in seinen Händen mühe- und endlos vermehrt, und den Völkern jenes gefährlichste Joch aufzwingt, daß sie seines anfänglichen goldenen Schimmers wegen so schwer in seinen späteren traurigen Folgen zu erkennen vermögen. Alles, was Menschen zu Höherem streben läßt, sei es Religion, Sozialismus, Demokratie, es ist ihm alles nur Mittel zum Zweck, Geld- und Herrschgier zu befriedigen. Sein Wirken wird in seinen Folgen zur Rassentuberkulose der Völker.

Aus: Der Aufstieg der NSDAP 1919–1933 in Augenzeugenberichten

115

Adolf Hitler

Der Tierfreund, der heitere »Chef« *(links und unten)* oder der zu göttlicher Unnahbarkeit hochstilisierte »Führer« – Adolf Hitler hatte viele Gesichter. Der Historiker Percy Ernst Schramm urteilt darüber in seiner Neuausgabe der »Tischgespräche«.

Wer immer sich mit Hitler beschäftigt, vergegenwärtige sich, was Alfred Jodl kurz vor seiner Hinrichtung in seiner Nürnberger Zelle über Hitler niederschrieb: »Kenne ich denn diesen Menschen überhaupt, an dessen Seite ich lange Jahre ein so dornen- und entsagungsreiches Dasein geführt habe? Hat er nicht auch mit meinem Idealismus gespielt und ihn nur benutzt zu Zwecken, die er in seinem Innersten verbarg? Wer will sich rühmen, einen anderen Menschen zu kennen, wenn er einem nicht die verborgensten Falten seines Herzens geöffnet hat? So weiß ich heute nicht einmal, was er gedacht, gewußt und gewollt hat, sondern weiß nur, was ich darüber gedacht habe und vermutet habe.«
Einmal hat Hitler selbst seine Hintergründigkeit aufgedeckt. Als ihn am 23. Mai 1939 der Großadmiral Raeder fragte, was er denn beabsichtige, gab er zur Antwort, er habe drei Arten der Geheimhaltung: »Die erste, wenn wir beide unter vier Augen sprechen; die zweite, die behalte ich für mich; die dritte, das sind Probleme der Zukunft, die ich nicht zu Ende denke.« Das ist eines der ganz wenigen von Hitler selbst stammenden Schlüsselworte, die erlauben, an die Substanz seines Wesens heranzukommen. Es läuft darauf hinaus, daß es gleichsam mehrere Hitler gab: Den, den die Öffentlichkeit kannte, den, der sich im Kreis der Tischgenossen als »Kamerad« gab, aber vieles von dem zurückbehielt, was ihn gerade beschäftigte, den, der mit den zur höchsten Verschwiegenheit Verpflichteten die anstehenden Probleme besprach, den, der einsam »kilometerlang« in seinem Zimmer auf und ab ging und den nächsten Entschluß – jede Beratung verschmähend – in seinem Hirn hin und her wälzte, und schließlich den, »dessen rastloser Geist« – so Alfred Jodl – »zuerst die Scheinwerfer in das Dunkel der Zukunft leuchten ließ, lange bevor die Augen seiner militärischen Umgebung in diesem Dunkel etwas Greifbares oder Drohendes wahrzunehmen vermochten«, diesen unheimlichen Hitler der allerletzten Verschwiegenheit, der die Probleme der Zukunft witterte, aber sie nicht zu Ende dachte, erst recht nicht zu Ende dachte, als sein rastloser Geist im Dunkel der Zukunft immer deutlicher den Abgrund gewahrte, in den ihn eines Tages seine Hybris stürzen würde.

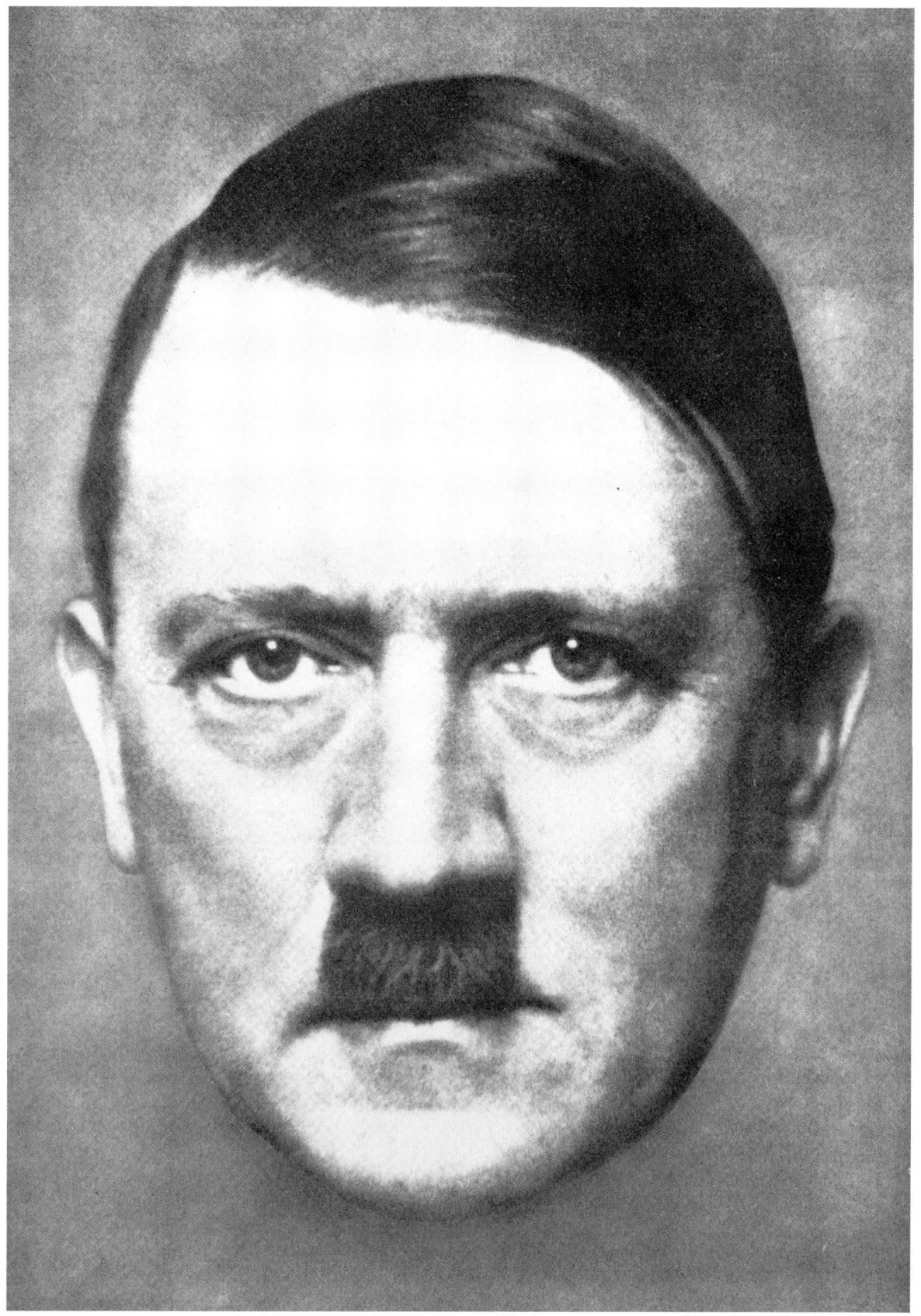

Linke Seite, oben links: Neben dem eiskalten und grausamen Hitler, dessen Lieblingswort »brutal« war, gab es auch den charmanten und liebenswürdigen Hitler, den »Chef«, der auf das Wohl seiner Umgebung sorgsam bedacht war. Von einem Einzelgänger und Sonderling, der anfangs nur vor Massen sprechen konnte, entwickelte er sich mehr und mehr zu einem Menschen, der es ohne Geselligkeit gar nicht mehr aushalten wollte.

Oben rechts: Adolf Hitler in Galauniform plaudert mit der Filmschauspielerin Olga Tschechowa.

Unten: Anläßlich der Festspiele in Bayreuth 1938. Hitler mit Frau Winifred Wagner und deren Sohn Wieland im Garten des Hauses »Wahnfried«. Richard Wagner blieb für Hitler der Musiker, den er am höchsten verehrte.

Rechte Seite, oben links: Die Einfahrt zu Hitlers Teehaus auf dem Obersalzberg in der Nähe von Berchtesgaden.

Oben rechts: Eine Aufnahme aus dem Jahr 1939, die Hitlers Freundin Eva Braun beim Skifahren in Kitzbühel zeigt.

Links: Hitler mit der kleinen Tochter einer Bekannten von Eva Braun – eines von den Bildern, die die Legende nährten, der Diktator habe selber Kinder in die Welt gesetzt.

Die Paladine

Im 1. Weltkrieg mit der höchsten Tapferkeitsauszeichnung, dem »Pour le mérite«, ausgezeichnet, stieß der letzte Kommandeur des berühmten Jagdgeschwaders Richthofen, Hermann Göring, schon früh zu Adolf Hitler und seiner nationalsozialistischen Partei.

Oben links: »Als erster Führer der Sturmabteilung Adolf Hitlers wirkte Göring 1922 und 1923 in München. Diese Aufnahme gehört zu den berühmtesten aus seinen Anfängen als nationalrevolutionärer Kämpfer.« Trotz seiner rücksichtslosen Härte war Göring wegen seiner jovialen Art als »Zweiter Mann« teilweise populärer als Adolf Hitler. »Das Volk will nun einmal lieben, und der Führer stand oft der Menge zu fern. Da hielt man sich an mich.« Seine Rücksichtslosigkeit läßt sich aus folgenden Worten ersehen: »Ich danke meinem Schöpfer, daß ich nicht weiß, was objektiv ist. Ich bin subjektiv. Ich stehe einzig und allein zu meinem Volke, alles andere lehne ich ab ... Wenn sie sagen, da und dort sei einer abgeholt und mißhandelt worden, so kann man nur erwidern: Wo gehobelt wird, fallen Späne ... Wenn wir auch vieles falsch machen, wir werden jedenfalls handeln und die Nerven behalten. Lieber schieße ich ein paarmal zu kurz oder zu weit, aber ich schieße wenigstens.« – »Meine Maßnahmen werden nicht angekränkelt sein durch ... juristische Bedenken. Meine Maßnahmen werden nicht angekränkelt sein durch irgendeine Bürokratie. Hier habe ich keine Gerechtigkeit zu üben, hier habe ich nur zu vernichten und auszurotten, weiter nichts!«

Unten links außen: Hermann Göring als Reichsjägermeister.
Links: Ein Bild, das die damals kursierenden Göring-Witze über seine Prunk-, Ordens- und Bekleidungssucht bei weitem übertrifft. Es zeigt den Oberbefehlshaber der Luftwaf-

120

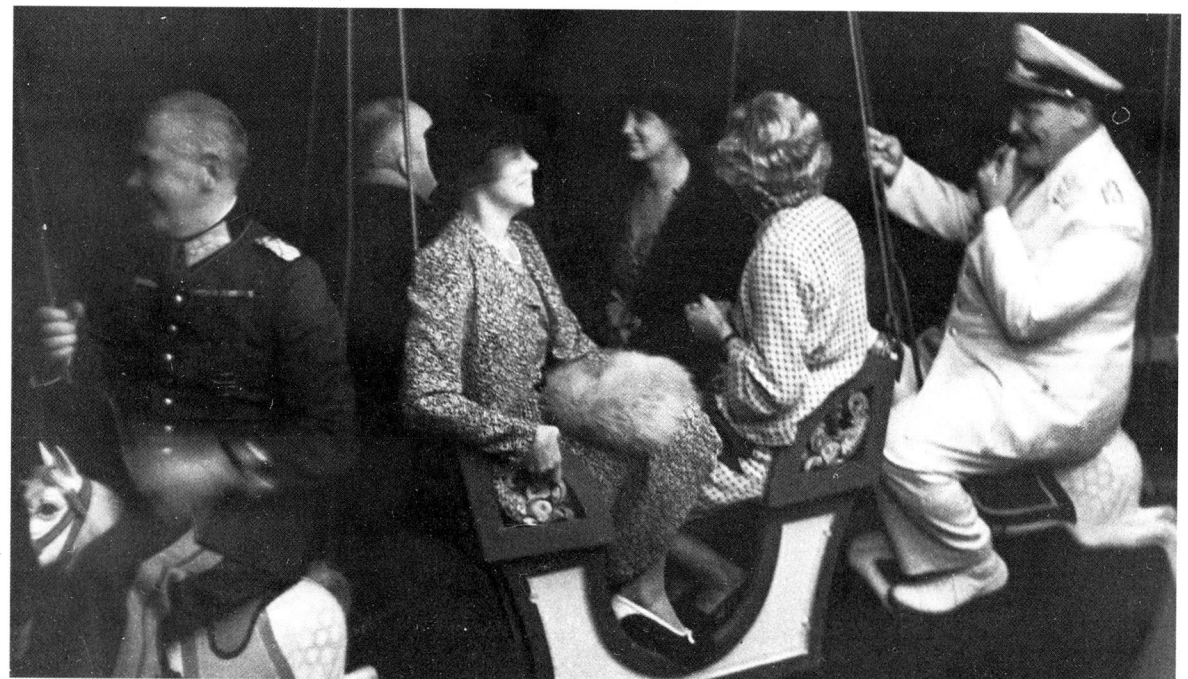

fe im März 1938 nach dem Anschluß Österreichs auf dem Flughafen Wien-Aspern. Die Veröffentlichung dieses Bildes wurde verboten. der Grund: Göring hatte Stiefel mit Sporen angezogen, für die es bei der Luftwaffe beim besten Willen keine Verwendung gab.

Rechte Seite, oben: Ein Bild, das gleichfalls nicht zur Veröffentlichung freigegeben wurde. Göring und Kriegsminister Blomberg (links außen) auf dem Rummelplatz.

Unten: Hermann Göring mit seiner Frau, der früheren Schau-

spielerin Emmy Sonnemann, und Tochter Edda, deren kirchliche Taufe in nationalsozialistischen Kreisen heftige Empörung auslöste. Im Grund an der Ideologie des Nationalsozialismus nur wenig, dafür aber um so mehr an der Macht interessiert, nützte er diese auch schamlos zu seiner persönlichen Bereicherung aus. Immer mehr dem Wohlleben verfallend, wurde Göring schließlich von Hitler gegen Ende des Krieges als »der größte Versager« gebrandmarkt. In Nürnberg zum Tod verurteilt, vergiftete er sich am 15. Oktober 1946 in seiner Zelle.

Der geschickte Demagoge Dr. Goebbels, der von sich selber sagte, er könne auf der Volkspsyche »spielen wie auf einem Klavier«, forderte noch 1926, »daß der kleine Bourgeois Adolf Hitler aus der nationalsozialistischen Partei ausgeschlossen« werde. Bald danach erkannte er jedoch, daß Hitler der eigentliche »Anführer« ist, mit dem man die Welt erobern kann!«

Links: »Reichsminister Dr. Goebbels nahm mit seiner Gattin an der glanzvollen Eröffnung der 7. Internationalen Filmkunstschau in der Lagunenstadt teil. Als erster Film wurde der deutsche Tobis-Film ›Robert Koch, der Bekämpfer des Todes‹ uraufgeführt.«

Unten: Frau Magda Goebbels, die von der Herzogin von Windsor als »die schönste Frau, die ich in Deutschland gesehen habe – eine Blondine mit großen blauen Augen« bezeichnet wurde, mit ihren fünf Kindern, deren Vornamen zu Ehren Hitlers alle mit dem Buchstaben H anfingen: Helga, Helmuth, Hedda, Hilde und Holde.

Rechte Seite, unten: Der »Große Preis der Reichshauptstadt« in Hoppegarten, 1937. Goebbels in Unterhaltung mit Frankreichs Botschafter François-Poncet (links) und dem Besitzer der Siegerin Corrida. Der scharfsinnige französische Botschafter charakterisiert Goebbels u. a. wie folgt: »In der schwächlichen Person dieses jungen Mannes – klein und fast mißgestaltet, mit einem Klumpfuß behaftet, mit unverhältnismäßig großem Kopf, an dem ein übergroßer Mund wie eine Wunde klafft, das Gesicht von

wundervollen schwarzen Augen belebt, die lebhafte Intelligenz verraten – ist einer der gefährlichsten Hitleranhänger in die Regierung eingetreten. Er ist, das läßt sich nicht bestreiten, einer der gebildetsten, vielleicht der gebildetste unter ihnen. Man nennt ihn gewöhnlich »den Doktor«, denn er ist Dr. phil. Er hat eine auffallende rednerische und schriftstellerische Begabung. Er schreibt und spricht eine wohllautende Sprache, inhaltsreich, von klassischer Färbung, die derjenigen des Führers weit überlegen ist und die man in diesem Deutschland, das so wenig Sinn für Stil bewahrt hat, selten antrifft. Man kann ihn als den Typus eines vom Wege abgekommenen Intellektuellen betrachten, wie sie sich mitunter in die Arme des Nationalsozialismus geworfen haben, um dem Nihilismus zu entgehen. Sein Geist, dem reiche Mittel zur Verfügung stehen und der voller List und Sophismen ist, hat etwas Perverses und Teuflisches. Seine Phantasie ist romantischer Natur, von starker Vorstellungskraft, er liebt großartige Visionen und phantastische Schauspiele. Er ist ein starker und geschickter Dialektiker, keiner kommt ihm gleich in der Kunst, sich zwischen Lüge und Wahrheit zu bewegen, den Tatsachen, denen er ein anderes Gesicht gibt, den Schein unbedingter Genauigkeit zu verleihen und die Geschehnisse in dem für ihn günstigsten Licht darzustellen. Keiner besitzt wie er die Gabe, in klarer und doch nicht platter Formulierung ein vielgestaltiges Problem einfachen Menschen darzulegen, treffende Vergleiche zu ziehen in Worten, die sich dem Gedächtnis eingraben. Er ist ein Meister der Polemik, der überlegenen Ironie und der Schmährede. Er ist sehr wahrscheinlich zu intelligent, um sich Illusionen zu machen über den Wert der meisten seiner Genossen, über die Dummheiten, die sie vollbringen, und die Fehler, die sie begehen. Aber er ist von fanatischer Begeisterung erfüllt, die ihn über alle Abneigungen hinwegsehen läßt, einer jener Menschen, die bis zum Äußersten gehen, ein zutiefst revolutionärer Geist, der sich Hitler und seiner Sache mit Leib und Seele bis in den Tod verschrieben hat ...« Einen Tag nach dem Tode Hitlers ließ Goebbels seine Frau und seine Kinder vergiften und erschoß sich dann selbst.

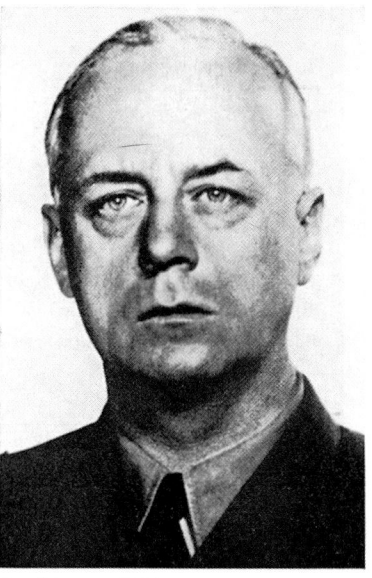

Reinhard Heydrich
geb. 1904, Chef des Sicherheitsdienstes
und der Gestapo, 1941 stellv. Reichsprotektor in Böhmen und Mähren. Von
tschechischen Patrioten ermordet.

Joachim von Ribbentrop
geb. 1893, war ab 1938 Reichsaußenminister. 1946 wurde er in Nürnberg zum
Tode verurteilt.

Martin Bormann
geb. 1900, 1933 Reichsleiter, seit 1941
Leiter der Parteikanzlei. Bei der Flucht
aus Berlin fand er 1945 höchstwahr-
scheinlich den Tod.

Nicht der Charakter und die fachlichen Kenntnisse, sondern allein die Tatsache, inwieweit er dem einzelnen vertrauen könne, war das entscheidende Kriterium Hitlers für die Auswahl seiner Mitarbeiter. Mochten sie sich untereinander auch noch so sehr befehden und streiten, offiziell und in der Praxis galt für sie alle als oberstes Gebot das, was Göring einst mit folgenden Worten umschrieben hat: »Wenn der katholische Christ überzeugt ist, daß der Papst in allen religiösen und sittlichen Dingen unfehlbar sei, so erklären wir Nationalsozialisten mit der gleichen innersten Überzeugung, daß auch für uns der Führer in allen politischen und sonstigen Dingen, die das nationale und soziale Interesse des Volkes angehen, glattweg unfehlbar ist...« Daß Hitler für die Auswahl derartiger Gefolgschaftsmänner einen »sechsten Sinn« gehabt hat, bezeugt die Tatsache, daß es keinem seiner

Konstantin Hierl
geb. 1875, wurde 1935 als Reichsarbeits-
führer zum Leiter des Reichsarbeitsdienstes. 1945 verhaftet, wurde er 1949
von einer Spruchkammer zu 5 Jahren
Arbeitslager verurteilt. 1955 gestorben.

Baldur von Schirach
geb. 1907, war von 1933 bis 1940 Jugendführer des Deutschen Reiches, von
1940 bis 1945 Reichsstatthalter von
Wien. In Nürnberg 1947 zu 20 Jahren
Gefängnis verurteilt. 1974 gestorben .

Alfred Rosenberg
geb. 1893, überwachte als Reichsleiter
seit 1934 die weltanschauliche Erziehung
der Partei, seit 1941 Reichsminister für
die besetzten Ostgebiete. 1946 in Nürnberg zum Tod verurteilt.

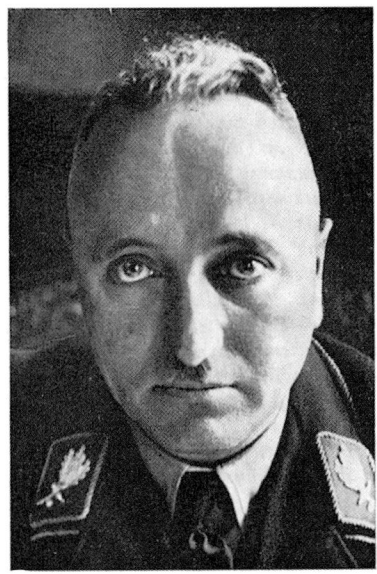

Robert Ley
geb. 1890, Reichsorganisationsleiter der
NSDAP und Leiter der Deutschen Arbeitsfront. Beging 1945 in der Nürnberger Haft Selbstmord.

Max Amann
geb. 1891, Reichsleiter der NSDAP,
Präsident der Reichspressekammer und
Direktor des Zentralverlages der
NSDAP, 1957 gestorben.

Hans Frank
geb. 1900, 1934 Reichsminister und
Reichsrechtsführer, 1939 Generalgouverneur in Polen, wurde 1946 in Nürnberg zum Tode verurteilt.

Mitarbeiter auch nur im entferntesten gelang, seine unbedingte Autorität zu schmälern. Sie alle, die Göring, Goebbels, Himmler,
Bormann, Ley . . . lebten nur von seinem Vertrauen, ohne daß sie alle völlig machtlos gewesen wären. Die Skala der Charaktere,
die Hitler so um sich versammelte, reichte dabei von dem Frankenführer Streicher, der in seinem Stürmer einen unflätigen und
verlogenen »pornographischen Antisemitismus« predigte und noch am Galgen »Heil Hitler« röchelte, bis zu Albert Speer, dem
fähigen Architekten und hervorragenden technischen Organisator, der es in den letzten Monaten der nationalsozialistischen
Herrschaft unter Lebensgefahr wagte, sich den Befehlen Hitlers zu widersetzen.

Julius Streicher
geb. 1885, Gauleiter in Mittelfranken
und Herausgeber des antisemitischen
Hetzblattes »Der Stürmer«, wurde 1946
zum Tode verurteilt.

Rudolf Hess
geb. 1894, seit 1933 Reichsminister und
Stellvertreter des Führers. Flog 1941 auf
eigene Faust nach England. In Nürnberg
wurde er 1946 zu lebenslänglicher Haft
verurteilt.

Albert Speer
geb. 1905, Generalbauinspektor für die
Reichshauptstadt Berlin, 1942 Reichsminister für Bewaffnung und Munition,
wurde 1947 in Nürnberg zu 20 Jahren
Haft verurteilt. 1981 gestorben.

Oben: Martin Bormann, der »Schatten Hitlers«, der gegen Ende des Dritten Reiches auf diesen mehr und mehr Einfluß gewann. Als Sekretär des Führers ließ er ihm nur jeweils diejenigen Nachrichten zukommen, die sich mit dessen Wunschdenken in Einklang bringen ließen. Jederzeit bereit, jeden Befehl Hitlers auszuführen, war dieser brutale und ehrgeizige Funktionär, der die Öffentlichkeit scheute und im Hintergrund wirkte, bei jedermann verhaßt. Er konnte gegen Ende des Dritten Reichs von seinem Führer das zweifelhafte Lob entgegennehmen: »Mein treuester Parteigenosse Martin Bormann«.

Links: Heinrich Himmler mit seiner Tochter bei einem Hallensportfest in Berlin, 1936. Himmler, Reichsführer SS, der auf fast alle, die ihm begegneten, einen eher harmlosen Eindruck machte, war als einer, der an die nationalsozialistische Weltanschauung glaubte, deren blutiger und grausamer Vollstrecker. Er, für den Humanität »christliche Rückenmarkserweichung« war, ließ seine SS auf Geheiß Hitlers zum gnadenlosen Terrorinstrument und millionenfachen Mörder werden.

Den jungen unbekannten Architekten Albert Speer machte Hitler zu seinem Favoriten und vertraute ihm die Durchführung seiner gigantischen Baupläne an. Als Rüstungsminister half Speer den Krieg noch ein Stück zu verlängern. *Oben:* Ein Bild aus den glücklichen Zeiten des Generalbauinspektors: Speer mit seinen fünf Kindern. Später, im fünften Jahr seiner Haft, notierte er: »Jetzt habe ich immer stärker das Gefühl, daß ich die Kinder nicht nur für die Dauer der Haft, sondern für immer verloren habe.«

Links: Speer mit seiner Frau am Arbeitstisch, eine Aufnahme von 1976, zehn Jahre nach seiner Entlassung aus dem Spandauer Kriegsverbrecher-Gefängnis. Seine Erinnerungen, auf 25 000 Zetteln in der Haft notiert, wurden zum größten Memoirenerfolg der Nachkriegszeit.

127

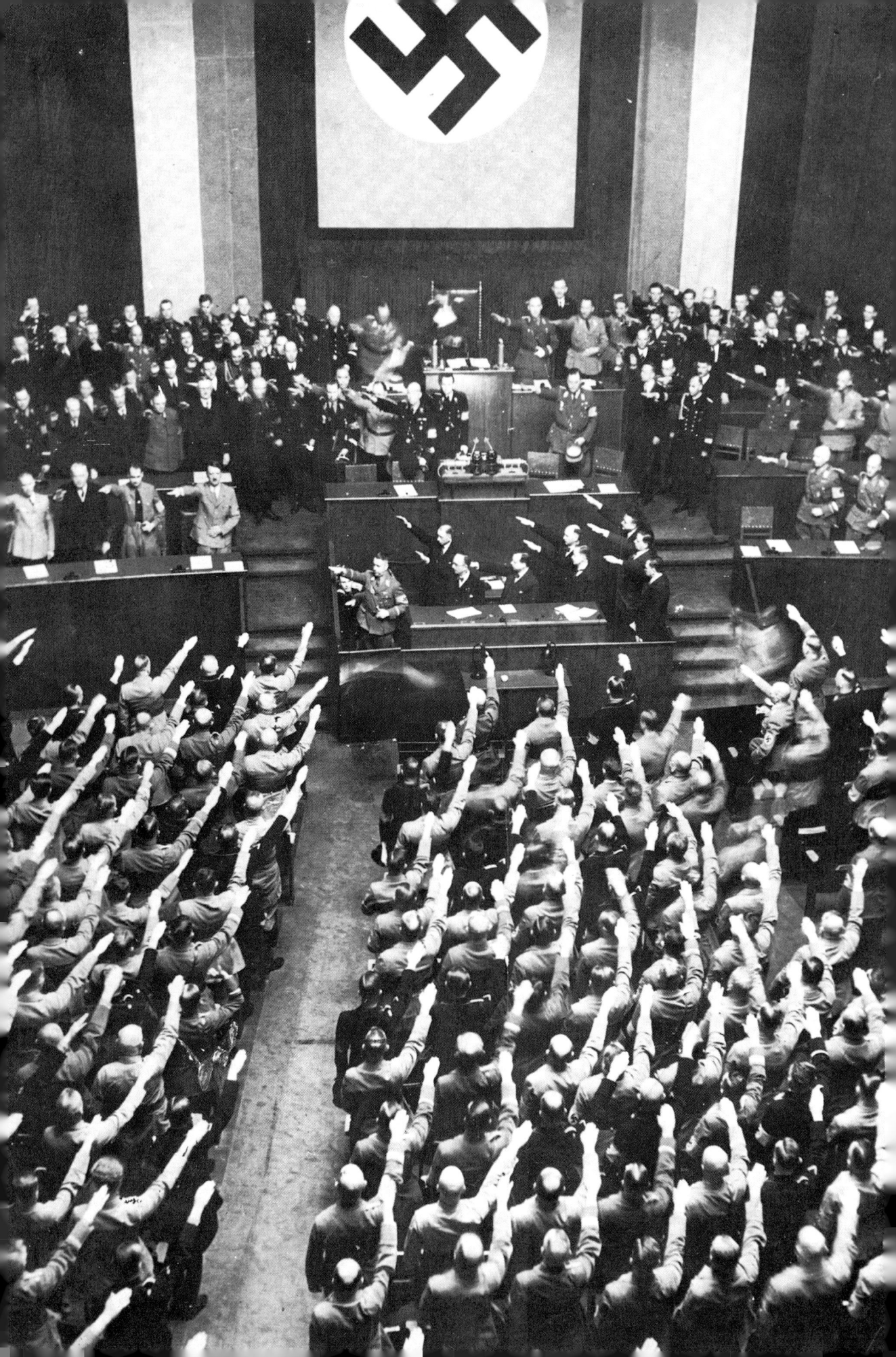

Staatsordnung

»Liberté«, »égalité«, »fraternité«, Freiheit, Gleichheit und Brüderlichkeit, diese Schlagworte der Französischen Revolution sind noch immer in prägnantester Formulierung die wahren Grundlagen von Rechtsstaat und Demokratie. Rechtsstaat und Demokratie, Grundrechte, Mehrheitsentscheidungen, Gewaltenteilung und Kontrolle der staatlichen Gewalt, das waren auch die tragenden Prinzipien der Weimarer Verfassung, die in ihrem Wesenskern von den Nationalsozialisten radikal verleugnet und vernichtet wurden. Prof. Ernst Rudolf Huber, einer derjenigen Rechtsgelehrten, die sich dazu bereit fanden, das unsystematische Gedankenkonglomerat aus »Mein Kampf« in die glatte Sprache der Juristen zu übertragen, schrieb in seinem Lehrbuch »Verfassungsrecht des Großdeutschen Reiches«: »Die Eroberung der Macht durch die nationalsozialistische Bewegung mußte alle Fundamentalsätze des Weimarer Systems vernichten. Sie mußte die Farben Schwarz-Rot-Gold beseitigen; sie mußte die Gewaltenteilung überwinden; sie mußte die individuellen Freiheitsrechte ausschalten ... Die Frage nach der Geltung der Weimarer Verfassung muß also eindeutig dahin beantwortet werden: Die Weimarer Verfassung gilt nicht mehr; es gilt die Verfassung des Dritten Reiches.« Wie sah nun diese Verfassung des Dritten Reiches aus? Was verbarg sich hinter dem Ermächtigungsgesetz, durch das das Parlament sich selbst zur Ohnmacht verurteilte? Hinter dem »Gesetz gegen die Neubildung von Parteien«, durch das die NSDAP zur alleinigen Staatspartei aufrückte? Hinter dem »Gesetz über den Neuaufbau des Reiches«, durch das die Länder ihrer Hoheitsrechte verlustig gingen? Hinter SS, Gestapo, Volksgerichtshof und KZ? Auf diese Fragen gab Adolf Hitler selbst die

Reichstagssitzung im Dritten Reich. »Die Abgeordneten sind Vertreter des ganzen Volkes. Sie sind nur ihrem Gewissen unterworfen und an Aufträge nicht gebunden.« So hatte es die Weimarer Verfassung festgelegt. Unter Hitlers Herrschaft verkam die Volksvertretung zum »höchstbezahlten Männergesangsverein«, der nur die Reden seines Führers anzuhören und danach das Horst-Wessel-Lied zu singen hatte.

Antwort: »Es muß ein Wille in Deutschland sein, und alle anderen müssen überwunden werden!« Daß es sich bei diesem einen Willen, der allein in Deutschland zu entscheiden habe, letztlich nur um seinen eigenen Willen handeln durfte, auch das bestätigten, untermauerten und lehrten deutsche Juristen. »Der Führer vereinigt in sich alle hoheitliche Gewalt des Reiches; alle öffentliche Gewalt im Staat wie in der Bewegung leitet sich von der Führergewalt ab ... Die Führergewalt ist umfassend und total; sie vereinigt in sich alle Mittel der politischen Gestaltung; sie erstreckt sich auf alle Sachgebiete des völkischen Lebens; sie erfaßt alle Volksgenossen, die dem Führer zu Treue und Gehorsam verpflichtet sind. Die Führergewalt ist nicht durch Sicherungen und Kontrollen, durch autonome Schutzbereiche und wohlerworbene Einzelrechte gehemmt, sondern sie ist frei und unabhängig, ausschließlich und unbeschränkt.«

Nach dem Willen dieser nationalsozialistischen Rechtsinterpreten bestand demnach das Recht des Großdeutschen Reiches darin, daß dem Führer alles zu gehorchen habe, während der Führer selber in seiner Freiheit an nichts gebunden sei, weder an unverletzliche Menschenrechte noch an irgendeine andere vorgegebene Ordnung. »In seinem Willen tritt der Volkswille in die Erscheinung. Er wandelt das bloße Gefühl des Volkes in einen bewußten Willen; er schafft aus einem vielstrebigen Ganzen die einheitliche, einsatzbereite Gefolgschaft. Er bildet in sich den wahrhaften Willen des Volkes.« Diese schönen Worte, mit denen nichts anderes als die absolute und schrankenlose Diktatur Hitlers umschrieben und gerechtfertigt wurde, verschleierten allerdings die tiefe Problematik einer jeden Diktatur, die Problematik des »guten Diktators«. Denn wer garantierte denn dem Bürger, daß der Führer tatsächlich den »wahrhaften Willen des Volkes« erkannte, und selbst dann, wenn er ihn erkennen sollte, woher nahm man die Sicherheit, daß er diesem wahrhaften Willen auch »wahrhaftig dient«? Auf diese fundamentalen Fragen, auf die es in modernen Diktaturen noch nie eine

Antwort im Sinne der Freiheit und der Menschenwürde gegeben hat, fand der renommierte Professor Carl Schmitt lediglich die ebenso falsche, wie fadenscheinige Antwort: »Auf der Artgleichheit beruht sowohl der fortwährende untrügliche Kontakt zwischen Führer und Gefolgschaft, wie ihre gegenseitige Treue. Nur die Artgleichheit kann es verhindern, daß die Macht des Führers Tyrannei und Willkür wird ... Artgleichheit des in sich einigen deutschen Volkes ist also für den Begriff der politischen Führung des deutschen Volkes die unumgängliche Voraussetzung und Grundlage.« Die zahlreichen und manchmal kompliziert erscheinenden Institutionen einer wohlverstandenen Demokratie, der es ja immer darum geht, die Interessen eines jeden einzelnen Bürgers mit den Interessen der Gesamtheit zu

Häftlinge eines Konzentrationslagers. Zur Ausschaltung politischer und weltanschaulicher Gegner, zur Vernichtung des jüdischen Bevölkerungsteils und schließlich zu Zwecken der Rüstungsindustrie errichtete das nationalsozialistische Regime eine Vielzahl von Konzentrationslagern. Man schätzt, daß von 1933 bis 1945 mehr als 7 Millionen Menschen sich in diesen Orten der Willkür und des Mordes befanden.

einem möglichst gerechten Ausgleich zu bringen, das manchmal eher fruchtlos erscheinende Wirken der politischen Parteien, der gesicherte Anspruch des einzelnen Bürgers, durch die ihm gewährten Grundrechte, seinen Freiheitsspielraum auch gegen den Staat zu verteidigen, die freie und öffentliche Diskussion jeder Gesetzesvorlage, um möglichst viele Mängel zu beseitigen, die Abhängigkeit der Staatsgewalt von einer frei gewählten Körperschaft, ihre Kontrolle durch unabhängige Gerichte, um ihren Mißbrauch weitmöglichst einzuschränken, all diese wesentlichen Bestandteile einer freiheitlichen Demokratie wurden nun auf einmal mit dem nichtssagenden Begriff der »Artgleichheit« vom Tisch gefegt, auf dem nach der Katastrophe nur Dokumente des Grauens übrigblieben, die ihren Ursprung in diesem »wahrhaften Willen« des Volkes hatten, der in jenen Tagen so leichtfertig von deutschen Juristen auf den »Führer« übertragen und zum Maßstab allen Rechtes erhoben wurde.

Aber auch Hitler selbst, der die Schützenhilfe dieser Juristen wohl annahm, sie aber dennoch zutiefst verachtete – »Ich werde nicht eher ruhen, bis jeder Deutsche einsieht, daß es eine Schande ist, Jurist zu sein« –, wollte sich dem Volk nicht als Diktator präsentieren: »Ich konnte dies alles nur tun, weil ich mich nie als Diktator meines Volkes, sondern stets nur als sein Führer und damit als sein Beauftragter gefühlt habe. Ich hatte um die innere Zustimmung des deutschen Volkes zu meinen Idealen einst 14 Jahre gerungen und bin dann dank seines Vertrauens von dem ehrwürdigen Generalfeldmarschall berufen worden. Ich habe aber auch seitdem alle meine Kraft nur aus dem glücklichen Bewußtsein geschöpft, mit meinem Volke unlösbar verbunden zu sein als Mann und Führer.«

Im Jahre 1936, als Adolf Hitler sich so äußerte, mochten einfache Deutsche auch tatsächlich noch an diese Worte glauben, ohne dahinter die teuflischen und verbrecherischen Konsequenzen der Hitlerschen »Ideale« zu vermuten. Natürlich wußte man etwas von Konzentrationslagern. Aber in den KZs saßen ja »nur« die notorischen Querulanten, ehrlose Marxisten und widerwillige Sozialdemokraten, denen es angeblich nur darum ging, den »Aufbauwillen des Führers« zu lähmen. So hörte man es wenigstens in Presse und Rundfunk und war um so eher geneigt, dieser Propaganda zu glauben, als schließlich der »Führer« wirklich etwas geleistet hatte, man selber ja kein Jude war und in den alltäglichen Angelegenheiten auch bei den Gerichten nach wie vor gerechte Behandlung erfuhr. Nur in politischer Hinsicht, da mußte man sich eben zurückhalten, da konnte man jetzt nicht mehr alles kritisieren oder gar beschimpfen, da mußte man jetzt an den Führer glauben und sein Werk tatkräftig unterstützen. Und warum auch nicht? Hörte man es doch ununterbrochen, daß dieser Führer wirklich ein Genie sei, dem man alles zu verdanken habe, Ruhe und Ordnung, Arbeit und Fortschritt, Einigkeit und Frieden.

Daß inzwischen die Juristen mithalfen, in Deutschland eine Staatsordnung zu errichten, durch die die nationalsozialistischen Untaten und Verbrechen erst ermöglicht wurden, wer machte sich darüber schon Gedanken? Was verstand der Laie von rechtstheoretischen Überlegungen? Und wie viele Juristen glaubten, sich auf einen Rechtspositivismus berufen zu können, von dem ein Generalstaatsanwalt nach dem Zusammenbruch des Dritten Reiches behauptete, daß er den Juristen die Quellen der Rechtserkenntnis verstopfte: »Nur das, was der Gesetzgeber – heißt er nun Hammurabi, Justinian oder Hitler – verkündet hat, ist Recht; und es ist Recht, eben weil es Gesetz ist. Der Positivist versagt es sich bewußt, den materiellen Inhalt des Gesetzes auf seinen ethischen Gehalt zu prüfen; denn Recht und Sittlichkeit sind ihm nicht verschiedene Grade eines ethischen Wertmessers, sondern zwei getrennte Erkenntnisgebiete. So kommt der Positivist zu dem abstrusen Satz, der bethlehemitische Kindermord des Evangeliums sei rechtens gewesen; denn er war von einem legitimen Gewalthaber innerhalb seiner verfassungsmäßigen Befugnisse formell einwandfrei angeordnet.« Genau diesen Rechtspositivismus, der in seiner logischen Konsequenz nicht nur den Kindermord von Bethlehem, sondern auch den millionenfachen Völkermord der Nationalsozialisten für rechtens erklärte, wollten nun nationalsozialistische Juristen im Dritten Reich für gültig erklären. »Der Wille der Führung, gleich in welcher Form er zum Ausdruck gelangt – ob durch Gesetz, Verordnung, Erlaß, Einzelbefehl, Gesamtauftrag, Organisations- und Zuständigkeitsregelung usw. –, schafft Recht und ändert bisher geltendes Recht ab.«

Diesen Wandel von der Volkssouveränität der Demokratie zur alles umfassenden Führersouveränität, diesen Wandel vom Rechtsstaat, der die Macht des Staates durch das Recht beschränkt, zum Willkürstaat des Dritten Reiches, der dem Willen des Führers keine Grenzen setzt, beschreibt Hans Buchheim mit folgenden Worten: »Wenn Göring am 14. Juli 1934 im ›Völkischen Beobachter‹ schrieb: ›Recht und Wille des Führers sind eines‹ oder der Führer des ›NS-Rechtswahrerbundes‹, Dr. Frank, am 20. Mai 1936 in der gleichen Zeitung verkündete: ›Unsere Verfassung ist der Wille des Führers‹, dann mochten viele Deutsche solche Äußerungen in der Fülle der damals gedrechselten Phrasen ebenfalls als Phrase genommen haben. In Wahrheit jedoch handelte es sich um das bereits wirkende und immer deutlicher auch hervortretende neue Prinzip des deutschen Staatslebens... Der Wille des Führers war also tatsächlich zur Verfassung des deutschen Volkes geworden!« Damit dieser Wille des Führers aber auch tatsächlich

Wenn auch der einzelne Bürger im Bereich des Privatrechts im Dritten Reich normalerweise gerechte Urteile erhielt, so war dessen Rechtsordnung in ihrem Kern jedoch nicht mehr an den Grundsatz einer jeden wahren Rechtsordnung gebunden, an den Grundsatz der Gerechtigkeit. »Recht ist, was dem Volke nützt« und »Recht und Wille des Führers sind eins«. Auf diesen beiden Sätzen beruhte die Rechtsordnung des Dritten Reiches. In ihm wurde der Führer Adolf Hitler, der selbst das Recht und die Juristen aus tiefster Seele haßte, zum obersten Schöpfer allen Rechts erhoben. Gegen seinen Willen gab es keinen »ordentlichen« Rechtsweg mehr, und es gab auch keine Gewalt mehr, die ihn, den Führer, hätte kontrollieren können. Im Gegenteil, das fundamentale Prinzip eines jeden Rechtsstaates, das Prinzip der Gewaltenteilung, war zugunsten der alles umfassenden Führergewalt beseitigt worden. Und wenn ordentliche Polizeigewalt und Richterschaft nicht schnell und rücksichtslos den Willen den Führers realisierten, dann konnte er jederzeit die SS benützen, die weder nach Recht noch Gesetz zu fragen hatte, sondern bedingungslos dazu verpflichtet war, jeden Befehl des Führers auszuführen.

Oben: Feierstunde im Berliner Kriminalgericht am 1. Oktober 1936, weil von diesem Tage ab das nationalsozialistische Hoheitszeichen an den Roben der Richter getragen werden mußte.

Unten: Adolf Hitler schreitet die Front einer Ehrenkompanie der SS ab. Hinter ihm Heinrich Himmler, Reichsführer der SS und seit 1936 auch »Chef der Deutschen Polizei«.

verwirklicht wurde, bedurfte es einer bürokratischen Organisation. Um seine anfangs noch nicht gefestigte Machtposition mit der Autorität des Staatlichen zu umgeben, aber auch deswegen, weil es noch gar keinen anderen geeigneten Apparat gab, auf den er sich stützen konnte, benutzte Hitler auch hier zunächst die bereits vorhandene staatliche Exekutive. Gestützt auf das Ermächtigungsgesetz und die »Verordnung zum Schutz von Volk und Staat« vom 28. Februar 1933, setzte er den staatlichen Beamtenapparat für seine Zwecke in Bewegung. Gerade mit dieser Notverordnung, die durchaus legal zustande kam und mit der Weimarer Verfassung in Einklang stand, brach die schrankenlose Führergewalt in den Bereich der freien Bürger ein, deren Behandlung dann mit den Grundprinzipien dieser Weimarer Verfassung nicht mehr das geringste zu tun hatte. Über diese Notverordnung gelang es Hitler also, im Namen der Weimarer Verfassung diese auf »legale« Weise zu suspendieren, um dann überall diejenigen Maßnahmen zu ergreifen, die er für richtig hielt: Der Einsatz der Gestapo, das Willkürinstrument der »Schutzhaft« und der Konzentrationslager fanden in dieser Notverordnung vom 28. Februar 1933 ihre Legalität. Daß es sich bei dieser Legalität jedoch nur um ein opportunistisches Zugeständnis an die traditionellen Mächte und den eingespielten Beamtenapparat handelte, auch das bestätigte Professor Huber offen und klar: »Rücksicht auf das technische Funktionieren des Justiz- und Verwaltungsapparates sind die eigentlichen Gründe für die Methode der Legalität.«

Je stärker sich nun die Machtposition Hitlers festigte und je selbstherrlicher er sich auf seine »Führungsgewalt« stützen konnte, desto weniger bedeutsam wurde nun diese »Methode der Legalität« Im Dritten Reich konnte sich neben der alten Bürokratie ein neues Herrschaftsinstrument entfalten, ein Herrschaftsinstrument, das diese alte Bürokratie bald erfolgreich zu verdrängen vermochte, das jederzeit zum bedingungslosen Einsatz für Hitler bereitstand und das sich mit der Zeit zum eigentlichen Machtträger des Dritten Reiches entwickelte: der »Orden unter dem Totenkopf«, die SS, die für die vielen Millionen Menschen, mit denen sie in Europa in Berührung kam, zum Inbegriff des Terrors und des Schreckens wurde.

Bereits in seiner Neujahrsbotschaft des Jahres 1934, noch vor der Mordaktion beim »Röhm-Putsch«, nach dem der Aufstieg der SS nicht mehr aufzuhalten war, umriß Heinrich Himmler die künftigen Ziele dieser Gliederung der NSDAP: »Eine der dringendsten Aufgaben, die wir vor uns haben, ist die, alle offenen und verborgenen Feinde des Führers und der nationalsozialistischen Bewegung ausfindig zu machen, sie zu bekämpfen und zu vernichten.« »Ausfindig machen«, »bekämpfen« und »vernichten«, oder, wie es der zweite Mann nach Himmler, der mit einer weitaus stärkeren, aber ebenso kalten und brutalen Intelligenz ausgestattete Reinhard Heydrich formulierte: »Den Gegner systematisch angreifen, zerstören, lähmen und mit Gewalt völlig beseitigen«, das war die wesentliche Aufgabe der SS im Reich Adolf Hitlers. Denn solange dessen unmenschliche Diktatur in Deutschland und dann in weiten Teilen Europas bestand, solange gab es in diesem Machtbereich Gegner des nationalsozialistischen und imperialistischen Deutschland.

Das entscheidende Mittel zur Bekämpfung des inneren Feindes war die Gestapo, die Geheime Staatspolizei des Dritten Reiches.

»Die Geheime Staatspolizei hat die Aufgabe, alle staatsgefährlichen Bestrebungen im gesamten Staatsgebiet zu erforschen und zu bekämpfen, das Ergebnis der Erhebungen zu sammeln und auszuwerten, die Staatsregierung zu unterrichten und die übrigen Behörden über für sie wichtige Feststellungen auf dem laufenden zu halten und mit Anregungen zu versehen«, hieß es im preußischen Gestapo-Gesetz vom 10. Februar 1936. Von der politischen Polizei demokratischer Länder unterschied sie sich allerdings dadurch, daß sie dort als defensives Mittel einer kontrollierten Staatsgewalt zur Abwehr von Anschlägen und Verschwörungen gegen den Staat verwendet wird, während sie in der Diktatur Adolf Hitlers offensiv zur Durchsetzung des »Führerwillens« operierte.

Daß die Aktionen der Gestapo wirklich keiner staatlichen Kontrolle mehr unterstanden, bewies nicht nur die Praxis, sondern ließ sich unter anderem auch aus § 7 des eben angeführten Gestapo-Gesetzes ersehen: »Verfügungen und Angelegenheiten der Geheimen Staatspolizei unterliegen nicht der Nachprüfung durch die Verwaltungsgerichte.« Und daß Himmler auch nicht mehr an die Gesetze gebunden war, bestätigte das Gesetz über die Angliederung Österreichs aus dem Jahre 1938: »Der Reichsführer SS und Chef der Deutschen Polizei im Reichsministerium des Innern kann die zur Aufrechterhaltung der Sicherheit und Ordnung notwendigen Maßnahmen auch außerhalb der sonst hierfür bestimmten gesetzlichen Grenzen treffen.« Nachdem Himmler bereits vorher schon alle politisch-polizeiliche Tätigkeit in seiner Hand vereinigt hatte, wurde er durch den Erlaß des Führers und Reichskanzlers vom 17. Juni 1936 auch noch zum Chef der gesamten deutschen Polizei: »Zur einheitlichen Zusammenfassung der polizeilichen Aufgaben im Reich wird ein Chef der Deutschen Polizei im Reichsministerium des Innern eingesetzt, dem zugleich die Leitung und Bearbeitung aller Polizeiangelegenheiten im Geschäftsbereich des Reichs- und Preußischen Ministeriums des Innern übertragen wird. Zum Chef der Deutschen Polizei im Reichsministerium des Innern wird der stellvertretende

Aufgabe der SS war, »alle offenen und verborgenen Feinde des Führers und der nationalsozialistischen Bewegung ausfindig zu machen, sie zu bekämpfen und zu vernichten« (Himmler), ihr Mittel die schrankenlose Polizeigewalt eines totalen Staates. Trotz aller Schrecken, die sich heute mit dem Begriff der SS verbinden, muß sie als ein komplexes Gebilde betrachtet werden, dessen Mitglieder keinen einheitlichen Typus darstellten. »Man muß unterscheiden«, schreibt Professor Gebhardt, »zwischen der allgemeinen SS als einer Art vornehmer SA, der Waffen-SS, die ursprünglich nur aus besonders zuverlässigen Freiwilligen bestand, aber deren Rekruten zuletzt ähnlich wie bei der Wehrmacht eingezogen wurden, und Polizeibeamten, die vom Beruf her den Übertritt zur SS vollzogen. Kriminelle Elemente fanden sich in den Kommandostellen und bei den Bewachungsmannschaften der KZ- und Vernichtungslager. Unter den begabten, oft aus gutbürgerlichem Hause stammenden, nicht selten akademisch gebildeten Mitarbeitern des Reichssicherheitshauptamtes gab es den Typus des Kriminellen aus ideologischer Besessenheit.« Ihre Gegner waren alle, die sich dem Führer widersetzten, die Widerstand leisteten in Deutschland und später in den besetzten Gebieten Europas. Bedingungsloser Gehorsam, Kriminalität, ideologische Besessenheit, Opportunismus und Karrieredenken ließen Angehörige der SS mit Wissen und Willen ihrer Führer Hitler und Himmler Verbrechen begehen, vor denen heute noch die Welt erschauert.

DER EID DES 44-MANNES

Ich schwöre dir,
Adolf Hitler,
als Führer und
Kanzler des Reiches
Treue und Tapferkeit.
Ich gelobe dir
und den von dir
bestimmten Vorgesetzten
Gehorsam bis in
den Tod,
so wahr mir
Gott helfe.

„Sans Sentiment."

Oben: Eine Säbelfechtergruppe der SS.
Unten links: Urkunde mit dem Eid des SS-Mannes.
Unten rechts: Französische Karikatur auf die SS: »Sans Sentiment« – ohne Gefühl.

Der Führerkult (*rechts* Vorderseite eines Schmucktelegramms der Reichspost) war integraler Bestandteil des Dritten Reiches. *Folgende Seite:* Das Plakat »Der ewige Jude« einer Wanderausstellung von 1937 zeigt den Juden, wie ihn sich Hitler und die ihm gleichgesinnten Antisemiten vorstellten: als geldgierigen Schacherer und Geißel der Menschheit von mittelalterlich-fremdartigem Aussehen. Die Verbindung mit Hammer und Sichel spiegelt die verworrene Auffassung vom »jüdischen Bolschewismus«.

Der ewige Jude

GROSSE POLITISCHE SCHAU IM BIBLIOTHEKSBAU DES DEUTSCHEN MUSEUMS
ZU MÜNCHEN · AB 8. NOVEMBER 1937 · TÄGLICH GEÖFFNET VON 10-21 UHR

Chef der Geheimen Staatspolizei Preußens, der Reichsführer SS Heinrich Himmler ernannt.«

Ohne das immer komplizierter werdende System von Zuständigkeiten innerhalb und außerhalb der SS im einzelnen analysieren zu müssen, läßt sich doch feststellen: Die SS war mit ihren »SS-Verfügungstruppen«, »SS-Totenkopfverbänden« und später ihrer »Waffen-SS« das stets einsatzbereite Instrument Hitlers, mit dem er jederzeit und mit jedem Mittel jedem beliebigen Gegner in Armee, Partei, Verwaltung, Wirtschaft oder Justiz, ohne jede Kontrolle seinen Willen aufzwingen konnte.

Daß Hitler auch nach dem Krieg der SS eine bedeutende Rolle zuweisen wollte, geht aus folgender Zusammenfassung seiner Gedanken über die Notwendigkeit der Waffen-SS vom 6. August 1940 hervor: »Das Großdeutsche Reich in seiner endgültigen Gestalt wird mit seinen Grenzen nicht ausschließlich Volkskörper umspannen, die von vornherein dem Reich wohlwollend gegenüberstehen. Über den Kern des Reiches hinaus ist es daher notwendig, eine Staatstruppenpolizei zu unterhalten, die in jeder Situation befähigt ist, die Autorität des Reiches im Innern zu vertreten und durchzusetzen ... In unserem künftigen Großdeutschen Reich wird aber auch eine Polizeitruppe nur dann den anderen Volksgenossen gegenüber die notwendige Autorität besitzen, wenn sie soldatisch ausgerichtet ist. Unser Volk ist durch die ruhmvollen Ereignisse kriegerischer Art und die Erziehung durch die nationalsozialistische Partei derart soldatisch eingestellt, daß eine ›strumpfstrickende Polizei‹ (1848) oder eine ›verbeamtete Polizei‹ (1918) sich nicht mehr durchsetzen kann. Daher ist es notwendig, daß sich diese ›Staatspolizei‹ in geschlossenen Verbänden an der Front ebenso bewährt und ebenso Blutopfer bringt wie jeder Verband der Wehrmacht. In den Reihen des Heeres nach Bewährung im Felde in die Heimat zurückgekehrt, werden die Verbände der Waffen-SS die Autorität besitzen, ihre Aufgaben als ›Staatspolizei‹ durchzuführen ...«

Die SS sollte dabei nicht nur eine bedingungslose Führerexekutive sein, sondern gleichzeitig auch eine neue Elite und ein neuer Orden, dazu berufen, der nationalsozialistischen Weltanschauung die ihr gemäße Führungsschicht heranzubilden. »So sind wir angetreten und marschieren nach unabänderlichen Gesetzen als ein nationalsozialistischer, soldatischer Orden nordischbestimmter Männer und als eine geschworene Gemeinschaft ihrer Sippen den Weg in eine ferne Zukunft und wünschen und glauben, wir möchten nicht nur sein die Enkel, die es besser ausfochten, sondern darüber hinaus die Ahnen späterer, für das ewige Leben des deutschen germanischen Volkes notwendiger Geschlechter«, schrieb Heinrich Himmler im Jahr 1939.

Ein SS-Führer, den der Publizist und langjährige KZ-Häftling Eugen Kogon als wohlinformiert, überlegen, wenn auch als durch und durch fanatisch charakterisiert, erläuterte ihm, noch bevor er das Wirken der SS am eigenen Leibe verspüren sollte, den Inhalt der SS-Schulung mit folgenden Worten: »Was wir Ausbilder des Führernachwuchses wollen, ist ein modernes Staatswesen nach dem Muster der hellenischen Stadtstaaten. Diesen aristokratisch gelenkten Demokratien mit ihrer breiten ökonomischen Helotenbasis sind die großen Kulturleistungen der Antike zu danken. Fünf bis zehn Prozent der Bevölkerung, ihre beste Auslese, sollen herrschen, der Rest hat zu arbeiten und zu gehorchen. Nur so sind jene Höchstwerte erzielbar, die wir von uns selbst und dem deutschen Volk verlangen müssen. Die Auslese der neuen Führerschicht vollzieht die SS – positiv durch die Nationalpolitischen Erziehungsanstalten (Napola) als Vorstufe, durch die Ordensburgen als die wahren Hochschulen der kommenden nationalsozialistischen Aristokratie, sowie durch ein anschließendes staatspolitisches Praktikum; negativ durch die Ausmerzung aller rassenbiologisch minderwertigen Elemente und die radikale Beseitigung jeder unverbesserlichen politischen Gegnerschaft, die sich grundsätzlich weigert, die weltanschauliche Basis des nationalsozialistischen Staates und seine wesentlichen Einrichtungen anzuerkennen. Innerhalb von spätestens zehn Jahren wird es uns auf diese Weise möglich sein, Europa das Gesetz Adolf Hitlers zu diktieren, um den sonst unvermeidlichen Verfall des Kontinents zum Stillstand zu bringen und die wahre Völkergemeinschaft, mit Deutschland als führender Ordnungsmacht an der Spitze, aufzubauen.«

Hier, im Bereich der SS, wurde der NS-Rassegedanke, der Gedanke von der »Überlegenheit des nordischen Blutes«, der Gedanke von der Herrenrasse und den Untermenschen, konsequent verwirklicht. Ein zeitgenössischer Chronist bestätigte Heinrich Himmler daher auch, in diesem Sinne am energischsten voranzugehen: »Eines der größten und entscheidenden Verdienste des Reichsführers SS bleibt es, daß er in einer Zeit, als selbst oftmals noch in den eigenen Reihen der Bewegung die Rassenfrage nur ein negativer, von selbstverständlichem Antisemitismus ausgehender Begriff war, die theoretischen Erkenntnisse der nationalsozialistischen Weltanschauung gerade auf diesem Gebiete mutig und konsequent in diese seine eigene Organisationsaufgabe des Aufbaus der SS einfügte und dann auch klar durchsetzte.« Von der nationalsozialistischen Rassenlehre ausgehend, versuchte Heinrich Himmler in seinem Orden der SS einen eigenen Menschentyp heranzubilden und heranzuzüchten. Einen neuen Menschentyp, der – gemischt aus Romantik und Brutalität – seine einzige Tugend darin zu sehen hatte, in bedingungsloser Treue und absolutem Gehorsam sein eigenes

Ich, sein eigenes Gewissen, seinen eigenen Willen und seine eigene Person voll und ganz dem »Führerwillen« hinzugeben und ohne zu zaudern und zu zagen, »den Tod zu geben und zu nehmen«, wie es die SS-Junkerschulen lehrten.

Einer eigenen Gerichtsbarkeit unterstellt, zum Kirchenaustritt angehalten, bei der Wahl des Ehepartners kontrolliert, zum Morden befohlen und zur absoluten Ehrlichkeit dem eigenen Orden gegenüber verpflichtet, kam es innerhalb der SS jedoch nicht, wie K.O. Paetel sehr treffend schreibt, zu einem völlig einheitlichen Typ: »Es gab natürlich in der SS-Hierarchie und vor allem im ständig zahlenmäßig stärker werdenden Truppenverband nicht nur einen Menschentyp. Die Herausbildung eines wirklich verbindlichen Typs ist der Reichsführung SS nie gelungen: Es gab Verbrecher und Idealisten in der SS, Dummköpfe und Männer von intellektuellem Rang. Es gab die, wie Skorzeny, die gehorchten und kämpften. Es gab die, die planten, Zukunftsvisionen hatten, Befehle gaben, deren Ausmaß sie sehr wohl übersahen. Es gab die, die mehr oder minder zufällig dabei waren; die, die opportunistisch sich anhängten an eine Formation, die ihren Gliedern Macht und Ansehen gab; die, die Beute und gesetzloses Leben wollten. Es gab Werkzeuge und zynische Gewaltmenschen. Und es gab solche, die einfach gepreßt waren. Der Orden konnte Tausende, Hunderttausende disziplinieren. Sie als Einzelmenschen ändern konnte er nur langsam. Aber er benutzte jeden, der in seine Reihen trat. Die Sadisten ebenso wie die Träumer.«

Nicht nur die Angehörigen der Waffen-SS, die sich – ohne die verbrecherischen Motive ihrer obersten Führung erkennen zu können – an den Fronten äußerst tapfer schlugen, ließen die SS-Runen zur Terrorabbreviatur werden, zum Symbol des Schreckens, sondern vor allem jene SS-Männer, die das bestialische Vernichtungswerk ihres »Führers« in Gang setzten. Die in den Konzentrationslagern ihre politischen Gegner folterten, schunden und quälten, die als Ärzte »lebensunwertes« Leben vernichteten und qualvolle Experimente an lebenden Menschen vornahmen, die in Einsatzgruppen hinter der kämpfenden Truppe im Osten Europas die Angehörigen »minderer« Rassen zu Tausenden liquidierten und die schließlich in den großen Vernichtungslagern Millionen von Menschen in eigens dazu konstruierten Vergasungsanstalten systematisch ausrotteten.

Nicht der Gehorsam an sich, sondern der Gehorsam, den sie Adolf Hitler geschworen hatte, belastete die SS mit den furchtbarsten Verbrechen der Menschheitsgeschichte. Denn Hitler verkündete nicht nur, wessen Wille etwas in seiner Staatsordnung zu gelten habe und wer diesen Willen ausführen sollte, er war es auch, der klar und deutlich gemäß seiner nationalsozialistischen Weltanschauung die Ziele seiner Staatsordnung formu-

»Ich bin am Ort das größte Schwein und laß mich nur mit Juden ein!« In diesen Worten und in diesem Bild kommt der nationalsozialistische Rechtszweck in seiner barbarischen Verleugnung des Individuums äußerst prägnant zum Ausdruck. Während es im Bonner Grundgesetz heißt: »Die Würde des Menschen ist unantastbar. Sie zu achten und zu schützen, ist Verpflichtung aller staatlichen Gewalt«, so sollte im Dritten Reich die staatliche Gewalt dazu dienen, die »arische Rasse« zu schützen und hinaufzuzüchten, ohne jede Rücksicht auf die Würde des Individuums und die elementaren Menschenrechte. Wie total Hitler den einzelnen für seine rassischen Wahnideen in Anspruch nahm, mögen folgende Zitate dokumentieren: »Ein völkischer Staat wird ... in erster Linie die Ehe aus dem Niveau einer dauernden Rassenschande herauszuholen haben ... Wir allein sind befugt, das Volk als solches – den einzelnen Mann, die einzelne Frau – zu führen. Die Lebensbeziehungen der Geschlechter regeln wir. Das Kind bilden wir!« Und weiter erklärte er, daß die Kinder »den Müttern genauso gehören, wie im selben Augenblick auch mir«. In der Tat, die nationalsozialistische Staatsordnung und Rechtsordnung läßt sich auf den Satz reduzieren: Du bist nichts, der Führer ist alles.

lierte: »Die grundsätzliche Erkenntnis ist ... die, daß der Staat keinen Zweck, sondern ein Mittel darstellt. Er ist wohl die Voraussetzung zur Bildung einer höheren menschlichen Kultur, allein nicht die Ursache derselben. Diese liegt vielmehr ausschließlich im Vorhandensein einer zur Kultur befähigten Rasse ... Wir haben schärfstens zu unterscheiden zwischen dem Staat als einem Gefäß und der Rasse als dem Inhalt. Dieses Gefäß hat nur dann einen Sinn, wenn es den Inhalt zu erhalten und zu schützen vermag; im anderen Falle ist es wertlos.« Und auch hier waren es wiederum die Juristen, die dieses Hitlersche Vorurteil über die Rasse in Gesetzen, Verordnungen und sonstigen Bestimmungen für die staatliche Zwangsgewalt praktikabel machten. Dr. Hans Frank, Reichsminister und Führer der deutschen »Rechtsfront«, schrieb in der Einleitung des Kommentars zur Rassengesetzgebung »Das Recht der Rasse« von Dr. Robert Deisz: »Der Nationalsozialismus geht von der Erkenntnis aus, daß die Lebenskraft einer Nation abhängig ist von der Reinheit des Blutes ihres Volkes ... Die Familie ist der heilige Hort deutscher Kraft, der Urquell allen Lebens. Sie rein und gesund zu erhalten und sie damit zu befähigen, ihrer Sendung für die Existenz und Größe unseres Volkes in Gegenwart und Zukunft gerecht zu werden, das ist höchste Verpflichtung und größte Sorge des nationalsozialistischen Staates. Das Deutsche Reich unter der Führung Adolf Hitlers braucht keine Heloten oder Schwächlinge, sondern gesunde und starke Männer und Frauen deutscher Art. Nur dann ist Deutschlands Größe und Zukunft gesichert. Die nationalsozialistische Rassenlehre und Rassengesetzgebung ist die Anwendung des uralten und ewig wahren ungeschriebenen Gesetzes der Natur, daß der Stärkere siegt und seine Art ewig lebt, daß aber der Schwächling untergehen und im Wege der Auslese erliegen muß. Es war daher die Aufgabe des nationalsozialistischen Gesetzgebers, durch den Erlaß einer diesen naturgegebenen und geschichtlich erhärteten ewigen Wahrheiten entsprechenden Gesetzgebung, das deutsche Blut vor fremdrassiger Vermischung zu schützen, festzulegen wer Deutscher, Mischling oder Jude ist, und die Erbgesundheit des deutschen Blutes durch Verhinderung erbkranker Ehen zu sichern, um damit durch gesetzlichen Zwang eine weitere Schädigung des Volkskörpers zu unterbinden.« Punkt 4 des Programms der NSDAP vom 25. Februar 1920 stellte als politisch-programmatische Grundlage für die Rassenfrage die Feststellung auf: »Staatsbürger kann nur sein, wer Volksgenosse ist. Volksgenosse kann nur sein, wer deutschen Blutes ist, ohne Rücksichtnahme auf Konfession. Kein Jude kann daher Volksgenosse sein.«

Dem ersten nationalsozialistischen Gesetz, das den Freiheitsspielraum des einzelnen durch rassische Gesichtspunkte einengte, dem Gesetz zur Wiederherstellung des Berufsbeamtentums vom 7. April 1933 – »Beamte, die nichtarischer Abstammung sind, sind in den Ruhestand zu versetzen« –, folgten am 15. September 1935 die sogenannten Nürnberger Gesetze, das »Reichsbürgergesetz« und das »Gesetz zum Schutz des deutschen Blutes und der deutschen Ehre«.

»Staatsbürger ist, wer dem Schutzverband des deutschen Reiches angehört und ihm dafür besonders verpflichtet ist ... Reichsbürger ist nur der Staatsangehörige deutschen und artverwandten Blutes, der durch sein Verhalten beweist, daß er gewillt und geeignet ist, in Treue dem Deutschen Volk und Reich zu dienen ... Der Reichsbürger ist der alleinige Träger der vollen politischen Rechte ...« Abgesehen davon, daß die politischen Rechte im Dritten Reich letztlich nur darin bestanden, dem Willen des Führers gehorsam Folge zu leisten, machte dieses Reichsbürgergesetz die Reichsbürgerschaft praktisch von zwei Voraussetzungen abhängig:

a) objektiv: dem Nachweis, deutschen oder artverwandten Blutes zu sein;
b) subjektiv: dem Nachweis eines Verhaltens, aus dem sich Wille und Eignung ergaben, in Treue dem Deutschen Volk und Reich zu dienen.

Zu den Nürnberger Gesetzen, die auch die geschlechtlichen Beziehungen zwischen Juden und Ariern verboten, hieß es im zeitgenössischen Kommentar von Ministerialrat Dr. Lösener und Regierungsrat Dr. Knost: »In rassenbiologischer Beziehung sind die beiden Nürnberger Gesetze als Einheit aufzufassen. Das Reichsbürgergesetz trennt die blutsfremden Staatsangehörigen von den staatsangehörigen Volksgenossen, indem es jene von dem Recht politischer Mitbestimmung am Schicksal des Staates ausschließt, diesen aber die Gestaltung ihrer Geschicke allein in die Hand legt. Das Blutschutzgesetz sondert die Angehörigen des jüdischen Volkes von denen des deutschen, indem es das jüdische Volk in seine eigenen Lebensbezirke verweist, und vor allem die bisherige Möglichkeit der engsten menschlichen Beziehung, der Geschlechtsgemeinschaft, so unerbittlich beseitigt, wie dies überhaupt im Wege der Gesetzgebung möglich ist.«

Wenn es im gleichen Kommentar auch hieß, daß diese Nürnberger Gesetze nicht Maßnahmen seien, »die Rassenhaß züchten und verewigen sollen, sondern solche, die den Beginn einer Befriedung der Beziehungen des deutschen und jüdischen Volkes bedeuten«, so wies der »Stürmer« doch bereits damals schon auf den kommenden leidvollen Weg der jüdischen Menschen hin: »Durch diese Sonderstellung aber wurde das Judentum in das Blickfeld der gesamten Nation gerückt. Nun ist es zu Ende mit der geheimen Wühlarbeit! Zu Ende mit der

Ausbeutung der Nichtjuden! Zu Ende mit den teuflischen Plänen des Judentums. Das weiß der Jude! Er weiß aber noch mehr. Er weiß, daß die Rassengesetze Deutschlands nur ein Anfang sind ...« Diesem Anfang, der die deutschen Juden in die Isolierung drängte, folgten nun eine Fülle von Gesetzen und Verordnungen der Diskriminierung, die in den gesetzlosen Willkürhandlungen der »Reichskristallnacht« ihren ersten terroristischen Höhepunkt fanden. Um diese »rechtliche« und »gesetzmäßige« Diskriminierung zu veranschaulichen, sollen hier nur einige Gliederungspunkte der Abhandlung »Rassen- und Erbpflege im deutschen Recht« vom Oberregierungsrat Dr. Werner Feldscher angeführt werden:

»Sondermaßnahmen gegen Juden; Die Entjudung der deutschen Wirtschaft; Verbote und Einschränkungen der wirtschaftlichen Betätigung; Zwangsentjudung; Entjudung der Gewerbebetriebe; Entjudung land- und forstwirtschaftlicher Betriebe; Minderung der jüdischen Rechtsstellung auf Einzelgebieten; Juden im Arbeitsrecht; Juden im Steuerrecht; Namensrecht für Juden; Kennzeichnung der Juden; Ordensverbot und Beschränkung der Freizügigkeit; Kennkartenzwang, Paßwesen und Waffenbesitz der Juden; sonstige Maßnahmen (Entziehung der Führerscheine, Jagd- und Fischereischeine und Aufenthalt in Kurorten) ...«

Neben diesen antijüdischen Maßnahmen der nationalsozialistischen Regierung, die zunächst darauf hinausliefen, die Juden aus dem öffentlichen Leben auszuschalten und die ihre letzte Konsequenz in den Massenvernichtungsanstalten fanden, ergriff die NS-Führung getreu ihrer Weltanschauung auch Maßnahmen, durch die die Heraufzüchtung und Veredelung des »eigenen Blutes« ermöglicht werden sollte. »Zersetzende Einwirkungen auf den deutschen Volkskörper können nicht nur von außen her durch Fremdrassige erfolgen, sondern auch von innen her durch hemmungslose Vermehrung der minderwertigen Erbmasse. Erbpflege, d. h. bewußte Förderung der Erbgesundheit eines Volkes, ist deshalb die zwingende Ergänzung zur Rassenpflege ...

Aus dieser Erkenntnis heraus hat die nationalsozialistische Regierung unter Abkehr von früheren Anschauungen ... ein System von Maßnahmen ergriffen, die das Minderwertige ausmerzen und das Höherwertige fördern sollen. Sie sind unter folgenden Gesichtspunkten zusammenzufassen: 1. Verhütung erbkranken Nachwuchses; 2. Verhinderung unerwünschter Ehen; 3. Förderung der Erbtüchtigen.« So hieß es bei Oberregierungsrat Dr. Werner Feldscher.

Auch in diesem Bereich, dem Bereich der Eheplanung und Partnerwahl, wurde also die Freiheit des einzelnen durch staatliche Gesetze und Verordnungen zugunsten der nationalsozialistischen Weltanschauung eingeschränkt. Die »Kinderzuchtspläne« eines Martin Bor-

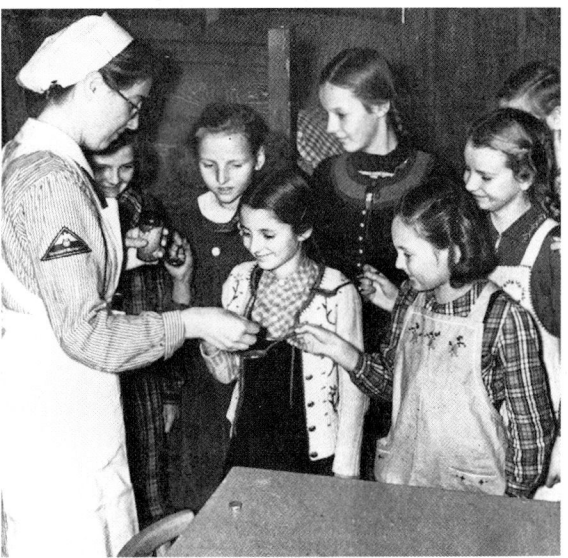

Der Nationalsozialismus, nach den Worten des berühmten deutschen Psychiaters Professor Oswald Bumke »eine Weltanschauung, die kein Mitleid mehr kannte und die sich deshalb mit wahrem ärztlichem Fühlen und Handeln schlechterdings nicht vereinigen ließ«, zeigte seine erschreckende Zwiespältigkeit besonders deutlich auf dem Gebiet der Medizin.
Oben: »Schwächlinge und kränkliche Kinder baden sich unter der Obhut der Nationalsozialistischen Volkswohlfahrt in den Badeeinrichtungen des Kurortes Bad Salzuflen wieder gesund.«
Unten: Unter der Obhut von NSV-Schwestern sind im Herbst viele Tausende von Großstadtkindern aufs Land gefahren. Unter ärztlicher Aufsicht kräftigen sie sich körperlich durch Spiel und Sport. Zum Abend gibt es dann, wie das Bild zeigt, Vitamine, um auch dadurch den Gesundheitszustand der Kinder zu heben« (Original-Unterschriften).
Rechte Seite oben: Das Elend jüdischer Kinder als Versuchspersonen des KZ-Arztes Dr. Mengele wurde in seiner ganzen Grausamkeit erst nach dem Krieg bekannt.
Unten: Ihrem Mediziner-Eid untreu gewordene SS-Ärzte experimentieren eine Versuchsperson, ohne das geringste Mitgefühl, in einer Wanne voll Eiswasser zu Tode.

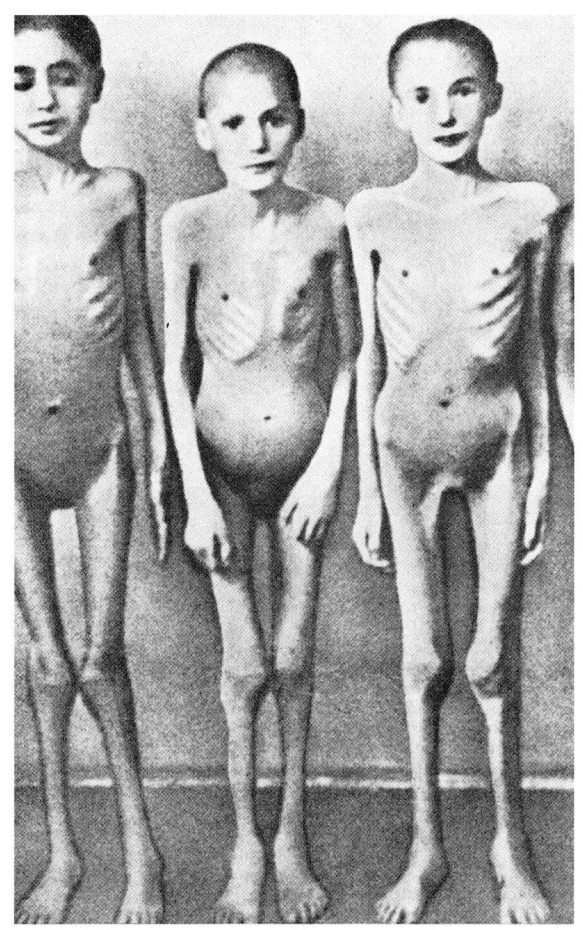

mann, die Zukunftsvisionen eines Heinrich Himmler, die Polygamie für rassisch Auserwählte wieder einzuführen und in der SS-Einrichtung »Lebensborn« auch uneheliche aber »erbtüchtige« Kinder heranzuzüchten, und das Programm der Euthanasie, »lebensunwertes Leben« zu vernichten, waren die letzten Konsequenzen dieser mißverstandenen Biologie, die radikal mit den überlieferten abendländisch-christlichen Werten brach. Dieser zutiefst unsittliche und unwissenschaftliche Rassismus und Biologismus der nationalsozialistischen Weltanschauung machte den jüdischen Menschen zum Objekt der Ausrottung und den Arier zum Objekt der Höherzüchtung, wie es der Dipl.-Landwirt, Minister und Reichsbauernführer Walther Darré unfreiwillig komisch bis widerlich formulierte: »Hier entsteht der neue Adel. Wir werden das beste Blut sammeln. Wie wir unser altes hannöversches Pferd aus weniger rein gebliebenen Vater- und Muttertieren wieder herausgezüchtet haben, so werden wir aus dem besten deutschen Blut aus Verdrängungskreuzungen im Laufe der Generationen wieder den reinen Typ der nordischen Deutschen züchten. Vielleicht werden wir nicht mehr das ganze deutsche Volk reinzüchten können. Aber der neue deutsche Adel wird eine Hochzucht im buchstäblichen Sinne des Wortes sein.«

Ohne auf das besondere des Menschlichen einzugehen, wurden hier die Begriffe und Erfahrungen aus der Viehzucht einfach auf die menschliche Gesellschaft übertragen, die dem einzelnen Menschen nicht mehr den Rang eines einmaligen geistig-sittlichen Wesens einräumte, sondern den Wert des einzelnen Menschen radikal verneinte.

Diese Verneinung des Individuums degradierte auch die Rechtsprechung innerhalb der nationalsozialistischen Staatsordnung zu einem Erfüllungsinstrument des Führerwillens, das deutsche Volk im Sinne der nationalsozialistischen Weltanschauung auszurichten und gleichzuschalten. Hier diente die Rechtsprechung nicht mehr der höheren Idee von Recht und Gerechtigkeit, sondern nur mehr dazu, den totalen Herrschaftsanspruch der nationalsozialistischen Machthaber zu sichern und zu festigen.

Und auch hier waren es wiederum Juristen, die Hitlers Anspruch theoretisch untermauerten. Prof. Ernst Rudolf Huber schrieb: »Als oberster Träger aller Gemeinschaftsfunktionen wird der Führer auch zum Träger der Gerichtshoheit und der Gerichtsgewalt ... Der Führer ist der oberste Gerichtsherr des Volkes.« Der Richter ist an den Führerwillen gebunden, »der eben Ausdruck höchsten Rechts ist«. Der Richter ist in der Auslegung der Gesetze frei, »ja es ist ihm auch die lückenfüllende rechtsschöpferische Tätigkeit gestattet, soweit er dabei nur im Geiste des Führers verfährt«.

Und sein Kollege Prof. Erik Wolf: »Der Anspruch des

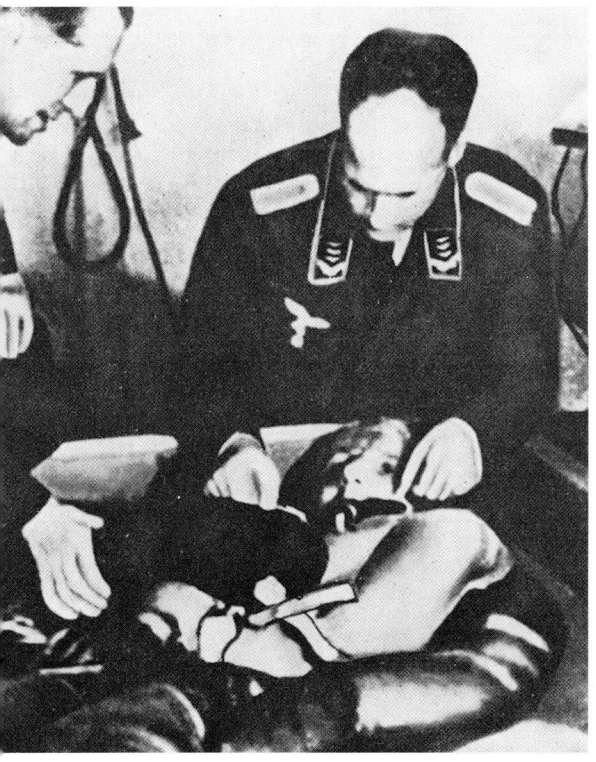

nationalsozialistischen Staates ergreift das irdische Dasein des Menschen in umfassender Weise. Er findet seine Grenzen weder an geschichtlichen Traditionen noch an gewissen Grundrechten oder Menschenrechten... Im Alltag des Rechtslebens wird echter Nationalsozialismus sich wohl dort am ehesten finden, wo der Idee des Führers wortlos aber treulich nachgelebt wird...«

Damit die einzelnen Richter sich nun in der Praxis auch wirklich die Grundsätze des Führers zu eigen machten, wurden die jungen Juristen konsequent im Sinne der nationalsozialistischen Weltanschauung herangebildet, gab es die Richterbriefe, die einzelne Gerichtsurteile bewerteten und so eine Anschauung davon gaben, wie sich die »Justizführung nationalsozialistische Rechtsanwendung denkt«, gab es die »Vor- und Nachschaubesprechungen« einzelner richterlicher Entscheidungen und gab es vor allem den bereits 1934 geplanten »Volksgerichtshof«, der durch das »Gesetz über den Volksgerichtshof« vom 18. April 1936 seine endgültige Verfassung erhielt. In seine Zuständigkeit fielen von nun an Hoch- und Landesverrat, Angriffe gegen den Führer, Wehrmittelbeschädigung und Wirtschaftssabotage, wobei oft schon der Verdacht genügte, einen durch seine gegnerische Haltung zum Staatsverbrecher abgestempelten Angeklagten zu verurteilen. Daß diese Urteile tatsächlich im Sinne des »Führers« gefällt wurden, dafür sorgte schon die Tatsache, daß von den fünf Richtern eines Senats des Volksgerichtshofes nur zwei die Befähigung zum Richteramt besitzen mußten, während die ehrenamtlichen Mitglieder direkt vom »Führer« bestellt wurden.

Die Rechtsvorstellungen, die dieses Sondergericht beherrschten und die im Grunde für die gesamte nationalsozialistische Rechtsauffassung symptomatisch sind, mögen folgende zeitgenössischen Zitate veranschaulichen, die Pervertierung einer nicht mehr an die Gerechtigkeit gebundenen Rechtsordnung schlaglichtartig beleuchten. Karl Engert, Vizepräsident des Volksgerichtshofes: »Darum müssen wir auch von allen Richtern dieses Gerichtshofes und von allen Vertretern der Anklagebehörde verlangen, daß sie in erster Linie Politiker und dann erst Richter und nicht umgekehrt sind.« Nach einer Rede von Goebbels vor den Mitgliedern des Volksgerichtshofes müsse der Richter »bei seiner Entscheidung weniger vom Gesetz ausgehen als von dem Grundgedanken, daß der Rechtsbrecher aus der Volksgemeinschaft ausgeschieden werde. Im Kriege gehe es nicht so sehr darum, ob ein Urteil gerecht oder ungerecht sei, sondern nur um die Frage der Zweckmäßigkeit der Entscheidung. Der Staat müsse seine inneren Feinde endgültig ausmerzen... Es sei nicht vom Gesetz auszugehen, sondern von dem Entschluß, der Mann müsse weg.«

In einem Brief schrieb Justizminister Thierack an seinen Nachfolger als Präsident des Volksgerichtshofes Freisler: »Im allgemeinen muß sich der Richter des Volksgerichtshofes daran gewöhnen, die Ideen und Absichten der Staatsführung als das Primäre zu sehen, das Menschenschicksal, das davon abhängt, als das Sekundäre... Ich will versuchen, das zu verdeutlichen: Wenn ein Jude... wegen Landesverrats – und sei es auch nur wegen Beihilfe hierzu – angeklagt ist, steht hinter ihm der Haß und der Wille des Judentums, das deutsche Volk zu vernichten. In der Regel wird das also Hochverrat sein, der mit dem Tode zu ahnden ist.«

Und in der Festrede des Reichsanwaltes Parrisius zum vierjährigen Bestehen des Volksgerichtshofes hieß es: »Seine Aufgabe ist nicht die, Recht zu sprechen, sondern die, die Gegner des Nationalsozialismus sind, zu vernichten.«

»Unter dem Gedanken der Befreiung des deutschen Volkskörpers von Polen, Russen, Juden und Zigeunern und unter dem Gedanken der Freimachung der zum Reiche gekommenen Ostgebiete als Siedlungsland für das deutsche Volkstum beabsichtige ich, die Strafverfolgung gegen Polen, Russen, Juden und Zigeuner dem Reichsführer-SS zu überlassen. Ich gehe hierbei davon aus, daß die Justiz nur in kleinem Umfange dazu beitragen kann, Angehörige dieses Volkstums auszurotten. Zweifellos fällt die Justiz jetzt sehr harte Urteile gegen solche Personen, aber das reicht nicht aus, um wesentlich zur Durchführung des oben angeführten Gedankens beizutragen«, heißt es in einem Brief des Reichsjustizministers Otto Thierack an Martin Bormann vom 13. Oktober 1943.

In diesen Gedanken und den zahlreichen äußerst harten Urteilen kommt die ganze Brutalität nationalsozialistischer Welt- und Rechtsanschauung zum Ausdruck, die sich auch nicht mit den Kriegsumständen entschuldigen läßt, sondern die logische Konsequenz einer Staatsordnung sein muß, in der ein Adolf Hitler, sekundiert von rechtskundigen Fachleuten, zur höchsten Gewalt des Staates, die über dem Recht steht, aufgerückt ist. Die logische Konsequenz einer Staatsordnung, in der die Errungenschaften der Demokratie und des liberalen Rechtsstaates zugunsten der unbeschränkten Souveränität eines Diktators beseitigt wurden, der im Recht nur ein Instrument im Kampf um seine Macht und seine Weltanschauung sehen wollte, dem die Kompliziertheit einer an Recht und Gerechtigkeit orientierten Rechtsordnung lediglich als Fesseln seiner Selbstverwirklichung erschien, die zu sprengen er dann auch jederzeit bereit war, wenn es ihm aus machtpolitischen und weltanschaulichen Gründen opportun erschien. Wie wenig er im Grunde gewillt war, den Spruch eines unabhängigen Gerichtes hinzunehmen, geht z. B. aus seiner Äußerung hervor, er werde »jeden Landesverräter für den

Fall einer zu milden Bestrafung durch die ordentlichen Gerichte durch ein SS-Kommando abholen und erschießen lassen«.

Wie kam es nun dazu, daß eine solche Staatsordnung, in der die Willkür eines einzelnen Menschen zum »Recht« erhoben wurde, sich dem eigenen Volke gegenüber behaupten konnte und erst von außen durch Waffengewalt zu Fall gebracht werden konnte?

Ohne die Vielschichtigkeit einer solchen Frage zu verkennen, ist hier vor allem zu bedenken, daß die Masse des Volkes mit dem verbrecherischen Kern der nationalsozialistischen Staats- und Rechtsordnung nicht direkt in Berührung kam. In den alltäglichen sowohl bürgerlich-rechtlichen als auch strafrechtlichen Fällen blieb die alte gewohnte Rechtsordnung in Kraft, in der sich Richter, Staatsanwälte, Prozeßparteien und Rechtsanwälte nach den bisher geltenden Methoden um ein möglichst gerechtes Urteil bemühen konnten. Solange der einzelne Bürger also als ein »führertreuer Volksgenosse« galt, solange er in politischen Dingen den Standpunkt der Führung vertrat oder den Mund hielt, so lange kam ihm das Widerrechtliche und Willkürliche der nationalsozialistischen Staatsordnung nicht allzu deutlich zum Bewußtsein. Daß es für ihn im Grunde keine gesicherte Freiheitssphäre mehr gab, daß er über den nicht präzisierten Begriff »politisch« jederzeit den ordentlichen Gerichten entzogen werden konnte, um in den Bereich der Gestapo, der Konzentrationslager und des unkontrollierten Strafvollzuges überführt zu werden, daß er also in völliger Rechtsunsicherheit lebte, spürte die Mehrheit der Bürger kaum. Nicht nur weil sie im wesentlichen politisch desinteressiert war, sondern auch, weil eine geschickte Propaganda immer das als das höchste Recht und die höchste Gerechtigkeit hinstellte, was die nationalsozialistischen Machthaber gerade gerechtfertigt haben wollten.

Auf die Frage: »Wie kam es, daß die Masse des deutschen Volkes sich der nationalsozialistischen Herrschaft beugte, ja sich im Reich Hitlers bis weit in den Krieg hinein ausgesprochen wohl fühlte?« antwortet der Historiker Prof. Walther Hofer: »Der hauptsächliche Grund für dieses Verhalten liegt sicher darin, daß der überwiegende Teil des deutschen Volkes nur jene glanzvolle Fassade des neuen Reiches zu Gesicht bekam und von den geschilderten Errungenschaften auf der Sonnenseite in der einen oder anderen Weise profitierte. Ja, es ist kein Zweifel möglich, daß es Hitler gelang, die Zahl seiner gläubigen Anhänger von Jahr zu Jahr zu steigern, je größer die inneren und äußeren Erfolge seiner Herrschaft wurden. Nicht nur Terror und Propaganda, sondern auch handgreifliche innen- und außenpolitische Erfolge ließen die Zahl derer immer größer werden, die mit innerer Überzeugung und nicht nur unter äußerem Druck sich willig der Führung des Diktators unterwarfen. Insbesondere die Jugend, ganz im nationalsozialistischen Geiste erzogen, glaubte inbrünstig an die Ideale, die Hitler verkündete: Volksgemeinschaft ohne Klassengegensätze, nationale Größe und Ehre, Deutschland als Bollwerk gegen den Bolschewismus. Solchen Zielen gegenüber fiel der Verlust der bürgerlichen Freiheiten für die Mehrheit des deutschen Volkes kaum ins Gewicht, um so mehr als es eine lebendige demokratische Tradition kaum gab, ja die Weimarer Demokratie mit sozialem und politischem Chaos und mit nationaler Schwäche gleichgesetzt wurde. Mit einem Wort: Man war bereit, auf innere Freiheit für äußere Macht und Größe zu verzichten. Die geschickte Taktik, durch welche Hitler die Zerstörung der Demokratie in Formen der Scheinlegalität vollzog, tat ein übriges, um dem Großteil der Bevölkerung den Verlust der Freiheit gar nicht voll zum Bewußtsein kommen zu lassen.

Als die politische Macht des neuen Regimes gesichert war, wäre ohnehin jeglicher Widerstand von unten her aussichtslos gewesen. Der totale Umbau des deutschen Lebens sollte, nach einem Wort Hitlers, im Zeichen der Evolution, nicht der Revolution erfolgen. Im Effekt kam es auf dasselbe hinaus: auf die totale Uniformierung im buchstäblichen wie im geistigen Sinne. Nur eine kleine Minderheit, eine wirkliche Elite im politischen, geistigen und moralischen Sinne, lehnte sich gegen diesen nationalsozialistischen Umbau auf und ging in die äußere oder auch in die innere Emigration, aber auch ins KZ oder in den Tod.«

Brauner Kult

Der Nationalsozialismus nahm für sich in Anspruch, im Besitz der absoluten Wahrheit zu sein. Diese durfte nicht diskutiert, sondern sie mußte geglaubt werden. Um diesen Glauben zu vertiefen, entwickelte die nationalsozialistische Führung ganz nach dem kirchlichen Vorbild den eigenen braunen Kult. Die Blut-Mystik der »Blutorden« und »Blutfahne«, Standarten, Jubel, Licht, Farbe, Musik, Führerkult, Fahnen und Massenaufmärsche – all das wurde im Dritten Reich geschickt arrangiert und glänzend demonstriert. Tag der Machtübernahme, Heldengedenktag, Führers Geburtstag, Tag der nationalen Arbeit, Muttertag, Sonnwendfeier, Reichsparteitag, Erntedankfest und der 9. November, der dem Gedenken der »Blutzeugen der Bewegung« galt, waren die stetig wiederkehrenden Höhepunkte des nationalsozialistischen Feierjahres.

Oben: Die SS-Leibstandarte Adolf Hitler auf dem Nürnberger Parteitag.
Mitte: »Der Führer weiht mit der Blutfahne die neuen Fahnen und Standarten der SA und SS«, hieß die Originalunterschrift zu diesem Bild.
Unten: Adolf Hitler begrüßt »bewegt seine treuesten Mitstreiter, die Blutzeugen des Opfermarsches von 1923«. Parteiaufnahme und Vereidigung des SS-Nachwuchses fanden ebenfalls am 9. November statt.

Der Erste Mai, der internationale Feiertag aller Arbeiter, wurde im Dritten Reich zum »Tag der Nationalen Arbeit« erklärt. Im »Ringen um die Seele des schaffenden deutschen Menschen« sollte hier die Einheit zwischen Arbeiterschaft und nationalsozialistischer Führung demonstriert werden. – *Bild unten:* »Daheim im Dorf am Erntedanktag«. Was sich an diesem Tag des Reichsbauernfestes alljährlich auf dem Bückeberg bei Hameln abspielte, davon gibt das Bild auf den nächsten beiden Seiten eine Vorstellung. – *Bild oben:* Hermann Göring im Kreise »Deutscher Arbeitskameraden«.

30. Januar, Tag der Machtübernahme: Hitler nimmt den Vorbeimarsch der SS-Formationen ab. Aus dem Streit zwischen Wehrmacht und SA als Sieger hervorgegangen, entwickelte sich dieser »nationalsozialistische soldatische Orden nordisch bestimmter Männer« mehr und mehr zum eigentlichen Machtträger des Dritten Reiches. Von der Furcht, die diese Männer im Reiche Adolf Hitlers auslösen konnten, zeugt der Ausspruch Heinrich Himmlers, des Reichsführers SS: »Ich weiß, daß es manche Leute in Deutschland gibt, denen es schlecht wird, wenn sie diesen schwarzen Rock sehen: wir haben Verständnis dafür . . .«

149

Am 20. April 1939 feierte Hitler seinen 50. Geburtstag. Vom »unbekannten Soldaten« war er zum Führer des »Großdeutschen Reiches« geworden, vom Führer einer kleinen unbedeutenden Partei zum mächtigsten Herrscher Europas. »Ein verarmtes und geknechtetes Volk einen steilen Weg zur stolzen Höhe emporführend«, so berichtet der zeitgenössische Chronist, »hat er in sechs Jahren Leistungen vollbracht, die gemessen an der Zeit und den Mitteln, die ihm zur Verfügung standen, in der ganzen Geschichte der Menschheit beispiellos sind.« Echte Erfolge und eine geschickte Propaganda machten aus Hitler eine fast mythische Gestalt. Man wollte ihn den Massen als einen überdurchschnittlichen Heros hinstellen, der dazu berufen war, dem deutschen Volk ein irdisches Paradies zu errichten. – Große Teile des deutschen Volkes verfielen diesem Wahn: Sie schauten zu Hitler auf wie zu einem Gott. Wie sehr die Person des »Führers« im Mittelpunkt des braunen

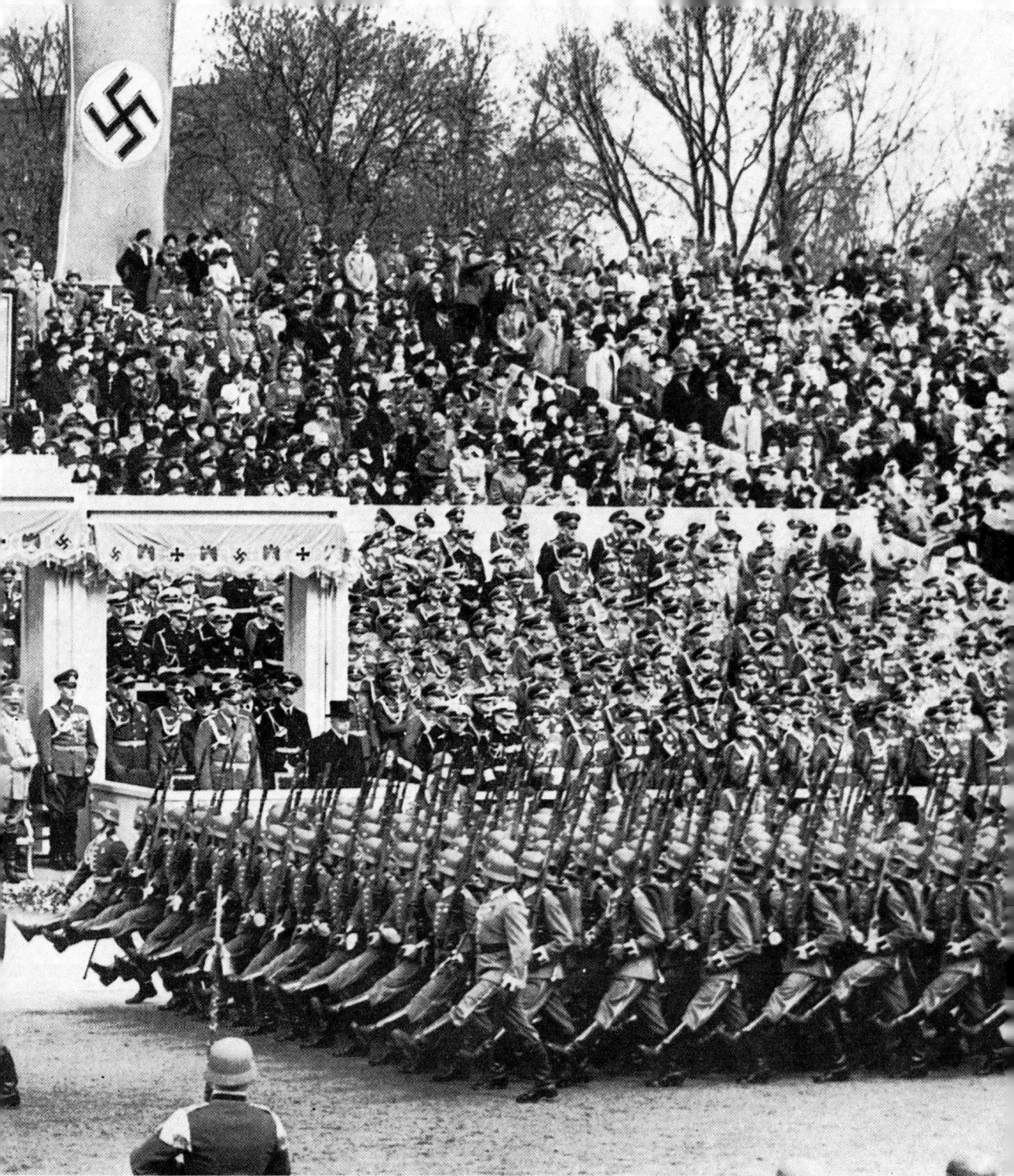

Kultes stand, mögen die Worte Robert Leys bezeugen, die uns heute unwahrscheinlich erscheinen, die aber im Dritten Reich nichts Außergewöhnliches waren: »Adolf Hitler! Wir sind Dir allein verbunden! Wir wollen in dieser Stunde das Gelöbnis erneuern: Wir glauben auf dieser Erde allein an Adolf Hitler. Wir glauben, daß der Nationalsozialismus der alleinseligmachende Glaube für unser Volk ist. Wir glauben, daß es einen Herrgott im Himmel gibt, der uns geschaffen hat, der uns führt, der uns lenkt und der uns sichtbarlich segnet. Und wir glauben, daß dieser Herrgott uns Adolf Hitler gesandt hat, damit Deutschland für alle Ewigkeit ein Fundament werde.« Unser Bild zeigt den Vorbeimarsch der Infanterie an der Tribüne. Anläßlich Hitlers 50. Geburtstag sollte dem Ausland und dem eigenen Volke »die riesige militärische Stärke des Dritten Reiches« vor Augen geführt werden, eine »militärische Stärke«, mit der er sich und Deutschland zugrunde richtete.

Die gewaltigen Massendemonstrationen der Nürnberger Parteitage als der »Ausdruck einer erwachenden Nation und der Einheit von Führung und Volk« verfehlten auch auf das Ausland nicht ihre Wirkung. »Ich habe sechs Jahre vor dem Krieg in der besten Zeit des russischen Balletts in St. Petersburg zugebracht, aber ich habe nie ein Ballett gesehen, das sich mit dieser grandiosen Schau vergleichen ließe«, schrieb der englische Botschafter Sir Neville Henderson.
Oben: Vorführungen des BDM am Tag der Gemeinschaft.
Unten: Fahneneinmarsch beim Reichsparteitagsappell der »Politischen Leiter«, mit deren Hilfe der Einfluß der Partei über Gau, Ortsgruppe, Zelle und Block bis in jedes Haus und jede Wohnung reichte.

Rechte Seite: Unter einem gewaltigen »Licht-Dom« spricht Hitler zu den 140000 Politischen Leitern: »... Wenn wir uns hier treffen, dann erfüllt uns alle das Wundersame dieses Zusammenkommens. Nicht jeder von euch sieht mich, und nicht jeden von euch sehe ich. Aber ich fühle euch und ihr fühlt mich, wir sind jetzt eins!«

Wirtschaftsordnung

Die formale Freiheit und das materielle Elend der Arbeiter führten innerhalb der Wirtschaftsordnung des ökonomischen Liberalismus zu dessen Gegenbewegung, dem Sozialismus. Während der ökonomische Liberalismus unter dem Zauberwort »Freiheit« davon ausging, daß eine möglichst uneingeschränkte und freie Entfaltung der Individuen automatisch zur gesellschaftlichen Harmonie führen werde, versuchte der Sozialismus, die gegenteilige Wirklichkeit, die »Soziale Frage«, die Spannung zwischen arm und reich, die Klassengegensätze zwischen Besitz und Proletariat durch eine neue Ordnung zu überwinden. Mit dieser Wirtschaftsordnung des Sozialismus, der die Wirtschaftsform des Kapitalismus, die freie Marktwirtschaft, den Privatbesitz an Produktionsmitteln und das Wirtschaftsmotiv der Gewinnmaximierung durch eine am Gemeinwohl orientierte staatliche Planwirtschaft ablösen wollte, hatte nun der Nationalsozialismus kaum etwas zu tun. Besonders die letzten Beweggründe des Sozialismus, durch eine Umwandlung der Gesellschaft den Status der Gleichheit und Freiheit für die gesamte Menschheit herbeizuführen, waren dem Nationalsozialismus völlig fremd.

Die Vielgestaltigkeit der sozialistischen Ideenwelt war, wie es die folgende Definition von Robert Ley zum Ausdruck bringt, im Nationalsozialismus völlig verlorengegangen: »Was Deutschland nützt, das ist Recht, und alles, was Deutschland schadet, ist Unrecht. So ist Sozialismus letzten Endes kein Mitleid und keine Wohlfahrt für den einzelnen Menschen, sondern Sozialismus

ist die Frage: Was nützt diesem Volke?« Und da Hitler, der ja innerhalb der nationalsozialistischen Staatsordnung allein befugt war, auf diese Frage eine Antwort zu geben, von der Idee besessen war, nur die Eroberung von »Raum im Osten« könne auf die Dauer den Bestand des deutschen Volkes sichern, hatte sich auch die Wirtschaftsordnung des Dritten Reiches voll und ganz dieser Zielsetzung unterzuordnen. Nach der Devise: »Die Macht ist immer die Wegbereiterin der Wirtschaft gewesen« ging es Hitler nach der Machtergreifung daher auch nicht mehr darum, die wirtschaftlichen Forderungen des für unabänderlich erklärten Parteiprogramms der NSDAP zu realisieren, sondern nur noch darum, möglichst schnell aufzurüsten. »Der Staat befiehlt, und die Wirtschaft hat diesem Befehl nachzukommen«, hieß es nun, und entgegen den Beteuerungen aus dem »Kampfzeit« war Hitler nun bereit, jede Methode und jede Persönlichkeit zu akzeptieren, die seinen Zwecken dienlich war. Diese opportunistische Haltung, insbesondere auch im Bereich der Wirtschaft sich auf bewährte Fachleute zu verlassen, kommt in seiner Rede vom 6. Juli 1933 zum Abschluß der Revolution deutlich zum Ausdruck: »Der heutige Zustand muß verbessert und die Menschen, die ihn verkörpern, müssen zur nationalsozialistischen Staatsauffassung erzogen werden. Man darf daher nicht einen Wirtschaftler absetzen, wenn er ein guter Wirtschaftler, aber noch kein Nationalsozialist ist; zumal dann nicht, wenn der Nationalsozialist, den man an seine Stelle setzt, von der Wirtschaft nichts versteht! In der Wirtschaft darf nur das Können ausschlaggebend sein... Durch theoretische Gleichschaltungen schaffen wir keinem Arbeiter Brot. Die Geschichte aber wird ihr Urteil über uns nicht danach abgeben, ob wir möglichst viele Wirtschaftler abgesetzt und eingesperrt haben, sondern danach, ob wir es verstanden haben, Arbeit zu schaffen. Wir haben heute absolut die Macht, uns überall durchzusetzen. Aber wir müssen die abgesetzten Menschen auch durch bessere ersetzen können. Der Wirtschaftler muß in erster Reihe nach seinen wirtschaftlichen Fähigkeiten

Hitler beim ersten Spatenstich zur Reichsautobahn Salzburg-Wien am 7. April 1938. Der Autobahnbau wurde von den Nationalsozialisten als Kernstück ihrer Wirtschaftspolitik betrachtet und zu einer ständigen Propaganda-Ausstellung gemacht. Bildjournalisten hielten die Bauarbeiten in allen Phasen fest, und die Begeisterung für das populäre Unternehmen war so groß, daß überall, wo Hitler den ersten Spatenstich getan, alsbald Zäune gezogen werden mußten, weil Andenkensammler die Erde säckeweise fortschleppten.

Hitler spricht zu Industriearbeitern, 1934, in einer Werkhalle von Siemens. Zwei Jahre danach konnte Hitler voll Stolz auf dem Reichsparteitag 1936 erklären, daß die Zahl der Arbeitslosen von sechs Millionen auf eine Million zurückgegangen sei. Damit hatten die nationalsozialistischen Machthaber, wenn auch durch die allgemeine wirtschaftliche Entwicklung begünstigt, vielen Deutschen wieder Brot und Sicherheit gebracht. Und für diese vielen war das von ausschlaggebender Bedeutung. Eine geregelte Beschäftigung und ein ordentlicher Lohn, jetzt, nach den Jahren einer tiefen Krise und Massenarbeitslosigkeit, ließ viele den nationalsozialistischen Wirtschaftsaufstieg als eine »goldene Zeit« empfinden. Daß Adolf Hitler hingegen die Freiheit auch in der Wirtschaft Schritt um Schritt beseitigte, das kümmerte die meisten nur wenig. Im Gegenteil, die DAF wurde als ein weiterer Schritt zur »Volksgemeinschaft« propagiert. Klassenkampf und Zwietracht schienen aufgehoben. »Gemeinnutz geht vor Eigennutz« galt vielen als ein neues und erstrebenswertes Ideal.

beurteilt werden, und wir müssen selbstverständlich die wirtschaftliche Apparatur in Ordnung halten. Die Ideen des Programms (des Parteiprogramms) verpflichten uns nicht, wie Narren zu handeln und alles umzustürzen, sondern klug und vorsichtig unsere Gedankengänge zu verwirklichen. Auf die Dauer wird die machtpolitische Sicherheit um so größer sein, je mehr es uns gelingt, sie wirtschaftlich zu untermauern.«

Genau wie das Recht war also auch die Wirtschaft des Dritten Reiches primär dazu da, den Machtanspruch der nationalsozialistischen Führung sicherzustellen.

Um hier vor dem Volke bestehen zu können, mußten die nationalsozialistischen Machthaber zunächst das brennendste Problem der Wirtschaftskrise in Deutschland – die Massenarbeitslosigkeit – überwinden. Daß ihnen die Lösung dieses Problems in relativ kurzer Zeit tatsächlich gelang, eine Lösung, die dem tiefbeeindruckten Volk immer als das Ergebnis der genialen Fähigkeiten Hitlers dargestellt wurde, beruhte jedoch nicht auf irgendeiner eigenen und originellen Idee des

Nationalsozialismus, sondern lediglich in dessen tatkräftiger Weiterführung einer Wirtschaftspolitik, die schon unter den letzten Kanzlern der Weimarer Republik eingeleitet worden war.

Hitler, wie seine beiden Vorgänger, profitierte dabei von dem harten Deflationskurs, den Reichskanzler Brüning (1930–32) gesteuert hatte. Er war daran zwar letztlich gescheitert und hatte die Arbeitslosigkeit bis zu jenem explosiven Maße gesteigert, dem Hitler seine Erfolge verdankte, er hatte aber auch die öffentlichen Haushalte in Ordnung gebracht und erst die Basis für den Schwenk seiner Nachfolger geschaffen. Als Papen im Sommer 1932 auf Vermehrung der Staatsausgaben umschaltete, hatte Brüning die entscheidende Vorleistung dafür erbracht, indem er Deutschland sozusagen aus den Reparationen hinausgespart hatte. Und selbst diesen Erfolg schrieben sich die Nationalsozialisten gut, die den Papenschen Ankurbelungskurs tatkräftig fortsetzten. Hitler hatte es dabei leichter, weil ihn keinerlei Kontrollinstanz mehr behinderte. Seine Maßnahmen schlugen daher auf dem Arbeitsmarkt auch rasch an und schufen Vertrauenskapital für die neue Führung. Daß sie einseitig durch Rüstungsaufträge Arbeitsplätze schuf, die damit letztlich unproduktiv waren, war für die wieder verdienenden Arbeiter nicht sichtbar.

Während die Proklamation zum ersten Vierjahresplan vom 1. Februar 1933 noch ganz im Zeichen der Überwindung der Weltwirtschaftskrise stand – »Binnen vier Jahren muß der deutsche Bauer der Verelendung endgültig entrissen sein. Binnen vier Jahren muß die Arbeitslosigkeit endgültig überwunden sein« –, rückte Hitler in seiner Proklamation zum zweiten Vierjahresplan am 9. September 1936 bereits ein anderes Motiv in den Vordergrund seiner Ausführungen: »Und ich stelle dies nun heute als das neue Vierjahresprogramm auf: In vier Jahren muß Deutschland in allen jenen Stoffen vom Ausland völlig unabhängig sein, die irgendwie durch die deutsche Fähigkeit, durch unsere Chemie und Maschinenindustrie sowie durch unseren Bergbau selbst beschafft werden können!«

In seiner geheimen Denkschrift über die Aufgaben dieses Vierjahresplans steht dann, was Hitler in Wahrheit damit meinte: »Wenn es uns nicht gelingt, in kürzester Frist die deutsche Wehrmacht in der Ausbildung, in der Aufstellung der Formationen, in der Ausrüstung und vor allem auch in der geistigen Erziehung zur ersten Armee der Welt zu entwickeln, wird Deutschland verloren sein! ... Es ist aber gänzlich belanglos, diese Tatsachen immer wieder festzustellen, d. h. festzustellen, daß uns Lebensmittel oder Rohstoffe fehlen, sondern es ist entscheidend, jene Maßnahmen zu treffen, die für die Zukunft eine endgültige Lösung, für den Übergang eine vorübergehende Entlastung bringen können.

Die endgültige Lösung liegt in einer Erweiterung des Lebensraumes bzw. der Rohstoff- und Ernährungsbasis unseres Volkes. Es ist die Aufgabe der politischen Führung, diese Frage dereinst zu lösen ... Es ist notwendig, die Friedensernährung und vor allem der Kriegsführung die Mittel zu sichern, die durch menschliche Energie und durch Tatkraft gesichert werden können. Und ich stelle daher zu einer endgültigen Lösung unserer Lebensnot folgendes Programm auf: Ähnlich der militärischen und politischen Aufrüstung bzw. Mobilmachung unseres Volkes hat auch eine wirtschaftliche zu erfolgen, und zwar im selben Tempo, mit der gleichen Entschlossenheit und wenn nötig auch mit der gleichen Rücksichtslosigkeit ... Kurz zusammengefaßt: Ich halte es für notwendig, daß nunmehr mit eiserner Entschlossenheit auf all den Gebieten eine 100prozentige Selbstversorgung eintritt, auf denen diese möglich ist ... Ich stelle damit folgende Aufgabe: 1. Die deutsche Armee muß in vier Jahren einsatzfähig sein; 2. die deutsche Wirtschaft muß in vier Jahren kriegsfähig sein.«

Die von Hitler systematisch betriebene Aufrüstung, die ihren Ursprung allein in politischen und nicht in wirtschaftlichen Überlegungen hatte, wurde zum einen durch das Steueraufkommen und zum anderen durch eine immer größer werdende innere Verschuldung des Deutschen Reiches finanziert. Betrug die Reichsschuld, d. h. die Gesamtbelastung des Reiches (ohne Länder und Gemeinden) mit inneren und äußeren kurzfristigen Schulden, 1932 noch 8,5 Milliarden = 15 Prozent des inländischen Geldvermögens, waren es 1939 bereits 47,3 Milliarden = 43,3 Prozent, um dann bis Kriegsende auf die ungeheure Summe von 387 Milliarden = 95 Prozent anzusteigen.

Daß Hitler sich über diese Verschuldung jedoch keinerlei Kopfzerbrechen machte, sich deren Begleichung vielmehr äußerst einfach vorstellte, geht aus seinem Tischgespräch vom 4. Mai 1942 hervor:

»1. brächten die durch das deutsche Schwert getätigten Landgewinne, wie er kürzlich bereits einmal ausgeführt habe, eine so bedeutende Vermehrung des Nationalvermögens, daß sie die Kriegskosten um ein Vielfaches aufwögen;

2. brächte die Einschaltung von 20 Millionen billigen ausländischen Arbeitskräften in den deutschen Wirtschaftsprozeß einen Gewinn, der die durch den Krieg entstandenen Reichsschulden bei weitem übertreffe. Man müsse nur einmal errechnen, wieviel dadurch gewonnen würde, daß der ausländische Arbeiter statt – sagen wir – 2000 RM wie der Inlandsarbeiter nur 1000 RM jährlich verdiene ...

Es sei jedoch bemerkenswert, daß dies den wenigsten deutschen Wirtschaftsführern bisher aufgefallen sei. Selbst dem Reichswirtschaftsminister, Parteigenossen Funk, habe er gelegentlich einer Nationalvermögens-Berechnung einmal auseinandersetzen müssen, wie wesentlich der Lebensstandard des deutschen Volkes durch die zahlreichen ausländischen Arbeitskräfte und die durch ihre Einschaltung bedingte Verbilligung der Hand-Arbeitskraft (vergleiche die Spanne der Kosten der inlandsdeutschen Arbeitskraft zu den Kosten der auslandsdeutschen Arbeitskraft) gehoben werde.

Schließlich aber lehre die Geschichte, daß an Schulden bisher kein Volk der Welt zugrunde gegangen sei.

Man könne daher auch unserer Wirtschaft nur empfehlen, bei den Rüstungsaufgaben, die der Krieg mit sich bringe, in finanzieller Hinsicht sich hundertprozentig optimistisch einzustellen.«

Im Gegensatz zu Hitler bereitete dessen forcierte Rüstung über eine hemmungslose staatliche Ausgabenwirtschaft den verantwortlichen Wirtschaftsführern sowohl vor als auch während des Krieges erhebliche Schwierigkeiten. »Das unbegrenzte Anschwellen der Staatsausgaben sprengt jeden Versuch eines geordneten Etats, bringt trotz ungeheurer Anspannung der Steuerschraube die Staatsfinanzen an den Rand des Zusammenbruchs und zerrüttet von hier aus die Notenbank und die Währung. Es gibt kein noch so geniales und ausgeklügeltes Rezept oder System der Finanz- und Geldtechnik, keine Organisation und keine Kontrollmaßnahmen, die wirksam genug wären, die verheerenden Wirkungen einer uferlosen Ausgabenwirtschaft auf die Währung hintanzuhalten. Keine Notenbank ist imstande, die Währung aufrechtzuerhalten gegen eine inflationistische Ausgabenpolitik des Staates«, hieß es in einem Schreiben des Reichsbankdirektoriums an Hitler vom 9. Januar 1939.

Doch solche Stimmen der warnenden Vernunft konnten Hitler um so weniger beunruhigen, als insbesondere durch die Maßnahmen des Preis- und Lohnstopps eine offen in Erscheinung tretende Inflation tatsächlich verhindert werden konnte. Eine antiinflationäre Wirkung hatten auch die von Wirtschaftsminister Hjalmar Schacht erfundenen sogenannten Mefo-Wechsel, die zwischen 1934 und 1937 in einem beträchtlichen Ausmaße zur Finanzierung der Aufrüstung beigetragen hatten. Das Wesen dieser Mefo-Wechsel bestand darin, daß die Unternehmer, deren staatliche Aufträge nicht direkt vom Staate bezahlt wurden, ihre Verbindlichkeiten durch Wechsel beglichen, die sie auf die eigens dazu gegründete Scheinfirma »Metallurgische Forschungsgesellschaft GmbH« ziehen konnten. »Was die Durchführung des Systems anlangt, so konnte die Reichsregierung ihre Aufträge, die sie der Wirtschaft gab und die sich in der folgenden Zeit insbesondere auf die Aufrüstung erstreckten, mit den Mefo-Wechseln bezahlen. Die Lieferanten konnten die Wechsel sofort bei der Reichsbank zu Geld machen«, schrieb Hjalmar Schacht. Der Vorteil dieser Finanzierung bestand nur darin, daß von den im Umlauf befindlichen Mefo-Wechseln, deren Summe bis zum Jahre 1938 auf 12 Milliarden RM angestiegen war, nur 6 Milliarden bei der Reichsbank eingelöst worden waren, während die restlichen 6 Milliarden in der Wirtschaft verblieben. Dadurch konnte bei dieser Art der Finanzierung eine unliebsame Geldvermehrung und eine damit verbundene inflationäre Geldentwertung vermieden werden.

Der Außenhandel stellte die NS-Führung bald vor ein weiteres Problem, dessen Lösung, als die Verschuldung des Dritten Reiches dem Ausland gegenüber im zweiten Quartal 1934 den hohen Betrag von 161 Millionen Mark erreicht hatte, nicht länger aufgeschoben werden konnte. »Ich mußte«, schrieb Hjalmar Schacht, »so bald wie möglich einen Ausweg in der Außenhandelspolitik finden, der uns Rohstoffe und Nahrungsmittel in der Höhe des deutschen Bedarfs sicherte. Am 24. September 1934 trat mein Außenhandelsprogramm in Kraft, das von nun an unter dem Namen ›Neuer Plan‹ lief. Dieser neue Plan stellte eine Zentralisierung auf

Oben: Hjalmar Schacht, ehemaliger Reichsbankpräsident, diente Hitler von 1934 bis 1937 als Wirtschaftsminister. Danach mit diesem über den offensichtlichen Kriegskurs zerstritten, zog er sich zurück und nahm Kontakte mit Widerstandskreisen auf. Dessen verdächtigt, kam er nach dem Attentat des 20. Juli 1944 kurzzeitig ins KZ.
Rechte Seite: Die »Straßen des Führers« sollten alle Landschaften erschließen, das Netz der Autobahnen ganz Deutschland umspannen. Die Streckenführung entsprach dabei durchaus den Plänen, die schon in der Weimarer Zeit ausgearbeitet worden waren.

dem Gebiete des Handels dar. Durch den neuen Plan wurde die Einfuhr zwangsweise auf die vorhandenen Zahlungsmöglichkeiten abgestimmt. Es wurden 25 Überwachungsstellen gebildet, denen die Kontrolle sämtlicher Außenhandelsumsätze übertragen wurde. Für die genehmigten Einfuhrgeschäfte wurden Devisen in bar oder auf Verrechnungskonto zugeteilt.

Auf den Verrechnungskonten wurden im weiteren Verlauf der mit einer Reihe von Auslandsstaaten abgeschlossenen Handelsverträge die deutschen Käufe in den betreffenden anderen Ländern gutgeschrieben und den Ländern anheimgestellt, diese Gutschriften wieder

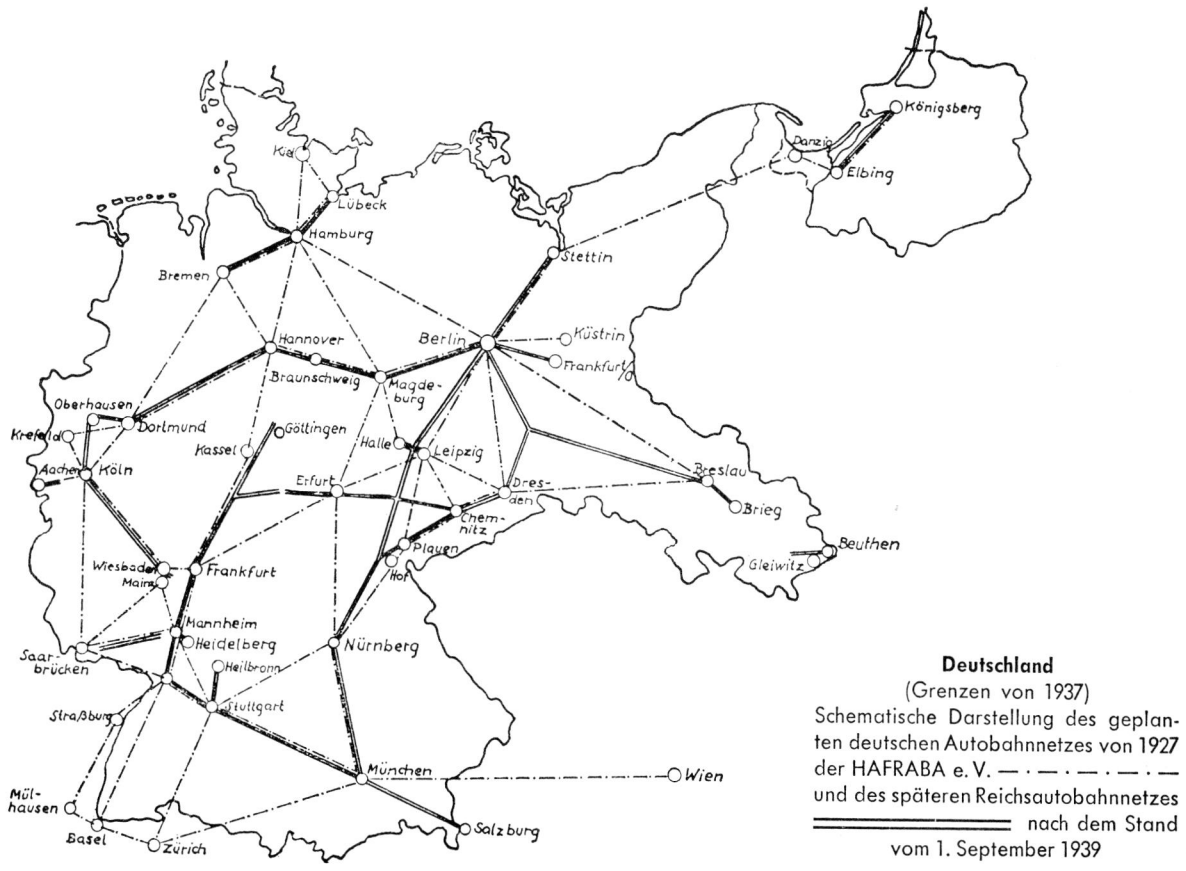

Deutschland
(Grenzen von 1937)
Schematische Darstellung des geplanten deutschen Autobahnnetzes von 1927
der HAFRABA e. V. — · — · — · — · —
und des späteren Reichsautobahnnetzes
══════════════ nach dem Stand
vom 1. September 1939

zu Einkäufen auf dem deutschen Markt zu verwenden... Durch dieses bilaterale Handelssystem gelang
es, den deutschen Bedarf an Rohstoffen und Nahrungs-
mitteln zu decken. – Ich wurde vom Auslande wegen
dieser Politik heftig angegriffen. Sie widersprach in der
Tat den herkömmlichen Auffassungen von multilatera-
lem Handelsverkehr und von Meistbegünstigung. Wissenschaftler aller Länder erklärten dieses System als
einen Verstoß gegen jede klassische Wirtschaftstheorie.
Mir aber kam es nicht auf die Klassik meiner Wirtschaftstheorie an, sondern auf die Deckung des Lebens-
bedarfs des deutschen Volkes.«
Während Schacht hier also von dem »Lebensbedarf des
deutschen Volkes« sprach, dominierte in Hitlers bereits
oben zitierter geheimer Denkschrift ein ganz anderes
Motiv: »Es ist unmöglich, bestimmte Rohstoffdevisen
für den Import von Lebensmitteln zu verwenden... Es
ist aber vor allem gänzlich unmöglich, dies auf Kosten
der nationalen Aufrüstung zu tun.«
Schachts »Neuer Plan«, der sowohl eine Bilateralisie-
rung des deutschen Außenhandels und weitgehend auch
des Zahlungsverkehrs als auch eine totale Außenhan-
dels- und Devisenbewirtschaftung brachte, wurde dann
auch in erster Linie in den Dienst der von Hitler ange-

strebten »nationalen Aufrüstung« gestellt. In diesem
System der Devisenzwangsbewirtschaftung und der Planung des gesamten Einfuhrvolumens mußte sich der
deutsche Unternehmer für jede Einfuhr die Genehmigung des Staates einholen, die dieser ihm nur aus
»volkswirtschaftlichen«, d. h. im Staat Hitlers in der
Regel nur aus rüstungspolitischen Grundsätzen ge-
währte. Ebenso wie die Einfuhr wurde auch die Aus-
fuhr vom Staate zentral bewirtschaftet durch Export-
subventionen, die den deutschen Export in diejenigen
Länder leiten sollten, aus denen man als Gegenwert die
so dringend benötigten Rohstoffe beziehen konnte.
Außenhandelskontrolle, Preiskontrolle, Lohnstopp,
Investitionskontrolle, staatliche Rohstoffzuteilung und
andere Maßnahmen führten so Schritt um Schritt zu
einem System beaufsichtigter und zentralgeleiteter
Wirtschaft, zu einer »Kriegswirtschaft in Friedenszei-
ten«, wie der Wirtschaftswissenschaftler Erbe sehr treffend formuliert hat. »Der totale Krieg erfordert die
zentrale Steuerung der Produktion. In Deutschland
brauchte hierzu bei Kriegsausbruch keine neue Organisation geschaffen werden, denn das wirtschaftliche
System, das mit der Finanzierungspolitik untrennbar
verbunden war, konnte unverändert beibehalten wer-

Die Idee der Autobahnen stammt nicht von Hitler. Bereits 1913 wurde, unter Mitanregung des automobilbegeisterten deutschen Kronprinzen, der Bau der Avus begonnen, das Vorbild der späteren Reichsautobahnen. Hitler machte sich dann die während der Weimarer Republik bereits weit gediehenen Pläne zum Bau eines deutschen Autobahnnetzes zunutze und sorgte dafür, daß der Ausbau unter der Leitung des hervorragenden Straßenbauingenieurs Dr. Todt nach 1933 intensiv vorangetrieben wurde.

Linke Seite: Strecke der Autobahn, die deutlich das schon bei der Berliner Avus verwirklichte System der kreuzungsfreien Linienführung zeigt.
Oben: Luftaufnahme der Avus (»Automobil-Versuchs- und Übungsstrecke«) aus den zwanziger Jahren.
Unten: »Deutsche Arbeiter bauen die Straßen des Führers« hieß der Text zu diesem Pressebild.

161

Arbeitslose in Millionen
6
5
4
3
2
1
1932
1933
1934
1935
1936

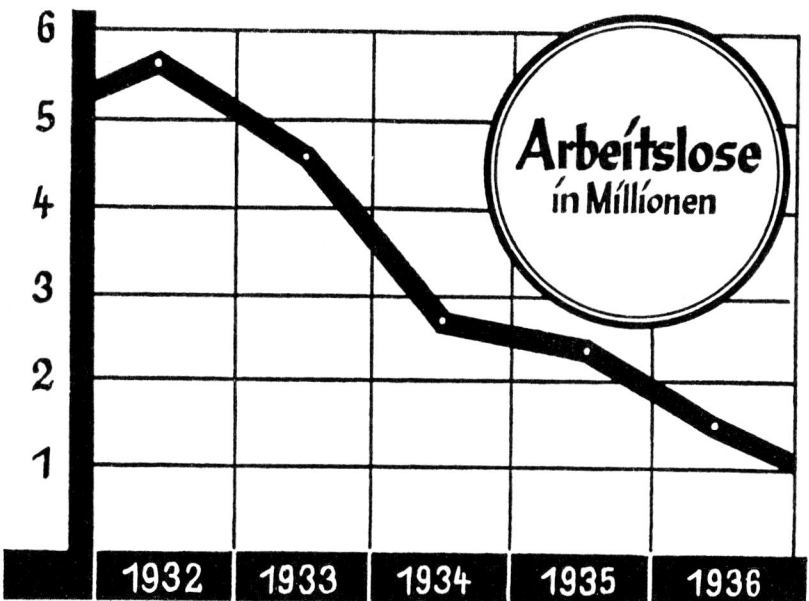

Links: Nach der »Machtergreifung« der Nationalsozialisten wurde im Jahr 1937 diese statistische Darstellung veröffentlicht. Hitler hatte es geschafft, das Millionenheer der deutschen Arbeitslosen zu Werktätigen zu machen. »Eine Welt staunt über dieses Wunder«, hieß es in einer Presseveröffentlichung aus jenen Jahren.

Unten: Das Schaubild über die öffentlichen Investitionen entlarvt das nationalsozialistische »Wirtschaftswunder«, dessen Kern die Wiederaufrüstung gewesen ist, mit der Hitler das deutsche Volk in Krieg und Niederlage führte.

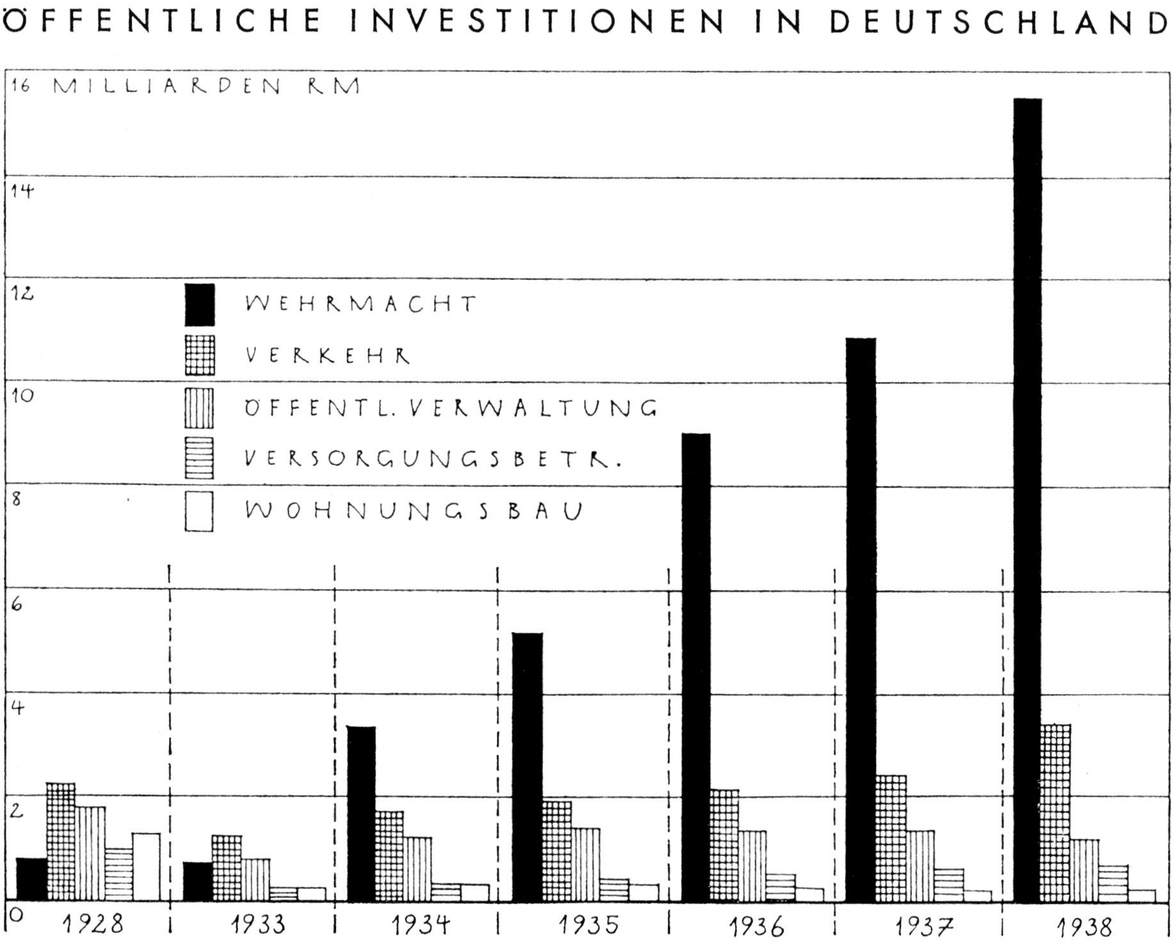

ÖFFENTLICHE INVESTITIONEN IN DEUTSCHLAND
16 MILLIARDEN RM
14
12
10
8
6
4
2
0
WEHRMACHT
VERKEHR
ÖFFENTL. VERWALTUNG
VERSORGUNGSBETR.
WOHNUNGSBAU
1928
1933
1934
1935
1936
1937
1938

den... Beim Übergang von der Aufrüstungsperiode zur Kriegswirtschaft mußten also nur bereits vorhandene Einrichtungen stärker in Anspruch genommen werden«, schrieb Hitlers Finanzminister Lutz Graf Schwerin von Krosigk.

Aufrüstung und später Kriegsrüstung waren also das zentrale »Ordnungsprinzip« nationalsozialistischer Wirtschaftspolitik. Konsumentenwünsche hatten dahinter zurückzutreten. Das hieß allerdings nicht, daß man die Bedürfnisse der Arbeiterschaft völlig ignorierte. Hitler hatte im Gegenteil ja schon im März 1933 verkündet: »Ich werde keinen größeren Stolz in meinem Leben besitzen als den, einst am Ende meiner Tage sagen zu können: Ich habe dem Deutschen Reich den deutschen Arbeiter erkämpft!« Er verstand dies als Auftrag an alle Gliederungen seiner Partei.

Daß man dieser großen und gesellschaftlich so bedeutsamen Gruppe der Arbeiter nicht in erster Linie mit Terror und Gewalt begegnen konnte, darüber waren sich wohl alle Beteiligten im klaren. Nur über eine möglichst weitverbreitete echte und innere Zustimmung konnte es gelingen, die Arbeiter auch in schwierigen Zeiten an die »Schicksalsgemeinschaft des Volkes« und des nationalsozialistischen Staates zu fesseln, ohne die Befürchtung hegen zu müssen, daß eine Revolution von 1918 sich etwa wiederholen könnte.

Um zu einer geschlossenen Einheit des Volkes zu gelangen, progagierten die Nationalsozialisten unermüdlich und stets aufs neue ihre Idee der »Volksgemeinschaft«, mit der sie die Idee des marxistischen Klassenkampfes überwinden wollten. »Zum ersten Male wieder seit Jahrzehnten innerer Zerklüftung und parteipolitischer Zerrissenheit erhebt sich über Zank und Hader der unsterbliche Geist des deutschen Volkstums, verklärt und geläutert durch den Segen der schaffenden Arbeit. Der Marxismus liegt zertrümmert am Boden. Die Organisationen des Klassenkampfes sind zerschlagen... Die Schranken von Klassenhaß und Standesdünkel wurden niedergerissen, auf daß Volk wieder zu Volk zurückfand... Ehret die Arbeit und achtet den Arbeiter! Stirn und Faust sollen einen Bund schließen, der unlösbar ist. Der Bauer hinter dem Pflug, der Arbeiter am Amboß und Schraubstock, der Gelehrte in seiner Studierstube, der Arzt am Krankenbett, der Ingenieur bei seinen Entwürfen, sie alle werden sich am Tage der nationalen Arbeit bewußt werden, daß die Nation und ihre Zukunft über alles geht und daß jeder an seinem Platz das tut, was er dem Vaterland und damit dem allgemeinen Besten zu geben bereit ist... Deutsche aller Stände, Stämme und Berufe, reicht Euch die Hände! Geschlossen marschieren wir in die neue Zeit hinein! Es lebe unser Volk und unser Reich!« Mit diesen Worten zum 1. Mai 1933 schlug Goebbels den Ton an, der in zahllosen »Volksgemeinschaftsreden« mitschwang. So ermüdend die ewige Wiederholung auch war: Die meisten Deutschen teilten den Wunsch nach Überwindung des Klassenkampfes durch das »friedliche Zusammenwirken aller Schaffenden«.

In der »Deutschen Arbeitsfront« sollte diese Volksgemeinschaftsideologie verwirklicht werden. Durch die Verordnung Hitlers vom 24. Oktober 1934 über »Wesen und Ziel der DAF« erhielt diese bereits 1933 gegründete größte NS-Massenorganisation ihre endgültige gesetzliche Grundlage:

»§ 1
Die Deutsche Arbeitsfront ist die Organisation der schaffenden Deutschen der Stirn und der Faust. In ihr sind insbesondere die Angehörigen der ehemaligen Gewerkschaften, der ehemaligen Angestelltenverbände und der ehemaligen Unternehmervereinigungen als gleichberechtigte Mitglieder zusammengeschlossen.

§ 2
... Sie hat dafür zu sorgen, daß jeder einzelne seinen Platz im wirtschaftlichen Leben der Nation in der geistigen und körperlichen Verfassung einnehmen kann, die ihn zur höchsten Leistung befähigt und damit den größten Nutzen für die Volksgemeinschaft gewährleistet.

§ 7
Die Deutsche Arbeitsfront hat den Arbeitsfrieden dadurch zu sichern, daß bei den Betriebsführern das Verständnis für die berechtigten Ansprüche ihrer Gefolgschaft, bei der Gefolgschaft das Verständnis für die Lage und Möglichkeit ihres Betriebes geschaffen wird.«

Nachdem mit der Zerschlagung der Deutschen Gewerkschaften die Tarifautonomie beseitigt worden war, wurde mit dem »Gesetz zur Ordnung der nationalen Arbeit« vom 20. Januar 1934 eine neue Regelung geschaffen, die von den zeitgenössischen Kommentatoren als die »Grundsteinlegung für den Neubau der gesamten nationalen Arbeitsordnung zur Verwirklichung des nationalen Sozialismus und damit der Volksgemeinschaft schlechthin« angepriesen wurde. In Wahrheit aber sollte sie mit dazu beitragen, jegliches Eigenleben der Wirtschaft zugunsten der nationalsozialistischen Diktatur einzudämmen:

»§ 1
Im Betriebe arbeiten die Unternehmer als Führer des Betriebes, die Angestellten und Arbeiter als Gefolgschaft gemeinsam zur Förderung der Betriebszwecke und zum gemeinen Nutzen von Volk und Staat.

§ 2
Der Führer des Betriebes entscheidet der Gefolgschaft gegenüber in allen betrieblichen Angelegenheiten, soweit sie durch dieses Gesetz geregelt werden.

Er hat für das Wohl der Gefolgschaft zu sorgen. Diese hat ihm die in der Betriebsgemeinschaft begründete Treue zu halten.«

Mit dieser Übertragung des »Führerprinzips« in den Bereich der Wirtschaft waren zunächst einmal alle demokratischen Mitwirkungsrechte zugunsten einer stärkeren Stellung der Unternehmer aufgehoben worden. Daß diese verstärkte Stellung der Unternehmer nicht in Selbstherrlichkeit ausarten konnte, dafür sorgten einerseits die »Treuhänder der Arbeit« und andererseits die »Soziale Ehrengerichtsbarkeit«, Instrumente, mit denen die nationalsozialistische Führung auch die Unternehmerinitiative dem politischen Wollen der Regierung unterordnete. An die Weisungen der Reichsregierung gebunden, konnten die vom Staat eingesetzten »Treuhänder der Arbeit« nicht nur die Fragen der Lohnbildung und der Arbeitsbedingungen verbindlich entscheiden, sondern fungierten darüber hinaus auch ganz allgemein als staatliche Überwachungsorgane der einzelnen Betriebe.

»§ 36
Gröbliche Verletzungen der durch die Betriebsgemeinschaft begründeten sozialen Pflichten werden als Verstöße gegen die soziale Ehre von den Ehrengerichten gesühnt. Derartige Verstöße liegen vor, wenn
1. Unternehmer, Führer des Betriebes oder sonstige Aufsichtspersonen unter Mißbrauch ihrer Machtstellung im Betriebe böswillig die Arbeitskraft der Angehörigen der Gefolgschaft ausnutzen oder ihre Ehre kränken;
2. Angehörige der Gefolgschaft den Arbeitsfrieden im Betriebe durch böswillige Verletzung der Gefolgschaft gefährden, sich insbesondere als Vertrauensmänner bewußt unzulässige Eingriffe in die Betriebsführung anmaßen oder den Gemeinschaftsgeist innerhalb der Betriebsgemeinschaft fortgesetzt böswillig stören;
3. Angehörige der Betriebsgemeinschaft wiederholt leichtfertig unbegründete Beschwerden oder Anträge an den Treuhänder der Arbeit richten oder seinen schriftlichen Anordnungen hartnäckig zuwiderhandeln.«

Mit dem vagen Begriff der »sozialen Ehre« entwickelte die NS-Führung ein Konzept zur Disziplinierung sowohl der Unternehmer als auch der Arbeitnehmer.
Die »Ehrengerichte« konnten Strafen verhängen, die von Kündigung bis Zwangseinsetzung eines genehmen Betriebsführers reichten.
Mochten sich viele Unternehmer mit dem Achselzukken Alfried Krupps – »Wir Kruppianer . . . wollten nur ein System, das gut funktionierte und das uns Gelegenheit gab, ungestört zu arbeiten. Politik ist nicht unsere Sache« – mit diesem Zustand abgefunden haben, so kam

Als ein hervorragendes »soziales Lockmittel« trug die Idee des Volkswagens mit dazu bei, die ärmeren Schichten für den nationalsozialistischen Staat einzunehmen. Über ein Sparsystem erwerbbar, sollte dieses technisch hervorragend konstruierte Automobil nur 1000 Mark kosten und in großer Stückzahl hergestellt werden. – *Linke Seite, oben:* »Dr. Ley überbrachte dem Führer als Geburtstagsgeschenk einen Volkswagen.« In Zivil: Prof. Ferdinand Porsche, der Konstrukteur des Volkswagens.« *Unten:* Im Krieg bewährte sich die Konstruktion als VW-Kübelwagen (im Sand der afrikanischen Wüste).
Rechte Seite, oben: »Auf der 5. Reichstagung der NSG ›Kraft durch Freude‹ in Hamburg teilte Reichsamtsleiter Dr. Laffe-

rentz mit, . . . daß 1940 die ersten 100 000 KdF-Wagen ausgeliefert werden können.« Diese Vorausschau von 1939 sollte sich jedoch als falsch erweisen. 1940 war bereits Krieg, und die 336 000 Sparer, die das eigens errichtete Volkswagenwerk mitfinanzierten, wurden um ihre Ersparnisse gebracht. – *Unten:* »Im ganzen Reich entstehen in planmäßiger Arbeit Tausende von lichten, neuen Häusern mit ein und zwei Wohnungen, damit die ärmere Bevölkerung systematisch aus dem Elend der Mietskasernen und Wohnbaracken befreit wird«, war die Unterschrift zu diesem Pressebild. Auch mit diesem »sozialen Wohnungsbau« war es im Krieg natürlich vorbei, und das Wohnungselend der Ausgebombten wuchs.

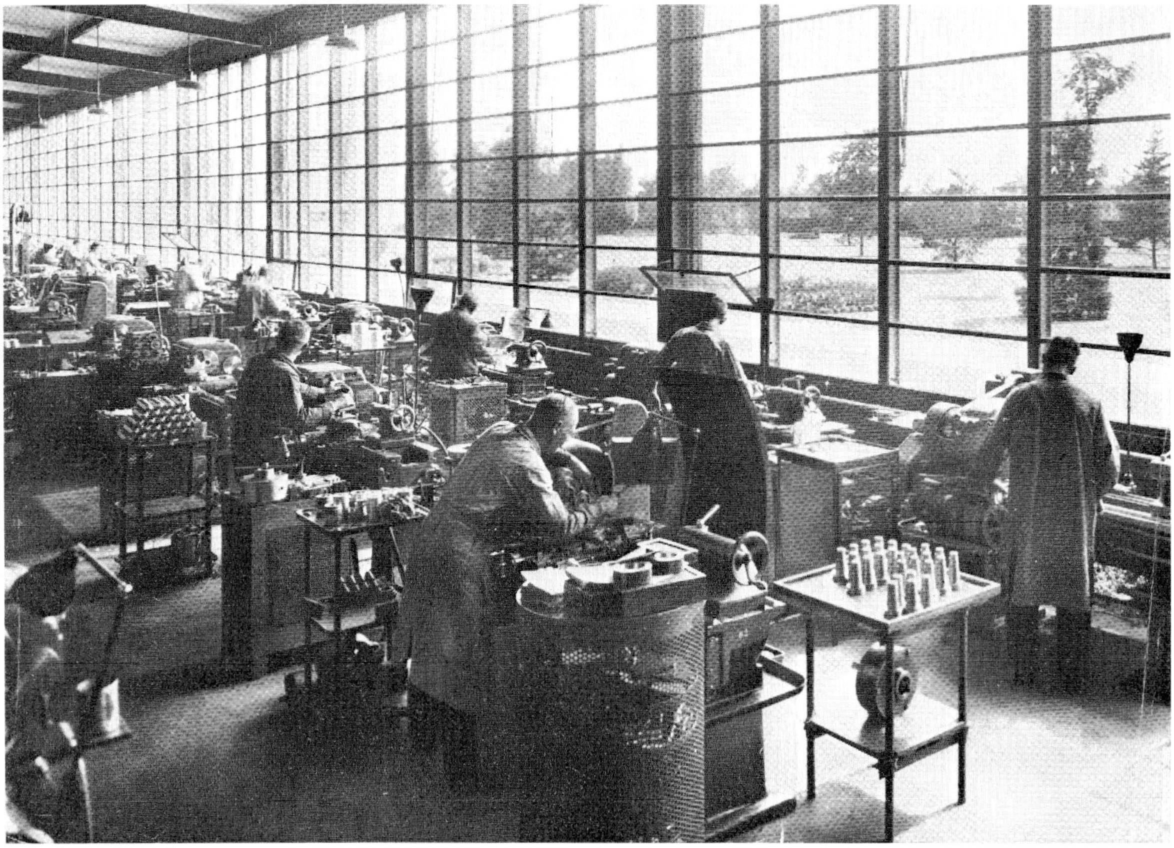

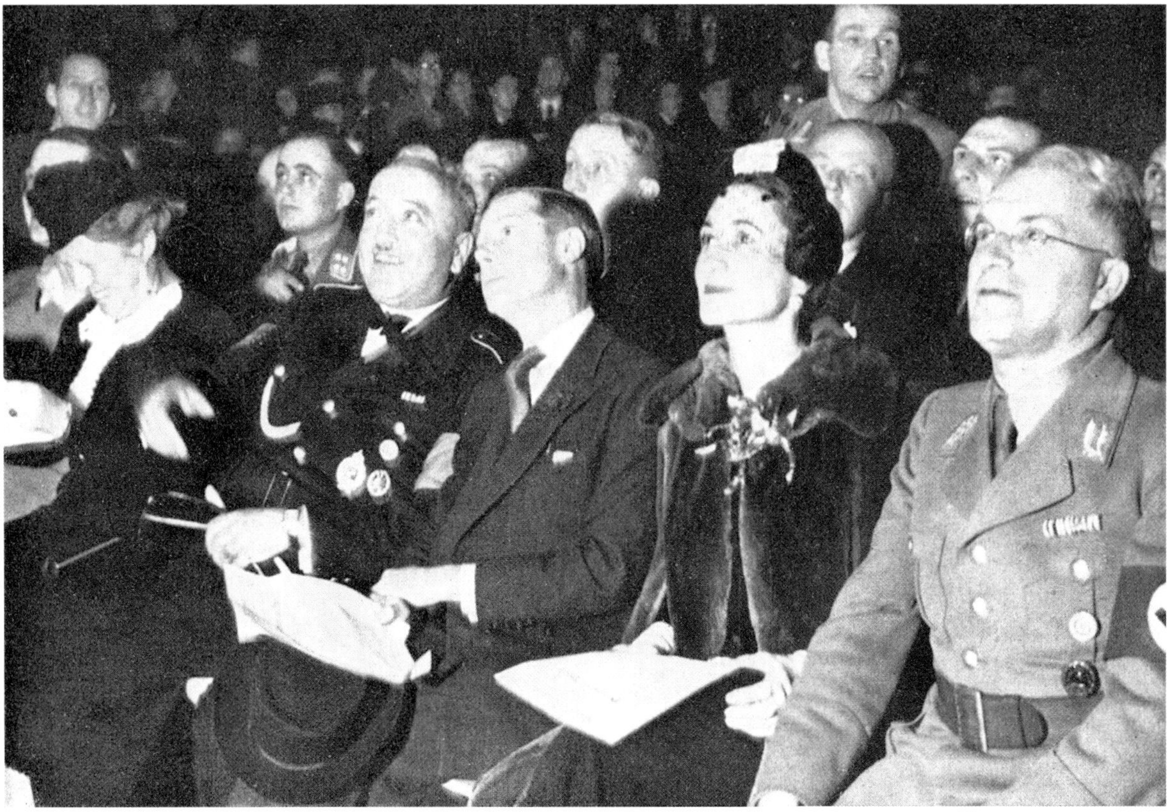

»Der Reichsberufswettkampf *(Oben: Praktische Prüfung)* und der Leistungskampf der deutschen Betriebe sind die größten sozialen Wettkämpfe ... Sie sind natürlich nicht Selbstzweck, sondern nur Mittel zu dem Zweck, das Können im Beruf, also die berufliche Leistung, um ein Erhebliches zu steigern.« Das gleiche gilt für die Kampagne zur äußeren Verbesserung der Arbeitsplätze unter dem Motto »Schönheit der Arbeit«. Sich auszeichnende Betriebe erhielten eine goldene Ehrenplakette.

Linke Seite, oben: »Mustergültige Arbeitsplätze.«
Unten: Der Herzog und die Herzogin von Windsor mit Dr. Ley bei ihrem Besuch in Deutschland. Über den Leiter der Arbeitsfront, der im Volksmund auch »Reichstrunkenbold« genannt wurde, schreibt die Herzogin: »David entdeckte bald, daß er sich tagsüber periodisch durch Infusion von Schnaps stärkte. Abends war er dann gewöhnlich in dem Zustand, den man als Schnapsäquivalent des fünften Martinistadiums bezeichnen konnte: unsicher auf den Beinen, sentimental und bombastisch. Seine unangenehmste Seite kam dann zum Vorschein; er erzählte großsprecherisch von seinen Leistungen für die deutsche Arbeiterklasse ...«

der Mehrheit der Arbeitnehmer ihre politische Entrechtung noch viel weniger zu Bewußtsein. Eine geschickte Propaganda und tatsächliche Leistungen wiesen immer wieder darauf hin, »was im Reich Adolf Hitlers für den schaffenden Volksgenossen geschehen ist und erst recht noch immer getan wird: ›Wir erlebten es selber alle Tage: Wir gingen mit KdF ins Theater oder in die Oper, je nach Neigung; manch einer auch in die Museen und Galerien. Wir verreisten mit KdF. Wir waren heute unter der glühenden Sonne Italiens auf Capri oder in Palermo, pilgerten morgen voll Stolz über jahrtausendalte Straßen in Rom oder Athen. Einige genossen die überwältigende Ruhe der norwegischen Fjorde, andere lustwandelten an den Gestaden des Paradieses vor Afrika, das man im internationalen Fremdenverkehr Madeira nennt. Wir konnten als einfache schaffende Menschen sogar in die höchsten Gefilde deutscher Kunst eindringen, die uns ein Richard Wagner in Bayreuth offenbart hat. Wir konnten auch all die Kunstwerke im Pariser Louvre sehen, von denen wenigstens, das kapitalistisch-bürgerliche Zeitalter gesagt hat, daß sie unaussprechlich kostbar und schön seien. Das alles unter dem Motto: ›Kraft durch Freude‹.

Wir können wieder unserer friedlichen aufbauenden Arbeit nachgehen, ohne befürchten zu müssen, morgen oder übermorgen aufs neue in das Heer der Arbeitslosen zurückzuwandern. Das alles ist für uns schon Selbstverständlichkeit geworden, es ist für uns eine solche Gegebenheit wie das liebe Brot. Darum müssen wir es unseren Volksgenossen täglich aufs neue sagen, daß dieses neue Deutschland in allen seinen Auswirkungen kein Geschenk des Himmels oder eines unberechenbaren Zufalls ist, sondern ausschließlich das Ergebnis unserer Arbeit, zu der uns der Glaube und die Person des Führers wieder befähigt haben.«

Dieser nationalsozialistische Propagandatext zeigt, wie man den deutschen Arbeiter für den Nationalsozialismus gewinnen wollte. Die Beseitigung der Arbeitslosigkeit, die Sicherheit des wiedergewonnenen Arbeitsplatzes wird mit dem Stolz auf die eigene Leistung und dem Glauben an Hitler verbunden, genauso wie die an sich völlig unpolitischen Leistungen der NS-Gemeinschaft »Kraft durch Freude«, die sich in weiten Teilen der Bevölkerung echter und großer Beliebtheit erfreuten.

Eine ständige propagandistische Berieselung, ein ewiges Umschmeicheln und Umwerben der Arbeiter, der Ausbau von Sozialversicherung und Arbeiterschutzgesetzgebung, zusätzliche Sozialleistungen der Betriebe sowie die vielen anderen Maßnahmen der nationalsozialistischen Wirtschafts- und Sozialpolitik trugen dazu bei, auch den Arbeitern den Blick für die wahren Ziele der nationalsozialistischen Führung zu verstellen.

Was Hitler nämlich mit all den sozialen Verbesserungen wirklich wollte, sagt eine Veröffentlichung des arbeits-

Vor allem das Freizeitwerk »Kraft durch Freude« brachte der deutschen Arbeitsfront des Dr. Ley einen beträchtlichen Zugewinn an Sympathie.

Linke Seite, oben: »Der Reichstheaterzug der Deutschen Arbeitsfront bringt Theatervorstellungen bis in die kleinsten Dörfer. Plätze gibt es schon für 70 Pfennig.«
Unten links: »Zum Betriebssport ist keiner zu alt.«
Unten rechts: »Betriebssport in der Arbeitspause.«

Rechte Seite, oben: KdF-Badebetrieb.
Unten: »KdF lehrt kostenlos Golf.« Damit sollte das Monopol der »feinen Leute« auf bestimmte Sportarten gebrochen werden.

Dank der enormen Mittel aus Beiträgen der deutschen Arbeitsfront konnten alle Unternehmungen von »Kraft durch Freude« weit unter Selbstkostenpreis abgegeben werden. Für Fahrt, Unterkunft, Verpflegung und Führung konnte man eine Wochenreise Berlin-Mosel für 43 Mark, eine Wochenreise Berlin-Oberbayern für 39 Mark, eine 14tägige Fahrt rund um Italien für 155 Mark buchen. Der eigentliche Zweck dieser Urlaubsreisen aber geht aus einem Zeugnis des Arbeitsfront-Funktionäre Gerhard Starke hervor:

»Wir schickten unsere Arbeiter nicht auf eigenen Schiffen auf Urlaub oder bauten ihnen gewaltige Seebäder, weil uns das Spaß machte oder zumindest dem einzelnen, der von diesen Einrichtungen Gebrauch machen kann. Wir taten das nur, um die Arbeitskraft des einzenen zu erhalten und um ihn gestärkt und neu ausgerichtet an seinen Arbeitsplatz zurückkehren zu lassen. KdF überholt sozusagen jede Arbeitskraft von Zeit zu Zeit, genauso, wie man den Motor eines Kraftwagens nach einer gewissen gelaufenen Kilometerzahl überholen muß. Betriebssport, Schönheit der Arbeit, Werkkonzerte sind alles keine Dinge an sich, sondern sie dienen immer wieder dem großen Gesamtziel, die Leistungen des deutschen Volkes auf allen Gebieten zu steigern ... aus der Erkenntnis heraus, daß der einzelne nichts, die Gemeinschaft aber alles ist.«

Linke Seite, oben: KdF-Urlauber im Allgäu.
Unten: KdF-Schiffe an der Atlantik-Küste.
Rechte Seite: Deutsche Urlauber auf Madeira.

170

wissenschaftlichen Instituts der DAF aus dem Jahre 1944 überdeutlich:

»Die innere Geschlossenheit der Volksordnung im Frieden sollte den Anforderungen des Krieges unmittelbar gewachsen sein.« So positiv für sich genommen manche sozialpolitische Maßnahme auch war, sie sollte die Arbeitnehmer eigentlich nur bei Laune halten. Zur Verwirklichung der Eroberungs- und Ausrottungspläne braucht man schließlich ein williges Volk. Dabei bewiesen die wirtschaftspolitischen Entscheidungen der NS-Führung, daß mit einiger Energie bei anderer Zielsetzung schon damals ein beachtlicher Wohlstand zu erreichen gewesen wäre.

»Im Wesen des deutschen Wirtschaftssystems«, schreibt Gustav Stolper, »lag gar kein Zwang, sich ausschließlich oder vorwiegend auf die Aufrüstung und andere unproduktive Zwecke zu konzentrieren und diesen Zwecken die Lebenshaltung des Volkes zu opfern. Es ist leicht einzusehen, daß rein wirtschaftlich dieselben Methoden für friedliche Zwecke hätten verwendet werden können, daß man Wohnungen statt der Festungswerke, Automobile statt der Panzer, Düngemittel statt des Schießpulvers und schließlich Ausfuhrwaren zur Beschaffung von Butter statt Kanonen hätte herstellen können. Wie vor der Hitlerzeit hätte ein friedfertiges Deutschland immer Märkte für seine Waren gefunden. Was den Ausschlag gab, waren politische, nicht wirtschaftliche Entscheidungen.«

Ganz Deutschland hört den Führer mit dem Volksempfänger

Meinungsbeeinflussung und Propaganda

Terror und Propaganda, das waren die entscheidenden Mittel, mit denen der Nationalsozialismus die Macht erringen und behaupten konnte. Nach Goebbels gab es zwei Methoden, das Ziel dieser Macht, die nationalsozialistische Revolution, zu verwirklichen: »Einmal den Gegner so lange mit Maschinenpistolen zusammenzuschießen, bis er die Überlegenheit dessen erkennt, der im Besitz dieser Maschinengewehre ist« oder »durch eine Revolution des Geistes die Nation umgestalten und damit den Gegner nicht zu vernichten, sondern zu gewinnen«.

Beide Methoden nutzten die Nationalsozialisten. Während Heinrich Himmlers SS und Gestapo die physische Gewalt praktizierten und die »Maschinengewehre« gegen die politischen Gegner richteten, war es insbesondere Dr. Joseph Goebbels, der mit seinem Reichsministerium für Volksaufklärung und Propaganda über eine »Revolution des Geistes« möglichst weite Teile des Volkes für den Nationalsozialismus gewinnen wollte.

Dabei stützte er sich im wesentlichen auf die Prinzipien Adolf Hitlers, die dieser bereits in »Mein Kampf« niedergeschrieben hatte. Unter Anlehnung an Gustave Le Bons Werk »Psychologie der Massen«, aus den eigenen Erfahrungen mit der Propaganda der Parteien seiner Wiener Zeit – besonders die Propaganda der sonst so verhaßten Sozialdemokratie mit ihren Fahnen, Kapellen und Straßendemonstrationen imponierte ihm –, unter den Einflüssen der Kriegspropaganda des Ersten Weltkrieges und aus seiner Begabung, das instinktive Wollen der Massen zu erahnen, entwickelte Hitler hier jene Gedanken, von denen die nationalsozialistische Propaganda vor und nach 1933 im wesentlichen bestimmt war.

Durch die Propagierung des Volksempfängers, eines billigen Radioapparates von großer Leistungsfähigkeit, stieg die Anzahl der Rundfunkhörer nach 1933 rapide. Im Frieden wie im Krieg war der zentralisierte Reichsrundfunk unter Propagandaminister Goebbels ein wirkungsvolles Mittel der Meinungsbeeinflussung.

»An wen hat sich Propaganda zu wenden? An die wissenschaftliche Intelligenz oder an die weniger gebildete Masse? Sie hat sich ewig nur an die Masse zu richten... Die Psyche der breiten Masse ist nicht empfänglich für alles Halbe und Schwache. Gleich dem Weibe, dessen seelisches Empfinden weniger durch Gründe abstrakter Vernunft bestimmt wird als durch solche einer undefinierbaren, gefühlsmäßigen Sehnsucht nach ergänzender Kraft, und das sich deshalb lieber dem Starken beugt als den Schwächling beherrscht, liebt auch die Masse mehr den Herrscher als den Bittenden und fühlt sich im Innern mehr befriedigt durch eine Lehre, die keine andere neben sich duldet, als durch die Genehmigung liberaler Freiheit; sie weiß mit ihr auch meist nur wenig anzufangen und fühlt sich sogar leicht verlassen. Die Unverschämtheit ihrer geistigen Terrorisierung kommt ihr ebensowenig zum Bewußtsein wie die empörende Mißhandlung ihrer menschlichen Freiheit, ahnt sie doch den inneren Irrsinn der ganzen Lehre in keiner Weise. So sieht sie nur die rücksichtslose Kraft und Brutalität ihrer zielbewußten Äußerungen, der sie sich endlich immer beugt...

Nicht minder verständlich wurde mir die Bedeutung des körperlichen Terrors dem einzelnen der Masse gegenüber...

Die Aufnahmefähigkeit der großen Masse ist nur sehr beschränkt, das Verständnis klein, dafür jedoch die Vergeßlichkeit groß. Aus diesen Tatsachen heraus hat sich jede wirkungsvolle Propaganda auf nur sehr wenige Punkte zu beschränken und diese schlagwortartig so lange zu verwerten, bis auch bestimmt der Letzte unter einem solchen Worte das Gewollte sich vorzustellen vermag... Sowie durch die eigene Propaganda erst einmal nur der Schimmer eines Rechtes auch auf der anderen Seite zugegeben wird, ist der Grund zum Zweifel an dem eigenen Rechte schon gelegt. Die Masse ist nicht in der Lage, nun zu unterscheiden, wo das fremde Unrecht endet und das eigene beginnt... Die gefühlsmäßige Einstellung (der Masse) bedingt zugleich ihre außerordentliche Stabilität. Der Glaube ist schwerer zu erschüttern als das Wissen, Liebe unterliegt weniger dem Wechsel als Achtung, Haß ist dauerhafter als Abneigung, und die Triebkraft zu den gewaltigsten Umwälzungen auf dieser Erde lag zu allen Zeiten weniger in einer die Massen beherrschenden wissenschaftlichen Erkenntnis als in einem sie beseelenden Fanatismus und manchmal in einer sie vorwärtsjagenden Hysterie. Wer die breite Masse gewinnen will, muß den Schlüssel kennen, der das Tor zu ihrem Herzen öffnet. Er heißt nicht Objektivität, also Schwäche, sondern Wille und Kraft ... Jede Propaganda hat volkstümlich zu sein und ihr geistiges Niveau einzustellen nach der Aufnahmefähigkeit des Beschränktesten unter denen, an die sie sich zu richten gedenkt. Damit wird ihre rein geistige Höhe um so tiefer zu stellen sein, je größer die zu erfassende Masse der Menschen sein soll ... Die junge Bewegung stand dabei vom ersten Tage an auf dem Standpunkt, daß ihre Idee geistig zu vertreten ist, daß aber der Schutz dieser Vertretung, wenn notwendig, auch durch brachiale Mittel gesichert werden muß ... In der ewig gleichmäßigen Anwendung der Gewalt allein liegt die allererste Voraussetzung zum Erfolge.«

Abgesehen von der Betonung des Terrors und der Gewalt läßt sich aus diesen Ausführungen deutlich ersehen, was Hitler mit seiner Propaganda bezweckte. Es ging ihm nicht um eine möglichst intellektuelle Überzeugung des einzelnen, um eine Belehrung über seine selbständig arbeitende kritische Vernunft, sondern um eine Überrumpelung, um eine gefühlsbetonte Überwältigung von Massen. Nicht zur liberalen Freiheit, zur Objektivität, zur Abwägung von Recht und Unrecht, zur geistigen Selbständigkeit der Persönlichkeit, sondern zur Masse, die nicht mehr überlegt, die nicht mehr verstandesmäßig an eine Sache herangeht, die den Freiheitsspielraum des einzelnen ausschaltet, die »gefühlsmäßig« denkt und sich dem Herrscher willig beugt, wollte Hitler den Menschen heranbilden. Fahnen, Heilrufe, Fanfaren, Marschkolonnen, Massenveranstaltungen im Sportpalast, in Nürnberg und auf dem Bückeberg, Flammen, Fackeln, Spruchbänder und Lichterdome, das ganze Arsenal all dieser »Stimulantien zur Erregung öffentlicher Verzückungszustände«, so schreibt Joachim C. Fest, »war zuletzt auf die Selbstaustilgung des Individuums, die permanente Besinnungslosigkeit gerichtet, mit dem Ziel, zunächst die Anhängerschaft und später das ganze Volk dem eigenen Machtanspruch total gefügig zu machen«.

»Führer sein, heißt die Massen in Bewegung setzen können«, definierte Hitler kurz und bündig, und »wenn die Propaganda ein ganzes Volk mit einer Idee erfüllt hat, kann die Organisation mit einer Handvoll Menschen die Konsequenzen ziehen.« Genau das wollte Hitler erreichen. Er, der die unfruchtbare Zerrissenheit und die Zerspaltung des Volkes während der Weimarer Republik erlebt hatte, wollte genau das Gegenteil dieser extremen Spaltung, die extreme und totale Einheit. Die totale Einheit des Volkes durch eine totale Propaganda, die nur noch die Aufgabe zu erfüllen hatte, den von Hitler einmal für richtig erkannten Zielen zu dienen und eine nicht diskutierende, kritiklose, nichts in Frage stellende, nichts bezweifelnde, möglichst bedingungslos und begeistert gehorchende Masse zu formen.

Hitler, dem es gelang, durch sein einmaliges Talent die Sehnsüchte, Wünsche und Triebrichtungen der Massen aufzuspüren und durch Art und Inhalt seiner Reden Millionen in einen besinnungslosen Taumel der Begeisterung zu versetzen, ging nach der Machtergreifung systematisch daran, mit allen Machtmitteln des Staates eine kritikfreie und glaubensbereite Sphäre zu schaffen, um seinen umfassenden Machtanspruch möglichst tief in dem Glauben und der Stimmung des Volkes zu verankern.

Hitler verachtete die Massen, die er um jeden Preis für sich gewinnen wollte (»Ohne die gewaltige Kraft der Masse eines Volkes ist keine große Idee, mag sie noch so hoch und hehr erscheinen, zu verwirklichen.«), und sagte das deutlich. Noch zynischer allerdings formulierte Goebbels: »Propaganda? Wir müssen zuerst unterscheiden zwischen Propaganda und Kundgebung. Kundgebung ist die Kundgabe der eigenen Überzeugung und Glaubenssätze. Aus ihr darf nichts anderes sprechen als: das ist wahr und so muß es sein! Die anderen können sich ruhig den Schädel daran einrennen. Für den Redner heißt das: Ich habe allein recht, und so, wie ich es sage, ist es. Auseinandersetzungen gibt es für ihn nicht, selbst wenn er ganz Falsches sagen sollte. In der Kampfzeit hatten wir Kundgebungen mit Tatsachen, dabei das reine, nackte Wollen oft recht derb herausgestellt. Auseinandersetzungen gab es höchstens in Saalschlachten. Wie die Leute die Brocken verdauten, war ihre eigene Sache.

Propaganda ist etwas anderes! Sie wendet sich an Personen, um sie zu überzeugen, während die Kundgebung dies zunächst nur indirekt zu tun hat. Aufgabe ist es, die Ungläubigen in geduldigem, zähem Bearbeiten zu überzeugen. Heute ist es notwendig, gerade zu den Leuten zu gehen, die noch nicht überzeugt sind, und sie durch kluge taktische Überlegungen zu überzeugen. Das heißt für den Propagandisten, daß er sich innerlich auf den Boden dieser Ungläubigen zu stellen hat, um sie langsam und unmerklich davon abzubringen. Er muß diese Leute sozusagen an der Hand fassen und sie mit mütterlicher Geduld Schrittchen um Schrittchen vorwärts führen. Der Propagandist muß eine gewisse Selbstverleugnung aufbringen. Die Gegner müssen da sozusagen in den eigenen Reihen sein. Die eigentlichen Gegner müssen staunen, ja sich beinahe ärgern, daß man ja gar nicht anders spricht, als sie es gewöhnt sind. Der Propagandist muß deshalb oft Gedanken und Worte gebrauchen, die diesen Gegenschichten angehören. Es muß so sein, daß der Propagandist von der Gegenseite gelobt wird, da sie nicht merkt, was für Köder ausgeworfen werden. Allerdings wird dies Lob zunächst nur von dem oberflächlichen Teil der Hörer kommen...

Er (der Propagandist) muß ein großer Psychologe sein. Er muß wissen: Wie weit darf ich gehen in Ton und Farbe? Er muß sich fragen: Wen habe ich vor mir, was wollen die Leute von mir? Danach muß er sich richten, nicht an sich selbst. Er muß unter Umständen gerade das Gegenteil von dem reden, was er in Wirklichkeit denkt: ›Ihr seid feine Kerle‹... und Hornochsen meint er...«

Ebenso wie Hitler bekennt sich Goebbels zu den Propagandaprinzipien der Primitivität und Wiederholung: »Nur wer die Probleme auf die einfachste Formel bringen kann und den Mut hat, sie auch gegen die Einsprüche der Intellektuellen ewig in dieser vereinfachten Form zu wiederholen, der wird auf die Dauer zu grundlegenden Erfolgen in der Beeinflussung der öffentlichen Meinung kommen.« Und ebenso wie Hitler kennzeichnet ihn eine grenzenlose Verachtung der Masse: »Die Masse ist eine schwache, faule, feige Mehrheit von Menschen.«

Um diese Masse einer einheitlichen und zentralgelenkten Meinungsführung zu unterwerfen, wurde am 13. März 1933, gleich zu Beginn der nationalsozialistischen Herrschaft, das Ministerium für Volksaufklärung und Propaganda gesetzlich verankert. Das Ministerium, das im ganzen Reich durch örtliche Landesstellen vertreten war, war »das erste ›von Geburt nationalsozialistische‹ Ministerium, das nach der Machtübernahme geschaffen wurde. Sein Vorläufer in gewissem Sinne war die Reichspropagandaleitung der NSDAP. Diese hatte in der Kampfzeit für die Partei die Werbung für ihre Weltanschauung und für nationalsozialistisches Wollen durchgeführt. Mit der Eroberung des Staates trat an die Stelle dieser Aufgabe die neue: in der seelischen Wesens- und in der politischen Willensbildung des Volkes die Führung zu übernehmen. Diese Wesens- und Willensbildung findet ihren Ausdruck nicht zuletzt auch im kulturellen Leben des Volkes. Daraus ergab sich der Gesamtaufgabenbereich.

In der Verordnung des Reichskanzlers vom 30. Juni 1933, der durch den erwähnten Erlaß des Reichspräsidenten ermächtigt worden war, den Aufgabenbereich des Ministeriums zu bestimmen, geschah dies mit den Worten: ›Der Reichsminister für Volksaufklärung und Propaganda ist zuständig für alle Aufgaben der geistigen Einwirkung auf die Nation.‹ Demgemäß wurden ihm zugewiesen das Nachrichtenwesen, die Aufklärung im In- und Auslande, die Gestaltung der nationalen

Festtage und Feiern, die Presse, der Rundfunk, das Lichtspielwesen, das Werbewesen, die Bekämpfung schädlichen Schrifttums, die Betreuung der Kunst... Der Reichsminister für Volksaufklärung und Propaganda ist zugleich der Reichspropagandaleiter der NSDAP. Ihm stehen die Gaupropagandaleiter auch für die Förderung der Aufgaben des Ministeriums zur Verfügung, die überdies zugleich Leiter der Landesstellen desselben sind. In diesem Sinne ist für ein einheitliches Zusammenwirken von Partei und Staat auf dem Gebiet der Kulturpflege gesorgt...«

(Gerhard Menz 1938)

In seinem endgültigen Aufbau umfaßte das Ministerium die folgenden zwölf Abteilungen:

  I. Verwaltung, Haushalt, Personalien, Gesetzgebung, Reichskulturkammer,
  II. Propaganda,
IIa. Überwachung der kulturellen Betätigung der Nichtarier,
III. Rundfunk,
IVa. Inlandspresse,
IVb. Auslandspresse,
  V. Film,
 VI. Theater,
VII. Ausland,
VIII. Schrifttum,
 IX. Bildende Kunst,
  X. Musik,
 XI. Volkskulturelle Arbeit,
XII. Fremdenverkehr.

Mit diesem Ministerium erhielt der knapp 36jährige Dr. Goebbels – abzüglich der Gebiete Wissenschaft und Erziehung – praktisch sämtliche Kompetenzen eines Reichskulturministers zugesprochen. In seiner Rede vom 15. März 1933 umschrieb er die Aufgabe seines neuen Ministeriums: »In der Errichtung des neuen Ministeriums liegt eine revolutionäre Regierungstat vor. Das Volk soll nicht mehr sich selbst überlassen werden, die Regierung soll nicht mehr wie bisher vom Volke abgeschlossen sein... In dem neuen Ministerium ist geradezu der Verbindungsmann zwischen Regierung und Volk zu erblicken... Die wichtigste Aufgabe wird darin bestehen, alle propagandistischen Unternehmen des Reiches und der Länder in einer zentralen Hand zu vereinigen... Das Volk soll anfangen, einheitlich zu denken, einheitlich zu reagieren und sich der Regierung mit ganzer Sympathie zur Verfügung zu stellen... Wir haben darüber zu wachen, daß das Volk nicht verhetzt wird, und daß das Volk über den wirklichen Stand der Dinge hinreichend informiert bleibt.«

»Hinreichend informiert«, das hieß im Dritten Reich so

informiert zu werden, wie es Hitler und der Partei am zweckmäßigsten erschien. Hierüber äußerte sich Dr. Goebbels ganz offen und unverhüllt: »Wir haben gar keine Veranlassung, unsere Absichten unter den Scheffel zu stellen. Wir sagen das offen und frei heraus: Wir haben eine Tendenz. Wir treten auch für diese Tendenz ein, und wir sind auch entschlossen, dem ganzen öffentlichen Leben diese Tendenz einzuhämmern und aufzuzwingen.« Denn, so hieß es an anderer Stelle, »der Nationalsozialismus steht auf einem totalitären Standpunkt. Entweder er ist davon überzeugt, daß seine Weltanschauung und ihre praktischen Auswirkungen richtig sind, dann kann er niemanden neben sich dulden, oder er ist das nicht, dann verdient er gar nicht, daß er die Macht besitzt. Er ist das. Und aus dieser Überzeugung heraus mußte er einen Zustand im Ziele führen, in dem es außer ihm keinen ernsthaften Konkurrenten in der Inhaberschaft der Macht geben konnte.« Über das Propagandaministerium erstreckte sich diese konkurrenzlose Macht (abgesehen von internen Auseinandersetzungen im kulturellen Bereich, insbesondere zwischen Goebbels und Rosenberg) über den gesamten Kulturbereich, wobei insbesondere der Presse und dem Rundfunk die wesentliche Aufgabe der direkten Propaganda zukam.

Schon in »Mein Kampf« hieß es über die Presse: Die Regierung einer künftigen Staatsform »muß mit rücksichtsloser Entschlossenheit sich dieses Mittels der Volkserziehung versichern und es in den Dienst des

Minister Goebbels hält eine Ansprache vor Zeitungsverlegern und Schriftleitern, deren Blätter sich durch »streng geheim« zu haltende »Sprachregelungen« der nationalsozialistischen Propaganda unterzuordnen hatten. Was Propaganda ist, beschrieb Goebbels auf folgende Weise: Sie sei:

1. die »Kunst« der Vereinfachung, die »Kunst« die primitivsten Argumente in »volkstümlicher« Sprache zu finden, weil nur sie zugkräftig und der Zustimmung der Masse sicher seien;

2. die »Kunst« der steten Wiederholung, des unaufhörlichen Einhämmerns von Propagandathesen, Parolen und Losungen, wenn auch nicht in demselben Wortlaut, jedoch so lange, bis sie der »Dümmste« begriffen hat;

3. die »Kunst« allein das Instinktive, das Emotionelle, das Gefühl und die Leidenschaft im Volk anzusprechen und demgegenüber niemals das von vornherein Erfolglose zu versuchen, mit rationellen Argumenten Intellektuelle von seinen Ideen überzeugen wollen;

4. die »Kunst«, die Tatsachen mit dem Anschein von Objektivität, jedoch durch Auswahl und Art der Darstellung tendenziell gefärbt, wiederzugeben;

5. die »Kunst« »unangenehme Tatsachen« zu verschweigen, sofern allerdings die Wahrheit nicht auf andere Weise an die Öffentlichkeit gelangt;

6. die »Kunst«, glaubwürdig zu lügen, wobei die stete Wiederholung der Lüge, der nur durch ihre »Glaubwürdigkeit« Grenzen gesetzt seien, oftmals Wunder wirke.

Staates und der Nation stellen«. In seiner geheimen Rede über die Aufgabe der Presse als Instrument der Politik vor der deutschen Presse am 10. November 1938, in der er unter anderem bedauerte, daß ihn die außenpolitischen Umstände jahrelang dazu gezwungen hätten, dauernd vom Frieden zu sprechen, propagierte Hitler die Aufgabe einer nationalsozialistischen Publizistik: »Die Presse, meine Herren, kann Ungeheures erreichen und eine ungeheure Wirkung ausüben, dann, wenn sie selber ein Mittel zum Zweck ist ...
Wir selber haben versucht, in Deutschland die Presse zu einer solchen wirksamen Waffe auszugestalten. Und ich darf wohl am Abschluß dieses Jahres Ihnen allen aussprechen, daß ich mit diesem Versuch mehr als zufrieden bin. Die Wirksamkeit hat sich in glanzvoller Weise bewährt und erwiesen ...« Das Volk muß aber weiterhin erzogen werden »zu dem absoluten, sturen, selbstverständlichen, zuversichtlichen Glauben: Am Ende werden wir alles das erreichen, was notwendig ist. Das kann man nur dadurch schaffen, das kann nur gelingen durch einen fortgesetzten Appell an die Kraft der Nation, durch das Hervorkehren der positiven Werte eines Volkes und durch das möglichste Außerachtlassen der sogenannten negativen Seiten.

Dazu ist es auch notwendig, daß gerade die Presse sich ganz blind zu dem Grundsatz bekennt: Die Führung handelt richtig! Meine Herren, wir alle müssen für uns in Anspruch nehmen die Genehmigung, Fehler zu machen. Auch Zeitungsmenschen sind von dieser Gefahr nicht befreit. Aber wir alle können nur bestehen, wenn wir das Positive beleuchten. Das heißt mit anderen Worten, es ist notwendig, daß – ohne überhaupt die Möglichkeit von Fehlern zu bestreiten oder auch des Diskutierens –, es ist notwendig, daß grundsätzlich die Richtigkeit der Führung immer betont wird ...

Vor dem Volk, da gibt es überhaupt nur eine Meinung. Meine Herren, das ist ein ganz deutlicher Grundsatz!« Die Tatsache, daß Hitler mit seiner Presse »zufrieden« sein konnte, verdankte er unter anderem auch den Auswirkungen des »Schriftleitergesetzes« vom 4. Oktober 1933. Im Mittelpunkt dieses Gesetzes stand der Schriftleiter, der natürlich arischer Abstammung sein mußte und auch nicht mit einer nichtarischen Person verheiratet sein durfte.

»Die im Hauptberuf oder auf Grund der Bestellung zum Hauptschriftleiter ausgeübte Mitwirkung an der Gestaltung des geistigen Inhalts der im Reichsgebiet herausgegebenen Zeitungen und politischen Zeitschriften durch Wort, Nachricht oder Bild ist eine in ihren beruflichen Pflichten und Rechten vom Staat durch dieses Gesetz geregelte öffentliche Aufgabe. Ihre Träger heißen Schriftleiter. Niemand darf sich Schriftleiter nennen, der nicht nach diesem Gesetz dazu befugt ist.«

So lautete der § 1 des Schriftleitergesetzes, durch das die Schriftleiter von nun an für den Inhalt der einzelnen Zeitungen verantwortlich waren. Damit wurden sie einerseits zwar von den Einflüssen der Verleger befreit, andererseits aber um so schärfer unter Kuratel der NSDAP gestellt. Der eine amtsähnliche Stellung einnehmende Schriftleiter sollte sich nicht mehr wie bisher nur als Organ seiner Zeitung und als Angestellter des Verlegers fühlen, sondern als Beauftragter des Hitler-Staates, berufen, das Volk zu den von Partei und Staat gewünschten Zielen hinzuführen. »An der Person des Schriftleiters«, so formulierte es Goebbels, »also des geistig Schaffenden, setzt die Neuregelung an ... Ihr Grundgedanke ist die Umwandlung der Presse in ein öffentliches Organ und ihre rechtliche und geistige Eingliederung in den Staat. Die Tätigkeit des Schriftleiters wird, entsprechend ihrer Natur, als eine der wichtigsten und höchsten Lehr- und Erziehungsaufgaben zum öffentlichen Amt gemacht.«

Diese »Lehr- und Erziehungsaufgaben« bestanden darin, daß die Presse des Dritten Reiches genau das zu veröffentlichen hatte, was die politische Führung für richtig hielt. Und da Schriftleiter nur derjenige sein konnte, der »die Eigenschaften hat, die die Aufgabe der geistigen Einwirkung auf die Öffentlichkeit erfordert«, blieb dieser zentralen Lenkung der deutschen Presse der Erfolg auch nicht versagt. Denn wer sich dem nationalsozialistischen Machtanspruch nicht fügen wollte, wurde von der »Berufsliste« gestrichen und von jeder journalistischen Tätigkeit ausgeschlossen.

»›Die Regierung wird der Presse nicht nur Informationen, sie wird ihr auch Instruktionen geben‹, hatte Goebbels 1933 die Grundeinstellung seines Systems der Nachrichtenpolitik sehr eindeutig gekennzeichnet. Das hauptsächlichste Instrument für die Instruierung (lies Befehlsausgabe) der Presse war die sogenannte ›Pressekonferenz der Reichsregierung‹, die täglich um die Mittagsstunde im Propagandaministerium am Wilhelmsplatz stattfand. Während der Weimarer Republik war sie ein tägliches Journalisten-Rendezvous gewesen und hatte unter der Leitung von Pressemännern der verschiedensten Parteien gestanden. Diese Zeitungsmänner hatten in ihrer Mitte den Pressechef der Reichsregierung empfangen, um von ihm die Stellungnahme des Staates zu aktuellen Tagesfragen zu hören. Sie hatten sich dann ihre eigene Meinung dazu gebildet und demgemäß in ihren Blättern geschrieben.

Jetzt war das Verhältnis gerade umgekehrt. Die Pressekonferenz war im Hitler-Reich eine staatliche Institution, eine Sondereinrichtung des Propagandaministeriums, die unter dem ständigen Vorsitz des ›Stellvertretenden Pressechefs der Reichsregierung‹ stand. Die zugelassenen Redaktionsvertreter der großen Blätter Berlins und der Provinz traten täglich an, um die ›Tagesparolen‹, wie in den letzten Kriegsjahren der offizielle Fachausdruck dafür tatsächlich hieß, und die Spezialinstruktionen des Reichsministers Dr. Goebbels entgegenzunehmen. Diese Anweisungen regelten Tag für Tag, oft bis ins kleinste Detail, wie diese oder jene Frage der Politik, der Wirtschaft, des Geisteslebens usw. in den Blättern zu behandeln war.

Es war keine Informierung mehr, sondern eine reine Befehlsausgabe. Für die persönliche Überzeugung und eigenverantwortliche Stellungnahme des Journalisten blieb keine Möglichkeit der Geltendmachung, wenn sie im Gegensatz zur Instruktion des Ministeriums stand . . .

Die Abteilung IV des Propagandaministeriums stand mit den 45 Außenstellen des Ministeriums in den Provinzen, den sogenannten ›Reichspropagandaämtern‹, durch Fernschreiber in direkter Verbindung. Die in Berlin ausgegebenen Tagesparolen, Instruktionen und ›Sprachregelungen‹ befanden sich also wenige Stunden später auf dem Schreibtisch jedes Hauptschriftleiters einer Provinzzeitung. Es war damit alle Gewähr für die einheitliche geistige ›Ausrichtung‹ der Zeitungen gegeben, wie sie ausschließlich von dem Goebbelsschen Ministerium rein nach den Gesichtspunkten von Partei und Staat bestimmt wurde. Diese 45 Außenstellen des Propagandaministeriums gaben aber nicht nur täglich die Instruktionen an sämtliche Blätter ihres Bereiches auf schnellstmöglichem Wege durch, sie kontrollierten im Inhalt der Zeitung auch jede Zeile daraufhin nach, ob die Artikel, Kommentare, Glossen usw. tatsächlich den vom Ministerium ausgegebenen Richtlinien entsprachen. Sie sorgten auch für die sofortige Ausmerzung aller opponierenden Kräfte in den Redaktionen, notfalls unter Zuhilfenahme der Gestapo . . .

Die subjektive Beeinflussung des journalistischen Schaffens nach den Wünschen der Partei- und Staatsleitung durch Auswahl, Herausarbeiten und Betonen von gewissen Nachrichten einerseits und durch das Weglassen oder Verzerren von bestimmten Meldungen andererseits erfolgte also zentral für die ganze Presse durch das Propagandaministerium und dessen Außenstellen. Das Goebbelsche System der Meinungsbildung hüllte das Volk in eine Atmosphäre berauschender Dämpfe ein und schloß es gleichzeitig fast schalldicht von der übrigen Welt und dem wirklichen Geschehen ab. Deshalb konnte der einfache Mann von der Straße die Dinge, Geschehnisse und Männer im Dritten Reich und vor allem im Krieg nur in der völlig verzerrten Perspektive der ›Goebbelsschen Optik‹ erkennen . . .«

So beschreibt eine Nachkriegsstudie mit dem Titel »Presse in Fesseln« die Medienlandschaft des Dritten Reiches. Presse war nun nicht mehr Echo einer bunten vielfältigen und freien Meinungsäußerung, sondern nur mehr das uniformierte Vollzugsorgan einer skrupellosen und totalitären Diktatur. Neben dieser geistigen Bevormundung der deutschen Presse, der sich nur wenige Zeitungen entziehen konnten, trieb Max Amann, der frühere Feldwebel Hitlers, später Reichsleiter für die Presse der NSDAP und Präsident der Reichspressekammer, den Aufbau eines eigenen Pressetrusts der NSDAP rücksichtslos voran. Der Bestand an Blättern, den Amann Ende 1944 noch in Privateigentum belassen hatte, so heißt es in »Presse in Fesseln«, »umfaßte 625 Zeitungen mit zusammen 4,391 Millionen Auflage. An der damaligen Reichsauflage mit 25,086 Millionen gemessen, machten sie noch gerade 17,5 % aus! 1932 hatte man 4703 Zeitungen, darunter 120 im Besitz der NSDAP gezählt, also 4583 Blätter außerhalb des Machtbereichs der NSDAP. Amanns Pressetrust hat also 3958 Privatzeitungen verschluckt, um seinen 352 Parteiblättern eine Auflage von 20,694 Millionen Stück Ende 1944 zu verschaffen und dadurch das Pressemonopol der NSDAP mit 82,5 % der Auflage zu stabilisieren.«

War die Presse des Dritten Reiches zu einem zentralgesteuerten Instrument der Meinungsführung in den Händen der nationalsozialistischen Machthaber geworden, so galt das für den Rundfunk in noch weit stärkerem Maße. Von vornherein ließ Goebbels gar keinen Zweifel darüber aufkommen, welche Bedeutung er dem Rundfunk beimaß und in welchem Sinne er ihn einzusetzen gedachte. Schon am 15. Februar 1933 notierte er in seinem Tagebuch: »Ich fliege nachmittags mit dem Führer nach Stuttgart . . . Da wir in der Nacht nicht zurückfliegen können, lasse ich gleich die verantwortlichen Herren vom Rundfunk im Hotel antanzen und geige ihnen die Meinung in einer Art und Weise, daß ihnen Hören und Sehen vergeht. Gleich am anderen Tage sollen zwei von ihnen telegraphisch ihres Amtes enthoben werden. Jetzt wird den anderen wohl die Lust vergehen, uns durch Sabotage zu stören. Es scheint sich im übrigen Deutschland noch nicht herumgesprochen zu haben, daß eine Revolution im Gange ist.«

Richtungweisend für die gesamte Rundfunkpolitik wurde dann die Rede des Reichspropagandaministers vom 25. März 1933, zwei Tage nach der Annahme des »Ermächtigungsgesetzes«, vor den Intendanten und Direktoren der einzelnen Rundfunkgesellschaften.

»In den vergangenen 14 Jahren hat der Rundfunk vielfach herumexperimentiert, teils mit Erfolg, teils ohne Erfolg. Das war auch notwendig, denn die vergangenen 14 Jahre boten keinen Haltepunkt. Ich kann die schwierige Lage, in der Sie sich in diesen Jahren befunden haben, verstehen. Es war keine Regierung da, zu der Sie aufblickten, Sie konnten ja nicht als freie Männer einem freien Volke dienen. Sie durften ja nicht sagen, wie Sie dachten und wie Sie empfanden und was Sie über die Dinge nun glaubten. Sie mußten sich fügen.

Allerdings, es kommt nun darauf an, in welcher Art und Weise man sich fügt. Ob man zähneknirschend das tut, was nun einmal Gebot war, oder ob man sich zum Fahnenträger des Novembergeistes machte. Und da bin ich nun der Meinung, wenn einer Fahnenträger der vergangenen 14 Jahre gewesen ist, dann kann er nicht Fahnenträger der kommenden Jahrzehnte sein. Denn diese beiden Weltanschauungen stehen sich so diametral gegenüber, daß eine Versöhnung zwischen ihnen überhaupt unmöglich ist... Ich weiß, daß unter Ihnen Männer sitzen, die nicht meiner Partei angehören. Das geniert mich nicht. Ich muß nur verlangen, daß Sie sich auf demselben weltanschaulichen Boden bewegen, auf dem wir uns bewegen. Im übrigen aber habe ich den lieber, der offen und ehrlich sagt: ich bin nicht Ihrer Couleur, als den, der nun plötzlich die Konjunktur wittert und sich blitzschnell mit der Geschwindigkeit eines Affen noch auf die neue Plattform hinüberbegibt. Solche Beispiele haben wir in den vergangenen Wochen genug erlebt, um die genügende Portion Verachtung demgegenüber mitzubringen.«

Es folgte die »personelle Reinigung des Rundfunks«, wobei auch bewährte Mitglieder aus politischen und rassischen Gründen einfach entlassen wurden oder sich »auf eigenen Wunsch« beurlauben ließen. Auf einer Massenversammlung vom 7. Juli 1933 verkündete der spätere Reichssendeleiter Eugen Hadamovsky, daß bis Weihnachten »tausend arbeitslose Parteimitglieder« in die Rundfunkorganisation eingegliedert würden.

Zur Bestallung Eugen Hadamovskys, der mit nur 28 Jahren auf den mächtigen Posten des Reichssendeleiters und des Direktors der Reichsrundfunkgesellschaft berufen wurde, verkündete Goebbels in seiner Rede vom 14. Juli 1933 die totale Inbesitznahme des deutschen Rundfunks.

»Wenn der Durchbruch einer neuen Weltanschauung so politisch vor sich geht wie in den vergangenen Monaten, so ist es nicht gut möglich, daß Menschen, die die vorangegangene Zeit repräsentierten, die Repräsentanten der neuen Weltanschauung sind. Neue Zeiten bedingen neue Männer und damit neue Ideen. Ich habe auch kein Mittel unversucht gelassen, um wenigstens die personelle Reform des Rundfunks an der Spitze absolut durchzuführen... Ich habe dabei festgestellt, daß solche Reformen nur von Menschen durchgeführt werden können, die eine große Portion von Grausamkeit in sich tragen... Ich habe mich letzten Endes entschlossen und diesen Entschluß schon immer gehabt, die Schlüsselstellungen beim Rundfunk mit 100prozentigen Nationalsozialisten zu besetzen, Nationalsozialisten, die mit mir lange Jahre gekämpft haben, von denen ich weiß, daß sie in der Wolle gefärbt sind, die sich zu uns bekannten in einer Zeit, in der uns die Rundfunkhäuser noch verschlossen waren. Ich lasse

auch keinen Zweifel darüber, daß ich den Männern, denen ich den Rundfunk vertrauensvoll in die Hand gegeben habe, eine klar umrissene Marschroute mitgebe. Solange sie diese Marschroute einhalten, können sie meines Vertrauens gewiß sein. Diese Marschroute muß durchgeführt werden, und es darf dabei kein Hindernis geben.«

Als Reichsminister für Volksaufklärung und Propaganda, als Reichspropagandaleiter der NSDAP und als Präsident der Reichskulturkammer war es allein Goebbels, der gemäß dem »Führerprinzip« diese »Marschroute« des Rundfunks bestimmte. Er bestimmte, was im deutschen Rundfunk gesendet wurde (Anweisungen für den Inhalt der Programme), wie es gesendet wurde (Anweisungen für die formale Gestaltung), wann es gesendet wurde (Anweisungen über die Freigabe oder Zurückhaltung bestimmter Sendungen, Abstimmung der Sendungen auf die politische Situation und ihre Erfordernisse) und schließlich, wo es gesendet wurde (Anweisungen zur Benutzung der Langwelle, Mittelwelle und Kurzwelle oder bestimmter Sender oder Sendegruppen). Dabei beschränkte sich Goebbels aber nicht nur auf den Erlaß oder die Bekanntgabe von großen rundfunkpolitischen Richtlinien für die politische, soziale und kulturelle Programmgestaltung, sondern widmete sich zuweilen auch den Programmeinzelheiten und detaillierten Ausführungsbestimmungen, und dies besonders dann, wenn es sich um die Gestaltung oder Übertragung von nationalsozialistischen Feiern (Reichsparteitag, 1. Mai, Erntedankfest usw.), die Übertragung von »Führerkundgebungen« oder um Nachrichten und Berichte von wichtigen politischen Ereignissen handelte.

Unter dieser geistigen Bevormundung konnten sich die übrigen Verantwortlichen des Rundfunkbereiches nur noch als das verstehen, was der Intendant des Deutschlandsenders so formulierte: »Wir fühlen uns als Diener eines zweckbetonten Unternehmens, als Sachwalter eines im Dienste der nationalsozialistischen Revolution stehenden wichtigen Instrumentes, über das nur ein einziger zu bestimmen hat: der Führer und der, welcher im Auftrag des Führers handelt.«

Die nationalsozialistischen Machthaber hatten damit die Macht, das Programm des Rundfunks ganz nach ihrem Belieben zu gestalten. Doch trotz ihres erklärten Ziels, den Rundfunk ganz in den Dienst der politischen Propaganda zu stellen, brachten die Sender keineswegs nur direkt politisch-propagandistische Programme. Im Gegenteil, Goebbels war sich der Tatsache durchaus bewußt, daß man auf diese Weise die unpolitische Mehrheit des deutschen Volkes höchstens abschrecken, aber keineswegs gewinnen konnte. »Nur nicht die Gesinnung auf den Präsentierteller legen. Nur nicht glauben, man könne sich im Dienste der nationalen

Szenenbild aus dem Film »Frauen sind keine Engel«. Unterhaltungsstreifen wie dieser wurden vom Propagandaministerium geduldet, nachdem man rasch eingesehen hatte, daß mit politischen Filmen (etwa in der Art des »SA-Mann Brand«) kaum jemand in die Kinos zu locken war. In Kriegszeiten schließlich war der Unterhaltungsfilm, waren Schnulze und Klamotte als dankbar begrüßte Ablenkung von Not und Elend und insofern wichtiges Element in Goebbels' »Strategie der Tröstungen«.

Regierung am besten betätigen, wenn man Abend für Abend schmetternde Märsche ertönen läßt... Gesinnung muß sein, aber Gesinnung braucht nicht Langeweile zu bedeuten. Die Phantasie muß alle Mittel und Methoden in Anspruch nehmen, um die neue Gesinnung modern, aktuell und interessant den breiten Massen zu Gehör zu bringen, interessant und lehrreich, aber nicht belehrend. Der Rundfunk soll niemals an dem Wort kranken, man merkt die Absicht und wird verstimmt.«

Läßt sich bereits aus diesen Worten der ersten Goebbelsschen Anweisung an die Rundfunkintendanten vom März 1933 die Taktik der nationalsozialistischen Programmgestaltung ersehen, so wird in seiner Rede zur Eröffnung der Rundfunkausstellung 1936 vollends deutlich, was er wollte. »Das Programm des Rundfunks muß so gestaltet werden, daß es den verwöhnteren Geschmack noch interessiert und dem anspruchslosen noch gefällig und verständlich erscheint. Es soll in einer klugen und psychologisch geschickten Mischung Belehrung, Anregung, Entspannung und Unterhaltung bieten. Dabei soll besonderer Bedacht gerade auf die Entspannung und Unterhaltung gelegt werden, weil die weitaus überwiegende Mehrzahl aller Rundfunkteilnehmer meistens vom Leben sehr hart und unerbittlich angefaßt wird, in einem nerven- und kräfteverzehrenden Tageskampf steht und Anspruch darauf hat, in den wenigen Ruhe- und Mußestunden auch wirkliche Entspannung und Erholung zu finden. Demgegenüber fallen die wenigen, die nur von Kant und Hegel ernährt werden wollen, kaum ins Gewicht.«

Die nationalsozialistische Taktik der Meinungsführung bestand also nicht darin, daß ununterbrochen ganz offensichtliche Propagandaparolen an das Volk herangetragen wurden, sondern darin, daß man den unpolitischen Wünschen des Volkes entgegenkam, daß man durch »Erholungspausen« und vornehmlich leichte Unterhaltung das Volk in eine Stimmung des Wohlbehagens versetzte, in eine Stimmung der Gutwilligkeit und der Bereitschaft, in eine Stimmung, die es der nationalsozialistischen Führung dann um so leichter machen sollte, mit ihrer direkten politischen Propaganda bei der Masse des Volkes Wirkung zu erzielen.

War es somit auch nicht jedem offensichtlich, so stand der nationalsozialistische Rundfunk dennoch ganz im Zeichen der Politik. »Für den Nationalsozialismus«, so schreibt Heinz Pohle, »gab es nichts Unpolitisches. Von der Wirtschaft bis zur Kunst, von der Wissenschaft bis zum Sport – nichts sollte mehr nach den eigenen Gesetzlichkeiten gewertet, alles dagegen auf das Politische bezogen werden, d. h. auf das für den nationalsozialistischen Staat, die nationalsozialistische Partei und die nationalsozialistische Ideologie Zweckmäßige und Nützliche. Der Begriff des Unpolitischen verlor im nationalsozialistischen Denken seine Existenzberechtigung.« In einem totalen Staat mit einer totalen Propaganda, in dem das ganze Volk mit der nationalsozialistischen Weltanschauung durchtränkt werden sollte, war »nicht nur die Willenskundgebung des Führers eine Leistung propagandistischen Wollens«, so hieß es beim Leiter der Nachrichtenstelle der Reichsrundfunkkammer, »sondern ebenso gut ein Bruckner-Konzert oder eine heitere Sendung aus der Werkpause der Schaffenden oder eine sportliche Übertragung aus olympischem Kampfgeist«. Und beim ersten Intendanten des Reichssenders Saarbrücken: »Im Rundfunk darf es nichts geben, was nicht auf den letzten und tiefsten Sinn der Propaganda hinzielt, ... wahrer, rechter Rundfunk ist Propaganda schlechthin. Er ist der Inbegriff des Wortes Propaganda.«

Was hier für den Bereich des Rundfunks galt, traf ganz allgemein auf den gesamten Bereich der kulturellen und künstlerischen Betätigung zu.

»Möchten dies (die langsame Formung einer neuen und unterschütterlichen selbstsicheren Autorität) vor allem aber auch begreifen die Anhänger, Förderer, Gestalter und Schöpfer unserer deutschen Kultur. Möchten sie daher auch verstehen, daß der nationalsozialistische Staat, wenn er seiner Aufgabe gerecht werden will, die kulturelle Untermauerung benötigt, daß er sie wünscht, und daß er sie daher auch schaffen wird«, verkündete Adolf Hitler.

Und so wurde am 22. September 1933 die »Reichskulturkammer« gesetzlich ins Leben gerufen. Mit dem Reichskulturkammergesetz wurde der Reichsminister für Volksaufklärung und Propaganda »beauftragt und ermächtigt, die Angehörigen der Tätigkeitszweige, die seinen Aufgabenkreis betreffen, in Körperschaften des öffentlichen Rechts zusammenzufassen« (§ 1). Gemäß diesem § 1 des Reichskulturkammergesetzes wurden dann neben der schon bestehenden »vorläufigen Filmkammer« sechs weitere Kammern errichtet; eine Reichsschrifttumskammer, eine Reichspressekammer, eine Reichsrundfunkkammer, eine Reichstheaterkammer, eine Reichsmusikkammer und eine Reichskammer der Bildenden Künste. Der machtpolitische Kern dieser »ständisch« aufgebauten Reichskulturkammer ergibt sich dabei einmal aus § 7 des Reichskulturkammergesetzes (»Der Reichsminister für Volksaufklärung und Propaganda wird ermächtigt, zur Durchführung dieses Gesetzes Rechtsverordnungen und allgemeine Verwaltungsvorschriften, auch ergänzender Art, zu erlassen«) und zum anderen aus § 4 und § 10 der ersten Durchführungsverordnung des Reichskulturkammergesetzes vom 1. November 1933:

»§ 4. Wer bei der Erzeugung, der Wiedergabe, der geistigen oder technischen Verarbeitung, der Verbreitung, der Erhaltung, dem Absatz oder der Vermittlung des Absatzes von Kulturgut mitwirkt, muß Mitglied der Einzelkammer sein, die für seine Tätigkeit zuständig ist. Verbreitung ist auch die Erzeugung und der Absatz technischer Verbreitungsmittel.

§ 10. Die Aufnahme in eine Einzelkammer kann abgelehnt oder ein Mitglied ausgeschlossen werden, wenn Tatsachen vorliegen, aus denen sich ergibt, daß die in Frage kommende Person die für die Ausübung ihrer Tätigkeit erforderliche Zuverlässigkeit und Eignung nicht besitzt.«

Während so in § 4 die Zwangsmitgliedschaft in den einzelnen Kammern gesetzlich verankert wurde, bot der § 10 dem Reichsminister Goebbels, der sich selbst zum Präsidenten dieser Reichskulturkammer ernannt hatte, die Möglichkeit, jeden Mißliebigen, das hieß in der Praxis: jeden, der sich seinen Weisungen nicht fügen wollte, aus dem Bereich des Kulturschaffens auszuschalten.

»Sehr bald wurde spürbar«, so beschreibt Hildegard Brenner die Auswirkungen des Reichskulturkammergesetzes (»des eigentlichen Ermächtigungsgesetzes für Goebbels im Bereich der Kultur«) »was es bedeutete, daß es eine gesonderte soziale bzw. wirschaftliche Interessenvertretung für die Künstler nicht mehr gab. Wohl richtete Goebbels in der Spende ›Künstlerdank‹ eine Art Altershilfe ein. Darlehenskassen wie die der Schillerstiftung innerhalb der Reichsschrifttumskammer vergaben Nothilfen. Diese jedoch waren gebunden an die Mitgliedschaft in den Kammern, und die honorierten Leistungen unterlagen ihrer Kontrolle. Die wirtschaftliche Existenz war bis zur Krankenkassenversorgung an die politische Befehlsstelle gekoppelt worden, und allein die Tatsache, daß diese Abhängigkeit jederzeit als Repressalie genutzt werden konnte, genügte, um den indirekten Zwang wirksam zu erhalten.

Die Eintragung in die Stammrollen der einzelnen Fachkammern wurde schlechthin zur Existenzfrage ... Wem die Aufnahme verweigert wurde – und die letzte Berufungsinstanz war Goebbels in seiner Eigenschaft als Präsident –, der verlor damit das Recht, einen kulturellen Beruf auszuüben, durfte mit Polizeigewalt daran gehindert werden und wurde es auch. So enthielt der Gedanke vom Künstler als dem Träger eines Amtes, einer öffentlichen Aufgabe zugleich die Forderung nach Sanktionen gegen alle ›unerwünschten Elemente‹. Die offizielle Argumentation scheute sich nicht, dabei den Staatsbürger generell als unmündig zu erklären: ›Wenn ... die Kultur im weltanschaulich gebundenen Staat ... eine nationalpolitische Führungs- und Erziehungsaufgabe (ist), dann wird der einzelne Kulturschaffende ... vergleichbar mit dem Erzieher an einer öffentlichen Schule, der ja früher schon unter staatliche Aufsicht gestellt worden ist und sogar in der Regel Beamter und damit unmittelbarer Staatsdiener ist ... Ebenso wie der Staat einen ungeeigneten Jugenderzieher entfernen kann, muß er auch die Möglichkeit haben, aus dem Kulturleben ungeeignete und unzuverlässige Elemente auszuscheiden. Diese Möglichkeit hat die Reichskulturkammer auf die einfachste Weise geschaffen.‹ Mit solchen ›ungeeigneten und unzuverlässigen Elementen‹ waren alle Nicht-Anpassungswilligen gemeint. Sie wurden zu ›Volksfeinden‹ erklärt. Von anfänglichen zweckdienlichen Ausnahmen, vor allem im Theatersektor, abgesehen, traf diese Regelung ferner schematisch sämtliche jüdischen Künstler bzw. Künstler mit jüdischen Ehepartnern sowie alle Ausländer. ›Der ungeheure Wert, der in einer unbedingten Reinhaltung der Kulturberufe liegt, verlangt, daß auch schon bei geringfügiger Unzuverlässigkeit der Ausschluß verfügt werden kann‹, kommentierte der juristische Referent der Reichskulturkammer, Karl-Friedrich Schrieber, das Gesetz.«

Neben den jüdischen und »jüdisch versippten« wurden alle Künstler aus den Bereichen der Musik, der Malerei, der Architektur, der Plastik, der Literatur, der Presse, des Films und des Theaters ausgeschlossen, die sich nicht dem Diktat der nationalsozialistischen Weltanschauung beugen wollten und die es mit ihrer künstlerischen Auffassung nicht vereinbaren konnten, den Kult »von Blut und Boden«, den Kult des »Heroismus« und den Kult einer vernunftwidrigen Gläubigkeit an als hohl empfundene Werte zu unterstützen oder zu tolerieren.

Emigration, Verfolgung, Verleumdung, Berufsverbot, Elend und KZ, das waren die Folgen eines künstlerischen Schaffens, das seine Legitimation aus der Freiheit der Persönlichkeit herzuleiten versuchte und nicht zwangsweise aus den für verbindlich erklärten Postulaten der nationalsozialistischen Weltanschauung.

Allein in der Reichskulturkammer für Bildende Künste waren 1936 organisiert:

13 700 Architekten,
   730 Innenarchitekten,
   500 Gartengestalter,
13 000 Kunstmaler,
 3 500 Bildhauer,
 1 870 Kunsthandwerker,
 3 500 Gebrauchsgraphiker,
 1 260 Entwerfer,
 1 550 Kunstblattverleger,
 1 550 Kunst- und Antiquitätenhändler.

Mit der Gleichschaltung aller Bereiche des kulturellen Lebens schuf die NS-Propaganda die Basis für die allmähliche Durchdringung des Volkes mit den Ideen und Werthaltungen des Nationalsozialismus. In deren Zentrum stand als Subjekt wie als Objekt der »Führer«.

Schon in »Mein Kampf« verbreitete er sich ausführlich über die Macht der Rede, die er wie kaum ein zweiter in einmaliger Weise tatsächlich besessen hat. »Die Macht aber, die die großen historischen Lawinen religiöser oder politischer Art ins Rollen brachte, war seit urewig nur die Zauberkraft des gesprochenen Wortes.

Die breite Masse eines Volkes vor allem unterliegt immer nur der Gewalt der Rede. Alle großen Bewegungen aber sind Volksbewegungen, sind Vulkanausbrüche menschlicher Leidenschaft und seelischer Empfindungen, aufgerührt entweder durch die grausame Göttin der Not oder durch die Brandfackel des unter die Masse geschleuderten Wortes, und sind nicht limonadige Ergüsse ästhetisierender Literaten und Salonhelden.

Völkerschicksale vermag nur ein Sturm von heißer Leidenschaft zu wenden, Leidenschaft erwecken aber kann nur, wer sie selbst im Innern trägt. Sie allein schenkt dann dem von ihr Erwählten die Worte, die Hammerschlägen ähnlich die Tore zum Herzen eines Volkes zu öffnen vermögen.« Die Methodik der Reden, mit denen Hitler zweifellos die Herzen vieler Deutscher öffnen konnte, charakterisierte Archivdirektor Max Domarus: »Was nun die spezielle Methodik der Reden anbetrifft, so waren für Hitler zunächst die äußeren Begleitumstände: Zeit, Ort, Temperatur des Versammlungsraums usw. von Bedeutung. In seinem Buch ›Mein Kampf‹ erläuterte er, wie wichtig schon allein die Tageszeit sei, um eine Rede beim Publikum gut ankommen zu lassen. Reden am Vormittag hielt er psychologisch für ungünstiger als solche am späten Nachmittag oder Abend. Der ›Dämmerschein katholischer Kirchen‹, der ›geheimnisvolle Zauber des Festspielhauses in Bayreuth‹ und ähnliche Lokalkolorits erschienen ihm als wesentliche Voraussetzung zur leichteren rhetorischen Beeinflussung der Menschen.

Die Rede war für ihn ein ›Ringkampf zweier entgegengesetzter Kräfte‹, wie er sich ausdrückte. Er folgerte daraus:

›Der überragenden Redekunst einer beherrschenden Apostelnatur wird es nun leichter gelingen, Menschen dem neuen Wollen zu gewinnen, die selbst bereits eine Schwächung ihrer Widerstandskraft in natürlichster Weise erfahren haben, als solche, die noch im Vollbesitz ihrer geistigen und willensmäßigen Spannkraft sind.‹

Seinen Zuhörern diesen Vollbesitz ihrer geistigen Kräfte zu nehmen, war für Hitler zunächst einmal die Hauptaufgabe jeder größeren Rede. Er legte es mit voller Absicht darauf an, in der ersten Hälfte seiner gewöhnlich einhalb- bis zweistündigen, mitunter auch noch ausgedehnteren Reden das Publikum durch langatmige Erzählungen, endlose geschichtliche oder ›philosophische‹ Betrachtungen körperlich und geistig zu ermüden, um sie dann im zweiten Teil, wenn sie mürbe geworden waren, durch demagogische Schlagworte, nationalsozialistische Parolen usw. zu ›elektrisieren‹ und allmählich zu immer stärkerem Beifall und kritiklosem Mitgehen zu veranlassen ... Doch selbst die scheinbar in höchster Erregung hervorgestoßenen Redewendungen, ekstatischen Gesten usw. waren meist keine spontanen Gefühlsäußerungen, sondern im vor-

Die »Wunderwaffe« V 1 war eins der zentralen Themen in Goebbels' Kriegspropaganda. Dabei war der militärische Nutzen der geheimnisvollen Flügelbombe wesentlich geringer, als die großartigen Ankündigungen versprochen hatten. – Bild und Text stammen aus der Propaganda-Illustrierten »Signal«, die im Ausland für die deutsche Sache warb.

EIN WENDEPUNKT

Mit dem Einsatz von V 1, der fliegenden Bombe, hat eine Entwicklung begonnen, welche die Grundformen der Kriegführung ganz allgemein revolutionieren wird. Eine Mischung zwischen Bombe und Geschoß, wird das ferngesteuerte und durch Raketenantrieb vorwärtsbewegte Projektil in absehbarer Zeit die riesigen und mit einer Unsumme von Menschen und Material aufgebauten und unterhaltenen Großbomberflotten in ihrer Bedeutung wesentlich mindern. Vielleicht ist der Tag nicht mehr allzu fern, wo es eine Bomberwaffe in der jetzigen Form nicht mehr gibt. Wird es den Deutschen in diesem Krieg gelingen, unter Anspannung aller Kräfte und mit Hilfe ihrer großartigen Soldaten so lange durchzuhalten, bis neue Waffen neue Möglichkeiten bieten? Werden die in der Produktion befindlichen neuartigen deutschen Kampfmittel zu Lande, zur See und in der Luft die gegnerischen Waffen nicht nur einholen, sondern sogar überholen? Werden vor allem die fliegenden Bomben der V-Serien in Verbindung mit den moralischen Qualitäten des deutschen Menschen das Übergewicht ergeben, das den deutschen Sieg bringt? Europas Feinde haben plötzlich Zeitsorgen und sind bestrebt, die Entscheidung auf dem Schlachtfelde zu erzwingen, ehe ihre technische Rüstung, mag sie noch so umfangreich sein, durch neue Kampfformen unwirksam wird. Die Kompliziertheit ihrer Rüstungsfertigung ist der schwächste Punkt in diesem anglo-amerikanischen Ringen gegen die Zeit.

aus berechnete, genau einstudierte Szenen. Hitlers Kammerdiener Heinz Linge, ferner sein Freund und Photograph Heinrich Hoffmann haben solche Generalproben miterlebt. Sie gingen folgendermaßen vor sich: Hitler stand vor einem Spiegel, der seine ganze Gestalt wiedergab, und sprach Satz für Satz, sich selbst genau beobachtend. Er studierte seine Bewegungen, seinen Gesichtsausdruck. Er wiederholte die Sätze und Gesten so lange, bis er mit dem Geleisteten zufrieden war. Bisweilen wandte er sich zu seinen Vertrauten um und fragte: ›Bin ich gut, Hoffmann?‹ oder ›Klingt es richtig, Linge? Denken Sie, daß ich jetzt vor die Versammlung treten kann?‹

Angesichts solch nüchterner Spekulationen und Taktiken könnte man glauben, die Hitler-Reden seien nichts anderes gewesen als billiges Komödienspiel, als lächerliche und groteske Clownerien. Aber dies würde die ungeheure rhetorische Wirkung nicht erklären und dem tatsächlichen Sachverhalt nicht gerecht werden. Hitler war ein Schauspieler von Format, d. h. er verschmolz förmlich mit der Rolle, die er darstellen wollte. Er glaubte schließlich selbst, was er vorbrachte, oder erweckte jedenfalls bei Deutschen, z. T. auch bei Ausländern den Anschein, daß er meine, was er sage. So wie ein großer Charakterspieler die Menschen zu Tränen rühren oder mit Furcht und Schrecken erfüllen kann.«

Aber nicht nur als Subjekt der Propaganda, als der große Redner, der alle anderen Propagandisten übertraf, stand Hitler im Mittelpunkt der nationalsozialistischen Propaganda, sondern auch als Objekt, als Objekt eines Führerkultes, dem alle anderen Propagandisten, ob groß oder klein, in Wort, Schrift und Bild zu dienen hatten. Unzählbar sind die Huldigungen, die ihm von allen Seiten in verblendeter, geradezu abgöttischer Verehrung entgegengebracht wurden.

»Worin liegt nun das Geheimnis der unfehlbaren Sicherheit Adolf Hitlers, seines gewaltigen Einflusses auf das deutsche Volk? Liegt es in seiner menschlichen Güte, in seiner Charakterstärke oder in seiner einzigartigen Bescheidenheit? Liegt es vielleicht an seiner politischen Begabung, die Dinge immer richtig vorauszuahnen und vorauszuschauen, oder liegt es an seinem hervorragenden Mut oder an seiner seltenen Treue seinen Gefolgsleuten gegenüber? Ich glaube, was man auch herausgreift, man wird doch schließlich zu dem Schluß kommen, daß es nicht nur die Summe aller dieser Tugenden ist, sondern es ist etwas Unsagbares, fast Unbegreifliches um diesen einzigen Mann, und wer es nicht fühlt, der wird es nicht erjagen; denn wir lieben Adolf Hitler, weil wir glauben, tief und unerschütterlich glauben, daß er uns von Gott gesandt ist, Deutschland zu retten«, verkündete Hermann Göring.

»Mit Stolz sehen wir: Einer bleibt von aller Kritik ausgeschlossen, das ist der Führer. Das kommt daher, daß jeder fühlt und weiß: Er hat immer recht und er wird immer recht haben. In der kritiklosen Treue, in der Hingabe an den Führer, die nach dem Warum im Einzelfalle nicht fragt, in der stillschweigenden Ausführung seiner Befehle liegt unser aller Nationalsozialismus verankert«, bekannte Rudolf Hess.

»Dem Führer habt ihr alles zu danken, die Lohntüte, den blauen Himmel über euch, überhaupt das Leben«, hieß es in der »NS-Frauenwarte«, und Goebbels meinte: »Wenn der Führer spricht, ist das wie Gottesdienst.«

Höhepunkt einer solchen Führervergötzung war Goebbels' berühmte Sportpalastrede zum totalen Krieg am 18. Februar 1943: »... Die Engländer behaupten, das deutsche Volk habe den Glauben an den Sieg verloren. Ich frage euch: Glaubt ihr mit dem Führer und mit uns an den endgültigen totalen Sieg des deutschen Volkes? Ich frage euch: Seid ihr entschlossen, dem Führer in der Erkämpfung des Sieges durch dick und dünn und unter Aufnahme auch der schwersten persönlichen Belastungen zu folgen? Zweitens: Die Engländer behaupten, das deutsche Volk ist des Kampfes müde. Ich frage euch: Seid ihr bereit, mit dem Führer, als Phalanx der Heimat hinter der kämpfenden Wehrmacht stehend, diesen Kampf mit wilder Entschlossenheit und unbeirrbar durch alle Schicksalsfügungen fortzusetzen, bis der Sieg in unseren Händen ist? Drittens: Die Engländer behaupten, das deutsche Volk hat keine Lust mehr, sich der überhandnehmenden Kriegsarbeit, die die Regierung von ihm fordert, zu unterziehen. Ich frage euch: Seid ihr und ist das deutsche Volk entschlossen, wenn der Führer es befiehlt, zehn, zwölf und, wenn nötig, vierzehn und sechzehn Stunden täglich zu arbeiten und das Letzte herzugeben für den Sieg?

Viertens: Die Engländer behaupten, das deutsche Volk wehrt sich gegen die totalen Kriegsmaßnahmen der Regierung. Es will nicht den totalen Krieg, sondern die Kapitulation. (Zuruf: Niemals! Niemals! Niemals!) Ich frage euch: Wollt ihr den totalen Krieg? Wollt ihr ihn, wenn nötig, totaler und radikaler, als wir ihn uns heute überhaupt noch vorstellen können? ...«

Unter frenetischem Beifall und im Rausch einer Massenekstase wurden all diese Fragen mit einem hysterischen Ja-Geschrei beantwortet. Mit diesen Propagandamethoden einer ungeheuerlichen Führerverherrlichung, mit den zahllosen Fahnen, Festen, Feierlichkeiten und den anderen Requisiten des braunen Kults, die dem einzelnen unter Ausschaltung des kritischen Intellekts psychologisch entgegenkamen, gelang der totalitären Propaganda des Nationalsozialismus, die kein Medium als Wirkmittel außer acht ließ, was die Juristen zur rechtlichen Norm im Dritten Reich erhoben hatten, die

»Der Führer spricht«, Gemälde von Paul Padua, 1939. Das Hitlerbild an der Wand, sitzen Großvater, Mutter, Vater und Kinder in der guten Stube vor dem Volksempfänger vereint.

Folgende Seite: »Kameradschaft«, Gemälde eines unbekannten Künstlers. Familie und Frontsoldat, Idylle und Kampfbereitschaft waren bevorzugte Themen der NS-Malerei.

Ineinssetzung von Führerwille und Volkswille weiten Teilen des Volkes ins Bewußtsein zu heben.

Wie konnte ein Kulturvolk in einen solchen Führertaumel verfallen? Was uns heute kaum noch vorstellbar erscheint, erklärt der Psychologe Prof. Dr. Walter Ehrenstein so:

»Die von Hitler in seiner Propaganda angewandten Methoden stimmen mit den Lehren der Massenpsychologie durchaus überein. Ihr Erfolg im Hitlerschen Experiment hat ihre Richtigkeit erneut bewiesen. Bei der gerechten Würdigung dieses Erfolges muß freilich in Betracht gezogen werden, daß die Zeitverhältnisse und die ungeheure soziale Katastrophe Deutschlands vor 1933 ein für Versprechungen und Radikallösungen hervorragend aufgeschlossenes Publikum geschaffen hatten. Es ist daher vieles, was Hitler sich als persönliches Verdienst beimaß und als Wirkung seiner Propaganda betrachtete, sicher à conto der für seine Absichten hervorragend günstigen Zeitverhältnisse zu setzen...«

Hitler, der mit der Geistesverfassung der kleinen Leute durchaus vertraut war, wußte, so fährt Ehrenstein fort, »daß besonders die Selbstwertgefühle in ihrem Leben zu kurz kamen. Ihnen suchte er vor allem Auftrieb zu verschaffen. Er verlieh dem ›schlichten Volksgenossen‹ Befugnisse, Ehren, Titel, Würden, Ämter, Auszeichnungen, Abzeichen und Uniformen. Ein sorgfältig ausgedachtes System von Ämtern und Rängen mit ungezählten Abstufungen, die alle sinnfällig durch Uniformen und Abzeichen kenntlich gemacht waren, war hervorragend geeignet, den Selbstwertgefühlen der Massen, besonders der deutschen Massen, die ersehnte Befriedigung zu verschaffen. Menschen, die nie zuvor in ihrem Leben etwas zu sagen gehabt hatten, sahen sich durch Hitler mit Ämtern und Befugnissen ausgestattet, waren sogar ›politische Leiter‹... Zweifellos sollte durch das Bewußtsein, ein Amt zu bekleiden, das Gefühl einer besonders engen Verbundenheit mit der neuen Ordnung der Dinge und einer besonderen Treueverpflichtung dem Führer gegenüber bei den Amtsträgern geweckt werden...

Die Geschichte hat schon manchen Tyrannen vor Hitler gekannt; diesem aber blieb es vorbehalten, ein ganzes großes Volk von 80 Millionen sich Tag für Tag und Stunde für Stunde mit einem Heilruf auf den Tyrannen begrüßen zu lassen. Dergleichen war bisher in der Geschichte unbekannt gewesen. Es gab keine Amtsstube, kein Klassenzimmer und wenig Privatwohnungen ohne ein Bild des Führers. Jede Freimarke erinnerte an ihn. Es gab keine Stadt und kein Dorf, sie mochten noch so klein sein, wo nicht die Hauptstraße Adolf-Hitler-Straße hieß. Keine öffentliche Feier oder Festlichkeit fand statt, bei der nicht die nationalsozialistische Partei in der einen oder anderen Form sich einschaltete. In den Jahren von Hitlers Kampf gegen die

Arbeitslosigkeit sah man keinen Bauplatz ohne ein großes Plakat, welches verkündete: ›Daß wir hier arbeiten, verdanken wir dem Führer!‹ Alles Angenehme wurde irgendwie vom Führer hergeleitet, alles Unangenehme wurde seinen Gegnern in die Schuhe geschoben. Es gab keine Filmvorführungen ohne eine Wochenschau mit Propagandastoff. Vielen Neuvermählten wurde unmittelbar nach der Eheschließungszeremonie Hitlers Buch ›Mein Kampf‹ in einer Luxusausgabe geschenkt. Auf diese Weise erreichte man, daß Hitlers Name und Sache sich mit der Erfahrung der größten Erwartung und des größten Glückes im Leben vieler junger Menschen verknüpfte.

Das gesamte Erziehungswesen in allen seinen Zweigen, vom Kindergarten bis zur Universität, wurde natürlich in diese Propaganda einbezogen... Besondere Gelegenheit für eine intensive Propaganda boten die großen nationalen Feiertage des Hitler-Regimes, 1. Mai: Tag der nationalen Arbeit, erster Sonntag im Oktober: Erntedankfest, 9. November: Gedenktag für die Toten der Bewegung. An diesen Tagen fanden große Versammlungen unter freiem Himmel statt, an denen der größte Teil der männlichen Bevölkerung teilnehmen mußte. Der für die Massen eindrucksvollste Teil der Festprogramme waren Märsche zu den Versammlungsplätzen. Diese Märsche führten gewöhnlich über weite Wegstrecken, wobei der einzelne entweder mit der politischen Einheit, der er angehörte, oder unter den Arbeitskameraden seiner Firma oder seines Betriebes mitmarschierte. Die zugrundeliegende Idee war die, daß die Massen ›die Idee des Nationalsozialismus nicht nur in die Köpfe, sondern auch in die Beine kriegen sollten‹. Dadurch, daß die Massen nach der Zurücklegung langer Wege und nachdem sie stundenlang auf dem Versammlungsplatz gestanden hatten, ihre Muskeln fühlten, sollten sie den Eindruck haben, ›aktiv in der Politik mitgewirkt zu haben‹. So sinnlos dieser Gedanke objektiv betrachtet ist, seine Verwirklichung erwies sich gleichwohl für die Propaganda als sehr wirksam. Die Einschätzung der geistigen Reaktion der breiten Masse als einer äußerst primitiven, die dieser Berechnung zugrunde liegt, erwies sich als richtig...«

Noch am 31. Dezember 1944 schrieb Goebbels in der Wochenzeitung »Das Reich«: »Hitler ist die größte unter den Persönlichkeiten, die heute Geschichte machen; ihnen allen steht er weit voran in der Voraussicht der Dinge, die kommen. Er überragt sie nicht nur an Genie und politischem Instinkt, sondern auch an Wissen, Charakter und Willenskraft. Nie kommt ein Wort der Falschheit oder einer niedrigen Gesinnung über seine Lippen. Er ist die Wahrheit selbst. Er hat den sechsten Sinn, das heißt die Gabe, zu sehen, was den Augen anderer Menschen verborgen bleibt... Er ist das Wunder der Deutschen; er allein ist das Uner-

klärliche, das Geheimnis und der Mythos unseres Volkes. Der große Empörer gegen eine lügenhafte feindliche Welt, gegen die Welt der Phrase und des falschen Scheins, schreitet er ... der Vollendung seines geschichtlichen Werkes entgegen.«

Die totalitäre Propaganda des Dritten Reiches hatte Hitler mit einem solchen Nimbus umgeben, daß selbst zu diesem Zeitpunkt, an dem es doch jedem Einsichtigen hätte klar sein müssen, daß der Krieg restlos verloren war, noch viele an das »Genie des Führers« und an

den »Endsieg« glaubten. Daher der tiefe Schock für viele, als das Wunder ausblieb und auch die »Wunderwaffen« den Vormarsch der Alliierten nicht bremsten. Desillusioniert mußten die Deutschen erkennen, daß sie an ein Phantom geglaubt hatten. Die Allmacht des »Führers« entpuppte sich als bornierte Selbstüberschätzung, seine vielgepriesene Güte als ungeheuerliche Lüge angesichts der unfaßbaren Verbrechen, die hinter den berstenden Fassaden des »Tausendjährigen Reiches« im Zusammenbruch ans Licht kamen.

Propaganda

Links: Zu festlichen Anlässen konnten die Scheinwerfer der schweren Flak strahlende »Licht-Dome« über dem erstaunten und faszinierten Publikum erleuchten lassen. Im Krieg wurden sie zu grausamen Todesstrahlen, die nach den feindlichen Bombern tasteten.

Rechts: Eine große Propaganda bedeutete der deutsche Pavillon auf der Pariser Weltausstellung 1937. Auf dieser Ausstellung erhielt Deutschland 933 Preise, davon 278 Grands Prix, 179 Ehrenurkunden, 273 Goldmedaillen, 172 Silbermedaillen und 31 Bronzemedaillen. Die neuen deutschen Werkstoffe, die im Verfolg des Vierjahresplanes zu besonderer Bedeutung gelangt waren, erhielten ohne Ausnahme den Grand Prix. Reichsbankpräsident Schacht berichtete über die Einweihung des Hauses: »Der Eindruck des Deutschen Hauses auf der Pariser Weltausstellung auf die Franzosen ist ein ganz außerordentlicher. Nach seiner Architektur, seiner künstlerischen Innengestaltung und nach der Art der ausgestellten einzelnen Spitzenleistungen, ragt es über das Gros der Ausstellung weit hinaus... Der Empfang, den mir die Franzosen als Vertreter des Führers und Reichskanzlers bereiteten, war in jeder Hinsicht zuvorkommend. Zwei Minister bei der Ankunft und zwei Minister bei der Abreise am Flugplatz, etwa sieben Minister bei der Eröffnungsfeier im Deutschen Haus, Ministerpräsident und drei Minister bei dem Diner des Botschafters, zwei Minister bei dem Essen der Deutschen Handelskammer und sechs Minister einschließlich des Ministerpräsidenten mit ihren Damen bei dem mir zu Ehren gegebenen Staatsdiner.«

Am 12. August, »dem Geburtstag der Mutter unseres Füh-
rers«, wurde den kinderreichen Müttern das »Ehrenkreuz der
Deutschen Mutter« verliehen. Original-Unterschrift zum Bild
links: »Eine unvergeßliche Stunde für die ausgezeichneten
Frauen: Einer kinderreichen Mutter wird bei einer Berliner
Feier das Ehrenkreuz umgelegt.« – *Unten:* »Laut Verfügung
des Reichs- und Preußischen Ministers des Inneren wird ab 1.
Mai – soweit es der Etat der Gemeinden gestattet – jedem
Brautpaar bei der Eheschließung ein Exemplar des Buches des
Führers ›Mein Kampf‹ überreicht.« Das Werben um die
»Deutsche Mutter« gipfelte in einem Wochenspruch der
NSDAP-Propagandaleitung im zweiten Kriegsjahr, einem
Ausspruch Adolf Hitlers: »Die Frau hat auch ihr Schlachtfeld:
Mit jedem Kinde, das sie der Nation zur Welt bringt, kämpft
sie ihren Kampf für die Nation.«

Rechte Seite, oben: Nationalsozialistischer Standesbeamter in
Uniform.
Unten: Massentrauungen von SA-Leuten und politischen Lei-
tern in den Straßen von Neukölln. Die Brautpaare heirateten
auch deshalb so prompt, weil es »Ehestandsdarlehen« gab in
Höhe von 1000 der damals noch kaufkräftigen Reichsmark.
Für jedes Kind, das aus der Ehe hervorging, konnte ein Viertel
der Summe angesetzt werden. Bei vier Kindern also war das
Darlehen »abgestottert«.

Ehrenkreuz
der Deutschen Mutter

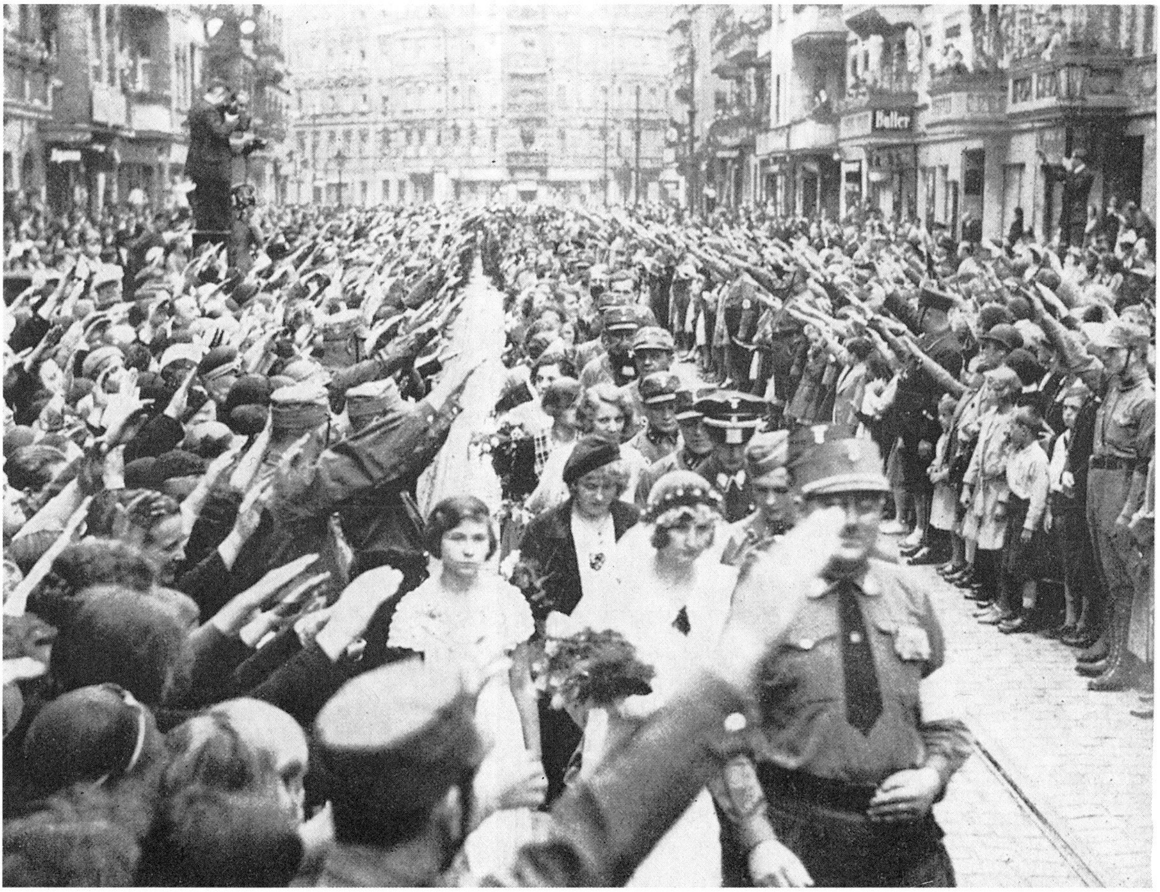

Durch die zahlreichen und geschickt propagierten Sammelaktionen der Winterhilfe, an denen sich die Prominenz des ganzen Reiches beteiligte, konnte dem einfachen »Volksgenossen« tatsächlich eine einzig dastehende gegenseitige Hilfsbereitschaft des ganzen deutschen Volkes glaubhaft gemacht werden. Wofür dagegen im einzelnen die so vereinnahmten Riesenbeträge verwendet wurden, blieb von der Öffentlichkeit unkontrolliert. – Einige Pressebilder mit Originalunterschriften:

Linke Seite, oben: »Pour-le-mérite-Flieger des ersten Weltkrieges sammeln am Tage der Nationalen Solidarität in den Straßen Berlins für die Winterhilfe.« (Von links nach rechts: Ernst Udet, Buckler, Loerzer, Bolle und Veltgens.)
Unten links: »Film-Schauspielerinnen und -Schauspieler stellten sich in den Dienst der Winterhilfe: Adolf Wohlbrück sammelt an einer Gulaschkanone in Köpenick.«
Daneben: »Reichsbankpräsident und Wirtschaftsminister Dr. Hjalmar Schacht sammelt für das Winterhilfswerk!«
Rechte Seiten, oben: »Hier bleibt dein Geld . . .! Diese kinderreiche Familie versorgt die deutsche Volksgemeinschaft zusätzlich mit warmer Wollkleidung und Schuhzeug.«
Links: »Dr. Goebbels bei der Altershilfe.«

Malerei
Plastik
Architektur

So wie Hitler hier dem italienischen Wirtschaftsminister Lantini im Haus der Deutschen Kunst eines der ausgestellten Werke zeigt, genauso nahm er es für sich in Anspruch, dem ganzen deutschen Volk zu zeigen, was Kunst ist und was nicht. Was bei diesem Anspruch des »gescheiterten Künstlers« herauskam, faßt der Historiker Professor Percy Schramm zusammen: »Ein Reich, ein Volk, ein Führer – und eine Kunst! Und zwar eine Zweckkunst, die die politischen Leitlinien respektierte und durch ihr Banausentum, dem Geschmack der Kleinbürger entsprach; eine Kunst, die die Geschichte um dreißig Jahre und mehr zurückdrehen trachtete, die aber lauthals als gesunder Fortschritt angepriesen wurde und sich auf alles wirklich Lebendige abtötend wie Mehltau legte; eine Kunst in nächster Nachbarschaft zum Kitsch, deren Produkte – soweit nicht schon zerstört oder untergegangen – lautlos in den Rumpelkammern verschwunden sind, während die echte Kunst, als ›entartet‹ gebrandmarkt, im Ausland zu Schleuderpreisen angeboten, im besten Falle noch der Devisenbeschaffung diente.«

Rechte Seite: Die neue »arteigene« Malerei mußte »schön« sein und möglichst so naturgetreu wie eine Photographie. Kriterien wie »rassisch«, »nordisch«, »völkisch«, »heroisch« wurden durch die Ausschließlichkeit ihrer Anerkennung zu Fesseln für die eigenschöpferische Kraft eines freien Künstlers.
Oben eine Tafel aus der »Bäuerlichen Trilogie« von Sepp Hilz. *Darunter:* »Reifezeit« von Johannes Beutner.
Rechts: »Göttin der Kunst« von Adolf Ziegler. Dieses Bild vom »Meister des deutschen Schamhaares« aus dem Jahre 1938 war für die Empfangshalle des Münchner Künstlerhauses bestimmt.
Unten: Paul Mathias Padua, München: »Der 10. Mai 1940«. Eines der hochgepriesenen Werke der »Großen Deutschen Kunstausstellung« 1941.

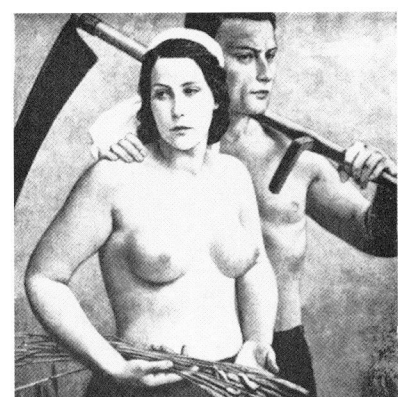

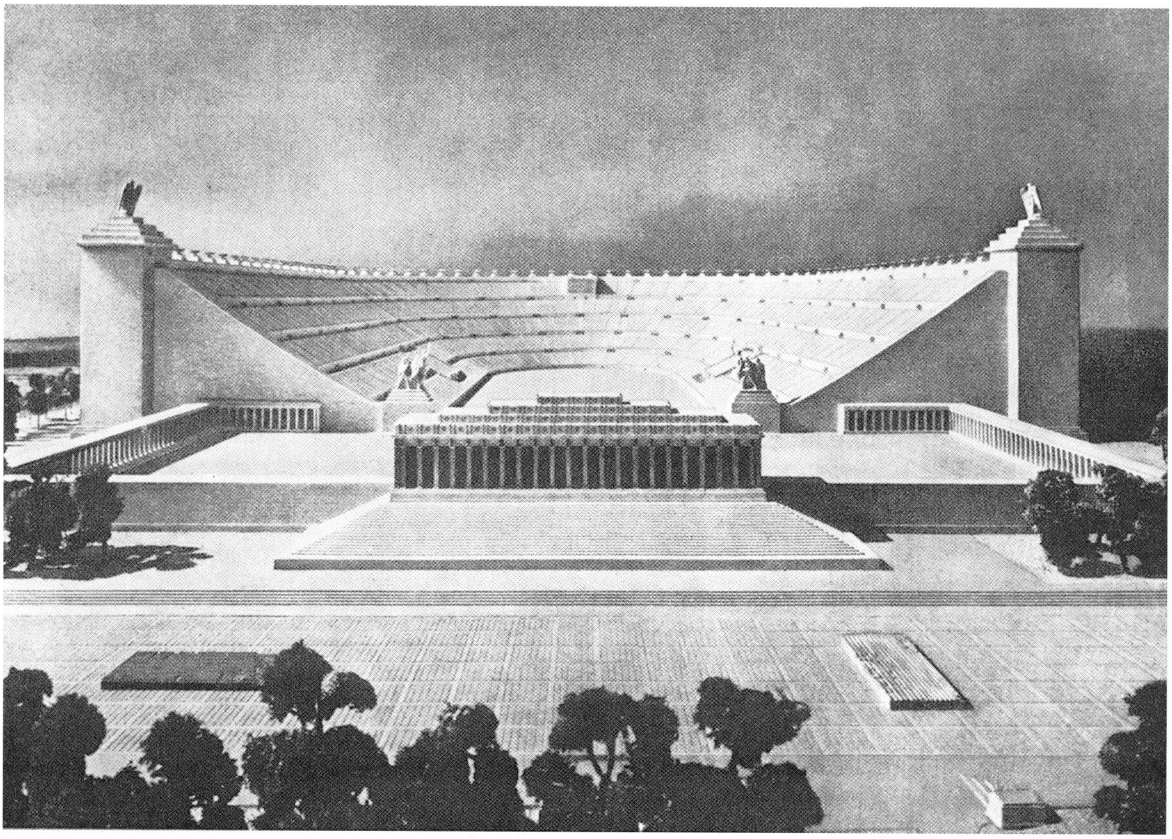

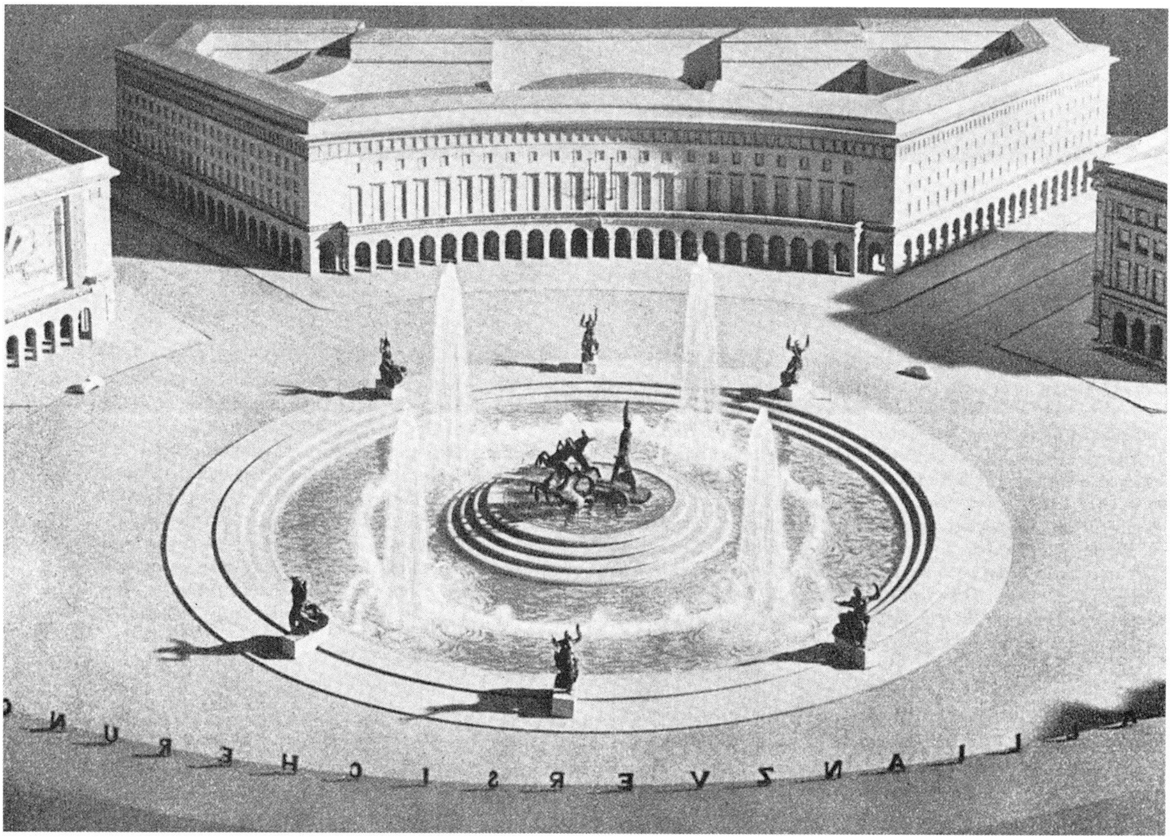

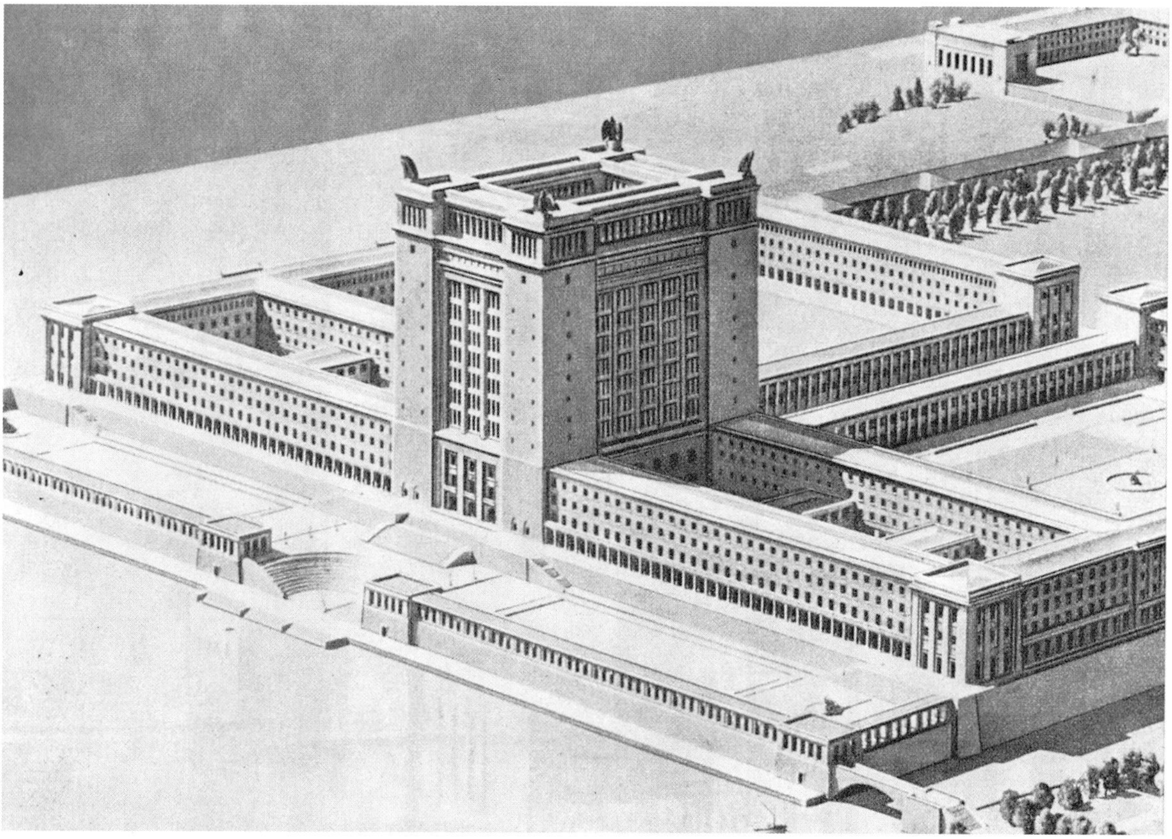

Die höchste der Künste war für Adolf Hitler, noch vor Malerei und Plastik, die Architektur. Er, der sich selber zum Architekten berufen fühlte, in seinen Anfängen aber in Wien gescheitert war, hielt sich in dieser Hinsicht für sehr begabt und bildete sich ein, daß er »wahrscheinlich sogar einer der ersten Architekten, wenn nicht *der* Architekt Deutschlands« geworden wäre. Architekten seiner Wahl errichteten dann auch in Deutschland in den Jahren von 1934 bis 1940 in einem Umfang und mit einer Geschmacklosigkeit Bauten, die, wenn auch in einem anderen als von Hitler angestrebten Sinne, wirklich von »historischer Einmaligkeit« waren.

Linke Seite, oben: Architekt Albert Speer, Das Deutsche Stadion auf dem Reichsparteitag-Gelände in Nürnberg, Modell.
Unten: Planung des »Generalbauinspektors für die Reichshauptstadt«, Der Runde Platz, im Zuge der Nord-Süd-Achse gelegen, mit dem Fremdenverkehrshaus in der Mitte des Bildes und dem Brunnen von Bildhauer Arno Breker, Modell.

Rechte Seite, oben: Architekt Hermann Giesler: Die Hohe Schule am Chiemsee. Ansicht des Hauptgebäudes von der Seeseite, Modell. Als architektonisches Gebilde von grimmiger Monumentalität, die in ihrer Wirkung brutaler kaum mehr gedacht werden kann, wäre sie als »Hohe Schule der NSDAP« zum Grabmal des freien Menschen geworden.
Links: Architekt Albert Speer, Zeppelinfeld in Nürnberg. Ausschnitt der Vorderseite des Tribünenhauses. »Zwangsmäßig«, so heißt es in einem offiziellen Baubericht, »ist der Blick der Männer auf dem Feld, ob auf den Tribünen oder auf dem Rasen ... ausgerichtet auf das Erlebnis selbst, auf den Führer.«

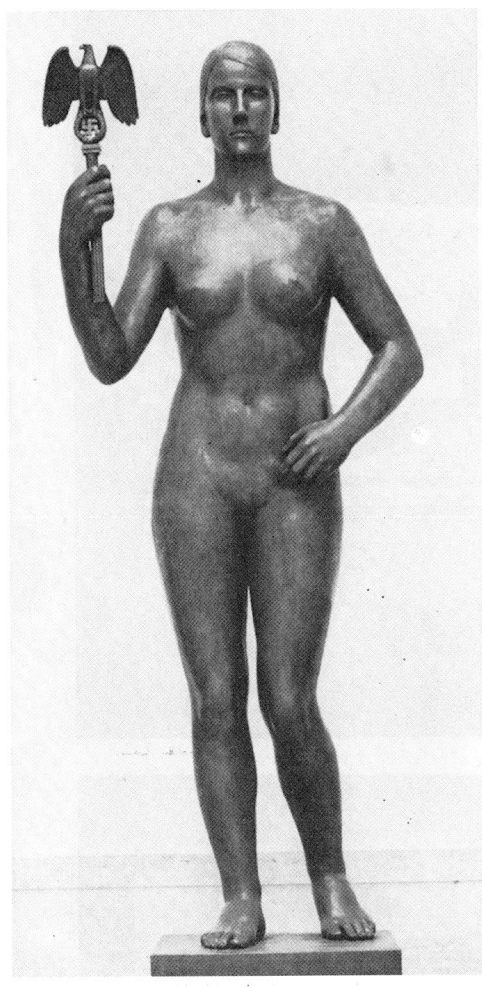

Die nationalsozialistische Kunstpolitik versuchte die Problematik der modernen Industriewelt zu verdrängen und das Bedürfnis der Menschen nach dem »einfachen Leben« in vordergründiger Weise zu befriedigen. Künstler wie Klee, Nolde, Heckel, Kokoschka, Kandinsky, Grosz, Dix, Beckmann und viele andere mußten es sich gefallen lassen, daß ihre Werke aus den Museen zusammengetragen wurden, um als »typische Werke der Verfallskunst aus der Systemzeit« in der Ausstellung »Entartete Kunst« gezeigt zu werden. Ungünstig gruppiert und mit diskriminierenden Hetzparolen versehen – »Deutsche Bauern jiddisch gesehen«, »Beschimpfung der deutschen Helden des Weltkrieges«, »Verhöhnung der deutschen Frau«, »Bordell, Dirnen, Zuhälter«, »Abtötung des letzten Restes jedes Rassebewußtseins«, »Vollendeter Wahnsinn« – wurden die Werke der einzelnen »Kulturbolschewisten« dem Volke zur Schau gestellt.
Linke Seite, oben: Die Wanderausstellung »Entartete Kunst« in Berlin.
Mitte: Hitler (moderne Kunst sei »ein einziges verkrüppeltes

Gekleckse«) und Goebbels betrachten sich die Ausstellung »Entartete Kunst«.
Unten: Besucher in der Ausstellung »Entartete Kunst«.

Und so sah »artgemäße Kunst« aus: *Oben links:* Eine Hoheitszeichenträgerin von Schmid-Ehmen. In der Plastik wurde der Hang zum Monumentalen immer ausgeprägter. Die Plastik wuchs in die Höhe. Riesige Leiber heldischer Jünglinge mit kunstvoll onduliertem Haarwuchs belebten weite und hohe Reliefs in heroischem Gebärdenspiel. Die Riesengröße der Leiber von Männer und Frauen, Knaben und Mädchen, von Tieren und Fabelwesen war nur noch riesig und hatte kaum noch ein künstlerisches Maß. – »Das Kleine aber wird nicht kolossal dadurch, daß man es doppelt oder dreifach nimmt. Die Größe muß den Formen schon innewohnen bei der ersten Erfindung.« Von dieser Erkenntnis Hermann Grimms waren die NS-Künstler offensichtlich weit entfernt.
Rechts: »Der Rächer«, Relief von Arno Breker, dem renommiertesten Bildhauer der NS-Zeit.

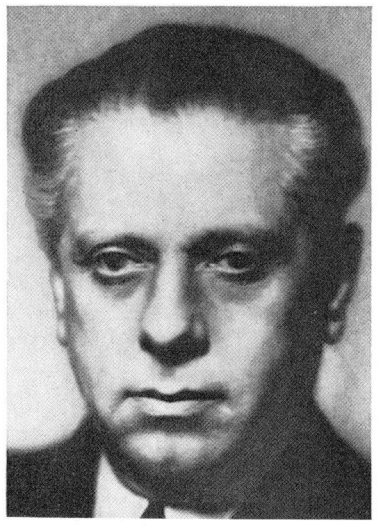

Theater

Oben links: Gleich vielen seiner jüdischen Kollegen und Kolleginnen emigrierte der bekannte und erfolgreiche Regisseur Max Reinhardt 1933 in die USA. In seinem Brief vom 16. 6. 1933 an die Hitler-Regierung hieß es u. a. »Der Entschluß, mich endgültig vom Deutschen Theater zu lösen, fällt mir naturgemäß nicht leicht. Ich verliere mit diesem Besitz nicht nur die Frucht einer siebenunddreißigjährigen Tätigkeit, ich verliere vielmehr den Boden, den ich ein Leben lang gebaut habe und in dem ich selbst gewachsen bin. Ich verliere meine Heimat. Was das bedeutet, brauche ich denen nicht zu sagen, die diesen Begriff über alles stellen ...«

Oben rechts: Der Schauspieler Albert Bassermann, Träger des Ifflandringes, verließ Deutschland 1935, weil er sich von seiner jüdischen Frau nicht trennen wollte. – *Mitte links:* Auch der Schauspieler Joachim Gottschalk verübte 1941 Selbstmord wegen seiner jüdischen Frau. – *Mitte rechts:* Die Schauspielerin Elisabeth Bergner – emigriert 1933 – in einer Aufführung an einer Emigrantenbühne in New York. – *Unten links:* Der international berühmte Tenor Richard Tauber emigrierte 1936. Er wurde in typischer NS-Agitation als mit »jüdischen Kantorenschmalz behafteter Sänger« verunglimpft, als Vertreter einer »typisch undeutschen Singart«. – *Unten rechts:* Die Schauspielerin Marlene Dietrich (hier in einem Film mit Hans Albers), durch den »Blauen Engel« berühmt geworden, kehrte trotz der Bemühungen von Goebbels aus den USA in das nationalsozialistische Deutschland nicht mehr zurück.

Rechte Seite, oben: Gustaf Gründgens mit seiner Frau Marianne Hoppe in dem Film »Kapriolen«. Gustaf Gründgens, 1934 zum Intendanten des Staatlichen Schauspielhauses Berlin und 1936 zum preußischen Staatsrat ernannt, war einer der wenigen Künstler, die es sich leisten konnten, nur nach künstlerischen Kriterien Theater zu gestalten. Er und seine von ihm beschützten Mitarbeiter konnten sich erfolgreich vor den Angriffen der nationalsozialistischen Theaterpolitik schützen und blieben somit von der rapide ausbreitenden Niveausenkung an den deutschen Bühnen verschont.

Unten: Der Komponist Kurt Weill mit seiner Frau Lotte Lenya, die zu den besten Interpretinnen seiner Musik gehört. Weill, der u. a. die Musik zu Brechts »Dreigroschenoper«, die ein Welterfolg wurde, komponiert hatte, verließ Deutschland 1933.

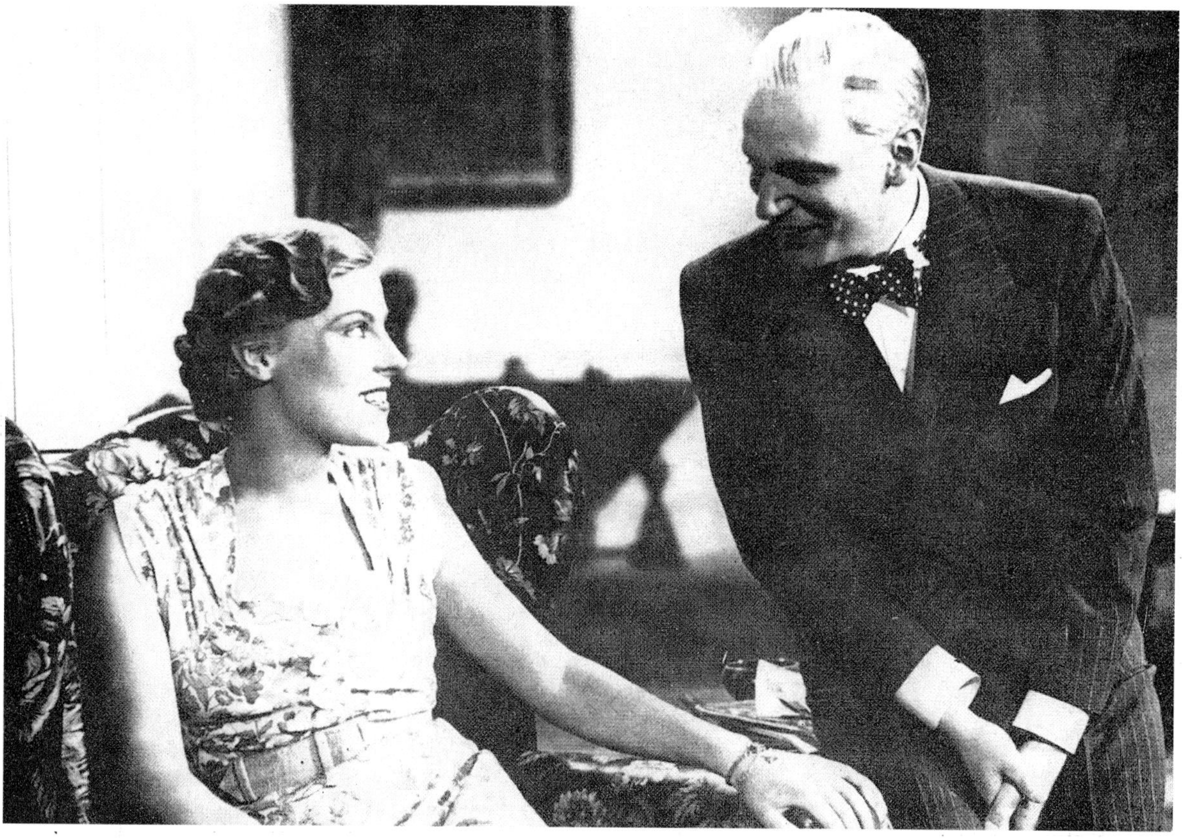

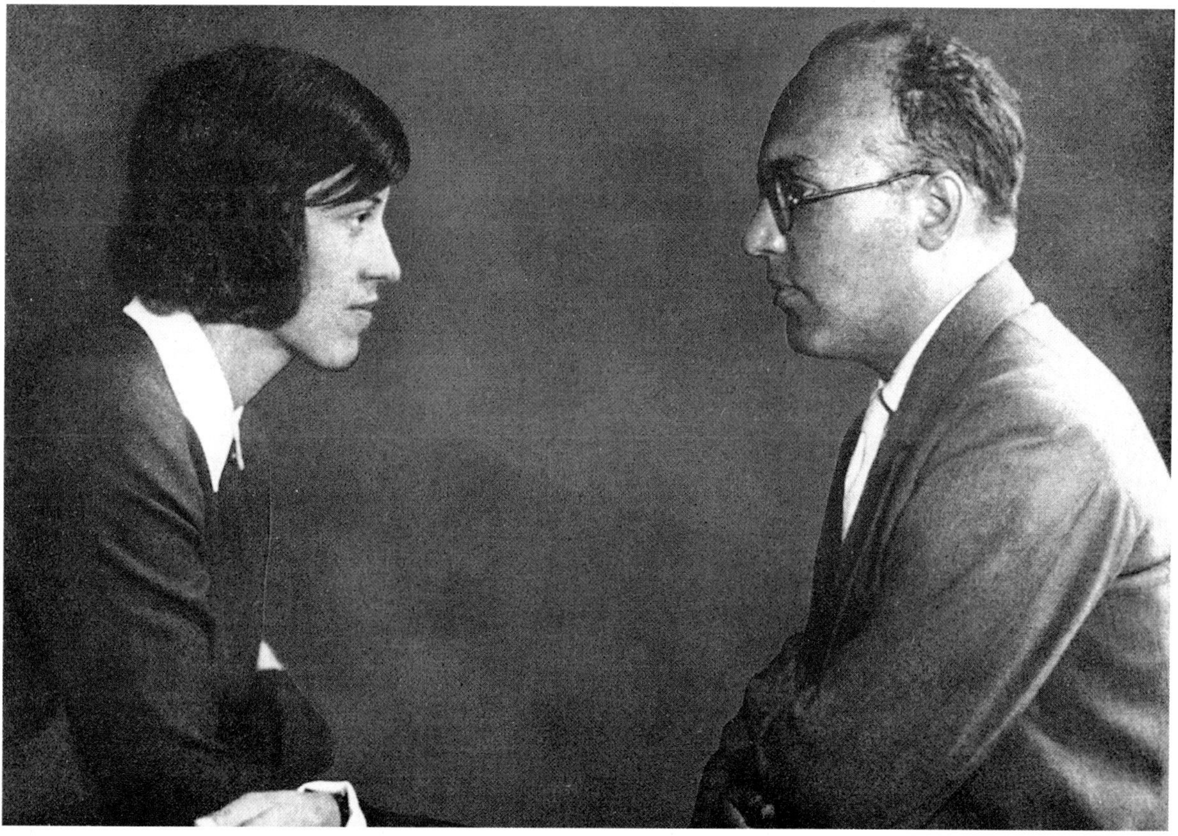

Ich las damals unendlich viel und zwar gründlich. In wenigen Jahren schuf ich mir damit die Grundlagen eines Wissens, von denen ich auch heute noch zehre.
Adolf Hitler

Zur Woche des deutschen Buches

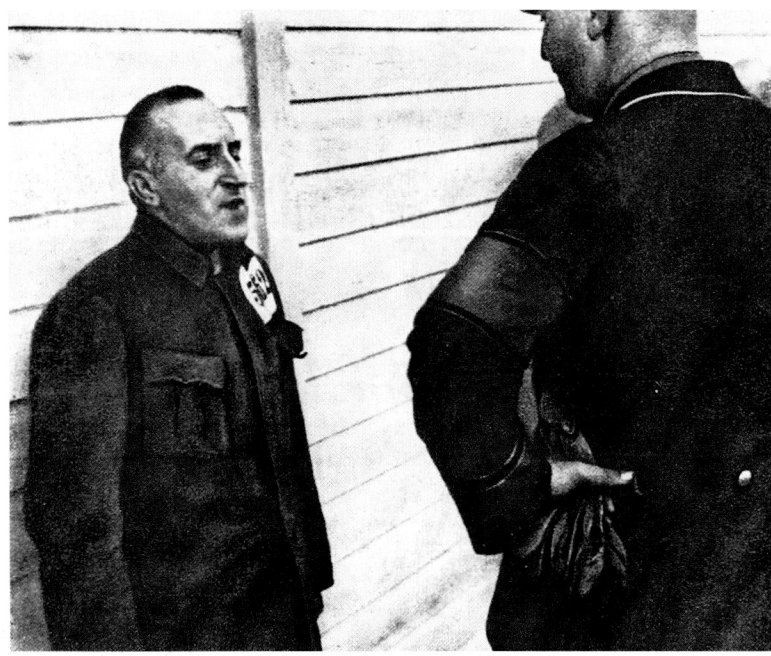

Literatur

Unter kämpferischen Parolen wie »Das Buch – Ein Kraftquell der Nation« oder »Das Buch – Ein Schwert des Geistes« wurde im Dritten Reich alljährlich eine »Woche des deutschen Buches« veranstaltet. *Links:* Hitlers Erstling »Mein Kampf« auf einer Stelltafel.

»Ich sage ja!« bekannte Gerhart Hauptmann im Frühjahr 1933 in einer öffentlichen Erklärung. Eine Welle freiwilliger Loyalitätsbekundungen der Vertreter des deutschen Geisteslebens, auf Mißverständnis, Überzeugung und Opportunismus beruhend, überflutete die nationalsozialistischen Machthaber zu Beginn des Dritten Reiches. Carl v. Ossietzky sagte »nein«, als man ihn unter Zusicherung materiellen Wohlergehens dazu überreden wollte, auf den Friedens-Nobelpreis zu verzichten. Er zog es vor, für seine Überzeugung weiterhin im Konzentrationslager zu darben. Der Schweizer Carl Jakob Burckhardt verschaffte sich Zugang zu Ossietzky, der bald darauf entlassen wurde, aber bald an den Folgen der Lagerbehandlung starb.

Über die erschütternde Begegnung schreibt Burckhardt: »Nach zehn Minuten kamen zwei SS-Leute, die einen kleinen Mann mehr schleppten und trugen als heranführten. Ein zitterndes, totenblasses Etwas, ein Wesen, das gefühllos zu sein schien, ein Auge geschwollen, die Zähne anscheinend eingeschlagen, er schleppte ein gebrochenes, schlecht ausgeheiltes Bein nach. Ich ging ihm entgegen, reichte ihm die Hand, die er nicht ergriff. ›Melden!‹ schrie Loritz (der Lagerkommandant). Ein unartikulierter Laut kam aus der Kehle des Gemarterten. ›Herr von Ossietzky‹, sprach ich ihn an. ›Ich bringe Ihnen die Grüße Ihrer Freunde, ich bin der Vertreter des Internationalen Komitees vom Roten Kreuz, ich bin hier, um Ihnen, soweit uns dies möglich ist, zu helfen.‹ Nichts. Vor mir, gerade noch lebend, stand ein Mensch, der an der äußersten Grenze des Tragbaren angelangt war. Kein Wort der Erwiderung. Ich trat näher. Jetzt füllte sich das noch sehende Auge mit Tränen, lispelnd unter Schluchzen sagte er: ›Danke, sagen Sie den Freunden, ich sei am Ende, es ist bald vorüber, bald aus, das ist gut.‹ Und dann noch ganz leise: ›Danke, ich habe einmal Nachricht erhalten, meine Frau war einmal hier: ich wollte den Frieden‹... Dann ging er, das eine Bein nachschleppend, mühsam Schritt vor Schritt zu seiner Baracke zurück.« *Unten:* KZ-Häftling Nummer 562, Carl v. Ossietzky.

Dichter, denen »ihr nordisches Blut« kein inneres »Entwicklungsgesetz« vorschrieb, die nicht der »Blutliebe Deutschland« lebten, wurden als »Kulturbolschewisten« verschrien, als »Literaten«, denen man unterschob, sie hätten keine Haltung, Gesinnung, Bindung und Substanz. Bereits am 10. Mai 1933 wurden folgende Dichter aus der »gleichgeschalteten« Preußischen Akademie der Dichtung ausgeschlossen: Thomas Mann, Heinrich Mann, Franz Werfel *(obere Reihe von links),* Alfred Döblin, René Schickele, Ludwig Fulda, Georg Kaiser, Fritz von Unruh, Alfred Mombert, Bernhard Kellermann, Rudolf Pannwitz und Leonhard Frank. Aus Protest erklärte daraufhin Ricarda Huch *(unten links)* in einem mutigen Schreiben ebenfalls ihren Austritt: »Daß ein Deutscher deutsch empfindet, möchte ich fast für selbstverständlich halten; aber was deutsch ist und wie Deutschtum sich betätigen soll, darüber gibt es

verschiedene Meinungen. Was die jetzige Regierung als nationale Gesinnung vorschreibt, ist nicht mein Deutschtum. Die Zentralisierung, der Zwang, die brutalen Methoden, die Diffamierung Andersdenkender, das prahlerische Selbstlob halte ich für unheilvoll. Bei einer so sehr von der staatlichen Meinung abweichenden Auffassung halte ich es für unmöglich, in einer staatlichen Akademie zu bleiben.« Gleich vielen seiner Kollegen in die Emigration gegangen, schrieb Kurt Tucholsky *(unten rechts)* sechs Tage vor seinem Selbstmord in einem letzten Brief an Arnold Zweig: »Nun muß – ich auch? ich auch? gesagt werden. Das haben wir falsch gemacht und das und das – und hier haben wir versagt. Und nicht nur: Die anderen haben – sondern: wir alle haben.« Stefan Zweig *(unten Mitte)* beging im Jahr 1942 in seinem südamerikanischen Exil Selbstmord.

Wissenschaft

»Der Nationalsozialismus neigt nicht zu abstraktem, trockenem Denken. Seine volksverbundene Weltanschauung wird die Wissenschaft wieder dem flutenden Leben und die unendliche Fülle des Lebens wieder der Wissenschaft erschließen.« Dieser Ausspruch des Reichspressechefs Dr. Otto Dietrich, der einer »deutschen Wissenschaft«, einer »völkischen Wissenschaft«, einer »subjektiven Wissenschaft« das Wort redete, zeigte an, daß auch in den Bereich der Wissenschaft die nationalsozialistische Weltanschauung ihren Einzug gehalten hatte. Auch diesem Bereich des menschlichen Wirkens, in dem es allein um »falsch oder richtig«, um »eher wahrscheinlich oder weniger wahrscheinlich« geht, wurde jetzt der dafür völlig untaugliche Begriff der Rasse zugrunde gelegt. »Von der Entdeckung der Rasse erhält auch die Wissenschaft ihren entscheidenden revolutionären Anstoß. Die Rassenerkenntnis befruchtet nicht nur die einzelnen Wissenschaften vom Menschen und wird daher das System der Wissenschaft neu ordnen und der kommenden Hochschule eine Mitte geben . . .« So Kultursminister Bernhard Rust. Die Folgen dieser »rassischen Ausrichtung« der Wissenschaft können am Beispiel von

206

vier Physikern, die noch dazu alle vier den Nobelpreis erhielten, verdeutlicht werden. Nobelpreisträger Albert Einstein *(linke Seite oben links),* der überragende Wissenschaftler der Atomphysik, wurde im Jahre 1933 ausgebürgert und emigrierte in die USA. Nobelpreisträger Prof. James Franck *(oben rechts)* beantragte 1933 seine Beurlaubung vom Lehramt. Der Nobelpreisträger Prof. Johannes Stark *(Mitte links)* hingegen schrieb zum Thema »Jüdische und deutsche Physik« unter anderem: »Der jüdische Einfluß im Innern des deutschen Volkes auf dem politischen, wirtschaftlichen und künstlerischen Gebiet ist heute, acht Jahre nach der nationalsozialistischen Machtergreifung, ausgeschaltet. Es wurde dies dadurch erreicht, daß die Juden aus ihren einflußreichen Stellungen entfernt wurden. Dagegen wirkt der jüdische Einfluß in der deutschen Wissenschaft, vor allem in der Physik, noch fort. Dies hat in erster Linie folgenden Grund. Zahlreiche Männer, die in jüdischen Geiste gewirkt, aber den Nachweis der arischen Abstammung erbracht haben, sind in ihren Stellungen als akademische Lehrer verblieben, ja, treten zum Teil sogar in nationalsozialistischer Aufmachung auf, setzen aber ihre Propagandatätigkeit für jüdisch-dogmatische Theorien unverändert fort. So hat noch im Jahre 1936 Heisenberg in einem Artikel in der führenden nationalsozialistischen Zeitung ›Völkischer Beobachter‹ erklärt: ›In ähnlicher Weise gilt auch die Relativitätstheorie als die selbstverständliche Grundlage weiterer Forschung.‹ Planck, der langjährige Förderer Einsteins und des jüdischen Einflusses, kann noch heute die Veröffentlichung von Abhandlungen in jüdischem Geist ermöglichen. Und Sommerfeld, der Hauptpropagandist jüdischer Theorien, war noch bis vor kurzer Zeit akademischer Lehrer . . .‹ Und der Nobelpreisträger Prof. Philipp Lenard *(Mitte rechts)* begann das Vorwort zu seinem vierbändigen Lehrbuch »Deut-

sche Physik« mit den Sätzen: »›Deutsche Physik?‹ wird man fragen. – Ich hätte auch arische Physik oder Physik der nordisch gearteten Menschen sagen können, Physik der Wirklichkeits-Ergründer, der Wahrheit-Suchenden, Physik derjenigen, die die Naturforschung begründet haben. – ›Die Wissenschaft ist und bleibt international!‹ wird man mir einwenden wollen. Dem liegt aber immer ein Irrtum zugrunde. In Wirklichkeit ist die Wissenschaft, wie alles was Menschen hervorbringen, rassisch, blutmäßig bedingt. Ein Anschein von Internationalität kann entstehen, wenn aus der Allgemeingültigkeit der Ergebnisse der Naturwissenschaft zu Unrecht auf allgemeinen Ursprung geschlossen wird oder wenn übersehen wird, daß die Völker verschiedener Länder, die Wissenschaft gleicher oder verwandter Art geliefert haben wie das deutsche Volk, dies nur deshalb und insofern konnten, weil sie ebenfalls vorwiegend nordischer Rassenmischung sind oder waren. Völker anderer Rassenmischung haben eine andere Art, Wissenschaft zu treiben.«

Der weltbekannte »Vater der Psychoanalyse«, Sigmund Freud *(unten links),* dessen Schriften im Dritten Reich verbrannt wurden, emigrierte nach London. Der ebenfalls weltbekannte Philosoph Martin Heidegger *(unten rechts)* lobte die »Herrlichkeit und Größe des Aufbruchs von 1933«: »Nicht Lehrsätze und Ideen seien die Regeln eures Seins! Der Führer selbst und allein ist die heutige und künftige deutsche Wirklichkeit und ihr Gesetz.«

Oben: Hitler empfängt die ersten Preisträger des »Deutschen Nationalpreises für Kunst und Wissenschaft«. Von links: Prof. Sauerbruch, Frau Prof. Troost (die den Preis für ihren verstorbenen Mann, den Architekten des Münchener »Haus der Deutschen Kunst«, entgegennahm), Hitler, Alfred Rosenberg, Prof. Bier, Dr. Wilhelm Filchner.

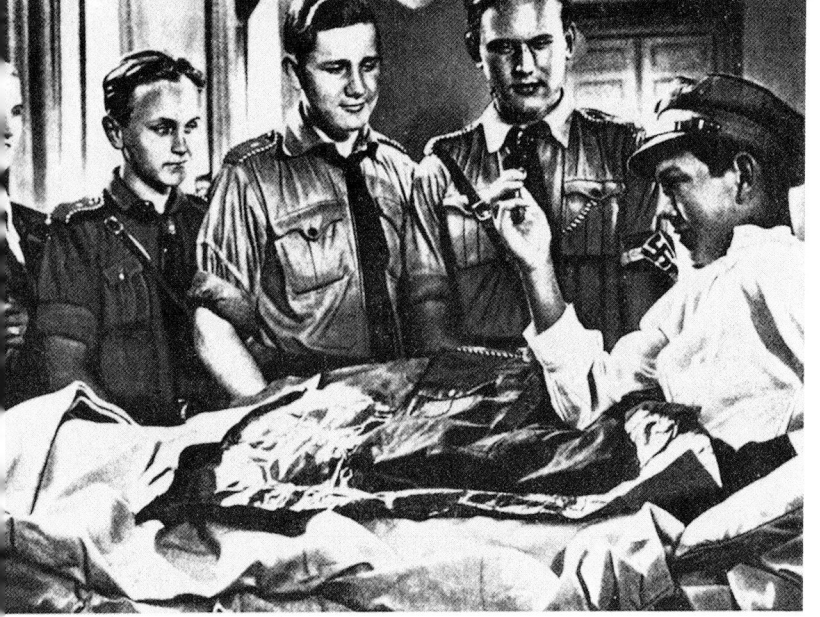

Film

Oben: Szenenfoto aus dem Film »Hitlerjunge Quex«, der den »Heroismus« der Jugend idealisiert. – Bald jedoch mußte Goebbels merken, daß das Publikum nicht für den »Heroismus« der Parteigeschichte zu begeistern war, worauf er diesen Weg der direkten Propaganda durch Spielfilme wieder verlassen mußte. Nicht der »SA-Mann Brand«, der »Hitlerjunge Quex« begeisterten das Publikum, sondern die Schauspieler Hans Moser, Theo Lingen, Heinz Rühmann und die vielen anderen, die in ihren zahlreichen Filmen Tragik, Dramatik, Liebe und Heiterkeit verbreiteten, nicht aber politische Parolen.

Mitte: Szenenfoto aus dem Film »SA-Mann Brand«. Über diesen Film schrieb der Völkische Beobachter: »Wir erleben den SA-Mann Brand in seiner Familie. Der Vater ist Sozialdemokrat, aber die Mutter ist auf des Sohnes Seite. Gegenüber wohnt eine Witwe, die sich kümmerlich mit ihrem Jungen durchs Leben schlägt. Hitlerjunge ist er, eine Uniform will er haben, und so näht seine Mutter nachts, um das Geld für ein Braunhemd aufzutreiben. Hitlerjunge Erich marschiert zum erstenmal in Uniform, da trifft ihn eine tückische Kugel. Mit den Worten: ›Ich gehe jetzt zum Führer‹, haucht er sein Leben aus. Draußen dröhnt Marschmusik der SA. Überraschend ist der Tag der nationalen Erhebung da.«

Unten: Von links nach rechts: Charlotte Thiele, Hans Nielsen, Paul Hartmann in dem Film »Ich klage an«. Über diesen Film notierte Lisa Deboor in ihr Tagebuch am 21. 10. 1941: »Wir sahen den von der Reichskulturkammer besonders angepriesenen Film ›Ich klage an‹, einen Propaganda-Film für die Euthanasie, geschickt gemacht, so daß der Normal-Bürger kaum die Absicht merkt. Im Grunde ist aber darin übelster Materialismus mit süßlicher Sentimentalität vermischt.« (Ein Arzt, der seiner unheilbar kranken Ehefrau das Gift gibt, wählt nicht den Weg der Vertuschung, sondern bekennt sich »heroisch« zu seiner »humanen« Tat.) Nach heftigem Protest der Kirche verfügte Dr. Goebbels, daß bei der Besprechung dieses Films das Wort »Euthanasie« nicht gebraucht werden dürfe.

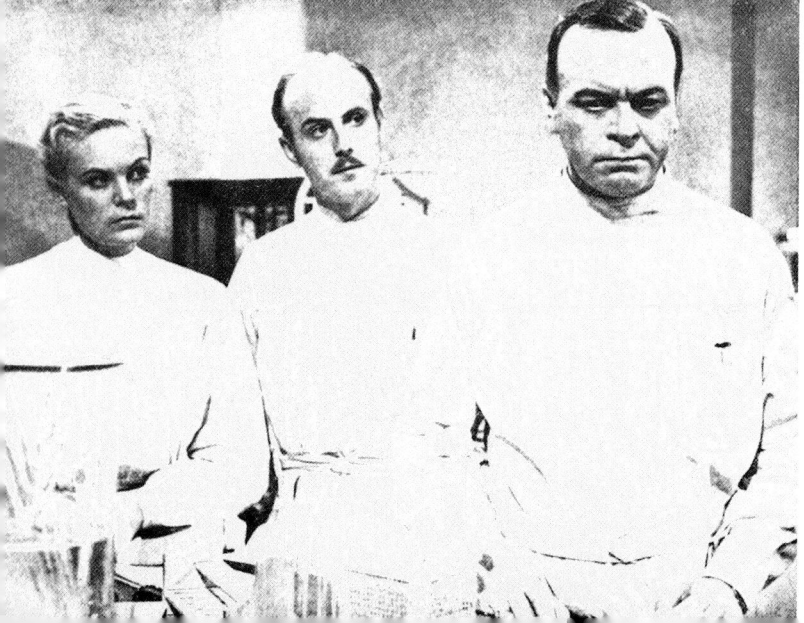

Oben links: In den hervorragenden Film »Der Postmeister« gestaltete Heinrich George eine seiner schönsten Rollen: tiefverletzten Vaterstolz über seine Tochter (Hilde Krahl), die in St. Petersburg zur Kurtisane wurde.

Oben rechts: Vielbeschäftigt war der blonde Hans Albers mit seinen blauen Augen. Als echter Draufgänger und Tausendsassa blieb er über Jahrzehnte hin ein Liebling des Publikums.

Hier in dem ersten großen deutschen Farbfilm »Münchhausen«, der zum Riesenerfolg wurde und zu dem der mit einem Schreibverbot belegte Erich Kästner, freilich unter einem Pseudonym, das Drehbuch schreiben durfte.

Unten: Szenenbild aus dem Film »Venus vor Gericht«, der sich, angereichert mit Heimatfilmelementen, dem Thema »Entartete Kunst« widmete.

Links: Otto Gebühr in seiner Standardrolle als Fridericus Rex. »Der Große König« war ein Film zum Lob des Durchhaltewillens. Statisten waren Soldaten der Deutschen Wehrmacht. Es war ein handwerklich gut gemachter Film, der in die gleiche Kerbe hieb wie der letzte Goebbels-Film »Kolberg«. Für ihn waren 18 500 Mann als Komparsen zu den Außenaufnahmen abkommandiert worden, und er verschlang 8,5 Millionen Mark.

Unten: Goebbels beglückwünscht Otto Gebühr zu dessen Ernennung zum Staatsschauspieler. In der Mitte Veit Harlan, der Regisseur des Hetzfilms »Jud Süß« und anderer Propagandamachwerke, mit seiner Frau und bevorzugten Hauptdarstellerin Kristina Söderbaum.

Rechte Seite, oben rechts: Emil Jannings als Ohm Krüger in dem gleichnamigen gehässigen Anti-England-Film. »Mit dem Tod der englischen Queen beginnt die grausige Schlußphase des Krieges. Die Buren sind dem Untergang geweiht. Jan, der heimlich seine Frau in einem Konzentrationslager aufsucht, wird erhängt. Der erblindete Ohm Krüger muß in einem Schweizer Hotel von dem Schmachfrieden erfahren, aber seine Worte, mit denen er Englands Untergang voraussagt, sind prophetische Worte . . .« Mit diesen Sätzen wurde der Film seinerzeit angekündigt.

Unten: »In den von den Engländern erfundenen Konzentrationslagern erhalten abgehärmte Burenfrauen hinter Stacheldraht ihr tägliches Brot«, hieß der Text zu diesem Filmbild, mit dem man gegen England hetzte und im Dritten Reich für Millionen von Menschen zur grausamen Wirklichkeit wurde.

Hervorragende Schauspieler wie Werner Kraus *(oben links als Rabbi Loew)*, Ferdinand Marian und Heinrich George mußten sich dem berühmtesten antisemitischen Spielfilm »Jud Süß« zur Verfügung stellen. Die Presse erhielt die Anweisung: »Sollten in nächster Zeit einige Filme über Juden herauskommen, z. B. ein Film ›Jud Süß‹, so sollen sie nicht als antisemitische Filme bezeichnet oder besprochen werden. Eine derartige charakterisierung dieser Filme ist deshalb nicht richtig, weil sie durch die Wirkung auf das Publikum ihren Zweck von selbst erfüllen werden.«

Sport

In den Augusttagen des Jahres 1936 wurde Deutschland zur »Arena des Erdballes«. Unter der Schirmherrschaft des »Führers und Reichskanzlers« Adolf Hitler wurden die XI. Olympischen Spiele zu einem beispiellosen sportlichen und propagandistischen Erfolg für Deutschland und seine nationalsozialistischen Machthaber. Ohne zu übertreiben, berichtete der zeitgenössische Chronist: »Hunderttausend begeisterte Menschen aus allen Erdteilen schauen gepackt und beglückt auf die gewaltige olympische Streitmacht, in Kolonnen tief gestaffelt, in ihren prächtigen, leuchtenden Festkleidern, ein Rausch von Farbe und Form. Aufmarschiert hinter ihren Bannern auf dem sattgrünen Rasen des schönsten Stadions der Welt . . .«

Links: Einmarsch der französischen Mannschaft, die Rechte zum olympischen Gruß erhoben. Die Menge, die diese Geste irrtümlich als Hitlergruß und ritterliche Ehrung für das Dritte Reich und seinen Führer auffaßte, brach in eine überquellende Begeisterung aus. Von allen Teilnehmern war Deutschland mit 33 Gold-, 26 Silber- und 30 Bronzemedaillen vor den USA die weitaus erfolgreichste Nation dieser XI. Olympischen Spiele.

Unten: Militärisch ausgerichtet die offenen Mercedes-Wagen, mit denen die Mitglieder des Diplomatischen Corps zu allen Veranstaltungen der Olympischen Spiele gebracht und danach wieder in die Hotels zurückgefahren wurden.

Was sich – neben nationalem Prestige – der Nationalsozialismus noch von der Förderung des Sports versprach, dokumentieren die Richtlinien des Reichssportkommissars von Tschammer und Osten zur Neuordnung der deutschen Leibesübungen: »Leibeserziehung bedeutet Erziehung des ganzen Menschen vom Leibe aus. Wenn Leibesübungen richtig angelegt und getrieben werden, stählen sie nicht nur den Körper, sondern erstrecken ihren Einfluß auch auf Seele und Charakter. Der ganze Mensch ist der Mensch der Gemeinschaft. Gesundheit und Leistungsfähigkeit jedes einzelnen sind ein Teil der Gesamtkraft unseres Volkes, die zu erhalten und wenn möglich zu vermehren unsere Aufgabe ist. Turn- und Sportverbände sind nicht dazu da, um das persönliche Wohlergehen von Privatleuten zu fördern: die Leibesübungen bilden vielmehr einen wichtigen Teil des Volkslebens und sind ein grundlegender Bestandteil des nationalen Erziehungssystems . . .

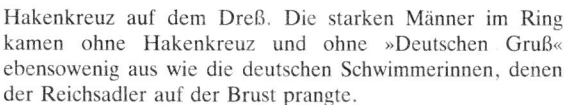

Oben: Unter Hakenkreuzfahnen entzündet der Läufer das olympische Feuer im Berliner Lustgarten.

Unten: 12 Jahre starteten die deutschen Sportler mit dem Hakenkreuz auf dem Dreß. Die starken Männer im Ring kamen ohne Hakenkreuz und ohne »Deutschen Gruß« ebensowenig aus wie die deutschen Schwimmerinnen, denen der Reichsadler auf der Brust prangte.

Links: Olympischen Lorbeer holte sich das deutsche Eiskunstlaufpaar Ernst Baier und Maxie Herber. Die beiden hatten durch ein zähes Training sich wirklich an die Spitze der Könner von Ruf »emporgelaufen« und erzielten, wo immer sie auftraten, Beifallsstürme. Sie gewannen die deutsche Paarlaufmeisterschaft siebenmal, die Europameisterschaft sechsmal, die Weltmeisterschaft viermal: 1936–1939! So wurden sie allein durch ihr sportliches Können zu Gratisbotschaftern des Dritten Reiches. Als Ernst Baier in einem Gespräch Adolf Hitler zu verstehen gab, er wolle Architekt werden, antwortete dieser ihm: »Wir haben in Deutschland viele gute Architekten, aber als Eisläufer haben wir nur Sie.«

Unten: Gottfried von Cramm (links) mit seinem Partner Henkel bei ihrem Sieg über die Tschechoslowakei in der Europazone des Davis-Pokals. Von Cramm, der berühmteste und erfolgreichste deutsche Tennisspieler, war den braunen Machthabern trotz seiner ungeheuren Erfolge auf allen Tennisplätzen der Welt nicht genehm. Sie ließen ihn 1939 nicht nach Wimbledon, obwohl er in Höchstform war und gute Aussichten hatte, die höchste Stufe des Tennisruhmes zu erreichen. Noch kurz vorher hatte er den gefürchteten Kalifornier Bobby Riggs, der dann in Abwesenheit von Cramm das Wimbledon-Turnier gewinnen konnte, überlegen besiegt.

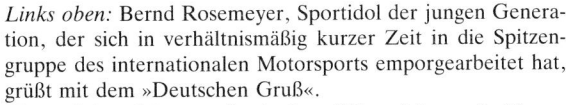

Links oben: Bernd Rosemeyer, Sportidol der jungen Generation, der sich in verhältnismäßig kurzer Zeit in die Spitzengruppe des internationalen Motorsports emporgearbeitet hat, grüßt mit dem »Deutschen Gruß«.

Unten: Spitzenkönner saßen in den »Silberpfeilen«, die Mercedes 1934 mit großem Erfolg auf den europäischen Rennbahnen starten ließ. An der Stabilisierungsflosse das unvermeidliche Hakenkreuz. »Silberpfeil« hieß der Wagen, weil die Rennformel von 1934 das Gewicht auf 750 kg beschränkte. Um jedes

Gramm wurde von den Konstrukteuren gekämpft. Hätte man den neuen Wagen eine weiße Lackfarbe gegeben, dann wären sie zu schwer geworden. Sie fuhren deshalb in ihrer mattschimmernden Aluminiumhaut zum Start. Auf dem Bild unten fuhr Caracciola einen Weltrekord über 10 Meilen mit fliegendem Start auf der Autobahn Frankfurt–Darmstadt mit 333,484 km/st und wurde mit Jubel empfangen.

Rechts oben: Rudolf Caracciola, der erfolgreichste Rennfahrer der Welt.

Oben: Eine Sensation: Kunstflugmeister Udet, der später sein Leben durch Selbstmord beendete, fliegt mit dem auf dem gefrorenen Eibsee im Auto dahinrasenden Weltrekordfahrer Henne um die Wette.

Rechte Seite unten: Christl Cranz, die als deutsche Läuferin eine einzigartige Karriere aufzuweisen hat. Von 1934–1941 war sie ununterbrochen deutsche Meisterin in der Alpinen Kombination. 1936 gewann sie bei den Olympischen Winterspielen in Garmisch-Partenkirchen die Goldmedaillen im Abfahrts- und Torlauf. Weltmeisterin in der Alpinen Kombi-

nation war sie 1934, 1935 und von 1937–1939. Neben zahlreichen anderen Siegen war sie auch Meisterin von Österreich (1937), von der Schweiz (1938) und von Frankreich (1939).

Rudolf Harbig, der 1936 in der 4×100-m-Staffel die Bronzemedaille gewonnen hatte, als Einzelläufer aber noch nicht ausgereift war, wären 1940 die Goldmedaillen über 400 und 800 m kaum zu nehmen gewesen. Über diese Strecken und über 1000 m hielt er den Weltrekord. Doch nur wenige Monate nach seinem Mailänder Rekordlauf über 800 m (der Weltrekord von 1:46,6 wurde erst 16 Jahre später verbessert) zerrann

mit dem Beginn des Krieges sein Traum vom olympischen Sieg. Am 5. März 1944 fiel Rudolf Harbig, einer der ganz Großen der deutschen Leichtathletik, bei Kirowograd in der Ukraine. – »Zu Ihrem wunderbaren Sieg, den wir heute nacht im Rundfunk erlebten, meine allerherzlichsten Glückwünsche. Ich weiß, daß Sie für Deutschland gekämpft haben. Ihr Sieg ist ein deutscher Sieg. Wir sind stolz auf Sie!« Dieses Telegramm von Goebbels erhielt Max Schmeling (rechts oben: mit seiner Frau Anny Ondra), als er den »Braunen Bomber« Joe Louis geschlagen hatte. Groß war die Enttäuschung, als am 22. Juni 1938 derselbe Joe Louis das deutsche Boxidol in 124 Sekunden k. o. schlug.

Ehrfurchtsvoll blicken die Schüler einer Nationalpolitischen Erziehungsanstalt (»Napola«) zu ihrem Erzieher auf. Der englische Pädagoge G. A. Rowan-Robinson, der ein Jahr in deutschen Schulen Gast war, berichtet: »Sie haben so viel Vertrauen zu ihren Führern und dem Regime, daß sie ehrlich glauben, daß das, was ihnen befohlen wird, auch das ist, was sie freiwillig tun würden.«

Erziehung

»Der Nationalsozialismus ist eine Weltanschauung, die einen totalen Anspruch auf Geltung erhebt und nicht Sache zufälliger Meinungsbildung sein will. Das Mittel, diesen Anspruch durchzusetzen, heißt Erziehung. Die deutsche Jugend soll nicht mehr wie im Liberalismus in sogenannter objektiver Weise vor die Auswahl gestellt werden, ob sie materialistisch oder idealistisch, völkisch oder international, religiös oder gottlos aufwachsen will, sondern sie soll bewußt geformt werden nach Grundsätzen, die als richtig erkannt sind und die sich als richtig erwiesen haben: nach den Grundsätzen der nationalsozialistischen Weltanschauung.«

So umschrieb ein führender NS-Pädagoge die Erziehungsziele des neuen Staates. Hitler selbst hatte sie bereits in »Mein Kampf« detailliert beschrieben:

Von seiner inhumanen rassischen Geschichtsauffassung ausgehend, sah er die »Krönung« der Bildungs- und Erziehungsarbeit des völkischen Staates darin, »daß sie den Rassesinn und das Rassegefühl instinkt- und verstandesmäßig in Herz und Gehirn der ihr anvertrauten Jugend hineinbrennt. Es soll kein Knabe und kein Mädchen die Schule verlassen, ohne zur letzten Erkenntnis über die Notwendigkeit und das Wesen der Blutreinheit geführt worden zu sein.«

Neben diesem obersten Ziel der nationalsozialistischen Erziehungsarbeit, der deutschen Jugend einen fehlverstandenen Rassismus und Biologismus »einzubrennen«, ging es Hitler vor allem darum, das Ideal des »Intellektualismus« durch sein eigenes »Erziehungsideal« der körperlichen Tüchtigkeit und kämpferischen Gesinnung zu ersetzen. Der völkische Staat habe, so führte er aus, »seine gesamte Erziehungsarbeit in erster Linie nicht auf das Einpumpen bloßen Wissens einzustellen, sondern auf das Heranzüchten kerngesunder Körper. Erst in zweiter Linie kommt dann die Ausbildung der geistigen Fähigkeiten. Hier aber wieder an der Spitze die Entwicklung des Charakters, besonders die Förderung der Willens- und Entschlußkraft, verbunden mit der Erziehung zur Verantwortlichkeit, und erst als letztes die wissenschaftliche Schulung.«

Auf die Frage: »Verstand – was gehört zu ihm?« gab Hans Schemm, der Begründer des Nationalsozialistischen Lehrerbundes, folgende Antwort: »Logik, Berechnung, Spekulation, Banken, Börsen, Zinsen, Dividenden, Kapitalismus, Karriere, Schiebung, Wucher, Marxismus, Bolschewismus, Gauner und Spitzbuben.« Und Walter Frank, seit 1935 Präsident des Reichsinstituts für die Geschichte des neuen Deutschland, meinte: »Der Intellektuelle ist das genaue Gegenteil des geistig Schaffenden. Der Schaffende produziert Werte. Der Intellektuelle definiert die von anderen produzierten Werte. Der Intellektuelle ist der Kluge, der Gebildete, aber auch der Charakterlose, der Persönlichkeitslose. Der größte Feind des Schöpfers ist nicht der Primitive. Denn sein Instinkt kann mitunter die Größe leichter erfassen als alle Klugheit der Klugen. Der größte Feind der Schöpfung ist immer der Kluge.«

Dieser Ab- und Minderbewertung des Verstandes folgte eine Aufwertung der körperlichen Ertüchtigung, für die der Staat nach Hitler »unendlich mehr Zeit« frei zu machen hätte. »Es dürfte kein Tag vergehen, an dem der junge Mensch nicht mindestens vormittags und abends je eine Stunde lang körperlich geschult wird, und zwar in jeder Art von Sport und Turnen. Hierbei darf besonders ein Sport nicht vergessen werden, der in den Augen von gerade sehr vielen ›Völkischen‹ als roh und unwürdig gilt: das Boxen. Es ist unglaublich, was für falsche Meinungen darüber in den ›Gebildeten‹-Kreisen verbreitet sind . . . Es gibt keinen Sport, der wie dieser den Angriffsgeist in gleichem Maße fördert, blitzschnelle Entschlußkraft verlangt und den Körper zu stählerner Geschmeidigkeit erzieht.« Denn durch eine derart herbeigeführte »Überzeugung der körperlichen Tüchtigkeit« würde das »eigene Mutgefühl« gefördert, und das Heer brauche, wie es an anderer Stelle hieß, »den körperlich bereits tadellos vorgebildeten jungen Menschen nur mehr in den Soldaten zu verwandeln«.

War es die Aufgabe des Sports, den einzelnen zum »Angriffsgeist« und zur physischen Überlegenheit heranzubilden, so sollten aber auch die übrigen Ausbil-

dungsfächer möglichst intensiv auf eine ähnliche Wirkung abzielen, nämlich auf die Weckung »einer wahrhaftigen Nationalbegeisterung«, die dieser physischen »Stählung« noch eine psychische hinzuzufügen hatte. »Auch in der Wissenschaft hat der völkische Staat ein Hilfsmittel zu erblicken zur Förderung des Nationalstolzes. Nicht nur die Weltgeschichte, sondern die gesamte Kulturgeschichte muß von diesem Gesichtspunkte aus gelehrt werden. Es darf ein Erfinder nicht nur groß erscheinen als Erfinder, sondern muß größer noch erscheinen als Volksgenosse. Die Bewunderung jeder großen Tat muß umgegossen werden in Stolz auf den glücklichen Vollbringer derselben als Angehörigen des eigenen Volkes. Aus der Unzahl all der großen Namen der deutschen Geschichte aber sind die größten herauszugreifen und der Jugend in so eindringlicher Weise vorzuführen, daß sie zu Säulen eines unerschütterlichen Nationalgefühles werden. Planmäßig ist der Lehrstoff nach diesen Gesichtspunkten aufzubauen, planmäßig die Erziehung so zu gestalten, daß der junge Mensch beim Verlassen seiner Schule nicht ein halber Pazifist, Demokrat oder sonst was ist, sondern ein ganzer Deutscher.

Damit dieses Nationalgefühl von Anfang an echt sei und nicht bloß in hohlem Schein bestehe, muß schon in der Jugend ein eiserner Grundsatz in die noch bildungs-

fähigen Köpfe hineingehämmert werden: ›Wer sein Volk liebt, beweist es einzig durch die Opfer, die er für dieses zu bringen bereit ist...‹« Um ein solches Nationalgefühl hervorbringen zu können, müsse aber insbesondere »eine Änderung der bisherigen Unterrichtsmethode im Geschichtsunterricht vorweggenommen werden«. Denn bisher fehlte »unserer Erziehung die Kunst, aus dem geschichtlichen Werden unseres Volkes einige wenige Namen herauszuheben und sie zum Allgemeingut des gesamten deutschen Volkes zu machen, um so durch gleiches Wissen und gleiche Begeisterung auch ein gleichmäßig verbindendes Band um die ganze Nation zu schlingen. Man hat es nicht verstanden, die wirklich bedeutenden Männer unseres Volkes in den

Der Hang zur Romantik, zur Hingabe und Opferbereitschaft wurde von der NS-Führung systematisch genutzt, um die Jugend für Hitler und das Dritte Reich zu gewinnen.
Oben: Berliner HJ angetreten zur Fahrt in die Mark Brandenburg, um bei der Ernte zu helfen.
Rechte Seite oben: Lager der Hitler-Jugend. Zelten und Lagerfeuer, gemeinsame Spiele und Lieder im Kreise gleichgesinnter Kameraden ließ alle jugendlichen Herzen höher schlagen.
Unten: Jungvolk-Pimpfe beim Kleinkaliber-Schießen. Der paramilitärische Drill läßt ahnen, daß hier eine Jugend zum Krieg erzogen wurde.

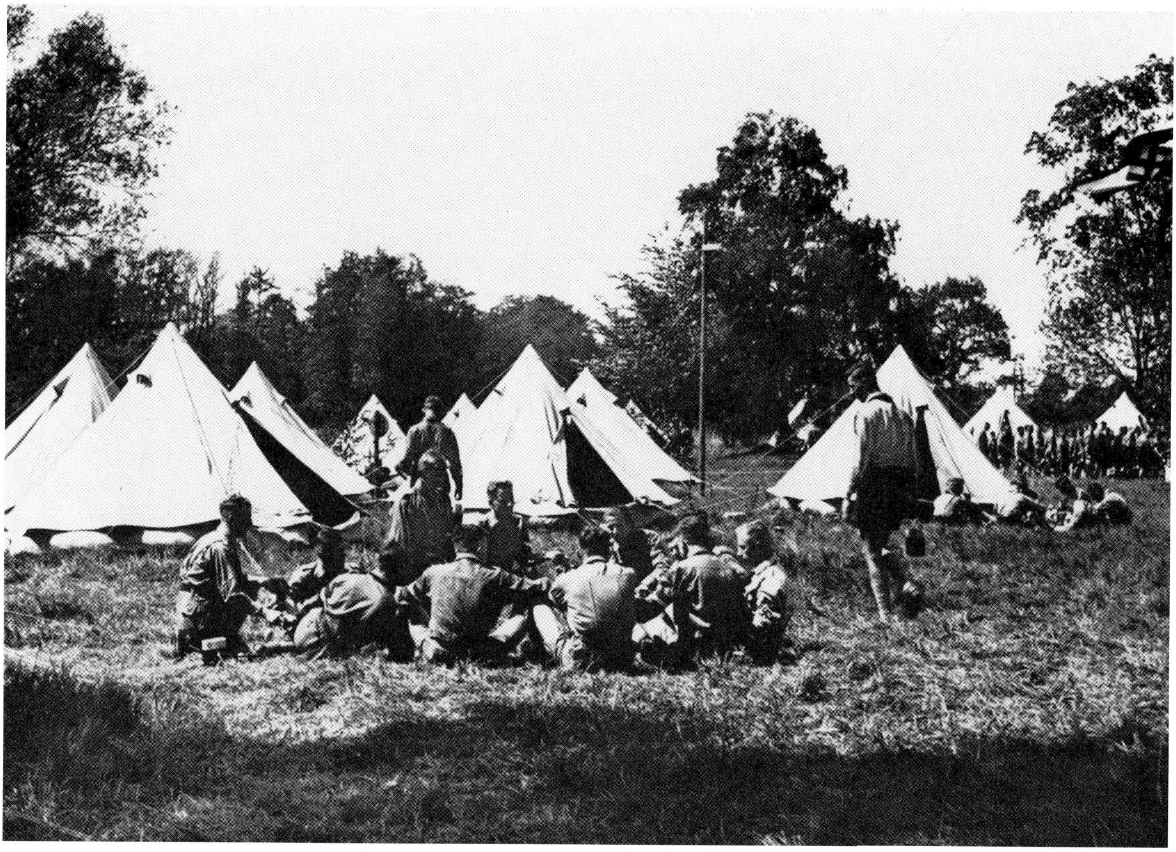

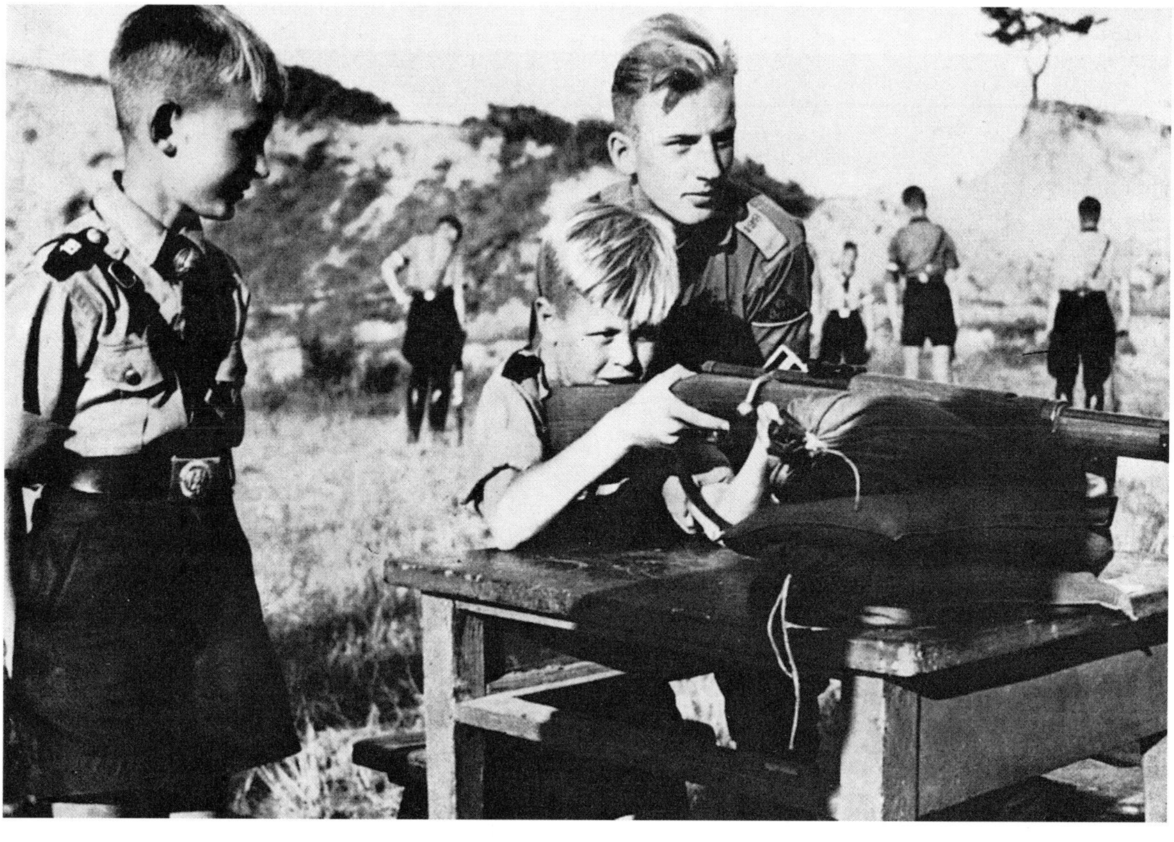

Augen der Gegenwart als überragende Heroen erscheinen zu lassen, die allgemeine Aufmerksamkeit auf sie zu konzentrieren und dadurch eine geschlossene Stimmung zu erzeugen. Man vermochte es nicht, aus den verschiedenen Unterrichtsstoffen das für die Nation Ruhmvolle über das Niveau einer sachlichen Darstellung zu erheben und an solchen leuchtenden Beispielen den Nationalstolz zu entflammen«.

Sowohl die körperliche als auch die geistige Ertüchtigung hatte also dem Ziel zu dienen, dem einzelnen Volksgenossen »jene suggestive Kraft, die im Selbstvertrauen liegt«, zu vermitteln. »Dieses Selbstvertrauen aber muß schon von Kindheit auf dem jungen Volksgenossen anerzogen werden. Seine gesamte Erziehung und Ausbildung muß darauf angelegt werden, ihm die Überzeugung zu geben, anderen unbedingt überlegen zu sein.« Nur so könne das deutsche Volk die »Kettenglieder unserer Sklaverei« zerbrechen, um »sie den Gegnern ins Gesicht zu schlagen«.

Nicht dem kritischen Fragen, der geistigen Selbständigkeit, dem Bemühen um objektive Wahrheit galt die nationalsozialistische Erziehung, sondern der »Ausrichtung« und »Gleichschaltung« des einzelnen, um ihn dem Machtanspruch der Führung möglichst gefügig zu machen. »Wir Nationalsozialisten«, so formulierte es Schemm, »stehen dieser sogenannten Objektivität sehr skeptisch gegenüber. Wir sind in diesem Sinne nicht objektiv, sondern durchaus subjektiv. Die deutsche Wissenschaft soll subjektiv, d. h. nur deutsche Wissenschaft bleiben. Alle Deutschen müssen ihr Wissen für Deutschland gebrauchen. Für uns ist alles falsch und sinnlos, was dem deutschen Volke nichts nützt. Für uns ist alles Verbrechen, was dem deutschen Volke schadet.« Auf die Geschichte übertragen hieß das bei einem führenden nationalsozialistischen Pädagogen, der davon ausging, daß »deutsche Geschichte nur mit deutschen Augen, mit den Augen des Blutes«, gesehen werden könne: »Während bisher für den Geschichtsunterricht vorwiegend der Ausgang von Geschichtsquellen gefordert wurde, werden wir, um der formenden Kraft des Stoffes keine Einbuße zu tun, beinahe gänzlich auf Quellenstudium verzichten. Wir werden vielmehr Geschichte zu möglichst dramatischen Geschichtsbildern formen müssen... Dabei werden Prosa und Poesie, Sprechchor und Lied gute Dienste leisten.« Und all dies im Sinne »schärfster völkischer Ausrichtung«.

Auf den Grundgedanken Hitlers aufbauend, entwickelte Reichsinnenminister Frick am 9. Mai 1933 auf einer Konferenz der Kultusminister die Richtlinien für das kommende nationalsozialistische Schulprogramm, das in einzelnen Punkten zwar noch modifiziert, in seiner Grundrichtung jedoch nicht mehr geändert wurde: »Die Zeit, in der die Ausbildung der selbstherrlichen Einzelpersönlichkeit als die wesentliche Aufgabe der Schule angesehen wurde, ist vorbei. Die neue Schule geht grundsätzlich vom Gemeinschaftsgedanken aus, der ein uraltes Erbteil unserer germanischen Vorfahren ist und demgemäß unserer angestammten Wesensart am vollkommensten entspricht... Im Hinblick auf das angedeutete allgemeine Bildungsziel ergibt sich, daß die Geschichte unter den Schulfächern in vorderster Linie steht.« In ihr sollen wir »unsere völkische Entwicklung aus dem Boden und den Rasseverhältnissen unserer eigenen Heimat heraus erleben. Diese Forderung führt zu einer stärkeren Heranziehung und Auswertung der Vorgeschichtsforschung, deren nationale Bedeutung immer mehr zur Geltung kommen muß... Ein Hauptstück der Geschichtsbetrachtung haben die letzten beiden Jahrzehnte unserer eigenen Zeit zu bilden. Das ungeheure Erlebnis des Weltkriegs mit dem heldenhaften Ringen des deutschen Volkes gegen eine Welt von Feinden, die Zersetzung unserer Widerstandskraft durch vaterlandsfeindliche Kräfte, die Entwürdigung unseres Volkes durch das Versailler Diktat und der ihr folgende Zusammenbruch der liberalistisch-marxistischen Weltanschauung sind ebenso eingehend zu behandeln wie das beginnende Erwachen der Nation vom Ruhrkampf an bis zum Durchbruch des nationalsozialistischen Freiheitsgedankens und bis zur Wiederherstellung der deutschen Volksgemeinschaft am Tage von Potsdam.« Daneben bedarf »auch der lebenskundliche (biologische) Unterricht nach zwei Seiten hin des Ausbaues. Zunächst sei die Rassenkunde genannt«. Ihr ist »auf allen Stufen der Schule genügend Raum zu widmen, damit die Grundeigenschaften der wichtigsten Rassen dem Schüler vertraut und der Blick für selbständige Beobachtung der Rassenunterschiede geschärft wird...

Der Beginn der europäischen Geschichte mit dem Auftauchen der aus dem mitteleuropäischen Raume stammenden Griechen und Römer in Südeuropa, und über die Grenzen Europas hinaus die Kulturleistung der Inder und Perser (muß) als eine Tat der nordischen Rasse erkannt werden.« So auch die Völkerwanderung. »Und das geistige oder machtpolitische Übergewicht der in der Neuzeit weltbeherrschenden Völker, der Deutschen, der Engländer und der Nordamerikaner, findet wiederum seine letzte Erklärung darin, daß in ihnen nordische Tatkraft sich Geltung verschafft hat.« Das rassistische Geschichtsbild ist durch die »erbgesundheitliche Aufklärung« zu ergänzen, und vor allem bildet die »körperliche Ertüchtigung... eine unentbehrliche Voraussetzung unserer völkischen Dauer... Eine besondere Seite dieser Aufgabe ist die Erziehung zur Wehrhaftigkeit. Die Wehrhaftigkeit des deutschen Volkes setzt eine geistige und körperliche Wehrhaftmachung voraus, wie sie durch die Geländesportlehrgänge des Reichskuratoriums für Jugendertüchtigung erstrebt wird, und bedeutet, daß das deutsche Volk wieder lernt, im Wehrdienst die höchste vaterländische Pflicht und Ehrensache zu sehen.«

Während die sportliche Ertüchtigung also der »Erziehung zur Wehrhaftigkeit« dienen sollte, wurden die hier unter Verzicht auf jede objektive Forschung in den Vordergrund nationalsozialistischer Schulung gerückten Fächer Geschichte und Biologie zur Rassenpropaganda degradiert, die dem einzelnen Schüler ein völlig einseitiges und verzerrtes Geschichts- und Menschenbild vermittelte.

Ebenfalls zur »nationalen Selbsterhöhung«, zur »seelischen und geistigen Rüstung der Nation«, sollte auch der Deutschunterricht verwendet werden. Einige Beispiele aus den Aufsatzanleitungen Paul Sommers – »Deutschlands Erwachen. 120 Aufsatzthemen und -entwürfe für die deutsche Schule und die Hitlerjugend« – mögen dies veranschaulichen: »Eigennutz und Korruption, die Todfeinde deutschen Seins und Wesens – Hindenburg, des Volkes getreuer Ekkehart – Adolf Hitler, der Retter des Vaterlandes – Die Erneuerung der deutschen Volksseele – Der Geist von Potsdam – 1813 und 1933 – Burschen heraus für Deutschlands Ehr' und Wehr' – Der Nationalsozialismus als Neubeseelung unseres Volkes – Gott verläßt keinen guten Deutschen – Was befähigt Adolf Hitler zum deutschen Führer und Volkskanzler? – ›Bismarck und Schiller‹ als Losung nationalsozialistischer Politiker – Nur Waffen schafft, geschaffen habt Ihr alles dann! (Goethe) – Richard Wagner als Vorbote des neuen Reiches – Auf welche Weise bestätigt der Jüngling Vaterlandsliebe? – Vom heroischen Denken – Der deutsche Mensch. Ein ›Musteraufsatz‹ über Aufbau und Plan von Hitlers Rede vom 17. Mai 1933 gibt das Modell.«

Und vom Deutschlehrer an den Oberschulen forderten die amtlichen Richtlinien: »Da die gesamte Erziehung heute vom Willen zur inneren Einheit und zur äußeren Selbstbehauptung des Volkes getragen sein muß, geht es im Deutschunterricht darum, unsere Jugend so zu festigen, daß sie ihres Deutschtums bewußt, daß sie selbstsicher, wehrhaft und tatbereit wird.«

Abgesehen vom nationalsozialistischen Antisemitismus, der in möglichst allen Fächern behandelt werden sollte und der auch von namhaften Wissenschaftlern geistig untermauert wurde, versuchte man selbst noch im Mathematikunterricht für die nationalsozialistische Weltanschauung zu werben. In dem Lehrbuch »Mathematik im Dienste der nationalpolitischen Erziehung« finden sich z.B. folgende Rechenaufgaben:

»Aufgabe 44: Wieviel Kinder muß eine Familie haben damit der zahlenmäßige Bestand des Volkes gesichert ist?

Aufgabe 89: Wieviel Personen gehören in die ›Ahnentafel‹ eines Menschen, falls sie von der nullten bis zur n'ten Reihe fortgesetzt wird?

Aufgabe 95: Der Bau einer Irrenanstalt erfordert 6 Millionen RM. Wie viele Siedlungen zu je 15000 Reichsmark hätte man dafür bauen können?

Aufgabe 97: Ein Geisteskranker kostet täglich etwa 4 RM, ein Krüppel 5,50 RM, ein Verbrecher 3,50 RM. Nach vorsichtigen Schätzungen sind in Deutschland 300000 Personen in Anstaltspflege. Wieviel Ehestandsdarlehen zu je 1000 RM könnten von diesem Geld jährlich ausgegeben werden?«

Es war Aufgabe der Deutsch- und Geschichtslehrer, die germanische Führer- und Gefolgschaftsidee aus der deutschen Vergangenheit heraus zu verherrlichen. Die Schulleiter hatten »dafür Sorge zu tragen, daß jeder Schüler seinen Lehrern unbedingten Gehorsam leistet und daß in den Schulen tadellose Zucht und Ordnung herrschen«. Durch die Einführung des »Deutschen Grußes« in den Schulen wollte man sowohl Schülern als auch Lehrern stets aufs neue demonstrieren, daß sie in der Praxis des Dritten Reiches wiederum allein dem Führer Gefolgschaft zu leisten hätten: »Lehrer und Schüler erweisen einander innerhalb und außerhalb der Schule den deutschen Gruß (Hitlergruß). Der Lehrer tritt zu Beginn jeder Unterrichtsstunde vor die stehende Klasse, grüßt als erster durch Erheben des rechten Armes und die Worte ›Heil Hitler‹; die Klasse erwidert den Gruß durch Erheben des rechten Armes und die Worte ›Heil Hitler‹. Der Lehrer beendet die Schulstunde, nachdem sich die Schüler erhoben haben, durch Erheben des rechten Armes und die Worte ›Heil Hitler‹; die Schüler antworten in gleicher Weise. Sonst grüßen die Schüler die Mitglieder des Lehrkörpers im Schulbereich nur durch Erheben des rechten Armes in angemessener Haltung.

Wo bisher der katholische Religionsunterricht mit dem Wechselspruch ›Gelobt sei Jesus Christus‹ - ›In Ewigkeit Amen‹ begonnen und beendet wurde, ist der deutsche Gruß zu Beginn der Stunde vor, am Ende der Stunde nach dem Wechselspruch zu erweisen«, hieß es im offiziellen Erlaß zur Einführung der Grußpflicht an Deutschlands Schulen.

Um die Jugend im Sinne des Führers zu erziehen, begnügte man sich jedoch nicht allein damit, Richtlinien für die Bildungsinhalte aufzustellen, sondern man ging auch dazu über, die gesamte Lehrerschaft einer möglichst intensiven weltanschaulichen Schulung zu unterwerfen. »Die weltanschauliche Erziehung der Erzieher nahm der Staat zusammen mit der Bewegung sofort in Angriff. Denn ein Umbruch der Schulerziehung ist nur mit Hilfe der Schulerzieher möglich ... Die Durchführung lag im staatlichen Auftrag bei den Mittelbehörden und beim Deutschen Zentralinstitut für Erziehung und Unterricht, von seiten der Bewegung beim NSLB als der Berufsorganisation der Schulerzieher. Neben und mit der weltanschaulichen Durchdringung ging, sich ständig verstärkend, die fachliche Umschulung der Erzieher einher.« Weltanschaulich ausgerichtete Schulbücher, die Kontrolle der Schulbibliotheken, die Umänderung der Ausbildungs- und Prüfungsvorschriften für den Lehrernachwuchs, die gleichgeschaltete Fachpresse und vor allem der Nationalsozialistische Lehrerbund hatten sich diese Aufgabe zum Ziel gesetzt. »Den neuen deutschen Erzieher im Geiste des Nationalsozialismus zu schaffen, das ist die eigentliche Aufgabe des Nationalsozialistischen Lehrerbundes (NSLB). Sie geschieht mit denselben Mitteln, mit denen die Bewegung das ganze Volk erobert hat: Schulung und Propaganda.« Der bereits 1927 begründete Nationalsozialistische Lehrerbund entwickelte sich nach der Machtergreifung zur »Einheitsfront aller Erzieher«. Unter Beseitigung bestehender Lehrervereinigungen umfaßte er 1937 320000 Mitglieder, 97 Prozent der Lehrer aller Schularten. Die charakteristische Form dieser Lehrerschulung durch den NSLB war das Lager. Die Zahl dieser Lager war bis 1937 auf 41 angestiegen, und bis 1939 waren 215000 Mitglieder des NSLB einer speziell nationalsozialistischen Schulung unterworfen worden. In diesen Lagern war der »einzelne Lehrer«, so schreibt Rolf Eilers, »durch die Art der Unterbringung und die Gestaltung des Tagesablaufs ununterbrochen mit der gesamten Lagergruppe zusammen; jede Absonderung wurde unmöglich gemacht. Der Aufenthalt wurde einem strengen Programm unterworfen, das neben sportlichem Drill, Arbeitsgemeinschaften und Vorträgen, gemeinsamem Lagerdienst, auch Ansprachen, Feiern und Kameradschaftsabende umfaßte. Die Teilnehmer wurden mit einem jugendlichen Lebensstil konfrontiert. Sie wurden von der intellektuellen und emotionalen Seite angesprochen, und durch die Lösung aus ihrer gewohnten Umgebung war die Möglichkeit zu kritischer Distanzierung eingeschränkt. Die Intention

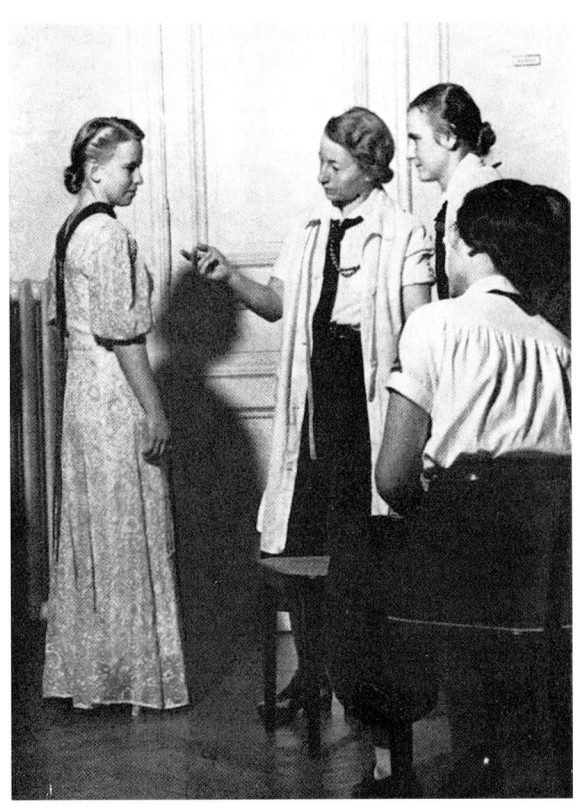

»Wie der Junge nach Kraft strebt, so strebt das Mädchen nach Schönheit. Aber der BDM verschreibt sich nicht dem verlogenen Ideal einer geschminkten und äußerlichen Schönheit, sondern ringt um jene ehrliche Schönheit, die in der harmonischen Durchbildung des Körpers und in edlem Dreiklang von Körper, Seele und Geist beschlossen liegt.« Mit solchen schönen Worten beschrieb der Jugendführer Baldur von Schirach den erzieherischen Auftrag des Bundes Deutscher Mädel.

Oben: Anprobe in einer Schneiderwerkstatt. Das deutsche Mädchen sollte sich »deutsch« und ohne »fremdländische« Pikanterie gekleidet dem künftigen Ehemann präsentieren; heraus kam eine selbst für damalige Zeiten muffige und hausbackene Mode.

Unten: Szene aus einem BDM-Propagandafilm.

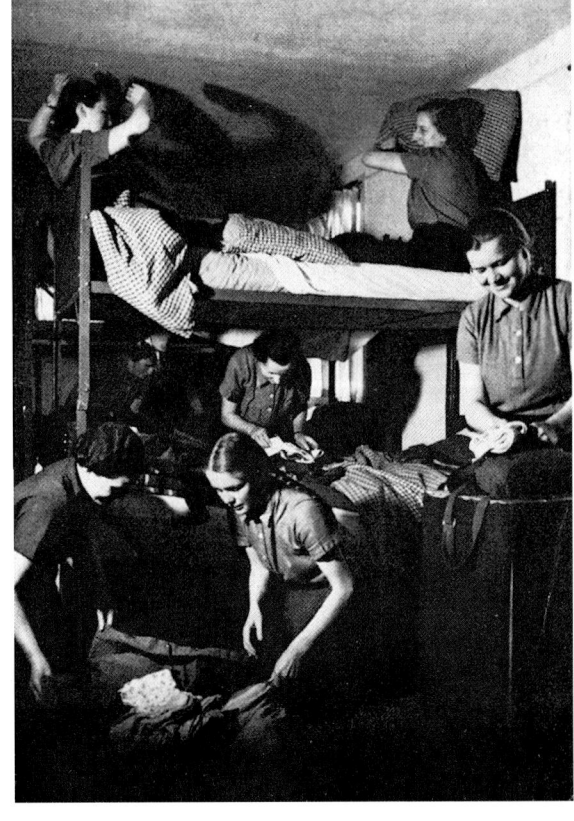

Von Hitler dazu auserwählt, dem Volk als spätere Mütter möglichst viele Kinder zu gebären – »das Ziel der weiblichen Erziehung hat unverrückbar die kommende Mutter zu sein« – wurden die deutschen Mädel entsprechend indoktriniert: »Sie haben keine Sehnsucht nach der Fabrik, keine Sehnsucht nach dem Büro und auch keine Sehnsucht nach dem Parlament. Ein trautes Heim, ein lieber Mann und eine Schar glücklicher Kinder stehen ihrem Herzen näher«

Oben: »Heil unserem Führer«. Schulfeier zu Hitlers Geburtstag.

Unten: Schülerinnen des Berliner Cäcilien-Lyzeums in BDM-Montur.

dieser Lager richtete sich ebenso sehr auf die Anerkennung bestimmter Doktrinen wie auf ein Gesamterlebnis, das als undifferenzierter Komplex ›mitgenommen‹ werden sollte, um als Ausgangspunkt für eine willensmäßige Bereitschaft zur Übernahme des Nationalsozialismus in der Erziehung zu dienen.«

Das nationalsozialistische Ziel aller pädagogischen Bildungsarbeit verkündete Reichsjugendführer Baldur von Schirach mit den pathetischen Worten: »Der Jugendführer und Erzieher der Zukunft wird Priester des nationalsozialistischen Glaubens und ein Offizier des nationalsozialistischen Dienstes sein.« Konnten sich zahlreiche Lehrer auch dieser Funktion eines »nationalsozialistischen Priesters« trotz der strengen Richtlinien und intensiver Schulung entziehen und weiterhin, wenn auch nicht mehr so offen, ihren eigenen Unterricht gestalten, so waren mit den nationalsozialistischen Eliteschulen Bildungsstätten geschaffen worden, an denen nur solche Erzieher tätig sein durften, die eine 100prozentige Gewähr dafür boten, die ihr ausgelieferte Jugend voll und ganz im Sinne des Nationalsozialismus zu beeinflussen.

Die zu diesem Zweck gegründeten Nationalpolitischen Erziehungsanstalten sahen ihre Aufgabe darin, »eine Auslese deutscher Jungen durch eine allseitige harte nationalsozialistische Erziehung für einen vorbildlichen Dienst heranzubilden«. Oder, wie es in einem anderen Merkblatt hieß, durch eine »besonders harte, jahrelange Erziehung dem deutschen Volke Männer zur Verfügung zu stellen, die den Anforderungen gewachsen sind, die an die kommende Führergeneration gestellt werden müssen«. Um diese Aufgabe erfüllen zu können, brauchten diese Eliteschulen »laufend einen völlig gesunden, rassisch einwandfreien, charakterlich sauberen und geistig überdurchschnittlich begabten Nachwuchs«.

Über das Wesen der Erziehung an diesen Schulen schreibt der Pädagoge Rolf Eilers: »Die Erziehung an den Nationalpolitischen Erziehungsanstalten war nicht so sehr durch einen eigenständigen neuen Lehrplan gekennzeichnet. Sie richteten sich nach den bestehenden Lehrplänen der höheren Schulen, nach 1938 in der Regel nach dem Lehrplan der Deutschen Oberschule. Der nationalsozialistischen Erziehung diente speziell die Einrichtung des nationalpolitischen Unterrichts, der hier, abweichend von den Plänen der normalen Oberschule, als Sonderfach mit zwei Wochenstunden erteilt wurde. Seit 1936 war der Religionsunterricht aus dem Lehrplan verschwunden. Die Ausbildung umfaßte neben den traditionellen Schulfächern noch eine Reihe zusätzlicher Aufgaben. Eine Hauptrolle spielte der Sport. Die mit Mitteln und Geräten außerordentlich gut ausgestatteten Schulen betrieben neben dem üblichen Schulsport Boxen, Geländesport, Rudern, Segeln,

Der Arbeitsdienst, in seinen Ansätzen schon in der Weimarer Republik vorhanden, wurde nach 1933 von den Nationalsozialisten gewaltig ausgeweitet. Am 26. Juni 1935 wurde er für den jungen Deutschen zur Pflicht – »als Voraussetzung für die Erfüllung der Wehrpflicht«.
Oben: Aus dem Lagerleben.

Rechte Seite oben: Angehörige des Reichsarbeitsdienstes im wirtschaftlichen Einsatz. »Der Spaten ist aufgewertet worden, er ist das Symbol einer neuen Gemeinschaft geworden«, sagte Hitler.
Mitte: Die Originalunterschrift lautete: »Zur Behebung des Mangels an Arbeitskräften in Land- und Hauswirtschaft wird am 1. März 1939 das Pflichtjahr für die gesamte weibliche Jugend eingeführt. Etwa 300 000 Mädels werden jährlich durch diese ›Schule der Frau‹ gehen. Das Landjahr wird teilweise angerechnet . . .«
Unten: Reichtsparteitag 1934. Appell der Arbeitsdienstler. Dies Bild bezeugt die auch im Reichsarbeitsdienst geleistete vormilitärische Erziehung.

»Der völkische Staat muß vor allem dafür sorgen, daß nicht eine Generation von Stubenhockern herangebildet wird.« So hieß die Devise Adolf Hitlers für die nationalsozialistische Erziehung. Wenig Wert wurde auf intellektuelle Bildung gelegt, viel mehr dagegen auf Sport und Gemeinschaftsleben.

Und schon bald bekamen Schliff und Drill die Oberhand und engten das Ideal einer »Ausbildung von Leib und Seele« auf die Wirklichkeit einer strammen Wehrerziehung ein.

Oben: Die Ordensburg Vogelsang in der Eifel.

Unten: Baldur von Schirach, Schatzminister Schwarz und

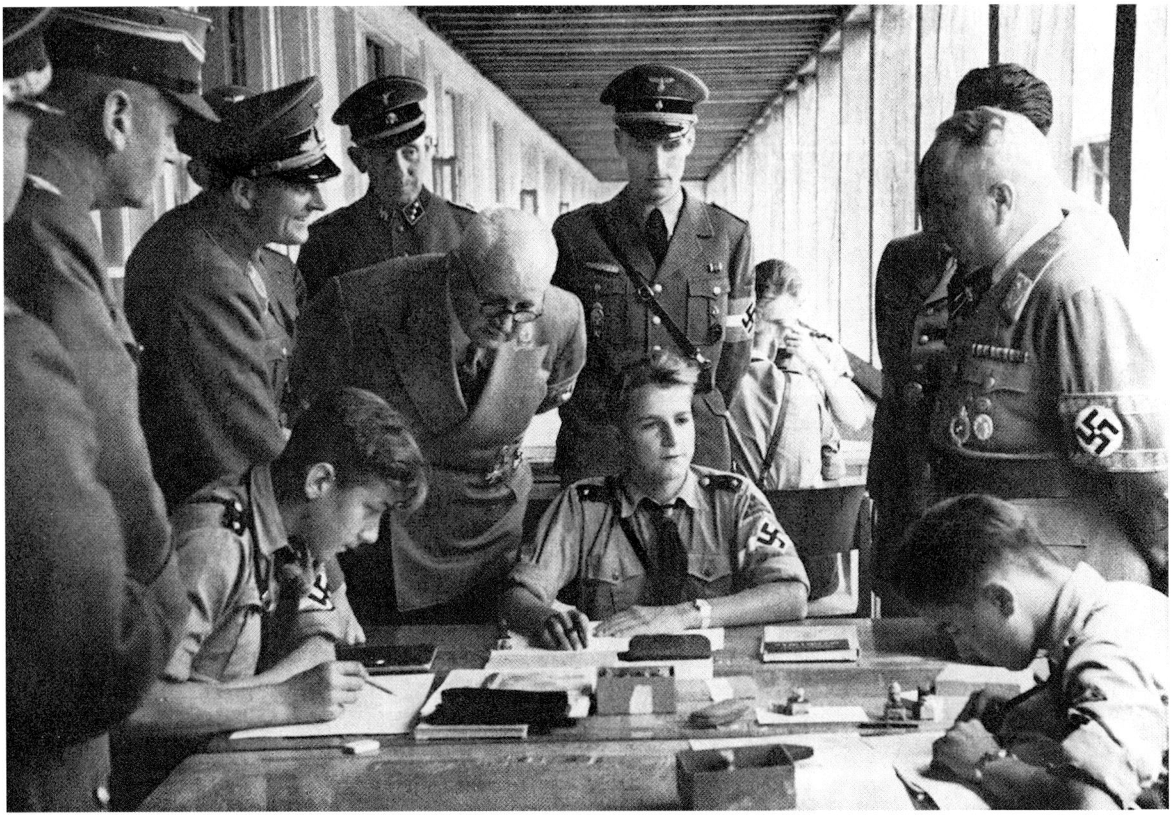

Arbeitsfrontführer Ley besichtigen den Unterricht in der Ordensburg Sonthofen. Auf den »Ordensburgen« wurde der Führernachwuchs der NSDAP ausgebildet.

Oben: Schuhappell in einer Nationalpolitischen Erziehungsanstalt.
Unten: Gauleiter Hanke, Ley und Schirach grüßen die Schüler der »Adolf-Hitler-Schule Niederschlesien«.

Wir schaffen
Jahrbuch des BDM

Was uns allen das Leben wirklich lebenswert in dieser Welt erscheinen läßt, das ist unser eigenes Volk, unser Deutschland! In diesem Volk — da stehen wir! Mit diesem Volk leben wir! Mit diesem Volk sind wir verbunden auf Gedeih und Verderb! Dieses Volk zu erhalten, ist unsere heiligste und unsere höchste Aufgabe. Kein Opfer ist dafür zu groß! Und wenn es uns gelungen ist, in diesen 18 Jahren Deutschland wieder aufzurichten, dann — glaube ich — wird es uns auch gelingen, dieses Deutschland für die Zukunft zu erhalten. Unser Glaube an Deutschland ist unerschütterlich und unser Wille unbändig! Wo Wille und Glaube sich so inbrünstig vereinen, kann auch der Himmel seine Zustimmung nicht versagen! So beginnen wir das neue Winterhilfswerk! Die ganze Nation wird wieder geschlossen zusammenstehen! ... Ich erwarte von jedem Deutschen, der Anstand und Charakter hat, daß er sich dieser Kolonne anschließt!

Adolf Hitler.

Liebe Mädel!

Im Deutschland Adolf Hitlers hat das Mädchen von frühester Jugend an seine ihm zuerkannte Aufgabe, die es erfüllen muß, um in Ehren vor seinem Volk bestehen zu können. In der großen Gemeinschaft der Hitler=Jugend ist der BDM. die Organisation, die alle deutschen Mädel auf das Werk und den Willen des Führers ausrichtet, damit sie zu Trägerinnen der nationalsozialistischen Weltanschauung werden und die Fähigkeit erhalten, mit der Kraft ihres Glaubens ihrem Volke dienen zu können. Im BDM. sollt Ihr ein nationalsozialistisches Gemeinschaftsleben führen und durch die Tat überwinden, was einst zur Ursache des deutschen Zusammenbruchs wurde. Denn hier gibt es nicht mehr die Verschiedenheit von Klasse und Stand, Armut und Reichtum spielen keine Rolle, und der Wert des Charakters ist der alleinige Maßstab.

Lebt im Sinne Adolf Hitlers, das ist die Forderung, die Deutschland an Euch stellt. Erfüllt sie, und Ihr werdet glücklich sein!

Baldur v. Schirach.

Segelflug, Motorsport, Schießen. In jedem Herbst fand eine gemeinsame geländesportliche Übung aller preußischen Anstalten statt, die zwei bis drei Wochen in Anspruch nahm. Der Unterricht wurde ergänzt durch Fahrten durch Deutschland. Im 6. Zug, der Untersekunda, mußte jeder ›Jungmann‹ 6 bis 8 Wochen bei einem Bauern oder Siedler arbeiten, im 7. Zug, in der Obersekunda also, in einer Fabrik. Ein organisierter Austauschdienst ermöglichte längere Auslandsaufenthalte. Es war geplant, daß jeder Schüler ein halbes Jahr seiner Schulzeit an einer ausländischen Schule verbringen sollte. Das tägliche Leben wies die typischen Züge nationalsozialistischer Lager auf: Frühsport, Lagerdienst, Feiergestaltung, Appelle, Sport, Gemeinschaftsleben. Die Schüler erlebten in diesen Schulen eine abwechslungsreiche Schulzeit, die in manchem eher einem Jungenlager als einem normalen Schulbetrieb glich. Die intellektuelle Bildung lag nicht über dem Durchschnitt der übrigen Schulen, wahrscheinlich weit darunter. Das eigentliche Ziel dieser Veranstaltungen konnte nur sein, bei den Jungen das Bewußtsein zu erzeugen, einer privilegierten, zur Führungsschicht gehörigen Gruppe anzugehören.«

Im Gegensatz zu diesen Nationalpolitischen Erziehungsanstalten, die der Leitung des Staates unterstanden, waren die Adolf-Hitler-Schulen direkte Einrichtungen der NSDAP.

»Nach Vortrag des Reichsorganisationsleiters der NSDAP und des Jugendführers des Deutschen Reiches genehmige ich, daß die neu zu errichtenden nationalsozialistischen Schulen, die gleichzeitig als Vorschulen für die nationalsozialistischen Ordensburgen gelten sollen, meinen Namen tragen.

Berlin, den 15. Januar 1937.   Adolf Hitler.«

In Zukunft sollte kein politischer Führer mehr in Partei und Staat eingesetzt werden, »der nicht durch die Schule der Bewegung gegangen ist, die mit dem Besuch einer Adolf-Hitler-Schule im 12. Lebensjahr beginnt und deren letzte Stufe 17 Jahre später mit der Aufnahme in die Hohe Schule der Partei (geplante Parteiuniversität zur Ergänzung der Reichsführung) erreicht wird«.

Das letzte Ziel einer solchen Ausbildung zur kritiklosen Treue zum Führer war nach den Worten des Organisationsleiters der NSDAP Ley: »Wenn der Führer befiehlt, gehorchen wir. Dann darf niemand innerlich Bindungen haben. Niemand darf fragen, hat der Führer recht und ist in Ordnung, was er sagt? Denn noch einmal: Was der Führer sagt, ist stets richtig. Wenn ich hier Kritik übe, verletze ich ein Dogma unserer Idee. Es ist oberstes Gesetz und bleibt stets dabei: Der Führer hat immer recht, in allen Lagen und immerdar.« Diesem »Dogma« und dem übrigen nationalsozialistischen

Bildungsgut auf breiter Basis zum Durchbruch zu verhelfen, war auch das Ziel der Hitlerjugend. Neben den gewöhnlichen und den Eliteschulen war dieser Gliederung der NSDAP ein entscheidender Einfluß bei der Jugenderziehung des Dritten Reiches eingeräumt worden. Bereits in der Kampfzeit gegründet, nach der Machtergreifung bestehende Jugendorganisationen ausschaltend und eingliedernd, wurde sie mit dem Gesetz über die Hitlerjugend vom 1. Dezember 1936 zur Staatsjugend erklärt.

»Von der Jugend hängt die Zukunft des deutschen Volkes ab. Die gesamte deutsche Jugend muß deshalb auf ihre künftigen Pflichten vorbereitet werden. Die Reichsregierung hat daher das folgende Gesetz beschlossen, das hiermit verkündet wird:

§ 1. Die gesamte deutsche Jugend innerhalb des Reichsgebietes ist in der Hitlerjugend zusammengefaßt.

§ 2. Die gesamte deutsche Jugend ist außer in Elternhaus und Schule in der Hitlerjugend körperlich, geistig und sittlich im Geiste des Nationalsozialismus zum Dienst am Volk und zur Volksgemeinschaft zu erziehen.

§ 3. Die Aufgabe der Erziehung der gesamten deutschen Jugend in der Hitlerjugend wird dem Reichsjugendführer der NSDAP übertragen. Er ist damit ›Jugendführer des Deutschen Reichs‹. Er hat die Stellung einer Obersten Reichsbehörde mit dem Sitz in Berlin und ist dem Führer und Reichskanzler unmittelbar unterstellt.

§ 4. Die zur Durchführung und Ergänzung dieses Gesetzes erforderlichen Rechtsverordnungen erläßt der Führer und Reichskanzler.«

In der zweiten Durchführungsverordnung zu diesem Gesetz hieß es über die Dauer der Dienstpflicht: »Alle Jugendlichen vom 10. bis zum vollendeten 18. Lebensjahr sind verpflichtet, in der Hitlerjugend Dienst zu tun, und zwar:

1. die Jungen im Alter von 10 bis 14 Jahren im ›Deutschen Jungvolk‹ (DJ);

2. die Jungen im Alter von 14 bis 18 Jahren in der ›Hitler-Jugend‹ (HJ);

3. die Mädchen im Alter von 10 bis 14 Jahren im ›Jungmädelbund‹ (JM);

4. die Mädchen im Alter von 14 bis 18 Jahren im ›Bund Deutscher Mädel‹ (BDM).«

Beim Eintritt in die Hitler-Jugend schworen die Pimpfe – der übliche Name für Jungvolkjungen – damals noch ohne den negativen Beigeschmack – und Jungmädel folgenden Eid:

»Ich verspreche, in der Hitlerjugend
allzeit meine Pflicht zu tun
in Liebe und Treue zum Führer
und zu unseren Fahnen,
so wahr mir Gott helfe.«

Links: Leicht und locker, frei und fröhlich. Zur Fortsetzung der BDM-Erziehung wurde für die 17 bis 21 Jahre alten Mädchen das BDM-Werk »Glaube und Schönheit« eingeführt.

Rechte Seite: Ein Bild aus der Napola Schulpforta, einer ehemaligen Fürstenschule, an der schon Generationen von Eliteschülern ausgebildet worden waren, bevor die Nationalsozialisten sie übernahmen.

Sport wurde in diesen Schulen ganz groß geschrieben. Das verdeutlicht ein Auszug aus den Aufnahmebedingungen: »Neben der gründlichen unterrichtlich-wissenschaftlichen Ausbildung und der charakterlichen Formung wird an allen Anstalten gleichmäßig im Interesse einer vielseitigen Ausbildung großer Wert auf die verschiedensten Formen körperlicher Ertüchtigung gelegt. Diese Ausbildung umfaßt Turnen, Spiele, Geländesport, Boxen, Fechten, Reiten, Skilaufen, Rudern, Segeln, Segelfliegen, Motorsport (Motorrad und Personenkraftwagen). Die in Unterricht und körperlicher Erziehung erworbenen Kenntnisse finden praktische Anwendung in Frühjahrs- und Herbstübungen, Landheimaufenthalten, Ferienfahrten und Auslandsaufenthalten . . . Kurz- und Weitsichtige sowie Gehörbehinderte können keine Berücksichtigung finden.«

Der Anruf Gottes wurde später gestrichen: »Liebe und Treue zum Führer« genügten.

»Ihr seid das kommende Deutschland ... Ihr seid unsere ganze Hoffnung ... Ihr seid die Garanten der Zukunft«, darum müßt ihr »Treue lernen« und Gehorsam üben. »Ihr müßt lernen, hart zu sein, Entbehrungen auf euch zu nehmen, ohne jemals zusammenzubrechen ... Ihr müßt frei sein, ihr müßt mutig sein, ihr müßt tapfer sein und ihr müßt untereinander eine große herrliche Kameradschaft bilden ... und dann blickt auf euch auch Deutschland mit Stolz, uns allen geht das Herz über vor Freude, wenn wir euch sehen und wenn wir in euch das Unterpfand erblicken können, daß unsere Arbeit nicht umsonst gewesen ist, sondern daß sie fruchtbringend wird für unser Volk.«

Aus diesen Worten einer Hitlerrede läßt sich die Taktik ersehen, mit der man die Jugend des Dritten Reiches für den Nationalsozialismus gewinnen wollte und in weitem Umfange auch tatsächlich gewonnen hat. Die Betonung von Treue, Gehorsam und Opferbereitschaft im Dienste eines für »heilig« erklärten Volkes und Führers kam dem Idealismus der Jugend ebenso entgegen wie die praktische Durchführung des HJ-Lebens, dessen Höhepunkt das »Lager« war.

»Das Lager ist die idealste Form des Jungenlebens. Im Lager wird in Zelten (vereinzelt auch in Baracken) geschlafen. Es wird eine Lagerfahne gehißt, Wachen werden ausgestellt und Jungen bestimmt, die die Verpflegung übernehmen. Der Tagesplan sieht vor: Gymnastik, Turnen und Sport, weltanschauliche Schulung, gemeinsames Singen. Wer ein paar Wochen solchen HJ-Lagerlebens mitgemacht hat, hat etwas gewonnen, woran er sein ganzes Leben zurückdenkt. Ob es in den bayerischen Bergen oder in den thüringischen Wäldern war oder gar an der See, er vergißt nie den Zauber des vollkommenen Gelöstseins von allem städtischen Leben und von aller bürgerlichen Form. Er denkt an den riesigen Holzstoß, der in prasselnden Flammen verbrannte, und wie er und seine Kameraden im Kreis darum saßen und in das Feuer starrten. Ob er in einer Wolldecke schlief, während der Wind den Regen gegen die Zeltwand peitschte, oder ob er in glühender Sonne durch einen einsamen Flußlauf schwamm, immer war es ein unvergängliches und herrliches Erlebnis, das ihn nie im Stich lassen wird. Muttersöhnchen lernen im Lager Selbständigkeit, Schwächlinge werden gekräftigt. Das Lager ist der schönste Traum einer Jugend.«

Zeigen diese Ausführungen Baldur von Schirachs, wie genau er die Bedeutung des »Lagers« für die Jugendbeeinflussung erkannt hatte, so gibt seine folgende Rede an die Zehnjährigen zur Aufnahme in die Hitlerjugend ein Beispiel dafür, mit welchen Worten er und seine Unterführer die deutsche Jugend stets von neuem zur Hingabe an Hitler aufgefordert haben:

»Deutsche Jugend!

In großer Zeit steht ihr vor der Fahne des Führers, angetreten, um durch feierliche Verpflichtung in die Jugendbewegung Adolf Hitlers aufgenommen zu werden. Mit dieser Stunde beginnt ein neuer Abschnitt eures Lebens. Die Kindheit liegt abgeschlossen hinter euch. Von nun an zählt ihr zur Jugend. Damit werden euch zum erstenmal in eurem Dasein große Pflichten auferlegt, die ihr in Zukunft treu und gewissenhaft zu erfüllen habt.

Die Hitler-Jugend nimmt euch als Gliederung der nationalsozialistischen Bewegung in ihre Gemeinschaft auf, damit ihr dieser Bewegung und dem Deutschen Reich in allen kommenden Jahren eures Lebens dienen könnt. Der Führer Adolf Hitler braucht eine Jugend, die treu und selbstlos seinem Werk und seinem Willen jedes Opfer bringt, das er für Deutschlands Zukunft von ihr fordert. Ob ihr arm seid oder reich, das ist Adolf Hitler gleichgültig. Er sieht nur auf Treue und Tüchtigkeit. Darum hat er euch in der Hitler-Jugend die große Kameradschaft gegeben, die alle Jugend Deutschlands zusammenschließt.

Werdet dieser Hitler-Jugend, ihrer Fahne und Adolf Hitlers würdig, indem ihr, so wie der Führer das von euch will, als Kameraden und Kameradinnen fest zusammenhaltet. In der Hitler-Jugend ist niemand einsam oder verlassen. Millionen deutscher Jugend stehen in der HJ füreinander ein. Einer hilft dem anderen, alle helfen dem einen, der unser geliebter Führer ist. Ihm gehören wir heute, morgen und immerdar.«

Den Erfolg Hitlers, Baldur von Schirachs und all der anderen mit ihren Appellen an die Jugend beschreibt der französische Botschafter in Deutschland, Robert Coulondre: »Zehntausende von Jungen und Mädchen in ihren braunen und weißen Uniformen sind über die Stufen des riesigen Berliner Olympia-Stadions verteilt. Unzählige Hakenkreuzbanner flattern im Wind. Das große Oval der Arena umsäumen die Wimpel der einzelnen HJ-Formationen. Von Zeit zu Zeit wird die Aufstellung der Jugendlichen so verändert, daß durch den Gegensatz der weißen Mädchenblusen und der braunen Jungenhemden in lebendigen Buchstaben Sprüche zu Ehren Hitlers sich aus der Masse herausheben, zum Beispiel: ›Wir leben und sterben für unseren Führer.‹ Patriotische Lieder steigen wie kirchliche Lobgesänge auf. Eine Gruppe junger Leute entzündet auf einem in der Mitte des Stadions errichteten gewaltigen Altar ein Feuer. Dann erhebt sich der Führer dieser Jugend, ihr Hoher Priester von Schirach, der ebenso jung aussieht wie seine Zuhörer ...

»Komm zu uns«. Als »Garanten der Zukunft« wurde die Jugend im Dritten Reich hofiert und in die Pflicht genommen.

Wir sind geboren,
um für Deutschland zu sterben

Wandspruch in einem Heim der Hitlerjugend

Baut Jugendherbergen und Heime

Es ist zu spüren, daß eine innere Erregung diese jungen Leute packt, daß eine religiöse Begeisterung sie erfüllt. Baldur von Schirach verkündet den Führer wie Johannes der Täufer den Messias. Als Hitler erscheint – wie immer mit Verspätung –, schüttelt eine Art mystischer Verzückung die Menge, und die ersten Rufe, in die sie ausbricht, bevor sie ihr Glaubensbekenntnis ablegt, klingen wie ein Schluchzen. Diese fanatisierte Jugend wird zum Angriff über die Maas gegen uns antreten.«
Den durch Fahnen, Lieder, Lagerfeuer, Uniformen und große Worte geförderten und in der HJ straff organisierten Idealismus der deutschen Jugend und ihre Treue zu Adolf Hitler beschwor man auch dann noch, als es bereits offenkundig war, wie sehr dieser jugendliche Idealismus im Dritten Reich mißbraucht worden war.
»Die im Einsatz stehenden jungen Kriegsfreiwilligen hätten dem Feind schnell die Hochachtung abgezwungen. Die folgenden werden ihnen an Bereitschaft, vor allem Härte im Kampf nicht nachstehen. Dies bewiesen bereits heute die Hitlerjungen, die sich im Osten und Westen in schnell gebildeten Kampfgruppen, vor allem als Panzerbrecher, dem Feind entgegenstellten. Der scheinbar unüberwindlichen Materialüberlegenheit begegneten sie unbeirrbar im Glauben an die eigene Kraft und Stärke der Herzen und Waffen. Aus der Hitlerjugend ist die Bewegung der jungen Panzerbrecher entstanden. Viele von ihnen tragen mit Stolz das Eiserne Kreuz neben dem Panzervernichtungsabzeichen, das Infantriesturmabzeichen oder Verwundetenabzeichen. Die größte Auszeichnung aber sei es für sie gewesen, daß der Führer eine Abordnung dieser tapferen Jungen in seinem Hauptquartier empfangen habe. Den Jungen stehen die Mädel nicht nach. So seien, erklärte Reichsjugendführer Axmann am Tag der Verpflichtung, Geist und Haltung der älteren Kameraden und Kameradinnen Vorbild und Beispiel den jüngeren Jahrgängen. ›Nicht Worte helfen, sondern Taten allein. Der Sinn der diesjährigen Verpflichtung der Hitlerjugend liegt darin‹, so fuhr der Reichsjugendführer fort, ›die Jugend Adolf Hitlers muß das Zentrum unseres nationalen Widerstandes sein. Leidenschaftlich bekennt die Jugend: Wir kapitulieren nie. Dieser Vernichtungskrieg läßt keine bürgerlichen Maßstäbe mehr zu. Es gibt kein Zurück mehr, sondern nur ein Vorwärts. Es gibt nur ein Handeln bis zur letzten Konsequenz. Es gibt nur Sieg oder Untergang. Seid grenzenlos in der Liebe zu eurem Volk und ebenso grenzenlos im Haß gegen den Feind . . .«

Auch die Mädchen sollten nach Hitler wie die Jungen zu »letzter Vaterlandsliebe« und »fanatischer Nationalbegeisterung« erzogen werden.

Diesen Ausführungen des Reichsjugendführers Axmann, des Nachfolgers Baldur v. Schirachs, standen im »Völkischen Beobachter« vom 28. März 1945. Sie enthüllen einerseits die ganze Tragödie einer verheizten Generation und andererseits den Kern nationalsozialistischer Erziehung: »Blinder Gehorsam und absolute Autorität.« Diesem Ziel diente letzlich die gesamte offiziell erlaubte und geförderte Erziehung des Dritten Reiches, die als totale Erziehung jedoch nicht auf Schule und Hitlerjugend beschränkt blieb, sondern darüber hinaus jeden einzelnen sein ganzes Leben lang begleiten sollte. »Diese Jugend«, gab Hitler bekannt, »lernt ja nichts anderes als deutsch denken, deutsch handeln, und wenn diese Knaben mit zehn Jahren in unsere Organisation hineinkommen und dort oft zum erstenmal überhaupt eine frische Luft bekommen und fühlen, dann kommen sie vier Jahre später vom Jungvolk in die Hitler-Jugend, und dort behalten wir sie wieder vier Jahre. Und dann geben wir sie erst recht nicht zurück in die Hände unserer alten Klassen- und Standeserzeuger, sondern dann nehmen wir sie sofort in die Partei, in die Arbeitsfront, in die SA oder in die SS, in das NSKK und so weiter. Und wenn sie dort zwei Jahre oder anderthalb Jahre sind und noch nicht ganze Nationalsozialisten geworden sein sollten, dann kommen sie in den Arbeitsdienst und werden dort wieder sechs und sieben Monate geschliffen, alles mit einem Symbol, dem deutschen Spaten. Und was dann nach sechs oder sieben Monaten noch an Klassenbewußtsein oder Standesdünkel da oder da noch vorhanden sein sollte, das übernimmt dann die Wehrmacht zur weiteren Behandlung auf zwei Jahre, und wenn sie nach zwei, drei oder vier Jahren zurückkehren, dann nehmen wir sie, damit sie auf keinen Fall rückfällig werden, sofort wieder in die SA, SS und so weiter, und sie werden nicht mehr frei ihr ganzes Leben . . .«
Nach dem Zusammenbruch schreibt Melita Maschmann, die es als gläubige Nationalsozialistin vom einfachen Jungmädel bis zu einer hohen Funktion innerhalb der Hitlerjugend gebracht hatte: »Man muß die bunten Blüten abreißen, um erkennen zu können, daß die Wurzeln giftig waren.« Sie, für die es bitter war, »Abstand von einer Hochzeit des eigenen Lebens zu finden, in der man, ohne primär besonders geltungsbedürftig zu sein, im Dienst an etwas Großgeglaubtem über sich hinausgewachsen ist in eine Art ›Unfehlbarkeit‹ hinein«, hatte es erlebt, daß viele Millionen Jugendliche die »Hingabe an einen Götzen vollzogen«, den sie für »einen Gott« hielten, und daß alle Potenzen dieser Jugend in eine einzige Richtung getrieben wurden. »Daß es die falsche und schließlich die böse war, war das Unglück nicht der schlechtesten unserer Generation.«

Ein feierlicher Augenblick von der Grundsteinlegung zum Haus der deutschen Kunst.

Der päpstliche Nuntius Vasallo di Torregrossa spricht eben zum Führer:

„Ich habe Sie lange nicht verstanden.
Ich habe mich aber lange darum bemüht.
Heute versteh' ich Sie."

Auch jeder deutsche Katholik versteht heute Adolf Hitler und stimmt am 12. November
mit:

„Ja"!

Kirche

Auch der Kirche begegnete Hitler zunächst mit der für ihn so typischen Taktik der Machteroberung, die er bereits in seiner Wiener Zeit bei Karl Lueger bewundert hatte, »sich all der nun einmal schon vorhandenen Machtmittel zu bedienen, bestehende mächtige Einrichtungen sich geneigt zu machen, um aus solchen alten Kraftquellen für die eigene Bewegung möglichst großen Nutzen ziehen zu können«.

»Was wir tun sollen? Was die katholische Kirche getan hat, als sie den Heiden ihren Glauben aufgepfropft hat: erhalten, was zu erhalten geht, und umzudeuten. Wir werden den Weg zurückgehen: Ostern ist nicht mehr Auferstehung, sondern die ewige Erneuerung unseres Volkes, Weihnachten ist die Geburt unseres Heilandes: des Geistes der Heldenhaftigkeit und Freiheit unseres Volkes. Meinen Sie, die werden nicht unseren Gott auch in ihren Kirchen lehren, diese liberalen Pfaffen, die keinen Glauben mehr haben, sondern nur ein Amt? Ich garantiere Ihnen, so wie sie Haeckel und Darwin, Goethe und Stefan George zu Propheten ihres Christentums gemacht haben, so werden sie das Kreuz durch unser Hakenkreuz ersetzen.«

Das, was Hitler hier unter vier Augen Rauschning gegenüber äußerte, hat er dem Volke gegenüber allerdings niemals öffentlich ausgesprochen. Seiner Taktik der inneren Eroberung und Umwandlung entsprechend hieß es in Punkt 24 des für unabänderlich erklärten Parteiprogramms der NSDAP:

»Wir fordern die Freiheit aller religiösen Bekenntnisse im Staat, soweit sie nicht dessen Bestand gefährden oder gegen das Sittlichkeits- und Moralgefühl der germanischen Rasse verstoßen. Die Partei als solche vertritt den Standpunkt eines positiven Christentums, ohne sich konfessionell an ein bestimmtes Bekenntnis zu binden. Sie bekämpft den jüdisch-materialistischen Geist in und außer uns und ist überzeugt, daß eine dauernde Genesung unseres Volkes nur erfolgen kann von innen heraus auf der Grundlage: Gemeinnutz vor Eigennutz.«

War das Bekenntnis des Nationalsozialismus zum »positiven Christentum« hier noch durch das Sittlichkeits- und Moralgefühl der germanischen Rasse relativiert, so präzisierte Hitler die Anerkennung der beiden christlichen Konfessionen und die kirchliche Neutralität seiner Bewegung in »Mein Kampf« noch eindeutiger: »Die Bewegung lehnt jede Stellungnahme zu Fragen, die entweder außerhalb des Rahmens ihrer politischen Arbeit liegen oder für sie als nicht von grundsätzlicher Bedeutung belanglos sind, entschieden ab. Ihre Aufgabe ist nicht die einer religiösen Reformation, sondern die einer politischen Reorganisation unseres Volkes. Sie sieht in beiden religiösen Bekenntnissen gleich wertvolle Stützen für den Bestand unseres Volkes und bekämpft deshalb diejenigen Parteien, die dieses Fundament einer sittlich-religiösen und moralischen Festigung unseres Volkskörpers zum Instrument ihrer Parteiinteressen herabwürdigen wollen.«

Nach der Machtergreifung setzte Hitler sein Werben um die Kirchen verstärkt fort. In dem von ihm verfaßten »Aufruf der Reichsregierung an das deutsche Volk« vom 1. Februar 1933 bezeichnete er »das Christentum als Basis unserer gesamten Moral«, das die Regierung »in ihren festen Schutz« nehmen werde. Der Aufruf endete mit den Worten: »Möge der allmächtige Gott unsere Arbeit in seine Gnade nehmen, unseren Willen recht gestalten, unsere Einsicht segnen und uns mit dem Vertrauen unseres Volkes beglücken.« Der »Völkische Beobachter«, das offizielle Parteiorgan der NSDAP, erschien am 16. März 1933 mit dem Leitartikel »Adolf Hitlers Regierungsgrundlage: das Christentum«.

Und in seiner Rede vom 23. März 1933 zum Ermächtigungsgesetz äußerte Hitler vor dem Reichstag:

Bis zur Machtergreifung wollte die katholische Kirche nichts mit dem »braunen Sozialismus« zu tun. Danach aber beeilte sie sich, den Anschluß nicht zu verlieren, und betonte »das Gute« der nationalen Erhebung. Und Hitler verstand es, die Einigung mit der Kirche sogleich in politisches Kapital umzumünzen, wie das Wahlplakat zur Reichstagswahl und Volksabstimmung 1933 zeigt.

».. . Indem die Regierung entschlossen ist, die politische und moralische Entgiftung unseres öffentlichen Lebens durchzuführen, schafft und sichert sie die Voraussetzungen für eine wirklich tiefe, innere Religiosität... Die nationale Regierung sieht in den beiden christlichen Konfessionen wichtigste Faktoren der Erhaltung unseres Volkstums. Sie wird die zwischen ihnen und den Ländern abgeschlossenen Verträge respektieren; ihre Rechte sollen nicht angetastet werden. Sie erwartet aber und hofft, daß die Arbeit an der nationalen und sittlichen Erhebung unseres Volkes, die sich die Regierung zur Aufgabe gestellt hat, umgekehrt, die gleiche Würdigung erfährt. Sie wird allen anderen Konfessionen in objektiver Gerechtigkeit gegenübertreten...

In seiner Reichstagsrede vom 23. März 1933 erklärte Hitler: »Die nationale Regierung sieht in den beiden christlichen Konfessionen wichtigste Faktoren der Erhaltung unseres Volkstums . . . Ihre Rechte sollen nicht angetastet werden.« Die überwiegende Mehrheit der deutschen Kirchenführer beider Konfessionen glaubte, dieser Versicherung Hitlers zu Beginn des Dritten Reiches vertrauen zu dürfen. Auf den »guten Kern« im Nationalsozialismus bauend, die radikalen Auswüchse übersehend, nährten auch sie zunächst die Begeisterung der »nationalen Erhebung«. Es war die Zeit, da, wie im Bild zu sehen, ganze SA-Formationen geschlossen am Gottesdienst teilnahmen. Mit steigendem Machtanspruch des nationalsozialistischen Staates sollten diese Auftritte wie auch die Ergebenheitsadressen der Kirchen aber bald aufhören.

...Ebenso legt die Reichsregierung, die im Christentum die unerschütterlichen Fundamente des sittlichen und moralischen Lebens unseres Volkes sieht, den größten Wert darauf, die freundschaftlichen Beziehungen zum Heiligen Stuhl weiter zu pflegen und auszugestalten...

...die Rechte der Kirchen werden nicht geschmälert, ihre Stellung zum Staate nicht geändert...«

Am 4. Februar bestimmte die Verordnung zum »Schutz des Deutschen Volkes« die Auflösung von öffentlichen politischen Versammlungen und Aufzügen und das Verbot von periodischen Druckschriften, wenn in ihnen eine Religionsgesellschaft des öffentlichen Rechts, ihre Einrichtungen, Gebräuche oder Gegenstände ihrer Verehrung verächtlich gemacht werden.

Am 22. Februar beschloß die preußische Regierung gleichzeitig mit dem Abbau der religionslosen, weltlichen Schulen die Wiedereinführung des Religionsunterrichtes als ordentliches Lehrfach in den Berufs- und Fortbildungsschulen.

Die kommunistischen Freidenkerorganisationen wurden zerschlagen, und der sozialdemokratische »Deutsche Freidenkerverband« wurde aller politischen und kulturpolitischen Tendenzen entledigt und unter kommissarischer Leitung in eine reine Bestattungsorganisation umgewandelt.

All diese Hitlerschen Worte und Maßnahmen, darunter der erfolgreiche Appell an die Mitglieder seiner Partei, in die Kirchen einzutreten, ließen es sowohl der evangelischen als auch der katholischen Kirche angebracht erscheinen, ihre Unterstützung dem »nationalen Erwachen« des Dritten Reiches nicht zu versagen.

Bereits im Aufruf des Evangelischen Bundes zu den Wahlen im März 1933 hieß es: »Die neue Reichsregierung, die zu den Wahlen im März aufruft, ist aus der völkischen Neuordnung hervorgegangen; sie will mit den noch vorhandenen starken nationalen Kräften des eigenen Volkes in bewußtem Gottesglauben auf dem Trümmerfeld der unseligen November-Revolution des Jahres 1918 ein neues, freies, geeintes Deutschland aufbauen...

Evangelische Christen, erkennt den Ernst und die Verheißung dieser Wahlentscheidung. Es geht bei ihr nicht um Einzelparteien und ihre mehr oder weniger berechtigten Bestrebungen, sondern um eine politische Geisteswende. Laßt deshalb alle Bedenken fahren und kämpft durch eure Stimmen mit dafür, daß die nationale gegenrevolutionäre Bewegung auf gesetzlichem Wege zum Siege kommt. Tretet hinter die Männer der gegenwärtigen Regierung, um ihnen Gelegenheit zu schöpferischer Arbeit zu geben. Seid eurer Verantwortung eingedenk: es geht um Deutschlands Rettung!«

Das Ergebnis der Wahl, es brachte den Regierungsparteien (NSDAP und DNVP) eine knappe Mehrheit, nahm man befriedigt zur Kenntnis. Am 8. März schrieb Generalsuperintendent Dr. Otto Dibelius an seine Pfarrer: »Es werden unter uns nur wenige sein, die sich dieser Wendung nicht von Herzen freuen.« Dennoch müsse sich die Kirche gerade auch jetzt auf ihre wahre Aufgabe besinnen, es müsse sich jetzt zeigen, so fährt Dibelius fort, »ob unsere Kirche in der bitteren Schule von 1½ Jahrzehnten gelernt hat, Kirche zu sein. Darin müssen und werden wir einig sein, daß das Evangelium nicht den eigenmächtigen Menschen, sondern den gerechtfertigten Sünder kennt, daß es nicht Haß, sondern Liebe predigt, daß nicht das Volkstum, sondern das Gottesreich Gegenstand evangelischer Verkündigung ist. Wir werden darin einig sein, daß das Evangelium im Gegensatz zu jeder menschlichen Ideologie steht, sie mag nationalsozialistisch oder sozialistisch, liberal oder konservativ sein, daß das Evangelium den Menschen in seinen selbstischen Wünschen nicht bestätigt, sondern richtet, und daß erst von der Beugung unter das Evangelium her der Aufbau erfolgen kann, in dem Volk und Staat, Tradition und Freiheit und alle die anderen menschlichen Dinge ihr christliches Recht gewinnen.«

Diese Ausführungen Otto Dibelius', der zwar deutlich darauf hinwies, daß sich die Kirche niemals an eine menschliche Ideologie binden lassen dürfe, zusammen mit weit weniger skeptischen Sympathiekundgebungen der evangelischen Kirche für das Dritte Reich, lassen Günther van Norden zu folgendem Schluß gelangen: »Mit diesen Erklärungen hatte die evangelische Kirche zum neuen Staat von Potsdam das Ja gesprochen, das sie zur alten Weimarer Republik in dieser Form nicht gefunden hatte; sie hatte es gesprochen aus derselben Haltung, die sie 1919 schweigen ließ: aus ihrer im ganzen unveränderten nationalen, vaterländischen, konservativen Einstellung heraus. Die positive Stellung zu dem neuen nationalen Staate, dessen Regierung zum überwiegenden Teil aus konservativen Persönlichkeiten bestand, bedeutete also keine geistige oder politische Wendung, sondern war nur eine folgerichtige Konsequenz ihrer bisherigen Haltung. So hat die evangelische Kirche ohne große Schmerzen das Ende des Weimarer Staates, den sie nie mit ganzem Herzen bejaht hatte, erlebt und sich in freudiger Bereitwilligkeit dem neuen Staate zur Verfügung gestellt. Diese Anerkennung des nationalen Staates bedeutete nicht unbedingt und durchweg eine Hinwendung zum Nationalsozialismus, ebensowenig wie die Bereitschaft der konservativen Parteien und Politiker, mit Hitler zusammenzuarbeiten. Viele führende Persönlichkeiten der Kirche erhofften ebenso wie die konservativen Politiker eine Überwindung der revolutionären Kräfte durch die konservativen. Im Vertrauen auf den Sieg des Konservatismus wurde die ›nationale Erhebung‹ bejaht.

Aber auch unter Berücksichtigung dieser Tatsache brachte die freudige Zustimmung der Kirche zur nationalen Revolution eine neue Einstellung zum Nationalsozialismus mit sich. Hatten die evangelischen Kirchenleitungen bisher in abwartender Haltung ihm gegenüber gestanden, wo wurde diese Neutralität jetzt aufgegeben, da sie mit dem Ja zum neuen Staate nicht zu vereinbaren war.

Damit hatte die evangelische Kirche mit der grundsätzlich gewahrten Überparteilichkeit, mit ihrer Neutralität, mit der Distanz vom Staate, die sie bereits nach dem 5. März aufzugeben begonnen hatte, endgültig gebrochen.«

Besonders radikal und überschwenglich stellte sich die »Glaubensbewegung Deutsche Christen« hinter den Nationalsozialismus und seinen Staat. Bereits im Jahre 1932 traten die hier vereinigten evangelischen Anhänger der NSDAP, deren Ziel es war, die Kirche von innen her zu erobern, mit ihrem Programm an die Öffentlichkeit: »Wir kämpfen für einen Zusammenschluß der im ›Deutschen Evangelischen Kirchenbund‹ zusammengefaßten 29 Kirchen zu einer Evangelischen Reichskirche . . . Wir stehen auf dem Boden des positiven Christentums. Wir bekennen uns zu einem bejahenden artgemäßen Christus-Glauben, wie er deutschem Luther-Geist und heldischer Frömmigkeit entspricht . . . Wir sehen in Rasse, Volkstum und Nation uns von Gott geschenkte und anvertraute Lebensordnungen, für deren Erhalt zu sorgen uns Gottes Gesetz ist. Daher ist der Rassenvermischung entgegenzutreten. Die deutsche Äußere Mission ruft auf Grund ihrer Erfahrung dem deutschen Volke seit langem zu: ›Halte deine Rasse rein!‹ und sagt uns, daß der Christus-Glaube die Rasse nicht zerstört, sondern vertieft und heiligt. In der Judenmission sehen wir eine schwere Gefahr für unser Volkstum. Sie ist das Eingangstor fremden Blutes in unseren Volkskörper. Sie hat neben der Äußeren Mission keine Daseinsberechtigung. Wir lehnen die Judenmission in Deutschland ab, solange die Juden das Staatsbürgerrecht besitzen und damit die Gefahr der Rassenverschleierung und Bastardisierung besteht.«

Auf ihrer 1. Reichstagung in Berlin vom 3. und 4. April 1933 forderten die Deutschen Christen die Gleichschaltung der Kirche mit dem nationalsozialistischen Staat: »Die Kirche, will sie wirklich Volkskirche sein, darf nicht bei den großen vaterländischen Ereignissen den uninteressierten Zuschauer spielen und so tun, als ginge sie das alles gar nichts an . . . Wir fordern die sinngemäße Gleichschaltung der . . . Kirche mit dem Volksstaat der nationalen Revolution und damit eine Reform der Evangelischen Kirche an Haupt und Gliedern . . .«
In der Entschließung dieser Reichstagung kommt die Verknüpfung von religiösen und nationalen Vorstellungen der Deutschen Christen deutlich zum Ausdruck.

»Gott hat mich als Deutschen geschaffen, Deutschtum ist Geschenk Gottes. Gott will, daß ich für mein Deutschland kämpfe. Kriegsdienst ist in keinem Falle Vergewaltigung des christlichen Gewissens, sondern Gehorsam gegen Gott. Der Gläubige hat einem Staat gegenüber, der die Mächte der Finsternis fördert, das Recht der Revolution. Dieses Recht hat er auch einer Kirchenbehörde gegenüber, die die nationale Erhebung nicht vorbehaltlos anerkennt. Die Kirche ist für einen Deutschen die Gemeinschaft von Gläubigen, die zum Kampf für ein christliches Deutschland verpflichtet ist. Das Ziel der Glaubensbewegung ›Deutsche Christen‹ ist eine evangelische deutsche Reichskirche. Der Staat Adolf Hitlers ruft nach der Kirche, die Kirche hat den Ruf zu hören.«

Dem Ziel, der stark zersplitterten evangelischen Kirche eine organisatorische Einheit zu geben, stimmten dabei auch jene zu, die sich ansonsten von den theologischen Ansichten der Deutschen Christen distanzierten. Der Beschluß des »Deutschen Evangelischen Kirchenbundes« vom 26. April 1933 trug diesem Einheitsgedanken Rechnung, »der jetzt durch ganz Deutschland ging. Ein Volk, ein Reich, ein Führer!« Nun sollte es auch heißen: eine Kirche! Bekenntnis und Kultus, also das eigentlich Geistliche, sollte den einzelnen Landeskirchen verbleiben, nicht mehr aber die Verwaltung. Diese sollte zentral geleitet werden. Eine Nationalsynode sollte geschaffen werden, und an der Spitze des Ganzen sollte, unterstützt von einem Geistlichen Ministerium, ein Reichsbischof stehen. Darin war man einig. »Wer aber«, so erinnerte sich Dibelius später, »sollte der Reichsbischof sein? In einer dramatischen Sitzung des Kirchenausschusses traten sich zwei Kandidaten gegenüber. Der Kandidat der Deutschen Christen, der Wehrkreispfarrer Ludwig Müller aus Königsberg, hielt eine Rede, in der er erklärte: er sei der allein geeignete Mann; wähle man einen anderen, so bedeute das schärfsten Kampf! Daraufhin wählten die Vertreter der Landeskirchen, denen eine solche Rede noch nicht vorgekommen war, D. Fritz von Bodelschwingh – worauf abends im Rundfunk prompt die Kampfansage Ludwig Müllers folgte.

Auch damit wären die Deutschen Christen noch nicht zum Ziel gekommen. Nun aber griff der Mann ein, der sich mit ihnen verbündet hatte, um bald, infolge seiner brutalen Hemmungslosigkeit, ein Gegenstand der Furcht für sie alle zu werden. Das war der Landgerichtsdirektor Jaeger aus Wiesbaden. Er wollte an die Spitze der Kirche treten als der allmächtige ›Rechtswalter‹, neben einem bedeutungslosen Reichsbischof gleichzeitig aber vom Staat her die Kirche beherrschen. Er beredete zunächst den preußischen Kultusminister Rust, ihn zum Ministerialdirektor der staatlichen Kultusverwaltung zu berufen. Als das geschehen war, stellte er die unverfrorene Behauptung auf, der Berliner Oberkirchenrat habe seinen Vertrag mit dem Staat gebrochen. Er ließ sich zum Kirchenkommissar ernennen, setzte einen Generalsuperintendenten nach dem anderen ab, löste alle preußischen Kirchenvertretungen auf, bestellte den deutsch-christlichen Rechtsanwalt Dr. Werner zum Präsidenten des Oberkirchenrats und den Pfarrer Hossenfelder zum Vizepräsidenten.

Auch in die kleineren Landeskirchen schlug der Sturm seine Wellen. Einige wenige kapitulierten. Die meisten wehrten sich, so gut sie konnten. Und dann schrieb der Reichsinnenminister, weil Hitler die immer höher gehenden Wogen beschwichtigen wollte, Neuwahlen zu allen kirchlichen Körperschaften aus.

Die Kirche nahm das an. Sie hielt es für selbstverständlich, daß in einem geordneten Staatswesen solche Wahlen sich ordnungsgemäß vollziehen würden. Sie kannten den totalen Staat noch nicht. Wenn die Wahlen ruhig und ordentlich verlaufen wären, wären die Deutschen Christen ohne Zweifel in der Minderheit geblieben. Aber davon war gar keine Rede. Am Vorabend hielt Adolf Hitler über alle deutschen Sender eine Wahlrede für die Deutschen Christen. Darauf erklärten viele deutsch-christliche Pfarrer: eine Wahl finde nicht statt; der Führer habe gesprochen; damit sei die Liste der Deutschen Christen gewählt. In anderen Gemeinden schleppte man die SA in geschlossenen Trupps zur Wahl. Am Abend hieß es: 75 % aller Stimmen für die Deutschen Christen! Nun nahm das Unheil seinen Lauf. Die Proteste gegen die Vergewaltigung der kirchentreuen Gemeinden füllten im Reichsinnenministerium ein ganzes Zimmer – was den verantwortlichen Staatssekretär nicht hinderte, zu erklären: Proteste gegen die Wahl seien ihm nicht bekannt geworden. Die Synoden der Landeskirchen wurden gewählt. Danach die Reichssynode. Am 1. Oktober 1933 war Ludwig Müller Reichsbischof.«

Durch einen Erlaß der Reichsregierung vom 25. April 1933 zu Hitlers »Bevollmächtigten für die Angelegenheiten der evangelischen Kirchen« ernannt und mit dem besonderen Auftrag versehen, »alle Arbeiten zur Schaffung einer evangelischen deutschen Reichskirche zu fördern«, sah Ludwig Müller seine Aufgabe darin, dafür zu sorgen, »daß der Kampf um die Zukunft der evangelischen Kirche nicht so geführt wird wie der politische Kampf. Adolf Hitler will keine Religionskrise heraufbeschwören.«

Dennoch verschärften sich die Spannungen innerhalb der evangelischen Kirche. Als die preußische Generalsynode, in der die Deutschen Christen über eine Zweidrittel-Mehrheit verfügten, am 5. September 1933 das »Gesetz über die Rechtsverhältnisse der Geistlichen und Kirchenbeamten« mit dem »Arierparagraphen« (Geistlicher oder Kirchenbeamter kann danach nur

sein, wer rückhaltlos für den nationalen Staat und die deutsche evangelische Kirche eintritt und arischer Abstammung ist) annahmen, rief Pfarrer Martin Niemöller daraufhin am 21. September 1933 seine Amtsbrüder auf, sich in einem »Pfarrernotbund« zusammenzuschließen. Die Verpflichtungserklärung dafür lautete: »Ich verpflichte mich, mein Amt als Diener des Wortes auszurichten, allein in der Bindung an die Heilige Schrift und an die Bekenntnisse der Reformation als die rechte Auslegung der Heiligen Schrift. Ich verpflichte mich, gegen alle Verletzung des Bekenntnisstandes mit rückhaltlosem Einsatz zu protestieren. Ich weiß mich nach bestem Vermögen mitverantwortlich für die, die um solchen Bekenntnisstandes willen verfolgt werden. In solcher Verpflichtung bezeuge ich, daß eine Verletzung des Bekenntnisstandes mit der Anwendung des Arierparagraphen im Raum der Kirche Christi geschaffen ist.«

Aus diesem »Pfarrernotbund« entwickelte sich die »Bekennende Kirche«, die den »Deutschen Christen« immer stärker entgegentrat.

Theologisch gesehen gingen die Deutschen Christen davon aus, daß sich der göttliche Wille nicht nur einmalig im Worte Gottes, sondern darüber hinaus auch in geschichtlichen Erscheinungen offenbare. Und für sie war Adolf Hitler eine solche göttlich offenbarte geschichtliche Erscheinung.

»Unser Volk hat es erlebt, daß es im Augenblicke der höchsten Gefahr ... vom Abgrund zurückgerissen wurde. Es ist richtig, wenn jemand sagte, wenn irgend etwas, so sei dies Ereignis ein Erweis der nahen Wirksamkeit Gottes, der Augenblick müsse religiös gedeutet werden ...

Was wir erlebten, war das Wunder der Errettung unseres Volkes in allerletzter Minute vor dem Untergang ... durch Männer, die selbst die Hand Gottes darin erblikken und in ihrem Bekenntnis verehren.«

Für sie, die sich als »SA Christi« fühlten, war Hitler »der von Gott gesandte Retter des Christentums«, das »Werkzeug Gottes«, der »gute Hirte«, der in die Welt gesandt sei, »um die Macht der Finsternis zu überwinden«, und der Nationalsozialismus »bereits der neue Christusleib«.

»Wir vertrauten auf den uns von Gott gesandten Führer, der ... als ein fast Erblindeter den Gottesbefehl erhalten hat: ›Du rette Deutschland!‹« »... der Geist des Glaubens an Gottes Wundertat der Errettung des Vaterlandes; der Geist der Dankbarkeit für die Erweckung seines Werkzeuges Adolf Hitler; der Geist des Gehorsams gegen die Offenbarung von Gottes heiligem Willen im Nationalsozialismus.«

Im Gegensatz zu dieser Auffassung, die in dem Ausspruch eines deutsch-christlichen Kirchenrates gipfelte, »Christus ist zu uns gekommen durch Adolf Hitler«,

Der Deutsche Christ liest das „Evangelium im Dritten Reich"

Oben: In der in sich zerrissenen evangelischen Kirche hatte sich die Glaubensbewegung »Deutsche Christen« gebildet. »Deutschland ist unsere Aufgabe, Christus unsere Kraft!... Wie jedem Volk, so hat auch unserem Volk der ewige Gott ein arteigenes Gesetz geschaffen. Es gewann Gestalt in dem Führer Adolf Hitler und in dem von ihm geformten nationalsozialistischen Staat. Dieses Gesetz spricht zu uns in der aus Blut und Boden erwachsenen Geschichte unseres Volkes... Aus dieser Gemeinde Deutscher Christen soll im nationalsozialistischen Staat Adolf Hitlers die das ganze Volk umfassende ›Deutsche christliche Nationalkirche‹ erwachsen: Ein Volk! – Ein Gott! – Ein Reich! – Eine Kirche!« Gegen diesen Anspruch der »Deutschen Christen« wandte sich ganz energisch und entschieden die »Bekennende Kirche«: »Das erste Gebot lautet: ›Ich bin der Herr Dein Gott. Du sollst nicht andere Götter haben neben mir.‹ Wir gehorchen diesem Gebot allein... Die neue Religion ist Auflehnung gegen das erste Gebot. In ihr wird die rassisch-völkliche Weltanschauung zum Mythos. In ihr werden Blut und Rasse, Volkstum, Ehre und Freiheit zum Abgott... Solche Abgötterei hat mit positivem Christentum nichts zu tun. Sie ist Antichristentum...«
Links: Oberhaupt der »Deutschen Christen« war der »Reichsbischof« Ludwig Müller.

betonten die Gegner der Deutschen Christen: »Es ist und bleibt Schwarmgeisterei, den Willen Gottes aus der Zeit, aus der Gegenwart, aus der ›Gottesstunde‹ der Deutschen Revolution herauszuhören... Darum gehorchen wir nicht ›dem Ruf der Stunde‹, darum hören wir nicht auf das vermeintliche Reden Gottes in der Zeit, sondern ringen darum, auch in dieser Stunde dem Wort Gottes Heiliger Schrift, dem offenbarten, uns ein für allemal gesagten Willen Gottes in Gesetz und Verheißung gehorsam zu sein. Eine andere Möglichkeit, Gott zu gehorchen, sehen wir nicht.«

Ihren Höhepunkt erreichten Aggressivität und Radikalität der Deutschen Christen auf deren Großkundgebung im Berliner Sportpalast vom 13. November 1933. Vor 20000 Zuhörern ergriff zunächst Reichsleiter Pfarrer Hossenfelder das Wort. Er setzte sich für den »Arierparagraphen« ein, verlangte Treue zu Rasse und Volkstum und daß man nicht aufhören dürfe zu predigen von der Aufgabe, die eigene Rasse zu achten und zu lieben. Nach Hossenfelder hielt Dr. Reinhold Krause, Gauobmann der Deutschen Christen von Großberlin, eine Rede, die zum eigentlichen »Sportpalastskandal« führen sollte. Voraussetzung für den Bau der Volkskirche sei »die Befreiung von allem Undeutschen im Gottesdienst und im Bekenntnismäßigen, Befreiung vom Alten Testament mit seiner jüdischen Lehrmoral, von diesen Viehhändler- und Zuhältergeschichten. Mit Recht hat man dieses Buch als eines der fragwürdigsten Bücher der Weltgeschichte bezeichnet... Wenn wir Nationalsozialisten uns schämen, eine Krawatte vom Juden zu kaufen, dann müßten wir uns erst recht schämen, irgend etwas, das zu unserer Seele spricht, das innerste Religiöse vom Juden anzunehmen. Hierher gehört auch, daß unsere Kirche keine Menschen judenblütiger Art mehr in ihren Reihen aufnehmen darf... Es wird aber auch notwendig sein,... daß alle offenbar entstellten und abergläubischen Berichte des Neuen Testaments entfernt werden und daß ein grundsätzlicher Verzicht auf die ganze Sündenbock- und Minderwertigkeitstheologie des Rabbiners Paulus ausgesprochen wird... Wenn wir aus den Evangelien das herausnehmen, was zu unseren deutschen Herzen spricht, dann tritt das Wesentliche der Jesuslehre klar und leuchtend zutage, das sich – und darauf dürfen wir stolz sein – restlos deckt mit den Forderungen des Nationalsozialismus.«

Nach dieser Rede kam es mit nur einer Gegenstimme zur Annahme einer Entschließung, in der sich die radikalen Ansichten der Deutschen Christen voll und ganz durchzusetzen vermochten.

»Wir fordern, daß eine deutsche Volkskirche Ernst macht mit der Verkündung der von aller orientalischen Entstellung gereinigten schlichten Frohbotschaft und einer heldischen Jesusgestalt als Grundlage eines artgemäßen Christentums, in dem an die Stelle der zerbrechenden Knechtsseele der stolze Mensch tritt, der sich als Gotteskind dem Göttlichen in sich und in seinem Volke verpflichtet fühlt... Wir sind als nationalsozialistische Kämpfer gewohnt, das Ringen um die Gestaltung einer großen Idee nicht mit einem faulen Frieden abzubrechen... Ein dauernder Frieden kann hier nur geschaffen werden durch Versetzung oder Amtsenthebung aller der Pfarrer, die entweder nicht willens oder nicht fähig sind, bei der religiösen Erneuerung unseres Volkes und der Vollendung der deutschen Reformation aus dem Geist des Nationalsozialismus führend mitzuwirken... Wir bekennen, daß der einzige wirkliche Gottesdienst für uns der Dienst an unseren Volksgenossen ist, und fühlen uns als Kampfgemeinschaft von unserem Gott verpflichtet, mitzubauen an einer wehrhaften und wahrhaften völkischen Kirche, in der wir die Vollendung der deutschen Reformation Martin Luthers erblicken und die allein dem Totalitätsanspruch des nationalsozialistischen Staates gerecht wird.«

Diese in ihrer Radikalität kaum noch zu überbietenden Ausführungen riefen nun all diejenigen Kräfte auf den Plan, die nicht der Ansicht waren, daß die »Jesuslehre sich restlos deckt mit den Forderungen des Nationalsozialismus«, und die auch dem Totalitätsanspruch des Nationalsozialismus die kirchliche Gefolgschaft verweigerten. Obwohl sich Reichsbischof Müller entschieden gegen die Irrlehren Krauses aussprach und ihn von all seinen Ämtern suspendierte, ging von nun an sein Einfluß und der Einfluß der Deutschen Christen immer weiter zurück, während sich der Einfluß der »Bekennenden Kirche« immer stärker bemerkbar machte.

Mit der »Barmer Theologischen Erklärung« vom 31. Mai 1934 zog die Bekenntnissynode der Deutschen Evangelischen Kirche einen eindeutigen Trennungsstrich zwischen dem Anspruch des Nationalsozialismus und den Aufgaben der Kirche:

»...Wir verwerfen die falsche Lehre, als könne und müsse die Kirche als Quelle ihrer Verkündigung außer und neben diesem einen Wort Gottes auch noch andere Ereignisse und Mächte, Gestalten und Wahrheiten als Gottes Offenbarung anerkennen.

...Wir verwerfen die falsche Lehre, als gebe es Bereiche unseres Lebens, in denen wir nicht Jesus Christus, sondern anderen Herren zu eigen wären...

...Wir verwerfen die falsche Lehre, als dürfe die Kirche die Gestalt ihrer Botschaft und ihrer Ordnung ihrem Belieben oder dem Wechsel der jeweils herrschenden weltanschaulichen und politischen Überzeugungen überlassen.

...Wir verwerfen die falsche Lehre, als könne und dürfe sich die Kirche abseits von diesem Dienst besondere, mit Herrschaftsbefugnissen ausgestattete Führer geben oder geben lassen.

...Wir verwerfen die falsche Lehre, als solle und könne der Staat über seinen besonderen Auftrag hinaus die einzige und totale Ordnung menschlichen Lebens werden und also auch die Bestimmung der Kirche erfüllen.

...Wir verwerfen, die falsche Lehre, als solle und könne sich die Kirche über ihren besonderen Auftrag hinaus staatliche Art, staatliche Aufgaben und staatliche Würde aneignen und damit selbst zu einem Organ des Staates werden.

...Wir verwerfen die falsche Lehre, als könne die Kirche in menschlicher Selbstherrlichkeit das Wort und Werk des Herrn in den Dienst irgendwelcher eigenmächtig gewählter Wünsche, Zwecke und Pläne stellen...«

Am 20. Oktober 1934 verkündete die Dahlemer Bekenntnissynode das kirchliche Notrecht, weil durch die Lehren, Gesetze und Maßnahmen der Reichsregierung die Grundlagen des Bekenntnisses und der Verfassung der Deutschen Evangelischen Kirche aufgehoben seien. »Wir stellen fest«, so hieß es in der Erklärung an die Reichsregierung: »Die Verfassung der Deutschen Evangelischen Kirche ist zerschlagen. Ihre rechtmäßigen Organe bestehen nicht mehr. Die Männer, die sich der Kirchenleitung im Reich und in den Ländern bemächtigten, haben sich durch ihr Handeln von der christlichen Kirche geschieden.

Auf Grund des kirchlichen Notrechts der an Schrift und Bekenntnis gebundenen Kirchen, Gemeinden und Träger des geistlichen Amtes schafft die Bekenntnissynode der Deutschen Evangelischen Kirche neue Organe der Leitung... Wir fordern die christlichen Gemeinden, ihre Pfarrer und Ältesten auf, von der bisherigen Reichskirchenregierung und ihren Behörden keine Weisungen entgegenzunehmen...«

Noch im November des gleichen Jahres schuf sich die Bekennende Kirche eine vorläufige Kirchenleitung und erklärte diese zum rechtmäßigen Kirchenregiment. Hitlers Versuch, die Deutsche Evangelische Kirche mit Hilfe des Reichsbischofs Müller gleichzuschalten, war damit gescheitert. Der Kampf der Bekennenden Kirche um die Reinerhaltung von Glauben und Lehre gegen Deutsche Christen und nationalsozialistische Diktatur ging allerdings weiter. Nach der Kanzelankündigung vom 5. März 1935, in der die »rassisch-völkische Weltanschauung« scharf abgelehnt wurde, wurden 700 Pfarrer verhaftet. Amtsbehinderungen, Ausreiseverbote, Redeverbote, Verbannungen, Aufenthaltsverbote, Haft, KZ, Kollektverbot und die Schließung freier theologischer Hochschulen kennzeichneten den Kampf des seit 1935 bestehenden Kirchenministeriums und der Gestapo gegen die Kirche.

Während die überwiegende Mehrheit der evangelischen Pfarrer in Hitler zunächst die erwünschte starke Obrigkeit erblicken wollte und ein Großteil der evangelischen Pfarrer sich erst dann zum Widerstand entschließen konnte, als er feststellen mußte, daß der Anspruch dieser Obrigkeit mit dem christlichen Glauben nicht zu vereinbaren war, ging die Auseinandersetzung zwischen Nationalsozialismus und katholischer Kirche von wesentlich anderen Voraussetzungen aus. Ihre politische Partei, das Zentrum, unterstützend, nahmen die deutschen Bischöfe nach den »Katastrophenwahlen« des Jahres 1930 dem Nationalsozialismus gegenüber eine völlig ablehnende Haltung ein. Die von nun an in ununterbrochener Folge erlassenen Hirtenschreiben, Kundgebungen und Anweisungen einzelner Bischöfe und Ordinariate warnten die Gläubigen stets von neuem vor dem unchristlichen Kern der nationalsozialistischen Weltanschauung und davor, die NSDAP zu unterstützen oder ihr gar beizutreten.

Nach der Machtergreifung änderte die katholische Kirche dann ihre Haltung: Für sein »Ja« zum Ermächtigungsgesetz glaubte das Zentrum als Gegengabe von Hitler die ungehinderte Arbeit der katholischen Kirche erwirken zu können. Das gleiche Ziel verfolgten auch die deutschen Bischöfe mit ihrer Erklärung vom 28. März 1933, in der sie die Verurteilung des Nationalsozialismus zwar nicht aufhoben, wohl aber entscheidend abschwächten.

»Es ist nunmehr anzuerkennen, daß von dem höchsten Vertreter der Reichsregierung, der zugleich autoritärer Führer jener Bewegung ist, öffentliche und feierliche Erklärungen abgegeben worden sind, durch die der Unverletzlichkeit der katholischen Glaubenslehre und den unveränderlichen Aufgaben und Rechten der Kirche Rechnung getragen sowie die vollinhaltliche Geltung der von den einzelnen Ländern mit der Kirche abgeschlossenen Staatsverträge durch die Reichsregierung ausdrücklich zugesichert wird.

Ohne die in unseren früheren Maßnahmen liegende Verurteilung bestimmter religiös-sittlicher Irrtümer aufzuheben, glaubt daher der Episkopat, das Vertrauen hegen zu können, daß die vorbezeichneten allgemeinen Verbote und Warnungen nicht mehr als notwendig betrachtet zu werden brauchen.«

Mit dem Konkordat zwischen dem Heiligen Stuhl und dem Deutschen Reich vom 20. Juli 1933 wurde das Verhältnis zwischen katholischer Kirche und Staat vertraglich festgelegt. Warum sich Hitler so schnell mit der katholischen Kirche einigen konnte, läßt sich auch aus der Regierungsinstruktion ersehen, mit der er seinen Vizekanzler Franz v. Papen, den ehemaligen Zentrumspolitiker, zu den entscheidenden Verhandlungen nach Rom geschickt hatte: »Insbesondere durch das inzwischen verabschiedete Ermächtigungsgesetz hat sich die Lage völlig verändert. Es hat sich die Möglichkeit ergeben, den Wünschen des Heiligen Stuhles auch ohne Zuziehung des Reichstages in vollem Maße zu entsprechen. Vor allem ist nun die Möglichkeit gegeben, ein Reichskonkordat abzuschließen, dessen Zustandekommen bisher an den Widerständen des Reichstags gescheitert ist.« Nicht aber um den Wünschen des Heiligen Stuhles dann auch tatsächlich zu entsprechen, sondern lediglich, um seine eigene Machtposition zu Beginn des Dritten Reiches nach außen und nach innen zu festigen, hatte Hitler sich zu diesem Entgegenkommen bereit erklärt.

Aus dem Protokoll über die Sitzung der Reichsregierung vom 14. Juli 1933 lassen sich Hitlers diesbezügliche Überlegungen deutlich erkennen: »Der Reichskanzler lehnte eine Debatte über Einzelheiten des Reichskonkordats ab. Er vertrat die Auffassung, daß man hierbei nur den großen Erfolg sehen dürfte. Im Reichskonkordat wäre Deutschland eine Chance gegeben und eine Vertrauenssphäre geschaffen, die bei dem vordringlichen Kampf gegen das internationale Judentum besonders bedeutungsvoll wäre. Etwaige Mängel des Konkordats können später, bei besserer außenpolitischer Lage, verbessert werden. Der Reichskanzler sah im Abschluß des Reichskonkordats drei große Vorteile:

1. daß der Vatikan überhaupt verhandelt habe, obwohl besonders in Österreich damit operiert würde, daß der Nationalsozialismus unchristlich und kirchenfeindlich wäre;

2. daß der Vatikan zur Herstellung eines guten Verhältnisses zu diesem einen nationalen deutschen Staat bewogen werden konnte. Er, der Reichskanzler, hätte es noch vor kurzer Zeit nicht für möglich gehalten, daß die Kirche bereit sein würde, die Bischöfe auf diesen Staat zu verpflichten. Daß das nunmehr geschehen wäre, wäre zweifellos eine rückhaltlose Anerkennung des derzeitigen Regiments;

3. daß mit dem Konkordat sich die Kirche aus dem Vereins- und Parteileben herauszöge, z. B. auch die christlichen Gewerkschaften fallen ließe. Auch das hätte er, der Reichskanzler, noch vor einigen Monaten nicht für möglich gehalten. Auch die Auflösung des Zentrums wäre erst mit Abschluß des Konkordats als endgültig zu bezeichnen, nachdem nunmehr der Vatikan die dauernde Entfernung der Priester aus der Parteipolitik angeordnet hätte.

Daß das von ihm, dem Reichskanzler, stets erstrebte Ziel einer Vereinbarung mit der Kurie so viel schneller erreicht wurde, als er noch am 30. Januar gedacht habe, das sei ein so unbeschreiblicher Erfolg, daß demgegenüber alle kritischen Bedenken zurücktreten müßten...«

»Anerkennung des jungen Reiches durch die zweitausendjährige Macht der Kirche«, in dieser Schlagzeile des »Völkischen Beobachters« kommt genau das zum Ausdruck, was Hitler mit dem Abschluß des Konkordats bezweckte. Daß er sich an die Vereinbarungen

nämlich keineswegs zu halten gedachte, wurde schon sehr bald offenbar. Nach dem Zusammenbruch rechtfertigte Papst Pius XII. seinen damaligen Entschluß, als Kardinalstaatssekretär das Konkordat zu unterzeichnen: »Unter diesen Umständen (Demokratie und Grundfreiheiten waren von Hitler beseitigt worden) konnten Sicherungen nur erreicht werden durch eine Abmachung mit der Reichsregierung in Form eines Konkordats. Da zudem sie selbst den Vorschlag gemacht hatte, wäre im Falle der Ablehnung die Verantwortung für alle üblen Folgen auf den Heiligen Stuhl zurückgefallen.« Über den Erfolg des Konkordats heißt es dann weiter: »Trotz aller Verletzungen, denen es ausgesetzt war, ließ das Konkordat tatsächlich den Katholiken doch eine rechtliche Verteidigungsgrundlage, eine Stellung, in der sie sich verschanzen konnten, um der ständig steigenden Flut der religiösen Verfolgung zu entgehen.« Pius XII. zählte dann auf, mit welchen Mitteln die neuen Machthaber trotz Konkordat gegen die Kirche und ihre Einrichtungen vorgingen:

»Zerstörung der katholischen Organisationen. Fortschreitende Auflösung blühender öffentlicher und privater katholischer Schulen. Gewaltsame Trennung der Jugend von Familie und Kirche. Vergewaltigung der Gewissen der Staatsbürger, besonders der Beamten. Systematische Verleumdung der Kirche, des Klerus, der Gläubigen, ihrer Einrichtungen, ihrer Lehre, ihrer Geschichte durch eine verschlagene und straff aufgebaute Propaganda. Schließung, Aufhebung, Einziehung von Ordenshäusern und anderen kirchlichen Instituten. Vernichtung der katholischen Presse und Buchproduktion.«

Unter dem Schlagwort »Entkonfessionalisierung« ging es den Nationalsozialisten bei diesen Maßnahmen darum, den Einfluß der Kirche mehr und mehr zurückzudrängen, um ihn schließlich gänzlich auszuschalten. Ausgangspunkt der meisten Streitigkeiten war dabei das Wort »politisch«. Seine Auslegung wurde zur Hintertür für die Nationalsozialisten aus dem Konkordat, in dem die Kirche ja auf »politische« Betätigung verzichtet hatte. Die Nationalsozialisten interpretierten den Begriff schließlich so weit, daß sich die Kirche fast völlig aufs Metaphysische beschränkt sah. »Insoweit sich die Kirchen mit überirdischen, übersinnlichen und metaphysischen Dingen beschäftigen, geben wir ihnen absoluten Spielraum«, bekannte Hitler in seiner Rede vor dem politischen Führernachwuchs auf der Ordensburg Sonthofen am 23. November 1937. Im Bereich des Menschlich-Irdischen aber, im Bereich der Volksführung, im Bereich eben des »Politischen«, hätte die Kirche keinen Einfluß mehr auszuüben, hier sollte allein der Nationalsozialismus maßgeblich sein, dessen Recht und Pflicht es sei, den einzelnen Menschen total für sich in Anspruch zu nehmen.

Bei den nationalsozialistischen Theoretikern hieß es daher über die Grenzziehung zwischen dem Bereich des Religiösen und dem des Politischen: »Die Kirchen, ob unter katholischer, bekenntnis-christlicher oder deutsch-christlicher Führung, haben im Grunde nur eine Aufgabe, diejenigen Menschen, die davon angesprochen werden, mit dem kirchlichen Jenseitsglauben bekannt zu machen. Die Erde, auf der wir leben, geht die Kirche schlechterdings nichts mehr an. In diesen Dingen und auf diesem Gebiet ist für uns allein der Nationalsozialismus maßgebend.

Der Nationalsozialismus bejaht aber das Christentum – gleich, ob es als Kirche oder als Glaube, im politischen oder im religiösen Bezirke in Erscheinung tritt – nicht schlechthin; er bejaht es nur, wenn es positiv ist, wenn es die Grenzen in sich und gegenüber der politischen Macht so wahrt, wie es aufgezeigt worden ist.« Wie diese Abgrenzung des Christentums gegenüber der »politischen Macht« zu verstehen sei, ergibt sich aus einer Darlegung desselben Aufsatzes: »Was ist politisch? Politisch ist alles, was in den irdischen Formen der Organisation, des Wortes und Bildes, der Schrift und der Gebärde in Erscheinung tritt und für die Gemeinschaft des Volkes auch nur die geringste Bedeutung hat. Und was ist religiös? Religiös ist alles, was in irdisch nicht faßbaren Formen als Glaube an Überirdisches, ... als Sehnsucht nach Dingen jenseits der den Menschen sichtbaren Welt fühlbar wird.«

Mit Recht äußerte hierzu die kirchliche Kritik: »Nach einer solchen Auffassung wäre jede in die Erscheinung tretende Äußerung des Glaubens, Wallfahrt und Kundgebung, Predigt und Unterricht, ja die Einrichtung der Kirche als solche ›Politik‹. Nach einer solchen Auffassung wäre einer Zurückweisung der Religion unter dem Vorwande, daß sie sich politisch betätigt habe, Tür und Tor geöffnet.« Und mit Recht begegnete die Kirche dieser Auffassung mit Artikel I des Konkordats: »Das Deutsche Reich gewährleistet die Freiheit des Bekenntnisses und der öffentlichen Ausübung der Religion.«

Als aber trotz dieser und der vielen anderen rechtlichen Zusicherungen die Kirche immer stärker durch den Nationalsozialismus in ihrer Entfaltungsmöglichkeit behindert wurde und nachdem sich auch die zahlreichen kirchlichen Proteste gegen die Verletzung des Konkordats als nutzlos erwiesen hatten, kam es am 4. November 1936 zwischen Hitler und Kardinal Faulhaber zu einer Unterredung.

»Die erste Stunde«, so notierte der Kardinal, »redete der Führer allein, freimütig, vertraulich, gemütvoll, teilweise temperamentvoll. Die zweite Stunde konnte ich fast ohne Unterbrechung auf die Gedankengänge des Führers antworten und eigene Punkte vorbringen; in der dritten Stunde gab es ein immer mehr sich entspannendes Zwiegespräch.« Hitler habe sich beson-

Kardinal Faulhaber verfaßte die päpstliche Enzyklika »Mit brennender Sorge«, die von Pius XI. unterzeichnet und am 21. März 1937 von allen deutschen Kanzeln verlesen wurde. Ihr Kernsatz, der die nationalsozialistische Weltanschauung grundsätzlich verdammte, lautete: »Wer die Rasse, das Volk oder den Staat oder die Staatsform oder andere Grundwerte menschlicher Gemeinschaftsentfaltung – die innerhalb der irdischen Ordnung einen wesentlichen und ehrengebietenden Platz behaupten – aus dieser irdischen Wertskala herauslöst, sie zur höchsten Norm aller, auch der religiösen Werte macht und sie mit Götzenkult vergöttert, der verkehrt und verfälscht die gottgeschaffene und gottbefohlene Ordnung der Dinge.«

ders über den Kampf der katholischen Kirche gegen die Rassengesetzgebung der Nationalsozialisten entrüstet gezeigt, heißt es im Protokoll weiter. Wenn die Kirche sich gegen den Nationalsozialismus weiterhin feindlich verhalte und den Kampf fortsetze, dann müsse der Nationalsozialismus auch ohne die Kirche fertig werden. Als Faulhaber den katholischen Standpunkt zur Frage der Rassengesetzgebung und insbesondere zum Thema der Sterilisation von Erbkranken darlegte, geriet Hitler in Zorn. Der Kardinal bemerkte im Protokoll: »Bei keinem anderen Punkt der Aussprache drohte die Ruhe der Auseinandersetzung so in die Brüche zu gehen wie hier.

Dazwischen kann er (der Führer) ganz feierlich und beinahe weich werden, wie bei den Worten: Der einzelne ist nichts, der einzelne muß sterben. Kardinal Faulhaber wird sterben, Alfred Rosenberg wird sterben, Adolf Hitler wird sterben. Da wird man innerlich und demütig vor Gott«, schrieb Faulhaber ferner.

Das Gespräch des Kardinals mit Hitler hatte nicht die gewünschte Wirkung, die Nationalsozialisten setzten ihren Kampf gegen die Kirche mit unverminderter Heftigkeit fort.

Danach sah die Kirche eine Lösung nur noch darin, in aller Öffentlichkeit Front gegen ihre Feinde zu machen. Fünf Monate nach dem Faulhaber-Gespräch wurde am 21. März 1937 die päpstliche Enzyklika »Mit brennender Sorge« von allen deutschen Kanzeln verlesen. Dieser vernichtenden Kritik am Nationalsozialismus ließen die Machthaber des Dritten Reiches groß aufgemachte Devisen- und Sittlichkeitsprozesse folgen, mit denen sie anhand von Verfehlungen einzelner Priester und Ordensleute die ganze Kirche auf niedrigstem Niveau zu verunglimpfen und zu diskriminieren trachteten. Wenn man sich nach außen hin auch stets darum bemühte, den Anschein zu erwecken, als gebe es gar keinen Kampf gegen die Kirche als solche, und sich selbst das »Schwarze Korps« zu der Behauptung verstieg, »daß sich das religiöse Leben in Deutschland unter dem Schutz des nationalsozialistischen Staates freier und ungestörter entfaltet ... wie selten im Laufe der Geschichte und wie kaum in einem anderen Lande dieser Erde«, so ließen die Ausführungen Papst Pius' XI. in seiner Weihnachtsbotschaft 1937 an den wahren Verhältnissen in Deutschland keinen Zweifel:

»In Deutschland besteht wirklich eine religiöse Verfolgung. Seit einiger Zeit wird behauptet und verbreitet, daß es dort keine Verfolgung gäbe. Wir dagegen wissen, daß sie da ist, und zwar schwer ... Es ist eine Verfolgung, bei der es weder an der Gewaltanwendung noch an der Bedrückung durch Drohungen noch an verschlagenen und heuchlerischen Ränken fehlt. Niemand kann daran zweifeln, daß, wenn der Statthalter Christi von solchen Tatbeständen spricht, die seine

Verantwortlichkeit aufs engste berühren, daß er weniger gut unterrichtet ist oder die Dinge etwa verwechselt.«

Über den Widerstand der katholischen Kirche gegen diese Verfolgung schreibt Prof. Karl Dietrich Bracher: »Der katholische Widerstand verlief (dem evangelischen gegenüber) weniger kompliziert, hat sich aber nicht weniger entschieden ausgewirkt. Er war von Hitler, der sich hier einer viel geschlosseneren, übernational verfestigten Organisation gegenübersah, zunächst durch das von Papen vermittelte Reichskonkordat abgebogen worden, das zu Illusionen auch auf katholischer Seite führte. Als das Regime sich aber in der Folge keineswegs an das Konkordat hielt und seine Angriffe auf den garantierten Rechtsstand der katholischen Kirche verstärkte, wobei es am 30. Juni 1934 nicht vor der Ermordung unbequemer Mahner wie des Führers der katholischen Aktion in Berlin, des Ministerialdirektors Erich Klausener, zurückschreckte, kam es zunächst zu warnenden Hirtenbriefen, dann zu offenen Protesten gegen die nationalsozialistische Staats- und Weltanschauungspolitik.

Den Höhepunkt des entschiedenen Widerstandes, der von katholischen Publizisten wie Fritz Michael Gerlich kompromißlos von Anfang an geführt worden war, markierte dann die massive Kritik der päpstlichen Enzyklika vom März 1937, die für die gesamte Kirche verbindlich wurde; die Gestapo konnte zwar ihre öffentliche Drucklegung in Deutschland, nicht aber ihre Verlesung von den Kanzeln verhindern. Der Kampf, vor allem auch um die Gleichschaltung der katholischen Jugendverbände, ging nun ohne Unterbrechung bis Kriegsende fort. Die Konzentrationslager füllten sich mit Priestern, aber die Proteste gegen das Euthanasieprogramm, die Judenpolitik, die Konzentrationslager wurden immer vernehmbarer, und besonders aus den Kreisen der katholischen Arbeiterbewegung (um Bernhard Letterhaus, Jakob Kaiser, Nikolaus Gross) stießen aktive Gruppen auch zur politischen Widerstandsbewegung.«

Insbesondere der Widerstand gegen das Euthanasieprogramm des Dritten Reiches, bei dem es um die elementare Frage über den Wert des menschlichen Lebens ging, zeigte, daß die Vertreter beider Konfessionen die Gebote Gottes unter selbstlosem Einsatz gegen die Gebote der nationalsozialistischen Diktatur zu verteidigen wagten. In mehreren Protestschreiben wandte sich der württembergische Landesbischof Theodor Wurm, der nach der Inhaftierung Pastor Niemöllers im Jahre 1937 mehr und mehr zum Wortführer des evangelischen Widerstandes geworden war, an Innenminister Frick: »Die Entscheidung darüber, wann dem Leben eines leidenden Menschen ein Ende gesetzt wird, steht dem allmächtigen Gott zu«, lautete deren wichtigster Satz.

Pastor Braune, der im August 1941 verhaftet wurde, hatte zu fragen gewagt: »Wie weit will man mit der Vernichtung des sogenannten lebensunwerten Lebens gehen?... Wird man vor den Tuberkulösen haltmachen... Wie wird es den Soldaten ergehen, die sich im Kampfe für das Vaterland unheilbare Leiden zuziehen...?«

Und der katholische Bischof von Münster, Clemens August Graf von Galen, dem mit seiner Aktion der größte Erfolg beschieden war, predigte am 3. August 1941 gegen die Euthanasie: »Als ich von dem Vorhaben erfuhr, Kranke aus Marienthal abzutransportieren, um sie zu töten, habe ich am 28. Juli bei der Staatsanwaltschaft, beim Landgericht in Münster Anzeige erstattet, durch eingeschriebenen Brief mit folgendem Wortlaut: ›Nach mir zugegangenen Nachrichten soll im Laufe dieser Woche... eine große Anzahl Pfleglinge der Provinzialheilanstalt Marienthal bei Münster als sogenannte unproduktive Volksgenossen nach der Heilanstalt Eichberg überführt werden, um dann alsbald, wie es nach solchen Transporten aus anderen Heilanstalten nach allgemeiner Überzeugung geschehen ist, vorsätzlich getötet zu werden. Da ein derartiges Vorgehen nicht nur dem göttlichen und natürlichen Sittengesetz widerstreitet, sondern auch als Mord nach § 211 des StGB mit dem Tode zu bestrafen ist, erstatte ich gemäß § 139 des StGB pflichtgemäß Anzeige und bitte, die bedrohten Volksgenossen unverzüglich durch Vorgehen gegen die den Transport und die Ermordung beabsichtigenden Stellen zu schützen und mir von dem Veranlaßten Kenntnis zu geben.‹ Nachricht über ein Einschreiten der Staatsanwaltschaft oder der Polizei ist mir nicht zugegangen...

Du sollst nicht töten! Gott hat dieses Gebot in das Gewissen der Menschen geschrieben, längst ehe Staatsanwaltschaft und Gericht den Mord verfolgten und ahndeten. Kain, der seinen Bruder Abel erschlug, war ein Mörder, lange bevor es Staaten und Gerichte gab. Und er bekannte, gedrängt von der Anklage seines Gewissens: Größer ist meine Missetat, als daß ich Verzeihung finden könnte! Jeder, der mich findet, wird mich, den Mörder töten. Du sollst nicht töten!«

Noch im Herbst des gleichen Jahres wurde das Euthanasieprogramm im großen Rahmen eingestellt, wie überhaupt Hitler nach dem Ausbruch des Krieges möglichst alles zu vermeiden suchte, was die innere Geschlossenheit des deutschen Volkes irgendwie hätte gefährden können. Erst nach dem Kriege wollte er mit den Kirchen endgültig abrechnen.

»Der Krieg wird ein Ende nehmen. Die letzte große Aufgabe unserer Zeit ist dann darin zu sehen, das Kirchenproblem noch zu klären. Erst dann wird die deutsche Nation ganz gesichert sein.

Ich kümmere mich nicht um Glaubenssätze, aber ich

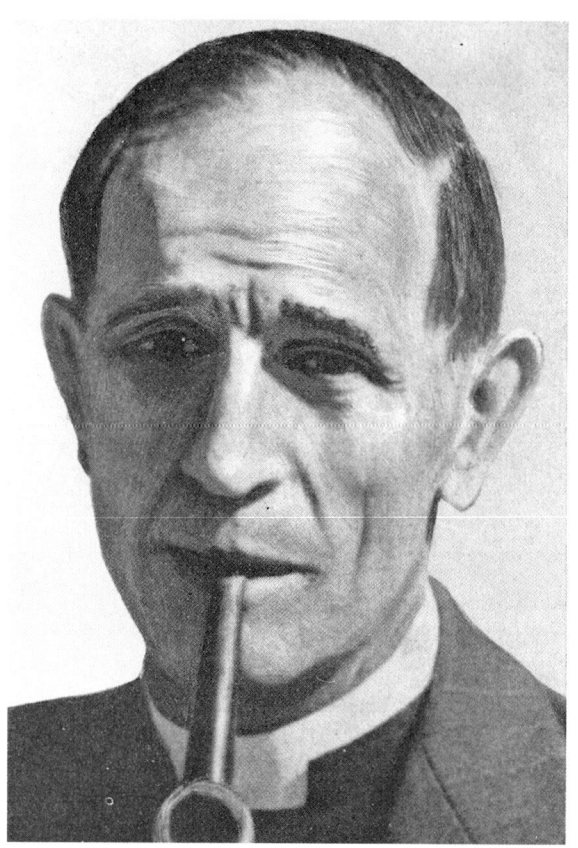

dulde auch nicht, daß ein Pfaffe sich um irdische Sachen kümmert. Die organisierte Lüge muß derart gebrochen werden, daß der Staat absoluter Herr ist. In der Jugend stand ich auf dem Standpunkt: Dynamit. Erst später sah ich ein, daß man das nicht übers Knie brechen kann. Er muß abfaulen wie ein brandiges Glied. So weit müßte man es bringen, daß auf der Kanzel nur lauter Deppen stehen und vor ihnen nur alte Weiblein sitzen. Die gesunde Jugend ist bei uns«, sagte Hitler in einem seiner Tischgespräche, und über ein anderes notierte Henry Picker: »Nach diesem Kriege werde er (Hitler) Maßnahmen treffen, die der katholischen Kirche die Nachwuchsgewinnung außerordentlich erschweren würden. Er würde nämlich nicht mehr zulassen, daß Kinder sich bereits mit zehn Jahren für den Eintritt in geistliche Orden entscheiden, wo sie noch gar nicht wissen, was sie mit dem Zölibat und so weiter alles auf sich nehmen. Nach dem Kriege würde nur der sich zum geistlichen Beruf entschließen können, der das 24. Lebensjahr vollendet und Arbeitsdienst und Wehrdienst hinter sich habe. Wer dann noch das Zölibat auf sich nehmen wolle, der möge mit Gott Priester werden. Es gäbe ja auch Verrückte, die ihm für die Parteiführerschaft den Unsinn des Zölibats vorgeschlagen hätten . . .«

Noch prägnanter äußerte sich Hitler einmal dem Danziger Senatspräsidenten Rauschning gegenüber: »Mit den Konfessionen, ob nun diese oder jene: das ist alles gleich. Das hat keine Zukunft mehr. Der Faschismus mag in Gottes Namen seinen Frieden mit der Kirche machen. Ich werde das auch tun. Warum nicht? Das wird mich nicht abhalten, mit Stumpf und Stiel, mit all seinen Wurzeln und Fasern das Christentum in Deutschland auszurotten . . . Was soll werden, fragen Sie? Das will ich Ihnen sagen: verhindern, daß die Kirchen etwas anderes tun, als was sie jetzt tun. Nämlich Schritt um Schritt an Raum verlieren. Was glauben Sie, werden die Massen jemals wieder christlich werden? Dummes Zeug. Nie wieder. Der Film ist abgespielt. Da geht jetzt niemand mehr herein. Aber nachhelfen werden wir.«

Trotz dieser Nachhilfe gelang es Hitler nicht, den Widerstand der deutschen Kirchen zu brechen. Trotz der raffinierten Propaganda und der großen Erfolge des Dritten Reiches blieb das Ansehen beider Kirchen im deutschen Volk noch so groß, daß es Hitler nicht wagen konnte, in offener Front gegen die gesamte Kirche vorzugehen. Nur die Kirchen konnten sich während des Dritten Reiches ihre nicht gleichgeschalteten Organisationen bewahren. Und nur die Kirchen konnten so etwas wie eine Volksbewegung gegen Hitler zustande bringen. Dennoch haben beide Kirchen nicht verkannt, daß auch sie wie all die anderen verantwortlichen Kräfte vor und während des Dritten Reiches ihren Teil an Schuld an der nationalsozialistischen Katastrophe auf sich zu nehmen haben.

»Furchtbares ist schon vor dem Kriege in Deutschland und während des Krieges durch Deutsche in den besetzten Ländern geschehen. Wir beklagen es zutiefst: Viele Deutsche, auch aus unseren Reihen, haben sich von den falschen Lehren des Nationalsozialismus betören lassen, sind bei den Verbrechen gegen menschliche Freiheit und menschliche Würde gleichgültig geblieben; viele leisteten durch ihre Haltung den Verbrechen Vorschub, viele sind selber Verbrecher geworden. Schwere Verantwortung trifft jene, die auf Grund ihrer Stellung wissen konnten, was bei uns vorging, die durch ihren Entschluß solche Verbrechen hätten hindern können und es nicht getan haben, ja diese Verbrechen ermöglicht und sich dadurch mit den Verbrechern solidarisch erklärt haben«, heißt es in einem gemeinsamen Hirtenbrief der deutschen Bischöfe vom 23. August 1945.

Und in der Stuttgarter Erklärung des Rates der Evangelischen Kirche in Deutschland vom 19. Oktober 1945: »Wir wissen uns mit unserem Volke nicht nur in einer großen Gemeinschaft der Leiden, sondern auch in einer Solidarität der Schuld. Mit großem Schmerz sagen wir: Durch uns ist unendliches Leid über viele Völker und Länder gebracht worden. Was wir unseren Gemeinden oft bezeugt haben, das sprechen wir jetzt im Namen der ganzen Kirche aus: Wohl haben wir lange Jahre hindurch im Namen Jesu Christi gegen den Geist gekämpft, der im nationalsozialistischen Gewaltregiment seinen furchtbaren Ausdruck gefunden hat; aber wir klagen uns an, daß wir nicht mutiger bekannt, nicht treuer gebetet, nicht fröhlicher geglaubt und nicht brennender geliebt haben. Nun soll in unseren Kirchen ein neuer Anfang gemacht werden. Gegründet auf die Heilige Schrift, mit ganzem Ernst ausgerichtet auf den alleinigen Herrn der Kirche, gehen sie daran, sich von glaubensfremden Einflüssen zu reinigen und sich selber zu ordnen. Wir hoffen zu dem Gott der Gnade und Barmherzigkeit, daß er unsere Kirchen als sein Werkzeug brauchen und ihnen Vollmacht geben wird, sein Wort zu verkünden und seinem Willen Gehorsam zu schaffen bei uns selbst und bei unserem ganzen Volk.«

Oben: Martin Niemöller, im Ersten Weltkrieg noch strammer U-Boot-Offizier, wurde als Gründer des Pfarrernotbundes zur Symbolfigur im kirchlichen Widerstand gegen den Nationalsozialismus. Im Jahre 1937 verhaftet, kam er als »Privatgefangener« Hitlers ins KZ.

Unten: Der Münsteraner Bischof Clemens August Graf von Galen führte die öffentlichen Proteste gegen die »Aktion Gnadentod« an. Von der Kanzel der Lambertikirche predigte er gegen die Euthanasie, die planmäßige Tötung von Geisteskranken.

Reichsparteitag des Friedens
1939

Der Weg
ins Großdeutsche Reich

Am Wiener Ballhausplatz, dem Sitz der österreichischen Bundesregierung, fallen Schüsse. Soeben sind auf einem Lastwagen Mannschaften des österreichischen Bundesheeres in der Bundeskanzlei eingetroffen. Sie stürmen durch die Gänge und über die Treppen des Hauses.

Das geschieht am 25. Juli 1934 um die Mittagszeit. Eben hat die österreichische Regierung getagt, doch sind die Minister vorzeitig auseinandergegangen, weil sie die Nachricht erhalten haben, »irgend etwas« sei gegen das Bundeskanzleramt geplant. Nur der Bundeskanzler Dr. Dollfuß – von Gegnern wegen seiner geringen Körpergröße »Millimetternich« genannt –, der Führer der Heimwehrverbände, Major Fey, und der Stellvertreter des Bundeskanzlers für Sicherheitsfragen, Karwinsky, sind noch im Haus.

Die drei haben die Unruhe bemerkt, sie wissen auch, daß es sich bei den Eindringlingen nicht um Soldaten des Bundesheeres, sondern um verkleidete nationalsozialistische Putschisten handelt. Dollfuß versucht durch sein Zimmer zu einer Tür zu flüchten, die zu einer im rückwärtigen Gebäudeteil liegenden Treppe führt.

Aber es ist zu spät. Die Tür ist verschlossen, und die Verfolger poltern bereits den Gang entlang. Einer der Putschisten gibt aus nächster Nähe zwei Schüsse auf den Bundeskanzler ab. Die Geschosse treffen Dollfuß in den Hals und in die Achselhöhle.

Fiel aus wegen Krieg: Der Reichsparteitag der NSDAP 1939, den die Propagandisten ausgerechnet unter das Signum des Friedens gestellt hatten. Wer hätte auch gedacht, daß die »verweichlichten Demokratien‹, die Hitler ein Zugeständnis nach dem anderen gemacht hatten, wegen Polen marschieren würden. Ohne Krieg hatte Deutschland das Saarland wiedergewonnen, das Rheinland besetzt, Österreich »heim ins Reich« geholt, sich das Sudetengebiet angegliedert, die »Rest-tschechei« zerschlagen und Memel zurückbekommen. »Mourir pour Danzig« – Sterben wegen Danzig? Das würden die Westmächte nie riskieren! Doch Hitler hatte sich zum ersten Mal gründlich verrechnet.

Dollfuß wird in seinem Arbeitszimmer auf ein Sofa gelegt. Die Rebellen haben inzwischen das gesamte Bundeskanzleramt besetzt, ebenso den österreichischen Rundfunksender RAVAG.

Dollfuß stirbt am späten Nachmittag, die Putschisten haben ihm jede ärztliche Hilfe verweigert. Inzwischen haben Truppen den Ballhausplatz umstellt. Auch der Rundfunksender befindet sich bald wieder in der Hand der Regierung, die nun keinen Kanzler mehr hat.

Durch das vorzeitige Auseinandergehen der Regierung, die geschlossen von den Putschisten verhaftet werden sollte, ist das Kabinett arbeitsfähig geblieben und hat energische Gegenmaßnahmen treffen können. Der Wiener Naziputsch bricht zusammen.

Am Abend dieses Tages findet im Festspielhaus zu Bayreuth die Aufführung von Richard Wagners »Rheingold« statt. Hitler ist in der Vorstellung anwesend. Nebenan in der Wagnerschen Familienloge sitzt bei den anderen Familienmitgliedern auch Friedelind Wagner, die Enkelin des großen Musikers.

Erstaunt beobachtet sie, wie fortwährend Hitlers Adjutanten Schaub und Brückner in die Loge treten, Hitler etwas ins Ohr flüstern und die Loge wieder verlassen, um bald wieder einzutreten. Friedelind Wagner kann nicht wissen, was sich in Wien ereignet und daß Hitler sich darüber berichten läßt. Später schreibt Wagners Enkelin:

»Nach der Vorstellung war der Führer sehr aufgeregt. Noch aufgeregter war er, als er uns die schreckliche Nachricht mitteilte... (Er ließ)... im Restaurant das übliche Abendessen bestellen. ›Ich muß für eine Stunde hinüber und mich sehen lassen‹ sagte er, ›sonst glauben die Leute, ich hätte etwas damit zu tun.‹«

Ein Wunder wäre es nicht, sollten die Leute so etwas glauben. Der mißglückte Putsch in Wien sollte die bestehende faschistische Regierung in Wien absetzen und die Wiedervereinigung Österreichs mit Deutschland durchsetzen. Und genau das ist ein schon vor vielen Jahren erklärtes Hauptziel von Hitlers Außenpolitik.

Allerdings ist die Wiedervereinigung nicht nur ein Ziel der Hitlerschen Politik, sondern auch das erklärte Ziel der Außenpolitik der Weimarer Republik gewesen – und bis zur Machtergreifung der österreichischen Faschisten auch Ziel der österreichischen Politik.

Tatsächlich führt Hitler zunächst nur die Außenpolitik der Weimarer Republik weiter, deren Hauptziel heißt: Revision des Versailler Vertrages.

Die Politiker der Republik haben dabei in vierzehn Jahren wenig erreicht. Kurz vor Hitlers Machtantritt sind die Reparationszahlungen eingestellt, die französischen Brückenköpfe im Rheinland geräumt worden. Alle anderen Bestimmungen des Versailler Vertrages sind noch immer in Kraft – sie sind, neben der wirtschaftlichen Not, Hitlers Hauptargumente in seiner Propaganda zur Gewinnung der Wählerstimmen gewesen.

Gewiß – Deutschland ist nach vielen Bitten in den Völkerbund aufgenommen worden. Aber das ist nicht allzu bedeutungsvoll. Zwar hat man Deutschland auf der Abrüstungskonferenz in Genf, die General von Blomberg am 29. Januar 1933 so plötzlich verlassen mußte, weil er Reichswehrminister werden sollte, die militärische Gleichberechtigung versprochen – aber eben nur versprochen.

So wie die Frage der militärischen Gleichberechtigung sind auch die meisten anderen aus dem Versailler Vertrag entstandenen Fragen bei Hitlers Regierungsantritt noch nicht gelöst.

Die deutsche Stadt Danzig steht noch immer unter dem Mandat des Völkerbundes, Polen hat sich dort mehr Rechte angemaßt, als ihm ohnehin schon zugestanden worden sind.

Schon im Februar 1933, ein Monat nach Hitlers Regierungsantritt, fordert Polen die Westmächte auf, gemeinsam Deutschland anzugreifen und zu zerschlagen. Als die Westmächte nicht mitmachen, besetzt die polnische Armee die vor Danzig gelegene Westerplatte und legt dort Befestigungen an.

Die gesamte deutsche Westgrenze ist ohne Schutz. Im Locarno-Vertrag von 1926 hat sich Deutschland verpflichtet, links des Rheins und in einer 50 Kilometer tiefen Zone rechts des Rheins keine Truppen oder Befestigungsanlagen zu unterhalten. Auch die Garantien, daß im Fall eines französischen Angriffs andere Unterzeichnerstaaten – Belgien, Großbritannien und Italien – Deutschland zu Hilfe kommen würden, sind kein Schutz. Denn über diese Hilfe soll der Völkerbundsrat entscheiden. Selbst wenn dieser Rat nach Zusammentritt und langen Verhandlungen zugunsten Deutschlands entscheiden würde, könnte Frankreich längst, wie im Fall der Ruhrbesetzung, vollendete Tatsachen geschaffen haben.

Auch das Problem Oberschlesiens, von dem trotz Entscheid der Bevölkerung für Deutschland Gebiete Polen zugeschlagen worden sind, ist ebenso wie das Problem einer Landverbindung zum von Deutschland abgeschnittenen Ostpreußen noch nicht gelöst.

Links: »Wir wollen heim ins Reich« war die Parole von vielen Millionen Deutschen, denen das Selbstbestimmungsrecht im Versailler Vertrag vorenthalten worden war.

Oben: Da dieser Vertrag Deutschland auch alle schweren Waffen verweigert hatte, mußte die Reichswehr mit Panzerattrappen ins Manöver ziehen. Mit dem Kampf gegen Versailles begann Hitlers innenpolitischer Aufstieg zur Macht. Und mit dem Kampf gegen Versailles begann er auch seine erfolgreiche Außenpolitik. Unter der ständigen Beteuerung seines Friedenswillens schien es ihm nur darum zu gehen, das Selbstbestimmungsrecht der Völker und die militärische Gleichberechtigung auch für das in Versailles geknebelte Deutschland zu erkämpfen. »Niemand wünscht hier eine Wiederholung des Krieges. Fast alle Führer der nationalsozialistischen Bewegung waren Frontkämpfer. Ich möchte den Frontkämpfer sehen, der eine Wiederholung des Schreckens jener viereinhalb Jahre wünscht . . .« Diese Worte aus einem Interview Hitlers mit der englischen Zeitung »Daily Mail« vom 19. Oktober 1933 kennzeichnen den Grundton all seiner zahlreichen außenpolitischen Äußerungen zu Beginn des Dritten Reiches.

Die deutsche Stadt Memel ist noch immer von Litauen besetzt.
In dem neuen Staatsgebilde der Tschechoslowakei leben an der deutschen Grenze drei Millionen Deutsche, die großenteils zu Deutschland gehören möchten.
Im Oktober 1933 erlebt Hitler einen weiteren Rückfall in die Politik von Versailles. Schon kurz vor der »Machtübernahme« hat man bei der Abrüstungskonferenz der Regierung Schleicher noch versichert, bei der nächsten Verhandlung werde man Deutschland endlich die militärische Gleichberechtigung – wenn auch unter verschiedenen Bedingungen – zuerkennen. Der britische Botschafter in Berlin, Phipps, hat dann Hitler persönlich die Zusage gemacht, daß England sich dafür einsetzen werde.

Nun, im Oktober 1933, lehnt die Abrüstungskonferenz des Völkerbundes Deutschlands Gleichberechtigung abermals für fünf Jahre ab. Dieser Antrag wird zwar von Frankreich eingebracht, aber die englische Delegation unterstützt ihn. Hitler gerät in Wut und bezeichnet den britischen Botschafter recht wenig staatsmännisch als »den verlogensten Burschen, den es je gegeben hat«. Hitlers Antwort auf diese von ihm so bezeichnete »Beleidigung des deutschen Volkes« besteht darin, daß er die deutsche Delegation sofort aus Genf abberuft – und aus dem Völkerbund austritt.
Ein wichtiges Ziel Hitlers aber ist – er hat das oft genug verkündet – der Anschluß seiner österreichischen Heimat an das Deutsche Reich. Sein Buch »Mein Kampf« enthält schon auf der ersten Seite die Feststellung:
»Deutsch-Österreich muß wieder zurück zum großen deutschen Mutterlande, und zwar nicht aus Gründen irgendwelcher wirtschaftlichen Erwägungen heraus. Nein, nein: Auch wenn diese Vereinigung, wirtschaftlich gedacht, gleichgültig, ja selbst wenn sie schädlich wäre, sie müßte dennoch stattfinden. Gleiches Blut gehört in ein gemeinsames Reich.«
Hitler befindet sich damit in Übereinstimmung nicht nur mit der Meinung der Bevölkerung in Deutschland

255

selbst, sondern auch in Übereinstimmung mit der 1919 von der österreichischen Volksvertretung einstimmig beschlossenen, von den Alliierten jedoch kurzerhand in diesem Punkt verbotenen Verfassung Österreichs, deren Erster Artikel lautet:

»Deutsch-Österreich ist ein Bestandteil der Deutschen Republik.«

Einzelne Volksabstimmungen in Österreich haben sehr große Mehrheiten für die Vereinigung mit Deutschland ergeben. Die Alliierten haben entgegen dem Selbstbestimmungsrecht der Nationen diese Vereinigung verboten.

Nun also, am 25. Juli 1934, kurz nach der Niederschlagung des Röhmputsches, kurz vor dem Tode Hindenburgs, erfährt Hitler in der Loge des Bayreuther Festspielhauses von dem mißglückten Putsch in Wien.

Zweifellos hat Hitler von den Plänen der Wiener Putschisten gewußt. Ob er aber über deren Termine informiert ist und aktiv den Umsturzversuch gefördert hat, darf bezweifelt werden. Er selbst ist seit seiner Münchener Erfahrung von 1923 Gegner eines Putsches. Er selbst hat eben erst den Röhmputsch niedergeschlagen und weiß, wie relativ leicht das ist, wenn man die gesamte Staatsmacht hinter sich hat.

Er ist erst vor fünf Wochen von seinem Staatsbesuch bei Mussolini zurückgekommen, den er unbedingt als Freund gewinnen will. Er weiß, daß nicht nur Mussolini sich jedem Anschluß Österreichs an Deutschland widersetzen würde, sondern er weiß auch, daß Dollfuß und Mussolini befreundet sind. Eben weilt Frau Dollfuß mit ihren Kindern zu Besuch bei Mussolinis.

Das Ausland ist noch durch die Geschehnisse vom 30. Juni in Erregung, und Hitler hat allen Grund, auch deshalb eine Beruhigung eintreten zu lassen.

Wie früher und auch später noch oft nützt Hitler die Ungunst der Lage sogleich zu seinem Vorteil aus. Er hat noch in der Nacht den deutschen Gesandten Rieth abberufen und nach Berlin beordert. Nun bittet er seinen früheren Vizekanzler von Papen, als neuer Gesandter nach Wien zu gehen, da bei der augenblicklichen Lage dort ein ganz besonders befähigter Diplomat gebraucht werde. Papen, dem wohl in der Nähe des Mannes, von dem er noch vor eineinhalb Jahren glaubte, er habe ihn »engagiert«, unheimlich geworden ist, sagt zu. Es gibt sowieso keinen Vizekanzler mehr, und den Posten als preußischer Ministerpräsident hat Papen schon vorher an Göring verloren. In Italien geschieht das, was erwartet werden konnte. Mussolini, der beim Eintreffen der Nachricht von der Ermordung Dollfuß' dessen weinende Frau und die Kinder getröstet hat, befiehlt noch in der Nacht den Aufmarsch der Bersaglieri-Divisionen an der Brenner-Grenze, um Österreich im Fall eines Sieges der Putschisten mit Waffengewalt zu Hilfe zu kommen.

Einfall in Italien

Lange hatte Hitler um seinen Diktatorkollegen Mussolini geworben. Vom Feind wurde er zum Waffenbruder und schließlich zum Freund. Der Dolmetscher Paul Schmidt schildert in seinen Erinnerungen Hitlers Staatsbesuch 1938 in Italien:

Am 2. Mai fuhr ich nachmittags mit Hitler und Ribbentrop vom Anhalter Bahnhof nach Italien ab. Unsere Delegation bestand aus ungefähr 500 Personen und reiste in drei Sonderzügen. Es war wirklich »einmalig«. Die halbe Reichsregierung, die meisten Parteiführer, prominente Journalisten und Ministerfrauen, darunter auch Frau von Ribbentrop nahmen an diesem »Einfall nach Italien«, wie wir Jüngeren die Veranstaltung getauft hatten, teil. Blumen und Fahnen begrüßten uns auf dem Bahnsteig der Brennerstation: breite Teppiche zogen sich auf ihm hin, an deren Rand die Formationen des italienischen Heeres und der faschistischen Partei aufgestellt waren. Als wir in den Bahnhof einfuhren, ertönten die Nationalhymnen, und der Vertreter des italienischen Königs, der Herzog von Pistoia, kam mit einer großen Abordnung in herrlich bunten Uniformen zur Begrüßung an den Zug. Verona. Bologna. Florenz, überall dasselbe Bild einer tosenden Begeisterung, die mich lebhaft an die Fahrt hinter Hitlers Wagen auf dem Nürnberger Parteitag mit den tief beeindruckten Ausländern erinnerte.

Unbeschreiblich war der Empfang in Rom am Abend des gleichen Tages. Für diese Gelegenheit war ein besonderer Bahnhof errichtet worden. König Viktor Emanuel erschien mit Mussolini und den »Spitzen von Staat und Partei« mit dem entsprechenden Gefolge. In vierspännigen Prunkkutschen fuhren wir in die Stadt . . . Vorbei an großen Leuchtfontänen ging es die alte Triumphstraße der Römer, die von Mussolini zu einer wahren Via Triumphalis erweitert worden war, am Fuß des Palatin entlang. Sie war durch vielarmige Kandelaber bis zum Konstantin-Bogen taghell erleuchtet. Durch diesen Triumphbogen fuhren wir dann am Colosseum vorbei, das in rotem bengalischen Licht erstrahlte, als ob es in Flammen stünde.

Rechte Seite, oben: Im Juni 1934 besuchte Hitler zum erstenmal den bereits 1922 zur Macht gelangten italienischen Diktator Benito Mussolini. Obwohl sich Hitler um eine freundschaftliche Atmosphäre bemühte, verlief diese erste Begegnung, nicht zuletzt wegen der Österreich-Frage, recht kühl. Neben dem uniformierten Duce in Heldenpose machte der zivile »Führer« mit dem Hute in der Hand einen eher kläglichen Eindruck.

Rechts: Ganz anders 1937 in Berlin, als Hitler, flankiert von Generalfeldmarschall von Blomberg und dem Generalobersten von Fritsch (mit Brille), dem staunenden Mussolini Deutschlands neue schimmernde Wehr bei einer Parade vorführte.

Nachdem Deutschland im Oktober 1933 aus dem Völkerbund ausgetreten war, schloß Hitler als »zweite außenpolitische Überraschung« am 26. Januar 1934 einen Freundschaftspakt mit Polen ab. Er schien damit zu beweisen, daß es ihm mit seinen Friedensbeteuerungen ernst sei und daß die Lebensraumphantasien aus »Mein Kampf« als überwunden anzusehen waren. Außerdem durchkreuzte er das Einkreisungskonzept der französischen Politik. Der französische Außenminister Barthou – »Ich habe diesen Hitler unterschätzt; er arbeitet fieberhaft in Osteuropa« – konnte Polen daher für seine »Anti-Hitler-Front« nicht mehr gewinnen.

Oben: nach dem Abschluß des zehnjährigen Nichtangriffspakts zwischen Deutschland und Polen in Warschau. Von links: Der deutsche Gesandte von Moltke, Marschall Pilsudski, Reichsminister Goebbels, Polens Außenminister Beck.

Unten: Barthous »Kleine Entente« in Bukarest, Juli 1934. Von links: Jevtitsch (Jugoslawien), Benesch (Tschechoslowakei), Barthou, Titulescu (Rumänien).

Hitler rast vor Zorn. Er verflucht »die Idioten, die mir hier ins Handwerk gepfuscht haben« mit ihrem Putsch. Die Freundschaft mit dem faschistischen Italien ist eines der Grundziele seiner Außenpolitik, Freundschaft mit Italien und danach mit England. Darüber hat er schon in »Mein Kampf« geschrieben und schon in den zwanziger Jahren darüber in Versammlungen gesprochen. Und Goebbels hat damals noch in sein Tagebuch geschrieben, wie unsinnig er diesen Gedanken fände.

Hitler ist bei seinem eben erst erfolgten Besuch in Venedig von Mussolini recht hochnäsig behandelt worden. Tatsächlich hat der deutsche Reichskanzler neben dem uniformierten, ordenbedeckten, bulligen Mussolini eine schlechte Figur abgegeben. Hitler ist in Zivil nach Italien gefahren, weil ihm ein Protokollbeamter wegen der Empfänge bei der königlichen Familie diesen Rat gegeben hat. Er empfindet jetzt noch die Blamage von Venedig. Er weiß sehr genau, daß er dem Duce nicht imponiert hat.

Und nun mobilisiert der Mann, den er als Freund gewinnen will, gar noch Truppen gegen ihn! Hitler bleibt zunächst nichts anderes übrig, als die ihm durch die österreichischen Putschisten zugefügte Niederlage hinzunehmen und mit seinen Freundschaftsbemühungen um Italien auf bessere Zeiten zu warten.

So wendet er sich in der Außenpolitik anderen Zielen zu. Im Januar dieses Jahres hat er bereits einen Erfolg erzielt, der bisher für unmöglich gehalten worden ist: eine Verständigung mit Polen.

Polen fühlt sich nach seinem Sieg über die Rote Armee nahezu unschlagbar – obwohl dieser Sieg im wesentlichen einem schweren Fehler des Politkommissars der sowjetischen Südwest-Armee zu verdanken war. Er hat 1920 entgegen einem Befehl des Oberbefehlshabers der Roten Armee, Leo Trotzki-Bronstein, seine Armee nicht zum gemeinsamen Angriff auf die polnische Hauptstadt Warschau angesetzt, sondern aus Ruhmsucht und persönlichem Ehrgeiz stattdessen allein Lemberg erobern wollen. Das hat er auch geschafft, aber die Entscheidungsschlacht vor Warschau ist wegen der Eigenmächtigkeit dieses Politkommissars zur vernichtenden Niederlage geworden. Yussup Dshugashwili heißt dieser Kommissar, dem die Polen ihren Sieg, das »Wunder an der Weichsel«, zu verdanken haben. Besser bekannt ist er allerdings unter seinem »Kriegsnamen« Josef Wissarionowitsch Stalin.

Der andere Grund, weshalb die polnische Staatsführung ihr Land für unbesiegbar hält, besteht in den Bündnisverträgen mit Frankreich, die noch deshalb von besonderer Bedeutung sind, weil Frankreich wiederum in der »kleinen Entente« mit Rumänien und der Tschechoslowakei verbündet ist. Die dadurch eingekreiste Weimarer Republik scheint daher für die polnische Regierung und ihre Militärs nur ein »kleiner Fisch« zu

sein, den man mühelos schlucken kann. Jetzt aber, im Winter 1933/34, betreibt Frankreich eine Politik der Annäherung, geradezu der Freundschaft zur Sowjetunion, ohne Zweifel zu dem Zweck, Deutschland noch mehr in die Zange zu nehmen. Hitler aber sieht darin eine günstige Gelegenheit, wenigstens für einige Zeit die ständige polnische Bedrohung auszuschalten. Für Polen, vor allem für seinen Staatschef Marschall Pilsudski, ist Sowjetrußland – wie früher schon das zaristische Rußland, von dem Polen lange Zeit unterdrückt wurde – der Erbfeind, weit mehr etwa als Deutschland. Die Annäherungspolitik Frankreichs an die Sowjetunion wird in Polen als Verrat betrachtet. So gelingt es Hitler, als er durch Gespräche mit dem polnischen Gesandten in Berlin, Wysocki, diesen Stimmungswechsel bei Pilsudski und seinem Außenminister Oberst Beck festgestellt hat, mit Polen einen Freundschafts- und Nichtangriffspakt abzuschließen. Der Frieden an der bisher stets bedrohten deutschen Ostgrenze ist damit zunächst erst einmal gesichert.

Dieser Freundschaftspakt ist auch einer der Gründe, weshalb wenig später die Reichswehr es sich erlauben kann, von Hitler die Beseitigung Röhms und die Entmachtung der SA zu fordern. Das entscheidende Gespräch auf dem Panzerschiff »Deutschland« findet kurze Zeit nach der Bekanntgabe des deutsch-polnischen Vertrages statt.

Die langjährigen Bemühungen der Reichswehr, die SA heimlich zu fördern, SA-Verbote zu verhindern, haben ihre Ursache ja gerade in dem stets befürchteten polnischen Angriffskrieg gehabt, zu dessen Abwehr man nicht auf die militärische »Reserve« der SA und anderer nationaler Verbände verzichten konnte. Dieser Grund entfällt nun, die SA wird von der Reichswehr nicht mehr gebraucht.

Das alles gehört noch in die Zeit von Hitlers »Friedensreden«, an die von vielen damals noch geglaubt wird. Zwar hat Hitler schon in »Mein Kampf« die Gewinnung von »Lebensraum im Osten« zum Ziel der Außenpolitik jeder verantwortungsbewußten deutschen Regierung erklärt, aber kann er sich jetzt als »verantwortungsbewußter« Staatsmann nicht gewandelt haben? Muß das noch Gültigkeit besitzen, was er vor etlichen Jahren als gescheiterter Putschist und völkischer Agitator in seinem Buch »Mein Kampf« geschrieben hat?

Noch sieht es so aus, als habe das Bewußtsein der Verantwortung bei Hitler einen Wandel im Denken verursacht. In jeder Rede betont er seinen Friedenswillen und erklärt immer wieder, daß er als einfacher Frontsoldat die Schrecken des Krieges besser als jeder andere Staatsmann kennengelernt habe und schon deshalb jeden neuen Krieg verabscheue, der nur zu einer Katastrophe für die beteiligten Völker führen könne – Worte, die heute wie barer Hohn klingen.

Viele glauben diese Beteuerungen Hitlers, und deshalb stimmt die letztmalig im Reichstag anwesende SPD-Fraktion am 17. Mai 1933 auch für Hitlers Außenpolitik. Die Verkündung des deutsch-polnischen Freundschafts- und Nichtangriffspaktes bestärkt solche Überzeugungen noch. Die Niederschlagung der Röhm-Revolte wird zwar wegen ihrer Brutalität im Ausland verurteilt, gleichzeitig aber entsteht – wie im deutschen Volke selbst – vielfach die Meinung, daß mit dieser Ausschaltung der aggressivsten, gewalttätigsten Kräfte des Nationalsozialismus Hitler deutlich gezeigt habe, daß er sich davon distanziere, daß er also wohl doch ein Mann des Friedens sei.

Das Mißtrauen wächst wieder durch die Ermordung des österreichischen Bundeskanzlers Dollfuß. Niemand will Hitler glauben, daß er mit dem Putsch gegen die österreichische Regierung nichts zu tun hat. Die Auslandsstimmen überwiegen jetzt wieder, die da sagen: »Friedenspolitik? Vielleicht. Jetzt, in diesem Augenblick, weil Hitler nicht anders kann. Aber der Putsch in Österreich zeigt, daß Hitler in Wahrheit eine Gewaltpolitik treibt.«

Weil Hitler nicht anders kann – das mag wirklich eine Erklärung für die Hitlersche Außenpolitik der ersten Jahre sein. Deutschland ist noch immer isoliert, und der Pakt mit Polen ist nur eine erste, friedliche Maßnahme gegen diese Isolierung. Deutschland ist noch immer militärisch schwach, an einen Krieg ist nicht zu denken, nicht einmal an einen Verteidigungskrieg.

Bis zum 2. August 1934 hat Hitler noch immer mit innenpolitischen Schwierigkeiten zu kämpfen – es bleibt ihm tatsächlich gar nichts anderes übrig, als eine Friedenspolitik zu betreiben. Wie seine Politik aussehen wird, wenn Deutschland militärisch stärker ist, wenn Deutschland nicht nur Feinde, sondern auch Verbündete hat, wenn Hitler allein die ganze Macht in seiner Hand vereinigt – das liegt noch in der Zukunft.

Fest steht, daß Hitler eine zielbewußte Politik verfolgt, einmal vorsichtig und behutsam, ein andermal überraschend, tollkühn, ja leichtsinnig, aber immer darauf bedacht, einen Schritt nach dem anderen zu tun, um am Ende die Fesseln des Versailler Vertrages ganz abstreifen zu können. Eines hat er bei allen Friedensbeteuerungen immer wieder offen gesagt: daß sein Ziel die Beseitigung des Versailler Vertrages, letzten Endes die Schaffung des »Großdeutschen Reiches« ist.

Der erste Versuch wird in Italien gemacht. Italien liegt ihm schon aus zwei Gründen näher als England, obwohl er England mehr bewundert als Italien und zeit seines Lebens eine Art Haßliebe für die Engländer empfindet. Aber Italien steht ihm durch die Herrschaft des Faschismus geistig viel näher, und Italiens Freundschaft braucht er, wenn seine Heimat Österreich mit Deutschland vereinigt werden soll.

Deshalb hat er schon in »Mein Kampf« und in vielen Reden der zwanziger Jahre auf die Revision eines Punktes der Friedensverträge offiziell verzichtet: auf die Rückkehr Südtirols zu Österreich und damit später zu Deutschland. Das nur von Deutschen bewohnte Südtirol ist von den Alliierten nach dem Krieg Italien zugesprochen worden. Aber das faschistische Italien honoriert diese Versöhnungspolitik, die Hitler sogar Gegner in Deutschland einbringt, nicht. Für Mussolini ist sein deutscher Diktatorkollege zunächst nichts als ein zwar lächerlich wirkender, aber gefährlicher Konkurrent und möglicher Gegner.

Deutschland hat ein größeres Menschen- und Wirtschaftspotential als Italien. Mussolini befürchtet, daß Deutschland Politik im Balkanraum treiben werde, den er als italienisches Einflußgebiet betrachtet. Das faschistische Österreich soll Italiens Bollwerk gegen eine Balkanpolitik Deutschlands sein. Kein Wunder, daß Churchill zu dieser Zeit von Österreich nur als von »Mussolinis Filiale« spricht. Dieser nach dem deutsch-polnischen Pakt zweite Versuch Hitlers, die Umklammerung zu sprengen, ist also ausgerechnet bei dem Land, dessen Freundschaft er sucht, mißglückt.

Gegenüber Frankreich betreibt Hitler eine Politik der Neutralisierung. Er betont, daß er sich an den Locarno-Pakt halten und auch die entmilitarisierte Zone im Rheinland respektieren werde. Und auch hier wieder erklärt er etwas, was ihm im eigenen Land neue Gegner unter den Konservativen und Rechtsradikalen einbringt: Wie gegenüber Italien auf Südtirol, so verzichtet er feierlich auf die Rückkehr der alten Reichslande Elsaß-Lothringen zu Deutschland und erklärt, daß nur die Frage des Saarlandes noch zwischen Deutschland und Frankreich stünde, sonst nichts. Bei allen möglichen Gelegenheiten betont er Frankreich gegenüber, daß das deutsche und das französische Volk im Weltkrieg die größten Opfer gebracht hätten und deshalb ein neuer Krieg zwischen den beiden Ländern unmöglich gemacht werden müsse.

Am 13. Januar 1935 erfolgt im Saarland die im Versailler Vertrag vorgesehene Volksabstimmung, die über den Anschluß an Frankreich, den Verbleib unter internationaler Verwaltung durch den Völkerbund oder die Rückkehr zu Deutschland entscheiden soll.

Wochenlang ist die Propaganda auf Hochtouren gelaufen. Die in Deutschland längst nicht mehr existierenden Parteien betreiben in dem durch eine Zollgrenze von Deutschland getrennten Saargebiet, in dem die Reichsregierung keinen Einfluß hat, noch Politik.

Darüber, ob das Saarland zu Deutschland zurückkehren soll, gibt es heftige Meinungsverschiedenheiten, vor allem unter den Sozialdemokraten. Natürlich ist man für die Rückkehr des Saarlandes, aber unterstützt man dann nicht Hitler?

Einer seiner ersten außenpolitischen Erfolge fiel Hitler förmlich in den Schoß: Das Saargebiet war nach dem Ersten Weltkrieg für 15 Jahre vom Reich abgetrennt worden und sollte danach in einer Volksabstimmung über sein weiteres politisches Schicksal entscheiden. Sie fand am 13. Januar 1935 statt und wurde zu einem triumphalen Erfolg der nationalsozialistischen Parole: »Nix wie hemm!« 90,3 Prozent der Wähler stimmten für die Rückkehr ins Deutsche Reich. Am 1. März 1935 nahm Hitler den Vorbeimarsch der SA auf dem Rathausplatz in Saarbrücken ab.

Die NS-Propaganda spannt deshalb ein besonders zugkräftiges Pferd vor ihren Wagen. Am 30. Dezember 1934 veröffentlicht die angesehene »Kölnische Zeitung« ein Interview mit dem langjährigen sozialdemokratischen Innenminister Preußens, Carl Severing.

Nachdem Severing – der im Gegensatz zu vielen seiner Parteigenossen noch unbehelligt in Deutschland lebt und von der Regierung ein Ruhestandsgeld bezieht – den Journalisten erklärt hat, daß er selbstverständlich schon immer für die Rückkehr des Saarlandes zu Deutschland gewesen sei, wird er gefragt:

»Hat sich Ihre Auffassung durch den Regimewechsel in Deutschland nicht geändert?«

Antwort:

»Nein. Ich wünsche aufs dringendste nach wie vor, daß der Tag der Abstimmung eine imposante Mehrheit für die Rückgliederung des Saargebietes an Deutschland ergeben möge... Wer übrigens von der Bedeutung des Regimewechsels für die Saarbevölkerung spricht, der sollte sich daran erinnern, daß dieser Regimewechsel kaum eingetreten wäre, wenn die Väter des Versailler Vertrages Deutschland gegenüber ein wenig mehr Gerechtigkeit, Mäßigung und Klugheit bewiesen hätten...«

Severing selbst läßt die Stelle, an der er den Versailler Vertrag und damit die Westmächte für die Machtergreifung Hitlers verantwortlich macht, in dem Interview hervorheben und erklärt auch noch 1950, daß er zu dem steht, was er 1934 gesagt hat.

Es gibt einige Seperatisten, die für Frankreich Propaganda treiben. Aber die Grundhaltung aller anderen Nazi-Gegner, gleich welcher sonstigen Ansichten sie sind, lautet: »Status quo« – alles bleibt, wie es ist. Laßt Hitler nicht an die Saar!

Das Plakat aber, das an allen Häuserwänden, in jedem Versammlungsraum, an jeder Litfaßsäule klebt, zeigt eine Mutter, die liebevoll ihr Kind an sich zieht. Das Kind schmiegt glücklich den Kopf an Mutters Schürze. Die Plakatüberschrift lautet: „Nix wie hemm!"

Es ist das erfolgreichste Plakat. Die Idee stammt von Goebbels selbst. Was ist dagegen der »Status quo«, ein fremdes Wort, das die einfachen Bauern und Bergarbeiter überhaupt nicht verstehen. »Status quo?« Nein! Das ist richtig, das begreift jeder: »Nix wie hemm!«

Eben zu dieser Zeit wird seit langen Jahren im Dom zu Trier wieder der Heilige Rock ausgestellt. Die Grenze zwischen Deutschland und der Saar wird geöffnet, um den Hunderttausenden gläubiger Pilger die Teilnahme an der Wallfahrt nach Trier zu ermöglichen. Nur zweimal in hundert Jahren haben die Gläubigen Gelegen-

Militärparade in Berlin am Heldengedenktag 1935: Mit neuem Selbstbewußtsein marschierten die Soldaten auf. Am Tag zuvor nämlich hatte Hitler die Wiedereinführung der allgemeinen Wehrpflicht verkündet und damit die Wehrhoheit wiederhergestellt, die der Versailler Friedensvertrag zerstört hatte. Dem Ausland gegenüber begründete Hitler diesen Schritt mit der oft versprochenen militärischen Gleichberechtigung des Reiches, in seinen Plänen aber war es der erste Stein zum Aufbau einer schlagkräftigen Eroberungsarmee, die seine Lebensraumziele verwirklichen sollte.

heit, den Rock aus Leinen zu sehen, den Jesus Christus der Überlieferung nach seit seiner Kindheit trug.

Jeder dieser unzähligen Pilger »aus dem Reich« ist ein Propagandist Hitlers, auch wenn er das nicht sein will. Die Menschen im Saarland hören, wie jetzt alles wieder »aufwärts geht«, daß die Arbeitslosen weniger werden, neue Fabriken entstehen. Autobahnen sollen gebaut werden, die NSV, die »Nationalsozialistische Volkswohlfahrt«, kümmert sich um die Alten und Kranken, um die Ärmsten der Armen, es gibt keine Schießereien mehr auf den Straßen, keiner schlägt mehr den anderen tot, eine wahre Volksgemeinschaft ist im Entstehen, ein »Christentum der Tat« – so jedenfalls sieht es von außen aus.

SA und SS, Hitlerjugend und der BDM, der »Bund deutscher Mädel«, betreuen die Pilger bis zur Grenze des Saarlandes. Sie sind hilfsbereit, zuvorkommend und höflich. Die SA hält Gottesdienste ab, Priester weihen SA-Fahnen und singen mit erhobener rechten Hand »Die Fahne hoch – SA marschiert«. So ist das Bild, das sich die Saarbevölkerung nach den Erzählungen der Pilger von dem neuen Deutschland machen muß.

Die französische Verwaltung der Bergwerke hat viel dazu beigetragen, Hitler an der Saar populär zu machen. Das Elend der Bevölkerung an der Saar ist schon immer groß gewesen. Aber jetzt ist es größer als je zuvor.

Die meisten Männer arbeiten in den veralteten Kohlengruben. Die Franzosen treffen nur geringe Sicherheitsmaßnahmen. Von Anfang an haben sie befürchtet, daß sie die Saargruben irgendwann einmal wieder hergeben müssen. Die Bergarbeiter können sich nicht wehren, sie sind auf die Grube angewiesen, wollen sie und ihre Familien leben.

Es gibt keinen Zweifel, daß Goebbels' Parole »Nix wie hemm!« den Sieg davontragen wird.

Und so kommt es: Am Sonntag, dem 13. Januar 1935, stimmen 90,3 Prozent der Wähler für die Rückkehr nach Deutschland. Von den abgegebenen 528000 Stimmen entfallen auf die Rückkehr zu Deutschland 477000, den »Status quo« 46000, den Anschluß an Frankreich 2100. Ungültig sind nur 2200 Stimmen.

Frankreich und der Völkerbund müssen Hitlers großen Sieg anerkennen. Am 1. März kehrt das Saarland offiziell zum Deutschen Reich zurück. SA marschiert – nun auch an der Saar.

Frankreich reagiert auf diese einhellige Meinungsäußerung der Saarbevölkerung damit, daß die Regierung am 6. März die Herabsetzung des Alters für Wehrpflichtige und die Einführung einer zweijährigen Dienstzeit an Stelle der bisher einjährigen verkündet. Das bedeutet eine Verdoppelung der Präsenzstärke der französischen Armee. Hitler läßt sich dadurch jedoch nicht beeindrucken. Er kontert sofort.

Am 10. März verkündet Göring – der schon im vergangenen Jahr noch von Hindenburg zum General der Flieger befördert wurde, da er ja nicht nur Reichstagspräsident und preußischer Ministerpräsident wurde, sondern auch Reichsluftfahrtminister ist – bei einem Empfang den ausländischen Luftwaffenattachés, daß Deutschland bereits eine schlagkräftige Luftwaffe aufgebaut habe, die jetzt über mehrere Jagdgeschwader und Bombengeschwader verfüge.

Die Attachés sind verblüfft. Wie kann man in zwei Jahren eine Luftwaffe aus dem Boden stampfen? Unmöglich!

Sie wissen nichts davon, daß schon während der Weimarer Republik deutsche Piloten in der Sowjetunion ausgebildet worden sind, daß deutsche Militärflugzeuge in der Sowjetunion erprobt wurden. Göring hat die von den republikanischen Regierungen geleisteten Vorarbeiten gut genutzt und darauf aufgebaut. Die Arbeit der Militärmission in Moskau ist nun überflüssig. Hitler hat sie deshalb zurückbeordert. Der Tarnmantel Stalins, unter dem sich die Reichswehr der Republik verbergen konnte, wird vom »Dritten Reich« nicht mehr gebraucht. Deutschland rüstet jetzt offen wieder auf.

Der britische Attaché fragt den deutschen Luftfahrtminister, wie groß denn etwa die neue Luftwaffe sei. So groß wie die britische? Göring zögert einen Moment. Dann sagte er: »Größer, meine Herren, größer!«

Das ist zwar gelogen, aber der Zweck wird erreicht: Die Engländer, die auf ihrer Insel die einzige Gefahr in dem Angriff durch eine moderne Luftwaffe fürchten und sonst nichts, sind schockiert.

Gleich darauf folgt der nächste Schlag. Am 15. März stimmt das französische Parlament der am 6. März von der Regierung verkündeten Verlängerung der Wehrpflicht und damit der Verdoppelung der Streitkräfte zu. Da Großbritannien schon am 4. März in einem Weißbuch erstmals seit dem Ende des Weltkrieges Aufrüstungsmaßnahmen angekündigt hat, benutzt Hitler den äußeren Anlaß der französischen Parlamentssitzung, um seinerseits die Karten aufzudecken.

Am 16. März, einem Samstag – fast stets erfolgen Hitlers Überraschungen samstags, weil er weiß, daß die Regierungen des Auslands an einem Wochenende nicht so schnell reagieren können –, verkünden alle Reichssender die Wiedereinführung der durch den Versailler Vertrag verbotenen allgemeinen Wehrpflicht. Gleichzeitig läßt Hitler die geplante Stärke der Wehrmacht bekanntgeben: 36 Divisionen, das sind rund 500 000 Mann.

Das Ausland reagiert empört, Italien ebenso wie Frankreich und Großbritannien. Die drei Regierungen beschließen, in dem italienischen Kurort Stresa eine Konferenz abzuhalten, auf der energische Maßnahmen gegen Deutschland beraten werden sollen.

Zuvor aber besuchen der britische Außenminister John Simon und Lordsiegelbewahrer Anthony Eden Berlin. Der Besuch sollte schon am 6. März stattfinden, aber Hitler hat sich nach der Herausgabe des britischen Weißbuches vom 4. März plötzlich »erkältet« und konnte nun seine Besucher nicht empfangen. Jetzt, am 25. und 26. März, benutzt er die Gelegenheit, die ihm seine britischen Besucher geben, um gleich eine Mine gegen die in Stresa geplante Konferenz zu legen.

Hitler weiß, daß die britische Flotte, die größte der Welt, zur Zeit Sorgen um den Waffennachschub hat. Im Augenblick wird die britische Flotte trotz der Drohung im Weißbuch bestimmt nicht erweitert, da zunächst erst einmal mehr Waffen und Munition für die vorhandenen Schiffseinheiten produziert werden müssen. Er rechnet deshalb damit, daß die beiden Engländer den Vorschlag aufgreifen werden, den er ihnen machen wird.

Zunächst aber spricht er zu seinen Gästen über die Notwendigkeit der deutschen Wiederbewaffnung, die sich daraus ergeben habe, daß Deutschland 14 Jahre lang als einziger Staat abgerüstet war, die anderen Mächte jedoch trotz feierlicher Versicherungen im Versailler Vertrag und bei vielen Gelegenheiten im Völkerbund nichts dergleichen getan haben. So sei der Versailler Vertrag ohnehin schon längst von seinen Schöpfern gebrochen worden. Daher sei nun eine Stärke der Wehrmacht von 500 000 Mann vorgesehen, eine Stärke, die noch immer unter der Großbritanniens und Frankreichs läge, aber wenigstens die Möglichkeit zur Verteidigung gegen einen Angriff biete.

Die Luftwaffe, sagt Hitler, will er auf die gleiche Stärke wie Großbritannien oder Frankreich bringen, je nachdem, welches Land die stärkere Luftwaffe habe. Darüber hinaus gedenke er nicht zu gehen.

Dann legt er seine gut getarnte Mine auf den Konferenztisch: den Vorschlag, die Kriegsmarine höchstens bis zu 35 Prozent der britischen Flottenstärke aufzurüsten. Der gegenwärtigen britischen Flottenstärke, versteht sich. Hitler hofft, daß die Briten deshalb zugreifen werden. Sie müssen annehmen, daß sie Hitler mit der Annahme dieses Vorschlages hereinlegen können, denn selbstverständlich befindet sich die britische Flotte weiterhin im Aufbau, nur der Munitionsschwierigkeiten wegen ist das Flottenbauprogramm im Augenblick gestoppt worden. Die von Hitler vorgeschlagenen 35 Prozent werden also in Zukunft viel weniger sein, wenn der augenblickliche Stand zugrunde gelegt wird.

Aber die beiden Engländer nehmen noch nicht Stellung dazu. Die ganze Verhandlung wird eine mehr oder weniger unverbindliche Plauderei, bei der Hitler auch davon spricht, daß er jederzeit bereit sei, wieder in den Völkerbund zurückzukehren, wenn man Deutschland nicht nur wie bisher mit Worten, sondern auch in der Tat als gleichberechtigt anerkenne.

Man trennt sich mit einem Kommuniqué, in dem man die Offenheit der Aussprache feststellt, die eine Klarstellung der gegenseitigen Auffassungen zur Folge gehabt habe.

Am 11. April 1935 beginnt in dem norditalienischen Städtchen Stresa unter Vorsitz Mussolinis die Konferenz Italiens, Frankreichs und Englands, auf der »der einmütige Wille« der Teilnehmer kundgetan wird, dem eigenmächtigen Vorgehen Deutschlands, insbesondere der »einseitigen Aufkündigung von Verträgen« durch Deutschland, »energisch« und »mit geeigneten Mitteln« entgegenzutreten.

Welches die »geeigneten Mittel« sein sollen, wird nicht bekanntgegeben. Die Wahl dieser Mittel wird dem Völkerbund überlassen, bei dem die drei Staaten, voran Mussolinis Italien, gegen Deutschland Klage erheben.

Der Völkerbund erklärt daraufhin zwar, Deutschland habe mit der Wiedereinführung der allgemeinen Wehrpflicht »gegen die allen Mitgliedern der internationalen Gemeinschaft obliegende Pflicht der Einhaltung übernommener Verbindlichkeiten (gemeint ist der Versailler Vertrag) verstoßen«, aber das ist auch alles. Der Völkerbund rät, die Staaten sollten weiterverhandeln. Damit ist Deutschlands Wiederbewaffnung faktisch sanktioniert.

Die laue Erklärung des Völkerbunds kann Hitler ebensowenig einschüchtern, wie es die Konferenz von Stresa getan hat. Hitler bedauert zwar zutiefst, daß ausgerechnet Mussolini der Initiator der »Stresa-Front« gegen Deutschland war, aber er ist überzeugt, daß diese Front bald zerbrechen wird.

Gefährlicher könnte schon der am 2. Mai zwischen Frankreich und der Sowjetunion und der unmittelbar darauf von der Sowjetunion mit der Tschechoslowakei abgeschlossene Beistandspakt werden. In der Auslandspresse erscheinen zu diesen beiden Verträgen Kommentare, die für Deutschland Unheil künden. Im deutschen Auswärtigen Amt und in der Wehrmachtführung ist man beunruhigt, denn diese Verträge sind eindeutig militärisch gegen Deutschland gerichtet.

Hitler aber ist sich seiner Politik sicher. Was ist denn schon geschehen? Der Pakt zwischen Paris und Moskau ist bedeutungslos, solange Polen zwischen Deutschland und der Sowjetunion liegt. Er hat also vor anderthalb Jahren recht gehabt, als er den Freundschaftsvertrag mit Polen schloß. Und der Pakt zwischen Moskau und Prag braucht aus gleichem Grund niemandem Furcht einzujagen, denn die Tschechoslowakei und die Sowjetunion haben keine gemeinsame Grenze. Der »Beistand« wird also auf dem Papier stehenbleiben. Nur eines ist bei dem französisch-sowjetischen Pakt wichtig, und daraus gedenkt Hitler Kapital zu schlagen: Der Vertrag verstößt seiner Meinung nach gegen den Locarno-Pakt.

Am 21. Mai hält Hitler vor dem Deutschen Reichstag in der Kroll-Oper abermals eine »Friedensrede«. Er wendet sich dabei vor allem an Frankreich und England. Wer den Redner der Massenversammlungen in der »Kampfzeit« kennt, der wagt kaum zu glauben, daß dies hier der gleiche Hitler ist, so maßvoll und konziliant ist die Rede, so ruhig und verhalten der Ton. Ein weiteres Beispiel dafür, wie geschickt er es versteht, sich in die jeweils erfolgversprechendste Rolle hineinzuversetzen. Er verurteilt die vergangenen Kriege und stellt fest, daß sie letzten Endes niemandem, auch nicht dem jeweiligen Sieger, Glück gebracht hätten und daß somit die Opfer der Völker vergebens waren:

»Frankreich ist am Ende Frankreich geblieben, Deutschland Deutschland, Italien Italien, Polen Polen... Was dynastischer Egoismus, politische Leidenschaft und patriotische Verblendung an scheinbar tiefgreifenden staatspolitischen Veränderungen unter Strömen von Blut erreicht haben, hat in nationaler Beziehung stets nur die Oberfläche der Völker geritzt...

Nein! Das nationalsozialistische Deutschland will den Frieden aus tiefinnersten weltanschaulichen Überzeugungen. Es will ihn weiter aus der einfachen primitiven Erkenntnis, daß kein Krieg geeignet sein würde, das Wesen unserer allgemeinen europäischen Not zu beheben...

Deutschland braucht den Frieden, und es will den Frieden!«

An Frankreich wendet er sich mit dem Hinweis, daß nach der erfolgten Rückkehr des Saarlandes keine ernsten Probleme mehr zwischen den beiden Ländern stünden:

»Deutschland hat Frankreich gegenüber feierlich die nach der Saarabstimmung sich ergebende Grenze angenommen und garantiert... Wir taten dies, trotzdem wir damit zum Beispiel endgültig auf Elsaß-Lothringen Verzicht leisten, ein Land, um das auch wir zwei große Kriege führten...«

Den Engländern wiederholt er das Angebot, die deutsche Flotte auf höchstens 35 Prozent der Jetztstärke der britischen Flotte zu bringen. Ein Angebot, das er getrost noch niedriger schrauben könnte, denn die deutsche Kriegsmarine ist so klein, daß es viele Jahre dauern würde, bis diese 35 Prozent erreicht sind. Tatsächlich werden sie auch trotz aller Rüstung selbst im Krieg nicht erreicht.

Dann macht er allgemeine Vorschläge zur Abrüstung, die nur mit einer einzigen, wie jedem scheinen muß, berechtigten, Forderung verbunden sind: Sie dürfen nicht nur für Deutschland, sondern müssen für alle Staaten gelten.

Es ist schon zwei Stunden vor Mitternacht, als Hitler seine stundenlangen Ausführungen, die vor allem von den anwesenden ausländischen Diplomaten und Pressevertretern mit höchster Aufmerksamkeit verfolgt worden sind, beschließt:

»Wer in Europa die Brandfackel des Krieges erhebt, kann nur das Chaos wünschen. Wir aber leben in der festen Überzeugung, daß sich in unserer Zeit nicht erfüllt der Untergang des Abendlandes, sondern seine Wiederauferstehung. Daß Deutschland zu diesem großen Werk einen unvergänglichen Beitrag liefern möge, ist unsere stolze Hoffnung und unser unerschütterlicher Glaube!«

Die Rede macht überall einen starken Eindruck. Es scheint auch vielen Skeptikern im Ausland, daß Hitler es ernst meint, wenn er vom Frieden spricht. Plötzlich versteht nach dieser Rede mancher nicht mehr, weshalb es eigentlich kurz zuvor diese Aufregung wegen Hitlers Austritt aus dem Völkerbund und wegen der Wiederbewaffnung gegeben hat. Dieser Hitler hat ja recht – Deutschland tut nur das, was die anderen seit vielen Jahren tun.

Sicher muß auch Deutschland sich gegen einen Angriff verteidigen können, und was Hitler an Aufrüstungsmaßnahmen vorhat, ist gemessen an der Rüstung anderer Länder durchaus bescheiden. Und seine Vorschläge zur Abrüstung und über gegenseitige Nichtangriffspakte scheinen durchaus vernünftiger, als das bisherige Bemühen des Völkerbundes, das nur zu immer weiterer Aufrüstung geführt hat.

Die Londoner »Times« schreibt schon am Tag nach Hitlers Rede:

»Wie man sieht, ist die Rede maßvoll, aufrichtig und umfassend. Wer sie unvoreingenommen liest, kann nicht bezweifeln, daß die von Herrn Hitler umrissene Politik durchaus die Grundlage für eine vollständige Verständigung mit Deutschland bilden könnte – mit einem freien, gleichberechtigten, starken Deutschland an Stelle des gedemütigten Volkes, dem vor sechzehn Jahren der Frieden aufgezwungen wurde... Es ist zu hoffen, daß die Rede überall als eine aufrichtige und wohlerwogene Äußerung aufgenommen wird, die genau meint, was sie besagt.«

Was der »Times« diese lobenden Worte in ihre Spalten rutschen läßt, ist natürlich vor allem Hitlers 35-Prozent-Angebot. Dazu die auch der »Times« bekannte Tatsache, daß Hitler schon in »Mein Kampf« Kaiser Wilhelm II. und dessen Flottenchef Tirpitz scharf wegen der Flottenpolitik kritisiert hat, nach der die kaiserliche deutsche Flotte der britischen ebenbürtig werden sollte. Nicht zuletzt diese Herausforderung war es, die zu Englands Eintritt in den Ersten Weltkrieg führte.

Im Juni 1935 zündet Hitlers 35-Prozent-Mine. Die britische Regierung lädt die Reichsregierung zu Verhandlungen über diesen Vorschlag ein. Hitler schickt Joachim von Ribbentrop nach London, jenen bis vor

kurzem in der Politik noch unbekannten Sektkaufmann, in dessen Dahlemer Villa das entscheidende Gespräch mit Papen, Meißner und Hindenburg jr. über Hitlers Kanzlerschaft stattfand.

Sonderbotschafter Ribbentrop kommt mit einem vollen Erfolg zurück. Keiner erfährt, daß dieser Sieg dem deutschen Marine-Attaché in London, Kapitän z. S. Waßner, zu verdanken ist, der die Schwierigkeiten der britischen Marine kennt und genau weiß, daß gerade jetzt der richtige Zeitpunkt ist, England ein solches Abkommen vorzuschlagen.

Auch Hitler meint, das Flottenabkommen sei ein großartiger Erfolg Ribbentrops, und so ernennt er ihn später, 1936, als Nachfolger des in London verstorbenen deutschen Vertreters Leopold von Hoesch zum Botschafter in Großbritannien.

Die Engländer merken zu spät, daß es Hitler gar nicht um die 35 Prozent gegangen ist, sondern erstens darum, daß damit ein Unterzeichnerstaat des Versailler Vertrages diesen für ungültig erklärt hat, und daß zweitens nach Polen nun auch England aus der Einkreisungsfront um Deutschland herausgebrochen worden ist. Im Versailler Vertrag ist Deutschland nicht nur der Neubau, sondern sogar der Besitz von U-Booten untersagt worden. Jetzt hat ausgerechnet die Seemacht Großbritannien Deutschland vertraglich zugesichert, daß Deutschland 60 Prozent der Zahl britischer U-Boote bauen und besitzen dürfe, in einem Gefahrenfall sogar 100 Prozent, also die gleiche Anzahl wie Großbritannien.

Die britische Regierung hat es nicht einmal für nötig befunden, die französische vorher über die Verhandlungen zu informieren und weigert sich trotz der scharfen französischen Proteste wegen dieses Vertragsbruches sogar, dem Verbündeten Mitteilung über den genauen Inhalt des Flottenabkommens zu machen.

Damit ist die eben erst zustande gekommene »Stresa-Front« gegen Deutschland schon wieder zerbrochen.

Mussolinis Italien ist über den »Treuebruch« der »hinterhältigen Briten« noch mehr empört als Frankreich. Wenn Deutschland nach dem Abkommen nun fünf Schlachtschiffe, 21 Kreuzer und 64 Zerstörer bauen darf, dann wird die deutsche Kriegsflotte stärker sein als die italienische.

Mussolini beschließt, nach dem Prinzip zu handeln: »Wie du mir, so ich dir!«

Am 3. Oktober 1935 beginnt das faschistische Italien den Krieg gegen den ältesten christlichen Staat der Welt, Äthiopien, auch als Abessinien bekannt. Mussolini ist überzeugt, daß der Völkerbund nichts Ernsthaftes gegen ihn unternehmen wird. Schließlich hat England erst selbst mit dem deutsch-britischen Flottenabkommen den Versailler Vertrag und zugleich die Völkerbundssatzung verletzt.

So kommt es auch. Zwar verhängt der Völkerbundsrat

– ausgerechnet auf Antrag Englands – nach langen Beratungen Wirtschaftssanktionen gegen Italien. Aber bis dieser Beschluß gefaßt ist – Frankreich will nicht mitmachen, weil es in Deutschland den gefährlicheren Gegner sieht und Italien deshalb nicht vor den Kopf stoßen will – und bis die Sanktionen dann wirksam werden, ist das Land des Negus Negesti, des »Königs der Könige«, des »Löwen von Juda«, bereits erobert. Die Sanktionen werden stillschweigend wieder aufgehoben.

Hitler kommt Mussolinis Krieg durchaus gelegen. Der amerikanische Reporter William Shirer schreibt zu Beginn des italienischen Überfalls auf Abessinien in sein Tagebuch:

»Entweder wird Mussolini stolpern und sich in Afrika derart festrennen, daß er in Europa stark geschwächt sein wird, woraufhin Hitler das bisher vom Duce protegierte Österreich besetzen kann, oder er wird siegen, Frankreich und England die Stirn bieten und dann für ein Bündnis mit Hitler gegen die westlichen Demokratien reif sein.

So oder so wird Hitler den Vorteil haben.«

Shirer hat recht. Hitler sorgt durch Waffenlieferungen an den Negus für eine Verlängerung des afrikanischen Abenteuers der Italiener, und mit Kohle- und Stahllieferungen an Italien setzt er sich über die Sanktionen hinweg und verpflichtet sich so Mussolini. Zwar hat England zuerst die »Stresa-Front« verlassen, aber nun ist sie ganz zerbrochen. Englands Antrag vor dem Völkerbund, Maßnahmen gegen Italien zu ergreifen, bringt die beiden bisherigen Partner endgültig auseinander. Ein Sieg für Hitler, den ihm andere schenken. Zwar ist noch keine Zusammenarbeit zwischen Deutschland und Italien in Sicht, doch Hitler weiß, daß Mussolini früher oder später zwangsläufig an seine Seite getrieben wird.

Anfang des Jahres 1936 scheint es Eingeweihten fast, als bräche ein europäischer Krieg aus. Die italienische Wehrmacht hat sich in Äthiopien unsterblich blamiert. Es dauert Monate, bis die mittelalterlichen Streitkräfte des Negus von der modernen Armee Italiens mit Panzern und Flugzeugen besiegt werden. Die Äthiopier schießen noch mit Pfeil und Bogen, werfen Speere gegen Panzerwagen und schießen mit uralten Steinschloßflinten und Vorderladerpistolen aus der Zeit der »Drei Musketiere« gegen Flugzeuge, die Giftgas absprühen.

Währenddessen sickert in diplomatischen Kreisen durch, daß der französische Außenminister Laval während der Stresa-Konferenz Mussolini die Zusicherung gegeben habe, Italien dürfe Äthiopien angreifen, Frankreich werde nichts dagegen unternehmen, wenn Italien dafür in der Front gegen Deutschland bliebe. Die Geschichte wird bekannt, nachdem die öffentliche Meinung in England gefordert hat, sofort die britische

Kriegsflotte ins Mittelmeer gegen Italien zu entsenden. Statt dessen schließt der britische Außenminister Samuel Hoare, kein Freund Deutschlands, während einer Urlaubsreise heimlich in Paris mit dem französischen Außenminister Laval ein Abkommen, worin beide Staaten für die Rückkehr Italiens in den Völkerbund sorgen wollen und gleichzeitig dafür, daß Italien das eroberte Äthiopien behalten darf.

Als dieses Abkommen bekannt wird, erhebt sich nicht nur in England Entrüstung, sondern auch in Frankreich, und so wird das Geheimnis von Lavals Zusage an Mussolini ebenfalls bekannt. In England muß Hoare zurücktreten, und Anthony Eden wird Außenminister. In Frankreich sind die Folgen noch tiefgreifender: Die gesamte Regierung wird gestürzt. Die Folge wird sein, daß in Frankreich bald eine kommunistisch-sozialistische »Volksfront«-Regierung unter Führung von Léon Blum zur Macht kommt. Die Gefahr eines Krieges zwischen England und Frankreich einerseits und Italien andererseits scheint im Bereich des Möglichen zu liegen.

Hitler nutzt die wirre Lage zu einem neuen Schritt in der Revision des Versailler Vertrages aus. Geplant hat er diesen Schritt schon seit einem Jahr.

In dem 1926 deutscherseits von Außenminister Stresemann unterzeichneten Locarno-Pakt haben Frankreich und Deutschland vereinbart, daß das Rheinland auf deutscher Seite entmilitarisiert bleibt. Streitfragen, etwa eine Verlegung deutscher Truppen in die entmilitarisierte Zone oder aber ein französischer Einmarsch in Westdeutschland, sollen vom Völkerbund entschieden werden. Deutschland sowohl als auch Frankreich verpflichteten sich, eine solche Entscheidung des Völkerbundes anzuerkennen.

Mit der Unterzeichnung des Locarno-Paktes hat Deutschland eine Forderung des erzwungenen Versailler Vertrages – eben die Entmilitarisierung des Rheinlandes – nachträglich aus freiem Willen anerkannt. Auch Hitler hat das in seiner »Friedensrede« vom 21. Mai 1935 selbst nochmals betont. Er hat allerdings in einem Nebensatz hinzugefügt, Deutschland werde den Pakt einhalten, solange auch die anderen Partner sich daran hielten. Denn kurz zuvor hatte die französische mit der sowjetischen Regierung jenen Beistandspakt abgeschlossen, der sich gegen Deutschland richtet. Der Vertrag enthält eine Bestimmung, mit der Frankreich Hitlers Ansicht nach den Locarno-Pakt bricht: Weder Frankreich noch die Sowjetunion werden sich in einem Anwendungsfall des Vertrages – das kann nur eine deutsch-französische Auseinandersetzung sein – der Entscheidung des Völkerbundes unterwerfen, sondern das tun, was sie selbst für richtig halten. Damit ist der Locarno-Pakt, der nicht nur Frankreich, sondern auch Deutschland durch einen Schiedsspruch des Völkerbundes eine Sicherheit geben soll, hinfällig geworden. Hitler hat am 25. Mai 1935 auch offiziell mit einer Protestnote an alle Unterzeichnerstaaten des Locarno-Paktes darauf hingewiesen.

Aber noch hat das französische Parlament den Beistandspakt mit der Sowjetunion nicht ratifiziert. Das dauert fast ein Jahr, denn die französische Nationalversammlung ist in einer ähnlichen Lage wie früher der Deutsche Reichstag mit seinem Parteienstreit. Die französischen Regierungen wechseln noch weit häufiger als die Regierungen der Weimarer Republik.

Der amerikanische Präsident Roosevelt stößt in dieser Zeit den Stoßseufzer aus: »Wie soll man bloß mit den Franzosen zusammenarbeiten! In einer Woche habe ich es mit drei verschiedenen Ministerpräsidenten zu tun!« Am 27. Februar 1936 aber ist es soweit. Unter dem Eindruck der Abessinien-Krise wird der französisch-sowjetische Beistandspakt mit 353 gegen 163 Stimmen von der französischen Nationalversammlung ratifiziert. Hitler befiehlt daraufhin den Oberbefehlshaber des Heeres, General der Artillerie Freiherr von Fritsch, zu sich. Er kündigt ihm an, daß er nun die Souveränität Deutschlands an seiner Westgrenze wiederherstellen werde.

»Können Sie die Transportbewegung innerhalb kürzester Zeit durchführen?« fragt er den General und fügt hinzu: »Ich werde natürlich nur von einer symbolischen Verlegung sprechen. Vorerst genügen deshalb neun Bataillone und drei Artillerie-Abteilungen.«

Fritsch meint, daß für diese kleine Streitmacht die Eisenbahntransporte in zwei Tagen schon bereitgestellt sein können. Hitler befiehlt, alles dementsprechend vorzubereiten.

Dann fährt Hitler für einige Tage nach Garmisch-Partenkirchen. Deutschland ist in diesem Jahr 1936 das Land, in dem die Olympischen Spiele stattfinden. Die Winterolympiade wird in Garmisch-Partenkirchen durchgeführt. Keiner der Wintersportler aus aller Welt, die zum feierlichen Abschluß der Wettkämpfe den deutschen Reichskanzler in seiner Ehrenloge grüßen, ahnt etwas davon, daß dieser Mann schon wieder eine folgenschwere Überraschung für die Welt bereithält.

Am Samstag, dem 7. März 1936, geschieht es. Deutsche Truppen verlegen ihre Standorte in die bisher militärfreie Zone rechts des Rheines. Über die Rheinbrücken selbst ins linksrheinische Gebiet marschieren nur die drei »symbolischen« Bataillone ein. Ihre Ziele sind Aachen, Saarbrücken und Trier.

Am gleichen Abend noch erhält die deutsche Abwehr Agentenberichte, wonach der französische Oberbefehlshaber Gamelin dreizehn Divisionen zur Maginot-Linie, der französischen Befestigungsanlage an der deutschen Westgrenze, in Marsch gesetzt hat. Dreizehn Divisionen gegen ein unvollständiges Regiment.

Reichswehrminister von Blomberg bekommt Angst. Am Sonntagmorgen läßt er sich bei Hitler melden und bittet ihn inständig, wenigstens die drei Bataillone links des Rheines zurückzuziehen. Hitler denkt nicht daran. Er hat gestern vor dem hastig einberufenen Reichstag gesprochen, dem deutschen Volk und der ganzen Welt seinen Schritt verkündet – er kann jetzt nicht zurück, wenn er sich nicht blamieren will.

Fast scheint es, als habe sich Hitler verkalkuliert. Der Abessinienkonflikt, die gefährlichen Spannungen zwischen Italien, Frankreich und England scheinen vergessen. Die Locarno-Mächte beraten, der Völkerbund berät, England und Frankreich beraten miteinander, der Haager Internationale Gerichtshof beschließt zusammenzutreten. Ein Unwetter scheint sich über Deutschland zusammenzuziehen.

Aber es bleibt bei Beratungen – nichts geschieht. Zu sehr hat sich schon die Meinung durchgesetzt, daß Deutschland »schließlich nur in seinen eigenen Vorgarten gegangen« sei, wie es der britische Lord Lothian formuliert.

Auch die Neuwahlen zum Reichstag, bei denen Hitler wieder einmal die Frage gestellt hat, ob das deutsche Volk mit seiner Politik einverstanden sei, mögen die anderen Mächte dazu veranlaßt haben, nichts gegen Deutschland zu unternehmen. Offensichtlich steht das Volk hinter Hitler.

Die Wahlbeteiligung beträgt 99 Prozent und von den 45 001 489 Wählern stimmen 44 461 278, das sind 98,8 Prozent, für Hitler.

Wie hat Hitler Ende 1930 als Zeuge vor dem Reichsgericht gesagt, als gegen die drei Leutnants aus dem Ulmer Artillerie-Regiment des Obersten Ludwig Beck verhandelt wurde? Es werde einmal die Zeit kommen, wo 35 Millionen Deutsche hinter ihm stünden. Jetzt, so scheint es zumindest, ist es das ganze Volk, das geschlossen hinter ihm steht.

Die Welt soll selbst sehen, was von der »Pressehetze« über das »ausgebeutete«, »unterdrückte«, »in den Ketten des Faschismus« schmachtende deutsche Volk zu halten ist. Im August trifft sich die Jugend der Welt in Berlin zu den XI. Olympischen Spielen. Auch die Journalisten, Bildreporter und Filmleute aus aller Welt eilen herbei.

Sie sehen tatsächlich ein Deutschland, das nicht mehr mit dem vor vier Jahren zu vergleichen ist. Schon im Dezember 1934 ist die Zahl der Arbeitslosen von 6,5 Millionen im Januar 1933 auf weniger als 2,5 Millionen gesunken. Jetzt gibt es fast überhaupt keine Arbeitslosen mehr. Deutschland hat, so rechnen Statistiker flink aus, den höchsten Lebensstandard, der je in der deutschen Geschichte erreicht worden ist.

Die Berliner bemühen sich vorbildlich um ihre internationalen Gäste. In den Restaurants, den Theatern und

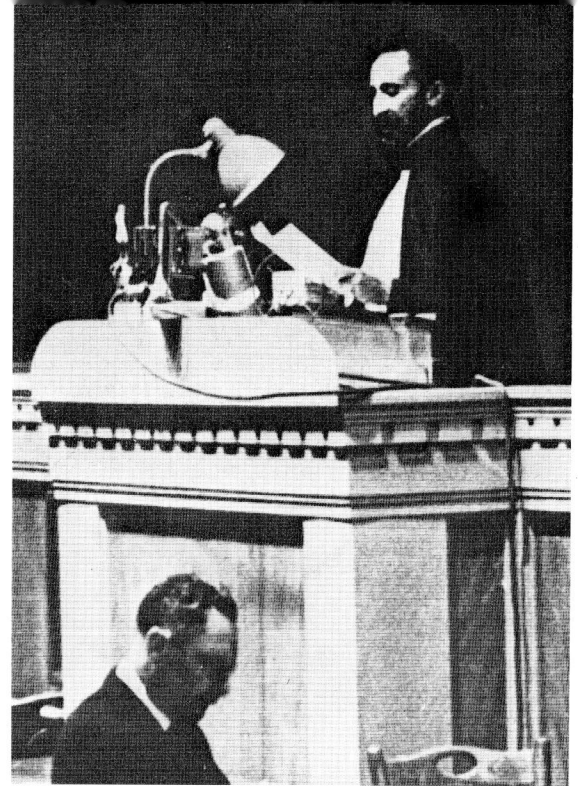

Selbst den Siegermächten des Ersten Weltkriegs war nicht mehr wohl bei der Erinnerung an das Friedensdiktat des Versailler Vertrages. Den Demokraten der Weimarer Republik aber hatten sie standhaft verweigert, was sie nun dem Diktator Hitler unter müden Protesten gewährten. Im März 1935 hatte er die allgemeine Wehrpflicht wieder eingeführt und damit den Friedensvertrag klar gebrochen.Keine zwei Wochen danach konnte er eine englische Delegation in der Reichskanzlei empfangen.

Linke Seite oben: links Lordsiegelbewahrer Sir Anthony Eden und der britische Außenminister Sir John Simon. Das Gespräch bereitete das deutsch-englische Flottenabkommen vom 18. Juni 1935 vor, das unter eindeutigem Verstoß gegen den Versailler Vertrag der deutschen Kriegsmarine eine Stärke von 35 Prozent der britischen Seestreitkräfte einräumte.

Mitte: Hitler beim Stapellauf des Schlachtschiffs »Scharnhorst« in Wilhelmshaven; links Generaladmiral Raeder, hinter Hitler Generalfeldmarschall von Blomberg.

Das englische Entgegenkommen ermutigte Hitler zu seinem nächsten Schlag gegen das Sicherheitssystem von Versailles und Locarno: Am 7. März 1936 ließ er deutsche Soldaten in die entmilitarisierte Zone des Rheinlandes einrücken *(unten)*. Hitler über sein damaliges Risiko: »Die 48 Stunden nach dem Einmarsch ins Rheinland sind die aufregendste Zeitspanne in meinem Leben gewesen. Wären die Franzosen damals ins Rheinland einmarschiert, hätten wir uns mit Schimpf und Schande wieder zurückziehen müssen.« Frankreich aber nutzte die Chance nicht, und auch die Verurteilung durch den Völkerbund erzielte bei Hitler keine Wirkung. Dessen Macht war durch die divergierenden Interessen der Großmächte ohnehin fast völlig blockiert. Das zeigte sich auch im Krieg Italiens gegen Abessinien. Zwar hielt der Negus Haile Selassie vor den Delegierten eine flammende Rede *(oben)* gegen die italienischen Aggressoren und erreichte auch Sanktionen gegen Rom. Doch sie verpufften fast wirkungslos, weil Hitler mit Kohle- und Stahllieferungen an Mussolini die entstandene Lücke stopfte und so endlich den ersten Schritt zur immer geplanten Freundschaft mit dem »Duce« tun konnte.

Vergnügungsstätten herrscht Hochbetrieb. Die Kirchen sind von Andächtigen gefüllt, nichts ist von einer Kirchenverfolgung zu spüren.

Die Regierung bemüht sich aufmerksamer und intensiver als je eine gastgebende Regierung um die Teilnehmer der Spiele. Empfänge über Empfänge werden veranstaltet. Die Gäste sind beeindruckt. Die meisten von ihnen werden als Fürsprecher des neuen Deutschlands nach Hause zurückkehren. Viel tragen dazu die großartigen Erfolge der deutschen Sportler bei. Deutschland ist nach der inoffiziellen Wertung der Nationen das erfolgreichste Land dieser XI. Olympischen Spiele.

Das alles, denken viele, hat also dieser Hitler in nur dreieinhalb Jahren aus dem in Not und Elend vegetierenden, von Parteienhader und bürgerkriegsähnlichen Zuständen zerrissenen Deutschland gemacht. Wenn man auch gegen die Nazis ist – aber das muß man anerkennen, das ist wirklich bewundernswert. Die schöne Fassade verfehlt ihre Wirkung nicht. Noch verdeckt sie die wahren Hintergründe.

Hitler beendet die Olympischen Spiele im Berliner Olympiastadion und spricht wieder von der Freundschaft der Völker, vom friedlichen Wettstreit der Jugend aller Nationen, und appelliert an die Völker, nicht zuzulassen, daß diese Jugend noch einmal Krieg gegeneinander führt. Als die französische Delegation an Hitler vorbeimarschiert, ahnt keiner der jungen Sportler, daß wie schon vor fast einem halben Jahr zu den Winterspielen in Garmisch-Partenkirchen auch diesmal wieder eine Entscheidung bevorsteht, von der die ganze Welt betroffen sein wird.

Diesmal allerdings ist es keine Überraschung, die Hitler sich ausgedacht hat. Der Schlag für den Weltfrieden kommt von anderer Seite, aus dem Süden Europas.

1931 ist der spanische Diktator Primo de Rivera zurückgetreten, weil es ihm – anders als zwei Jahre später Hitler in Deutschland – nicht gelungen ist, seine Politik gegen die einander widerstrebenden Parteiinteressen und gegen die katholische Kirche durchzusetzen. Mit ihm ist auch die Monarchie gestürzt, König Alfons XII. mußte zurücktreten. Seitdem ist Spanien Republik – ein von wilden Kämpfen durchtobtes Land, an dem gemessen selbst die turbulentesten Jahre der deutschen Republik ruhig erscheinen.

In Spanien sind alle politischen Richtungen radikal, bis auf die Sozialdemokraten. Die Linksparteien in Spanien sind in fast nicht zu zählende Grüppchen zersplittert, die einander wütend bekämpfen. Noch radikaler als selbst die Kommunisten sind in Spanien die Anarchisten, die hier traditionsgemäß eine große Rolle spielen. Dazu kommen noch die Unabhängigkeitsbestrebungen vieler Landesteile. Die Katalonier zum Beispiel betrachten sich ebensowenig wie die Basken als Spanier und wollen ihren eigenen Staat haben.

Im Abessinien-Konflikt hatte sich Hitler den italienischen Diktator dadurch verpflichtet, daß er – als Nichtmitglied des Völkerbundes – die Sanktionen gegen Italien nicht mitgemacht, sondern im Gegenteil dessen Rüstungsindustrie mit umfangreichen Lieferungen unterstützt hatte. Der Spanische Bürgerkrieg nun bot ihm die Gelegenheit, seine »Legion Condor« Seite an Seite mit den italienischen Interventionstruppen

gegen die Republikaner kämpfen zu lassen. Er empfahl sich dem gewünschten Bundesgenossen dabei durch die Leistungsfähigkeit der deutschen Waffen und sorgte obendrein für Irritationen an der französischen Südgrenze.

Oben: Soldaten der Nationalisten führen republikanische Gefangene ab.

Schließlich kommt es zur Bildung einer Volksfrontregierung nach eben entstandenem französischen Vorbild. Kommunisten und Sozialisten regieren gemeinsam. Die Anarchisten beteiligen sich nicht, denn sie sind gegen jeden Staat, gegen jede Regierung.

Am 13. Juli 1936, schon rüsten sich die Sportlerdelegationen aus aller Welt zur Fahrt nach Berlin, wird in einer Nebenstraße von Madrid ein Leichnam gefunden. Der Tote ist der monarchistische Parlamentsabgeordnete Calvo Sotelo. Ohne Zweifel ist er von Republikanern ermordet worden, denn er hat soeben noch eine scharfe Rede gegen die kommunistisch-sozialistische Volksfront gehalten.

Seine Ermordung wird zum Signal für den längst geplanten Aufstand der republikfeindlichen Militärs. Der von der republikanischen Regierung nach den Kanarischen Inseln strafversetzte General Franco, der in portugiesischer Verbannung lebende General Sanjurjo, General Queippo de Llano in Sevilla, General Mola in Navarra und andere beginnen den Krieg gegen die verhaßte Republik.

Während im Berliner Olympiastadion der amerikanische Neger Jesse Owens im 100-Meter-Lauf und im 200-Meter-Lauf die Elite der Welt hinter sich läßt und mit einer Leistung von 8,06 Metern im Weitsprung siegt, während der Deutsche Gerhard Stöck für den Sieg im Speerwerfen die Goldmedaille erhält, die deutsche Frauenstaffel um olympische Ehren läuft, die deutsche

Diskuswerferin Gisela Mauermayer mit 47,63 m olympische Rekordweite erreicht, da verbluten im Spanischen Bürgerkrieg die ersten Menschen, da berät Hitler mit seinen Vertrauten bereits, ob und wie man in Spanien zugunsten der Franco-Streitkräfte gegen die Volksfront eingreifen könne.

Mussolini hat sich sofort zur Unterstützung Francos entschlossen. Bald kämpft eine Armee von 60000 bis 70000 Italienern an Francos Seite.

Hitler ist nicht sehr an Francos Sieg interessiert, denn solange die Kämpfe in Spanien dauern, solange starrt die französische Regierung auf die nun gefahrdrohende Grenze im Süden. Außerdem unterstützt Italien Franco ganz offen, so daß abermals die Spannungen zwischen Italien und Frankreich/England verschärft werden.

Dennoch entschließt er sich, heimlich Truppen für die Nationalspanier zur Verfügung zu stellen – die »Legion Condor«. Der gemeinsame Kampf deutscher und italienischer Soldaten in Spanien muß endlich Mussolini an seine Seite bringen. Es gibt dabei nur noch ein Hindernis – die Frage Österreichs. Deshalb hat Hitler hier bereits vorgebeugt.

Am 1. Juli schon hat er seinen Wiener Gesandten von Papen, den ehemaligen Reichskanzler, einen Vertrag mit der österreichischen Regierung schließen lassen, in dem beide Staaten versichern, sich nicht in die inneren Angelegenheiten des anderen einzumischen. Ein Punkt dieses Vertrages allerdings lautet, daß Österreich seine

Politik danach bestimmen werde, daß es ein deutscher Staat sei.

Wichtiger ist jedoch der zusätzliche Geheimvertrag, der am 16. Juli unterzeichnet wird. Darin verpflichtet sich der österreichische Bundeskanzler, die Unterdrükkungsmaßnahmen gegen die österreichischen Nationalsozialisten einzustellen, die in »Anhaltelager« genannten Konzentrationslagern, Gefängnissen oder Zuchthäusern inhaftierten Nationalsozialisten freizulassen und die »Nationale Opposition« – Politiker, die für die Wiedervereinigung mit Deutschland sind, also vorwiegend Nationalsozialisten – an der »politischen Verantwortung« zu beteiligen.

Der österreichische Bundeskanzler Schuschnigg hält diesen Vertrag zwar nicht ein, aber er hofft doch, nun erst einmal eine Weile Ruhe vor Hitler zu haben. Hitler wiederum geht es vor allem um den Vertrag selbst, mit dem er Mussolini beweisen kann, daß er sich nicht mehr um Österreich zu kümmern braucht.

Die gemeinsame deutsch-italienische Kriegsbeteiligung in Spanien und der deutsch-österreichische Vertrag bringen die Wende. Am 21. Oktober 1936 schließen der deutsche Außenminister von Neurath und der italienische Außenminister Graf Ciano – Schwiegersohn des Duce – einen Vertrag, in dem festgelegt wird, daß Deutschland und Italien zukünftig in ihrer Außenpolitik gemeinsam vorgehen werden.

Nur vier Wochen später wird ebenfalls in Berlin ein anderer Vertrag geschlossen: Deutschland und Japan schließen sich gegen die Sowjetunion im »Antikomintern-Pakt« zusammen, dem sich ein Jahr danach auch Italien und später noch eine Reihe anderer Staaten anschließen werden.

Nach vier Jahren Regierungszeit hat Hitler die Isolierung des Dritten Reiches endgültig durchbrochen. Nun ist er so selbstsicher wie nie zuvor.

Am 30. Januar 1937 gibt er vor dem Reichstag aus Anlaß des vierten Jahrestages seiner Amtsübernahme als Reichskanzler einen Rechenschaftsbericht.

Als erstes verkündet er, daß der Versailler Vertrag durch seine Politik nunmehr annulliert sei und daß er hiermit im Namen des deutschen Volkes feierlich die einst von einer schwachen Regierung erpreßte Unterschrift zurückziehe. Gleichzeitig aber erklärt er, die Periode der Überraschungen sei nun abgeschlossen.

William Shirer schreibt in seinem kritischen Buch: »Aufstieg und Fall des Dritten Reiches« über diese Rede:

»Sein Stolz war verzeihlich, denn er konnte auf eindrucksvolle innere und äußere Erfolge hinweisen. Er hatte die Arbeitslosigkeit beseitigt, die Wirtschaft zum Blühen gebracht, eine mächtige Armee, Flotte und Luftwaffe aufgebaut . . . Er hatte die Ketten des Versailler Vertrages gesprengt . . . Zunächst völlig isoliert, hatte er in Mussolini einen treuen Verbündeten gefunden, einen weiteren in Franco, und Polen von Frankreich getrennt. Doch am wichtigsten von allem war vielleicht, daß er die dynamischen Energien des deutschen Volkes, sein Selbstvertrauen . . . geweckt hatte. War nicht für jedermann der Gegensatz zwischen diesem aufblühenden, kriegerischen, von kühner Hand geführten Deutschland und den morschen Demokratien des Westens sichtbar, deren Verwirrung und Schwanken mit jedem Monat größer zu werden schien? . . . Aus eigener Beobachtung kann der Verfasser dieses Buches bezeugen, daß das deutsche Volk bis zum 1. September 1939 überzeugt war, Hitler werde alles erreichen, was er wollte, ohne Zuflucht zum Krieg zu nehmen . . . «

Hitler hat in seiner Reichstagsrede nichts Falsches versprochen: 1937 wird ein Jahr ohne Überraschungen. Jedenfalls nicht für Europa.

Auch in Spanien gibt es keine Überraschungen, noch tobt der Bürgerkrieg unentschieden. In Deutschland wissen nur wenige von Hitlers Einmischung, daß auch Deutsche in Spanien kämpfen, daß Göring dort die neuen Maschinen der Luftwaffe im Einsatz erprobt, daß Panzer vom Typ II durch die andalusischen Nächte rollen – und daß dort Deutsche gegen Deutsche kämpfen: die »Legion Condor« gegen die »Brigade Ernst Thälmann«, in der Freiwillige aus den Reihen der Emigration für die Republik und gegen Franco ihr Leben ebenso einsetzen wie die für Nationalspanien kämpfenden Soldaten der »Legion«.

Über Spaniens blutige Straßen klingen deutsche Lieder, von marschierenden Kolonnen gesungen. Das Lied der einen heißt:

»Spaniens Himmel breitet seine Sterne
über unsre Schützengräben aus.
Und der Morgen grüßt schon aus der Ferne,
bald geht es zum neuen Kampf hinaus.
Die Heimat ist weit,
doch wir sind bereit.
Wir kämpfen und siegen für dich:
Freiheit!«

Das ist das Lied der »Thälmann-Brigade«. Aber auch die anderen, die Männer der »Legion Condor«, singen von der Freiheit:

»Wir fliegen jenseits der Grenzen
mit Bomben gegen den Feind.
Hoch über der spanischen Erde,
mit den Fliegern Italiens vereint.
Vorwärts, Legionäre!
Vorwärts! Im Kampf sind wir nicht allein,
nur die Freiheit soll Ziel uns'res Kampfes sein!
Vorwärts, Legionäre!«

Die träge Welt gewöhnt sich allmählich an den Krieg in Spanien. Aufgeschreckt wird sie erst wieder durch eine Nachricht aus Moskau, die wahrhaftig eine Sensation genannt werden kann: Stalin macht den führenden sowjetischen Militärs den Prozeß und behauptet, sie seien Verräter.

1929 hat Stalin ähnlich wie Jahre später Hitler die Alleinherrschaft erkämpft und den Schöpfer der Roten Armee, Leo Trotzki, aus der Partei ausgeschlossen und in die Verbannung geschickt. Jetzt erledigt er die gesamte Führung der Sowjetarmee.

Die Verbannung Trotzkis, des engsten Mitarbeiters Lenins und eigentlichen Organisators der siegreichen Oktoberrevolution, genügt Stalin nicht. Wenn er Alleinherrscher bleiben und seine persönliche Macht unantastbar machen will, muß er alle alten Mitkämpfer Lenins beseitigen. Nicht nur, weil diese die politischen Richtlinien Lenins vertreten, die Stalin schon längst bekämpft, wenn er auch offiziell sich immer auf Lenin beruft. Wichtiger ist für Stalin, daß diese alten Bolschewiken wissen, daß Stalin im Kampf gegen den Zarismus, bei der Durchführung der Oktoberrevolution und später im Bürgerkrieg längst nicht die überragende Rolle gespielt hat, die er sich heute gern zuschreiben läßt.

Die gefährlichsten Feinde sind für Stalin natürlich die, die über reale Machtmittel verfügen – die Befehlshaber der Roten Armee. Unter ihnen ist Marschall Tuchatschewski die stärkste Persönlichkeit.

Er ist der Befehlshaber der Westarmee gewesen, die vor Warschau die polnischen Streitkräfte vernichtend geschlagen hätte, wäre nicht die Befehlsverweigerung des Politkommissars der Südwestarmee gewesen. Im Bürgerkrieg hat er die »Weiße Armee« des Zarengenerals Denikin geschlagen – auch ein Verdienst, das Stalin sich später zuschreiben wird. Mit 32 Jahren schon war Tuchatschewski Generalstabschef der Roten Armee, und jetzt, 1937, ist er stellvertretender Kriegsminister.

1936 leitet der Marschall die sowjetische Militärmission, die in Prag mit der tschechoslowakischen Regierung Einzelheiten des Paktes gegen Deutschland aushandeln soll. Auf der Rückreise nach Moskau fährt Tuchatschewski über Berlin. Dort gibt er, den diplomatischen Gepflogenheiten entsprechend, in der Sowjetbotschaft Unter den Linden einen Empfang, an dem auch führende deutsche Militärs teilnehmen.

Das ist ein ganz normaler, überall in der Welt üblicher Vorgang, der hier noch selbstverständlicher ist, weil eine Anzahl der deutschen Militärs in der Zeit der militärischen Zusammenarbeit zwischen der Weimarer Republik und der Sowjetunion geholfen haben, den sowjetischen Generalstab aufzubauen, dessen Chef Tuchatschewski war.

Nach dem Besuch des Marschalls in Berlin kommt dem SD-Chef Heydrich eine tolle Idee. Stalins Mißtrauen gegen alles und jeden sind auch ihm bekannt, ebenso weiß er von der Gegnerschaft zwischen Stalin und

Tuchatschewski. Die Anhängerschaft des Marschalls unter den Offizieren der Roten Armee ist groß – fällt der Marschall, so fällt mit ihm die Elite der sowjetischen Streitkräfte. Stalin wird nicht bei Tuchatschewski haltmachen.

Heydrich läßt Dokumente fabrizieren, aus denen eine geheime Zusammenarbeit zwischen Tuchatschewski und der Wehrmachtführung hervorgeht, und läßt sie gemischt mit echter, auf unverdächtigen Wegen Stalin zuspielen.

Am 1. Mai 1937 steht der berühmte Sowjetmarschall noch neben Stalin auf der Tribüne des Lenin-Mausoleums auf dem Roten Platz, um die Parade der Streitkräfte, der Sportorganisationen und der Bevölkerung abzunehmen. Wenige Tage später aber wird er vom Obersten Sowjet zum Kommandeur eines Militärbezirks an der Wolga degradiert. Auf der Fahrt dorthin wird auf einer kleinen Station der Salonwagen, der ihm als Marschall zusteht, plötzlich von GPU-Truppen umstellt. Marschall Tuchatschewski wird festgenommen, am gleichen Abend ist er wieder in Moskau.

Die Welt wird am 11. Juni 1937, nur vier Wochen nach Tuchatschewskis Verhaftung von einer Meldung der parteiamtlichen »Prawda« überrascht. Der Held des Bürgerkriegs, der frühere Generalstabschef und stellvertretende Kriegsminister, Marschall Tuchatschewski, sei mit einer Anzahl von Mitverschwörern als Nazi-Spion zum Tode verurteilt worden. Am Tag darauf wird in der »Prawda« bereits die erfolgte Hinrichtung bekanntgegeben. Der zweite stellvertretende Kriegsminister für politische Fragen, Gamarnik, habe bei seiner Verhaftung Selbstmord begangen.

Die erste große Säuberungswelle rast durch die Rote Armee. Im Lauf von wenigen Monaten werden rund 35 000 Offiziere im Auftrag Stalins ermordet, als bekanntester ist darunter der Marschall Blücher, der Sibirien für die Sowjetmacht erobert hat. Bis zum Angriff der deutschen Wehrmacht gegen die Sowjetunion 1941 wird die Rote Armee sich von diesem schweren Aderlaß noch nicht erholt haben.

Hitler dagegen faßt seine Führungskräfte in Wehrmacht und Politik noch fester zusammen. Wieder einmal kommt ihm dabei ein nicht vorhergesehenes Ereignis zu Hilfe, das für ihn eigentlich nachteilig sein müßte, jedoch sofort von ihm positiv ausgenützt wird.

In Tutzing am Starnberger See stirbt am 20. Dezember 1937 der nun 72 Jahre alte General Erich Ludendorff, der »Feldherr des Großen Krieges«, der politische Diktator Deutschlands von 1916 bis 1918, der Verbreiter der »Dolchstoßlegende«, Hitlers Putschgenosse vom November 1923.

Ludendorff hat sich schon damals von Hitler getrennt und ist sein erbitterter Feind geworden. Am 30. Januar 1933, als der Feldmarschall-Reichspräsident den ehemaligen Gefreiten zum Reichskanzler ernannte, schreibt Ludendorff an Hindenburg:

»Sie haben durch die Ernennung Hitlers zum Reichskanzler unser heiliges deutsches Vaterland einem der größten Demagogen aller Zeiten ausgeliefert. Ich prophezeie Ihnen feierlich, daß dieser unselige Mann unser Reich in den Abgrund stürzen und unsere Nation in unfaßbares Elend bringen wird. Kommende Geschlechter werden Sie wegen dieser Handlung in Ihrem Grabe verfluchen.«

Hitler hat von diesem Schreiben gewußt, aber er kennt Ludendorffs Einfluß auf manche Generäle. So hat er gute Miene gemacht und Ludendorff zu dessen 70. Geburtstag durch eine Geburtstagsparade in seinem Wohnort Tutzing geehrt. Für den Toten ordnet er ein Staatsbegräbnis an. Die Feier findet vor der Feldherrnhalle auf dem Münchener Odeonsplatz statt.

Nach den Feierlichkeiten wendet sich der inzwischen zum Generalfeldmarschall beförderte Kriegsminister Werner von Blomberg an seinen Führer und bittet ihn um eine vertrauliche Aussprache. Hitler bittet Blomberg in seine Münchener Privatwohnung in der Prinzregentenstraße 12. Dort eröffnet Blomberg seinem Oberbefehlshaber, daß er wieder zu heiraten gedenkt.

Hitler wundert sich ein wenig. Der Witwer Blomberg wird in diesem Jahr 60 und hat drei erwachsene Kinder. Aber bitte – weshalb nicht? Er gratuliert seinem Kriegsminister und fragt, wer die glückliche Auserwählte sei.

»Eben das ist es ja«, sagt Blomberg verlegen. Er hat bereits mit dem inzwischen Generaloberst gewordenen Göring darüber gesprochen, der ihm seine Bedenken ausgeredet hat. Wie aber wird der Führer reagieren? Blomberg räuspert sich: »Meine Braut ist wesentlich jünger als ich – und sie kommt aus kleinen Verhältnissen. Ich fürchte – das Offizierkorps ... Sie verstehen, mein Führer.«

Hitler versteht. Es ist Tradition, daß Offiziere eine Heiratserlaubnis ihrer Vorgesetzten benötigen, damit gewährleistet ist, daß es sich um eine standesgemäße Ehe handelt. Für den höchsten Offizier, und das ist Blomberg in der deutschen Wehrmacht, trifft dies natürlich noch mehr zu als für einen kleinen Leutnant. Hier muß der Oberste Befehlshaber, das Staatsoberhaupt, selbst die Erlaubnis geben.

Blomberg hat Hitler genau an der richtigen Stelle seiner Empfindungen getroffen. Hitler erklärt ihm dasselbe wie Göring:

»Sie meinen, das Offizierkorps könne Ihre Braut für nicht ebenbürtig halten?«

Hitler ist wütend. Er haßt die »Reaktionäre«, den »hochnäsigen Adel«, promovierte Akademiker, die auch auf ihn stets herabgesehen haben, weil er aus »kleinen Kreisen« kommt, weil er keine Universität besucht hat.

»Der Nationalsozialismus«, sagt er deshalb zu Blomberg, »hat mit solchen überlebten Vorurteilen aufgeräumt. Sonst wäre unsere Volksgemeinschaft nur ein leerer Wahn.« Er entschließt sich kurz: »Das werden wir doch sehen! Wissen Sie was? Ich werde selbst Trauzeuge bei Ihrer Hochzeit sein!«

Am 12. Januar 1938 findet die Hochzeit des Reichskriegsministers Generalfeldmarschall Werner v. Blomberg mit Fräulein Erna Gruhn statt. Trauzeugen sind der Führer und Reichskanzler Adolf Hitler und der Reichsluftfahrtminister Generaloberst Hermann Göring.

Nur zehn Tage später bewahrheitet sich an Göring das alte deutsche Sprichwort: »Der Lauscher an der Wand, hört seine eig'ne Schand'!«

Göring hat schon 1933 das »Forschungsamt« eingerichtet. Ein beinahe zutreffender Name. Allerdings handelt es sich bei den »Forschungen« dieses Amtes nicht um neue Erkenntnisse der Wissenschaft, sondern um die Erforschung privater und politischer Geheimnisse. Das »Forschungsamt« ist nichts weiter als ein weitverzweigter Telefonabhördienst.

Die Abschrift des Gesprächs, das Göring am 22. Januar von einem Eilkurier nach seinem Luxusgrundstück Karinhall gebracht wird, trägt den Vermerk »Geheim« und die Zeit 21. 1. 38, 9.30 Uhr. Eine anonymer Anrufer teilt mit, Blomberg habe eine Hure geheiratet.

Göring ist entsetzt. Er selbst und der Führer als Trauzeuge bei der Hochzeit einer Prostituierten? Wenn das stimmt!

Es stimmt. Unabhängig von jenem anonymen Anruf im Kriegsministerium sind schon andere darauf gekommen. Die Beweise liegen vor. Erna Gruhn ist sogar schon einschlägig vorbestraft.

Das Offizierkorps verlangt den sofortigen Rücktritt Blombergs, und Hitler muß vor der Entschlossenheit des Offizierkorps, den entehrten Marschall zu entfernen, kapitulieren.

Wer wird Blombergs Nachfolger?

Der nächste in der Rangfolge wäre Generaloberst Freiherr v. Fritsch, der Oberbefehlshaber des Heeres. Aber Göring hat Hitler am Tag zuvor eine Akte auf den Tisch gelegt, aus der hervorgeht, daß Fritsch sich moralischer und krimineller Verfehlungen schuldig gemacht hat, die ihn von vornherein ausschalten.

Es ist später nie ganz geklärt worden, wie es wirklich gekommen ist. Fest steht nur, daß man (Göring oder Heydrich) bewußt und mit falschen Zeugen versuchte, den Generalobersten von Fritsch homosexueller Verfehlungen zu beschuldigen, um ihn so aus seiner Machtstellung auszuschalten. Zwar wird Generaloberst von Fritsch später rehabilitiert und von Hitler mit der Verleihung eines persönlichen Regiments »geehrt«.

Diese »Ehrung« steht jedoch in keinem Verhältnis zu

der Schmach, die man von Fritsch mit dieser Verleumdung angetan hat. Den skrupellosen Methoden der nationalsozialistischen Herrschaft nicht gewachsen, wird er im Polenfeldzug den Freitod suchen. Hitler aber, wittert seinen Vorteil: Er wird überhaupt keinen Nachfolger Blombergs ernennen, sondern selbst unmittelbar, nicht nur formell als Staatsoberhaupt, den Befehl über die gesamte Wehrmacht übernehmen.

Dabei kommt ihm gleich ein weiterer Gedanke: Diese Gelegenheit kann er benutzen, um überhaupt eine »Wachablösung« durchzuführen, in der Wehrmacht, aber auch in Regierung und Verwaltung!

Am 4. Februar 1938 findet die letzte Sitzung der deutschen Reichsregierung statt. Danach wird das Kabinett im Dritten Reich niemals wieder zusammentreten – erst nach der Kapitulation Deutschlands unter dem neuen Reichspräsidenten Dönitz und unter Aufsicht britischer Soldaten auf dem letzten Fleck »Großdeutschlands«, der Marineschule Flensburg-Mürwik.

Davon ahnt noch niemand von denen etwas, die jetzt auf Anweisung Hitlers die »Konzentration in der Führung des Reiches« beschließen. Anderntags kann das deutsche Volk, kann die Welt den Meldungen der Zeitungen und Nachrichtenagenturen entnehmen, was sich in der deutschen Führung alles verändert hat:

Der Reichskriegsminister von Blomberg und der Oberbefehlshaber des Heeres von Fritsch sind beide »aus Gesundheitsgründen« zurückgetreten. Hitler drückt in persönlichen Handschreiben beiden seine tiefempfundene Dankbarkeit für die geleistete Arbeit aus.

Neuer Heeresbefehlshaber an Stelle Fritschs wird der General der Artillerie Walther von Brauchitsch. Blomberg erhält keinen Nachfolger. Der »Führer« selbst übernimmt den Oberbefehl und hat zu seiner Unterstützung ein »Oberkommando der Wehrmacht«, das OKW, geschaffen, zu dessen Chef er den General der Artillerie Wilhelm Keitel ernannt hat, der von seinen Generals-Kameraden bald der »Lakaitel« genannt werden wird.

Göring wird zum Generalfeldmarschall befördert und ist damit zwar nicht Kriegsminister geworden, wie er gehofft hat, aber ranghöchster deutscher Offizier.

Auch Reichsaußenminister Freiherr Konstantin von Neurath tritt zurück. Sein Nachfolger ist der jetzige Botschafter in London, Joachim von Ribbentrop.

Noch jemand wird von seinem Posten abberufen und diese Abberufung mit ihren Folgen wird von größter Bedeutung für die weitere internationale Entwicklung, für den Weg Deutschlands ins Großdeutsche Reich. Der Abberufene ist der deutsche Gesandte in Wien, der frühere Reichskanzler, der Chef des »Kabinetts der Barone«, der Mann, der glaubte, Hitler für sich »engagiert« zu haben, Hitlers ehemaliger Vizekanzler Franz von Papen.

Seit seinem mißglückten Putsch 1923 hatte sich Hitler mit der Reichswehr schwergetan. Auch gelang es der NSDAP hier nicht so recht, Fuß zu fassen. Viele Oppositionelle begaben sich daher unter den Schutz der Wehrmacht, wohin der lange Arm der Gestapo noch nicht reichte. Doch wenn auch Hitler gegen das Offizierkorps tiefes Mißtrauen hegte, der Chef des Ganzen, Kriegsminister von Blomberg, war ihm schon recht. Der Jasager aber sorgte 1938 selbst für seinen Sturz, als er eine ehemalige Prostituierte heiratete und Hitler so die Gelegenheit gab, selbst die Führung der Wehrmacht zu übernehmen. Der mögliche Nachfolger nämlich, Generaloberst von Fritsch – hier im Gespräch mit Hitler und Blomberg (links) –, fiel einer Intrige zum Opfer. Es wurden ihm homosexuelle Verfehlungen nachgesagt, so daß er zurücktreten mußte. Und selbst als sich die Vorwürfe als völlig haltlos erwiesen, setzte ihn Hitler nicht wieder in sein Amt ein. Er hatte inzwischen die Führungsstruktur völlig umgekrempelt und ein Oberkommando der Wehrmacht geschaffen, über dessen Zweck er sagte: »Wenn ich mich daher entschloß, nunmehr meine Befehlsgewalt über die drei Wehrmachtteile direkt auszuüben und das »Wehramt« als »Oberkommando der Wehrmacht« mir persönlich zu unterstellen, dann hoffe ich, daß wir dadurch zu jener Verstärkung unserer militärischen Machtmittel in kürzester Zeit kommen werden, die die allgemeinen Zeitumstände heute angezeigt sein lassen . . .«

Er wird am 4. Februar unmittelbar nach der letzten Sitzung der deutschen Reichsregierung vom Staatssekretär der Reichskanzlei, Lammers, angerufen:

»Der Führer läßt Ihnen sagen, Ihre Mission in Wien sei beendet. Ich wollte Ihnen diese Mitteilung machen, bevor Sie sie morgen in den Zeitungen lesen . . .«

Papen wird von dieser Mitteilung völlig überrascht. Dreieinhalb Jahre lang ist er deutscher Gesandter in Wien, und er glaubt, dort gute Arbeit geleistet zu haben – nicht nur für Hitler, sondern gerade auch für Österreich. Die Juli-Verträge von 1936 sind mit auf seine Initiative zurückzuführen.

Damals hat Hitler ihn sogar angefahren, weil Papen mit dem Geheimvertrag dem österreichischen Bundeskanzler Schuschnigg viel zu viele Konzessionen gemacht habe, dann aber hat er Papen den persönlichen Rang eines Botschafters verliehen.

Papen ist davon überzeugt, daß er der einzige deutsche Politiker ist, der zwischen Berlin und Wien so ausgleichen kann, daß es nicht zu einem gewaltsamen Anschluß Österreichs an das Deutsche Reich kommt.

Eine solche Politik des Ausgleichs ist dringend notwendig. Wie von allen Kennern der Verhältnisse vorauszusehen war, hat Schuschnigg das Juli-Abkommen nur abgeschlossen, um Hitler erst einmal zu beruhigen. Seitdem hat er alles unternommen, um das Abkommen nicht verwirklichen zu müssen. Schuschnigg weiß, daß dieses Abkommen früher oder später zu einer friedlichen Vereinigung Deutschlands und Österreichs führen müßte. Er ist jedoch nach wie vor für die Erhaltung der Unabhängigkeit Österreichs und tut deshalb alles nur Mögliche, diese Unabhängigkeit zu sichern. Schuschnigg konspiriert deshalb auch mit dem Erzherzog Otto von Habsburg in der Hoffnung, bei günstiger Gelegenheit die Monarchie wieder einzuführen, obwohl dies der schlimmste Verstoß gegen das Abkommen wäre – eine Wiedereinsetzung der Habsburger muß in den ehemaligen nichtdeutschen Ländern des Habsburgerreichs zur Unruhe führen und den Frieden im Südosten Europas auf das schwerste gefährden und eine allmähliche Annäherung Österreichs und Deutschlands unmöglich machen.

Eines hat Schuschnigg allerdings getan: Er hat eine Anzahl von Nationalsozialisten aus den Konzentrationslagern, Gefängnissen und Zuchthäusern entlassen. Das war nicht zu umgehen. Bis zum 1. Januar 1937 werden 15583 politische Häftlinge – nach Angaben Schuschniggs – freigelassen. Eine phantastische Zahl, wenn man bedenkt, daß Österreich nur 6 Millionen Einwohner hat, und wenn man weiter bedenkt, daß es sich bei den Freigelassenen nur um Anhänger des Anschlusses an Deutschland, zumeist Nationalsozialisten, handelt. Die Sozialdemokraten sind in noch weit größerer Zahl in Haft, seitdem Schuschniggs Vorgänger

Dollfuß das Parlament von 200 Polizisten auseinandertreiben und später in den Wiener Arbeitervierteln, Arbeiter, Frauen und Kinder mit Maschinengewehren und Artillerie zusammenschießen ließ. So viele politische Häftlinge wie 1936 in Österreich gibt es, gemessen an der Bevölkerungszahl, in keinem Land Europas, weder in Italien noch in Deutschland – die Sowjetunion vielleicht ausgenommen.

Es zeigt sich bald, daß die 16000 Freigelassenen nur ein Teil der politischen Häftlinge sind, die Schuschnigg freizulassen sich verpflichtet hat. Auch die anderen Teile des Abkommens werden von Schuschnigg nicht erfüllt.

Die trotz der Juli-Verträge noch immer illegalen Nationalsozialisten planen nun ihrerseits Aktionen gegen die Regierung Schuschnigg. Am 25. Januar 1938 beschlagnahmt die Wiener Polizei in einem illegalen Büro der NSDAP Papiere, aus denen hervorgeht, daß der Ingenieur Tavs, einer der führenden Nationalsozialisten, die Berliner Parteiführung aufgefordert hat, die Wehrmacht in Österreich einmarschieren zu lassen. Die vergangene Zeit habe gezeigt, daß die Regierung Schuschnigg nicht daran denke, die Verträge von 1936 einzuhalten und daß es also keine Hoffnung mehr gäbe, mit Schuschnigg zusammenarbeiten zu können.

Schuschnigg, der nun erstmals einen wirklichen Grund hätte, in Berlin zu protestieren, schweigt ausgerechnet jetzt. Nur der Ingenieur Tavs wird ohne großes Aufsehen verhaftet und wegen Hochverrats angeklagt. Papen weiß, weshalb Schuschnigg nichts weiter unternimmt. Er hat dem deutschen Botschafter schon im November angedeutet, daß er selbst mit Hitler sprechen möchte, und jetzt, nach Tavs' Forderung des Einmarsches in Österreich, scheint Schuschnigg Angst vor der eigenen Courage bekommen zu haben.

Deshalb ist Papen über seine Abberufung besonders enttäuscht. Gerade jetzt, wo Schuschnigg anscheinend bereit ist einzulenken! Papen entschließt sich, zu Hitler nach Berchtesgaden zu fahren und ihm zu sagen, daß Schuschnigg ihn zu sprechen wünsche.

Hitler ist überrascht. Anscheinend hat er sich bereits entschlossen, nunmehr energischer gegen Schuschniggs ständiges Schwanken vorzugehen, deshalb auch die Abberufung des stets auf einen Ausgleich bedachten Papen.

»Das ist ausgezeichnet«, sagt er jetzt und bittet Papen, wieder nach Wien zu fahren und Schuschnigg nach Berchtesgaden einzuladen.

Das geschieht. Die Begegnung zwischen Schuschnigg und Hitler wird für den 12. Februar 1938 vereinbart. Schuschnigg beauftragt seinen engsten Mitarbeiter, den Generalsekretär der Vaterländischen Front, Zernatto, zusammen mit dem Staatssekretär »für innere Befriedung«, Seyß-Inquart, Vorschläge für die Verhandlungen mit Hitler auszuarbeiten. Diese Ausarbeitungen sind nach dem Krieg in einem Prozeß gegen den Staatssekretär Guido Schmidt dem Gericht vorgelegt worden. »Punktationen« ist der offizielle Titel dieser Vorschläge.

Sie haben im wesentlichen nichts anderes zum Inhalt, als der vertrauliche Vertrag vom Juli 1936, nur daß Schuschnigg eben nochmals versichert, er werde die schon damals vereinbarten Maßnahmen nun wirklich durchführen.

Schuschnigg, der alles versucht, die Unabhängigkeit Österreichs zu erhalten, auch um den Preis seiner eigenen Glaubwürdigkeit, reist mit der Absicht zu Hitler nach Berchtesgaden, ihn noch einmal zu beschwichtigen, ihn noch einmal hinzuhalten. Er hat auch schon einen Plan dazu gemacht.

Die buchstäblich einzige verfassungsmäßige Institution, die aus demokratischen Zeiten in Österreich noch übriggeblieben ist, ist der Bundespräsident. Professor Miklas ist noch von dem später durch die Regierung Dollfuß-Schuschnigg auseinandergejagten Parlament gewählt worden. Zwar ist für Schuschnigg die Verfassung Österreichs sonst nicht mehr existent, aber hier kann er sich einmal zu seinem Vorteil auf sie berufen. Sein Vorhaben ist ganz einfach: Er zeigt Hitler den guten Willen, den er hat. Er versichert, alles für eine gutnachbarliche Zusammenarbeit mit Deutschland zu tun – bitte, hier seine Punktationen. Unterschreiben kann er das allerdings leider nicht, die Durchführung verantwortlich übernehmen kann er leider auch nicht – wegen der Verfassung. Der Bundespräsident allein kann einen Vertrag unterschreiben, der Bundeskanzler darf es gar nicht.

Damit auch alles funktioniert, hat Schuschnigg – entgegen der Verfassung – dem Bundespräsidenten nichts von seinem bevorstehenden Besuch bei Hitler und von seinen »Punktationen« gesagt. Erst unmittelbar vor seiner Abreise hat er dem Präsidenten einen Brief, nicht etwa ein Telegramm, mit der Nachricht von seinem Besuch bei dem deutschen Reichskanzler zugeschickt. Wenn Miklas den Brief erhält, wird er bereits mit Hitler konferieren. So kann nichts schiefgehen, denkt Schuschnigg.

Aber er hat sich in Hitler getäuscht – und er weiß nicht, daß seine »Punktationen« Hitler durch einen Vertrauensbruch bereits bekannt sind. So hat Hitler bereits eine Vereinbarung ausarbeiten lassen, die völlig den »Punktationen« Schuschniggs entspricht. Mit einer Ausnahme allerdings: Hitler will sich nicht wieder auf bloße Versprechungen einlassen und hat deshalb zu allen Punkten konkrete Termine und Namen genannt – genau das, was Schuschnigg vermeiden muß, da er ja von vornherein entschlossen ist, auch diesmal nur so zu tun »als ob«. Die Unterredung zwischen dem Reichskanzler und dem Bundeskanzler verläuft äußerst erregt. Hitler macht Schuschnigg Vorwürfe, verurteilt die gesamte Politik des früheren Habsburgerreiches, die immer gegen die Einheit Deutschlands und gegen jedes nationale Interesse gerichtet gewesen sei. Er greift Schuschnigg persönlich wegen seiner »ständigen Vertragsbrüche« an und erklärt kategorisch, daß er sich das nun nicht mehr gefallen lasse.

Schließlich kann Papen in einer Gesprächspause vermitteln und die konkreten Vorschläge Hitlers zur Verwirklichung der Schuschniggschen »Punktationen« etwas abmildern. So sehen die schließlich am späten Abend von Hitler und Schuschnigg unterzeichneten Vereinbarungen in allen wesentlichen Punkten so aus, wie der österreichische Kanzler sie in dem Glauben an die Wirksamkeit seiner Hinhalte-Taktik selbst vorschlagen wollte. Jetzt ist guter Rat teuer – denn eine Sicherung hat Hitler eingebaut: Die längst vereinbarte Amnestie für politische Häftlinge ist bis zum 18. Februar zu verkünden und unmittelbar danach durchzuführen.

Schuschnigg bleibt nichts anderes übrig, als nach seiner Rückkehr Bundespräsident Miklas zu informieren und ihn zu bitten, den Amnestie-Erlaß zu unterzeichnen. Zugleich wird Seyß-Inquart, den Schuschnigg selbst als Vermittler zwischen Österreich und Deutschland vorgeschlagen hat, zum Innenminister ernannt.

Hitlers Reichstagsrede am 20. Februar ist dementsprechend des Lobes voll für den österreichischen Bundeskanzler. Wer bei den Gesprächen auf dem Berghof nicht dabei war, muß annehmen, Schuschnigg und Hitler seien die besten und treuesten Freunde. Hitler spricht nur freundlich über Österreich und seinen Bundeskanzler.

Vier Tage darauf gibt Schuschnigg vor seinem Schein-Parlament seinerseits ein »Kommuniqué« über die Berchtesgadener Vereinbarungen, deren wesentlicher Inhalt von ihm selbst stammte. Er spricht in härterem Ton als Hitler:

»Trotz aller Bemühungen ist es nicht gelungen, die Spannungen zu lösen, die über dem deutschen Raum ... seit Jahren lasten. Es hat sich ein auf die Dauer unerträglicher, weil durchaus anormaler Zustand herausgebildet ...

Wir wissen ganz genau, daß wir jetzt bis zu jener Grenze gingen, hinter der ganz klar und eindeutig ein ›Bis hierher – und nicht weiter‹ steht. Es scheint unerläßlich, die wesentliche Feststellung nochmals zu wiederholen, damit an unserem unerschütterlichen Willen zur Eigenstaatlichkeit und Unabhängigkeit kein Zweifel sei ...

Rot-Weiß-Rot bis in den Tod!«

Das ist eine glatte Absage an die Juli-Verträge und an die eben geschlossenen Berchtesgadener Vereinbarungen, die gerade der Annäherung der beiden deutschen

Staaten dienen sollen und nicht einer Zementierung ihrer Trennung.

Hitler ist zwar ärgerlich über diese Rede, aber immerhin hat Schuschnigg zwei Vertragspunkte sofort erfüllt – die Amnestierung und die Einsetzung Seyß-Inquarts als Innenminister. Hitler hofft, daß sich trotz Schuschniggs Obstruktion im Lauf der Zeit die Vereinigung von allein durchsetzen wird.

Schuschnigg hat einen neuen taktischen Zug vorbereitet. Die Idee dazu stammt allerdings nicht von ihm. Allen Nachrichten darüber zufolge, die bekanntgeworden sind, stammt der Einfall vom französischen Gesandten in Wien, Puaux, der privat mit Schuschnigg befreundet ist:

Eine Volksbefragung sollte man durchführen. Wenn die Abstimmung siegreich für Schuschnigg, für die Fortdauer der Trennung Deutsch-Österreichs von Deutschland ausfällt – und daran gibt es doch gar keinen Zweifel! –, dann wird Frankreich den militärischen Schutz Österreichs übernehmen. Dann kann man auch alle mit Deutschland getroffenen Vereinbarungen für hinfällig erklären. Das Volk will sie ja nicht, was soll man also anders tun. Vox populi – vox Dei, Volkes Stimme – Gottes Stimme.

Schuschnigg hält das für eine glänzende Idee. Natürlich – das ist der Ausweg, um von den unterschriebenen Vereinbarungen und Verträgen wieder wegzukommen und die Unabhängigkeit Österreichs zu sichern. Natürlich – gegen die Meinung des Volkes kann eine volksverbundene Regierung nicht angehen.

Aber eine Volksbefragung muß nach der Verfassung vom Parlament beschlossen und vom Bundespräsidenten verkündet werden. Obwohl das Parlament nicht gewählt, sondern von ihm und seinen politischen Freunden eingesetzt worden ist, wird es von Schuschnigg übergangen. Auch der Bundespräsident und selbst Schuschniggs Regierungsmitglieder erfahren von der neuesten Taktik erst durch die Rundfunkrede des Kanzlers vor Vertretern der Vaterländischen Front in Innsbruck.

Die Rede wird am 9. März abends gehalten, schon am 13., dem folgenden Sonntag, soll die Volksabstimmung stattfinden. Eine Vorbereitungszeit also von nur drei Tagen – in der es wohl kaum zu ordnungsgemäßen Wahlen kommen kann, zumal die vorgesehenen Wahllisten noch aus dem Jahre 1930 stammen.

Franz von Papen fliegt sofort nach Berlin. Als er in der Reichskanzlei ankommt, ist dort alles in höchster Aufregung. Es ist der 11. März. Hitler hat dem OKW befohlen, die Wehrmacht zum Einmarsch nach Österreich bereitzustellen. Für alle Fälle – noch hat er sich keineswegs für den Einmarsch entschieden.

Er hat Schuschnigg jetzt ein Ultimatum gestellt, worin er nicht einmal die Absetzung der betrügerischen »Volksbefragung«, sondern nur deren Verschiebung um drei Wochen verlangt, damit sie ordnungsgemäß und mit einer konkreten, jedem verständlichen Fragestellung durchgeführt werden kann. Gegen eine Volksbefragung hat er gar nichts einzuwenden, er selbst hat Schuschnigg nämlich während der Unterredung auf dem Berghof unter vier Augen eine Volksbefragung vorgeschlagen. Schuschnigg berichtet das nach dem Krieg selbst. Aber der österreichische Bundeskanzler hat zu Hitler gesagt, er wäre auch dafür, aber leider sei eine Volksbefragung nicht möglich...

Dann geht alles Schlag auf Schlag. Schuschnigg lehnt das Ultimatum zunächst ab. Als er von den bereitstehenden Truppen vernimmt, erklärt er sich schließlich zu Verschiebung der Volksbefragung bereit. Inzwischen aber hat sich Generalfeldmarschall Göring eingeschaltet, der pausenlos mit Seyß-Inquart und mit anderen in Wien telefoniert.

Göring teilt Seyß-Inquart mit, die Verschiebung der Volksbefragung genüge nicht mehr. Zu Schuschnigg könne man keinerlei Vertrauen mehr haben, der habe schon zu oft gelogen. Schuschnigg müsse zurücktreten, »sonst rollt die Sache«, womit der militärische Einmarsch gemeint ist.

Schuschnigg hat inzwischen eingesehen, daß er diesmal viel zu weit gegangen ist und daß ihm jetzt kein Ausweichen mehr hilft. Seine Zeit ist abgelaufen. So erklärt er dem Bundespräsidenten tatsächlich seinen Rücktritt und hält schnell noch aus seinem Amtszimmer, wohin die österreichische Rundfunkgesellschaft RAVAG ihm ein Mikrophon gebracht hat, eine Ansprache, in der er, wie vor sechs Jahren der preußische Innenminister Severing, »der Gewalt weicht«.

Göring fordert nun Seyß-Inquart auf, zusammen mit dem deutschen Militärattaché Generalleutnant Muff zu Präsident Miklas zu gehen und von ihm zu verlangen, Seyß-Inquart zum Bundeskanzler zu machen. In der Aufregung dieser hektischen Stunden vergessen die drei Hauptbeteiligten ganz, daß diese Forderung völlig überflüssig ist. Weder Seyß noch Göring noch Miklas bemerken, daß die ganze Staatsgewalt formell mit dem Rücktritt Schuschniggs schon in den Händen der »Großdeutschen« ist. Seyß-Inquart ist Innenminister, ihm unterstehen die Polizei und die Sicherheitstruppen Österreichs. Und der Kriegsminister General von Glaise-Horstenau ist ebenfalls »Großdeutscher« – ihm unterstehen die gesamten Streitkräfte. Und Schuschnigg hat quasi als letzte Amtshandlung selbst noch der Bundeswehr den Befehl gegeben, eventuell einrückenden deutschen Truppen keinen Widerstand zu leisten. Damit ist die Machtfrage schon geklärt. Dennoch verbeißt sich Göring in die Forderung an Präsident Miklas, Seyß-Inquart zum Bundeskanzler zu machen; Miklas wiederum versteift sich auf die Ablehnung dieser Forderung, die an den realen Verhältnissen gar nichts mehr ändern würde.

Göring erhält von einem Vertrauten aus Wien, dem späteren Massenmörder Odilo Globocnik, die falsche Meldung – von der nie bekannt wurde, wie sie zustande kam –, Seyß-Inquart sei soeben beim Bundespräsidenten und werde als Bundeskanzler vereidigt. Göring triumphiert und eilt in die Halle der Reichskanzlei, wo alles voller Spannung auf weitere Ereignisse wartet. Er ruft den Anwesenden zu:

»Es ist geschafft! Seyß bildet die neue Regierung mit Leuten von uns!«

Ex-Reichskanzler und Ex-Gesandter von Papen (seine Abberufung vom 4. Februar ist nicht rückgängig gemacht worden, wenn er auch noch bis zu diesem Zeitpunkt in Wien verblieben ist) eilt aus der Halle unangemeldet zu Hitler in das riesige Arbeitszimmer und meldet ihm, was er eben von Göring gehört hat:

»Nun ist ja Ihre Forderung erfüllt. Jetzt heben Sie um Gottes willen die Maßnahmen für den Einmarsch wieder auf. Denn nun wird sich ja alles friedlich klären, und wir riskieren nicht, den Anstoß zu katastrophalen Überraschungen zu geben!«

Hitler nickt.

»Ja, ja. Das kann gemacht werden.« Er wendet sich an General Keitel, der bei ihm ist.

»Lassen Sie Brauchitsch sofort wissen, daß der Einmarschbefehl aufgehoben ist.«

Eine weitere Ironie dieses Tages, nachdem zuerst der längst für den Fall der Fälle befohlene »Plan Otto« für den Einmarsch in Österreich nicht existiert, nachdem Miklas, Seyß und Göring sich um Kaisers Bart gestritten haben: General von Brauchitsch hat den Einmarschbefehl gar nicht gegeben und braucht ihn deshalb jetzt auch nicht zu widerrufen. Er hat den Befehl Hitlers für einen Bluff gehalten, mit dem nur Schuschnigg erschreckt werden soll!

Bald stellt sich jedoch heraus, daß Miklas noch immer nicht daran denkt, Seyß-Inquart zum Bundeskanzler zu machen. Daher fertigt um 20.45 Uhr Hitler nun doch den schriftlichen Befehl aus, nach dem die an der bayerischen Grenze bereitstehenden Truppen am nächsten Morgen die Grenze überschreiten sollen – Seyß-Inquart ist noch immer nicht Bundeskanzler. Erst in der Nacht ruft er bei Göring an und teilt mit, daß der Bundespräsident ihn tatsächlich soeben vereidigt habe.

Aber nun gibt es kein Zurück mehr. Die Militärmaschine ist eben im Warmlaufen, jetzt kann man sie nicht mehr stoppen. Es denkt auch keiner daran. Die Nachrichten aus allen Teilen Österreichs besagen, daß es keinen Widerstand geben wird. Im Gegenteil – trotz der nächtlichen Stunde sind überall jubelnde Menschen auf den Straßen und Plätzen und warten auf den Einzug der deutschen Truppen.

Gegen den Grundsatz vom Selbstbestimmungsrecht der Völker und gegen
den ausdrücklichen Willen beider Länder war im Versailler Vertrag die Vereinigung von Deutschland und dem, was
vom einstigen Habsburger Großreich als
Österreich übriggeblieben war, verboten
worden. Erst Hitler, selbst Österreicher
von Geburt, gelang der »Anschluß«. Als
in den Morgenstunden des 12. März
1938 deutsche Truppen in Österreich
einmarschierten und wenig später der
»Führer« selbst auf dem Wiener Helden-
platz *(rechts)* »den Eintritt meiner Heimat in das Deutsche Reich« verkündete,
kannte der Jubel keine Grenzen. Er hatte Hitler, der alle Sicherheitsvorkehrun-
gen im Wagen stehend *(links oben)* sou-
verän mißachtete, statt der ursprünglich
vorgesehenen Personalunion gleich die
völlige Verschmelzung beider Staaten
nahegelegt. Die private Verbrüderung
(links unten) gelang ohnehin rasch. –
Den deutschen Truppen auf dem Fuße
aber folgte der deutsche »Sicherheits-
dienst« unter Führung von Himmler und
Heydrich. Schon in der Nacht nach dem
Einmarsch wurden 67 000 Personen festgenommen, vor allem Juden. Wie tief
die Österreicher die Enttäuschung empfanden, läßt sich am besten daraus ersehen, daß der einst so populäre Gedanke
des Anschlusses mit dem Zusammenbruch des Nationalsozialismus völlig un-
terging.

Es wird ein Triumphzug für die Soldaten. Und überall schließen sich ihnen die Soldaten der österreichischen Bundeswehr freiwillig an.

Alles ist so überraschend gekommen, daß Hitler, als er in seiner Heimatstadt Linz zur Bevölkerung spricht, selbst noch nicht an einen »Anschluß« denkt, sondern nur an eine Personalunion zwischen Österreich und Deutschland. Erst der überwältigende Jubel der Volksmassen bringt ihn zu dem Entschluß, Österreich sofort ganz mit Deutschland wiederzuvereinigen.

Der Korrespondent der Londoner »Times«, Major F. Yeats Brown, schreibt über seine eigenen Erlebnisse in Österreich für seine Zeitung:

»Der Umschwung der öffentlichen Meinung würde unglaubhaft sein, wenn man ihn nicht mit eigenen Augen gesehen hätte. Die Wahrheit ist, daß die Wien und München trennende Grenze immer nur künstlich war... Die Menschen sprechen die gleiche Sprache, denken dasselbe... Natürlich wünschen sie, ein Volk zu sein. Es kann nicht zuoft wiederholt werden: Schuschniggs Plebiszit war ein Akt der Schikane. Vom Londoner Blickwinkel gesehen mag der deutsche Marsch über die Grenze wie ein Akt der Aggression aussehen. Von hier aus gesehen sind die Truppen Brüder, gekommen, um Österreich zu retten...« Am 13. März, dem Tag von Schuschniggs »Volksabstimmung«, unterzeichnen in Linz der österreichische Bundeskanzler Arthur Seyß-Inquart und der deutsche Führer und Reichskanzler Adolf Hitler gemeinsam das »Wiedervereinigungsgesetz«, dessen erster Artikel lautet:

»Österreich ist ein Land des Deutschen Reiches.«

Die unmenschliche, damals in der deutschen Presse natürlich nicht geschilderte Kehrseite dieser mit Jubel eingeleiteten Epoche der österreichischen Geschichte im Staatsverband der nationalsozialistischen Diktatur beschreibt der Augenzeuge William L. Shirer:

»In den ersten paar Wochen führten sich die Wiener Nationalsozialisten schlimmer auf, als ich es irgendwo in Deutschland gesehen hatte. Es war eine Orgie des Sadismus. Tag für Tag wurden zahlreiche Juden und Jüdinnen herangeholt, um von den Häuserwänden Schuschniggs Wahlparolen abzuschrubben und die Rinnsteine zu reinigen. Während sie unter Aufsicht höhnisch grinsender SA-Leute auf den Knien arbeiteten, sammelten sich Menschenmengen an, die sie verspotteten. Hunderte von jüdischen Männern und Frauen wurden auf der Straße ergriffen und mußten öffentliche Bedürfnisanstalten und Klosetts der SA- und SS-Quartiere säubern. Zehntausende kamen ins Gefängnis. Ihre Besitztümer wurden beschlagnahmt oder gestohlen.«

Vier Wochen später findet in dem bisherigen Österreich, bald nur noch »die Ostmark« genannt, eine Volksabstimmung statt, gleichzeitig auch im »Altreich«.

Geschickt formuliert ist die suggestive Doppelfrage, die zweifellos manchen für Großdeutschland, aber nicht unbedingt für Hitler eintretenden Stimmberechtigten zu einem »Ja« veranlaßt: »Bist Du mit der am 13. März vollzogenen Wiedervereinigung Österreichs mit dem Deutschen Reich einverstanden und stimmst Du für die Liste unseres Führers Adolf Hitler?«

99,7 Prozent der österreichischen Wähler stimmen mit Ja, in Deutschland sind es etwas weniger. Hitlers alter Wunschtraum ist verwirklicht, ein wesentliches Ziel seiner Außenpolitik hat er erreicht: das Großdeutsche Reich.

Aber Millionen von Deutschen leben trotzdem noch außerhalb der deutschen Grenzen. Im künstlichen Staatsgebilde der Tschechoslowakei wohnen allein dreieinhalb Millionen Deutsche. Die Tschechen stellen nicht ganz die Hälfte der Bevölkerung, regieren aber allein, trotz der Verfassung, die etwas Anderes vorsieht, trotz der Versprechen der führenden tschechischen Politiker Masaryk und Benesch bei der Gründung des Staates, eine Art osteuropäische Schweiz zu schaffen. Den anderen Nationalitäten – Deutsche, Slowaken, Ungarn, Ukrainer und Polen – werden die feierlich garantierten Rechte vorenthalten.

Die Unterdrückung der Sudetendeutschen – die schon längst vor Hitler in aller Welt, vor allem aber in England, um Hilfe ersucht haben, darunter vor allem die deutschen Sozialdemokraten – ist Hitler längst ein Dorn im Auge. Die von den Tschechen immer wieder zugesagte, aber nie verwirklichte Autonomie für die Sudetendeutschen innerhalb des tschechischen Staatsverbandes ist ein Ziel gewesen, daß er noch vor der Wiedervereinigung mit Österreich durchsetzen wollte. Die plötzliche Entwicklung durch Schuschniggs Handlungsweise hat ihn selbst überrascht und sein Hauptziel schneller erreichen lassen, als er selbst je gedacht hat. Nun wendet er sich wieder der sudetendeutschen Frage zu. Am 21. Mai 1938 finden in der ČSR Gemeindewahlen statt. Man rechnet, daß in den sudetendeutschen Gebieten des Böhmerwaldes, des Riesengebirges und des Erzgebirges zwei Drittel der Bevölkerung für deutsche Gemeindevertreter stimmen werden. Tatsächlich sind es über 90 Prozent aller Stimmen, die für deutsche Gemeindevertreter abgegeben werden. Die Antwort der tschechischen Regierung besteht darin, die Mobilmachung der Streitkräfte anzuordnen und Truppen an die deutsche Grenze, also ins Sudetenland zu verlegen. Es kommt im Laufe des Sommers zu vielen Auseinandersetzungen zwischen den tschechischen Behörden und der deutschen Bevölkerung. Das Problem Sudetenland beschäftigt in zunehmendem Maße auch das Ausland. Besonders England engagiert sich stark. Die britische Regierung hat schon vor 1933 den bei ihr vorsprechenden Vertretern der deutschen Bevölkerung der

Tschechoslowakei zugesagt, ihre Forderungen nach einer Autonomie, die dem Selbstbestimmungsrecht der Völker entspricht, zu unterstützen.

Um alles mögliche zu tun, damit ein kriegerischer Konflikt zwischen Deutschland und der Tschechoslowakei vermieden wird, entsendet die britische Regierung eine Beobachterdelegation in die ČSR, die geleitet wird von Lord Runciman.

Er kommt zu der gleichen Ansicht wie andere Beobachter vor ihm auch: Die Sudetendeutschen wollen nicht im tschechischen Staat verbleiben, sie wollen zu Deutschland, »heim ins Reich«.

Aber die britische Regierung zögert zunächst, daraus Schlußfolgerungen zu ziehen. Eine Autonomie für die Sudetendeutschen würde einen Eingriff in die Substanz des tschechischen Staates darstellen; damit würde sicher Frankreich nicht einverstanden sein, das ja den Bestand des tschechoslowakischen Staates gegen jeden Eingriff garantiert hat. England aber ist wiederum mit Frankreich verbündet. Eine verzwickte Lage.

Inzwischen droht Hitler, der noch immer über die tschechische Mobilmachung gegen Deutschland vom Mai empört ist, die Sudetendeutschen würden sich jetzt selbst helfen, wenn nur immer weiter geredet würde. Deutschland könne dann nicht abseits stehen. Das wird überall als Kriegsdrohung aufgefaßt.

Anders als im Fall Österreich ist Hitler an der Lösung der sudetendeutschen Frage nicht so sehr aus ideologischen oder sentimentalen Gründen interessiert, um das »Großdeutsche Reich« zu vollenden, sondern wesentlich aus strategischen Erwägungen. Die Tschechoslowakei – der »Blinddarm Europas«, wie ein britischer Politiker diesen Staat genannt hat – ragt mitten in das Herz Deutschlands hinein. Da an der Feindseligkeit der tschechischen Führer gegenüber Deutschland kein Zweifel besteht, ist die Existenz dieses Staates mitten in Deutschland eine ständige Bedrohung.

Sie wird allein schon dadurch lebensgefährlich, daß der Präsident Benesch mehr als eng mit den Sowjets zusammenarbeitet. Die ČSR sei, so sagt Hitler, »ein russischer Flugzeugträger mitten in Deutschland«.

Der britische Premierminister Neville Chamberlain entschließt sich zur ersten Flugreise seines Lebens und fliegt nach Deutschland, um selbst mit Hitler über die sudetendeutsche Frage zu beraten.

Die Besprechungen, die am 16. September 1938 auf Hitlers Berghof stattfinden wie ein halbes Jahr zuvor die Besprechung mit Schuschnigg, führen zu keinem Ergebnis. Hitler verlangt jetzt nicht nur die Autonomie für das Sudetenland, sondern den Anschluß an Deutschland. Eine solche Zusage kann Chamberlain ohne Rücksprache mit seiner Regierung nicht geben, und so fliegt er zunächst ohne Ergebnis nach London zurück.

An der darauf folgenden Kabinettssitzung nimmt auch Lord Runciman teil und berichtet über die Erfahrungen seiner Beobachtungsreise durch das Sudetenland, über seine Gespräche mit den Vertretern der Sudetendeutschen, mit der Bevölkerung selbst und mit der Regierung in Prag. Er sagt von sich aus, daß eine Autonomie innerhalb des tschechischen Staates keine Lösung sei. Das Sudetenland gehöre eindeutig zu Deutschland – noch dazu, nachdem nun Österreich, zu dem in der Habsburger Zeit die ganze jetzige ČSR und auch die Sudeten gehört hätten, wieder Teil des Deutschen Reiches sei. Auch die Bevölkerung selbst sei nicht mehr für eine Autonomie, sondern für den Anschluß an Deutschland. Eine Abtretung der Sudeten an Deutschland entspräche also dem Selbstbestimmungsrecht der Völker.

Inzwischen haben auch die Franzosen zu erkennen gegeben, daß sie der Sudetenfrage wegen keinen Krieg gegen Deutschland führen werden.

Die britische Regierung teilt der tschechischen mit, welcher Auffassung sie sei. Wohl oder übel stimmt Benesch, der sich jetzt auch von Frankreich verlassen sieht, zu, das Sudetenland abzutreten. Aber er versucht die gleiche Verzögerungstaktik anzuwenden, die ein halbes Jahr zuvor zum Untergang Schuschniggs geführt hat.

Chamberlain fliegt nochmals nach Deutschland, wo er sich diesmal in Bad Godesberg mit Hitler trifft. Die Besprechungen finden im Rheinhotel »Dreesen« statt, in dem Hitler damals am 4. Januar 1933 vor seinem berühmt gewordenen Gespräch mit Papen in Köln gefrühstückt hat. Wie bei der Unterredung mit Schuschnigg, stellt Hitler auch hier rigoros konkrete Termine als Forderungen. Es sei nun lange genug nur geredet worden – die Engländer seien mit der Abtretung des Sudetenlandes einverstanden, auch die Franzosen, und nun die Tschechen selbst. Wenn das alles ernst gemeint sei – weshalb dann nicht gleich?

Aber Chamberlain ist kein Schuschnigg, der vor Hitler kuscht, um erst hinter seinem Rücken, in genügender Entfernung, wieder den starken Mann herauszukehren. Chamberlain lehnt das »Ultimatum« empört ab. Aufgebracht begibt er sich in sein Hotel, das Hotel Petersberg auf der anderen Rheinseite.

Nachdem er Hitler am anderen Morgen, es ist der 23. September 1938, einen Brief hat überbringen lassen, kommt es am späten Abend noch einmal zu einer Besprechung im Hotel »Dreesen«.

Die Verhandlungen laufen sich wieder fest, da Hitler nicht von seinem Termin der Räumung des Sudetenlandes durch die Tschechen abgehen will: Der 28. September ist dieser Termin, also in fünf Tagen. Endlich gibt Hitler ein wenig nach und schlägt als neuen Termin den 1. Oktober vor.

Da läßt Benesch seine Bombe explodieren, mit der er das Geschick auch um den Preis eines europäischen Krieges noch einmal wenden will.

Ein Adjutant bringt der Konferenz der beiden Regierungschefs die Mitteilung, daß der tschechische Staatspräsident soeben die Mobilmachung gegen Deutschland angeordnet habe. Das bedeutet Krieg.

Chamberlain fliegt nach London zurück. Das deutsche Memorandum wird von ihm an die tschechische Regierung weitergeleitet, von der bald die Nachricht kommt, daß sie es ablehne.

Frankreich erklärt nun plötzlich, daß es sich im Kriegsfall an seine vertraglichen Verpflichtungen gegenüber der ČSR gebunden fühle, also im Fall einer Besetzung des Sudetenlandes durch deutsche Truppen Krieg gegen Deutschland führen würde.

Das gleiche erklärt daraufhin die britische Regierung, indem sie darauf hinweist, daß sie wiederum vertraglich verpflichtet ist, Frankreich zu unterstützen. Und das, obwohl sich alle Beteiligten, einschließlich der tschechischen Regierung, darüber einig gewesen sind, daß die Sudetendeutschen »heim ins Reich« kehren sollen.

Aber Hitlers unverschämte Forderung nach dem kurzfristigen Termin hat die Situation derartig verschärft. Scheinheilig hält er in einer maßlos wütenden Stimmung über diese »Hinterhältigkeit« der Tschechen, Engländer und Franzosen eine schon vorher vorgesehene Rede im Berliner »Sportpalast«. Er fällt über Benesch her. »Terrorist« nennt er ihn, »Kriegstreiber«, »Provokateur«.

Für den britischen Premierminister findet er selbst jetzt noch freundliche Worte und dankt ihm für seine aufrichtigen Bemühungen um den Frieden und das Selbstbestimmungsrecht für die Sudetendeutschen. Benesch aber ruft er noch einmal zu:

»Herr Benesch hat jetzt die Entscheidung in seiner Hand: Frieden oder Krieg! Er wird entweder dieses Angebot akzeptieren und den Deutschen endlich die Freiheit geben, oder wir werden uns diese Freiheit selbst holen!« Die Zeit der scheinheiligen »Friedensreden« Hitlers ist vorbei, die Maske ist gefallen.

Frankreich und Großbritannien verkünden am nächsten Tag die Mobilmachung. Es ist der 28. September, bis zu dem Hitler die Räumung des Sudetenlandes durch die Tschechen ursprünglich befristet hatte, bevor er in der nächtlichen Unterredung im Hotel »Dreesen« das Zugeständnis gemacht hat, bis zum 1. Oktober zu warten.

Das ist der Krieg! In London werden Flakbatterien in Stellung gebracht, Gasmasken werden an die Bevölkerung verteilt, Schutzgräben hastig ausgehoben, Kinder aus den Großstädten evakuiert. In Frankreichs Hauptstadt Paris das gleiche Bild, ebenso in Prag.

Nur in Berlin ist von solchen Maßnahmen nichts zu bemerken. In der Reichskanzlei allerdings herrscht der gleiche Trubel wie vor einem halben Jahr, als die Wehrmacht in Österreich einrücken sollte. Noch weiß niemand, wie Hitler sich entscheiden wird. Gibt er den Befehl zum Einmarsch ins Sudetenland?

Diesmal ist die Lage gefährlicher als im Frühjahr. Hitlers Leichtsinn hat Europa an die Schwelle einer Katastrophe gebracht. Die beiden Westmächte sind zum Angriff entschlossen. Das bedeutet nicht nur Krieg, das bedeutet einen neuen Weltkrieg!

Der französische Botschafter ist bei Hitler und versucht ihm klarzumachen, daß den Sudetendeutschen ja ihr Recht werden soll, nur eben nicht so schnell, nicht so überhastet. Es kann dabei doch nur zu Komplikationen kommen.

In diesem Augenblick kommt der italienische Botschafter völlig außer Atem in die Reichskanzlei gestürzt und ruft schon von weitem:

»Führer! Führer! Eine dringende Botschaft vom Duce an Sie!«

Botschafter Attolico berichtet, noch immer nach Atem ringend, daß Mussolini eine Konferenz zwischen den Regierungschefs von Frankreich, England, Italien und Deutschland vorschlage. Sie könne in München stattfinden. Der britische Premier Chamberlain habe schon zugesagt.

Letzteres stimmt allerdings nicht ganz, denn Chamberlain hat die Konferenz sogar angeregt und nur aus psychologischen Gründen den Duce um Vermittlung bei Hitler gebeten, weil er richtig einschätzt, daß Hitler einem Vorschlag seines Freundes Mussolini eher Folge leistet als einem gleichen Vorschlag Chamberlains. Und Mussolini hat das Spiel mitgemacht.

So kommt es zu der berühmten Münchener Konferenz, auf der ein Kompromiß der verschiedenen Anschauungen erreicht wird. Es wird vereinbart, daß das Sudetenland schrittweise geräumt und von den Deutschen übernommen wird. Die Räumung soll am 10. Oktober beendet sein.

Die tschechischen Vertreter sind ebenfalls in München, aber sie nehmen nicht an der Konferenz teil. Selbst die beiden Regierungschefs der Westmächte sind die Obstruktionstaktik der tschechischen Regierung leid, durch die sie fast in einen Krieg geraten wären. Den Tschechen wird das Ergebnis der Konferenz mitgeteilt und ihnen dazu bündig erklärt, daß sie diese zwischen den vier Großmächten geschlossenen Vereinbarungen zu erfüllen hätten. Frankreich erklärt noch zusätzlich, daß es nichts mehr für die Tschechoslowakei tun würde, wenn die gestellten Bedingungen der Räumung des Sudetenlandes nicht zur festgesetzten Zeit erfüllt seien. Der einzige Verbündete der ČSR, der sich nun mit einem Hilfsangebot meldet, ist die Sowjetunion. Aber jedem ist klar, daß es sich dabei nur um ein platonisches

Angebot aus Propagandagründen handelt. Die Sowjetunion ist schon wegen der fehlenden gemeinsamen Grenze zur ČSR gar nicht in der Lage zu helfen.

Das sieht selbst Präsident Benesch ein. Er tritt zurück. Hitler aber hat ein weiteres großes Ziel erreicht. Wieder jubeln ihm Hunderttausende begeistert zu und schreien in Sprechchören:

»Ein Volk, ein Reich, ein Führer!«

Die Militärs aber, die sich zum Widerstand um dem zurückgetretenen Generalstabschef Beck geschart und zur Abwendung des Krieges gar die Verhaftung Hitlers erwogen haben, müssen ihre Pläne begraben.

Mit der Tschechoslowakei geht es danach langsam, aber sicher zu Ende. Die anderen Länder, deren Volksangehörige ebenfalls 1919 in das künstliche Staatsgebilde gepreßt worden sind, verlangen nun ebenfalls die Befreiung ihrer Landsleute. Vor allem die Slowaken, die bis auf ein Gebiet in der Karpatho-Ukraine geschlossen als ganzes Volk in die ČSR eingegliedert worden sind, wollen einen eigenen Staat gründen. Die neue tschechische Regierung will die slowakischen Befreiungsbestrebungen auffangen und macht Zugeständnisse: ein eigenes Parlament, eine eigene Landesregierung für die Slowaken – aber immer noch unter der Oberhoheit Prags.

Zunächst gehen die Slowaken darauf ein. Es ist besser als nichts. Aber am 12. Februar 1939 erscheint der Führer der slowakischen nationalen Verbände, Professor Tuka, in Berlin bei Hitler. Er bittet Hitler um die Unterstützung Deutschlands. Die Slowakei möchte völlig frei sein von tschechischer Bevormundung.

Aber Hitler hat eben mit Frankreich Nichtangriffserklärungen ausgetauscht, quasi noch als Fortsetzung und gutes Ende der Münchener Konferenz. Er ist äußerst zufrieden mit diesem Vertrag und möchte das neu gewonnene französische Vertrauen nicht durch eine Einmischung in Angelegenheiten der Tschechoslowakei gefährden.

So gibt er Professor Tuka einen ablehnenden Bescheid und verweist auf die Zukunft, in der sicher auch noch die Freiheit für das slowakische Volk beschlossen liege.

Da ist es wieder die tschechische Regierung, die alles ins Rollen bringt. Am 6. März 1939 setzt der tschechische Staatspräsident Hácha die ebenfalls neu entstandene ruthenische Bezirksregierung ab. In der Nacht vom 9. zum 10. März läßt er die slowakische Regierung absetzen und ordnet die Verhaftung des slowakischen Ministerpräsidenten Tiso, eines katholischen Geistlichen, an.

Monsignore Tiso kann fliehen und begibt sich nach Berlin. Dort ist man von dieser plötzlichen Entwicklung völlig überrrascht. Hitler ist in Wien, wo er an der Feier zum Jahrestag der Wiedervereinigung teilnimmt. Göring weilt zur Kur in San Remo.

Tiso hat vor seiner Flucht noch in der slowakischen Hauptstadt Preßburg verkündet, daß er nach Berlin gehe und die deutsche Reichsregierung um Hilfe ersuchen wolle. Am 13. März empfängt ihn der eilends aus Wien zurückgekehrte Hitler. Hitler macht Tiso klar, daß er nur dann helfen könne, wenn die Slowakei selbständig sei. Für einen Bestandteil des tschechoslowakischen Staates aber könne er nichts tun, das sei eine Einmischung in innere Angelegenheiten eines anderen Staates. Das könne er gerade der Tschechoslowakei gegenüber nicht, weil er damit die eben entstehenden guten Beziehungen zu Frankreich gefährde. Er werde dann nur für die unmittelbaren deutschen Interessen eintreten – und die lägen nicht östlich der Karpathen.

Tiso versichert dem deutschen Kanzler, daß die Slowakei längst unabhängig sein wolle. Telefonisch beruft er von Berlin aus seine Minister und das Parlament für den anderen Morgen zu einer Tagung in Preßburg ein. Er selbst fliegt in seine Hauptstadt und verkündet am 14. März 1939 die Unabhängigkeit der Slowakei. Die Abgeordneten des slowakischen Parlaments stimmen für die verlesene Unabhängigkeitserklärung.

Die erste Reaktion darauf kommt aus London. Die britische Regierung stellt in einem Kommuniqué nüchtern fest, daß es durch die slowakische Unabhängigkeitserklärung keinen tschechoslowakischen Staat mehr gebe. Die ČSR habe aufgehört zu existieren, und damit seien auch alle Garantien, die Großbritannien jemals diesem nun nicht mehr existierenden Staat gegeben habe, gegenstandslos geworden.

Ungarn stellt der tschechischen Regierung ein Ultimatum, sofort alle tschechischen Truppen aus Ruthenien abzuziehen, andernfalls würden ungarische Truppen zur Befreiung ihrer ruthenischen Landsleute von der tschechischen Herrschaft antreten.

Der tschechische Präsident Hácha ist über das, was er da mit der Absetzung der nationalen Regierungen bewirkt hat, ebenso beunruhigt wie vor Jahresfrist der österreichische Bundeskanzler. Er ersucht Hitler dringend um eine Unterredung. Hitler willigt ein.

In der Nacht vom 14. zum 15. März 1939 trifft Präsident Hácha in Berlin ein und wird mit allen Ehren empfangen, die einem Staatsoberhaupt zustehen. Auf dem Anhalter Bahnhof präsentiert eine Ehrenkompanie das Gewehr, die tschechische Hymne ertönt, in der Reichskanzlei spielt der Musikzug der SS-Leibstandarte »Adolf Hitler« den Präsentiermarsch, als Hácha die Front abschreitet.

In der nun beginnenden nächtlichen Unterredung, die praktisch auf eine Erpressung des tschechischen Staatspräsidenten hinausläuft, spricht zunächst Hácha und betont, daß er zwar Staatspräsident sei, sich zuvor aber nie um Politik gekümmert habe. Jetzt bleibe ihm wohl nichts anderes übrig, als das Schicksal des tschechischen

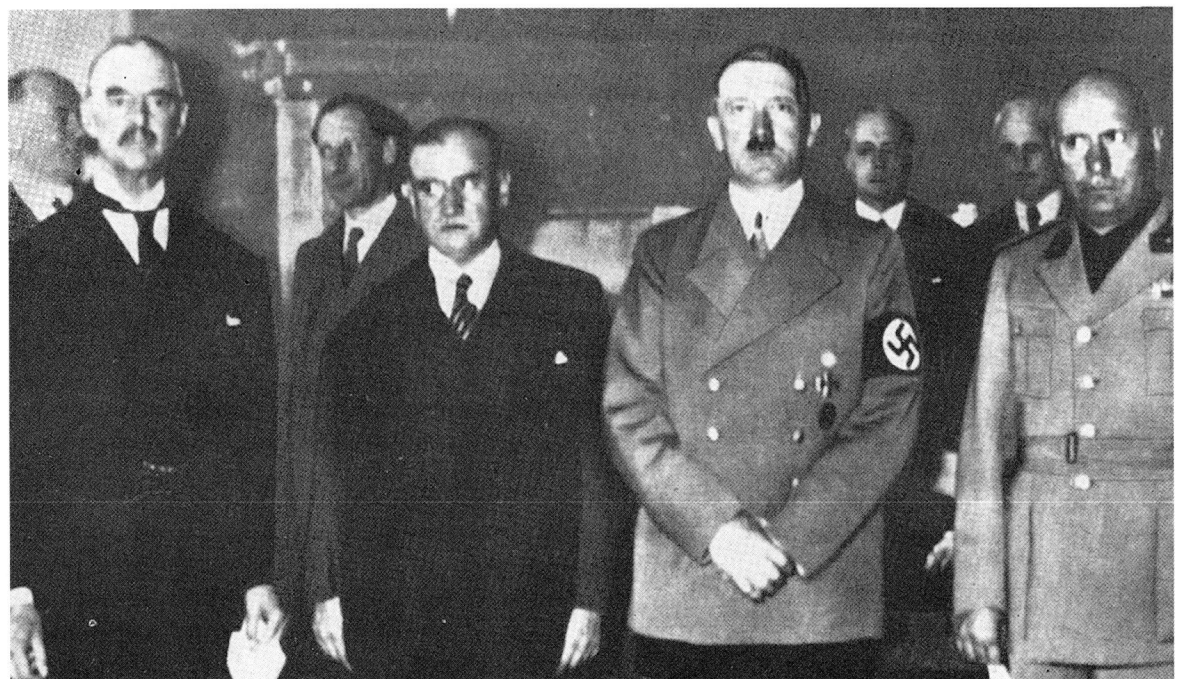

Das Münchner Abkommen – *oben:* die Konferenzteilnehmer (v. l.) Chamberlain, Daladier, Hitler, Mussolini – erregte den Argwohn der Sowjetunion. Ihr schien, die kapitalistischen Westmächte näherten sich den faschistischen Staaten, um letztlich gemeinsame Sache gegen das Mutterland des Kommunismus zu machen. Empfahl sich nicht Hitler bei jeder Gelegenheit als »Bollwerk gegen den Bolschewismus«? Als daher nach dem Scheitern der britischen Appeasement-Politik durch Hitlers Gewaltstreich gegen Prag der Westen Verhandlungsfühler in Richtung Moskau ausstreckte, blieb Stalin vorsichtig. Vollends, als er feststellte, daß ihm England und Frankreich in

Warschau für den Konfliktfall nicht einmal ein Durchmarschrecht für die Rote Armee durch Polen erwirken konnten. Hatten sie nicht kürzlich noch per Federstrich in München einen ganzen Staat, die Tschechoslowakei, preisgegeben? Und jetzt diese Zimperlichkeit! Stalin spielte auf Zeit und schloß zur Überraschung aller Welt am 23. August 1939 einen Nichtangriffspakt mit Hitler.
Rechts: Reichsaußenminister von Ribbentrop unterzeichnet, dahinter der russische Außenminister Molotow (links) und Stalin. Hitler hatte den Rücken frei für seinen Schlag gegen Polen. Der Krieg begann.

Volkes vertrauensvoll in die Hände des deutschen Führers und Reichskanzlers zu legen.

Hitler nickt. Er zählt noch einmal alle wirklichen und vermeintlichen Sünden der Tschechen auf und konstatiert, daß die Tschechoslowakei nicht mehr existiere. Übriggeblieben seien nur die alten deutschen Reichslande Böhmen und Mähren, die jahrhundertelang Bestandteil des Deutschen Reiches gewesen seien. Er habe deshalb schon Befehl an die Wehrmacht erteilt, den bewaffneten Schutz Böhmens und Mährens zu übernehmen.

Noch in der gleichen Nacht unterzeichnen Hácha, sein Außenminister Chvalkovsky und Hitler eine Erklärung über die Errichtung des Protektorats. Hácha bleibt weiter Staatspräsident – bis zum Jahre 1945.

Hitler trifft schon am nächsten Tag, dem 15. März, auf der Prager Burg, dem Hradschin, ein, dem alten Schloß der böhmischen Könige und deutschen Kaiser. Am 16. März verkündet er die Errichtung des »Reichsprotektorats Böhmen und Mähren«.

Zur gleichen Zeit bekommt es die Regierung Litauens, die nach dem Weltkrieg das deutsche Memelland okkupierte, mit der Angst zu tun. Sie gibt freiwillig das Gebiet zurück. Nachdem Hitler auch nach Memel – heute Klaipeda genannt und von den Sowjets annektiert – gefahren ist und dort von der Bevölkerung stürmisch gefeiert worden ist, kann er sagen, daß nach nur sechs Jahren ohne kriegerische Auseinandersetzung das Großdeutsche Reich komplett ist – bis auf Danzig und den Korridor.

Und damit, daß Hitler unter dem äußeren Vorwand, lediglich auch diese Gebiete zurückzuholen, in Wirklichkeit aber seinen »Lebensraum im Osten« erobern will, damit beginnt der Krieg. Der Krieg, in dem schließlich alles, was Hitlers riskante Außenpolitik bisher erreicht hat, wieder verlorengeht, an dessen Ende Deutschland sich in der schrecklichsten Katastrophe seiner Geschichte befinden wird.

Die Wehrmacht

HERAUSGEGEBEN VOM OBERKOMMANDO D[...]

3. JAHRGANG · NUMMER 19 · BERLIN, 13. SEPTEMBER 1939 · EINZEL-
PREIS 25 RPF. UND BESTELLGELD · ERSCHEINT VIERZEHNTÄGLICH

„Ich will jetzt
nichts anderes sein
als der erste Soldat
des Deutschen
Reiches"

Krieg

Die Auflösung der Tschechoslowakei in ihre Bestandteile, die Besetzung der »Resttschechei«, wie Hitler sagt, die Bildung des deutschen »Reichsprotektorats Böhmen und Mähren« setzt einen Markstein der jüngsten deutschen und europäischen Geschichte.

Bisher haben selbst viele Hitlergegner im Ausland, wenn auch mit Unbehagen und mit Sorge um die weitere Entwicklung, die Erfolge des Dritten Reichs akzeptiert. Niemand konnte, wenn er sich nicht unglaubwürdig machen wollte, gleichzeitig vom Selbstbestimmungsrecht der Völker sprechen und eben dieses Recht den Deutschen absprechen. Kein Zweifel – die Wiederbesetzung des Rheinlandes, der Anschluß Österreichs und die Rückkehr des Sudetenlandes waren vom deutschen Volk gewollt, und sie waren letzten Endes eine rein deutsche Angelegenheit.

Jetzt aber hat Hitler erstmals seine Truppen in ein fremdes Land geschickt, hat entgegen dem Selbstbestimmungsrecht der Völker über die Tschechen ein »Protektorat« errichtet. Nun wird es Zeit, daß man Hitler sagt: »Bis hierher und nicht weiter!«

Aber es muß, wenn Hitler sich und seinen eigentlichen Zielen nicht untreu werden will, weitergehen. Zunächst ist hier noch eine Frage zu lösen, die der Versailler Vertrag gestellt hat: die Trennung Ostpreußens vom übrigen Deutschland. Dazu gehört das Problem Danzig. Hitler hat nie einen Zweifel daran gelassen, daß er verlangt, die Freie Stadt solle wieder zu Deutschland zurückkehren. Kann er diese Probleme friedlich lösen, oder wird er zur Gewalt greifen?

Am 31. März 1939, vierzehn Tage nach der Verkündung des »Protektorats« über die Tschechen, gibt die britische Regierung der polnischen eine Garantieerklärung, in der es heißt, daß Großbritannien Polen im Falle einer aggressiven Handlung eines anderen Landes unterstützen wird.

Das ist eine an Hitlers Adresse gerichtete Warnung. Aber Hitler überhört sie. Er nimmt diese Warnung nicht ernst. Denn bisher hat er immer recht behalten. Noch jedesmal haben ihn die Militärs und die Diplomaten vor einem militärischen Eingreifen der Westmächte gewarnt – und nie geschah etwas. Weder die Rheinlandbesetzung noch die Wiederaufrüstung, weder der Anschluß Österreichs noch jetzt die Besetzung der Tschechei führten zum Krieg. Hitler glaubt, daß das auch diesmal der Fall sein wird.

Die Polen weigern sich, über die Rückgabe der deutschen Ostgebiete oder Danzigs auch nur zu verhandeln – und so gibt Hitler den Befehl zur Ausarbeitung von Plänen für den »Fall Weiß«, den Angriff auf Polen. Um diesen Angriff als Antwort auf eine polnische Aggression zu tarnen, läßt Hitler seine eigenen Leute, als Polen verkleidet, den deutschen Sender Gleiwitz gewaltsam besetzen, und unter Hinterlassung ermordeter KZ-Häftlinge wieder räumen. Noch wird versucht zu verhandeln, aber die Operationspläne für die Wehrmacht sind bereits fertig.

Der 1. September 1939 ist ein schöner, klarer Sommertag. Ein Freitag. Um zehn Uhr früh tritt in der Berliner Kroll-Oper, die noch immer den nach dem Brand vom 27. Februar 1933 nicht wieder aufgebauten Plenarsaal des Reichstagsgebäudes ersetzt, der Deutsche Reichstag zusammen. Hitler kann nun wahrheitswidrig behaupten:

»Ich habe mich nun entschlossen, mit Polen in der gleichen Sprache zu reden, die Polen uns gegenüber seit Monaten anwendet...

Ich habe mich deshalb entschlossen, das Schicksal des

Als »erstem Soldaten des Deutschen Reiches« gelang Hitler zunächst Erstaunliches: Polen brach in drei Wochen unter den Schlägen der Wehrmacht zusammen, Dänemark und Norwegen wurden handstreichartig besetzt, Frankreich fiel in sechs Wochen, Blitzsiege über Griechenland und Jugoslawien sicherten die europäische Südflanke. Doch als der »erste Soldat« zum eigentlichen Schlag ausholte, der den immer beschworenen »Lebensraum im Osten« bringen sollte, da versagte nach Anfangserfolgen das Genie des »Gröfaz«, wie Hitler nach dem Keitel-Wort vom »größten Feldherrn aller Zeiten« im Landserjargon bitter-ironisch genannt wurde.

deutschen Volkes wieder in die Hände seiner Soldaten zu legen . . .

Seit 5.45 Uhr wird zurückgeschossen . . .

Von nun an wird Bombe mit Bombe vergolten . . .«

Von Ostpreußen, von Schlesien, aus dem »Protektorat« und aus der seit einem halben Jahr unabhängigen Slowakei stoßen die deutschen Armeen nach Polen hinein – allerdings schon seit 4.45 Uhr. Hitler hat sich in seiner Rede um eine Stunde geirrt. Die Slowakei steht als Verbündeter an der Seite Deutschlands.

Und noch einen Verbündeten hat Deutschland. Es ist nicht das faschistische Italien, wie man annehmen müßte – es ist das bolschewistische Rußland. Am 23. August hat Reichsaußenminister von Ribbentrop zusammen mit dem sowjetischen Volkskommissar für Auswärtige Angelegenheiten, Skrjabin, genannt Molotow, einen Freundschafts- und Nichtangriffspakt unterzeichnet. Zusätzlich haben Deutschland und die Sowjetunion noch einen Geheimvertrag abgeschlossen, dessen Wortlaut erst 1946 bekannt wird – ausgerechnet im Nürnberger Prozeß, als der sowjetische Hauptankläger Rudenko den »verbrecherischen Überfall der Hitlerfaschisten« mit scharfen Worten brandmarkt.

Aus dem geheimen Zusatzprotokoll geht klar hervor, daß die sowjetische Regierung von vornherein beim Angriff auf Polen mit Hitler gemeinsame Sache gemacht und Polen schon zuvor aufgeteilt hat.

Später wird auch noch bekannt, was Stalin vier Tage vor dem Abschluß des deutsch-sowjetischen Geheimabkommens in einer Sitzung des Politbüros, des höchsten Gremiums der Partei, erklärt hat:

»Wir sind absolut überzeugt, daß Deutschland, wenn wir einen Bündnisvertrag mit Frankreich und Großbritannien schließen, sich gezwungen sehen wird, vor Polen zurückzuweichen. Auf diese Weise könnte der Krieg vermieden werden, und die anschließende Entwicklung wird bei diesem Zustand der Dinge einen für uns gefährlichen Charakter annehmen. Auf der anderen Seite wird Deutschland, wenn wir sein Angebot zu einem Nichtangriffspakt annehmen, sicher Polen angreifen, und die Intervention Frankreichs und Englands in diesem Krieg wird unvermeidlich werden.

Unter solchen Umständen werden wir viel Chancen haben, außerhalb des Konflikts zu bleiben, und wir können mit Vorteil abwarten, bis die Reihe an uns ist. Das ist genau das, was unser Interesse fordert. Daher ist unsere Entscheidung klar: Wir müssen das deutsche Angebot annehmen und die französisch-englische Mission mit einer höflichen Ablehnung in ihre Länder zurückschicken.

Ich wiederhole, daß es in unserem Interesse ist, wenn der Krieg zwischen dem Reich und dem anglo-französischen Block ausbricht. Es ist wesentlich für uns, daß der Krieg so lange wie möglich dauert, damit die beiden

BERLIN, IX. JAHRGANG
VIERTES HEFT 1942
(9./10. FOLGE)
PREIS 15 RPF.

DER
SCHULUNGSBRIEF
DAS ZENTRALE MONATSBLATT DER NSDAP.
HERAUSGEBER: DER REICHSORGANISATIONSLEITER

Es gibt keinen der führenden Staatsmänner in den Ländern, die für den Ausbruch des Krieges verantwortlich waren, der als Inhaber der Aktien der Rüstungsindustrie nicht zugleich ein Nutznießer und deshalb Hauptinteressent am Krieg ist. Und hinter allem steht als treibende Kraft der jüdische Ahasver, der seit Jahrtausenden der ewig gleiche Feind jeder menschlichen Ordnung und damit einer wahren sozialen Gerechtigkeit ist.

Das bolschewistische Ungeheuer, dem sie die europäischen Nationen ausliefern wollen, wird sie und ihre Völker selbst zerfetzen. Der Jude aber wird nicht die europäischen Völker ausrotten, sondern er wird das Opfer seines eigenen Anschlages sein.

Wenn wir alle gemeinsam in Treue unsere Pflicht tun, wird sich das Schicksal so erfüllen, wie es die Vorsehung bestimmt. Wer für das Leben seines Volkes, für dessen tägliches Brot und für seine Zukunft kämpft, wird siegen! Wer aber in diesem Kriege mit seinem jüdischen Haß die Völker zu vernichten sucht, wird stürzen!

Adolf Hitler am 31. Dezember 1941.

Zum Ritual wurden Hitlers Anklagen gegen das »Weltjudentum« als dem eigentlich Schuldigen am Krieg. Vielleicht nahm sie deswegen auch kaum jemand so ernst, wie sie es verdient hätten. In der Rückschau erschüttert die mörderische Folgerichtigkeit dieser Haßbesessenheit, die Hitler von den Anfängen in »Mein Kampf« bis zum Testament im Bunker unter der zertrümmerten Reichshauptstadt begleitete.

Gruppen sich erschöpfen. In der Zwischenzeit müssen wir die politische Arbeit in den kriegführenden Ländern intensivieren, damit wir gut vorbereitet sind, wenn der Krieg sein Ende nehmen wird . . .«

Der von der sowjetischen Führung so herbeigesehnte Krieg hat nun begonnen. Aber noch beteiligen sich die beiden Westmächte nicht, noch wird nur in Polen gekämpft. Die Welt rätselt: Werden England und Frankreich Deutschland angreifen, werden sie Polen helfen?

Hitler selbst rätselt mit. Noch klammert er sich an die Hoffnung, daß die beiden Westmächte es bei Protestnoten oder anderen papiernen Solidaritätserklärungen für Polen bewenden lassen.

Schon einmal, am 25. August, hat er den bereits erlassenen Angriffsbefehl zurückgenommen, als ihm der Text des soeben zwischen England und Polen geschlossenen Beistandspaktes bekannt wurde. Und sein Freund Mussolini hat ihn im Stich gelassen und erklärt, Italien sei nicht in der Lage, Krieg zu führen. Nur das Geheimbündnis mit der Sowjetunion hat Hitler schließlich veranlaßt, den Angriffsbefehl doch noch zu geben.

Es kommt am 1. und 2. September noch zu einem hektischen Hin und Her zwischen den Regierungen in Berlin, Rom, London, Paris und Warschau. Am späten Abend des 2. September fällt die Entscheidung. Italiens Außenminister und Duce-Schwiegersohn Graf Ciano verrät mit Wissen Mussolinis seine deutschen Verbündeten und teilt dem britischen Botschafter in Rom, Loraine, heimlich mit, daß Italien nicht an der Seite Deutschlands in einen Krieg eintreten werde. Dadurch mitbeeinflußt, entschließen sich Frankreich und England, Deutschland den Krieg zu erklären.

Am Morgen des 3. September 1939 überreicht um 9.00 Uhr der britische Botschafter in Berlin, Neville Henderson, der deutschen Regierung das britische Ultimatum, wonach binnen zwei Stunden die deutschen Truppen in Polen jede Kriegshandlung einzustellen und die deutsche Regierung eine bindende Zusage über den sofortigen Rückzug der Wehrmacht abzugeben habe. Andernfalls betrachte sich die britische Regierung ab 11.00 Uhr als mit Deutschland im Krieg befindlich. Bald nach Henderson erscheint der französische Botschafter, der ein gleichlautendes Ultimatum übergibt, nur auf sechs Stunden später befristet als das britische.

Hitler muß damit gerechnet haben. Der polnisch-französische Beistandspakt ist schon etliche Jahre alt, und Hitler kann noch nicht vergessen haben, daß die polnische Regierung am 9. März 1936, anläßlich der »symbolischen« Verlegung deutscher Truppen nach Westdeutschland, den deutsch-polnischen Freundschaftsvertrag bedenkenlos zugunsten des älteren französisch-polnischen Vertrages gebrochen hat. Es ist kaum denkbar, daß Frankreich sich nicht dafür revanchiert.

Aber Hitler glaubt, daß Frankreich nicht wegen der deutschen Forderungen nach einer vertraglichen Neuregelung des Statuts der Freien Stadt Danzig in den Krieg ziehen wird, und er hat auf den deutsch-sowjetischen Vertrag gebaut, mit dessen Abschluß die Sowjetregierung auch alle bisherigen französisch-sowjetischen Vereinbarungen gebrochen hat, die bisher ein Alptraum der deutschen Außenpolitik gewesen sind.

Ist Hitlers Einschätzung der französischen Politik noch einigermaßen verständlich, so ist die der englischen Politik kaum mehr zu begreifen. Gewiß, Hitler ist ein Mensch, der mehr als jeder andere Politiker dieser Zeit vom eigenen Wunschdenken lebt – und das hat ihm bisher stets recht gegeben, so daß ihm leicht eigene Vorstellungen als Wirklichkeit erscheinen mögen. Die Politik eines Ausgleichs, ja einer Freundschaft zu England ist ihm schon als vielbespötteltem »Trommler« ein Grundanliegen gewesen, und er begreift einfach nicht, daß die Engländer seine Pläne nicht akzeptieren wollen. Dabei ist ihm der Tenor der britischen Politik bekannt. Winston Churchill hat diese Grundlage der englischen Politik in Europa Ende März 1936 vor dem Unterhaus in einer Rede analysiert, die Hitler nachweisbar gründlich studiert hat. Hier hat Churchill klar und deutlich gesagt:

»Vierhundert Jahre lang hat die auswärtige Politik Englands darin bestanden, der stärksten, aggressivsten und am meisten beherrschenden Macht auf dem Kontinent sich entgegenzustellen. Angesichts Philipps II. von Spanien, gegen Ludwig XIV. unter Wilhelm III. und Marlborough, gegen Napoleon, gegen Wilhelm II. von Deutschland, würde es leicht und muß es zweifellos eine große Versuchung gewesen sein, sich mit dem Starken zu verbünden und die Frucht seiner Eroberungen zu teilen. Jedoch schlugen wir immer den anderen Kurs ein, verbündeten uns mit den weniger starken Mächten, schufen eine Zusammenfassung unter ihnen und beseitigten und vereitelten den kontinentalen Tyrannen, wer es auch immer war und welcher Nation er auch immer angehörte . . .

Bitte beachten Sie, daß die Politik Englands keinerlei Rücksicht darauf nimmt, welche Nation gerade die Herrschaft über Europa erstrebt. Es kommt nicht darauf an, ob es Spanien, die Französische Monarchie, das Deutsche Reich oder das Hitler-Regime ist; es hat nichts zu tun mit Herrschern oder Nationen: Das Prinzip betrifft ausschließlich die Frage, wer der stärkste und möglicherweise beherrschende Tyrann ist. Deshalb wollen wir uns nicht scheuen, als pro-französisch oder anti-deutsch angeklagt zu werden. Es ist ein Gesetz der öffentlichen Politik, dem wir folgen, und nicht ein bloßer Notbehelf, der durch zufällige Umstände, Neigungen und Abneigungen oder durch ein anderes Gefühl bestimmt wird.

Es erhebt sich daher die Frage, welche Macht heutzutage in Europa die stärkste ist und welche versucht, in einer gefährlichen und bedrückenden Art zu herrschen. Heutzutage, für die Dauer dieses Jahres, vielleicht auch noch für 1937, ist die französische Armee die stärkste in Europa. Aber niemand fürchtet Frankreich . . . Deutschland andererseits fürchtet niemanden . . .

Deshalb erscheint es mir so wichtig, daß wir wieder einmal alle Kräfte Europas zusammenfassen, um, wenn nötig, eine deutsche Herrschaft zu vereiteln . . .

Deshalb sagen wir, daß wir uns definitiv mit Frankreich befreunden sollen, alles andere muß in angemessener Unterordnung unter dieser Hauptsache gesehen werden . . .«

Gewiß – Churchill ist 1936, als er das sagt, nicht Regierungsmitglied. Aber die deutsche Reichsregierung weiß, daß die von Churchill beschriebene Politik der »balance of power«, des Gleichgewichts der Kräfte, wirklich seit Jahrhunderten die britische Politik gewesen ist. Ganz gleich, ob auf dem europäischen Festland ein Volk existiert, das etwa ideologisch den Briten sympathisch sein müßte, ob ein Volk Europas noch so sehr Anspruch auf das gerade von den Engländern immer wieder postulierte Selbstbestimmungsrecht der Völker hat – es wird bekämpft, wenn es sich zur stärksten Macht Europas zu entwickeln droht. Und umgekehrt – ein Staat kann noch so sehr den britischen Prinzipien von Demokratie und Parlamentarismus widersprechen, er kann faschistisch, kommunistisch oder sonst etwas sein – England wird ihn unterstützen, wenn eine andere europäische Macht stärker zu werden droht.

Hitler, der England aus seiner Unkenntnis heraus zunächst falsch einschätzt und dann unterschätzt, begreift das selbst an jenem schicksalsschweren Morgen des 3. September 1939 noch nicht richtig. Als Chefdolmetscher Paul Schmidt ihm das britische Ultimatum übersetzt hat, wendet sich der deutsche »Führer und Reichskanzler« ungläubig und verwirrt an den neben ihm sitzenden Reichsaußenminister von Ribbentrop: »Was nun?«

Wenige Tage zuvor hat er seinen Pressechef Dietrich nach dem Abschluß des deutsch-sowjetischen Bündnisses gefragt: »Was können Sie mir über die Kabinettskrisen in Paris und London sagen?«, weil er glaubte, der Pakt mit Moskau würde zum Sturz der französischen und britischen Regierungen führen. Aber damals, nach Churchills Unterhausrede, hat er zu Ribbentrop gesagt: »Ich bin im übrigen überzeugt, Churchill ist der einzige wirkliche Kerl, die anderen in England sind alle Schlappschwänze, die früher oder später von diesem Kerl über den Haufen gerannt werden! Ich wette mit Ihnen, in fünf Jahren ist Churchill Premierminister – und dann haben wir den Salat!«

Es scheint zunächst, als dürfe Hitler noch einmal beruhigt sein, denn noch ist ja Churchill nicht Premierminister, noch scheinen sowohl die britische als auch die französische Kriegserklärung an Deutschland nur platonisch zu sein.

Zwar fliegen die Engländer einen Bombenangriff auf den deutschen Kriegshafen Wilhelmshaven, und die Franzosen stoßen im Pfälzer Wald etliche Kilometer nach Deutschland hinein – aber beiden Aktionen fehlt der richtige Schwung. Man merkt, daß weder Kraft noch Überzeugung hinter dieser Art Kriegführung steckt. Offensichtlich will man nur das eigene Gewissen beruhigen – den Polen helfen kann man sowieso nicht mehr. Der Feldzug in Polen ist in achtzehn Tagen, in nicht einmal drei Wochen, zu Ende, wenn auch noch an einzelnen Orten gekämpft wird. Am 17. September ist an der polnischen Ostgrenze die Rote Armee zum Angriff angetreten, um den deutsch-sowjetischen Geheimvertrag zu erfüllen und um die von Stalin verursachte Niederlage von 1920 wieder wettzumachen. Damit ist Polens Schicksal endgültig besiegelt.

Im Westen Europas stehen die feindlichen Armeen Gewehr bei Fuß. Es gibt Spähtruppunternehmen, Artillerieduelle von der Maginot-Linie herüber zum deutschen Westwall und umgekehrt. Aber das ist auch alles. Sollte Hitler mit seiner Einschätzung, daß England und Frankreich nicht gegen Deutschland kämpfen würden, doch recht behalten, waren die Kriegserklärungen wirklich nur Schein, um Polen gegenüber das Gesicht zu wahren? Dann ist das jetzt nicht mehr nötig, denn Polen existiert nicht mehr.

Hitler versucht, die wahren Absichten der Gegner im Westen zu sondieren. Er hält nach seinem Besuch in Danzig, wo er die Rückkehr der Hansestadt zu Deutschland feierlich verkündet hat, am 6. Oktober wieder vor dem Reichstag in Berlin eine Rede und macht darin den beiden Westmächten ein Friedensangebot. Nichts stünde zwischen England und Frankreich einerseits und Deutschland andererseits. Er stellt die Frage, wofür der Krieg nun eigentlich fortgesetzt werden solle, da Deutschland weder früher noch heute irgendwelche Forderungen an Frankreich oder England zu stellen habe und stets um ein friedliches – England gegenüber sagt er sogar »freundschaftliches« – Verhältnis bemüht gewesen sei. Die Frage Polen aber sei erledigt und könne nur noch von Deutschland und der Sowjetunion in diesem oder jenem Sinne entschieden werden.

Daß die Westmächte auf Hitlers Friedensbeteuerungen diesmal nicht mehr hereinfallen wollen, ist verständlich. Hitler erhält aus Paris und London ein unmißverständliches »Nein« zur Antwort, aus Paris in etwas leiserem Ton als aus London. Die Franzosen fühlen sich von den Briten verlassen. Ganze zwei Frontdivisionen der Engländer befinden sich in Frankreich. Soll es wieder so sein, wie im vergangenen Weltkrieg?

Noch 1938, während der Krise um das Sudetenland, hat der französische Generalstabschef General Gamelin bei einer britisch-französischen Generalstabsbesprechung in London wütend erklärt, diesmal müßten die Engländer gefälligst mitkämpfen und nicht alles den Franzosen überlassen.

»Wir haben«, so soll Gamelin in London erklärt haben, »im Weltkrieg zwei Millionen an Toten verloren, England aber nur zweihunderttausend. Frankreich wird künftig nur marschieren, wenn es sicher ist, daß neben jedem toten Franzosen ein toter Engländer liegen wird! Solange ich dieser Unterstützung nicht sicher bin, werde ich mich gegen jedes militärische Abenteuer wenden!«

Diese Haltung bestimmt tatsächlich auch noch die französische Politik der ersten Kriegsmonate. Frankreich ist trotz mancher starken Worte an die deutsche Adresse in seiner Kriegführung nur halbentschlossen. Die Presse nennt das Kriegsgeplänkel an der Ostgrenze gegen Deutschland »drôle de guerre«, den »komischen Krieg«.

Wirklich – es ist überhaupt kein Vergleich mit den blutigen Schlachten des Weltkrieges möglich, dagegen ist dieser Krieg wahrhaft ein »komischer« Krieg, der mehr mit Flugblättern, Lautsprechern und Zeitungen geführt wird als mit Waffen.

Den ganzen Winter über bleiben die Fronten genau so, wie sie am 3. September 1939 gewesen sind. Auch die politischen Fronten. Noch immer sind Frankreich und Großbritannien verbündet, mit den fernen USA im Hintergrund; noch immer hält Italien sich abseits, und Deutschlands einziger wahrer Verbündeter ist zu dieser Zeit die Sowjetunion.

Die Sowjetunion ist ein äußerst wertvoller Verbündeter, militärisch wie politisch. Die Sowjets räumen der deutschen Kriegsmarine Stützpunkte im hohen Norden zur Kriegführung gegen die britische Seemacht ein, deutsche Hilfskreuzer werden von der Sowjetmarine durch die sonst für fremde Schiffe verbotene eisfreie Zone nördlich von Sibirien in den Pazifik zum Kaperkrieg gegen die britische Versorgungsschiffahrt gelotst. Die Rote Marine will Deutschland für den Kampf gegen England sogar sowjetische U-Boote zur Verfügung stellen, aber das lehnen die deutschen Experten ab, weil sie meinen, die Sowjet-U-Boote seien minderwertig. Die Sowjetunion liefert wertvollste Rohstoffe für Deutschlands Rüstung ebenso wie Lebensmittel.

Noch wichtiger ist die politische Unterstützung Deutschlands, die sich vor allem im Falle Frankreichs auswirkt. Noch ist die Zeit der Volksfrontregierung in Frankreich nicht vergessen. Die stärkste Partei Frankreichs ist noch immer die KPF, die Kommunistische Partei. Die Kommunisten haben trotz aller Behinderung durch die jetzige Regierung großen Einfluß auf die werktätige Bevölkerung – und dieser Einfluß wird zugunsten Deutschlands geltend gemacht.

Die Kommunisten stellen den Krieg als ein geplantes Verbrechen der englischen und französischen »Kriegstreiber« dar, gegen das Deutschland sich zur Wehr setzen müsse. Die sowjetische Regierung hat gemeinsam mit der deutschen Reichsregierung die Westmächte zum Friedensschluß aufgefordert und erklärt, England und Frankreich trügen, wenn sie Hitlers Friedensvorschläge ablehnten, allein »die Verantwortung für die Fortsetzung des Krieges«. Selbstverständlich befolgen die französischen Kommunisten, wie damals die Kommunisten aller Länder, die politische Linie Moskaus.

Das Zentralorgan der Kommunistischen Partei der Sowjetunion forciert eine »Kampagne für sofortigen Frieden« und schreibt dazu:

»Nichts kann einen Krieg zwischen Frankreich und England einerseits und Deutschland andererseits, einen sinnlosen Krieg, rechtfertigen... Es hängt nur von England und Frankreich ab, diesen gegen den Willen ihrer Völker angezettelten Krieg zu beenden.«

Ausgerechnet der Chef der von den Kommunisten lancierten Volksfrontregierung, der Sozialist Léon Blum, wird von der Sowjetpresse und den kommunistischen Zeitungen in aller Welt nun plötzlich als »Kriegshetzer« angegriffen. Stalin läßt am 30. November 1939 in der »Prawda« ein Interview veröffentlichen, in dem er sagt:

»Erstens: England und Frankreich haben Deutschland angegriffen.

Zweitens: Nach Eröffnung der militärischen Operationen hat sich Deutschland an die französische und englische Regierung gewandt und vorgeschlagen, Frieden zu schließen. Die Sowjetunion hat diese Friedensbestrebungen unterstützt.

Drittens: Die französische und englische Regierung haben die Angebote Deutschlands und die Bemühungen der UdSSR schroff abgelehnt.

So sieht die Wahrheit aus!«

Die Redaktion der »Prawda«, die selbstverständlich kein Wort, nicht einmal ein Komma ohne ausdrückliche Genehmigung durch die Parteiführung schreiben darf, kommentiert das Stalin-Interview:

»Die Verantwortung für den Krieg fällt vollständig auf Großbritannien und Frankreich zurück...«

Einen knappen Monat später, am 26. Januar 1940, schreibt die »Prawda« über den »komischen Krieg« an Deutschlands Westgrenze, den manche auch den »Sitzkrieg« nennen:

»England und Frankreich haben den Krieg erklärt. Nicht Deutschland, sondern England und Frankreich haben die Friedensvorschläge zurückgewiesen und nicht nur auf der Fortsetzung, sondern auch auf seiner Ausweitung bestanden... Die englischen und französischen Imperialisten wollen diesen Krieg in einen Weltkrieg verwandeln. Sie wollen die ganze Menschheit in einem Meer von Leid und Entbehrungen ertränken.«

Selbstverständlich darf im Chor zum Lobe Hitlers und zur Verdammung der westlichen Imperialisten auch Walter Ulbricht nicht fehlen. Er verkündet aus dem sicheren Moskauer Hotel »Lux« in einem Artikel für das Zentralorgan der Komintern, der »Kommunistischen Internationale«:

»Die deutsche Regierung hat ihren Willen kundgetan, friedliche Beziehungen zur UdSSR zu unterhalten, während der englisch-französische Kriegstreiberblock den Krieg mit ihr wollte. Das sowjetische Volk und die deutschen Arbeiter sind daran interessiert, die Verwirklichung der britischen Pläne zu verhindern. Sie haben nur einen einzigen Wunsch: die schnelle Beendigung des Krieges. Sie sind gegen seine Verlängerung.«

Ohne Zweifel hat Ulbricht mit den beiden letztzitierten Sätzen recht. Die Völker sind wirklich an einer baldigen Beendigung des Krieges interessiert. Nicht nur das deutsche Volk oder das sowjetische. Die sowjetische Führung aber ist durchaus nicht für »schnelle Beendigung des Krieges«.

Ganz im Gegenteil, noch gilt das, was Stalin unmittelbar vor Abschluß des deutsch-sowjetischen Freundschaftsvertrages in der Sitzung des Politbüros erklärt hat: » . . . daß es in unserem Interesse ist, wenn der Krieg zwischen dem Reich und dem anglo-französischen Block ausbricht. Es ist wesentlich für uns, daß der Krieg so lange wie möglich dauert . . .«

Das ist verständlich. Schon hat die Sowjetregierung den Krieg ausgenutzt, um in Osteuropa ihr eigenes Feuer zu schüren. Nachdem Ostpolen von den Sowjets besetzt worden ist, werden zunächst Estland am 28. September 1939, dann Lettland am 5. Oktober und schließlich Litauen am 11. Oktober zur Hergabe militärischer Stützpunkte erpreßt. Die Welt starrt hypnotisiert auf Westeuropa – also schnell kassieren, was sich unauffällig kassieren läßt!

Aber ein viertes kleines Land macht den sowjetischen Imperialisten einen Strich durch die Rechnung. Am gleichen Tag wie Lettland ist auch Finnland zu »Verhandlungen« über die Hergabe von militärischen Stützpunkten an die Sowjetunion aufgefordert worden. Die Verhandlungen finden auch statt, doch am 13. November 1939 reist die finnische Regierungsdelegation wieder aus Moskau ab, ohne der Erpressung nachgegeben zu haben.

Es kommt, wie es kommen muß: In der Gewißheit, daß der für die Sowjetunion so nützliche Krieg der Westmächte gegen Deutschland alle Aufmerksamkeit auf sich lenkt, überfallen die Sowjets ohne Kriegserklärung und buchstäblich aus heiterem Himmel Finnland. Am 30. November 1939 erscheinen sowjetische Bomber am kaltklaren Himmel der finnischen Hauptstadt und bombardieren Helsinki. Zur gleichen Zeit tritt die Rote Armee zum Angriff an.

Es ist erstaunlich, auch heute noch: Es gelingt der vielfach überlegenen Roten Armee nicht, das kleine Finnland zu überrennen. Und Finnland schafft es durch seine tapfere Gegenwehr, die Blicke der Welt auf sich zu ziehen. Für kurze Zeit verschwindet der Krieg im Westen aus den Schlagzeilen sogar der unmittelbar beteiligten Länder Frankreich und England.

Überall wird dem finnischen Volk für seinen heldenhaften Kampf gegen den überlegenen Gegner Anerkennung und Bewunderung zuteil. Überall – nur nicht in Deutschland, obwohl Deutschland stets besonders herzliche Beziehungen zu Finnland gehabt hat und deutsche Truppen an der Befreiung Finnlands von der zaristischen Fremdherrschaft Anteil gehabt haben.

Die deutsche Führung befindet sich in einem Zwiespalt, Hitler selbst nicht ausgenommen. Deutschland ist mit dem Angreifer verbündet, und Deutschland braucht diesen Verbündeten noch, den einzigen, den es in dieser Phase des Krieges hat. Und für Finnland treten vor allem England und Frankreich ein, Deutschlands Kriegsgegner.

Hitler reagiert so, wie er damals nur reagieren kann: Er hat sich inzwischen von der Beharrlichkeit der britischen Regierung überzeugt; er weiß, daß Frankreich bisher der britischen Führung trotz allen – durch Agenten auch in Berlin bekanntgewordenen – Streitigkeiten gefolgt ist und auch weiter folgen wird. Und er weiß andererseits, daß der Freund, auf den er gerechnet hat, ihn im Stich ließ und wohl auch weiterhin eine eigene Politik verfolgen wird: Mussolini und sein faschistisches Italien. Fest steht, so erstaunlich das auch sein mag: Der einzige wahre Verbündete ist eben die Sowjetunion. Es bleibt nichts übrig, als den tapferen Abwehrkampf der Finnen im stillen zu bewundern und öffentlich möglichst wenig Notiz davon zu nehmen.

Dennoch wird der Kampf des Zwergs Finnland gegen den riesigen russischen Bären noch zwei folgenschwere Entscheidungen dieses Krieges nach sich ziehen: das »Unternehmen Weserübung« und später Hitlers Überzeugung, die Sowjetarmee sei zu schwach, um der deutschen Wehrmacht ernsthaft widerstehen zu können.

Das »Unternehmen Weserübung« ist die Besetzung Dänemarks und Norwegens.

Britische und französische Zeitungen diskutieren während des sowjetischen Krieges gegen Finnland offen die Entsendung eines Hilfskorps. Diese Truppen müßten natürlich über Norwegen und Schweden nach Finnland gebracht werden. Einen anderen Weg gibt es nicht. So taucht bald bei der deutschen Seekriegsleitung der Verdacht auf, die Briten und Franzosen wollten Norwegen und Schweden besetzen, um Deutschland von Norden her anzugreifen. Großadmiral Erich Raeder, der Oberbefehlshaber der deutschen Kriegsmarine, schlägt Hitler vor, diesem zu befürchtenden alliierten Angriff auf Norwegen zuvorzukommen und deutscherseits Norwegen zu besetzen.

Aber Hitler lehnt einen solchen Plan ab. Ein neutrales Norwegen ist für Deutschland wichtiger. Im Norden Norwegens liegt der eisfreie Hafen Narvik, von dem aus das hochwertige schwedische Eisenerz nach Deutschland verschifft wird. Die Frachtschiffe können durch die neutralen norwegischen Gewässer nach Deutschland gelangen. Ist Norwegen aber kriegführend – und sei es auf deutscher Seite –, dann kann die der deutschen Kriegsmarine weit überlegene britische Flotte den Transport des für Deutschland lebensnotwendigen Erzes leicht unterbinden.

Allmählich werden jedoch die Anzeichen für eine alliierte Besetzung Norwegens immer deutlicher. Hitler gerät in Zweifel, ob sein bisheriger Entschluß richtig war. Nachdem die Verbündeten Polens jetzt keinen Frieden mehr mit Hitler schließen wollen, glaubt dieser, den Krieg durch einen überraschenden, durchschlagenden Angriff im Westen beenden zu können. Eine Ausweitung des Krieges ist ihm zu dieser Zeit höchst unwillkommen. Aber da eine Besetzung Norwegens durch Engländer und Franzosen immer wahrscheinlicher wird, befiehlt er vorsichtshalber nun die Ausarbeitung eines entsprechenden Planes, der »Studie Nord«, um einer solchen alliierten Invasion Norwegens begegnen zu können.

Dabei weiß Hitler nicht einmal, daß Churchill, seit Kriegsbeginn Erster Lord der Admiralität, schon in der ersten Kriegswoche, als in Polen noch heftig gekämpft wurde, die Besetzung norwegischer Stützpunkte verlangt hat. Elf Millionen Tonnen Eisenerz bezieht Deutschland über Narvik für seine Rüstung. Und nur an der norwegischen Küste entlang kann die kleine deutsche Kriegsmarine in den Atlantik vorstoßen, um dort die englischen Zufuhren aus Amerika zu unterbinden.

Am 12. März 1940 entfällt für die Alliierten der fast nach Maß gearbeitete Vorwand für die Besetzung Norwegens: die Unterstützung Finnlands gegen den sowjetischen Angreifer. Finnland und die Sowjetunion schließen an diesem Tag Frieden. Aber das ändert nichts mehr. Die Alliierten haben sich, nachdem der französische Ministerpräsident Daladier am 21. Februar selbst noch einmal die Besetzung Norwegens gefordert hat, um die Deutschen von der französischen Grenze abzulenken, bereits fest zur Invasion im Land der Fjorde entschlossen. Es gibt kein Zurück mehr.

In England laufen die Vorbereitungen für dieses Unternehmen auf vollen Touren. Aus Frankreich sind bereits Truppen in britischen Häfen gelandet worden, die an der »Expedition« teilnehmen sollen.

Am 5. April wird die Transportflotte zusammengezogen. Churchill spricht davon, wenn auch so, daß es für Uneingeweihte unverständlich bleiben muß: »Hitler wird bald merken, daß er den Omnibus verpaßt hat.«

Am 8. April soll die Transportflotte in See gehen, um am nächsten Tag die wichtigsten norwegischen Hafenstädte, besonders aber Narvik zu besetzen. Doch die Organisation klappt nicht. Die zum Schutz der Truppentransporter eingesetzten Kriegsschiffe sind schon längst auf dem Weg zu den verschiedenen Treffpunkten vor der norwegischen Küste, da sind noch immer nicht alle Truppen an Bord der Transportschiffe. Die Einfahrten zu den norwegischen Häfen sind von der britischen Marine bereits vermint worden, um nach der eigenen Landung eventuelle deutsche Angriffe zu erschweren.

Am nächsten Tag aber, am 9. April 1940, ist schon die deutsche Kriegsmarine da. Zunächst wird Dänemark besetzt, kampflos, ohne Widerstand. Als die Bevölkerung der Hauptstadt Kopenhagen an diesem Morgen zu ihren Arbeitsstätten eilt, regeln an den Straßenkreuzungen bereits deutsche Soldaten den Verkehr, gemeinsam mit dänischen Polizisten.

In Norwegen dagegen kommt es zu Kämpfen. Im Oslofjord vor der norwegischen Hauptstadt wird durch Torpedotreffer und Küstenartillerie der deutsche Schwere Kreuzer »Blücher« versenkt, vor Bergen muß sich der Leichte Kreuzer »Karlsruhe« nach Torpedotreffern selbst versenken, weil eine Rettung nicht mehr möglich ist. Auch der leichte Kreuzer »Königsberg« sinkt. Dennoch gelingen die Truppenlandungen überall.

Goebbels freut sich. Er kann es Churchill nun zurückgeben, nachdem er jetzt weiß, was der Erste Seelord mit dem Omnibus gemeint hat. Und so erscheinen am 10. April die deutschen Zeitungen auf Anweisung des »Reichsministers für Volksaufklärung und Propaganda« mit der Schlagzeile: »Churchill hat den Omnibus verpaßt!«

Die heftigsten Kämpfe entbrennen um den norwegischen Erzhafen Narvik. Die Stadt wird zunächst besetzt, nachdem zehn deutsche Zerstörer die beiden norwegischen Küstenpanzerschiffe »Eidsvold« und »Norge« versenkt haben. Dann aber verliert Deutschland seine zehn modernsten Zerstörer – und verliert auch den bereits besetzten Hafen Narvik wieder.

Denn inzwischen sind die britischen Kriegsschiffe, die ursprünglich die Truppentransporter begleiten sollten, vor Narvik eingetroffen. Die deutschen Zerstörer werden völlig überrascht, weil der zur Sicherung der Hafeneinfahrt eingesetzte Wachzerstörer durch einen Irrtum nicht seine Ablösung abgewartet hat und der Fjord, der zum Hafen führt, dadurch unbewacht ist. Fünf der von dem Schlachtschiff »Warspite« begleiteten britischen Zerstörer gelangen sogar bis in den Hafen selbst. Fast mit einem Schlag werden 27 Schiffe aller Nationen in direktem Beschuß versenkt. Darunter sind zwei deutsche Zerstörer und der deutsche Tanker »Jan Wellem«, der für die deutsche Zerstörerflotte geradezu lebenswichtig ist, da der Treibstoff an Bord der Kriegsschiffe bereits zu Ende geht. Churchill selbst beordert noch Verstärkung nach Narvik. Auch die Sturzkampfbomber des Flugzeugträgers »Furious« werden eingesetzt, ebenso britische U-Boote.

Am 13. April ist das Ende für die letzten deutschen Zerstörer von Narvik gekommen. Von den Matrosen überleben nur 2100, die nun die an Land befindlichen Gebirgsjäger des Generals Eduard Dietl verstärken.

Am gleichen Tag landet nördlich von Narvik ein britisch-französisches Expeditionskorps. Bald ist die deutsche Besatzung Narviks von der Welt abgeschlossen.

»Blitzkrieg-Stationen: Gegen die modern ausgerüstete deutsche Wehrmacht *(links oben:* Infanterie-Vormarsch) hatten die kaum motorisierten 40 polnischen Divisionen keine Chance. Vor allem der deutschen Panzerwaffe *(links Mitte)* hatten sie nichts Gleichwertiges entgegenzusetzen. Den Zusammenbruch beschleunigte noch die deutsch-sowjetische Zusammenarbeit *(links unten:* Offiziere der Roten Armee und der Wehrmacht in Polen). Der junge polnische Staat, erst seit 1918 selbständig, wurde erneut Opfer einer Teilung. Deutschland gliederte sich große Teile ein und übernahm die Verwaltung des Restes als Generalgouvernement. Die Sowjetunion annektierte Ostpolen.

»Blitzartig« schlug die Wehrmacht auch im Westen zu: Holland, Belgien und Frankreich brachen zusammen, doch England hielt stand. Der »Blitz« – als Fremdwort ins Englische übernommen – der Luftwaffe gegen die Insel *(rechts oben:* Luftkampf eines Heinkel-Bombers mit einer Spitfire) hinterließ Trümmer *(rechts unten:* Coventry nach deutschem Bombenangriff), aber auch einen noch gesteigerten Widerstandswillen der Briten. Görings »Adler« konnten die für eine Landung in England nötige Luftherrschaft nicht erringen.

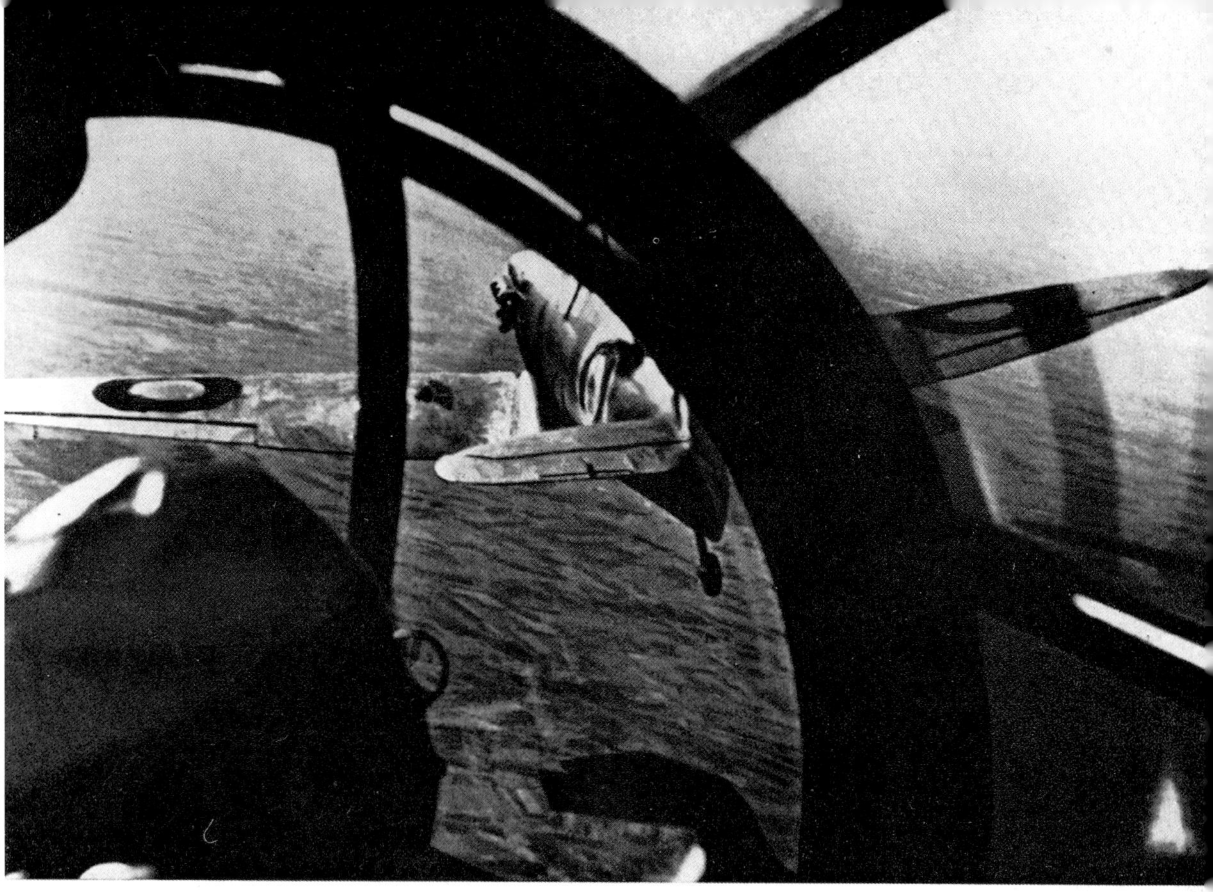

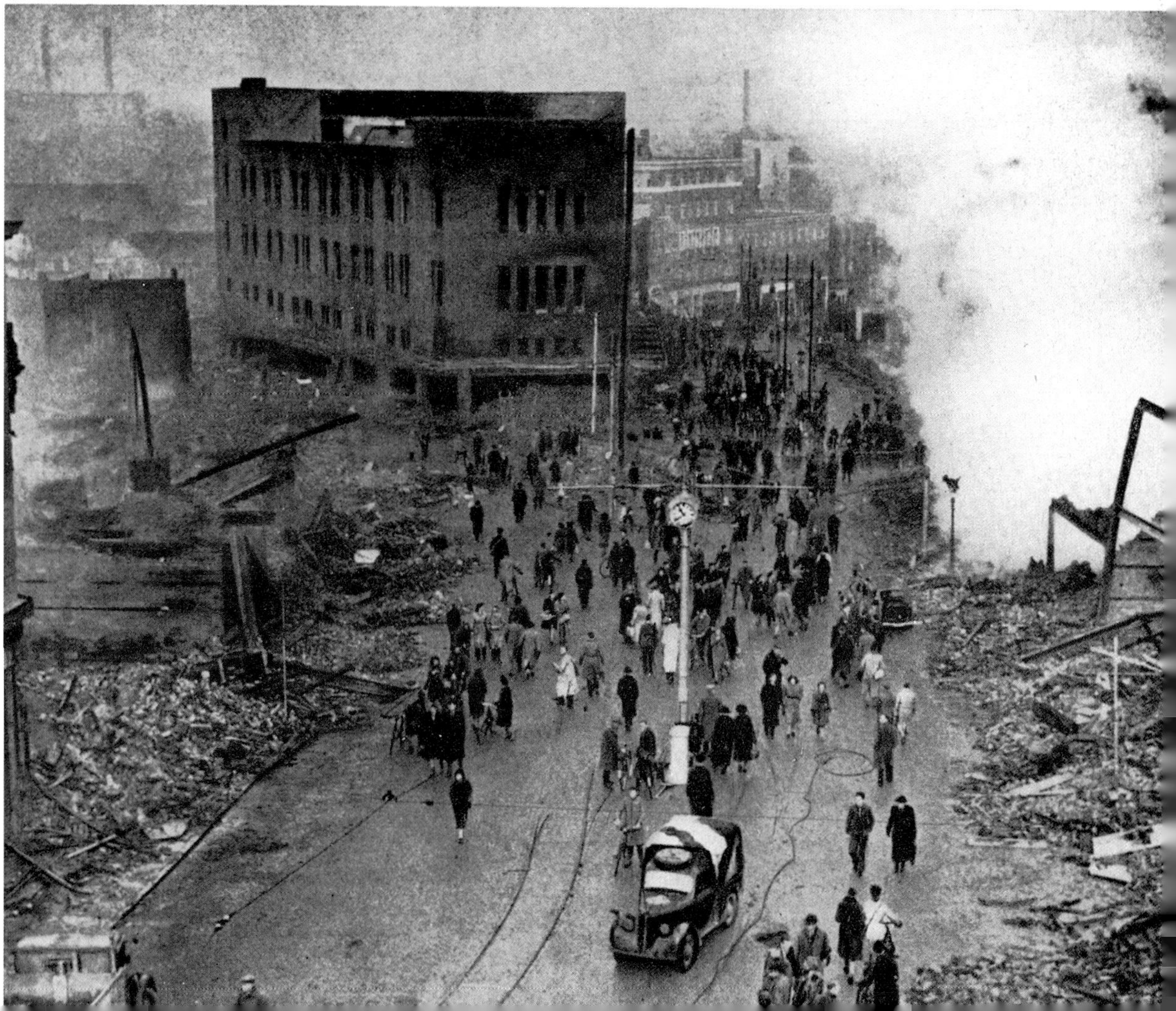

Am 28. Mai 1940 müssen Dietls Gebirgsjäger und die überlebenden Zerstörermatrosen Narvik räumen und sich in die umliegenden Berge in Richtung der schwedischen Grenze zurückziehen.

Aber das ist jetzt nicht mehr so bedeutsam. Überall sonst in Norwegen sind die Kämpfe der deutschen Landser mit norwegischen, britischen und französischen Truppen siegreich ausgegangen. Noch wichtiger aber: Schon 18 Tage vor der Räumung Narviks, am 10. Mai 1940, ist die Wehrmacht an der Westfront zum Angriff angetreten. Als die Gebirgsjäger sich nördlich des Polarkreises vom Gegner lösen müssen, sind an der Westfront schon die wichtigsten Siege errungen worden.

General von Manstein, der schon vor zwei Jahren in aller Eile an Stelle des nicht existierenden Plans »Otto« die Pläne für den Einmarsch in Österreich, für den »Blumenkrieg«, ausgearbeitet hat, ist auch der Schöpfer des Angriffsplanes im Westen, »Sichelschnitt-Plan« genannt. Er hat diesen Plan gegen den Willen des OKH, des Oberkommandos des Heeres, gegen den Willen des Generalstabs ausgearbeitet. Der Plan ist den Verantwortlichen zu kühn, ja geradezu »verrückt« erschienen. Bis Hitler die Brauchbarkeit dieses Plans erkannt hat und ihn gegen den Willen der Generalstäbler durchsetzen kann.

Deutsche Panzer – darin liegt die besondere Überraschung für die Gegner – brechen am Morgen des 10. Mai durch die unwegsamen Ardennen, wo niemand einen Panzerangriff vermutet. Die für unüberwindlich gehaltene französische Maginot-Linie wird so im Norden umgangen.

Vorher sind schon Fallschirmspringer und Luftlandetruppen mit Lastenseglern gestartet, die das wichtige Fort Eben Emael bei der belgischen Stadt Lüttich erobern sollen, ebenso Fallschirmspringer, die die wichtigen Maasbrücken vor Rotterdam besetzen und bis zum Eintreffen der deutschen Panzer halten sollen.

Die deutschen Armeen stoßen quer durch Holland und durch Nordfrankreich. Ziel ist, die Hauptstreitmacht der Gegner vom französischen Hinterland zu trennen: deshalb »Sichelschnitt-Plan«. Die in Holland und Belgien befindlichen Streitkräfte der Alliierten sind dann eingeschlossen und sollen zwischen den durch Nordfrankreich in Richtung Kanal vorstoßenden Panzertruppen und den nördlich über Holland angreifenden Truppen zermahlen werden.

Der Plan gelingt. Keiner der alliierten Oberbefehlshaber hat mit einem Angriff durch die Ardennen gerechnet, und dann begreift man lange Zeit nicht, wie wichtig gerade dieser »Sichelschnitt« ist.

Am 28. Mai, als die Deutschen hoch oben in Narvik den Rückzug antreten müssen, ist an der Westfront schon folgendes geschehen:

13. Mai – den deutschen Truppen gelingt zwischen Namur und Sedan der Übergang über die Maas. Die Panzer rollen quer durch Nordfrankreich.

Die deutschen Fallschirmjäger an den Maasbrücken vor Rotterdam werden aus der Umklammerung durch die Holländer befreit.

14. Mai – die holländische Armee kapituliert, die holländische Regierung und die Königin flüchten auf einem Kriegsschiff nach England.

18. Mai – die französische Regierung wird angesichts der katastrophalen militärischen Lage umgebildet. Stellvertretender Ministerpräsident wird Marschall Pétain, im Weltkrieg Verteidiger von Verdun, für die Franzosen eine legendäre Gestalt, wie etwa in Deutschland der Generalfeldmarschall von Hindenburg.

19. Mai – General Weygand übernimmt den alliierten Oberbefehl. Jetzt erst wird der deutsche »Sichelschnitt-Plan« in seiner Bedeutung erkannt. Die noch immer nach Norden, in Richtung Belgien strömenden Hauptstreitkräfte der Alliierten werden herumgeworfen, nach Frankreich, wo die deutschen Panzerspitzen sich immer mehr dem englischen Kanal nähern. Aber zu dieser Wendung gegen den nun endlich erkannten Hauptfeind ist es bereits zu spät.

27. Mai – die belgische Armee kapituliert, König Leopold von Belgien gibt sich gefangen.

Im französischen Hafen Dünkirchen beginnt die Einschiffung des britischen Expeditionskorps. Es kommt zu heftigen Auseinandersetzungen in der alliierten Führung und auch unter den Soldaten über den britischen »Verrat«. Die »Tommys« werden von ihren französischen Kameraden als Feiglinge beschimpft, weil sie nach England zurückgehen, statt weiterzukämpfen.

28. Mai – Hitler hält die deutschen Panzer vor Dünkirchen zurück und ermöglicht so dem britischen Expeditionskorps unter Lord Gort das Entkommen. Der Kern der späteren Invasionsarmee wird dadurch gerettet.

In der Nacht vom 4. zum 5. Juni verlassen bei Dünkirchen die letzten Engländer – und auch eine Anzahl französischer und belgischer Soldaten – das europäische Festland. Fast auf den Tag genau vier Jahre später werden sie zurückkommen, am 6. Juni 1944, mit der größten Landungsflotte, die die Welt je sah.

Jetzt, nachdem auch Belgien kapituliert hat und die Engländer verschwunden sind, kann sich die gesamte deutsche Wehrmacht nach Süden wenden. Die »Schlacht um Frankreich« beginnt. Am 8. Juni ist Narvik von den Alliierten geräumt worden, die deutschen Gebirgsjäger und Matrosen besetzen die Stadt wieder. Die Aisne, das letzte natürliche Hindernis vor Frankreichs Hauptstadt Paris, wird am 9. Juni 1940 von deutschen Truppen überschritten. Die französische Armee befindet sich nun in voller Auflösung. Riesige Flüchtlingskolonnen strömen nach Süden, verstopfen die Straßen und schaffen ein unentwirrbares Chaos, das der Führung der französischen Armee keine Chance mehr läßt, ihre Truppen wieder in die Hand zu bekommen.

Und da erscheint Mussolini: Am 10. Juni erklärt Italien dem schon geschlagenen Frankreich und England den Krieg. Aber die italienischen Truppen an der Alpengrenze erleiden durch die Franzosen eine Niederlage, es gelingt ihnen nicht, nach Frankreich vorzudringen.

Paris wird am 14. Juni von deutschen Truppen besetzt. Einen Tag darauf wird an der Rheinfront, wo sich die Truppen noch immer wie zu Beginn des Krieges ruhig gegenübergelegen haben, die für unüberwindlich gehaltene Maginot-Linie durchbrochen, Schild und Rückgrat der französischen Verteidigung.

Zwei wichtige Dinge geschehen am nächsten Tag. Die bisherige französische Regierung Reynaud, die nach Bordeaux geflüchtet ist, tritt zurück. Ministerpräsident wird der greise Marschall Pétain, dem von der eilig zusammengerufenen Nationalversammlung fast uneingeschränkte Vollmachten erteilt werden.

Und im Osten Europas nützen die Sowjets die Situation: Die Rote Armee besetzt Estland, Lettland und Litauen.

Am Tag nach seiner Berufung als Ministerpräsident bietet Marschall Pétain bereits die Kapitulation Frankreichs an. Am 21. und 22. Juni finden im Wald von Compiègne die Verhandlungen statt, am gleichen Ort und im gleichen Eisenbahnwagen, in dem 1918 die deutsche Delegation den Waffenstillstand unterzeichnen mußte, der so viele Jahre danach Hitlers stärkster Propagandaschlager gewesen ist. Der Waffenstillstand tritt am 25. Juni 1940, früh um 0.35 Uhr in Kraft. In ganz Deutschland läuten die Kirchenglocken zu Ehren des Sieges. Es scheint wieder Friede zu sein. Friede?

Sicher, nirgendwo in Europa wird nun noch gekämpft. Aber England befindet sich noch immer im Kriegszustand mit Deutschland. Viele Menschen meinen, das sei nicht mehr wichtig. Zwischen England und dem Kontinent liege die See, der Kanal. Weshalb sollte England nun allein weiterkämpfen, und wie eigentlich?

Papst Pius XII., der ehemalige päpstliche Nuntius in München und Berlin, wendet sich schon drei Tage nach dem deutsch-französischen Waffenstillstand vertraulich an Hitler, Mussolini und an Churchill, der seit dem 10. Mai, dem Tag des deutschen Angriffs im Westen, Premierminister Großbritanniens ist. Der schwedische König unternimmt einen ähnlichen Schritt, und auch amerikanische Kongreßabgeordnete bemühen sich um Vermittlung zwischen Deutschland und England.

In Deutschland breitet sich Zufriedenheit aus. Nicht nur in der Bevölkerung, die den Krieg als beendet ansieht. Nein, auch die deutsche Führung ist der Meinung, daß England nun keinen Krieg mehr führen wird.

So werden große Teile der Rüstungsproduktion wieder auf Friedensproduktion umgestellt. Reservisten werden aus der Wehrmacht entlassen, ganze Divisionen aufgelöst. Der deutsche Generalstab arbeitet nicht einmal Eventualpläne für eine Fortsetzung des Krieges aus. Schließlich verfügt er ja über eine Wunderwaffe: Hitler, den OKW-Chef Keitel bei den Siegesfeiern zum »größten Feldherrn aller Zeit« stilisiert. Ihm wird sich auch England beugen müssen.

Doch Premierminister Churchill will mit Hitler keinen Frieden schließen. Die Gefahr eines starken Hitler ist für England zu groß. Später schreibt er in seinen Memoiren, daß er über die Friedensbemühungen des Vatikans, des Schwedenkönigs und amerikanischer Abgeordneter sehr beunruhigt gewesen sei und deshalb energische Maßnahmen gegen diese Bemühungen um einen Friedensschluß zwischen England und Deutschland getroffen habe.

Hitler beschäftigt sich nun doch mit dem Gedanken, daß der bereits endgültig gewonnen geglaubte Krieg weitergehen könne. Dafür gäbe es drei Möglichkeiten: Abwarten, was die Engländer tun werden. Zu einer Landung auf dem Festland sind sie bestimmt nicht in der Lage, was also wollen sie sonst tun?

Aber Abwarten ist nicht Hitlers Sache, noch dazu, da er einmal beim Siegen ist. So bleibt also für die Fortführung des Krieges gegen den einzigen übriggebliebenen Gegner entweder die Zermürbung Englands durch den Luftkrieg, bis die Briten endlich friedenswillig werden, oder aber eine deutsche Invasion auf der britischen Insel, nach der man die Engländer in ihrem eigenen Land zur Entscheidungsschlacht zwingen könnte.

Am 13. Juli 1940 führt er eine Besprechung mit allen militärischen Führern auf dem Berghof bei Berchtesgaden durch. Er spricht darüber, daß er nicht verstünde, weshalb England nun noch immer nicht den »Weg des Friedens« gehen wolle. Er scheint nicht damit zu rechnen, daß die Vereinigten Staaten von Amerika, die von ihm völlig unterschätzt werden, England unterstützen und daß Churchill bereits fest davon überzeugt ist, daß die USA früher oder später offen an Englands Seite in den Krieg eintreten.

Nein, Hitler glaubt an etwas anderes. Generalstabschef Franz Halder – der erste deutsche Generalstabschef, der kein Preuße, sondern Bayer ist – notiert nach der Besprechung in seinem Tagebuch: »Er (Hitler) sieht ebenso wie wir (!) die Lösung dieser Frage darin, daß England noch eine Hoffnung auf Rußland hat. Er rechnet also damit, England mit Gewalt zum Frieden zwingen zu müssen. Er tut so etwas aber nicht gern . . .«

Am 16. Juli erläßt Hitler die »Führerweisung Nr. 16«, in der es heißt:

»Da England trotz seiner militärisch aussichtslosen Lage noch keine Anzeichen einer Verständigungsbe-

Als am 14. Juni 1940 deutsche Kavallerie *(oben)* in Paris einzog, schien der Frieden in greifbare Nähe gerückt. Wie wollte England gegen diese Wehrmacht den Krieg fortsetzen? Hitler stand auf dem Gipfel der Macht, triumphierte in Paris *(rechte Seite)* und Berlin *(unten)*. »Der ehemalige Agitator, der 1920 zur Masse gesagt hatte, er werde nicht eher ruhen, bis der Vertrag von Versailles zerrissen sei, hatte sein Versprechen gehalten: die Demütigung von 1918 war geräcäht«, schreibt der Hitler-Biograph Alan Bullock. Für die weitere deutsche Kriegsführung – denn England kapitulierte keineswegs – sollte sich der überwältigende Erfolg gegen Frankreich allerdings verhängnisvoll auswirken. Hitler nämlich hielt sich fortan für militärisch unfehlbar und setzte sich über Ratschläge und Bedenken seiner Feldherren oft verächtlich hinweg.

reitschaft zu erkennen gibt, habe ich mich entschlossen, eine Landungsoperation gegen England vorzubereiten und wenn nötig durchzuführen . . .«

Die Aktion erhält den Namen »Seelöwe«, kommt aber niemals zur Ausführung. Immerhin wird zu ihrer Vorbereitung der Luftkrieg gegen Großbritannien geführt, der schließlich deutscherseits als Sieg bezeichnet wird, in Wahrheit aber die erste große Niederlage der deutschen Luftwaffe und mit ihr der deutschen Wehrmacht ist. Den Sieg erringen die britischen Jäger über Görings »Adler«, die deutschen Bomber und Jäger.

Schließlich muß die ganze Vorbereitung für das »Unternehmen Seelöwe« abgeblasen werden, weil die Seekriegsleitung der Auffassung ist, ohne eindeutige deutsche Luftüberlegenheit könne keine Invasionsflotte landen und Truppen nach England hinüberbringen.

Hitler hat das ganze Unternehmen ohnehin nur mit halbem Herzen verfolgt. Mit Mißtrauen hat er in all der Zeit, da die Wehrmacht Sieg auf Sieg errang, nach Osten geblickt.

Sicher, die Sowjetunion hat ihm gerade bei dem Sieg über Frankreich geholfen. Die schlechte Kampfmoral der Franzosen ist nicht zuletzt ein Verdienst der kommunistischen Propaganda gegen die eigenen Militärs und die eigene Regierung gewesen. Ein zum Kampf entschlossenes Volk wäre nicht so leicht besiegt worden. Auch die materielle Unterstützung durch die Sowjets schätzt Hitler hoch ein – aber trotzdem.

Finnland wurde überfallen – es hat sich gewehrt und ist noch relativ glimpflich davongekommen. Anscheinend taugt die Rote Armee nicht viel. Estland, Lettland und Litauen sind überfallen und besetzt worden. Sämtliche politische Parteien wurden sofort verboten, alle Politiker und der größte Teil der Beamten wurden verhaftet, nach Sibirien verschleppt oder erschossen. Stalin hat die deutschen Gesandten in den Hauptstädten der drei Länder aufgefordert, binnen vierzehn Tagen das Land zu verlassen.

Was wird Stalin als nächstes unternehmen: Worauf hat der rote Zar nun noch Appetit? Am 28. Juli bereits zeigt es sich.

Die Rote Armee besetzt Bessarabien und die zu Rumänien gehörende Bukowina. Wieder ohne Kriegserklärung. Will Stalin nun nach Ostpolen, nach den finni-

Wenig Eindruck schien dem russischen Außenminister Molotow das militärische Gepränge zu machen, mit dem ihn das Dritte Reich am 12. November 1940 in Berlin empfing. Als der kleine Zivilist neben Reichsaußenminister von Ribbentrop und – ganz links – Generalfeldmarschall Keitel die Front der Ehrenkompanie vor dem Bahnhof Friedrichstraße abschritt, wußte er, daß die Vorschläge, die er im Gepäck mitführte, dem »Führer« wenig Freude machen würden. Moskau versuchte, aus dem Pakt mit dem nationalsozialistischen Diktator soviel wie möglich herauszuholen. Das unnatürliche Bündnis sollte sich wenigstens lohnen. Es war ja ein reines Zweckbündnis, das die braune und die rote Basis am 23. August 1939 in heillose Verwirrung gestürzt hatte. Hitler vergaß nie, daß der »jüdische Bolschewismus« sein Erzfeind war und daß er seinem Volk auf dessen Kosten den »Lebensraum« beschaffen wollte, den es als Repräsentant der Herrenrasse brauchte. Stalin kalkulierte ganz kühl, daß er Zeit gewinnen mußte und mit jedem paktieren würde, der sie ihm verschaffte, gleichgültig welcher Couleur der Partner wäre. Molotows Besuch nach dem Sieg der deutschen Wehrmacht über Frankreich sollte ausloten, wieviel Wert Berlin nun noch der Partnerschaft mit der Sowjetunion beimaß und ob in naher Zukunft schon mit dem unvermeidlichen Abgriff der »Hitlerfaschisten« zu rechnen sei. Ein britischer Bombenangriff auf die Reichshauptstadt am Abend des 12. November überzeugte den Russen davon, daß Deutschland keineswegs schon Herr der Lage war. Die Atempause für die Sowjetunion war noch nicht zu Ende.

schen Gebieten, nach den drei baltischen Staaten auch Rumänien verschlingen? Hitler will das auf keinen Fall zulassen.

Wenn Deutschland gezwungen ist, den Krieg gegen Großbritannien fortzusetzen, dann braucht die Kriegswirtschaft neben Stahl vor allem Öl. Ohne Öl läuft keine Maschine, fährt kein Panzer und kein Schiff, fliegt kein Jäger und kein Bomber. Die Hauptbezugsquelle für Deutschland aber ist das rumänische Erdölgebiet um Ploesti. Ist Stalin deshalb über Rumänien hergefallen? Ist nicht jetzt schon für Hitler der rechte Zeitpunkt, sein Ziel vom »Lebensraum im Osten« zu verwirklichen? Englands Sturheit und die ständigen Aggressionen der Russen im Osten – ob da nicht doch ein Zusammenhang besteht? Dann lieber gleich Sowjetrußland zerschlagen, ehe England sich soweit erholt hat, daß es wieder zu einem gefährlichen Gegner wird. Denn gegen ein wiedererstarktes England und gegen die Sowjetunion zugleich kämpfen, das wäre der Zweifrontenkrieg, der Deutschlands Untergang sein könnte – und sein wird.

So hören es die am 31. Juli 1940 auf dem Berghof versammelten Generäle von ihrem Obersten Befehlshaber:

»Englands Hoffnung ist Rußland und Amerika. Wenn die Hoffnung auf Rußland wegfällt, fällt auch Amerika weg, weil dem Wegfall Rußlands eine Aufwertung Japans in ungeheurem Maße folgt...«

Sei Rußland zerschlagen, wäre auch Englands letzte Hoffnung dahin.

Am nächsten Tag bereits beginnt der Generalstab mit der Ausarbeitung entsprechender Pläne, und am 9. August ergeht die erste Weisung, die sich noch unter dem Decknamen »Aufbau Ost« tarnt. Der fertig ausgearbeitete Plan wird später als »Führerweisung Nr. 21« und unter dem Namen »Fall Barbarossa« berühmt – und berüchtigt.

Aber diese »Führerweisung« ergeht erst am 18. Dezember 1940. Zuvor, am 12. und 13. November, hat Hitler noch einen Gast gehabt, dessen Besuch der letzte Anlaß für die »Führerweisung Nr. 21« ist. In Berlin erscheint zum längst fälligen Gegenbesuch der sowjetische Ministerpräsident und Außenminister Molotow.

Hitler und sein Außenminister von Ribbentrop machen Molotow den Vorschlag, doch dem Dreimächtepakt Deutschland-Italien-Japan beizutreten. Molotow sagt nicht nein, aber er stellt einige Bedingungen:

Die Sowjetunion erhält die Erlaubnis, im Gebiet der Dardanellen und im Bosporus militärische Stützpunkte für Land- und Seestreitkräfte einzurichten.

Darüber, daß dann zunächst einmal die türkische und die bulgarische Regierung gefragt werden müßten, ob sie der Sowjetunion Land für militärische Stützpunkte abtreten wollen, spricht Molotow nicht.

Das Gebiet südlich von Baku und Batum in Richtung auf den Persischen Golf müsse als Schwerpunkt sowjetischer »Aspirationen« anerkannt werden.

Japan muß vor einem eventuellen Beitritt der Sowjetunion zum Dreimächtepakt auf seine Konzessionen für die Kohlegewinnung auf dem Nordteil der Insel Sachalin verzichten.

Es kommt natürlich zu keiner Einigung. So stark will Hitler seinen östlichen »Freund« nicht werden lassen. Am 26. November erhält Hitler eine Denkschrift Stalins, in der dieser die Molotowschen Forderungen noch einmal aufführt und gleich noch einige weitere stellt.

Jetzt verlangt der Kreml-Herrscher gar, daß gemeinsame militärische Maßnahmen gegen die Türkei getroffen werden müßten, wenn die Türkei sich weigere, sowjetische Stützpunkte in ihrem Land zuzulassen.

Zum Schluß verlangt Stalin noch, man müsse sich »über die Frage der Ostsee-Meerengen" klarwerden. Gemeint sind der Große und der Kleine Belt, Kattegat und Skagerrak, wichtigste deutsche Interessengebiete, noch dazu jetzt im Krieg gegen die Seemacht Großbritannien.

Hitler entscheidet sich nun endgültig, und das Ergebnis dieser Entscheidung ist die Weisung für den »Fall Barbarossa« am 18. Dezember 1940, der Anfang vom Untergang des Dritten Reiches. Die wichtigsten Sätze dieser Weisung lauten:

»Die deutsche Wehrmacht muß darauf vorbereitet sein, auch vor Beendigung des Krieges gegen England Sowjetrußland in einem schnellen Feldzug niederzuwerfen . . .

Vorbereitungen sind bis zum 15. 5. 1941 abzuschließen . . .«

Bis zum 15. Mai also, dann soll der neue Kriegsschauplatz eröffnet werden. Aber ein unvorhergesehenes Ereignis kommt dazwischen.

Hitler befindet sich Ende Oktober 1940 in Frankreich, wo er zunächst an der spanischen Grenze mit Spaniens Diktator General Franco, und später in Montoire mit dem französischen Staatschef Marschall Pétain Gespräche über eine weitere Zusammenarbeit führt.

Am 28. Oktober rollt Hitlers Sonderzug wieder über die deutsche Grenze zurück, als Hitler eine Schreckensbotschaft erhält: Mussolini ist im Begriff, von dem schon im Frühjahr 1939 okkupierten Albanien, dem »Land der Skipetaren«, aus in Griechenland einzufallen.

Hitler dirigiert sofort seinen Zug um in Richtung Süden, Richtung Italien, Richtung Mussolini, um diesen von seinem Vorhaben abzubringen. Doch es ist schon zu spät. Als Hitler auf dem Bahnhof von Florenz mit dem Duce zusammentrifft, marschieren die italienischen Divisionen schon.

»Wir sind überall auf dem siegreichen Vormarsch, Führer!« berichtet Mussolini stolz. Hitler muß sich mühsam

beherrschen, um höflich zu bleiben. Er ist davon überzeugt, daß die Italiener jetzt, um diese Jahreszeit, im Herbstregen und dann im Schnee der griechischen Berge steckenbleiben werden. Vor allem aber bringt dieses Unternehmen genau die Kriegsausweitung, die Hitler bisher immer vermieden hat, um einen Gegner nach dem anderen schlagen zu können, wie er es früher auch schon in der Politik gehalten hat.

Außerdem traut er der italienischen Wehrmacht nicht viel zu. Fast ein Dreivierteljahr haben die Italiener damals gegen die mit »Pfeil und Bogen« kämpfenden Abessinier gebraucht; in Spanien sind die mehr als 70 000 »Schwarzhemden«, immerhin sogar eine Elite-Truppe, von Republikanern und von der Internationalen Brigade, in der viele Deutsche standen, trotz ihrer zahlen- und waffenmäßigen Überlegenheit mehr als einmal geschlagen worden; selbst im Sommer dieses Jahres gegen die von der Wehrmacht schon vernichtend geschlagenen Franzosen war den Italienern kein echter Sieg vergönnt.

Hitler sieht schwarz, als er sich von dem stolzen Mussolini verabschiedet und zurück nach Berchtesgaden fährt.

Die Überlegungen Hitlers bewahrheiten sich bald. Die Griechen sind keine barfüßigen Abessinier, sie haben mindestens ebenso gute Waffen wie die Italiener. Sie kämpfen außerordentlich tapfer und haben eine gute militärische Führung. Es dauert nicht lange, dann stehen die Italiener wieder in ihren Ausgangsstellungen. Noch schlimmer. Die griechische Armee geht ihrerseits zur Offensive über und treibt die Italiener bis weit nach Albanien hinein. Mussolinis Truppen flüchten.

Die Engländer aber, die es schon vorher mit der griechischen Neutralität nicht sehr genau genommen haben – der äußere Vorwand für Mussolinis Angriff auf Griechenland –, benutzen die einmalig günstige Gelegenheit, sich wieder auf dem europäischen Kontinent festzusetzen. Sie besetzen die griechische Mittelmeerinsel Kreta und richten in Griechenland selbst militärische Stützpunkte ein.

Besondere Sorge macht Hitler die Nähe der britischen Luftstützpunkte in Griechenland zum rumänischen Erdölgebiet. Bis jetzt war dieses für Deutschland lebenswichtige Gebiet außerhalb der Reichweite feindlicher Flugzeuge. Jetzt könnten die Engländer Ploesti jederzeit bombardieren. Das wäre für Deutschland eine Katastrophe.

So verhandelt die deutsche Regierung erst einmal mit der bulgarischen Regierung über ein Durchmarschrecht durch Bulgarien für den Fall einer Auseinandersetzung mit Griechenland oder den in Griechenland befindlichen britischen Truppen. Bulgarien stimmt zu, auch Ungarn würde den Durchmarsch deutscher Truppen gestatten.

Inzwischen macht Mussolini seinem Freund Hitler immer größere Sorgen. Auch in Nordafrika sind die italienischen Truppen ins Laufen geraten, diesmal vor den Engländern, die aus Ägypten heraus in die italienische Kolonie Libyen vorstoßen und die Italiener vor sich hertreiben. Mussolini bittet Hitler flehentlich um Hilfe, und der deutsche Führer kann nicht ablehnen.

Kann er überhaupt das »Unternehmen Barbarossa« durchführen, wenn diese gefährliche Lage an der Südflanke besteht? Das Risiko ist zu groß, und so wird »Barbarossa« zunächst einmal verschoben, wenn auch nicht für lange Zeit.

Am 1. März tritt Bulgarien dem »Dreimächtepakt« bei, deutsche Truppen marschieren auf Anforderung der Regierung in Bulgarien ein, um, wie es in einer offiziellen Verlautbarung heißt, den »englischen Absichten einer Kriegsausweitung auf dem Balkan entgegenzutreten und die bulgarischen Interessen zu schützen«.

Auch Jugoslawien beschließt am 20. März, sich dem Dreimächtepakt anzuschließen. Am 25. März 1941 unterzeichnet der jugoslawische Ministerpräsident in Wien die Beitrittsurkunde. Es ist seine letzte Amtshandlung.

Als er und die ihn begleitenden Regierungsmitglieder in ihre Hauptstadt Belgrad zurückkehren, werden sie verhaftet. In Belgrad hat ein Putsch stattgefunden, der eindeutig gegen Deutschland gerichtet ist. Die Putschisten sind englandfreundlich. Massenkundgebungen in Belgrad protestieren gegen den Beitritt des Landes zum Dreimächtepakt und demonstrieren für England.

Churchill, dem dieser Putsch wie gerufen kommt, wendet sich an die türkische Regierung, angesichts der veränderten Lage auf dem Balkan in den Krieg gegen Deutschland einzutreten. Vergeblich. Auch die jugoslawische Putschregierung lehnt Churchills Aufforderung ab, sofort in Albanien einzufallen und Krieg gegen die Italiener zu führen.

Aber Churchills Pläne werden bekannt und verstärken Hitlers Absicht, auf dem Balkan »Ordnung zu schaffen«, bevor er sich dem gefährlichsten Gegner zuwendet. Daß die Sowjetunion trotz der ununterbrochen fortdauernden Lieferungen von Wirtschaftsgütern an Deutschland inzwischen zum Feind geworden ist, davon ist Hitler am 5. April 1941 mehr denn je überzeugt.

An diesem Tag schließt die Sowjetregierung mit den jugoslawischen Putschisten einen Freundschafts- und Nichtangriffspakt, der zweifellos gegen Deutschland gerichtet ist. Jugoslawien nutzt dieser Pakt nichts mehr. Bereits am Tag darauf, am 6. April, beginnt der gemeinsame deutsch-italienisch-ungarische Angriff auf dem Balkan. In der dazu herausgegebenen deutschen Erklärung heißt es, Deutschland habe alles versucht, um den Frieden auf dem Balkan zu erhalten, England dagegen habe diesen Frieden ständig gestört. Griechen-

land habe gestattet, daß sich britische Truppen dort festsetzten, die jugoslawischen Putschisten hätten das gleiche für Jugoslawien vorgehabt. Deutschland sei gezwungen, zu seiner Sicherheit einzugreifen.

Zuerst wird Jugoslawien überrannt. Schon nach sechs Tagen wird die Hauptstadt Belgrad von deutschen Truppen besetzt. Am 14. April bereits tritt der Führer der Putschistenregierung zurück, und drei Tage später bietet sein Nachfolger die Kapitulation an. Nach nicht einmal vierzehn Tagen ist in Jugoslawien jeder organisierte Widerstand zu Ende.

Fast ebenso schnell geht es in Griechenland. Fast, denn die Griechen haben an ihrer Nordostgrenze eine ausgezeichnete Befestigungsanlage, die »Metaxas-Linie«, gegen die nicht einmal die überall gefürchteten deutschen Sturzkampfflieger Ju 87, die »Stukas«, etwas ausrichten können, weil die Bunker in Felsen hineingebaut sind. Außerdem kämpfen die Griechen mit weit mehr Entschlossenheit als die von inneren politischen Zwistigkeiten zermürbten Jugoslawen.

Die Italiener sind noch immer nicht vorangekommen. Sie stecken nach wie vor in Albanien fest, wohin die Griechen sie im vergangenen Herbst getrieben haben. Erst als deutsche Truppen schon weit in Griechenland stehen und damit im Rücken der gegen die Italiener kämpfenden griechischen Truppen, müssen diese zurückgehen, um nicht eingekesselt zu werden. Endlich kann Mussolini einmal italienische Siege melden.

Die britischen Truppen in Griechenland haben so wie vor fast einem Jahr in Frankreich auch diesmal wieder den Befehl erhalten, sich möglichst kampflos zurückzuziehen. Und so wie vor einem Jahr die Belgier und Franzosen, so schimpfen jetzt die Griechen über die »Feiglinge«, die ihre Verbündeten im Stich lassen.

Aber Churchills Befehl ist vollkommen richtig. Es ist sinnlos, für eine einmal verlorene Sache – und das ist der Balkanfeldzug, wie schon nach wenigen Tagen feststeht – noch Menschen zu opfern. Churchill denkt schon viel weiter. Er denkt an den Tag, da er all diese Soldaten brauchen wird. Nicht in kleinen Gefechten auf dem Balkan, sondern in der großen Entscheidungsschlacht! Alle verfügbaren britischen Seestreitkräfte werden zum Abtransport der Truppen eingesetzt. Von der ägyptischen Hafenstadt Alexandria aus kommen allein sechs Kreuzer und 19 Zerstörer zu Hilfe – mehr als die gesamte deutsche Kriegsmarine in diesem Augenblick besitzt. Ein Teil der Truppen wird nach Ägypten gebracht, ein anderer auf die griechische Insel Kreta. Kreta ist durch seine zentrale Lage im östlichen Mittelmeer von großer strategischer Bedeutung. Das britische Oberkommando legt deshalb besonderen Wert auf den Besitz der 8300 Quadratkilometer großen Insel mit rund einer halben Million Einwohnern, weil befürchtet wird, die Deutschen könnten sonst Ägypten angreifen, um dem italienischen Verbündeten zu helfen. Kreta ist die starke Bastion, der Sperriegel vor Ägypten.

Die Truppentransporte werden von deutschen Bombergeschwadern angegriffen. Fünf Tage lang dauert der Kampf der deutschen Luftwaffe gegen die britische Mittelmeerflotte. 50 000 Mann von 62 000 können die Engländer nach Kreta oder Ägypten bringen. Damit ist die Rettungsaktion ebenso erfolgreich wie die von Dünkirchen im vergangenen Jahr. Es fragt sich nur, ob die nach Kreta transportierten Truppen nun auch wirklich endgültig gerettet sind.

Am 27. April 1941 marschieren Einheiten der deutschen Wehrmacht in die griechische Hauptstadt Athen ein. Damit ist der »Balkan-Feldzug« nach nur drei Wochen beendet. Nur Kreta befindet sich noch in der Hand der Briten.

Auch die deutsche Führung ist sich der Bedeutung Kretas für die Sicherung der bisher auf dem Balkan errungenen Erfolge und zugleich der Bedeutung der Insel als Sprungbrett nach Ägypten und Nordafrika bewußt. Aber wie soll man diese Insel erobern? Die Invasion mit einer Landungsflotte ist völlig ausgeschlossen. Noch beherrscht die britische Flotte das östliche Mittelmeer, die deutsche Kriegsmarine ist gar nicht in der Lage, gegen die Briten aufzutreten, ganz abgesehen davon, daß eine deutsche Transportflotte überhaupt nicht in der Lage wäre, an England vorbei, durch den Kanal oder auch weitausholend über den Nord- und dann Mittelatlantik, durch die Meerenge von Gibraltar und dann an der britischen Insel Malta vorbei bis ins östliche Mittelmeer zu gelangen.

So entsteht der Plan, Kreta aus der Luft, durch Fallschirmjäger und Luftlandetruppen zu erobern. Die deutschen Fallschirmjäger haben im Westfeldzug des vergangenen Jahres Hervorragendes geleistet. Nun wird ihnen eine Aufgabe gestellt, die zu ihrem größten Sieg und zugleich zur entscheidenden Niederlage werden wird. Den Sieg werden sie über die Kreter, Griechen und Briten erringen, die große Niederlage wird ihnen Hitler beibringen.

Der Sieg der deutschen Fallschirmjäger und Luftlandetruppen ist um so höher zu bewerten, als die deutsche Aufklärung gegenüber Kreta völlig versagt. Nur ein Drittel der auf der Insel vorhandenen Truppen des Gegners wird erkannt und gemeldet. Zu allem Unglück sind die meisten der erkundeten Stellungen ausgerechnet die Scheinstellungen, die der Oberkommandierende auf Kreta – der neuseeländische General Freyberg – zur Irreführung der deutschen Aufklärung hat anlegen lassen. Die »echten« Stellungen werden nur zu einem ganz geringen Teil erkannt. So, in völliger Unkenntnis der wahren Stärke des Gegners, wird die Besetzung Kretas aus der Luft beschlossen.

Das größte Luftlandeunternehmen der Kriegsgeschichte beginnt am 20. Mai 1941. Und das ist fünf Tage nach dem Termin, den Hitler zuvor für den Beginn des »Unternehmens Barbarossa« festgesetzt hatte. Zunächst bombardiert die deutsche Luftwaffe vom frühen Morgen an die feindlichen Stellungen auf der großen Insel – zumeist die Scheinstellungen. Damit bleibt der Einsatz der deutschen Bombengeschwader praktisch ergebnislos, denn die richtigen Stellungen werden kaum erkannt und deshalb auch nicht angegriffen.

So kommt es, daß die Bombardierungen nur von Vorteil für den Gegner sind, der dadurch gewarnt worden ist. Die deutschen Fallschirmspringer springen vom Himmel direkt in die Hölle der feindlichen Abwehr, von der sie glauben mußten, sie sei durch die vorangegangenen Bombardierungen schon ausgeschaltet. Lediglich die britischen Flak-Stellungen sind richtig erkannt und getroffen worden, weshalb es der Transportflotte von 493 Junkersflugzeugen – der berühmten Ju 52, der »Tante Ju« – auch beim ersten Anflug gelingt, die Fallschirmjäger abzusetzen und dabei nur sieben Maschinen durch Feindbeschuß zu verlieren. Die Erdstellungen dagegen sind noch alle intakt, und die deutschen Fallschirmjäger sind nicht in der Lage, die für den ersten Tag vorgesehenen Ziele – die beiden Flugplätze Malemes und Heraklion – zu erreichen. Vor allem aber entfällt durch die vergeblichen Bombardierungen der wichtigste Vorteil, den Fallschirmjäger sonst haben – der Vorteil der Überraschung des Gegners.

Die zur Unterstützung der ersten Welle von Fallschirmjägern vorgesehenen Luftlandetruppen können nicht helfend eingreifen, weil die für die Landung vorgesehenen Flugplätze in der Hand der Briten bleiben. General Student, der Kommandeur des XI. Fliegerkorps, das alle deutschen Luftlandetruppen umfaßt, entschließt sich zu einer grundlegenden Änderung der Taktik. Er befiehlt, alle Kräfte gegen einen einzigen Schwerpunkt einzusetzen, gegen den Flugplatz Malemes. Die beim Flugplatz Heraklion bei der Hafenstadt Rethymnon und bei der kretischen Hauptstadt Kania gelandeten Fallschirmjäger müssen einstweilen zusehen, wie sie sich wenigstens gegenüber den überlegenen Feindkräften halten können, statt sie anzugreifen, wie es eigentlich geplant war.

Students neue Taktik hat Erfolg. Transportsegelflugzeuge gehen mitten in den britischen Stellungen um Malemes nieder. Sie erleiden schwere Verluste, aber die überlebenden Deutschen erobern eine ganze Anzahl der britischen Stellungen. In der Geschichte der britischen Luftwaffe, der Royal Air Force, heißt es zu diesem Kampf:

»Kurz: Bei Malemes wurde die Schlacht um Kreta verloren...«

Eine Fehlentscheidung des britischen Oberkommandierenden Freyberg kommt den deutschen Fallschirmjägern zugute. Er erkennt die entscheidende Bedeutung des Kampfes um Stadt und Flugplatz Malemes nicht. Er ist davon überzeugt, daß das kleine Häuflein deutscher Luftlandesoldaten unmöglich die Hauptstreitmacht für die Eroberung Kretas sein kann. Er erwartet deshalb, daß die Deutschen bald mit einer großen Landungsflotte vor der kretischen Küste auftauchen werden. Er wartet noch auf diese Landungsflotte, als die Entscheidung bereits gefallen ist. Schon am Morgen des 21. Mai landen deutsche Transportflugzeuge auf dem Flugplatz Malemes – obwohl der Flugplatz selbst noch gar nicht in deutscher Hand ist. Der Flugplatz ist im Lauf der nächtlichen Kämpfe Niemandsland geworden. Deutsche und Briten beschießen sich über den keine Deckung bietenden Flugplatz hinweg. Etliche der landenden Ju 52 werden noch im Ausrollen von britischen Granaten getroffen und explodieren. Andere machen Bruchlandungen auf dem von Granattrichtern übersäten Rollfeld. Die Mannschaften aus den heilgebliebenen Maschinen werden von den Briten nach dem Aussteigen unter heftiges Feuer genommen.

Schließlich gelingt es den bereits am Vortag gelandeten Deutschen, an die Maschinen auf dem Rollfeld heranzukommen und vor allem die schweren Waffen aus den Flugzeugen zu bergen. Damit ist dann der Kampf entschieden. Die Fallschirmjäger sind jetzt gut bewaffnet, und trotz aller Verluste gelangt nun immer mehr Nachschub an Soldaten und Waffen nach Malemes – während General Freyberg seinen Leuten keine Unterstützung schickt, weil er immer noch gebannt auf die See schaut, wo doch endlich die deutsche Landungsflotte in Sicht kommen muß. Bald ist nicht nur der Flugplatz, sondern auch die Stadt Malemes in deutscher Hand. Verstärkung fliegt heran, in immer größer werdender Zahl. Jetzt werden vor allem Gebirgsjäger gelandet, die nun gemeinsam mit den Fallschirmjägern von Malemes aus nach Osten vordringen, um den einsam kämpfenden Kameraden vor Kania, Heraklion und Rethymnon zu Hilfe zu eilen. Die Soldaten bahnen sich quer durch die Berge und Felsen der Insel, stets im Kampf mit dem Gegner, den Weg zu den Eingeschlossenen.

Am 26. Mai gelingt der Durchbruch durch die britischen Stellungen vor der Hauptstadt Kania, am nächsten Tag fällt die Stadt selbst. Wichtiger noch ist der Erfolg vom 28. Mai: Das Gebiet um die Suda-Bucht wird erobert, und nun kann der Nachschub von Griechenland über See herangeführt werden.

General Freyberg hat seinen entscheidenden Fehler erkannt, und er hat zugleich erkannt, daß die Verteidigung Kretas unmöglich geworden ist. Die Deutschen können jetzt unbeschränkt Nachschub heranführen, während das Gros der Truppen des Britischen Empires in Nordafrika den über die Italiener errungenen Erfolg sichern muß.

In Nordost-Afrika haben die Briten die Italiener ebenfalls besiegt. Somali-Land ist von den Engländern zurückerobert worden. Aus ihrer Kolonie Eritrea sind die Italiener vertrieben worden – und am 4. April, zwei Tage vor dem deutschen Angriff auf Jugoslawien und Griechenland, sind britische Truppen in der abessinischen Hauptstadt Addis Abeba eingerückt. Der Negus Haile Selassie, der »Löwe von Juda«, kehrt in seine Hauptstadt zurück.

Diese vielen Siege über die Italiener gilt es zu sichern. Kreta ist dagegen unwichtig geworden. Deshalb befiehlt Freyberg den Rückzug. An der kretischen Südküste erscheint die britische Flotte, um die geschlagenen Truppen aufzunehmen und nach Ägypten zu bringen. Die Briten und die bei ihnen befindlichen Griechen erleiden noch hohe Verluste.

Allein die britische Mittelmeerflotte verliert bei der Räumungsaktion drei Kreuzer und sechs Zerstörer durch die Angriffe deutscher Kampfflieger. Ein Flugzeugträger, drei Schlachtschiffe, sechs Kreuzer und fünf Zerstörer werden beschädigt, wobei über 2000 englische Seeleute den Tod finden.

Von den 32000 auf Kreta befindlichen Engländern ist die Hälfte gefallen, verwundet oder in deutsche Gefangenschaft geraten.

Doch die Niederlage für diese modernste Waffengattung der Welt folgt gleich auf diesen großen Sieg: Der gesamte Balkanfeldzug gegen Jugoslawien und Griechenland hat die deutsche Wehrmacht 5650 Tote, Vermißte und Verwundete gekostet. Die Eroberung Kretas jedoch fordert weit mehr Opfer: 6580, zumeist Fallschirmjäger. So beschließt Hitler, die Fallschirmtruppe nie wieder in einem solchen opfervollen Einsatz zu verwenden.

Daher kommt es, daß die deutschen Fallschirmjäger mit Ausnahme der Ardennenoffensive im Dezember 1944 nie mehr im »Sprung aus den Wolken« eingesetzt werden, sondern von vornherein als Infanteristen. Der Sieg von Kreta ist zugleich das Ende der deutschen Fallschirmtruppe.

Kreta ist in deutscher Hand. Und jetzt rollen die Truppentransportzüge durch Griechenland und die anderen Balkanstaaten nicht mehr südwärts, sondern nach Nordosten. Mussolinis mißglückter Angriff auf Griechenland und die daraus entstandenen Folgen haben Hitler zwar zum Eingreifen gezwungen und dazu, das »Unternehmen Barbarossa« zu verschieben – aber nicht aufzuheben.

Am 6. Mai ist Stalin Vorsitzender des Rates der Volkskommissare geworden, also sowjetischer Ministerpräsident. Er vereinigt damit nun auch formell die gesamte Macht in seiner Hand, nachdem er bisher »nur« Generalsekretär der Kommunistischen Partei gewesen ist. Molotow bleibt Außenminister.

Das übliche Bild zu Beginn des Rußlandfeldzuges: Deutsche Panzer stoßen an Kolonnen russischer Gefangener vorbei weiter Richtung Moskau vor *(oben)*. Die Verluste der Roten Armee erreichten binnen Kürze astonomische Höhen. Auch Frauen *(rechts)* mußten nun einrücken. Von den Deutschen als »Flintenweiber« verschrien, leisteten sie Entscheidendes zur Rettung von »Mütterchen Rußland«, wie es nun auch in der kommunistischen Propaganda wieder hieß. Zur »Faschistenabwehr« wurde der russische Patriotismus wiederentdeckt.

Die Beziehungen zwischen Deutschland und der Sowjetunion sind seit dem Besuch Molotows in Berlin um vieles kälter geworden. Aber die vielen deutschen Erfolge scheinen Stalin zu veranlassen, die eingefrorenen Beziehungen wieder aufzutauen. Hat er plötzlich Angst vor der anscheinend unbesiegbaren deutschen Wehrmacht – oder braucht er nur Zeit für eigene neue Aggressionen?

Die ins Stocken geratenen Lieferungen an Deutschland erfolgen wieder pünktlich, die Sowjetunion macht sogar zusätzliche Angebote über den Rahmen der Wirtschaftsverträge hinaus.

Der neue »Ministerpräsident« Stalin tut auf außenpolitischem Gebiet noch ein übriges. So wie er vor einem Jahr die deutschen Diplomaten aus den baltischen Hauptstädten Riga, Reval und Kaunas ausgewiesen hat, so läßt er jetzt die noch immer in Moskau akkreditierten Botschafter und Gesandten Belgiens, Norwegens, Jugoslawiens und Griechenlands ausweisen.

Doch solche Maßnahmen sind jetzt nicht mehr in der Lage, Hitlers Vorbereitungen für den Angriff auf die Sowjetunion aufzuhalten, denn zur gleichen Zeit mehren sich die Nachrichten von sowjetischen Truppenzusammenziehungen an der deutsch-sowjetischen Demarkationslinie in Polen.

Heute ist die Ursache für Stalins plötzliches Einlenken bekannt, Chruschtschow hat auf dem berühmt gewordenen 20. Parteitag 1956 darüber gesprochen. Die Rote Armee befindet sich im Frühjahr 1941 gerade in einer grundlegenden Umrüstung und Modernisierung. Veraltete Panzer werden durch den neuen T 34 ersetzt, der jedem deutschen Panzer überlegen ist. Veraltete Feldgeschütze werden den Artillerieeinheiten entzogen, die dafür die Salven-Raketengeschütze »Katjuscha« erhalten sollen, die von den deutschen Landsern später »Stalin-Orgeln« genannt werden. Die sowjetischen Fliegerdivisionen werden mit dem modernen zweimotorigen Allzweck-Kampfflugzeug Il 2 ausgerüstet.

Ein deutscher Angriff mitten in diese Umrüstung hinein muß katastrophale Folgen haben. Oft sind bei einer Artillerie-Einheit die alten Geschütze bereits abgegeben worden, aber noch keine neuen vorhanden. Sind die neuen Geschütze da, so fehlt noch die neue, andersartige Munition. Moderne Flugzeuge werden der Roten Luftwaffe zur Verfügung gestellt – aber es sind noch nicht genügend Piloten für sie ausgebildet.

Vor allem aber: Die Rote Armee hat sich noch immer nicht von dem Schlag erholt, den ihr Stalin mit der Liquidierung der gesamten militärischen Führung im Sommer 1937, vor vier Jahren, zugefügt hat. Deshalb Stalins Beschwichtigungsversuche, obwohl er inzwischen genaue Nachrichten vom bevorstehenden deutschen Angriff bekommt.

Nur eine Woche vor Beginn des »Unternehmens Barbarossa« läßt Stalin über die Nachrichtenagentur TASS eine offizielle Verlautbarung der Sowjetregierung in die Welt hinausgehen, in der es heißt, »die allgemein verbreiteten Gerüchte über einen nahe bevorstehenden Krieg zwischen der UdSSR und Deutschland« seien unsinnig und nichts als »eine plump zusammengebraute Propaganda der gegenüber der Sowjetunion und Deutschland feindlich eingestellten Kräfte«. Weder wolle Deutschland die Sowjetunion angreifen, noch bereite sich die Sowjetunion etwa auf einen Krieg gegen Deutschland vor. Alle derartigen Gerüchte seien »erlogen und provokatorisch«.

Als diese sowjetamtliche Erklärung erscheint, findet im Führerhauptquartier die letzte Besprechung über den unmittelbar bevorstehenden Angriff statt. Und Hitler stellt dabei erstmals fest, daß dieser in der folgenden Woche beginnende Krieg sich vollkommen von allen bisherigen Kriegen unterscheiden werde. Generalfeldmarschall Keitel, der Chef des OKW, hat später im Nürnberger Prozeß darüber ausgesagt:

»Es wurde an die Spitze gestellt, daß es sich hier um den Entscheidungskampf zweier Weltanschauungen handele, und daß diese Tatsache es nötig mache, daß an die Führung in diesem Kriege, die Methoden, wie wir Soldaten sie kannten und wie wir sie allein für völkerrechtlich richtig hielten, ein völlig anderer Maßstab angelegt werden müsse.«

Fünf Wochen später als ursprünglich geplant, um fünf bedeutsame Wochen zu spät, beginnt der Krieg der »Weltanschauungen«. Im Morgengrauen des 22. Juni 1941 überschreiten deutsche Truppen die deutsch-sowjetische Grenze. Zwei Riesenreiche sind zum Kampf auf Leben und Tod angetreten, die blutige, brennende Front reicht quer durch Europa, vom Nordkap bis zum Schwarzen Meer, bald auch bis zum Kaukasus.

So wie bisher in jedem Feldzug seit dem 1. September 1939 stürmt auch jetzt die deutsche Wehrmacht wieder sieggewohnt voran. Es scheint fast, als habe Hitler recht gehabt, als er bei der Besprechung im Führerhauptquartier am 14. Juni zu den Militärs gesagt hat:

»Was ich von Ihnen verlange, ist nur eins: die Tür mit einem kräftigen Stoß einzutreten. Das Haus fällt dann von ganz allein zusammen!«

Trotz ihrer zahlenmäßigen Überlegenheit, trotz der viel größeren Zahl an Waffen – der deutschen Panzerarmee Kleist zum Beispiel, die über 600 Panzer verfügt, steht die sowjetische Heeresgruppe Budjonny mit mehr als 2400 Panzern gegenüber –, trotz des besseren Vertrautseins mit dem unwegsamen Gelände wird die Rote Armee gezwungen, sich fluchtartig zurückzuziehen.

In Ostpolen, in Bjelorußland, in der Ukraine und vor allem in den erst kürzlich von den Bolschewisten unterjochten Ländern Estland, Lettland und Litauen werden

Es war die größte Streitmacht der Geschichte, die am 22. Juni 1941 gegen die Sowjetunion in Marsch gesetzt wurde: Mit 153 Divisionen, darunter 19 Panzer- und 15 motorisierte Divisionen, 3580 Panzern, 7481 Geschützen und insgesamt 3,2 Millionen Mann griff Hitler an. Dabei traf er auf eine zahlenmäßig dennoch überlegene Rote Armee, die aber mitten in einer Umrüstungsphase steckte und obendrein den Aderlaß noch nicht bewältigt hatte, den Stalins »Säuberungen« verursacht hatten. Atemberaubend waren daher auch die Siege, die die Wehrmacht in den ersten Kriegsmonaten erfocht. Doch sie reichten trotzdem nicht. Die Zeit, die der Balkankrieg gekostet, das Material, das die Hilfe für die Italiener in Afrika gebunden hatte, fehlten. Hinzu kam der politische Leichtsinn: Hitler hatte Japan über seine Ostpläne völlig im dunkeln gelassen, hatte sich sogar trotz des Antikominternpaktes mit Moskau verbündet und durfte sich nun nicht wundern, daß Japan seinerseits einen Nichtangriffspakt mit den Russen geschlossen hatte und ihn auch erfüllte. Seine vorstoßenden Truppen – *oben:* vernichtetes russisches Material, *Mitte:* Flußüberquerung, *unten:* MG-Nest an der Wolga – trafen daher bald auf sibirische Elitetruppen, die Stalin aus dem Fernen Osten abziehen konnte.

die deutschen Soldaten von der Bevölkerung jubelnd als Befreier begrüßt. In westeuropäischen Ländern melden sich zahlreiche Freiwillige bei deutschen Dienststellen, die gegen die Sowjetunion kämpfen wollen. Selbst in neutralen Ländern, in Spanien etwa und in Schweden, melden sich Freiwillige für die deutsche Seite.

Am 22. Juni hat Molotow vormittags über den Rundfunk zum sowjetischen Volk gesprochen. »Der große Stalin«, der »weise Vater der Völker«, der »geniale Führer der Werktätigen der ganzen Welt« aber läßt nichts von sich hören und sehen. Erst am 3. Juli rafft er sich dazu auf, zum Volk zu sprechen. Zu dieser Zeit sind schon mehr als eine Million Rotarmisten in deutscher Gefangenschaft, sind Tausende von sowjetischen Flugzeugen und Panzern abgeschossen, stehen die deutschen Truppen schon tief in Stalins Land.

Eine »Kesselschlacht« folgt auf die andere, eine feindliche Armee nach der anderen wird eingeschlossen und vernichtet. Es scheint, als ob die Optimisten recht behalten sollen, die stets die Meinung vertreten haben, die Sowjetunion sei ein »Koloß auf tönernen Füßen«.

Unaufhaltsam scheint die Flucht der Roten Armee zu sein, die nur dort gestoppt wird, wo deutsche Panzer noch schneller als die flüchtenden Feindarmeen sind und sie einkreisen.

Stalin befiehlt den »Totalen Krieg«. Jedes sowjetische Dorf muß in Brand gesteckt werden, bevor die Deutschen kommen. Kolchosen und Staatsgüter werden angezündet. Elektrizitätswerke werden gesprengt, Versorgungsbetriebe in die Luft gejagt, Lebensmittellager unbrauchbar gemacht, Eisenbahnschienen herausgerissen.

Es hilft nichts, der Siegeszug der deutschen Soldaten scheint durch nichts und niemanden aufzuhalten zu sein.

Am 9. Oktober 1941 spricht Hitler in Berlin zur Eröffnung des Winterhilfswerkes und erklärt dabei, daß der Feind vernichtend geschlagen sei und sich nie mehr erheben werde.

Wieder einmal scheint es, als stünde der Friede dicht bevor. Wenn die Rote Armee solche ungeheuren Verluste erlitten hat, wenn die deutschen Truppen nun schon vor der bolschewistischen Hauptstadt stehen – dann muß Stalins Sklavenreich jeden Augenblick zusammenbrechen.

Hoffnung breitet sich aus. Vielleicht sind die Soldaten zu Weihnachten wieder zu Hause?

Aber nun macht sich die Verzögerung bemerkbar, die durch Mussolinis griechisches Abenteuer eingetreten ist. Jetzt fehlen genau die fünf Wochen, die die Wehrmacht wegen des »dazwischengekommenen« Balkan-Feldzuges später zum Kampf gegen das russische Riesenland angetreten ist.

Am 14. November 1941 meldet die amerikanische Nachrichtenagentur »United Press« aus Berlin: »An den Fronten können die Deutschen offensichtlich nur noch schrittweise vorrücken, oder sie sind überhaupt zum Stillstand gekommen. Der zuständige Militärsprecher in Berlin erklärte, die Operationen würden immer noch durch das schlechte Wetter erschwert ...«

Es ist so: Die deutsche Offensive vor Moskau ist im Herbstschlamm steckengeblieben. Panzer, Geschütze, Lastkraftwagen, Verpflegungskolonnen versinken im unermeßlichen Dreck des weiten russischen Landes.

Aber es geht noch einmal weiter. Nach einigen Tagen setzt vor Moskau Kälte ein. Der grundlose Morast gefriert und wird wieder fest. Die deutschen Panzer und Fahrzeuge rollen wieder. Doch diesmal nicht lange. Den Sowjets kommt ein General zu Hilfe, der schon 1812 den großen Napoleon wenn auch nicht zum Rückzug zwang, aber dessen Armee auf diesem Rückzug fast völlig vernichtete: der »General Winter«.

Die zunächst als Rettung gegen Schlamm und Morast begrüßte Kälte wird immer grimmiger. Die Schlösser der Gewehre, Maschinengewehre und Maschinenpistolen verklemmen sich. Die Verschlüsse der Geschütze lassen sich nicht mehr bewegen. Das Öl in den Panzermotoren wird fest, sie springen nicht mehr an. Die Funkverbindungen der kämpfenden Truppe zu den Kommandostellen brechen ab – die Verstärker sind eingefroren, die Akkumulatoren bersten in der Kälte.

Am 5. Dezember kommt die große Wende in der Entscheidungsschlacht um Moskau. Das Thermometer zeigt 37 Grad Kälte an. Ein Schneesturm tobt, der alle blind macht, jede Wegmarkierung auslöscht. Generalfeldmarschall Fedor von Bock, der Oberbefehlshaber der Heeresgruppe Mitte, die in einem dreihundert Kilometer langen Halbkreis um Moskau liegt, muß dem Führerhauptquartier melden, daß ein weiterer Vormarsch unmöglich sei.

Der Oberbefehlshaber des Heeres, Generalfeldmarschall Walther von Brauchitsch, erklärt dem Generalstabschef Halder, er wolle zurücktreten. Am Tag darauf greifen erstmals die Sowjets an. In der Morgenfrühe des 6. Dezember stürmen rote Elitedivisionen mit lautem Kriegsgeschrei auf die vordersten deutschen Stellungen los. Elitedivisionen – nicht die bisher vor Moskau zur Verteidigung eingesetzten Arbeiterbataillone aus Männern, Frauen und Kindern! Es sind in der Mehrzahl sibirische Divisionen, die Stalin aus dem Fernen Osten herangeholt hat.

Stalins bester Spion, jahrzehntelang von den Sowjets totgeschwiegen und erst jetzt postum geehrt, hat das zustande gebracht und dadurch mit dazu beigetragen, Moskau, die Sowjetunion zu retten. Die Divisionen sind bisher zum Schutz Sibiriens gegen Japan eingesetzt gewesen, Richard Sorge aber hat aus Tokio gemeldet, daß Japan mit aller Sicherheit neutral bleiben und auf

Schier Übermenschliches leisteten die deutschen Soldaten auf allen Schlachtfeldern des Zweiten Weltkriegs. Doch nach den Anfangserfolgen – *linke Seite oben:* Pak-Volltreffer – und hohe Auszeichnungen –*oben:* Ritterkreuzträger – kam die bittere Erkenntnis, für eine verlorene Sache gekämpft zu haben – *unten:* drei Gräber an der Maginotlinie. Wie die verzweifelt sich wehrenden Soldaten der 6. Armee in Stalingrad *(linke Seite unten links)* opferte Hitler für die Ziele seines Weltanschauungswahns eine ganze Generation junger Deutscher. Ihr Heldenmut – *linke Seite unten:* Pioniere im Angriff – konnte sich letztlich gegen die übermächtige Koalition der Feinde nicht durchsetzen. Entsetzt mußten sie statt dessen nach der Katastrophe feststellen, welche Verbrechen sie mit ihrem Einsatz erst ermöglicht hatten.

Der Krieg wurde in der Luft entschieden. Wie die deutschen Blitzsiege in den ersten Kriegsphasen, so wurden auch die alliierten Erfolge wesentlich durch die Luftwaffe ermöglicht. Alle Bodenoperationen gelangen nur dann, wenn der Luftschirm darüber dicht, wenn die Luftherrschaft gesichert war. Hohe Popularität gewannen denn auch die Flieger-Asse – *oben* die Ritterkreuzträger Galland und Marseille sowie die weitberühmte Testpilotin Hanna Reitsch –, die aber von der politischen Führung immer wieder im Stich gelassen wurden. Nicht nur, daß die Luftwaffe als reines Offensivinstrument fehlkonstruiert worden war, selbst rettende Ideen und Konstruktionen wurden von oben falsch eingesetzt. Der Wundervogel Me 262 *(oben),* der das »Dach« über der »Festung Europa« hätte reparieren können, wurde auf Wunsch Hitlers zum Schnellbomber zweckentfremdet. Dieser erste frontreife Düsenjäger hätte das werden können, als das die deutsche Propaganda den Focke-Wulf-Zerstörer *(links)* hinstellte: »Der deutsche Zerstörer, der Schrecken der englischen Flieger, kommt herangebraust. Bald spuckt er aus allen Rohren, und wieder stürzt der Gegner mit der Rauchfahne zu Boden.«

keinen Fall die Sowjetunion angreifen werde. Trotz der
Verträge mit Deutschland werde es die Verpflichtungen
aus dem Nichtangriffspakt vom 13. April 1941 einhal-
ten, denn angesichts des drohenden Konflikts mit den
USA kann sich auch Japan keine zweite Front leisten.
So hat Stalin den Rücken frei und kann seine wenigen
noch vorhandenen Eliteeinheiten bedenkenlos in die
Schlacht um Moskau werfen.

Die Sibiriaken sind hervorragend ausgerüstet, sie sind
frisch und ausgeruht, sie sind vor allem erfahren in
Kälte, Schnee und Eis. Die am weitesten vorgedrunge-
nen deutschen Truppen müssen weichen.

Hitler in seinem Führerhauptquartier ist entsetzt. Die
Front muß halten! Wenn die Soldaten einmal ins Laufen kommen, dann ist alles verloren, dann gibt es kein
Halten mehr. Generalfeldmarschall von Bock ist bereits
durch Generalfeldmarschall von Kluge abgelöst worden, weil Hitler Kluge mehr Standfestigkeit zutraut.

Aber auch Kluge ist angesichts der Gesamtlage für
einen Rückzug. Hitler beschwört den Marschall, keinen
Rückzug zuzulassen, und verwirft jedes andere Argument. Die Kälte? Weiter hinten herrscht die gleiche
Kälte, dagegen hilft ein Rückzug also gar nichts. Wie
weit soll denn der Rückzug gehen? Es gibt keine Auf-
fangstellungen, in die die Soldaten sich weiter rückwärts
retten könnten. In dem metertief gefrorenen Boden
können auch keine solchen Stellungen angelegt werden.
Überlegener Feind? Na bitte: Dann muß man erst recht
Front gegen ihm machen, wenn man flüchtet und dem
Feind den Rücken zukehrt, dann wird er noch überlegener. Die Überlegenheit des Gegners kann man nur
dadurch verringern, daß man sich ihm entgegenstellt
und versucht, ihm soviel Verluste wie möglich beizu-
bringen. Auf der Flucht kann man das nicht.

Hitler setzt sich schließlich durch. Brauchitsch hat
inzwischen schon zweimal seinen Rücktritt als Oberbefehlshaber des Heeres angeboten. Am 19. Dezember
stimmt Hitler endlich zu. Der letzte Oberbefehlshaber
des deutschen Heeres geht. Der letzte – denn Hitler
setzt keinen Nachfolger ein, sondern übernimmt die
Führung des Heeres unmittelbar selbst.

Es gelingt, nach einigen geplanten und von Hitler bewil-
ligten Frontverkürzungen, die Front vor Moskau den
Winter über zu halten. Bis zum Frühjahr 1942 gibt es
keinen deutschen Vormarsch mehr, aber auch keinen
solchen katastrophalen Rückzug, wie ihn die Grande
Armée Napoleons hinnehmen mußte.

Erstmals in diesem Kriege aber, der die deutschen
Soldaten bisher stets als Sieger gesehen hat, werden bei
Demjansk und Cholm deutsche Truppen eingekesselt.
Sie halten sich monatelang und werden im Frühjahr
schließlich durch die wieder vorstürmenden eigenen
Truppen befreit.

Inzwischen ist der Krieg zum Weltkrieg geworden. Die

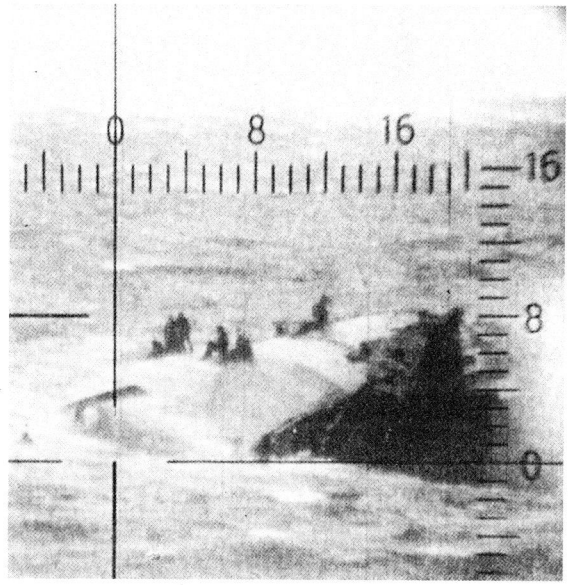

Die Hauptlast der deutschen Seekriegführung trugen die U-
Boote. Die Überwasserstreitkräfte waren der britischen Flotte
so turmhoch unterlegen, daß auch heldenhafter Einsatz nur zu
Einzelerfolgen führen konnte – *ganz oben:* »Admiral Hipper«
(nur der Bug ist zu sehen) hat einen englischen Zerstörer in
Brand geschossen. Doch auch die U-Boot-Waffe war nur so
lange erfolgreich, wie sie in großer Zahl angreifen konnte und
die Radarentwicklung noch in den Kinderschuhen steckte.
Nach Eintritt der USA in den Krieg organisierten die Alliierten eine fast »wasserdichte« Konvoi-Strategie und orteten
überdies die deutschen Boote so früh, daß deren Verluste bald
überwogen – *oben:* Sinkender englischer Zerstörer im Faden-
kreuz eines deutschen Schiffes. Die »grauen Wölfe«, die Großbritannien an den Rand einer Niederlage torpediert hatten,
verloren Zähne und Klauen. Von den 40 000 U-Boot-Männern
kamen nicht einmal 10 000 von den Feindfahrten zurück.

313

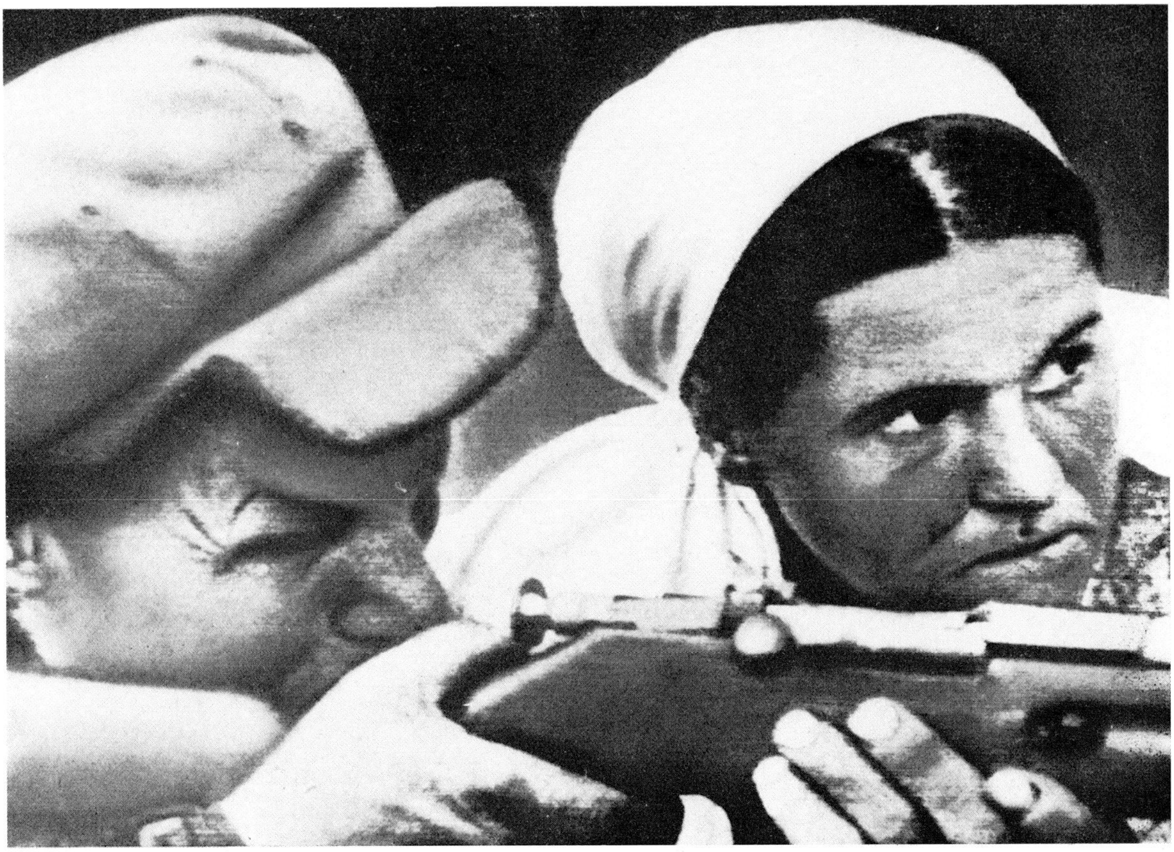

USA sind nun auch offiziell im Krieg mit Deutschland, nachdem sie schon lange Monate einen Wirtschafts- und Seekrieg gegen Deutschland geführt haben, ohne je offen den Krieg zu erklären. Am 7. Dezember hat Japan mit Flugzeugen den amerikanischen Flottenstützpunkt Pearl Harbor auf den Hawaii-Inseln angegriffen, und Hitler hat darauf am 11. Dezember seinerseits den USA den Krieg erklärt.

Zunächst wirkt sich die Teilnahme Amerikas am Kriege noch nicht sichtbar aus, noch kämpfen nirgendwo in Europa amerikanische Soldaten.

Im Frühsommer 1942 beginnt die neue Offensive der deutschen Wehrmacht in Rußland. Ziel der Offensive ist die Besetzung der für die Kriegführung lebenswichtigen Erdölfelder am Kaspischen Meer.

Am 8. Mai erfolgt zunächst der Angriff auf die Halbinsel Krim. Vier Tage später starten die Sowjets ihrerseits eine große Offensive, die zur Rückeroberung von Charkow, der großen Industriestadt, führen soll. Doch in den hin- und herwogenden Kämpfen behalten die Deutschen die Oberhand.

Auf der Krim geht es zügig vorwärts. Aber dann stehen die deutschen Soldaten vor der mächtigsten Seefestung der Welt, vor Sewastopol. Die Festung hält sich wochenlang. Hitler muß alles an schweren Waffen vor Sewastopol auffahren lassen, was er hat. Stuka-Ge-

314

Hinter jeder Tür eines Bauernhauses, hinter jeder freundlichen Miene *(linke Seite unten)* mußten die Soldaten eine Falle wittern. Denn auch Frauen – *linke Seite oben:* Schießübung – kämpften aktiv als Partisanen, obwohl sie wußten, was ihnen bei einer Entdeckung blühte – *oben links:* erschossene Freischärler in Charkow. Die deutschen Partisanenbekämpfer gingen ebenso gnadenlos vor – *oben rechts:* MG-zersiebter Lkw. Gefangene wie bei der regulären Truppe *(links)* wurden nicht gemacht.

•

Jubelnd waren allenthalben die deutschen Truppen in Rußland empfangen worden. Bei einfühlsamer Behandlung wären aus vielen Völkern der Sowjetunion Verbündete im Kampf gegen den Bolschewismus geworden. Doch der NS-Dünkel von der germanischen Herrenrasse verstellte den Weg dafür. Die »slawischen Untermenschen« waren im »Großgermanischen Reich« nur für Sklavendienste vorgesehen. Entsprechend behandelten die braunen Bonzen, die der Wehrmacht folgten, die Einwohner. In kürzester Zeit konnte Stalin daher im deutschen Hinterland eine Partisanenbewegung aufbauen, die den Truppen oft mehr zu schaffen machte als die Rote Armee.

schwader stürzen sich Tag und Nacht auf die rauchende und feuerspeiende Festung, das schwerste Geschütz der Welt, das 80-Zentimeter-Eisenbahngeschütz »Dora« – zu dessen Bedienung zweitausend Mann erforderlich sind –, schickt seine Riesengranaten von über sieben Tonnen Gewicht in die tapfer verteidigte Festung. Die sowjetische Besatzung wehrt sich mit einem Mut und einer Aufopferung, wie sowjetische Soldaten sie in diesem Krieg noch nicht gezeigt haben. Erst am 2. Juli 1942 ergeben sich die letzten der Besatzung von Sewastopol.

Damit aber ist der Weg zur Fortsetzung der deutschen Offensive frei geworden. Zwischen Taganrog und Kursk wird die sowjetische Front auf einer Breite von 500 Kilometern durchbrochen. Gemeinsam mit einer italienischen, einer ungarischen und einer rumänischen Armee stoßen die deutschen Einheiten viele hundert Kilometer ostwärts vor. Es scheint, als würden sich die Siege des vergangenen Jahres wiederholen.

Im Süden der Front geht es sogar noch schneller vorwärts als je zuvor. Der Vorstoß in Richtung auf den Kaukasus braust wie ein Sturmwind über die russische Steppe. Schon am 8. August wird das Erdölgebiet von

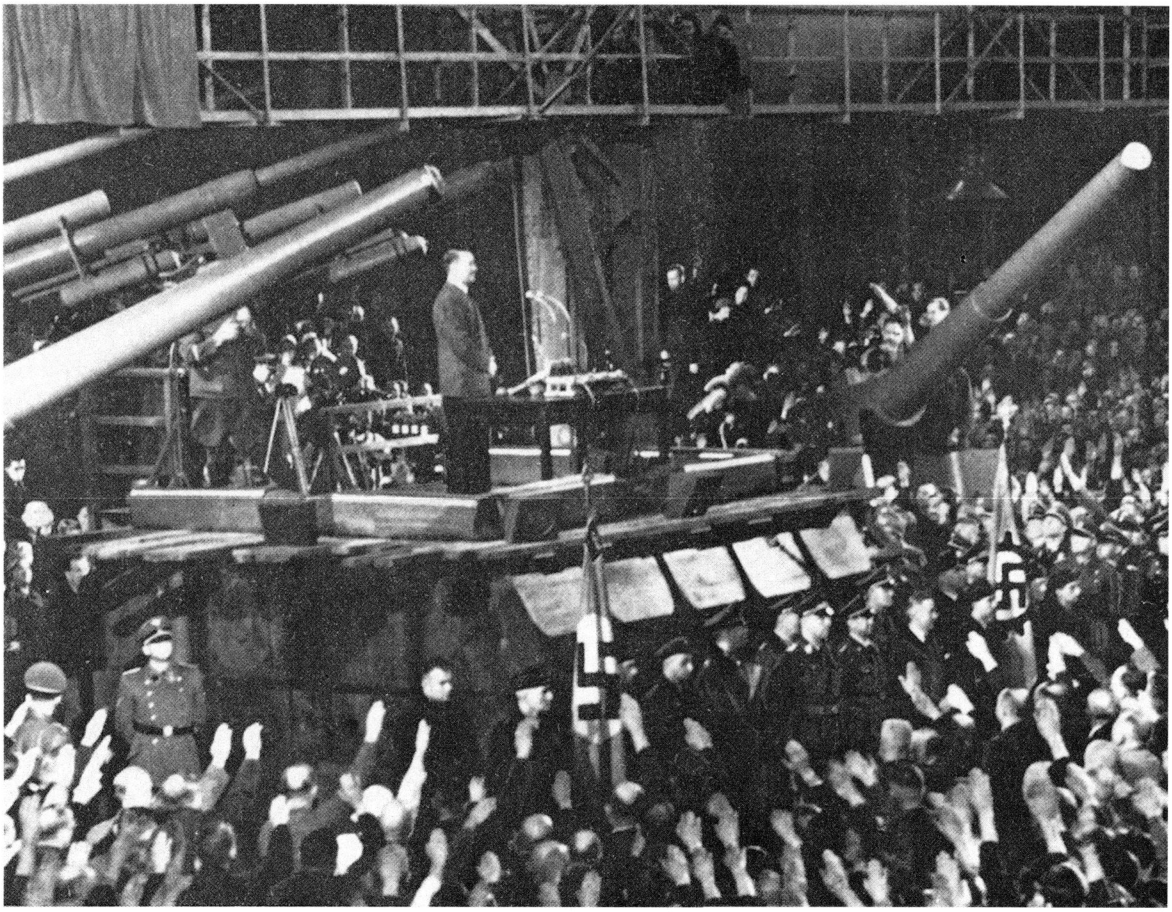

Metallspende
des deutschen Volkes
zum Geburtstag des Führers
im Kriegsjahr 1940
Im Namen des Führers danke ich
für die opferbereite Beteiligung
an dieser Spende.
Generalfeldmarschall

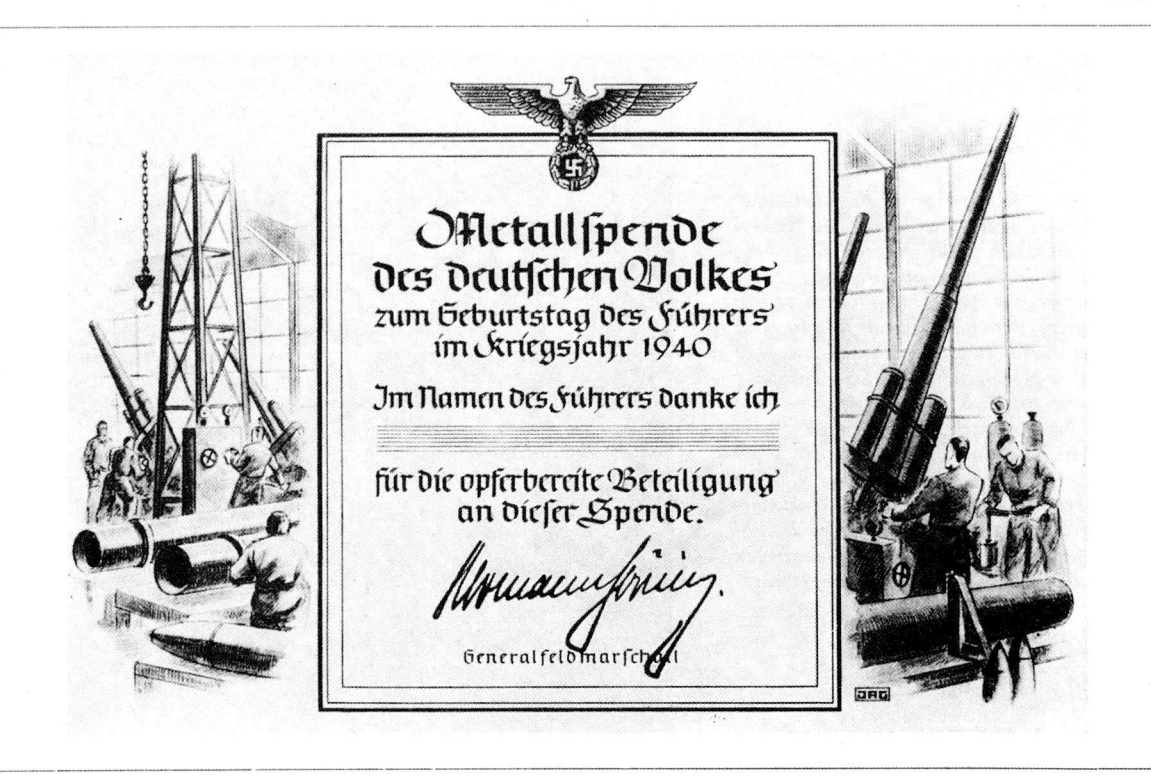

Trotz zunehmender Luftüberlegenheit der Gegner und trotz knapper Rohstofflage lief die deutsche Kriegsproduktion in der zweiten Hälfte des Krieges auf vollen Touren und erreichte im Sommer 1944 ihren höchsten Ausstoß. Zum Bild auf der *linken Seite oben* hieß es in der Originalunterschrift: »Der Führer sprach zu den schaffenden Volksgenossen in einem großen Berliner Industriewerk.« Und zum Bild *rechts:* »Wir alle arbeiten für den Sieg! Der Sohn an der Front, den Mann bei OT (Organisation Todt), meldete sich diese Frau freiwillig in die Rüstungsindustrie, wo sie inmitten der Mililionen Werktätigen der Stirn und der Faust der Front die Waffen für den Sieg schaffen hilft.« Im männerleeren Land mußten Frauen ohnehin überall einspringen – *rechts Mitte:* Granatenfabrikation –, wenn nicht Zwangsarbeiter genug zur Verfügung standen. Sie arbeiteten zunehmend auch unter Tage, in stillgelegten Bergwerken oder Tunneln *(unten),* weil die alliierten Luftwaffen immer mehr Fabriken zerstörten. Gegen die Rohstoffknappheit rief man zu Spenden auf. *Linke Seiten unten:* Göring-Urkunde für gespendetes Metall.

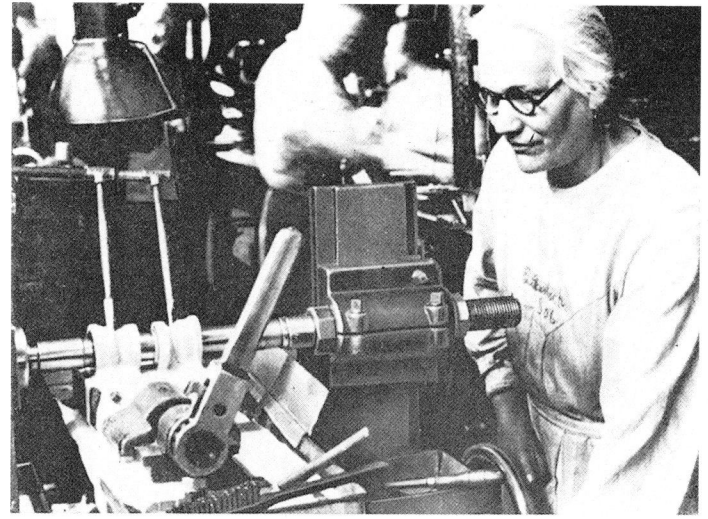

Das gequälte Volk bei Laune zu halten, war die Aufgabe des Propagandaministers Goebbels. Er ließ sich dabei allerlei einfallen, aktivierte die Ufa-Stars – *unten* Käthe Haack (links) und Marianne Simson bei der NS-Frauenschaft – verteilte Mutterkreuze *(oben)* und ermöglichte Eheanbahnung Front-Heimat *(rechte Seite)*. Es gelang erstaunlich lange, eine einigermaßen hoffnungsvolle und ruhige Stimmung im Lande zu erhalten.

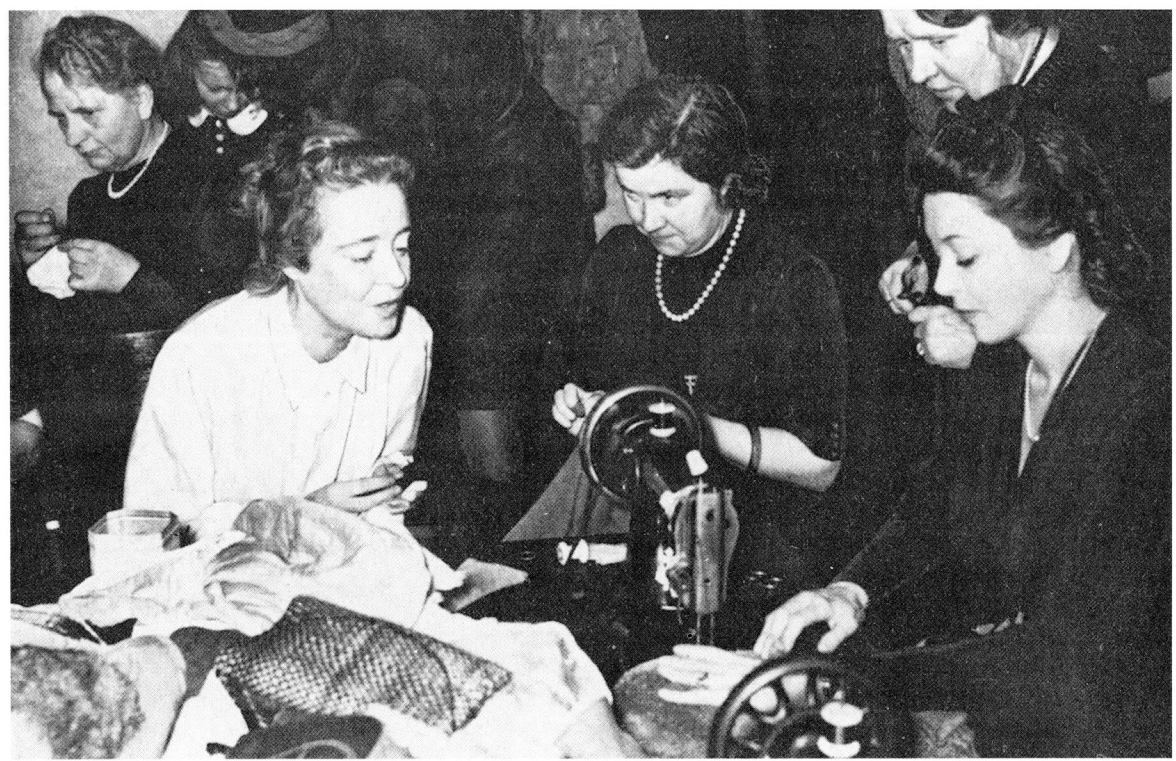

Maikop erreicht, die ersten Hänge des Kaukasus werden bezwungen. Am 21. August weht auf dem höchsten Gipfel des Kaukasus, dem 5629 Meter hohen Elbrus, die Reichskriegsflagge.

Weiter im Norden ist inzwischen die Wolga erreicht worden, die Vielbesungene, Rußlands großer Schicksalsstrom. An ihren Ufern liegt auch die Stadt, deren Name für immer mit dem Schicksal Deutschlands verbunden bleiben wird – Stalingrad. Schon am 23. August rollen die ersten Panzer einer deutschen Vorausabteilung durch die ausgestorbenen Straßen der großen Stadt. Aber die Panzer müssen sich auf höheren Befehl wieder zurückziehen, da der Nachschub noch weit zurückgeblieben ist und die Gefahr besteht, daß die Panzer in Stalingrad nicht mit Brennstoff, Munition und Verpflegung versorgt werden können.

Erst einige Tage später sind wieder deutsche Truppen in Stalingrad. Jetzt wirkt die Stadt nicht mehr öde und leer wie am 23. August. Die Sowjets haben sich von ihrem Schreck erholt und die Stadt in Verteidigungszustand versetzt. Doch es scheint, daß die deutsche 6. Armee unter General der Panzertruppen Friedrich Paulus Sieger bleiben wird. An zwei Stellen in der Stadt gelingt es, die Wolga zu erreichen. Die sowjetischen Verteidiger sind dadurch aufgesplittert worden. Zäh wird um jede Straße, um jedes einzelne Haus gekämpft. Das Ende des Kampfes ist nicht abzusehen.

Hitler jedoch spricht am 8. November in der traditionellen Feierstunde im Münchener »Bürgerbräukeller«

davon, daß Stalingrad gefallen sei; nichts in der Welt könne die deutschen Soldaten jemals wieder aus dieser Stadt wegbringen. Das vielzitierte und bespöttelte Wort Hitlers fällt bei dieser Gelegenheit: »Wo der deutsche Soldat einmal steht, da steht er!«

Hitler irrt sich. Zwar dauert es noch genau zehn Tage, bis sich herausstellt, daß nicht nur Stalingrad nicht gefallen ist, sondern daß die Sowjets mit Sicherheit Sieger bleiben werden – aber eben in dem Augenblick, da Hitler in München vor den Teilnehmern des Marsches zur Feldherrnhalle von 1923 spricht, geschieht etwas, was den Kriegsverlauf weit mehr bestimmen wird als die grausige Schlacht von Stalingrad.

Die Amerikaner greifen in den europäischen Krieg ein! An verschiedenen Stellen der nordwestafrikanischen Küste sind sie gelandet, um die in Libyen gegen die Engländer kämpfenden deutschen und italienischen Truppen in eine tödliche Zange zu nehmen – und den Sturm auf Europa vorzubereiten.

Hier liegt die entscheidende Wende des Krieges. Jetzt erst ist der Krieg richtig zum Zweifrontenkrieg geworden, den Hitler stets vermeiden wollte. Die mit Material, Waffen und technischer Ausrüstung hervorragend versehenen Amerikaner sind in diesem Augenblick noch nicht sehr zahlreich, und so kommt es, daß von vielen die entscheidende Bedeutung dieser neuerstandenen Front zunächst verkannt wird. Noch sieht alle Welt auf die Stadt, die den Namen des roten Diktators trägt. Hier, in dieser blutigsten Schlacht, die je in diesem Krieg geschlagen wurde, scheint sich das Schicksal Deutschlands und Europas vielleicht ganz zu entscheiden.

Am 19. November, zehn Tage nach Hitlers Rede über Stalingrad, bricht eine sowjetische Offensive von nie geahnter Wucht los. Zunächst nördlich von Stalingrad, am nächsten Tag auch südlich der Stadt. Sowjetische Gardetruppen durchbrechen am Don die Stellungen der rumänischen Armee und stoßen bis weit in das deutsche Hinterland vor. Die sowjetische Führung wendet endlich die Taktik an, die Hitler in den bisherigen Feldzügen vorexerziert hat und die der Schöpfer der deutschen Panzertruppen, General Heinz Guderian, auf die einprägsame Formel gebracht hat: »Nicht kleckern, sondern klotzen!«

Die Sowjets werfen alle verfügbaren Kräfte auf die beiden Durchbruchsstellen südlich und nördlich von Stalingrad, und so beträgt dort ihre Überlegenheit gegenüber den deutschen, rumänischen und italienischen Truppen allein an Menschen das Zehnfache. Ihre zahlenmäßige Überlegenheit an Artillerie und an Panzern ist sogar noch größer.

Schon vier Tage nach Beginn der roten Offensive treffen sich die Truppen der nördlichen sowjetischen Front – der »Donfront« – mit den Truppen der südlichen, der

»Wenige Kilometer hinter den vordersten Linien bieten die Mitglieder eines deutschen Fronttheaters unseren Soldaten Entspannung und Unterhaltung nach schweren Kampftagen«, heißt es zum oberen Bild in der Originalunterschrift. Solche Aufmunterungen mußten die Soldaten in Stalingrad *(unten)* nach dem 19. November 1942 allerdings entbehren, als sich die Zange der sowjetischen Truppen um die Stadt schloß.

Zunächst hofften die Landser der 6. Armee noch auf Entsatz, der sich am 12. Dezember anzukündigen schien, als nachts in der Ferne Leuchtkugeln zu sehen waren. Doch die Panzerspitzen der Gruppe Hoth blieben 48 Kilometer vor der Stadt liegen. Die Eingeschlossenen hatten auf Befehl Hitlers den Entsatztruppen nicht entgegenstoßen dürfen. Ihr Schicksal war besiegelt und das der deutschen Invasion auch.

»Stalingradfront«. Sie stoßen weit westlich von Stalingrad aufeinander, bei Kalatsch. Damit hat sich um die deutschen und verbündeten Truppen in der Stadt Stalins ein stählerner Ring gelegt, der nicht zu zerbrechen ist.

Die deutschen Truppen aus dem Kaukasus müssen kampflos zurückweichen, denn sonst werden sie durch die immer weiter nach Westen vorstoßenden Armeen der sowjetischen Don- und Stalingradfront vom eigenen Hinterland abgeschnitten. Hitler befiehlt dem eingeschlossenen General Paulus, auszuhalten. Die 6. Armee in Stalingrad werde befreit werden. Generalfeldmarschall von Manstein ist zum Oberbefehlshaber der neuen Heeresgruppe Don ernannt worden, zu der auch die 6. Armee gehört. Manstein, der äußerst befähigte Stratege, der noch dazu ein Draufgänger ist, einer der wenigen Armeeführer, der es wagt, Hitler zu kritisieren und von dem Hitler sich sogar kritisieren läßt; Manstein der Eroberer der Krim, der Bezwinger von Sewastopol! Paulus vertraut auf ihn. Die eingeschlossenen Landser im Kessel von Stalingrad schöpfen neuen Mut. Auch ihnen ist der Name Manstein ein Begriff. Aber alle Hoffnungen trügen. Auch ein so großer Feldherr wie Manstein kann nicht gegen Ereignisse angehen, die sich mit der Folgerichtigkeit von Naturgesetzen entwickeln. Die deutschen Truppen sind an der mehr als 2000 Kilometer langen Ostfront eingesetzt, sie kämpfen in Nordafrika, sie stehen als Besatzung in Norwegen, Dänemark und Frankreich, sie kämpfen gegen die Partisanen auf dem Balkan. So starke Kräfte, wie sie zum Entsatz Stalingrads gebraucht würden, kann auch Manstein nicht auftreiben. Seine eigene Stabswache sogar besteht nicht aus deutschen Soldaten, sondern aus Sowjetbürgern – aus Kosaken! Und so bleibt denn auch der Entsatzversuch durch die 4. Panzerarmee unter Generaloberst Hoth 48 km vor Stalingrad liegen. Hätte Paulus diesem Panzerkeil entgegen einen Ausbruch unternommen, wäre die 6. Armee vielleicht zu retten gewesen. Doch Hitler verweigert die Erlaubnis dazu. Er glaubt seinem alten Kampfgefährten Göring mehr als den Generalen.

Der »Reichsmarschall« hat seinem »Führer« versprochen, Stalingrad aus der Luft zu versorgen, aber in Wahrheit ist seine einst so siegreiche Luftwaffe nur noch ein Schatten ihrer selbst, seitdem sie überall auf dem europäischen Kontinent und in Nordafrika eingesetzt werden muß. Die Luftwaffe kann nur noch »klekkern«, »klotzen« ist ihr unmöglich – und genau das müßte in Stalingrad getan werden.

Der Ring um die Stadt zieht sich immer enger zusammen. Bald sind die beiden einzigen Flugplätze im Kessel, auf denen die Luftwaffe noch landen und Versorgungsgüter heranbringen konnte, in der Hand der Sowjets – Pitomnik und Gumrak. Jetzt ist klar, daß es

mit der 6. Armee zu Ende gehen wird, denn ein Ausbruch aus dem Kessel ist nun erst recht unmöglich, zu weit ist die deutsche Front nach dem erzwungenen Rückzug durch die sowjetische Großoffensive schon von Stalingrad entfernt. Diesen Weg über Hunderte von Kilometern durch ein vor Kälte starrendes, eisklirrendes, von einem überlegenen Feind besetztes flaches Land könnte selbst eine wohlausgerüstete, gut bewaffnete, ausgeruhte Truppe nicht schaffen. Es kommt, wie es kommen muß. Die Munition wird immer knapper, es gibt immer weniger Verpflegung, Soldaten erfrieren zu Hunderten, Seuchen brechen aus. Schließlich wird die 6. Armee in zwei Teile zerschnitten – in einen Nord- und einen Süd-Kessel, in dem sich auch der Oberfehlshaber Paulus befindet. Der Kampf nähert sich dem unvermeidlichen Ende.

Von der noch vor wenigen Wochen über eine Viertelmillion starken Armee leben nur noch 100000. Die anderen sind im Kampf gefallen, erfroren, verhungert oder in Gefangenschaft geraten.

Paulus bittet Hitler um die Genehmigung zur Kapitulation, aber der Funkspruch, mit dem der »Führer und Oberste Befehlshaber« antwortet, lautet:

»Verbiete Kapitulation. Die Armee hält ihre Position bis zum letzten Soldaten und zur letzten Patrone und leistet durch ihr heldenhaftes Aushalten einen unvergeßlichen Beitrag zum Aufbau der Abwehrfront und zur Rettung des Abendlandes.

Adolf Hitler«

Hitler befördert Paulus am 30. Januar 1943 noch zum Generalfeldmarschall. Wie er später sagt, hat er das deshalb getan, weil ein deutscher Marschall nicht kapitulieren und in Gefangenschaft gehen kann. Ein Marschall in Kriegsgefangenschaft? Eine unmögliche Vorstellung!

Doch schon am nächsten Tag funkt Paulus seine letzte Botschaft an das Führerhauptquartier und geht mit den Truppen des Südkessels in Gefangenschaft. Zwei Tage danach, am 2. Februar, kapituliert auch der Nordkessel. 92000 Soldaten von einst 250000 der 6. Armee, halbverhungert, halberfroren, verwundet oder von Krankheiten ausgezehrt, geben sich den Siegern gefangen. Kaum mehr als 6000 von ihnen werden jemals die Heimat wiedersehen.

Die Katastrophe von Stalingrad überschattet alles andere. In Deutschland werden vier Tage Nationaltrauer angeordnet. Der Krieg hat seinen sichtbaren Wendepunkt erreicht, wenn auch das Erscheinen der Amerikaner auf dem europäischen Kriegsschauplatz in Wahrheit mehr Bedeutung haben mag. Der Fall von Stalingrad leitet den Rückzug ein, der Deutschland in zwei Jahren zur totalen Niederlage und bedingungslosen Kapitulation führen wird.

Judenverfolgung

Am 7. April 1933 verkündete die Reichsregierung ein Gesetz, das einen sehr harmlosen Titel trug: Gesetz zur Wiederherstellung des Berufsbeamtentums. Beamte »nichtarischer Abstammung« wurden in den Ruhestand versetzt, zunächst noch unter Beachtung ihres Pensionsanspruches. Aber noch lebte der alte Reichspräsident von Hindenburg. Auf seinen Einspruch hin mußte eine »Milderungsklausel« eingeführt werden. »Nichtarier«, die bereits am 1. August 1914 Beamte gewesen waren, die im Weltkrieg an der Front gekämpft oder deren Väter oder Söhne im Krieg gefallen waren, sollten vorläufig ausgenommen sein. Zu den Beamten, die nach diesem Gesetz ihre Ämter aufgeben mußten, gehörten auch 2000 jüdische Wissenschaftler und Hochschullehrer, unter ihnen weltberühmte Gelehrte.

Noch am 23. März 1935 hatte Dr. Löwenstein, Hauptmann der Reserve und Präsident des Reichsbundes jüdischer Frontsoldaten e. V., die Wiedereinführung der allgemeinen Wehrpflicht begeistert begrüßt. Und er hatte stolz darauf hingewiesen, daß im Weltkrieg 100000 deutsche Juden, darunter 2000 Offiziere, an der Front gestanden und 12000 von ihnen »auf dem Felde der Ehre« gefallen waren.

Gerade in der jüdischen Beamtenschaft, bei den Ärzten, Anwälten und Offizieren gab es die meisten konservativen, patriotisch gesinnten deutschen Juden. Den Antisemitismus der Nazis hatten sie nie gegen sich gerichtet empfunden, viele hatten ihn sogar geteilt. Sie hatten gemeint, die ordinäre Judenfeindschaft der Nazis richte sich nicht gegen sie, sondern nur gegen die »land-fremden Einwanderer« aus Polen und Litauen, denen auch sie ablehnend gegenüberstanden. Es gab sogar »deutschnationale« Juden, die die antijüdischen Gesetze für notwendig hielten. Sie waren lediglich bestürzt darüber, daß diese Gesetze sich auch gegen sie richteten.

Sehr bald wurden Juden per Gesetzesverordnung auch aus dem kulturellen Leben Deutschlands ausgeschlossen. Im September 1933 hatte Josef Goebbels die »Reichskulturkammer« gegründet. Jeder Deutsche, der sich öffentlich als Schriftsteller, Musiker, Maler, Bildhauer, Schauspieler oder Regisseur betätigen wollte, mußte ihr angehören. Doch Juden war die Aufnahme verwehrt. Sie wurden auf eigene kulturelle und künstlerische Vereinigungen verwiesen.

Seit Oktober 1933 durfte kein Jude oder mit einer Jüdin verheirateter »Arier« mehr Redakteur oder ständiger Mitarbeiter von Zeitungen und Zeitschriften sein. Das sogenannte »Schriftleitergesetz« machte Tausende jüdischer Journalisten arbeitslos. Nur ein paar mutige Chefredakteure beschäftigten ihre gefeuerten Kollegen weiterhin mit Aufträgen, zumal deren Begabung und Können ihnen unentbehrlich war.

Die Klubs und Organisationen des deutschen Sports mußten ihre jüdischen Mitglieder ausschließen. Juden durften sich zwar in eigenen Klubs zusammentun, hatten aber oft Schwierigkeiten, wenn sie keine eigenen Sportstätten besaßen. Viele deutsche Gemeinden verweigerten den jüdischen Klubs eigenmächtig den Zutritt zu kommunalen Sportplätzen und Schwimmbädern.

Diese menschliche Ächtung, die weit über die gesetzlich vorgeschriebenen Maßnahmen hinausging, war damals für die Betroffenen wohl die schwerste Belastung. Die Hetze der NS-Presse, allen voran der »Stürmer«, stempelte die Juden zu Aussätzigen. Alle menschlichen Beziehungen zwischen Juden und anderen Bürgern sollten bewußt zerstört werden. Kurverwaltungen stellten jetzt, auf Betreiben lokaler Parteibonzen, Schilder auf: »Juden sind hier unerwünscht!« In Badeanstalten gab es

Finster entschlossen bis ratlos lächelnd reagierten die Deutschen auf den vom Propagandaministerium organisierten Boykott jüdischer Geschäfte am 1. April 1933. Ähnlich wie dem martialischen SA-Mann rechts war aber auch der NS-Führung bei der Aktion nicht ganz wohl, die tags drauf auch schon abgeblasen wurde. Öffentlichkeit und Ausland zeigten sich so kritisch, daß eine langsamere Gangart geraten erschien. Die Juden selbst zuckten die Achseln wie in Brechts Drama »Furcht und Elend des Dritten Reiches«: »Das klingt ab wie eine Entzündung.«

absichtlich beleidigende Tafeln: »Hunden und Juden ist der Zutritt verboten!«

Im Frühjahr und Sommer 1935 kam es zu einer neuen Welle antijüdischer Hetze in der NS-Presse. Die Schilder »Juden unerwünscht!« fanden sich nun auch an den Eingängen vieler Restaurants, Cafés und Geschäfte. Gemeindebehörden verboten jüdischen Händlern den Zutritt zu Wochenmärkten und Messen, Zeitungen weigerten sich, Anzeigen von Juden aufzunehmen. Juden stießen auf Schwierigkeiten und Schikanen, wenn sie eine Wohnung suchten, einen Führerschein beantragen, ein Auto zugelassen haben wollten. Die Rechtsunsicherheit wurde immer größer, weil untergeordnete Behörden, die vielfach von Parteimitgliedern besetzt waren, ihre eigenen radikalen »Judengesetze« machten. Deshalb waren, so widersinnig es klingen mag, viele Juden erleichtert, als Adolf Hitler anläßlich des Reichsparteitags in Nürnberg am 15. September 1935 die infamen »Nürnberger Gesetze« verkündete. Sie sahen in den Gesetzen den Vorteil klarer Regelungen gegenüber der bisherigen Unsicherheit. Sie hofften, die Gesetze würden nun endlich der Hetze und Willkür ein Ende bereiten.

Offiziell trugen die Gesetze folgende Namen: »Reichsbürgergesetz« und »Gesetz zum Schutze des deutschen Blutes und der deutschen Ehre (Blutschutzgesetz)«.

Das erste Gesetz führte neben der Staatsangehörigkeit den Begriff der »Reichsbürgerschaft« ein. Nur der »Reichsbürger« sollte volle politische Rechte besitzen. Und nur »Arier« sollten Reichsbürger sein. Jetzt wurden auch die jüdischen Kriegsteilnehmer aus der Beamtenschaft entfernt.

Das »Blutschutzgesetz« verbot nicht nur die Eheschließung, sondern auch den außerehelichen Geschlechtsverkehr zwischen Juden und Personen »deutscher oder artverwandten Blutes«. Sexuelle Beziehungen wurden als »Rassenschande« unter Strafe gestellt. Auch absichtlich demütigende Passagen fehlten nicht. So durften Juden kein weibliches Hauspersonal »deutschen oder artverwandten Blutes« unter 45 Jahren beschäftigen. Die schwülen, sexuell fixierten Vorstellungen der Antisemiten vom »lüsternen Juden«, der sein »arisches Dienstmädchen mißbraucht«, hatten aus den Spalten von Streichers pornographischem »Stürmer« jetzt sogar Eingang in ein Reichsgesetz gefunden.

Für kurze Zeit trat tatsächlich eine relative Ruhe ein. Der Grund war außenpolitischer Natur. Seit Monaten forderte die ausländische Presse eine Verlegung der 1936 bevorstehenden Olympischen Spiele von Berlin in eine andere Hauptstadt der Welt, weil die Teilnahme jüdischer deutscher Sportler nicht gewährleistet sei. Doch Hitler wollte, daß die Spiele unter allen Umständen in Berlin stattfanden. Eine Kommission des IOC unter Führung des Vizepräsidenten Avery Brundage

fuhr nach Berlin. Reichssportführer von Tschammer und Osten versicherte, jüdische Sportler würden an den Spielen teilnehmen. Brundage war mit der Erklärung zufrieden. Als der jüdische Sportler Robert Atalasz ihm gegenüber klagte, jüdische Sportler seien benachteiligt, weil sie nicht in deutschen Vereinen trainieren könnten, meinte der Amerikaner trocken: »In meinem Club in Chicago werden auch keine Juden zugelassen.«

In den Wochen vor Beginn der Spiele sorgte die Gestapo auf Befehl von Heydrich dafür, daß alle diskriminierenden Verbotstafeln in Gaststätten, Geschäften und Erholungsstätten, alle Aushangkästen des »Stürmer«, jede antisemitische Hetze aus den Zeitungen verschwand. Der »Stürmer« wurde sogar für kurze Zeit wegen »unzüchtiger Berichterstattung« verboten. Nach Hitlers Wünschen sollte Deutschland sich den Tausenden von ausländischen Besuchern als zivilisierte Nation zeigen, in der Juden und Nichtjuden friedlich miteinander leben. Am Tag der Eröffnung der Spiele marschierten die jüdischen Sportler in der deutschen Mannschaft, den rechten Arm zum Gruß gereckt, an Hitler und der Parteiprominenz vorbei und errangen in den Tagen darauf Medaillen für Deutschland. Viele glaubten und hofften, das kosmetische »face lifting« würde für die deutschen Juden von Dauer sein. Tausende von Juden, die schon 1933 emigriert waren, kehrten sogar nach Deutschland zurück, als sie von der neuen Entwicklung hörten.

Die Enttäuschung war bitter. Sobald die Spiele vorbei waren, sobald die Ausländer abgereist waren, setzte die Ächtung und Entrechtung wieder massiv ein. Überall tauchten die diskriminierenden Verbotsschilder wieder auf. Überall war der »Stürmer« wieder zu lesen. In den zwei Jahren nach den Olympischen Spielen ergoß sich ein Schwall neuer Anordnungen und Verbote über die deutschen Juden.

Am 30. September 1938 erlosch die Approbation aller jüdischen Ärzte, in Österreich drei Monate später. Sie durften nach »widerruflicher« Genehmigung durch das Innenministerium nur noch jüdische Patienten behandeln, und zwar nicht unter der Bezeichnung »Arzt«, sondern »Krankenbehandler«. Die gleiche Regelung betraf jüdische Rechtsanwälte. Unter der Bezeichnung »Konsulenten« durften sie lediglich für jüdische Klien-

Mit preußischer Perfektion regelten die NS-Juristen selbst das Intimleben des Volkes, indem sie in den »Nürnberger Gesetzen« genau festlegten, wer mit welchen »Blutsanteilen« wen heiraten durfte. Das antisemitische Hetzblatt »Der Stürmer« des »Frankenführers« Julius Streicher unterschied »fünf verschiedene Arten von Menschen« und erläuterte, wie die nationalsozialistischen Apartheids-Gesetze in der Praxis zu verstehen waren. Menschen züchterisch betrachtet.

Die Nürnberger Gesetze

Welche Eheschließungen sind zulässig und verboten?

(Von Med.-Rat Dr. Krueger, Meiningen.)

Trotz vieler Veröffentlichungen in der Tagespresse über die Frage, welche Ehen zwischen Deutschblütigen, Juden und Mischlingen geschlossen werden dürfen, herrscht hierüber noch allgemein große Unklarheit. Vor allem werden die Begriffe „Deutschblütig", „Rassejude" und „Mischling" oft nicht ganz richtig verstanden.

Deutschblütig ist jeder, der vier deutschblütige Großeltern nachweisen kann.

Rassejude ist, wer vier jüdische Großeltern hat.

Mischlinge gibt es drei Arten:

1. Mischlinge, die unter ihren vier Großeltern einen Juden (oder eine Jüdin) haben. Das sind Vierteljuden. Wir nennen sie Mischlinge zweiten Grades.

2. Mischlinge, die unter ihren vier Großeltern zwei Juden (oder Jüdinnen) haben. Das sind Halbjuden. Wir nennen sie Mischlinge ersten Grades.

3. Mischlinge, die unter ihren vier Großeltern drei Juden (oder Jüdinnen) haben. Diese werden nach dem Gesetze den Volljuden gleichgestellt und als solche angesehen.

Wir unterscheiden also zwischen fünf verschiedenen Arten von Menschen:

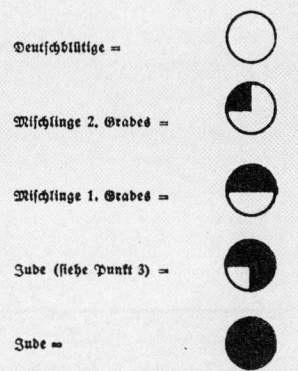

Deutschblütige =

Mischlinge 2. Grades =

Mischlinge 1. Grades =

Jude (siehe Punkt 3) =

Jude =

Zwischen diesen 5 verschiedenen Arten von Männern und von Frauen sind 5 mal 5 = 25 verschiedene eheliche Verbindungen möglich. Jede solche Verbindung ist hier durch einen Strich zwischen den 2 Kreisen dargestellt. Das Gesetz teilt diese 25 Verbindungen in 4 Gruppen.

1. Zulässige Ehen

Nach den Bestimmungen der Nürnberger Gesetze sind folgende Ehen zugelassen: (siehe obige Zeichen!)

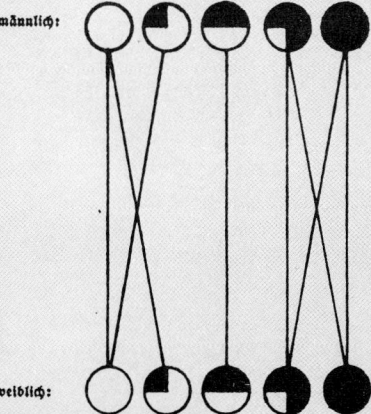

männlich:

weiblich:

2. Bedingt zulässige Ehen

In diesen Fällen wird der jüdische Mischling zum Juden!

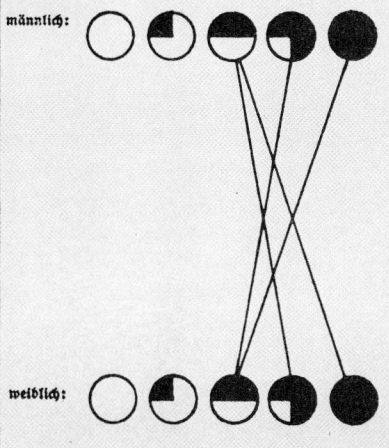

männlich:

weiblich:

3. Mit besonderer Genehmigung zulässige Ehen

Diese Ehen bedürfen der Genehmigung des Reichsministers des Innern und des Stellvertreters des Führers oder der von ihnen bestimmten Stelle. Bei der Entscheidung sind insbesondere zu berücksichtigen die körperlichen, seelischen und charakterlichen Eigenschaften des Antragstellers, die Dauer der Ansässigkeit seiner Familie in Deutschland, seine oder seines Vaters Teilnahme am Weltkrieg und seine sonstige Familiengeschichte.

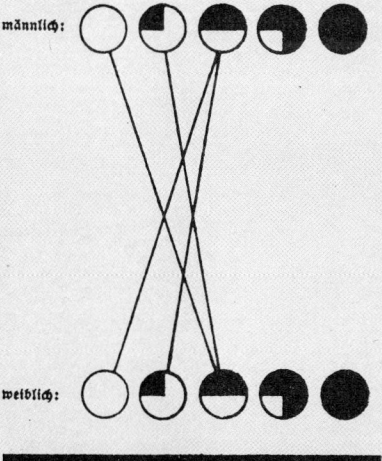

männlich:

weiblich:

Wer dem Stürmer die Treue hält, hält sie dem Volke!

4. Verbotene Ehen

Eheschließungen dieser Art sind durch die Nürnberger Gesetze verboten.

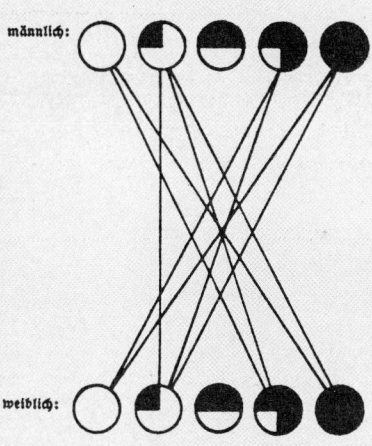

männlich:

weiblich:

Geht nicht zu jüdischen Ärzten!

Sittlichkeitsverbrecher Dr. Alexander in Altona

Seit 15 Jahren warnt der Stürmer die deutschen Frauen: „Geht nicht zu jüdischen Aerzten!" An vielen Hunderten von Beispielen haben wir den Wahrheitsbeweis dafür erbracht, daß sich jede deutsche Frau und jedes deutsche Mädchen in größte Gefahr begeben, wenn sie die Hilfe eines Judenarztes in Anspruch nehmen. Tausende und Abertausende von deutschen Frauen hat der Jude in seiner Eigenart als Arzt schon geschändet und verdorben für alle Zeiten. Wohl hat das nationalsozialistische Deutschland einem großen Teil dieser jüdischen Verbrecher schon das Handwerk gelegt. Aber immer noch gibt es bei uns jüdische Aerzte, die in ihrem Beruf nur ein geeignetes Mittel sehen, Rassenschande zu begehen.

In Altona wirkte der praktische Arzt Dr. med. Abraham Alfred Alexander. Im Sommer 1935 kam zu ihm ein junges Mädchen in die Praxis. Es wußte nichts von einer Judenfrage. Es wußte auch nicht, daß der Jude im nichtjüdischen Mädchen nur ein Tier sieht, mit dem er tun kann, was er will. Und so kam, was kommen mußte. Jud Alexander vergewaltigte das Mädchen mehrmals.

Die Verbrechen des jüdischen Arztes wurden der Polizei bekannt. Jud Alexander kam in Haft und hatte sich nunmehr vor der Großen Strafkammer 1 des Altonaer Landgerichts zu verantworten. Er wurde wegen schwerer Sittlichkeitsverbrechen zu 2 Jahren Zuchthaus und 4 Jahren Ehrverlust verurteilt.

Die Judenfrage lernt man kennen durch den Stürmer

ten tätig sein, ohne die einem Anwalt zustehenden Privilegien.

Nach einer Verordnung vom 17. August 1938 mußten Juden sich eine besondere Kennkarte ausstellen lassen und stets bei sich tragen. Die gleiche Verordnung zwang sie, ihren Vornamen die Namen »Israel« beziehungsweise »Sara« hinzuzufügen.

Ende 1937 ging die »Schonfrist« auch für die jüdischen Firmen und Banken zu Ende. Hjalmar Schacht, der die Wirtschaftspolitik noch relativ frei von radikalen Einflüssen gehalten hatte, wurde als Wirtschaftsminister abgelöst. Seine Aufgaben übernahm zunächst Hermann Göring als Bevöllmächtigter für den Vierjahresplan, dann der schwache Walter Funk als Marionette Görings. Die Aufrüstung war in vollem Gange. Devisen waren knapp. Begehrlich sah Göring auf das noch in jüdischen Händen befindliche Wirtschaftspotential und Kapital, das er für seine Pläne vereinnahmen wollte. »Die Juden müssen jetzt aus der Wirtschaft raus!« sagte er in einer Sitzung des Ministeriums.

Im Januar 1938 wurden jüdischen Firmen die Rohstoffkontingente drastisch gekürzt. Allen Behörden befahl Göring, öffentliche Aufträge an jüdische Firmen nur noch in Ausnahmefällen zu erteilen. Ausnahmen wären von ihm persönlich zu genehmigen.

Mit aktiver Unterstützung von Reichs- und Parteibehörden bemühten sich deutsche Großunternehmen wie der Flick-Konzern, jüdische Firmen zu erwerben. Die große Welle der »Arisierungen« begann. Noch hielt man am Prinzip des »freiwilligen« Verkaufs fest, obgleich in der Praxis erpreßt wurde.

Ende April kam die massivste Verordnung gegen das jüdische Wirtschaftsleben: Jeder Jude (auch sein nichtjüdischer Ehegatte) mußte sein gesamtes in- und ausländisches Vermögen anmelden. Dazu gehörten auch Schmuck- und Kunstgegenstände, Firmenwerte, Patente und Urheberrechte, sogar Renten- und Versorgungsansprüche. Die Absicht der Verordnung war in Paragraph 7 klar ausgedrückt: »Der Beauftragte für den Vierjahresplan kann die Maßnahmen treffen, die notwendig sind, um den Einsatz des anmeldepflichtigen Vermögens im Einklang mit den Belangen der deutschen Wirtschaft sicherzustellen.«

Bei den Auswanderern der »ersten Welle« seit 1933 handelte es sich meist um junge oder einigermaßen wohlhabende Juden. Älteren Juden war die Auswanderung häufig unmöglich, sofern ihre Kinder ihnen nicht vorher eine Existenzmöglichkeit im Ausland geschaffen hatten. Minderbemittelte Juden mußten entweder von reichen Glaubensgenossen mitfinanziert werden oder Berufe haben, die im Land ihrer Wahl als »Mangelberufe« galten. Die meisten Chancen hatten Landwirte, Handwerker und Techniker, die geringsten Akademiker und Kaufleute.

Auch wohlhabende Juden verloren bei der Auswanderung den größten Teil ihres Vermögens. Zunächst mußten die Reisekosten bezahlt werden, bei der Auswanderung nach Übersee besonders hoch. Betriebe, Häuser, Grundstücke, Mobiliar mußten oft zu Schleuderpreisen abgegeben werden. Hypotheken konnten oft nicht realisiert, Außenstände nicht eingezogen werden. Hatte der Auswanderer seinen Besitz endlich zu Geld gemacht, mußte er davon 25 Prozent als »Fluchtsteuer« an das Deutsche Reich bezahlen. Was übrig war, kam auf ein Sperrkonto und konnte nur teilweise transferiert werden. Selbst wenn ausländische Freunde die Sperrmark mit harten Devisen aufkauften, kassierte das Deutsche Reich ein sogenanntes »Disagio«, das bis zu 70 Prozent betragen konnte. Viele Juden konnten nur ganze 6 Prozent ihres Vermögens transferieren. Kurz nach ihrem Eintreffen im Gastland waren sie mittellos; Fleiß und Sparsamkeit vieler Jahre waren umsonst gewesen.

Abgesehen von finanziellen Schwierigkeiten, Alter und ungeeigneter Berufsausbildung gab es noch einen anderen Grund, warum so viele Juden sich anfangs nicht zur Auswanderung entschließen konnten. Die meisten deutschen Juden waren sogenannte »Assimilationsjuden«. Sie fühlten sich in erster Linie als Deutsche, erst in zweiter als Juden. Für sie war Deutschland die angestammte Heimat. Sie identifizierten sich mit der deutschen Sprache, mit der deutschen Kultur. Ihnen war es nicht nur bitter, sondern auch unverständlich, daß sie ihre Heimat aufgeben sollten. Sie hofften, der radikal-antisemitische Spuk der Nazis würde sich eines Tages wieder verflüchtigen, das deutsche Volk zu Menschlichkeit und Vernunft zurückkehren.

Die Auswanderung, die bisher noch freiwillig war, wurde nun immer mehr zur Zwangsaustreibung. Mit den Mitteln der Erpressung brachte Eichmann den Exodus aus Österreich in Gang und schuf ein Modell, das ein Jahr später auch in Berlin und Prag eingeführt wurde. Die reicheren Juden wurden gezwungen, die Auswanderung der ärmeren mitzufinanzieren. Schon im Spätherbst 1938 hatte Eichmann 45000 Juden aus Österreich vertrieben, bis zum Kriegsausbruch hatten 150000 Juden Österreich verlassen. Auch die Auswanderung aus Deutschland war 1938 wieder angestiegen. In diesem Jahr verließen 40000 Juden das Land, ihr Vaterland, doppelt so viele wie ein Jahr zuvor.

Doch während der Organisationsapparat der SS auf Hochtouren zu laufen begann und jüdische Auswanderer im Fließbandverfahren abzufertigen versuchte, schlossen immer mehr Länder ihre Grenzen gegen die Juden. Visaanträge in die USA und nach Südamerika wurden immer schleppender bearbeitet. Überall entstand die Furcht vor einer Invasion mitteloser, ausgepowerter Juden, die der öffentlichen Hand zur Last fallen würden. In Palästina führten arabische Unruhen gegen die jüdische Einwanderung dazu, daß die britische Mandatsmacht die Quoten drastisch senkte. Abgewiesene Schiffe irrten von einem Hafen zum anderen. Oft mußten Länder, die mit Flüchtlingen schon überfüllt waren, wie Frankreich, Holland und Dänemark, die verzweifelte menschliche Fracht aufnehmen. Vor den Konsulaten der westlichen Länder standen täglich Menschenschlangen.

Zwar fand sich Amerika nicht bereit, seine in der Periode des Isolationismus erlassenen restriktiven Einwanderungsbestimmungen zu lockern, doch um das Gesicht zu wahren, regte Präsident Roosevelt eine Weltflüchtlingskonferenz an, die im Juli 1938 im Kurort Evian am Genfer See zusammentrat.

Deutschland, um dessen Judenfrage es vor allem ging, hatte sich geweigert, die Tagung überhaupt zur Kenntnis zu nehmen. Das Ergebnis der Konferenz war enttäuschend, die Haltung der Delegierten geprägt von Hilflosigkeit über Egoismus bis hin zum Zynismus. Für die deutschen Antisemiten war Evian eine Bestätigung ihres Judenhasses. »Niemand will die Juden!« lautete eine Schlagzeile. Und noch bevor das Jahr 1938 zu Ende ging, entschlossen sich die Nazis, einen entscheidenden Schlag gegen die in Deutschland verbliebenen Juden zu führen. Die »Sudetenkrise« war überstanden. Hitler hatte einen politischen und diplomatischen Sieg ohnegleichen erreicht. Jetzt brauchte man wegen ein paar hunderttausend Juden auf das Ausland keine Rücksicht mehr zu nehmen. Die Juden mußten so brutal in die Ecke gedrängt werden, daß ihnen günstigenfalls nicht viel mehr als das nackte Leben blieb.

Es fehlte nur noch ein Anlaß, um die Attacke auf breiter Front auszulösen. In den ersten Novembertagen des Jahres 1938 fiel dieser Anlaß den Nazis wie eine reife Frucht in den Schoß.

Am 6. Oktober 1938 erließ die Warschauer Regierung ein Dekret, das alle im Ausland lebenden Polen ausbürgerte, sofern sie ihre Pässe nicht mit einem Sondervermerk stempeln ließen, der nur in Polen zu erhalten war. Die Absicht des Erlasses war durchsichtig: Warschau wollte auf bequeme Art vor allem jene Juden loswerden, die mit polnischen Pässen seit Jahren in Deutschland lebten.

In einer Blitzaktion ließ Heydrich am 28. Oktober 17000 polnische Juden verhaften und – in der ersten jüdischen Massendeportation – an die deutsch-polnische Grenze schaffen. Die polnischen Grenztruppen weigerten sich, diese Masseninvasion auf einen Schlag nach Polen hineinzulassen. Tagelang mußten die Abgeschobenen im Niemandsland kampieren und irrten zwischen den MGs der deutschen und polnischen Grenzwächter umher.

Unter den Deportierten war auch der Schneidermeister

Jozef Grynspan aus Hannover mit seiner Frau. Ihr Sohn, der 17jährige Herschel Grynspan, der bei einem Onkel in Paris lebte, hörte von dem Schicksal seiner Eltern. Am Morgen des 8. November kaufte sich Grynspan bei einem Pariser Waffenhändler einen Revolver. Dann ging er zur Deutschen Botschaft, meldete sich bei einem Amtsgehilfen und verlangte den Botschafter zu sprechen. Er wurde ins Zimmer des Gesandtschaftsrates Ernst vom Rath geführt. Bevor vom Rath sich nach den Wünschen des Besuchers erkundigen konnte, zog Grynspan seinen Revolver und schoß zweimal auf den Beamten, der an seinem Schreibtisch zusammenbrach. Grynspan versuchte zu flüchten, wurde aber von einem vor der Botschaft stehenden französischen Polizisten verhaftet.

Für die Nazis wurde die unbedachte Tat eines psychisch labilen Jugendlichen zum willkommenen Anlaß, von einer »großangelegten Verschwörung des Weltjudentums« zu sprechen. Goebbels konstruierte sofort einen größeren Zusammenhang und stellte das Attentat als Manifestation des Kollektivhasses der Juden gegen Deutschland hin. Für den Propagandachef war die Tat der langersehnte Anlaß für eine Verschärfung der Judenverfolgung in Deutschland. Der Historiker Hermann Graml hat in diesem Zusammenhang den Begriff der »tiefbefriedigten Empörung« geprägt, die auch die Reaktion der Nazis auf den Reichstagsbrand im Februar 1933 gekennzeichnet hatte. Goebbels konstruierte die Tat eines Einzelgängers als kollektive Herausforderung, die eine »Antwort« des deutschen Volkes nötig machte. »Es ist klar, daß das deutsche Volk aus dieser Tat seine Folgerungen ziehen wird«, schrieb der »Völkische Beobachter« am 8. November drohend.

Was am nächsten Tag folgte, war eine Meisterleistung Goebbelsscher Massenregie. An alle Parteiformationen ging sein Befehl:

»Spontane Aktionen« gegen die Juden seien zu organisieren. Der Pogrom war angelaufen. Überall begannen die Synagogen zu brennen, wurden Geschäfte und Gemeindehäuser zerstört, wurde geplündert und zerschlagen, wurden Juden geprügelt, durch die Straßen gejagt, erschlagen oder angeschossen.

Am 11. November lag ein Zwischenergebnis des Pogroms vor: 815 zerstörte Geschäfte, 29 in Brand gesetzte oder zerstörte Warenhäuser, 171 in Brand gesetzte oder zerstörte Wohnungen. 191 Synagogen waren angezündet, 76 weitere vollständig demoliert worden. Dazu kamen Gemeindehäuser, Friedhofskapellen und andere jüdische Einrichtungen. Fast 100 Juden waren ermordet worden, noch mehr hatten Verletzungen erlitten. 20000 Juden waren festgenommen und in Konzentrationslager gebracht worden.

Für diesen ersten Pogrom in Deutschland seit dem späten Mittelalter fanden die Berliner wegen der Tausenden von Scherben, die die Geschäftsstraßen bedeckten, einen Namen, der in die Geschichtsbücher einging: »Reichskristallnacht«.

Am 11. November erteilte Hitler Göring offiziell den Befehl, die Juden restlos aus der deutschen Wirtschaft zu entfernen. Tags darauf fand im Luftfahrtministerium in Görings Büro eine Besprechung statt, in der die völlige Entrechtung der Juden in Deutschland beschlossen wurde. Der dicke Generalfeldmarschall entwarf einen Coup, der einem Gangsterboß zur Ehre gereicht hätte. Goebbels hatte gefordert, daß die Versicherungen für die Schäden an jüdischem Besitz nicht aufkommen sollten. Der Fachgruppenleiter Hilgard als Vertreter der deutschen Versicherungswirtschaft widersprach. Das würde das internationale Renommé der Versicherungen schädigen. Da hatte Göring folgende Idee: Die Versicherungen sollen zahlen, aber nicht die Juden erhalten das Geld, sondern das Deutsche Reich. Der Staat würde die Gelder bei der Auszahlung beschlagnahmen. Ein Teil davon könnte dann den Versicherungen wieder zugute kommen. Auf Hilgards verwunderten Blick schlug Göring sich lachend auf die Schenkel und rief: »Das ist doch großartig, Hilgard! Ich bin ja ein viel besserer Versicherungsagent als Sie!« Keiner der anwesenden Nichtnazis, wie etwa der konservative Finanzminister Graf Schwerin-Krosigk, protestierte. Der Raub wurde zum Beschluß gemacht:

Die Versicherungssummen für Schäden, die durch den Pogrom entstanden waren, werden zugunsten des Deutschen Reiches beschlagnahmt; kraft einer Verordnung zur »Wiederherstellung des Straßenbildes« müssen alle Juden die entstandenen Schäden auf eigene Kosten beseitigen lassen; allen deutschen Juden wird eine Kollektivstrafe von einer Milliarde Mark auferlegt, als Sühne für das »ruchlose Verbrechen« am deutschen Volk (den Mord Herschel Grynspans an Ernst vom Rath).

Jetzt erwies es sich als günstig, daß alle jüdischen Vermögen seit April 1938 registriert waren. Der Zugriff auf die begehrten Werte fiel nicht mehr schwer. Auch die jüdischen Gemeinschaften, die bisher noch notleidende Juden unterstützt und bei der Finanzierung der Auswanderung geholfen hatten, verarmten nun völlig. Zum Schluß der Konferenz sagte Göring trocken: »Jedenfalls, ich möchte kein Jude in Deutschland sein.«

Am 16. November schrieb der britische Geschäftsträger in Berlin: »Ich habe nicht einen einzigen Deutschen getroffen, der nicht in unterschiedlichem Maß zumindest mißbilligt, was geschehen ist. Aber ich fürchte, daß selbst die eindeutige Verurteilung von seiten erklärter Nationalsozialisten oder höherer Offiziere der Wehrmacht keinerlei Einfluß auf die Horde von Wahnsinnigen haben wird, die gegenwärtig Nazi-Deutschland beherrscht.«

Ächtung, Entrechtung, Drangsalierung, Deportation, Ermordung – Stufen der nationalsozialistischen Judenverfolgung. Je fester Hitler sein Volk durch scheinbare oder wirkliche Erfolge in den Griff bekam, desto gnadenloser zog er die Daumenschrauben bei den Juden an. Dabei interessierte nicht, ob die jüdische Familie vielleicht schon seit Generationen christlich war, ob die Betroffenen für Deutschland im Ersten Weltkrieg gefochten hatten, ja nicht einmal, ob sie gebraucht wurden. Das »Blut« allein entschied, was auch immer das bedeuten

mochte, denn eine jüdische »Rasse«, wie sie die NS-Ideologen am Werke sahen, gab es nie. Zunächst verdrängte man die jüdischen Mitbürger aus dem öffentlichen Leben, indem man sie durch »Arierparagraphen« aus Verbänden und Vereinen abschob und selbst auf Parkbänken *(linke Seite unten)* auf strenge Trennung achtete – d. h. solange Juden überhaupt Parks betreten durften. In der »Kristallnacht« vom 9. auf den 10. November 1938 erreichte dann die Verfolgung das Stadium zerstörerischer Gewalt. Synagogen wurden zerstört *(linke Seite oben)*, Geschäfte verwüstet, jüdische Passanten mißhandelt oder gar getötet, SA-Banden zwangen Juden, mit Zahnbürsten das splitterübersäte Pflaster zu reinigen *(rechte Seite oben)*, zahllose Verhaftungen füllten die Konzentrationslager mit Juden *(rechte Seite unten)* – »Schutzhaft« hieß das im üblichen Beschönigungsjargon der braunen Herren. Es war die letzte Vorstufe zur Deportation in die Vernichtungslager, die nach Kriegsbeginn im besetzten Polen ihre blutige »Arbeit« aufnahmen.

In Deutschland waren die Juden, als der Krieg begann, schon völlig isoliert. Sie lebten in einer Atmosphäre, die bestimmt war von Feindschaft, Verachtung und Bedrohung. Der Pogrom hatte sie ihres letzten Schutzes beraubt, sie ausgestoßen und geächtet. Sie waren gesellschaftlich Parias, auf eine Stufe gestellt mit lästigen Schädlingen und Ungeziefer.

Das deutsche Volk hatte ihre stufenweise Herabwürdigung nicht nur miterlebt, sondern geduldet und ihrer Entrechtung – wenigstens scheinbar – sogar zugestimmt. Die Diskriminierung und Unterdrückung war nie geheimgehalten worden. Sie hatte sich in aller Öffentlichkeit abgespielt. Als der Krieg begann, waren die Juden in Deutschland schon so tief gestellt, so sehr aus dem Leben der Bevölkerung ausgestoßen, daß ihr endgültiges Verschwinden in den ersten Jahren des Krieges kaum noch bemerkt wurde.

Als Adolf Eichmann im Oktober 1939 mit seinem Referat IV B 4 (Judenangelegenheiten, Räumungsangelegenheiten) des Amtes IV (Gestapo) die Räume des ehemaligen Logenhauses in der Berliner Kurfürstenstraße 116 bezog, hatte er noch keine Ahnung, daß er hier die Kommandozentrale der künftigen Judenvernichtung etablierte. Das Konzept der SS-Judenpolitik hieß noch immer »Auswanderung«. Und Eichmann hielt sich an dieses Konzept. Doch nachdem der Krieg begonnen hatte, gab es kaum noch Auswanderungsmöglichkeiten. Einige wenige schafften den Sprung über neutrale Länder, einige Gruppen sogar über Rußland und Japan nach Amerika. Allmählich fiel Eichmann und seinen Mitarbeitern auf, daß sich kaum noch ein jüdischer Antragsteller in seinem Büro in der Kurfürstenstraße meldete. »Tendenz lustlos«, schrieb er in sein Tagebuch.

Einerseits war Eichmann ein subalterner Funktionär, der Eigenentscheidungen aus dem Wege ging, andererseits hatte er eine ausschweifende Phantasie, die sich gern in utopischen Vorstellungen erging.

Nach dem Sieg über Frankreich im Sommer 1940 gewann ein noch phantastischerer Plan antisemitischer Utopisten Gestalt: Frankreich, so forderten sie, solle seine ostafrikanische Kolonie Madagaskar an Deutschland abtreten und die französische Bevölkerung evakuieren. Dann sollten dort 4 Millionen Juden angesiedelt werden und sich unter der Aufsicht eines Gouverneurs des Sicherheitsdienstes selbst verwalten.

Eichmann verliebte sich geradezu in das Projekt. Er verfaßte Expertisen für Heydrich und Himmler, die auf das Wohlwollen seiner Chefs stießen. Aus dem Pariser Kolonialministerium ließ er sich Unterlagen über Madagaskar kommen und vergrub sich in historische und geographische Studien. Mit seinem Freund Rajakowitsch fuhr er ins Hamburger Tropeninstitut, um die klimatischen Bedingungen zu erkunden.

Die Euphorie, die der Madagaskar-Plan ausgelöst hatte, schwand rasch, als sich im Herbst 1940 noch kein Ende des Krieges abzeichnete. Jetzt ging man zunächst dazu über, im Generalgouvernement sogenannte Großghettos zu schaffen, in die alle Juden aus den annektierten Gebieten und aus den Landgebieten Restpolens gebracht werden sollten. Die Vorbereitungen waren durch Verordnungen bereits geschaffen worden: Einführung des Arbeitszwanges für Juden, Kennzeichnung durch Abzeichen oder Armbinden mit dem Davidstern (auch der Geschäfte), Reiseverbot, Aufenthaltsbeschränkungen. In allen Gemeinden wurden Judenräte gebildet, die den deutschen Behörden für die Evakuierung der Juden in die vorgesehenen Ghettos verantwortlich waren. Großghettos entstanden in Warschau, Lodz, Krakau, Lublin, Radom und Lemberg. Die Wohnbezirke wurden »geschlossen«, das heißt mit Mauern oder Stacheldrahtzaun umgeben. Infolge von Überfüllung, Seuchen und Unterernährung war die Sterblichkeitsziffer ungeheuer. Allein im Warschauer Ghetto starben im Jahre 1941 über zehn Prozent der Bevölkerung an Hunger und Krankheit.

1941 lebten in Deutschland noch immer etwa 180 000 Juden in prekären Verhältnissen. Gleich nach Kriegsbeginn hatte man ihnen die Radioapparate weggenommen. Sie durften auch keine neuen mehr erwerben. (Bezeichnend für den grotesken Perfektionismus der deutschen Bürokratie war eine amtliche Anordnung, die 1943 (!), als kaum noch Juden in Deutschland lebten, geschweige denn einen Radioapparat besaßen, bestimmte, daß Juden keine Ermäßigung der Rundfunkgebühren beantragen dürften).

Juden durften – auch auf ihre Lebensmittelmarken – keine Schokolade kaufen, sie erhielten keine Kleiderkarte, keine Bezugscheine für Schuhe. Ihre Lebensmittelkarten wurden mit einem »J« gestempelt . Im Mai 1940 wurde für Juden eine Ausgangssperre zwischen 9 Uhr abends und 5 Uhr morgens, im Winter zwischen 8 Uhr abends und 6 Uhr morgens angeordnet. Einkäufe durften sie nur zwischen 15.30 Uhr und 17 Uhr tätigen. In einigen Städten wie Frankfurt durften sie nur in ganz bestimmten Geschäften einkaufen. Ende August 1940 wurden die Telefone der Juden eingezogen. Obgleich die meisten finanziell schon am Rande des Existenzminimums lebten, mußten sie seit Februar 1940 sogar noch eine Sondersteuer von 15 Prozent ihres Nettoeinkommens an das Deutsche Reich bezahlen.

Das Jahr 1941 brachte die letzte Eskalation in der Entrechtung der noch in Deutschland und Österreich lebenden Juden. Im September wurde die »Polizeiverordnung über die Kennzeichnung der Juden« erlassen. Jeder Jude vom 6. Lebensjahr an mußte an seiner Kleidung sichtbar den gelben Davidstern mit der Aufschrift »Jude« tragen. Dazu gehörten auch

»Mischlinge«, die sogenannte »Glaubensjuden« waren, also der jüdischen Religionsgemeinschaft angehörten. Ausgenommen waren lediglich Jüdinnen, die mit einem »Arier« verheiratet waren, und Juden, die eine nichtjüdische Ehefrau hatten (im letzten Falle aber nur, wenn aus der Ehe Kinder hervorgegangen waren).

Mit der Kennzeichnungsverordnung hagelten weitere demütigende Vorschriften auf die Juden herab: Juden durften ihren Wohnort ohne schriftliche Erlaubnis der Ortspolizei nicht mehr verlassen. Diese Erlaubnis war beschränkt auf 7 Kilometer weite Fahrten zum Arbeitsplatz. Ansonsten durften sie keine öffentlichen Verkehrsmittel benutzen. Bei erlaubten Fahrten durften sie keine Sitzplätze einnehmen. Sie durften keine Gaststätten aufsuchen, auch keine Bahnhofrestaurants und Warteräume, keine Grünanlagen und Wälder betreten, keine Bücher, Zeitschriften und Zeitungen kaufen, keine »arischen« Friseure in Anspruch nehmen, keine Haustiere (wozu auch Wellensittiche und Zierfische zählten) mehr halten.

Im Januar 1942 mußten Juden entschädigungslos alle Kleidungsstücke aus Pelz abliefern, dann alle elektrischen und optischen Geräte, Fahrräder, Schreibmaschinen und Schallplatten. Im Juli 1942 wurden sämtliche jüdischen Schulen geschlossen und »jegliche Beschulung jüdischer Kinder« untersagt.

Im Jahre 1941 wurde die endgültige Deportation der Juden aus dem deutschen Reichsgebiet »nach Osten« beschlossene Sache. Ihr restliches Vermögen, ihr noch vorhandener Besitz sollte dem Deutschen Reich verfallen. Die Bürokraten in den Verwaltungsapparaten des Dritten Reiches brauchten dazu aber einen legalistischen Vorwand. Sie fanden ihn in der »1. Verordnung zum Reichsbürgergesetz« vom 25. November 1941. Laut Paragraph 2 dieser Verordnung verlor ein Jude, der »seinen gewöhnlichen Aufenthalt im Ausland« hatte, seine Staatsangehörigkeit. Sein Vermögen verfiel dem Reich. Dasselbe galt für Juden, »die ihren gewöhnlichen Aufenthalt später im Ausland nehmen, mit der Verlegung des gewöhnlichen Aufenthalts ins Ausland«. Als »Ausland« galten nach der Durchführungsbestimmung auch alle »besetzten Gebiete, insbesondere auch das Generalgouvernement und die Reichskommissariate Ostland und Ukraine«, also die von deutschen Truppen eroberten Gebiete der Sowjetunion. Die Perfidie des »Gesetzes« wurde durch das nüchterne Beamtendeutsch noch makabrer. Ein deutscher Jude, der von SS-Leuten auf dem Bahnhof seiner Heimatstadt mit Hunderten anderen in einen Viehwagen geprügelt wurde, um ins Ghetto von Warschau oder Lublin transportiert zu werden, »nahm seinen Wohnsitz im Ausland« und verlor aus diesem Grunde seine Staatsangehörigkeit, seine Ersparnisse und alles bis auf die Kleider, die er auf dem Leib trug.

Am 23. Juni 1941, einen Tag, nachdem Hitler die Sowjetunion überfallen hatte, brachen die SS-Einsatzgruppen, die seit dem April des Jahres von Heydrich und Himmler aufgestellt worden waren, hinter der kämpfenden Wehrmacht in Rußland ein. Ihr Auftrag: »Die Beseitigung der jüdisch-bolschewistischen Intelligenz, die Vernichtung von Bolschewistenhäuptlingen, Kommissaren, vor allem aber allen Juden, die die Sicherheit der Truppe durch ihre Existenz gefährden.« So hatte Hitler die Umrisse seines Befehls schon im März 1941 festgelegt. Die Mordkommandos legten den Befehl so großzügig aus, daß die jüdische Bevölkerung ganzer Städte und Dörfer, einschließlich Frauen und Kindern, als sicherheitsgefährdend in Massen umgebracht wurde. Die jüdischen Gemeinden waren so arglos gewesen, daß mancherorts die Deutschen als »Befreier« begrüßt wurden.

Das Judentum Rußlands versank in einem Meer von Scheußlichkeiten. Die einzelnen Einsatzgruppen versuchten, sich gegenseitig mit ihren Erfolgsberichten auszustechen. Hier ein paar Beispiele: »Arbeitsbereich der Teilkommandos judenfrei gemacht. Gesamtsumme: 79276.« – »Sonderkommando 4a hat bis zum 6. 9. 41 insgesamt 11328 Juden erledigt.« Oder: »Insgesamt wurden 34289 Juden (Männer, Frauen, Jugendliche) in der Berichtszeit erfaßt und liquidiert.« Hinter diesen kalten, nüchternen Zahlen stehen grauenvolle Bilder: Leichengruben, nackte Menschen vor Maschinengewehren, Kleinkinder und Säuglinge auf den Armen der Mütter, Todesangst, Schreie und Blut. Die Opfer wurden mit Schlägen angetrieben, bettlägerige Kranke, gehunfähige Greise auf Tragbahren an die Hinrichtungsgruben geschafft.

Nach vorsichtigen Schätzungen hatten die Einsatzgruppen bis Ende 1941 rund 500000 Juden in den okkupierten Gebieten Rußlands umgebracht.

Die Judenerschießungen der SS-Einsatzgruppen und ihrer Hilfstruppen aus Ukrainern, Polen und Litauern waren übrigens durchaus nicht so geheim, wie es heute gern behauptet wird. Der Satz: »Von alledem hatten wir keine Ahnung!« mag sicher für die spätere Massenvernichtung in den Gaskammern von Auschwitz und Majdanek zutreffen, nicht aber für die Massenexekutionen der Einsatzgruppen. Mehrere Mordaktionen wurden sogar in der Wochenschau in den Kinos gezeigt. Die Einsatzkommandos überließen die Hinrichtungen gern einheimischen Exekutionskommandos und freigelassenen Verbrechern aus der Bevölkerung, wie zum Beispiel mehrmals in Riga. Dieser Massenmord wurde dann als »Lynchjustiz« getarnt. Die deutsche Wochenschau vom 19. bis 26. Juli 1941 zeigte eine solche Lynchexekution. Aus dem Bericht des Sicherheitsdienstes über die Aufnahme durch die Bevölkerung: »Die Lynchjustiz der Rigaer Bevölkerung an den Juden wurde mit aufmunternden Ausrufen begleitet!«

Trotz der Massenabschlachtungen unter der jüdischen Bevölkerung in Rußland war der Entschluß zu einer planmäßigen Ausrottung aller Juden seitens der höchsten NS-Führung bis Ende 1941 noch nicht endgültig gefallen. Zwar tauchte der Begriff »Endlösung« schon seit Anfang des Jahres in verschiedenen Korrespondenzen auf, es ist aber nach neueren Untersuchungen sehr fraglich, ob damit bereits die planmäßige physische Vernichtung gemeint war. Die anfänglichen Erfolge im Rußlandfeldzug ließen viele der unmittelbar in die Judenfrage verwickelten Naziführer wie Göring, Goebbels, Frank und Rosenberg, selbst Himmler und Heydrich unter »Endlösung« folgendes verstehen: Abschiebung aller Juden – aus Deutschland, Österreich, dem »Reichsprotektorat« und Polen »nach Osten«, und zwar möglichst weit »nach Osten« ins ehemalige Herrschaftsgebiet der sicher bald niedergeworfenen Sowjetunion.

Nach einer sehr sorgfältigen Untersuchung des Historikers Martin Broszat, die dieser in den Vierteljahresheften für Zeitgeschichte im Oktober 1977 vorlegte, kann man heute als nahezu sicher annehmen: Den Entschluß zur planmäßigen, institutionalisierten Ausrottung des Judentums hat Hitler nicht vor dem Spätherbst des Jahres 1941 gefaßt. Die Ende 1941 festgelaufene Ostoffensive hatte zu einer Verlangsamung und Reduzierung der ursprünglichen Deportationspläne geführt. Trotzdem wollte Hitler den Plan der »großen Evakuierung« nicht stoppen. Jetzt erhielt die »Endlösung« ihren eigentlichen Akzent: den des geplanten, generalstabsmäßig vorbereiteten Völkermordes, der nicht mehr wie bisher durch »Sicherheitserwägungen« oder »Partisanenbekämpfung« kaschiert werden mußte. Broszat: »Die Judenvernichtung entstand, so scheint es, nicht nur aus vorgegebenem Vernichtungswillen, sondern auch als ›Ausweg‹ aus einer Sackgasse, in die man sich selbst manövriert hatte. Einmal begonnen und institutionalisiert, erhielt die Liquidierungspraxis jedoch dominierendes Gewicht und führte schließlich faktisch zu einem umfassenden ›Programm‹.«

Eine neue Phase des Massenmordes begann. Aus den mobilen Mörderkommandos der Einsatzgruppen wurden jetzt stationäre Todesfabriken. Die grausige Herrschaft der Gaskammern setzte ein.

Den Anstoß gab der SS-Gruppenführer Arthur Greiser, Gauleiter und Reichsstatthalter des westpolnischen »Warthegaues«, der 1939 vom Deutschen Reich annektiert worden war. Im äußersten Zipfel des Warthegaues lag Lodz, das in Litzmannstadt umbenannt worden war und nun – obgleich eine rein polnische Stadt – nicht zum Generalgouvernement, sondern zum Reichsgebiet gehörte. In Lodz aber befand sich ein großes Ghetto mit mehr als 100000 Juden. Greiser wollte seinen Gau »judenfrei« machen und bat Himmler und Heydrich,

ihm bei der Lösung seines Problems zu helfen. Der SS-Hauptsturmführer Lange traf Ende des Jahres mit einer Reihe von Gaswagen, die schon bei den Einsatzgruppen benutzt worden waren, in einem alten Schloß bei Kulmhof (Chelmno), 60 Kilometer nordwestlich von Lodz, ein. Im Dezember 1941 begann das Kommando Lange mit drei Gaswagen seine Vernichtungsarbeit.

Die Juden aus dem Ghetto von Lodz – darunter etwa 20000, die aus deutschen Städten dorthin gebracht worden waren, wurden mit der Bahn nach Chelmno verfrachtet, dort in Lastwagen abgeholt und zum Schloß gebracht. Dort mußten sie sich völlig auskleiden und einen geschlossenen Lkw besteigen, der sie angeblich zum Duschen bringen sollte. Kaum waren die Türen des Wagens zugeschlagen, leitete ein Schlauch Auspuffgase in den Laderaum und tötete die Opfer. Ein Sonderkommando ausgewählter Juden, die sich damit das Privileg erkauften, etwas länger leben zu dürfen, stand bereit und beförderte die getöteten Juden in ein vorbereitetes Massengrab. Die primitive Vergasungsanlage funktionierte nicht immer so schnell wie geplant. Manchmal dauerte der Todeskampf Stunden. Einige Male waren Opfer sogar noch am Leben, wenn die Türen geöffnet wurden.

Die Massentorturen von Chelmno, die entsetzlichen Quälereien, waren für die Todesspezialisten der SS ein »Experiment«. Zwar war Adolf Eichmann übel geworden, als er einmal Zeuge einer Vergasung wurde, aber die Leiden der Menschen interessierten die SS-Beamten nicht so sehr. Für sie war das Experiment ein Fehlschlag, weil diese Vernichtungsmethode zu zeitraubend war. Man müßte eine Möglichkeit finden, sie zu beschleunigen. Techniker der SS und deutsche Spezialfirmen wurden aufgefordert, auf der Grundlage des Vergasungsprinzips schneller und zuverlässiger arbeitende Einrichtungen zu entwickeln. Himmler schwebte bereits folgendes vor: Auf dem Territorium des ehemaligen polnischen Staats sollte sich eine ganze Kette von Todesfabriken erheben, um in mehreren Jahren sämtliche Juden Europas schnell, reibungslos und wohlorganisiert auszurotten. Der Begriff »Endlösung« hatte seinen endgültigen Inhalt gefunden. Diese Aktionen müßten natürlich getarnt werden und streng geheim bleiben. Die Wörter »Tötung«, »Vernichtung«, »Ausrottung« usw. durften niemals in offizieller Korrespondenz auftauchen. Sie mußten euphemistisch umschrieben werden. In Frage kamen Begriffe wie »Evakuierung«, »Aussonderung«, vor allem aber das notorisch gewordene Wort »Sonderbehandlung«. Auch konnte man nicht umhin, sich die Kooperation einer Reihe von

Nach seinem ersten »Blitzsieg« nimmt Hitler in martialischer Pose in Warschau die Parade ab.

Dienststellen außerhalb der SS zu sichern, die man aus organisatorischen Gründen gar nicht umgehen konnte. Man mußte ihnen den Plan so vorsichtig und verschleiert wie möglich entwickeln. Heydrich berief eine Sitzung ein.

Am 20. Januar 1942 eröffnete Heydrich im Gebäude der Interpol am Großen Wannsee 56–58 in Berlin jene entscheidende Konferenz, die unter dem Namen »Wannsee-Konferenz« in die Geschichte eingehen sollte. Anwesend waren Vertreter aller »zuständigen« Behörden. Das Außenministerium war ebenso vertreten wie die Ministerien für Justiz, Inneres, das Amt für den Vierjahresplan, die Reichskanzlei und die Funktionäre der einzelnen SS-Dienststellen. Zunächst betonte Heydrich, die »Federführung bei der Bearbeitung der Endlösung der Judenfrage liege ohne Rücksicht auf geographische Grenzen zentral beim Reichsführer SS und Chef der deutschen Polizei.«

Heydrichs Sprache war zunächst sehr verschleiert. Nach der Auswanderungspolitik der vergangenen Jahre gäbe es nunmehr als Lösungsmöglichkeit der Judenfrage die Evakuierung der Juden nach dem Osten. Hier habe man bereits jene praktischen Erfahrungen gesammelt, die im Hinblick auf die kommende Endlösung der Judenfrage von großer Bedeutung seien. Nach Schätzungen des Reichssicherheitshauptamtes kämen für »die Endlösung der europäischen Judenfrage« rund 11 Millionen Juden in Betracht. (Interessant ist, daß die SS bei ihren Berechnungen auch die Juden in England, Irland und der Türkei mitgezählt hatte).

Dann kam Heydrich zum entscheidenden Punkt: »Unter entsprechender Leitung sollen im Zuge der Endlösung die Juden in geeigneter Weise im Osten zum Arbeitseinsatz kommen. In großen Arbeitskolonnen, unter Trennung der Geschlechter, werden die Juden straßenbauend in diese Gebiete geführt, wo zweifellos ein Großteil durch natürliche Verminderung ausfallen wird. Der allfällig endlich verbleibende Restbestand wird, da es sich bei diesem zweifellos um den widerstandsfähigsten Teil handelt, entsprechend behandelt werden müssen, da dieser, eine natürliche Auslese darstellend, bei Freilassung als Keimzelle eines neuen jüdischen Aufbaus anzusprechen ist.«

Auch die regionale Zeitfolge der Endlösung kam am Wannsee zur Sprache. Die Juden aus dem Gebiet des »Generalgouvernements« sollten den Anfang machen. Da sei die Mehrzahl ohnehin arbeitsunfähig, andererseits würden sie in den Ghettos eine Seuchengefahr bilden. Die freiwerdenden Plätze in den Ghettos könnten dann mit Juden aus Deutschland und anderen Teilen Europas »allfällig« aufgefüllt werden.

In den späteren Kriegsjahren zeigte sich Hitler kaum mehr in der Öffentlichkeit.

Für einen bestimmten Personenkreis schlug Heydrich eine andere Regelung vor: Juden im Alter von über 65 sollten zunächst nicht evakuiert (sprich: getötet) werden, sondern einem Altersghetto in Theresienstadt »überstellt« werden. Ebenso schwerkriegsbeschädigte Juden und solche mit Kriegsauszeichnungen ab dem Eisernen Kreuz Erster Klasse. Dieses »privilegierte« Ghetto sollte auch für Juden bestimmt werden, die weitreichende Beziehungen hätten, einen international berühmten Namen trügen oder mit »Ariern« verwandt seien. Damit würde der übrigen »Evakuierung« auch eine gewisse Tarnung verliehen. Mit Theresienstadt könne man einer eventuell zu erwartenden »Greuelpropaganda« entgegentreten.

Obgleich Theresienstadt für viele nur ein Durchgangslager nach Auschwitz wurde, gab man diesem Ghetto gern den zivilen Anstrich einer »jüdischen Siedlung« und präsentierte es eines Tages – nach sorgfältigen Vorbereitungen und Vorsichtsmaßnahmen – sogar Vertretern des Internationalen Roten Kreuzes und einer Kommission aus Dänemark. Fest steht, daß jene Juden – unter ihnen Prominente wie Leo Baeck –, die das »Glück« hatten, nach Theresienstadt zu kommen und dort zu bleiben, die größten Überlebenschancen hatten, sofern sie nicht an Krankheit, mangelnder ärztlicher Versorgung oder Unterernährung starben.

Außer dem beschriebenen »Experiment« Chelmno gab es noch ein weiteres Modell, auf das Himmler bei der Verwirklichung seiner Ausrottungspläne zurückgreifen konnte: Das »Projekt T 4« zur sogenannten »Euthanasie lebensunwerten Lebens«. Mit dieser Aktion waren bis Ende 1941 schon rund 100000 geistig und psychisch Erkrankte und Behinderte in Deutschland ermordet worden, und zwar mit Kohlenmonoxydgas. Das Projekt war auf Befehl Hitlers abgebrochen worden, nachdem Unruhe in der Bevölkerung entstanden war und die Kirchen protestiert hatten.

Nach dem Abbruch der Euthanasie-Aktionen waren die dortigen Experten arbeitslos. Ein besonderer Spezialist war Kriminaloberkommissar Christian Wirth. Auf Himmlers Befehl meldete sich Wirth bei dem Lubliner SS- und Polizeiführer Odilo Globocnik, der mit der Liquidierung des polnischen Judentums beauftragt war. Den ganzen Bug entlang konstruierte Wirth eine Reihe von Lagern mit ortsfesten Gaskammern, in die er mittels Schläuchen die Abgase von Dieselmotoren hineinpumpte. Die Gaskammern sahen aus wie Badehäuser, im Vorgarten Geranien, dann ein Treppchen, links und rechts von einem Gang drei Räume, 5 mal 5 Meter, 1,90 Meter hoch, mit Holztüren wie Garagen. An der Rückwand große hölzerne Rampentüren. Auf den Dächern ließ Wirth kleine Davidsterne anbringen.

Am 17. März 1942 nahm das erste Wirth-Lager seine Vernichtungsarbeit auf: Belzec an der Bahnstrecke

Oben: An der »Rampe« von Auschwitz-Birkenau: SS »selektiert« einen neu eingetroffenen Judentransport. »Selektion« war das Wort für Auswahl der Arbeitsfähigen. Bei den ungeheuren Massen wurde der Begriff sehr eng gefaßt. Die meisten Ankömmlinge, Kinder, Alte und Kranke sowieso, traten sogleich den Marsch in die Gaskammern an.

Links: Ein deutsches KZ nach der Befreiung. Der Publizist Eugen Kogon, selbst langjähriger Häftling im KZ Buchenwald, schrieb dazu: »Wende den Blick zu den Leichenhügeln, Betrachter der Zeitgeschichte, halte nur einen Augenblick inne und denke, dieser arme Rest von Fleisch und Bein sei Dein Vater, Dein Kind, Deine Frau, sei der Mensch, der Dir lieb ist! Dich selbst und Deine Allernächsten, an denen Dein Herz und Dein Sinn hängt, sieh nackt in den Dreck geworfen, gequält, verhungernd, getötet . . .«

Lublin-Lemberg. In Belzec konnten sechs Gaskammern jeden Tag mehrere tausend Menschen töten. Im April folgte Sobibor an der ukrainischen Grenze mit ähnlicher »Kapazität«. Dann Treblinka, 120 Kilometer nordöstlich von Warschau und schließlich, im Herbst 1942, die dem Konzentrationslager Lublin angeschlossenen Gaskammern, die unter dem Namen Majdanek bekannt wurden. Schon nach kurzer Zeit war der ehemalige Kripo-Kommissar Wirth ungekrönter König der Judenvernichter Polens.

Wirth hatte Konkurrenten, die es noch besser machen wollten: Einer von ihnen war Karl Fritzsch, Lagerkommandant von Auschwitz und Vorgänger des berüchtigten späteren Kommandanten Höß. Fritzsch hatte ein neues Tötungsmittel gefunden: das Blausäuregas Zyklon B, ein von der Hamburger Firma DEGESCH (Deutsche Gesellschaft für Schädlingsbekämpfung mbH.) hergestelltes und vertriebenes Mittel zur wirksamen Vertilgung von Ungeziefer. (Es paßte auch zur Ideologie der Nazis, die den Juden ja immer als »Ungeziefer« darstellten.) Tests hatten die Überlegenheit der Zyklon-B-Methode über die Kohlenmonoxyd-Methode von Wirth erwiesen. Es war leicht zu handhaben – man brauchte, geschützt durch eine Gasmaske, nur die Dose zu öffnen und den Inhalt in ein Zuleitungsrohr zu schütten – und es wirkte fast sofort. Bei Wirth dauerte der Todeskampf wesentlich länger.

Wirth hatte sein Monopol verloren, sein Auschwitzer Konkurrent Rudolf Höß wurde schließlich der größte Judenvernichter.

Im Frühsommer 1942 begann die konzentrierte Vernichtung der Juden in Polen. Ordnungspolizei, polnische, litauische und ukrainische Hilfsmilizen und der von den Deutschen aufgestellte eigene jüdische Ordnungsdienst fingen an, die Juden systematisch aus den Ghettos zu treiben, in Güterwagen zu verladen und in eines der sechs Vernichtungslager zu bringen.

Die Endlösung im großen Stil war angelaufen.

Im Sommer 1942 verfielen Himmler und die Schreibtischmörder der SS einem Rausch der Vernichtungsstatistiken. Die »Kapazitäten« der einzelnen Vergasungseinrichtungen wurde mit dem »Judenbestand« der Ghettos verglichen, zeitliche und regionale »Erfüllungssolls« wurden gesetzt, der Tod war zur »Produktionsziffer« geworden. Die Statistiken, die von den Mordfabriken geliefert wurden, sind für menschliches Begriffsvermögen kaum zu fassen. In Chelmno wurden über 150 000 Juden ermordet, in Belzec 600 000, in Sobibor 250 000, in Treblinka 700 000, in Majdanek 200 000, in Auschwitz-Birkenau weit über eine Million!

Auch für zügellose und perverse Sadisten wurden die Vernichtungslager zum Tummelplatz. Aber Sadisten waren eigentlich für die »Endlösung« nicht typisch. Verbrechen dieser Art haben abartige Naturen immer angelockt. Der Sadismus war nur eine Randerscheinung der Massenvernichtung und wurde von der SS-Führung nicht einmal gewünscht. Die Auschwitz-Gefangene Dr. Ella Lingens-Reiner: »Es gab wenige Sadisten. Nicht mehr als fünf bis zehn Prozent waren Triebverbrecher im klinischen Sinne. Die anderen waren ganz normale Menschen, die durchaus wußten, was Gut und Böse ist. Sie haben alle gewußt, was da geschieht.«

In seinem Buch »Der Orden unter dem Totenkopf« schrieb Heinz Höhne: »Die eigentliche Sensation, das wahrhaft Entsetzliche der Judenvernichtung lag darin, daß Tausende biederer Familienväter dem öffentlichen Geschäft des Mordes nachgingen und sich gleichsam am Feierabend in dem Gefühl streckten, gesetzestreue, ordentliche Bürger zu sein, denen es nicht einfallen würde, einen Schritt vom Pfad privater Tugend abzuweichen ... Himmler beherrschte die fixe Idee, die Massenvernichtung müsse sachlich-sauber verwirklicht werden, der SS-Mann habe auch im staatlich befohlenen Mord ›anständig‹ zu bleiben.«

Anfang 1943 schlug auch die Stunde für jene deutschen Juden, die wegen ihrer Fachkenntnisse bisher für die Rüstungsindustrie unentbehrlich gewesen und – nicht zuletzt durch den Einfluß Görings – von der Deportation verschont geblieben waren. Ende Februar wurden sie – meist am Arbeitsplatz – schlagartig festgenommen und zusammen mit ihren Angehörigen in die Vernichtungslager deportiert. Ihr Schicksal ist aus den »Eingangsberichten« der Todesfabriken abzulesen, zum Beispiel denen des Obersturmführers Schwartz, Arbeitseinsatzleiter in Auschwitz:

»Transport aus Berlin. Eingang 5. 3. 43. Gesamtstärke 1128 Juden. Zum Arbeitseinsatz gelangten 389 Männer und 96 Frauen. Sonderbehandelt wurden 151 Männer und 492 Frauen und Kinder ... Transport aus Breslau. Eingang 5. 3. 43. Gesamtstärke 1405 Juden. Zum Arbeitseinsatz gelangten 406 Männer und 190 Frauen. Sonderbehandelt wurden 125 Männer und 684 Frauen und Kinder.«

Die entsetzlichen Szenen, die sich bei den Selektionen an der Bahnhofsrampe von Auschwitz abspielten, sind häufig geschildert worden. Die zur Arbeit »aussortierten« Juden hatten nur eine Galgenfrist erhalten. Sobald sie der mörderischen Arbeit in dem Zweigwerk der Buna-Gummifabriken, beim Straßenbau oder in den Steinbrüchen nicht mehr gewachsen waren, sobald sie infolge von Unterernährung, unzureichender Kleidung oder brutaler Behandlung krank wurden, traten auch sie bei einer der unregelmäßig stattfindenden »Selektionen« den Weg in die Gaskammern an.

Allmählich leerten sich die Ghettos in Polen. Um die Fließbänder des Todes in Gang zu halten, brauchten die SS-Strategen Nachschub. In der Wannsee-Konferenz

Ihre Gräber selber graben ließen Einsatzgruppen der SS gefangene Juden
(links). Hitlers Ausrottungsfeldzug begannen zunächst Erschießungskomman-
dos, die der vorrückenden Wehrmacht
folgten und unvorstellbare Blutbäder
unter der osteuropäischen Judenschaft
anrichteten. Die Überlebenden fristeten
in den Ghettos ein Leben auf Zeit unter
unmenschlichen Bedingungen. In steter
Furcht vor den Deutschen – *oben:*
Razzia 1941 in Warschau –, warteten sie
auf den Abtransport in eines der Vernichtungslager, die den Völkermord der
Einsatzgruppen vollendeten. Der kleine
Junge auf dem oberen Bild überlebte
wie durch ein Wunder. Er konnte vor
dem Ende des Warschauer Ghettos
fliehen.

waren alle Juden Europas ins Mordprogramm miteinbezogen worden. In der Kurfürstenstraße 116 in Berlin, der Schaltzentrale der Judenvernichtung, spann Adolf Eichmann seine Drähte. Bei allen Polizeibefehlshabern in den von Deutschland besetzten Gebieten, bei allen diplomatischen Missionen der Satellitenstaaten unterhielt Eichmann »Judenreferenten«, die die Auslieferung der einheimischen Juden an die SS mit Druck oder Überredung organisierten. Nachdem das deutsche und österreichische Judentum den Marsch in die Vernichtung angetreten hatte, wandte Eichmann sich nach Westen und Südosten. Aus Holland, Belgien, Frankreich, Italien, Serbien, Griechenland, Bulgarien, Rumänien und Ungarn rollten bald die Züge mit den todgeweihten Juden nach Polen.

Aber es gab auch Widerstand: Italiener sabotierten die Transporte, Rumänen verweigerten die Herausgabe der Opfer, dänische Juden wurden in letzter Minute nach Schweden in Sicherheit gebracht.

Und es sollte sich erweisen, daß auch im Judentum selbst sich Widerstandskräfte zu entwickeln begannen. Der Aufstand im Warschauer Ghetto vermochte – wenigstens für gewisse Momente – den reibungslosen Lauf der Vernichtungsmaschine zu stören.

Kurz nach der Besetzung Warschaus war die jüdische Bevölkerung der polnischen Hauptstadt auf ein bestimmtes Wohngebiet konzentriert worden. Ende 1940 wurde dieses Wohnviertel mit einer drei Meter hohen Mauer umgeben und innerhalb der Mauern mehr als 400 000 Menschen eingeschlossen. Eine Zeitlang gab es für Polen noch die Möglichkeit, geschäftliche Kontakte zu den eingeschlossenen Juden zu halten. Von den »Transit-Straßenbahnen«, die mitten durch das Ghetto liefen, aber nicht halten durften, wurden häufig Lebensmittel und Medikamente abgeworfen. Auch einige Waffen hatten auf diese Weise schon den Weg ins Ghetto gefunden.

Im August 1941 begann dann die völlige Isolierung des Ghettos. Inzwischen war der Wohnbezirk so übervölkert, daß durchschnittlich 7 bis 10 Personen in einem Raum wohnten. Polen drohte die Todesstrafe, wenn sie Juden mit Lebensmitteln versorgten oder Juden außerhalb des Ghettos versteckten. Juden, die das Ghetto verließen, konnten ohne Anruf erschossen werden.

Von wenigen Ausnahmen abgesehen (für reiche Juden, Schieber und Schwarzhändler gab es zeitweise sogar Luxusrestaurants und Bars) vegetierte die Bevölkerung am Rande des Existenzminimums. Die offizielle Versorgung mit Lebensmitteln lag bei 180 Kalorien am Tag. Die Sterblichkeitsziffer war enorm.

In der Annahme, das Schicksal der Juden am besten durch besonderes Wohlverhalten zu erleichtern, erfüllte der von den Deutschen eingesetzte Judenrat besonders diensteifrig und beflissen die Wünsche der deutschen

Besatzung und des für das Ghetto zuständigen Kommandanten Auerswald. Der Rat erreichte dadurch einerseits die Passivität des Großteils der Ghettobewohner, andererseits lag er in ständiger Opposition zu den jüngeren, aktiven und politisch geschulten Kräften der Judenschaft. Die konsequente Oppositionshaltung nahmen die Zionisten, die Kommunisten und die Sozialisten ein. Sie verbreiteten geheime Flugblätter und gaben zwei Zeitschriften im Untergrund auf jiddisch heraus: »Morgen Fraj« und »Morgen Frajhajt«. Aus den verschiedenen kleineren Wiederstandsgruppen bildete sich eine gemeinsame Kampforganisation »OB«, die zunächst durch Kontakte mit dem polnischen Widerstand außerhalb des Ghettos Waffen beschaffen und ins Ghetto schaffen sollte.

Durch Verrat flog die Gruppe schon bald darauf auf. Im Juli wurden 187 Todesurteile an Mitgliedern des Blocks vollstreckt.

Gleichzeitig hatte Himmler im Juli 1942 den Befehl gegeben, alle Juden ohne Unterschied des Alters aus dem Warschauer Ghetto zu evakuieren und ins Vernichtungslager von Treblinka zu schaffen. Täglich verließen ungefähr 5000 Juden in Begleitung von polnischer und jüdischer Polizei das Ghetto, um zum Bahnhof gebracht zu werden.

Nachdem das Ghetto sich immer mehr leerte, gewannen die kämpferischen Juden auch politisches Übergewicht. Am 13. März gelang es dem Judenrat nicht mehr, die für den Abtransport befohlene Zahl von Juden zusammenzustellen. Die Deutschen mußten sie mit Gewalt aus den Häusern holen. Der Judenrat ließ den Deutschen gegenüber durchblicken, daß er keine Autorität mehr bei der Bevölkerung besitze. Kurz darauf wurde Judenratspräsident Lichtenbaum verhaftet, das Kommando innerhalb des Ghettos übernahm Polizeigeneral Jürgen Stroop, der am 17. April mit seinen Panzern ins Ghetto einfuhr.

Zwei Tage später, in der Nacht vom 18. auf den 19. April, am Vorabend des Passahfestes, begann der erste militärische Aufstand von Juden seit dem Aufstand von Bar Kochba zur Zeit des römischen Kaisers Hadrian.

Im Jüdischen Kampfbund waren etwa 1000 Bewaffnete organisiert. Eine Chance zum Sieg bestand nicht. Aber das eigentliche Motiv des Aufstandes liegt in den Worten von Arie Wilner, dem Verbindungsmann der jüdischen Kampforganisation zum polnischen Widerstand: »Es geht uns nicht darum, unser Leben zu retten. Wir wissen – keiner von uns kommt hier lebend heraus. Wir wollen nur die Menschenwürde retten!«

In den frühen Morgenstunden begannen SS-Leute und deutsche Polizei gemeinsam mit ukrainischen, lettischen und litauischen Hilfstrupps mit Panzern, Lastwagen und Maschinengewehren weiter ins Ghetto einzudringen. Mit Lautsprechern wurden die Juden aufgefor-

dert, ihre Schlupfwinkel zu verlassen und sich zum Sammelplatz zum Abtransport zu begeben.

Die jüdischen Soldaten empfingen die Truppen mit MG-Salven und Pistolenschüssen, einem Hagel von Handgranaten und Zündflaschen. Die Deutschen mußten sich fluchtartig zurückziehen. Über das erste Gefecht berichtete Stroop: »Beim ersten Eindringen ins Ghetto gelang es den jüdischen Banditen, durch einen vorbereiteten Feuerüberfall die angesetzten Kräfte einschließlich Panzer und Schützenpanzerwagen zurückzuschlagen.«

Himmler erteilte Befehl, das Ghetto »mit größter Härte zu durchkämmen«. Stroop begann systematisch Block für Block mit Feuer und Sprengstoff zerstören zu lassen. 25000 passive, nichtbewaffnete Juden ergaben sich rasch und wurden nach Treblinka transportiert.

Doch von überall, aus Kellerluken, Dachböden, Hauseingängen und Ruinen wurden die Deutschen beschossen und an ihrem Zerstörungswerk gehindert. Immer mehr Truppen mußte der verbitterte und frustrierte Stroop einsetzen. Frauen und Mädchen bedienten Maschinengewehre, Juden zerstörten Panzer mit behelfsmäßigen Sprengladungen. Auch als die Mauern zusammenkrachten, Qualm und Gluthitze der Brände das Ghetto überlagerten, setzten Juden den Kampf in Kellern und in der Kanalisation fort. Erst am 16. Mai

Höhepunkt des jüdischen Widerstandes war der Aufstand im Warschauer Ghetto, der am 18. April 1943 begann und bis zum 16. Mai 1943 trotz verzweifelter und tapferer Gegenwehr der jüdischen Ghettokämpfer von Angehörigen der Waffen-SS unter Führung des SS-Generals Jürgen Stroop blutig niedergeschlagen wurde. In einem Flugblatt der jüdischen Widerstandsbewegung heißt es: »An Dich. Ganze Scharen, Tausende sollen sich erheben. Vereinigen wir uns zu einer Armee! Wer Du auch bist, und wie Du auch denkst – wenn Du eine stolze Seele hast . . . dann komme zu uns. Schulter an Schulter stell Dich zum Kampf um das Leben der ratlosen, zum Tode verurteilten Massen.« In der Tagesmeldung von Stroop vom 24. April 1943 heißt es u. a.: »Um 18.15 Uhr trat die Durchsuchungskampftruppe nach Abriegeln in die Gebäude ein und stellte die Anwesenheit einer großen Anzahl von Juden fest. Da diese Juden zum großen Teil Widerstand leisteten, gab ich den Befehl zum Ausbrennen. Erst nachdem der Straßenzug und zu beiden Seiten sämtliche Höfe in hellen Flammen standen, kamen die Juden zum Teil brennend aus den Häuserblocks hervor bzw. versuchten sich durch einen Sprung aus den Fenstern und Balkonen auf die Straße, auf die sie vorher Betten, Decken und sonstige Teile geworfen hatten, zu retten. Immer wieder konnte man beobachten, daß trotz der großen Feuersnot Juden und Banditen es vorzogen, lieber wieder ins Feuer zurückzugehen, als in unsere Hände zu fallen.«

war der Kampf zu Ende. Die Synagoge wurde symbolisch gesprengt, und Himmler gab Befehl, die Reste des Ghettos dem Erdboden gleichzumachen. Wer von den Kämpfern noch lebte, wurde erschossen, der Rest der Bevölkerung, etwa 20000, nach Treblinka gebracht. Stroop telegrafierte: »Es gibt keinen jüdischen Wohnbezirk in Warschau mehr.«

Die Aufständischen des Warschauer Ghettos sind für die ganze gequälte und gedemütigte Judenschaft Europas gestorben. Indem sie den Kampf wählten, obgleich sie von vornherein den Ausgang kannten, haben sie die Menschenwürde verteidigt und gezeigt, daß Juden sich nicht abschlachten lassen wie Vieh. Nach Warschau gab es weitere blutige Aufstände, zum Beispiel in Treblinka, die zwar rasch niedergeschlagen wurden, aber die Welt eine Lektion lehrten. Hier zeigte sich auch, daß eine junge, kämpferische Generation von Juden, politisch gebildet und motiviert, die duldende Generation ihrer Väter abzulösen begann.

Nach vorsichtigen Schätzungen sind 5 100 000 Juden von den Nazis umgebracht worden, die meisten davon durch Massenvergasung, fast eine Million durch Erschießen, einige hunderttausend durch Hunger, Zwangsarbeit und Quälerei. Aus Deutschland, Österreich und dem »Reichsprotektorat« (dem tschechischen Teil der ČSR) wurden 250 000 Juden ermordet, aus der Slowakei 60 000, aus den Benelux-Ländern 130 000, aus Frankreich und Italien 70 000, aus der Sowjetunion einschließlich der baltischen Staaten 900 000, aus Polen 3 Millionen, aus Jugoslawien 60 000, aus Griechenland 60 000, aus Rumänien 270 000, aus Ungarn 300 000. Hinzu kommen etwa 800 aus Norwegen.

Im Namen des deutschen Volkes ist etwas geschehen, das nichts in der Welt ungeschehen machen kann, weder Reue noch Scham. Auch nicht der Versuch materieller Wiedergutmachung. Die Geschichte Deutschlands wird für alle Zeiten befleckt bleiben mit dem scheußlichsten Untaten, die Menschen jemals an ihren Mitmenschen begangen haben.

Für Juden und Deutsche, die einmal eine so vielversprechende gemeinsame Geschichte hatten, bleibt nur Trauer. Der große deutsche Rabbiner Leo Baeck, der das Massaker in Theresienstadt überlebte, hat dieser Trauer Ausdruck gegeben:

»Für uns Juden aus Deutschland ist eine Geschichtsepoche zu Ende gegangen. Eine solche geht zu Ende, wenn immer eine Hoffnung, ein Glauben, eine Zuversicht endgültig zu Grabe getragen werden muß. Unser Glaube war es, daß deutscher und jüdischer Geist auf deutschem Boden sich treffen und durch ihre Vermählung zum Segen werden könnten. Dies war eine Illusion – die Epoche der Juden in Deutschland ist ein für allemal vorbei.«

Widerstand

Als Hitler Reichskanzler wird, gibt es ernsthaften Widerstand nur von seiten einiger Militärs: der Versuch General von Schleichers und des damaligen Chefs der Heeresleitung, General von Hammerstein-Equord, durch einen Militärputsch Hitlers Kanzlerschaft zu verhindern. Einen organisierten Widerstand der politisch stärksten Kräfte – der Gewerkschaften, der Sozialdemokratie, der Kommunisten – gibt es zu dieser Zeit nicht.

Es leuchtet ein: Je mehr Macht Hitler an sich reißt, um so mehr kann nur von dort ein wirksamer Widerstand kommen, wo selbst reale und nutzbare Macht vorhanden ist – von Führern des Militärs. So kristallisieren sich fortschreitend mit der Entwicklung des Dritten Reiches alle Widerstandsbestrebungen der verschiedensten Richtungen um die Widerstandskreise in den Führungsstellen der Wehrmacht.

Widerstandsbestrebungen der verschiedensten Richtungen: Wohl nie in der Geschichte der Völker sind gegen einen Tyrannen so viele und zugleich so in sich uneinige Kräfte aufgetreten wie gegen Hitler, den Tyrannen Deutschlands und schließlich Europas. Ihre verschiedene Herkunft, ihre unterschiedlichen Absichten sind gewiß eine der Ursachen, daß der Widerstand in Deutschland erfolglos blieb.

Die Motive der schließlich im mißglückten Staatsstreich des 20. Juli 1944 dem deutschen Volk und der Welt sichtbar gewordenen Gegner Hitlers und des Dritten Reiches unterscheiden sich nach politischer Herkunft und Entwicklung.

Am 30. Januar 1933 führte er in Bamberg den Jubelzug zur Machtergreifung der Nationalsozialisten an, im Krieg wurde er zum Motor und Kopf des militärischen Widerstandes gegen Hitler: Oberst Claus Graf Schenk von Stauffenberg. Eine Kette von Versäumnissen, Pannen und unglücklichen Zufällen ließen aber auch seinen Attentatsversuch vom 20. Juli 1944 scheitern. Das deutsche Volk mußte die »braune Suppe« bis zur bitteren Neige des Zusammenbruchs moralisch wie militärisch auslöffeln. Hitler machte seine Drohung war: »Ich höre grundsätzlich erst fünf Minuten nach zwölf auf!«

Da gibt es die Konservativen, selbst von einigen Mitkämpfern Reaktionäre genannt. Zurück zum Alten wollen sie, zurück zur Monarchie, zurück zu kaiserlichen Zeiten. Sie sind Gegner Hitlers von Anfang an. Oft mehr aus Gefühlsgründen, aus Ressentiments. Der Mann ist ihnen zu ordinär, zu laut, zu pöbelhaft; seine SA ist ein Rabaukenhaufen, eine Kneipenschlägerkolonne. Unter den Militärs dieser Art gibt es nur einen, der nicht altem Adel angehört: Hitlers mehrjährigen Generalstabschef Ludwig Beck, der Hitlers Kommen auch zunächst begrüßt hat, weil er in ihm den Wegbereiter der Rückkehr zu altem Glanz und alter Herrlichkeit sah.

Die sozialistischen Kreise sind an unmittelbaren Vorbereitungen für einen Staatsstreich, für einen Sturz Hitlers nicht beteiligt. Sie wissen jetzt und mit Hitlers zunehmenden Erfolgen immer sicherer, daß eine Erhebung des Volkes gegen den Tyrannen nicht möglich ist. Zu sehr hat er sich das Vertrauen des Volkes erworben, zu schmal ist die Basis der Sozialisten im Volke geworden. Erzwungene Emigration, Verhaftungen der führenden Funktionäre, Zerschlagung aller sozialistischen Organisationen und der Gewerkschaften ermöglichen den Übriggebliebenen nur eine vorsichtige Untergrundarbeit.

Hier werden Fäden geknüpft zwischen alten Gewerkschaftlern, früheren aktiven Sozialdemokraten. Es wird nicht gearbeitet am Sturz Hitlers – diese Kreise des Widerstandes wissen, daß dies nur die Aufgabe der Militärs sein kann. Sie bereiten den Boden für das, was nach Hitler kommen muß. Was sie geleistet haben, zeigt sich im allerersten Aufbau von Staat, Verwaltung und Wirtschaft nach der Katastrophe.

Zu diesem Kreis gehören Männer wie Julius Leber, Wilhelm Leuschner, Carlo Mierendorff und Jakob Kaiser. Sie haben vor 1933 oft einander bekämpft, aber sie haben sich nun endlich im gemeinsamen Wollen gefunden.

Sehr spät kommt der Kreis der jungen Offiziere hinzu, die sich in militärischem Gehorsam und aus Einsicht in die Notwendigkeit wirkungsvollen Handelns den viel älteren, ranghöheren Militärs unterordneten, aber von den nach Hitlers Sturz zu verwirklichenden Zielen andere Vorstellungen haben.

Sie wollen keineswegs zurück in die Vergangenheit, weder sind die Monarchisten noch Konservative. Die meisten von ihnen haben schon in der Zeit der Republik mit dem Nationalsozialismus sympathisiert, haben Hitlers Machtergreifung begeistert begrüßt. Einige ihrer Namen sind im Kapitel »Machtergreifung« bereits genannt.

Ihre Erfahrungen und Erlebnisse im Krieg haben sie den wahren Charakter des Tyrannen, des Dritten Reiches erkennen lassen. Seine Maßlosigkeit, seine Gesetzlosigkeit, die im Osten an Juden und den slawischen Völkern begangenen Verbrechen. Sie werden die aktivsten der Verschwörer, sie sind es, die mehr als einmal ernste Versuche zum Sturz Hitlers unternehmen.

Schließlich stößt noch eine ganz erstaunliche Gruppe von Menschen zur Verschwörung gegen Hitler. Menschen, die einst zu den radikalsten Anhängern Hitlers gehört haben. Menschen, die im »Revolutionsjahr« 1933/34 schlimmste Verbrechen begangen haben, wie Graf Helldorf, oder der Leiter der Einsatzgruppe B in der Sowjetunion, unter dessen Kommando 45 000 Menschen ermordet wurden, der Chef der deutschen Kriminalpolizei, Arthur Nebe. Für diese Männer gibt es sowohl Aussagen darüber – vor allem für Graf Helldorf –, daß sie sich ehrlich gewandelt und nun aus Überzeugung Verschwörer sind, wie dafür, daß sie aus Opportunismus handeln, um den Anschluß an die veränderte Lage im Verlauf des Krieges nicht zu verpassen.

Hier sind auch Kommunisten zu nennen, die aus ehrlicher Überzeugung tapfer und selbstlos gegen Hitler kämpfen. Einige von ihnen sind der bereits genannten Gruppe der »Sozialisten« zuzurechnen, die gemeinsam mit Sozialdemokraten, sozialistischen und christlichen Gewerkschaften zusammenarbeiten, um nach dem Sturz Hitlers am Staatsaufbau mitarbeiten zu können. So etwa Georg Schumann aus Leipzig.

Andere betreiben Sabotage, selbst wenn Arbeiter dabei ums Leben kommen. So Ernst Wollweber, der spätere Staatssicherheitsminister der DDR, der in skandinavischen Häfen Schiffe in die Luft sprengt. Dabei handelt es sich allerdings weniger um »Widerstand«, ebenso wie bei der berühmten, weitverzweigten Spionageorganisation »Rote Kapelle«. Hier kann man nur von Agentenorganisationen einer feindlichen Macht sprechen, der Sowjetunion. Dies um so mehr, da eben die Sowjetunion bis zum 22. Juni 1941 mit Schwankungen der beste Verbündete Hitlers und des Dritten Reiches im Kriege ist.

Zu sprechen ist noch über eine andere Gruppe, aus der nach dem 20. Juli 1944 eine große Anzahl von Märtyrern hervorgegangen ist. Es ist der »Kreisauer Kreis«, benannt nach dem Besitz des Führers dieser Gruppe, Helmuth James Graf von Moltke, der sich einig ist in der Ablehnung Hitlers. In Kreisau wird nur diskutiert, wie es nach Hitler werden soll oder werden könnte. Hier werden kühne Pläne erwogen, eine Bruderschaft Gleichgesinnter in der ganzen Welt zu errichten – Taten zur direkten Beseitigung Hitlers werden nicht geplant. Doch reicht der »Kreisauer Kreis« bis in die aktiven Widerstandskreise hinein, von denen mancher Zugehörige an den Diskussionen in Kreisau teilnimmt und Anregungen für eigenes Denken und für eigene Entscheidungen im Handeln erhält.

Es ist schwierig für die Verschwörer gegen Hitler, zu handeln, wenn Hitler Erfolg auf Erfolg erringt. So gehen vor dem Krieg alle Unternehmen unglücklich aus. Die Verschwörer müssen befürchten, das Volk werde geschlossen gegen sie sein, wenn sie den erfolgreichen Hitler stürzen. Auch die Putschversuche am Anfang des Krieges, zwischen Polenfeldzug und dem Feldzug im Westen, werden deshalb immer wieder aufgegeben. Hitlers Friedensreden haben ihm in der Bevölkerung neues Vertrauen eingebracht, so daß Verschwörer gegen ihn, seien sie auch siegreich, dem Volk als Verräter erscheinen könnten.

Nicht angekränkelt von solchen Skrupeln sind Einzeltäter wie der Schreiner Georg Elser. Für ihn steht schon nach dem Münchner Abkommen 1938 fest, daß dies kein »Erfolg« Hitlers ist, sondern der erste Schritt zum Krieg. Im Sommer 1939 beginnt Elser in nächtlicher Arbeit, im Münchner Bürgerbräu eine Bombe in die Säule zu basteln, neben der Hitler an jedem 8. November zu den »alten Kämpfern« spricht.

Elser wird termingerecht fertig, nur Hitler hält sich nicht an die Termine. Eine Stunde eher als üblich verläßt er das Rednerpult. Dreizehn Minuten, bevor eine gewaltige Detonation die tragende Säule daneben zerfetzt und die Deckenkonstruktion einbricht.

Es gibt 8 Tote, 63 Verletzte und, so addiert der Flüsterwitz, »60 Millionen Verkohlte«. Niemand nämlich kann sich vorstellen, daß die Höllenmaschine ohne Hilfe »von oben« ins Heiligtum der »Bewegung« gekommen ist. Und doch ist es so: Der Attentäter wird gefaßt und demonstriert nach brutalen Verhören, wie er seinen Plan ausgeführt hat.

Nach Hintermännern sucht die Gestapo vergebens. Die Verschwörer aus den oberen Offiziersrängen stehen viel zu sehr im Bann des »Blitzkriegers« Hitler. Sie sind von den militärischen Erfolgen wie gelähmt.

Eine Wandlung bringt der Winter 1941/42. In der Winterschlacht vor Moskau hat die bisher sieggewohnte deutsche Wehrmacht die erste bittere Niederlage hinnehmen müssen. Deutsche Soldaten befinden sich in Schnee und Eis auf dem Rückzug.

Kurt Huber

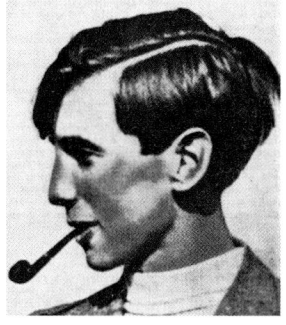
Alexander Schmorell

Hans Scholl

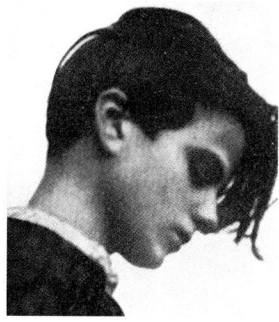
Sophie Scholl

Christoph Probst

Willi Graf

Ehe die Militärs angesichts der drohenden militärischen Niederlage ihre Widerstandspflicht entdeckten, erkannte eine Gruppe Münchner Studenten um den Professor Kurt Huber, daß Deutschland einer moralischen Katastrophe unfaßbaren Ausmaßes entgegentrieb, wenn nicht dem Wüten der »braunen Horde« Einhalt geboten würde. Unter dem Signum der »Weißen Rose« entwarfen die jungen Kämpfer Flugblätter, die das Gewissen des Volkes aufrütteln sollten. In ständiger Lebensgefahr streuten sie die Aufrufe aus, klebten sie an Wände, verteilten sie in Briefkästen: »Der deutsche Name bleibt für immer geschändet, wenn nicht die deutsche Jugend endlich aufsteht, rächt und sühnt zugleich, ihre Peiniger zerschmettert und ein neues geistiges Europa aufrichtet«, hieß es in einer der letzten Flugschriften. Im Februar 1943 gingen der Gestapo die Geschwister Scholl und Christoph Probst als erste ins Netz und wurden nach kurzem, rüdem Prozeß hingerichtet. Später faßten die Häscher auch Willi Graf, Alexander Schmorell und Kurt Huber, der sich und seine Schüler vor Freislers Blutgericht verteidigte: »Rückkehr zu klaren sittlichen Grundsätzen, zum Rechtsstaat, zu gegenseitigem Vertrauen von Mensch zu Mensch, das ist nicht illegal, sondern umgekehrt die Wiederherstellung der Legalität.«

Noch etwas kommt hinzu, was die Verschwörer zum Handeln treibt: Hitler hat einige aus ihrem Kreis, die Generale von Sponeck und Hoepner, entlassen.

Der Oberbefehlshaber, Generalfeldmarschall von Brauchitsch, hat selbst um seinen Rücktritt ersucht. Brauchitsch hat in der Vergangenheit den Führern der militärischen Verschwörung, insbesondere Generaloberst Beck, stets seine Hilfe und aktives Mitwirken zugesichert. Er ist als Oberbefehlshaber des Heeres die wichtigste militärische Schlüsselfigur, auch wenn er trotz seiner Versprechungen in entscheidenden Momenten immer wieder gezögert hat.

Die Situation drängt deshalb nicht nur – keiner weiß, wen der Diktator vielleicht morgen noch entläßt –, sie scheint auch angesichts des Rückschlags vor Moskau psychologisch günstig. Für die Niederlage kann man den gestürzten Hitler verantwortlich machen.

Ulrich von Hassell – früher deutscher Botschafter beim Vatikan und neben dem früheren Reichspreiskommissar und Leipziger Oberbürgermeister Carl Goerdeler der führende Kopf unter den zivilen Verschwörern, die in enger Beziehung zu den Militärs stehen – schreibt am 21. Dezember 1941 in sein Tagebuch, es müsse »gehandelt werden, und zwar bald«. Die USA sind inzwischen Kriegsteilnehmer geworden. Der Krieg kann kaum noch gewonnen werden. »Das Handeln ist aber jetzt die Hauptsache«, schreibt von Hassell noch einmal.

Denn selbst wenn der Sturz Hitlers gelingt, muß er rechtzeitig gelingen, bevor die militärische Lage noch ungünstiger wird. Jetzt, da fast ganz Europa in der Hand der deutschen Wehrmacht ist, kann eine antinationalsozialistische Regierung den Gegnern noch günstige Friedensbedingungen abtrotzen.

Die Vorstellungen der Verschwörer gehen dahin, daß Deutschland auf jeden Fall Großmacht und an der Führung Europas entscheidend beteiligt bleiben muß. Die Grenzen Deutschlands sollen die des Kaiserreiches von 1914 sein, dazu Österreich und das Sudetenland. Auch Kolonien werden von den Alliierten verlangt und von Italien die Rückgabe Südtirols.

Das sind Forderungen, die selbst Hitler bis zu Kriegsbeginn aus taktischen Gründen nicht zu stellen gewagt hat. Diese Forderungen und überhaupt eine allgemeine Skepsis mögen vielleicht dazu beitragen, daß England eingedenk seiner Politik der »balance of power« den deutschen Widerstand nicht unterstützt.

Trotzdem ist Hassell jetzt entschlossen, zu handeln. Unter dem Vorwand einer Vortragsreise zum Thema »Lebensraum und Imperialismus« vor höheren Offizieren fährt er im Januar 1942 nach Frankreich, um mit Generalfeldmarschall von Witzleben – dem Oberbefehlshaber im Westen – sowie mit dem Befehlshaber in Belgien, General von Falkenhausen, Verbindung aufzunehmen.

Erst spät fanden angesichts des heraufziehenden Zusammenbruchs Deutschlands Offiziere, Geistliche, Sozialdemokraten und Konservative zu gemeinsamem Handeln gegen Hitler. Ihr Kampf endete nach dem Mißerfolg des 20. Juli 1944 für die meisten auf dem Schafott. Julius Leber *(oben links)*, einer der aktivsten Sozialdemokraten, wurde am 5. Januar 1945 hingerichtet: »Für eine so gute und gerechte Sache ist der Einsatz des eigenen Lebens der angemessene Preis.« Peter Graf Yorck von Wartenburg *(oben Mitte)* war Mitbegründer des Kreisauer Kreises, er starb am 8. August 1944. Generaloberst Ludwig Beck *(oben rechts)*, langjähriger Generalstabschef Hitlers und Führungsfigur des Widerstands, erhielt nach gescheitertem Putsch Gelegenheit zum Freitod. Für Carl Goerdeler *(links vor Gericht)*, ehemaliger Leipziger Oberbürgermeister und Haupt der zivilen Widerstandsgruppe, kam der Hinrichtungstod am 2. Februar 1945 nach schweren Mißhandlungen wie eine Erlösung. Der Vorsitzende des Volksgerichtshofes, Roland Freisler *(rechte Seite)*, vor dem sich die meisten der Verschwörer verantworten mußten, machte die Prozesse zu einem Hohn auf die Rechtspflege. Er schrie die Angeklagten zusammen und nahm ihnen jede Verteidigungsmöglichkeit. Er starb unter herabstürzenden Balken bei einem Luftangriff auf Berlin am 3. Februar 1945.

Generalfeldmarschall von Witzleben hat schon während der Sudetenkrise als Armee-Kommandeur und Befehlshaber des Berliner Wehrkreises den Militärputsch in der Reichshauptstadt und die Festnahme Hitlers durchführen wollen, als plötzlich der britische Premierminister Chamberlain zu Hitler flog und dann die Münchener Konferenz den Plan der Verschwörer zum Scheitern brachte. Auch jetzt sagt er Hassell wieder zu, die führende militärische Rolle bei einem Putsch gegen Hitler zu übernehmen.

Doch im Frühjahr bereits wird Witzleben von Hitler verabschiedet. Der bisher wichtigste, weil militärisch mächtigste, Wehrmachtbefehlshaber des Widerstandes ist nun ohne Truppen und damit entmachtet. Die Verschwörer haben nun keinen Truppenkommandeur von größerer Bedeutung mehr in ihren Reihen.

So wird in der Folgezeit zwangsläufig wieder mehr diskutiert als eine Tat vorbereitet. Es wird über die Zusammensetzung der neuen Regierung gesprochen, über eine neue Verfassung, über einen »Reichsverweser« während einer Übergangszeit, über die von Alliierten zu verlangenden Friedensbedingungen.

Man kommt lange nicht zu einer Einigung, und so bleibt es zunächst bei dem Kompromiß einer autoritären Regierung unter einem »Reichsverweser«, von Ulrich von Hassell vorgeschlagen. Doch all diese Diskussionen müssen Theorie bleiben, solange Hitler noch unumschränkt an der Macht, solange er nicht gestürzt ist. Aber über etwas anderes einigt man sich. Generaloberst Beck, bis 1938 Generalstabschef, soll die oberste Führung aller Widerstandskreise übernehmen. Er hat zwar ebensowenig wie Witzleben ein militärisches Kommando, aber viele Truppenkommandeure kennen ihn und vertrauen ihm, viele betrachten ihn als ihren Lehrer, dem sie viel verdanken. Er wird manchen Zweifler

von der Richtigkeit dessen überzeugen können, was die Verschwörer vorhaben. Außerdem genießt Generaloberst Beck auch im Ausland einen guten Ruf.

Manchem der Verschwörer ist die Zustimmung zu Beck als Führer der Unternehmen zum Sturz Hitlers nicht leicht gefallen. Niemand zweifelt an seiner Intelligenz und an der Lauterkeit seines Charakters – aber viele zweifeln an seiner Führereigenschaft, an seinem Tatwillen. Hassell schreibt in sein Tagebuch, wobei er für den Fall einer Entdeckung durch SD oder Gestapo falsche Namen einsetzt:

»Bei Geibel (damit ist Beck gemeint) liegt die Schwierigkeit darin, daß er sehr ein Mann des Studierzimmers ist. Wie G. (hier ist der amtierende preußische Finanzminister Popitz gemeint) sagt: Viel Taktik, weniger Wille . . .«

Schließlich sind es die erst vor kurzer Zeit zum Widerstand gekommenen Offiziere der jüngeren Generation, die zur Tat treiben. Im Laufe des Jahres 1942 werden mehrere Attentate versucht, alle schlagen fehl.

Hitler macht einen Frontbesuch im Osten. Oberst von Tresckow, Stabschef eines Armeekorps der Heeresgruppe Mitte, schickt Hitler eine Kraftwagenkolonne zum Feldflugplatz. Die begleitenden Offiziere sind sämtlich eingeweiht: Hitler soll festgenommen und zunächst entführt werden. Aber Hitler hat seine eigene Fahrzeugkolonne des »Führerbegleitkommandos« – das lange Zeit vom späteren Marschall Rommel kommandiert wurde – zum Flugplatz beordert. Der Entführungsplan fällt ins Wasser.

Später wird einem nichtsahnenden Offizier, der mit Hitler in dessen Flugzeug von der Front nach Berlin fliegt, ein Paket mit nach Berlin gegeben. Der Rechtsanwalt und Reserveoffizier von Schlabrendorff übergibt dem Luftreisenden, Oberst Heinz Brandt, das Päckchen und erklärt, es seien zwei Flaschen Kognak darin, die als Geschenk für Generalmajor Stieff in Berlin bestimmt seien.

Oberst Brandt, hilfsbereit, nimmt die beiden gut verpackten Kognakflaschen freundlicherweise an sich, um sie Generalmajor Stieff in Berlin zu überbringen. Stieff weiß nichts von dem für ihn bestimmten Geschenk. Und das wird für die Verschwörer fast jetzt schon zum Verhängnis.

Denn in dem Paket befinden sich zwei Sprengbomben mit lautlos arbeitendem Säure-Zeitzünder, die Hitlers Flugzeug mitsamt seinen nichtsahnenden Passagieren zerreißen sollen. Aber der Zünder funktioniert nicht. Der Sprengstoff geht nicht los, der den Verschwörern aus britischen Beutebeständen von General Oster – nächst Admiral Canaris der leitende Offizier der deutschen Abwehr – für das Attentat zur Verfügung gestellt worden ist.

Die Sprengladung ist die gleiche, vom britischen Secret

347

Service entwickelte, die sich in den Handgranaten befand, denen kurz zuvor Heydrich in Prag zum Opfer gefallen ist. Diese hier, gegen Hitler eingesetzt, wird ein Versager.

Fieberhaft warten die Verschwörer auf dem Flugplatz, um die Nachricht vom Absturz des Führerflugzeuges als erste zu vernehmen. Statt dessen kommt die Routinenachricht von der planmäßigen Landung. Was nun? Oberst Brandt wird das Paket mit den beiden »Kognakflaschen« dem nichtsahnenden Generalmajor Stieff übergeben, der wird das Paket auspacken...

Letzter Ausweg, die dann zwangsläufig folgende Aufdeckung der Verschwörung zu verhindern, ist ein eiliger Telefonanruf bei Brandt. Ihm wird gesagt, daß ihm irrtümlich ein falsches Paket übergeben wurde. Er möge es bei sich behalten, bis es abgeholt wird. Brand ist etwas verwundert, erklärt sich aber bereit, das Paket aufzubewahren, ohne den gefährlichen Inhalt auch nur zu vermuten. Damit sind die Verschwörer gerettet – Schlabrendorff selbst holt das gefährliche Geschenk bei Oberst Brandt wieder ab.

Eine andere Gelegenheit scheint sich zu bieten, als im Berliner Zeughaus Beutewaffen vorgeführt werden sollen. Hitler selbst wird dabeisein, die Vorführung findet am 21. März, Heldengedenktag, statt, an dem Hitler zur Ehrung der Gefallenen in Berlin ist. Göring und Himmler werden ihn begleiten – eine selten günstige Gelegenheit, auch diese beiden zusammen mit ihrem Führer auszuschalten.

Oberst von Gersdorff, wie Tresckow auch er von Kluges Heeresgruppe Mitte, will für die Vernichtung Hitlers und seiner beiden Getreuen sein eigenes Leben opfern. Der Oberst wird zwei der britischen Bomben in seinen Manteltaschen mit sich tragen, während der Feier möglichst nahe an Hitler und seine Begleitung herantreten und dann die Zehn-Minuten-Zündung der Bomben in Gang setzen.

Aber auch dieser Anschlag gelingt nicht. Oberst Freiherr von Gersdorff hat später selbst darüber berichtet: »Ich beabsichtigte, mich dicht an Hitler heranzuhalten, so daß die Explosion zum mindesten ihn mit zerreißen mußte. Als Hitler die Ausstellungsräume betrat, kam Schmundt (Hitlers Chefadjutant) zu mir und sagte, es stünden höchstens acht bis zehn Minuten für den Gang durch die Ausstellung zur Verfügung. Damit war die Möglichkeit des Attentats unterbunden, da der Zünder schon bei normalen Temperaturen mindestens zehn Minuten Zeit erfordert hätte. (Die Ausstellungshalle war ungeheizt). Die Zeitveränderung in letzter Minute, symptomatisch für die raffinieren Sicherheitsmethoden Hitlers, hatte ihm erneut das Leben gerettet!«

Kurz darauf, im April 1943, wird von der Gestapo ein schwerer Schlag gegen die Verschwörer geführt. Die Tatsache, daß die führenden Offiziere der Abwehr, also der Spionage und Gegenspionage der Wehrmacht, zum Widerstand gehören, ist für die Verschwörer wertvoller als alles andere. Von hier erfahren sie die wichtigsten und geheimsten Nachrichten, von hier erhalten sie gefälschte Papiere, von hier haben sie den Sprengstoff für die Attentate, von hier laufen die Beziehungen zu ausländischen Geheimdiensten, zum Vatikan, zur britischen Regierung, sogar direkt zum amerikanischen Präsidenten Roosevelt. Und nun werden einige der wichtigsten Verbindungsleute der Abwehr von der Gestapo verhaftet.

Ein Abwehragent, der viel Einblick in die Verschwörung hat, wird an der Schweizer Grenze vom SD wegen Devisenschmuggels verhaftet. Der Vorwurf des Devisenschmuggels ist sogar berechtigt – aber das Geld dient dazu, jüdischen Flüchtlingen in der Schweiz zu helfen und weitere Flüchtlinge aus Deutschland zu retten. Der Abwehragent ist den Verhörmethoden der Gestapo nicht gewachsen und verrät alles, was er weiß.

So werden ausgerechnet die für die Verschwörer wichtigsten Mitarbeiter der Abwehr festgenommen. Darunter Ministerialrat von Dohnanyi, einer der Hauptverschwörer selbst, dann Josef Müller – genannt »der Ochsensepp« –, Verbindungsmann zum Vatikan, und Pastor Dietrich Bonhoeffer, der mit falschem Paß über Schweden die Verbindung zur britischen Regierung aufgenommen hat. General Oster, von dem der verhaftete Abwehragent nur Verdachtsgerüchte weitergeben konnte, wird seiner Stellung enthoben und unter Hausarrest gestellt.

Admiral Canaris, der Chef der deutschen Abwehr, kann seinen Mitarbeitern nicht helfen. Die Gestapo ist schon seit geraumer Zeit mächtiger als die einst berühmte Abwehr. Im Gegenteil, Canaris gerät jetzt selbst in Verdacht und kann nicht mehr viel für die Verschwörer tun, obwohl er mit ihnen sympathisiert und ein erbitterter Gegner Hitlers ist.

Doch immer wieder werden Attentate gegen Hitler unternommen – und immer wieder schlagen sie fehl. General Helmuth Stieff, der inzwischen zu den Verschwörern gehört, will – wie Stauffenberg es später wirklich tut – während einer Lagebesprechung im Führerhauptquartier eine Bombe zünden. Auch er hat britischen Sprengstoff von der Abwehr zur Verfügung gestellt bekommen. Bis zu einer günstigen Gelegenheit wird der Sprengstoff in der Nähe des Führerbunkers verborgen, geht aber dort vorzeitig los. Die Untersuchung ergibt glücklicherweise für die Verschwörer nichts Belastendes, denn Hitler beauftragt den Abwehrobersten Schrader mit der Aufklärung – und der gehört selbst zu den Verschwörern.

Kurz darauf werden zwei Attentate gleicher Art vorbereitet, wie Oberst von Gersdorff es im Berliner Zeughaus unternehmen wollte. Diesmal soll Hitler das

Modell einer neuen Uniform der Wehrmacht vorgeführt werden. Ein junger Hauptmann, Axel von dem Bussche, will wie Gersdorff zwei Bomben in die Manteltaschen nehmen, die aber, um ein Versagen wie bei Gersdorff auszuschließen, nicht mit Zeitzünder, sondern mit Direktzünder versehen sind. Bussche will während der Vorführung auf Hitler zuspringen, ihn umklammern und zur gleichen Zeit die Bomben zünden. Aber einen Tag vor dem geplanten Attentat wird Hitler wieder einmal von den Engländern »errettet«. Ein nächtlicher Bombenangriff vernichtet das Magazin mit den Uniformmustern – die Vorführung muß verschoben werden.

Wenig später sind neue Uniformen fertiggestellt. Hauptmann von dem Bussche ist inzwischen an der Front schwer verwundet worden. So übernimmt Oberleutnant von Kleist den Opfergang mit den beiden Sprengladungen am Körper. Diesmal sind die Amerikaner Hitlers Retter: Kurz vor Beginn der Vorführung gibt es Fliegeralarm, die Vorführung muß verschoben werden. Als sie stattfindet, hat Hitler bereits wieder andere Termine und erscheint nun nicht mehr.

Den Verschwörern ist allmählich eines klar: Gelegenheit für ein erfolgreiches Attentat auf Hitler gibt es nur für Menschen aus Hitlers engstem Kreis. Bisher sind noch die meisten Attentate an dem unregelmäßigen Leben Hitlers, an der ständigen Änderung der Termine gescheitert.

Der einzige der aktiven Verschwörer aber, der eventuell direkten Zugang zu Hitler hat, ist Oberst Claus Graf Schenk von Stauffenberg. Es ist der gleiche, der an jenem 30. Januar 1933 in der alten Bischofsstadt Bamberg als junger Kavallerie-Leutnant in Uniform den Zug begeisterter Menschen anführte, die Hitlers Machtübernahme begrüßten, derselbe, der damals von einer »echten Volkserhebung« sprach.

Jetzt ist Oberst Stauffenberg, längst Hitlergegner, Chef des Stabes beim Befehlshaber des Ersatzheeres und hat damit eine entscheidende militärische Schlüsselposition inne. Da keiner der Frontbefehlshaber die zuweilen geäußerten Sympathien für den Widerstand in die Tat umzusetzen gewillt ist, wird Stauffenbergs Position zur wichtigsten überhaupt. Und er hat die Möglichkeit, an Hitlers Lagebesprechungen im Führerhauptquartier teilzunehmen – an den einzigen Besprechungen Hitlers, die zu regelmäßigen Terminen stattfinden.

Die entscheidende Schwierigkeit dabei ist nur, daß Stauffenberg auch der einzige ist, der den Staatsstreich leiten kann, denn er sitzt im früheren Kriegsministerium in der Bendlerstraße an den Hebeln der Macht. Aber – das Attentat durchführen und den Aufstand leiten zugleich? Das ist schwierig, wenn nicht gar unmöglich. Für Stauffenberg außerdem noch aus ganz persönlichen Gründen: Er ist an der nordafrikanischen

Front schwer verwundet worden, er hat ein Auge verloren, die rechte Hand und noch zwei Finger der linken Hand. Er ist schlechter als ein anderer dazu in der Lage, etwa eine Pistole abzuschießen oder die Zündung einer Bombe scharf zu machen. So versucht zunächst noch einmal General Stieff das gewagte Unternehmen. Aber er kehrt von der Lagebesprechung ergebnislos zurück und erklärt, er habe sich zu sehr beobachtet gefühlt.

Dabei drängt nun die Lage immer mehr. Die Alliierten landen am 6. Juni 1944 in der Normandie, bei dem ungleichen Kräfteverhältnis kann kein Zweifel darüber bestehen, wie der Kampf ausgehen wird. Italien ist längst vom Bündnis mit Deutschland abgefallen und steht auf der Seite der Gegner. Wenn die dem deutschen Volk drohende Katastrophe verhindert werden soll, dann muß dies sofort geschehen! Stauffenberg ist in der Zeit, seit er der Chef des Stabes des Ersatzheeres ist, nicht müßig gewesen. Er hat die gesamte Führung der organisierten Widerstandsbewegung in die Hand genommen. Sicher ist noch immer Generaloberst Beck der anerkannte Führer, aber die eigentliche Arbeit erledigt Stauffenberg, der endlich Bewegung in alles hineinbringt, auseinanderstrebende Ansichten vereint, mitreißt, anderen ein Beispiel gibt.

Er sorgt auch dafür, daß die »Konservativen«, mit denen er politisch nicht übereinstimmt, in die von ihnen aufgestellte Regierungsliste die Sozialdemokraten Julius Leber und Wilhelm Leuschner aufnehmen. Stauffenberg verspricht sich von diesen beiden, daß sie sich später schon gegen die »Konservativen« durchsetzen und für eine demokratische Entwicklung sorgen werden, die ihm selbst im Gegensatz zu seinen militärischen Verschwörer-Vorgesetzten am Herzen liegt.

Stauffenberg ist es auch, der Stieff zu den Verschwörern gebracht hat und noch manchen anderen zur aktiven Beteiligung am Tag X verpflichtet, alles Männer, die in entscheidenden militärischen Positionen stehen:

Stieff ist der Chef der Organisationsabteilung des Heeres; General Paul von Hase ist der Stadtkommandant von Berlin und wird für die Besetzung der Regierungsgebäude und die Verhaftung der Nazi-Minister sorgen; General Erich Fellgiebel ist der Chef der Nachrichtentruppe und wird nach dem Attentat das Führerhauptquartier von jeder Nachrichtenverbindung mit der Außenwelt isolieren; General Eduard Wagner ist der Erste Generalquartiermeister des Heeres und als solcher unter anderem verantwortlich für alle Truppenbewegungen per Eisenbahn; Oberst Freiherr von Roenne ist Leiter der »Abteilung Fremde Heere West« im Generalstab und somit als erster über die Reaktion der Westalliierten auf den Putsch und über die Bewegungen der feindlichen Truppen an der Westfront informiert. Davon, daß nun auch ein aktiver Generalfeldmarschall hinzugekommen ist, ahnt Stauffenberg zunächst selbst nichts. Es ist der jüngste deutsche Marschall, zugleich der jüngste Marschall aller am Krieg beteiligten Länder, und es ist der im deutschen Volk und bei seinen Soldaten populärste: Erwin Rommel, der »Wüstenfuchs«, wie ihn seine englischen Gegner auf dem nordafrikanischen Kriegsschauplatz getauft haben.

Er ist von den Generalen Stülpnagel – Militärbefehlshaber Frankreich – und Falkenhausen – Militärbefehlshaber Belgien und Nordfrankreich – hinzugezogen worden, wobei ein alter Freund Rommels aus der zivilen Verschwörergruppe, der Stuttgarter Oberbürgermeister Strölin, geholfen hat. Schließlich hat der neue Stabschef, der Rommel bei der Übernahme des Oberbefehls über die Heeresgruppe B im Westen zugeteilt wird, ein Übriges getan: General Hans Speidel, der selbst zu den Verschwörern gehört und nach dem Krieg als Deutscher hohe Kommandostellen der NATO leiten wird.

Nun sind nicht nur die Rollen beim Staatsstreich selbst, sondern auch für die Zeit danach verteilt. Es fehlt nur noch das Zeichen zum Beginn. Stauffenberg hat sich nun doch entschlossen, es selbst zu geben. Am 8. Juni ist Stauffenberg zum ersten Male bei einer Lagebesprechung Hitlers gewesen, die in Berchtesgaden stattgefunden hat, weil das Führerhauptquartier »Wolfsschanze« bei Rastenburg in Ostpreußen eben umgebaut wird. Dabei ist Stauffenberg auch Hitler vorgestellt worden. Am 11. Juni ist Stauffenberg wieder bei der Lagebesprechung in Berchtesgaden, diesmal mit der Sprengladung in seiner Aktentasche zwischen den Dienstpapieren. In Berlin sind die Verschwörer bereit.

Aber da kommt der Anruf Stauffenbergs an General Olbricht, der in verschlüsselten Worten die Nachricht enthält, daß Stauffenberg die Sprengladung nicht gezündet hat, weil Himmler an der Lagebesprechung nicht teilgenommen hat.

Himmler soll aber dabei sein! Er wäre nach Hitlers Tod der gefährlichste Feind. Denn die »alten« Reichswehrgenerale haben sich damals, im blutigen Juni 1934, entscheidend verrechnet, als sie annahmen, mit der Ausschaltung der SA jede Konkurrenz auf militärischem Gebiet unmöglich zu machen. Tatsächlich aber hat der 30. Juni 1934 nur Himmler und mit ihm statt der SA die SS nach oben gebracht.

Zu Beginn des Krieges ist die Waffen-SS gebildet worden, zunächst eine reine Freiwilligenformation. Gegen Kriegsende gibt es auch Zwangseinberufungen zur Waffen-SS, und in ihren Reihen dienen eine große Anzahl ausländischer Verbände, wie die französische Division »Charlemagne«, die belgische Brigade »Wallonie«, die dänisch-norwegische Division »Wiking« und viele andere.

Jetzt, 1944, sind Himmlers Heerscharen nahezu eine Million Mann stark, darunter über 200 000 ausländische Soldaten. Mit dieser Streitmacht Himmlers müssen die Verschwörer rechnen. Die Waffen-SS wird ein Attentat auf Hitler und einen Staatsstreich gegen das Dritte Reich niemals ruhig hinnehmen – zumindestens so lange nicht, wie ihr Oberbefehlshaber Himmler lebt und ihr Befehle gibt.

Bei der Lagebesprechung am 15. Juli 1944, die wieder im Führerhauptquartier »Wolfsschanze« in Ostpreußen stattfindet, scheint Stauffenberg mehr Glück zu haben. Himmler ist diesmal dabei. Stauffenberg gibt die Mitteilung sofort – die Lagebesprechung hat inzwischen begonnen – telefonisch an General Olbricht durch.

Olbricht löst sofort den Putsch aus, der unter dem Decknamen »Walküre« läuft. Die Operation »Walküre« hat Hitler selbst genehmigt, nachdem Admiral Canaris – der übrigens ebenso wie andere Verschwörer, darunter Julius Leber, gerade verhaftet worden ist – diesen Plan als Maßnahme gegen mögliche Unruhen und Aufstände der Millionen Fremdarbeiter in Deutschland vorgelegt hat.

Natürlich ist »Walküre« von vornherein als Tarnmantel für den Putsch gegen Hitler gedacht. Unter dem Vorwand einer von Hitler selbst genehmigten Operation kann das Heimatheer – dessen Stabschef Stauffenberg ist – Dienststellen besetzen, die Rundfunkstationen übernehmen, die tatsächliche Macht ausüben.

Aber der 15. Juli ist noch nicht der Tag der Entscheidung.

Eben als Olbricht in Berlin allen das Zeichen zum Aufstand gibt, die Befehle für die Operation »Walküre« erteilt, will Stauffenberg zur Lagebesprechung zurück. Er wagt kaum, es zu glauben: Aus dem Lageraum kommen die Teilnehmer heraus, die Lagebesprechung ist in der kurzen Zeit, die Stauffenberg für das Telefongespräch mit Olbricht brauchte, von Hitler gleich wieder beendet worden. Es wird nie geklärt werden, ob Hitler abermals von seinem geradezu unheimlichen Instinkt für Gefahren geleitet wurde oder was sonst die Ursache für diesen noch nie vorgekommenen plötzlichen Abbruch einer Lagebesprechung gewesen ist.

Stauffenberg, tapfer und kaltblütig, behält auch jetzt die Nerven. Aber er ist unruhig wie nie zuvor in seinem Leben. In Berlin läuft »Walküre«! In Berlin beginnt der Putsch! Und alles vergebens! Hitler lebt, Himmler lebt, das Führerhauptquartier ist intakt, auch die Nachrichtenverbindungen sind nicht unterbrochen, denn General Fellgiebel wartet auf die Detonation von Stauffenbergs Sprengladung. Oberst Stauffenberg hat nur einen Gedanken: Sofort zum nächsten Telefon, versuchen,

Die als »Garanten der Zukunft« hofierte Jugend wurde erbarmungslos für den Krieg eingespannt.

nochmals Olbricht anzurufen, der jetzt in aller Eile Befehle hinausjagt und vielleicht telefonisch gar nicht zu erreichen ist.

Stauffenberg will in der Garderobe nach seinem Mantel greifen und setzt, da er ja nur noch eine Hand mit drei Fingern besitzt, die schwere Aktentasche mit der Sprengladung vorsichtig auf den Boden.

Da wird ihm der Mantel bereits gereicht:

»Bitte, Herr Oberst, wenn ich Ihnen helfen darf...«

Das ist fast zuviel für Graf Stauffenberg. Der Hilfsbereite ist niemand anders als der Reichsführer SS, Chef der Deutschen Polizei, Reichsminister des Innern: Heinrich Himmler.

Er nimmt die schwere Aktentasche seines Attentäters auf und trägt ihm die Sprengladung, die ihn selbst jetzt eben in dieser Minute in Stücke reißen sollte, zum Wagen, freundlich plaudernd mit dem Führer der Verschwörung, der doch nur einen fiebernden Gedanken hat: zum Telefon, Olbricht benachrichtigen!

Es gelingt Oberst Stauffenberg schließlich, die »Walküre« auf halbem Wege zum Stehen zu bringen. Die Aktion wird am Tag danach als Übung zur Herstellung der Einsatzbereitschaft des Heimatheeres hingestellt, und das wird auch geglaubt.

Das nächste Mal – das ist am 20. Juli, wieder im Führerhauptquartier »Wolfsschanze«. Himmler ist diesmal nicht da, aber Stauffenberg ist entschlossen, das Attentat heute auf jeden Fall durchzuführen.

Und diesmal gelingt es. Stauffenberg drückt vor Betreten des Lageraums mit einer wegen seiner Verwundung eigens dafür angefertigten Zange die Zeitzündung der Sprengladung in seiner Aktentasche ein. Dann betritt er die Lagebaracke am Ende des Bunkers.

Eben beginnt General Heusinger mit seinem Lagevortrag. Hitler und die anderen Anwesenden hören aufmerksam zu. Stauffenberg setzt die Aktentasche mit der gezündeten Sprengladung außen an dem Tischbein ab, neben dem, allein in der Mitte des Tisches, Hitler steht und Heusingers Erklärungen auf der großen Lagekarte verfolgt.

Stauffenberg wendet sich an den neben ihm stehenden Vizeadmiral Aßmann, den Verbindungsoffizier der Kriegsmarine zu Hitler, und bittet ihn, für einen Augenblick auf die Aktentasche achtzugeben. Er müsse draußen ein wichtiges Telefongespräch abwarten.

Aber er wartet draußen nicht auf ein Telefongespräch, sondern auf die Detonation seiner Sprengladung. Diesmal wartet er nicht vergebens. Als er sich eilends zu seinem Wagen begibt, der ihn zum Flugplatz bringen soll, fliegt die Lagebaracke mit Donnergetöse in die Luft, Balken und Menschenleiber wirbeln umeinander.

Im Zeichen des totalen Krieges wurden alle Kräfte – Front und Heimat – für den bereits verlorenen Krieg mobilisiert.

Während Stauffenberg im Flugzeug nach Berlin fliegt, mit Mühe gerade noch aus der Absperrung um die »Wolfsschanze« entkommen, steht im Hauptquartier schon fest, daß Hitler noch lebt.

Tot oder tödlich verletzt sind General Schmundt, General Korten, der Stenograph Berger – und der Oberst Brandt, der den Tod schon einmal im Führerflugzeug als »Kognakflaschen« unwissend bei sich getragen hat.

In Berlin aber ist diesmal noch nichts geschehen, als Stauffenberg endlich in seiner Dienststelle in der Bendlerstraße eintrifft. Durch den übereilten Beginn des Putsches am 15. Juli gewarnt, haben General Olbricht und die anderen in Berlin diesmal nicht gewagt, das Unternehmen »Walküre« zu starten, bevor nicht Stauffenberg selbst berichtet, das Attentat sei geglückt.

Diese Verzögerung um die wertvollsten Stunden ist der Anfang vom Ende. General Fellgiebel muß, wenn er sich nicht verdächtig machen will, die Nachrichtensperre im Führerhauptquartier wieder aufheben.

Am späten Nachmittag wird bereits über den Rundfunk – den die Verschwörer unbegreiflicherweise trotz des entsprechenden Planes nicht besetzt haben – bekanntgegeben, daß Hitler lebt. Damit ist trotz aller Bemühungen Stauffenbergs, die Lage doch noch zu retten, der Putsch zum Scheitern verurteilt.

Am Abend ernennt Hitler den Reichsführer SS, Himmler, zum Befehlshaber des Ersatzheeres und erteilt ihm unbeschränkte Vollmachten. Davon hat Himmler all die Jahre geträumt, nun ist es soweit. Doch es nützt ihm nichts mehr, daß die Verschwörung zusammenbricht und er blutige Rache nehmen kann – nur einige Monate später ist mit dem Ende des Krieges auch sein Ende gekommen.

Am späten Abend wird Oberst Stauffenberg mit drei seiner Kameraden im Hof des OKH in der Bendlerstraße – sie heißt heute Stauffenbergstraße – im Licht der Scheinwerfer eines Lastwagens erschossen.

In den Tagen und Wochen nach dem 20. Juli werden nach und nach alle Verschwörer und Mitwisser gefaßt. Nur wenige von ihnen überleben, die meisten werden hingerichtet, mancher noch unmittelbar vor der Befreiung durch die näherrückenden alliierten Truppen.

Mit dem 20. Juli 1944 endet die Geschichte des organisierten Widerstandes in Deutschland. Des organisierten Widerstandes – denn Widerstand wird dennoch geleistet, so wie auch in all den Jahren zuvor Tausende von Menschen Verfolgten geholfen haben, durch Umgehung von Befehlen Menschenleben retteten, die Zerstörung wertvoller Güter verhinderten, immer wieder Zeugnisse der Menschlichkeit in einem unmenschlich gewordenen System ablegten.

Die große Katastrophe, die mit dem Jahre 1945 über Deutschland hereinbricht, vermag aller Widerstandswille der vielen Aufrechten nicht zu verhindern.

Zusammenbruch

Der im September 1939 ausgebrochene Krieg ist mit japanischen Angriffen gegen den Pazifik-Stützpunkt der Vereinigten Staaten von Amerika auf Hawaii endgültig zu einem Weltkrieg geworden. Wie die deutsche Wehrmacht in Europa, so erringen auch die Japaner zunächst einen Blitzsieg nach dem anderen über die Engländer und Amerikaner. Die japanischen Siege sind fast noch überwältigender.

In nur einem halben Jahr haben die Japaner Malaya, die Philippinen, Neuguinea, Borneo, Hongkong, Singapur, Burma , die Salomoninseln und andere Gebiete erobert. Der Nordpazifik von den an Amerika grenzenden Aleuten bis an die Grenzen Indiens ist in japanischer Hand. Aber noch schneller als in Europa fällt in Asien die Entscheidung, nämlich bereits nach eben diesem einen halben Jahr japanischer Siege.

Am 3. und 4. Juni 1942 findet bei den Midwayinseln an der Datumsgrenze im Stillen Ozean die gewaltigste Seeschlacht der Weltgeschichte statt. Die amerikanische Pazifikflotte mit den ihr unterstellten britischen und holländischen Flotteneinheiten hat die japanische Flotte zur Entscheidungsschlacht gestellt. Die Japaner

unterliegen – fast alle ihre Flugzeugträger, die für den Kampf im Pazifik ausschlaggebende Waffe, werden versenkt. Damit werden nicht nur weitere japanische Eroberungen unmöglich gemacht, sondern auch die Verteidigung der bisher errungenen Erfolge wird erschwert. Der Krieg im Pazifik wird noch bis zum September 1945 dauern, bis fast ein halbes Jahr nach dem Ende des Krieges in Europa – aber entschieden worden ist er bereits jetzt, im Juni 1942. Von der Niederlage bei den Midwayinseln kann Japan sich niemals wieder erholen.

Zu dieser Zeit stürmen die deutschen Truppen noch in Richtung Wolga, nach Stalingrad, nach dem Kaukasus und den russischen Erdölquellen am Kaspischen Meer. Zu dieser Zeit befindet sich das Deutsche Afrikakorps unter Generaloberst – und gleich darauf Generalfeldmarschall – Erwin Rommel in Nordafrika auf seinem unaufhaltsam scheinenden Siegesmarsch, der schließlich bis nach Ägypten hinein, bis vor die Tore Alexandrias führt.

Aber mit dem Untergang der 6. Armee in Stalingrad ist nicht nur die große Wende an der Ostfront gekommen, sondern zur gleichen Zeit ist auch der Krieg in Nordafrika schon entschieden. Churchill hat recht gehabt, als er 1940 den britischen Truppen in Belgien und Frankreich, 1941 in Griechenland und dann auf Kreta den Rückzug befahl und seine Soldaten von den enttäuschten Verbündeten als »Feiglinge« beschimpfen ließ. Wie recht er gehabt hat, zeigt sich erstmals in Ägypten.

Am 23. Oktober 1942 beginnt bei El Alamein in Ägypten die große britische Offensive unter Führung Montgomerys. Mit frischen Truppen, mit neuen Waffen, mit hervorragend organisierter Versorgung.

Rommel ist zu dieser Zeit in Deutschland in einem Sanatorium. Obwohl seine Gesundheit längst nicht wiederhergestellt ist, übernimmt er auf Bitten Hitlers sofort wieder den Befehl in Afrika. Aber da ist es schon zu spät. Die deutsch-italienische Front ist bereits in Auflösung, und Rommel bleibt, um zu retten, was zu retten ist, nichts anderes übrig, als die Flucht in einen

Jetzt haben wir sie endlich dort, wo wir sie schlagen können, war Hitlers aberwitziger Kommentar, als man ihm – er hatte nicht geweckt werden dürfen – in den Mittagsstunden des 6. Juni 1944 die Nachricht von der Invasion der Westmächte in der Normandie brachte. Seit dem Morgengrauen landeten die Anglo-Amerikaner fieberhaft Soldaten und Material, nachdem sie mit geballten Schlägen ihrer Luftwaffen und dem vernichtenden Feuer aus Tausenden von Schiffsgeschützen den »Atlantikwall« förmlich weggeblasen hatten. Bei absoluter Luftherrschaft, die Hitler seinerzeit bei den Landungsvorbereitungen gegen England vergeblich zu erringen versucht hatte, bauten sie einen stabilen Brückenkopf auf, ehe die deutsche Seite erkannte, daß dies die lange erwartete Hauptlandung war und nicht, wie Hitler behauptete, ein Ablenkungsmanöver. Eindrücken ließ sich der Landekopf nun nicht mehr, und auf Dauer war er nicht einmal abzuriegeln, denn gegen die schier unerschöpflichen Reserven der Amerikaner hatten die Deutschen nicht viel mehr als ihren Mut aufzubieten. Das Schicksal des Dritten Reiches war besiegelt.

geordneten Rückzug zu verwandeln. Als die Tragödie von Stalingrad zu Ende ist und alle deutschen Sender Trauermusik übertragen, sind die deutschen und italienischen Truppen nicht mehr in Ägypten, nicht einmal mehr in der italienischen Kolonie Libyen, sondern in Tunesien. Und das Afrikakorps muß einen Zweifrontenkrieg führen, nachdem die Amerikaner in Marokko und Algerien gelandet sind und nun im Rücken der Deutschen und Italiener stehen.

Im März 1943 wird Rommel als Oberbefehlshaber in Afrika abgelöst, am 13. Mai 1943 kapituliert die deutsch-italienische »Heeresgruppe Afrika« vor den alliierten Truppen, die aus aller Welt nach Afrika gekommen sind, nicht nur um hier zu siegen, sondern um zugleich den Sturm auf die »Festung Europa« vorzubereiten. Es sind Amerikaner, Engländer, Neuseeländer, Südafrikaner, Australier, Inder, Maoris, Polen, Franzosen – und eine jüdische Brigade. Das bisher unbesetzte Gebiet Frankreichs ist schon im vergangenen November von deutschen und italienischen Truppen besetzt worden, um nach dem Erscheinen der Amerikaner in Nordafrika eine Landung im Süden Frankreichs zu verhindern.

Die Siegesgöttin hat sich nun endgültig auf die Seite der Alliierten gestellt. Zwar treten an der Ostfront die Deutschen und ihre Verbündeten noch einmal zu zwei Offensiven an – Charkow wird zurückerobert, und am 5. Juli 1943 beginnt der Sturm auf den großen Frontbogen bei Kursk und Orel –, aber die Alliierten haben fast kampflos die italienische Insel Pantelleria erobert und landen am 10. Juli auf Sizilien. Italien ist Kriegsschauplatz geworden!

Am 15. Juli muß die deutsche Offensive an der Ostfront eingestellt werden, drei Tage zuvor hat eine weit überlegene sowjetische Gegenoffensive eingesetzt. Am 25. Juli wird der italienische Staatschef Benito Mussolini im Auftrag des Königs verhaftet, Marschall Badoglio übernimmt die Regierung und führt sofort insgeheim Kapitulationsverhandlungen mit den Alliierten.

Am 3. September landen die Alliierten in Süditalien, und am gleichen Tag unterzeichnet Badoglio den Waffenstillstand für Italien. Einen Monat später schon, am 13. Oktober 1943, erklärt Italien Deutschland den Krieg. Im Osten hat es inzwischen den Aufstand im Warschauer Ghetto gegeben, die deutschen Truppen haben Charkow endgültig räumen müssen, die Sowjets sind über den Mius gesetzt, Stalino ist verloren, Smolensk wird geräumt, der deutsche Kubanbrückenkopf muß aufgegeben werden, und zehn Tage nach Italiens Kriegserklärung wird die Halbinsel Krim durch sowjetische Truppen abgeschnitten – das Landser-Spottlied erklingt: »Eine Insel im Laufschritt verloren – das ist die Krim!«

Im nächsten Monat bereits fällt Kiew, die Hauptstadt der Ukraine. Die Sowjets stoßen südlich der Pripjetsümpfe weit nach Westen vor. Es besteht die Gefahr, daß die noch mit Deutschland verbündeten Länder, die nun durch die Rote Armee unmittelbar selbst bedroht sind, dem Beispiel Italiens folgen und entweder aus dem Krieg ausscheiden oder gar in das feindliche Lager übertreten: Ungarn, Rumänien und das zwar nicht gegen die Russen kämpfende, aber durch Verträge an Deutschland gebundene Bulgarien. Schon jetzt trägt die deutsche Wehrmacht die Last des Kampfes im Osten allein, die Ungarn setzen ihre Truppen nur noch hinter der Front zum Partisanenkampf ein, und die Rumänen beschränken sich auf den Schutz ihrer eigenen Schwarzmeer-Küste. Nur die Finnen, die von Beginn des Krieges an ihr eigenes Land verteidigen, scheinen als Verbündete noch zuverlässig zu sein, ebenso die westeuropäischen Freiwilligeneinheiten der Waffen-SS.

Trotz aller Tapferkeit der deutschen Soldaten an allen Fronten wird die von Goebbels propagierte »Festung Europa« immer kleiner. Vor allem aber: Die »Festung Europa« hat kein Dach mehr. Seit 1942 haben nach den Engländern auch die Amerikaner in den Luftkrieg gegen Deutschland und andere europäische Länder eingegriffen. Die amerikanische Rüstungsindustrie produziert pausenlos Flugzeuge über Flugzeuge. Wenn bisher die alliierten Bomberflotten – die Briten nachts, die Amerikaner am Tage – Deutschland von den Stützpunkten in Großbritannien aus angegriffen haben, so tun sie das jetzt außerdem von Italien aus. Nicht nur Deutschland und seine Städte, sondern auch das rumänische Erdölgebiet von Ploesti liegt nun im Bereich der alliierten Luftwaffe. Von der deutschen Luftwaffe ist zu diesem Zeitpunkt nicht mehr viel zu spüren. An der Ostfront gibt es kaum noch Einsätze deutscher Bomber im Kampfgebiet und gegen die feindlichen Versorgungslinien und Versorgungsbasen. Die zusammengeschmolzene Jagdwaffe muß zum – angesichts ihrer geringen Stärke bei weitem nicht ausreichenden – Schutz der Heerestruppen gegen die in immer stärkerer Zahl und immer besserer Qualität eingesetzten sowjetischen Schlachtflieger und Jagdbomber eingesetzt werden. Sie erfüllt also nur noch taktische, nirgendwo mehr operative Aufgaben.

Dieser Wandel hat sich bereits gezeigt in dem erbitterten Ringen um Stalingrad. Hitler hatte seinen Entschluß, die 6. Armee dort aushalten zu lassen, nicht zuletzt deshalb gefaßt, weil sein Reichsmarschall und Oberbefehlshaber der Luftwaffe ihm zugesichert hatte, Stalingrad könne aus der Luft mit Waffen, Munition und Verpflegung versorgt werden. Luftwaffen-Generalstabschef Jeschonnek, General Fiebig und nicht zuletzt der im Juli 1942 zum Oberbefehlshaber der Luftflotte 4 ernannte Generaloberst Freiherr von Richthofen hatten schon in richtiger Erkenntnis der tatsächlichen Schwächen der Luftwaffe gegen die leichtfertigen Zusagen Görings protestiert – doch vergebens.

Als Richthofen – ein Vetter des weltberühmten Jagdfliegers Manfred Freiherr von Richthofen, des »Roten Kampffliegers« aus dem Ersten Weltkrieg – nach Stalingrad zum Generalfeldmarschall befördert wird, äußert er Freunden gegenüber bitter, diese Beförderung sei eine Schande, da die Luftwaffe in Stalingrad, wenn auch nicht durch seine Schuld, versagt habe.

Schon im November 1941 hat Generaloberst Udet, der Welt nicht nur als Fliegerheld des Ersten Weltkrieges, sondern auch als bester Kunstflieger der zwanziger Jahre bekannt, aus Verzweiflung über die Abwärtsentwicklung der deutschen Luftwaffe Selbstmord begangen. Nun, nach Stalingrad und den darauf noch folgenden Niederlagen, sucht auch Generalstabschef Jeschonnek den Freitod.

Die Ursache für den Niedergang der Luftwaffe liegt vor allem in der zunehmenden Unfähigkeit und »Faulheit« Görings. Die Konzeption für den Einsatz der Luftwaffe ist für die erste Phase des Krieges, für den Zeitraum der »Blitzkriege«, richtig gewesen. Sie hat darin bestanden, die Luftwaffe taktisch als weitreichende Artillerie einzusetzen, in engstem Zusammenwirken mit den motorisierten Einheiten des Heeres, vor allem mit der Panzerwaffe. Mit dieser Taktik hat die Luftwaffe auch ihre großen Erfolge errungen. Nicht zuletzt der Luftwaffe sind die Blitzsiege über Polen, Norwegen, Frankreich und auf dem Balkan zu verdanken gewesen.

Aber spätestens mit dem Eintritt der USA in den Krieg mußte diese Konzeption geändert werden. Die amerikanische Rüstungskapazität ist so ungeheuerlich, daß jedem klar sein muß, daß binnen kurzer Zeit Tausende von amerikanischen Bombern im Einsatz gegen die »Festung Europa« sein werden, daß die Zeit der Blitzkriege vorbei ist und es für die Luftwaffe nur zwei Wege geben kann: entweder die Schaffung einer strategischen Luftwaffe, die durch das Bombardement der feindlichen Industrie die Rüstungsüberlegenheit der USA zunichte machen kann, oder aber der völlige Verzicht auf eine solche strategische Bomberwaffe und die ausschließliche Forcierung einer überlegenen deutschen Jagdfliegerwaffe, die in der Lage sein muß, den mit Sicherheit zu erwartenden Angriff der Anglo-Amerikaner auf Deutschland und Europa aus der Luft abzuwehren.

Göring ist gar nicht in der Lage, sich für eines der beiden Konzepte zu entscheiden. Kaum jemandem ist bekannt, daß Göring längst rauschgiftsüchtig ist. Die lebensgefährlichen Verwundungen, die er vor nun fast zwanzig Jahren bei der Demonstration am 9. November 1923 vor der Feldherrnhalle in München davongetragen hat, sind auch nach der Ausheilung noch so schmerzhaft, daß er immer wieder zu Morphium greift und

sogar zweimal eine Entziehungskur mitmachen muß – allerdings vergeblich. Erst im Nürnberger Kriegsverbrechergefängnis wird er geheilt – kurz bevor er gehängt werden soll. Im Auf und Ab seiner Stimmungen – mal überlegene, optimistische Wurstigkeit, mal Apathie und Gleichgültigkeit – scheint er die entscheidenden Probleme nicht mehr zu sehen.

Hitler erkennt zwar die beiden angesichts der westlichen Rüstungsüberlegenheit einzig möglichen Alternativen, aber er kann sich nicht für eine der beiden entscheiden. Dem Generalobersten Udet hat er einst erklärt, daß die Amerikaner wohl viele und gute Autos bauen könnten, aber niemals in gleicher Anzahl und Qualität auch Flugzeuge, die Deutschland gefährlich werden könnten. Wie falsch diese seine Ansicht gewesen ist, hat er selbst 1943 schon erkannt. Aber er zieht nicht die richtige Schlußfolgerung daraus. Er entscheidet sich nicht für eine der beiden Alternativen, sondern möchte einen Kompromiß finden.

Obwohl ganz klar ist, daß eine strategische Bomberflotte, die amerikanische Rüstungszentren zerstören könnte, von Deutschland mit den vorhandenen Mitteln und bei der gegebenen technischen Entwicklung unmöglich geschaffen werden kann, gibt Hitler den Befehl, die vor der endgültigen Erprobung stehenden Düsenjäger Me 262 »Schwalbe« nicht als Jagdflugzeug, sondern als Schnellbomber auszurüsten und einzusetzen. Gleichzeitig läuft noch immer, als Deutschlands Städte unter den Schlägen der anglo-amerikanischen Luftwaffen immer mehr in Schutt und Asche sinken, die Entwicklung von Fernbombern, die nie einsatzreif werden und so nur Zeit und Rüstungskapazitäten in Anspruch nehmen.

In Forschung und technischer Entwicklung ist die deutsche Luftfahrtindustrie auch zu diesem Zeitpunkt noch allen anderen Ländern der Welt weit überlegen. Deutschland baut die ersten einsatzfähigen Turbo-Düsenflugzeuge, Deutschland baut die ersten Raketenflugzeuge der Welt und die ersten Fernraketen. Nach dem Krieg wird dann die hier bereits geleistete Entwicklungsarbeit den Amerikanern und den Sowjets bei ihren Weltraumprojekten zugute kommen.

Aber all die bedeutenden Leistungen deutscher Forscher, Ingenieure und Arbeiter können den Kriegsverlauf nicht mehr entscheidend zugunsten Deutschlands beeinflussen, zumal keine klare Linie vorhanden ist und von der Führung alles verzettelt wird. Einer der erfolgreichsten Kampfflieger Deutschlands und aller am Krieg beteiligten Länder, Oberst Werner Baumbach, hat diese Misere erkannt. Obwohl er selbst Bombenflieger ist, weiß er, daß es nur noch einen Weg gibt, Deutschlands Bevölkerung, seine Städte und seine Industrie vor der sicheren Vernichtung aus der Luft zu schützen: die Konzentrierung aller Kraft der Rüstungs-

Vollbrachte ein Rüstungswunder: Albert Speer, Minister für Bewaffnung und Munition, hier bei einer Flugzeugbesichtigung mit Generalluftzeugmeister Milch (rechts). 1942 nach dem Unfalltod seines Vorgängers Fritz Todt ernannt, erreichte die deutsche Kriegsproduktion trotz der vernichtenden alliierten Luftangriffe unter seiner Leitung im Sommer 1944 Rekordzahlen – nichts allerdings gegen den Ausstoß der US-Fabriken. Und so konnte auch Speers Organisationstalent schließlich den Zusammenbruch nur verzögern – und damit die Leiden der Unterdrückten und von der SS Gejagten nur verlängern. Er selbst erkannte, wenn auch erst angesichts des nahen Untergangs, daß Hitlers Vernichtungswille auch vor seinem Volk nicht haltmachen würde, und versuchte die letzten Befehle seines so lange tief verehrten Herrn zu hintertreiben.

industrie und der Luftwaffe selbst auf die Verstärkung der Jagdwaffe.

So schreibt er 1944 an seinen höchsten Vorgesetzten, den Reichsmarschall Hermann Göring, einen Brief, der ihn eigentlich vor ein Kriegsgericht bringen müßte. Baumbach erklärt in seinem Brief, daß er – eben zum »General der Kampfflieger« ernannt – seinen Dienstrang und sämtliche Auszeichnungen niederlege, da er sich sonst angesichts des immer mehr zutage tretenden Versagens der deutschen Luftwaffe schämen müsse. Dann schreibt er:

»Leider habe ich und mit mir einsichtsvolle Männer wie Knemeyer und Galland (der »General der Jagdflieger«) recht behalten. Wir bekamen kein Gehör, beziehungsweise wir hatten nicht die nötige Macht hinter uns. Heute ist es zu spät. Städte ... gehen in Schutt und Asche auf, und Tausende müssen einen furchtbaren Tod erleiden. Als wir Männer der Front bereits 1942 vorschlugen, die Kampfverbände zunächst zugunsten der Verteidigungsluftwaffe zu verringern, fanden wir die schärfste Ablehnung beim Oberbefehlshaber selbst: ›Ich denke nicht daran, die Kampfgeschwader zu verringern! Verdoppeln werde ich sie!‹

Herr Reichsmarschall!

Ich habe keine Angst, weder vor dem Feind noch vor irgendeinem Akteur in Krieg oder Frieden ... Es ist mir nicht mehr möglich, mit meinem Namen als Aushängeschild dazustehen. Ich habe daher den Fernschreibbefehl, auf einer politischen Kundgebung in Berchtesgaden als Ritterkreuzträger zu sprechen, nicht ausgeführt. Ich bin mir der Folgen bewußt, da ich inzwischen mehrmals aus der Parteikanzlei des Führers (also von Martin Bormann) verwarnt worden bin ... Da ich nicht als Marionettenfigur herumlaufen kann, muß ich hiermit meinen Dienstgrad und meine Orden, die ich vor dem Feind erworben habe, zur Verfügung stellen.«

Werner Baumbach geschieht trotz dieses an Deutlichkeit kaum zu übertreffenden Briefes nichts. Göring, vielleicht eingedenk seiner Schuld, verhält sich so, als ob er diesen Brief nie erhalten habe.

Adolf Galland, bis dahin Deutschlands erfolgreichster Jagdflieger und Inspekteur der gesamten Jagdfliegerwaffe, legt aus Protest gegen Göring sämtliche Orden und Auszeichnungen ab und wirft Göring selbst Ritterkreuz mit Eichenlaub und Schwertern auf den Schreibtisch. Ein Jahr lang weigert er sich, seine Auszeichnungen zu tragen. Viele der berühmtesten deutschen Flieger handeln nicht anders – sie werden zwar nicht bestraft, aber ihre Proteste verhallen, die Bevölkerung erfährt nichts davon.

So wird bei der Luftwaffe nur noch improvisiert, trotz der inzwischen entwickelten, den westalliierten Flugzeugen weit überlegenen Flugzeugtypen, die aus manchen Gründen alle zu spät zum Einsatz gelangen. Wenn die deutsche Luftwaffe der »Reichsverteidigung« dennoch zeitweise zu einer geradezu tödlichen Gefahr für die anglo-amerikanischen strategischen Luftflotten wird, dann vor allem durch den opferwilligen, tapferen Einsatz der deutschen Flieger über dem Reichsgebiet.

Die Tag- und Nachtjäger der »Reichsverteidigung« bringen die amerikanischen und britischen Bomberflotten mehrmals in eine solche Bedrängnis, daß die alliierte Führung gezwungen ist, die Angriffe zeitweise einzustellen. Aber der tapferste Einsatz nützt schließlich nichts gegen die immer stärkere zahlenmäßige und – von den zu spät eingesetzten Düsen- und Raketenjägern abgesehen – auch qualitative Überlegenheit der westalliierten Luftflotten.

Eine deutsche Stadt nach der anderen wird zerstört. Über 500000 Opfer unter der Zivilbevölkerung sind schließlich zu beklagen. Aber noch im Sommer 1944 erreicht die deutsche Industrie ihre höchsten Leistungen. Denn nach dem strategischen Konzept des alliierten Oberkommandos, von Winston Churchill entworfen, gelten die Bombenangriffe in erster Linie der Zivilbevölkerung. Bombardierungen militärisch wichtiger Ziele, von Rüstungsbetrieben oder Verkehrsknotenpunkten sind Sache der amerikanischen Punktangriffe bei Tag. Churchill und mit ihm das alliierte Oberkommando haben gemeint, wenn möglichst viele Menschen zu Schaden kommen, wenn möglichst viele Wohnhäuser, Städte und Dörfer brennen, dann werde das deutsche Volk demoralisiert, dann werde das deutsche Volk so mutlos werden, daß Hitler mit diesem entmutigten Volk den Krieg nicht mehr weiterführen kann.

Das Gegenteil tritt ein, und gerade Churchill sollte das wissen. Er hat doch erlebt, wie 1940/41 der deutsche Bombenkrieg gegen die Insel seine Landsleute nur zu immer größeren Leistungen angespornt hat. So auch jetzt in Deutschland: Selbst Leute, die den Naziparolen mißtrauisch gegenübergestanden haben, werden jetzt geneigt, der Goebbels-Propaganda zu glauben: Die Alliierten kämpfen nicht gegen die Nazis, sondern sie kämpfen gegen das deutsche Volk.

Die in Casablanca auf der Konferenz zwischen Churchill und Roosevelt beschlossene Forderung nach der »bedingungslosen Kapitulation« und der wenig später bekannt gewordene »Morgenthau-Plan« bestärken diese Auffassung noch. Der Plan des Bankiers und Finanzministers Roosevelts sieht vor, Deutschland in ein reines Agrarland zu verwandeln – in eine »Ziegenweide« –, jegliche Industrieproduktion soll den Deutschen verboten werden.

Die Stimmung in Deutschland schlägt erst dann um, als trotz aller geschickten Propaganda von Goebbels sich angesichts der immer stärker zerstörten deutschen Städte, angesichts der immer näher an die deutschen Reichsgrenzen heranrückenden feindlichen Truppen, angesichts der immer aussichtsloser werdenden Lage an den Fronten die Meinung durchsetzt, Deutschlands »Endsieg« sei nicht mehr zu erringen. Dann allerdings bricht sich die Auffassung – zu der nun auch die Luftangriffe gegen die Zivilbevölkerung beitragen – endgültig Bahn: Lieber ein Ende mit Schrecken, als dieser Schrecken ohne Ende!

Das entscheidende Ereignis, das auch diese Wandlung vorbereitet, ist die Invasion. Daß sie eines Tages kommen wird, steht für die deutsche Führung längst fest. Aber natürlich weiß niemand, wo sie erfolgen wird. Es könnte sogar sein, daß sie bereits erfolgt ist – nämlich in Italien. Dort dringen die Alliierten immer weiter nordwärts vor, auf Deutschland zu, wenn auch monatelang vor dem Monte Cassino aufgehalten. Vielleicht ist Italien schon die Zweite Front, die Stalin so lange und hartnäckig von seinen westlichen Verbündeten gefordert hat?

Möglich wäre es auch, daß die Invasion im Balkanraum erfolgt, etwa über Griechenland oder Albanien. Die deutsche Führung kann sich schwer vorstellen, daß die Westmächte den Sowjets ganz Osteuropa und gar Mitteleuropa preisgeben wollen. Und auch Churchill erkennt schon längst die Gefahr, die für die Zukunft Europas im Bündnis mit den Sowjets liegt. Er ist tatsächlich für eine Invasion auf dem Balkan, dem »weichen Bauch Europas«, um den Sowjets ein weiteres Vorstoßen nach Westen unmöglich zu machen.

Und der bekannte britische Historiker und Militärschriftsteller Lidell Hart stellt schon im Oktober 1943 in einer vertraulichen Denkschrift fest, es gäbe in Europa nur ein einziges Land, das zusammen mit den Staaten Westeuropas stark genug wäre, sich den nach dem Krieg mit Sicherheit zu erwartenden sowjetischen »Ausdehnungsbestrebungen« zu widersetzen: »Das Land, das wir zu zerschmettern vorhaben«, nämlich Deutschland. Jede britische Freundschaft mit der Sowjetunion müsse dort enden, wo es darum gehe, den einzigen Wellenbrecher zu erhalten, der in der Lage sei, die rote Flut aufzuhalten. Es sei nur klug, über das

Nahziel des Krieges, das ohnehin bald erreicht ist, hinauszublicken in die Zukunft.

Aber Lidell Harts Warnungen verhallen ebenso ungehört, wie auch Churchill sich mit seinen Überlegungen nicht durchsetzen kann. Amerikas Präsident Roosevelt verfügt nun einmal über die »stärkeren Bataillone«, und er scheint den Bolschewismus tatsächlich zu unterschätzen.

So setzt Roosevelt mit seiner von Stalin übernommenen Forderung gegen Churchills Widerstand durch, die Invasion nicht auf dem Balkan, sondern in Frankreich durchzuführen.

Im Morgengrauen des 6. Juni 1944 taucht vor der Küste der Normandie die größte Flotte auf, die die Weltgeschichte je sah. Über 5000 Schiffe bringen Landungstruppen, Fahrzeuge und Munition von Südwestengland herüber auf den Kontinent. Die Atlantikküste von der Orne-Mündung bis zur Bucht von Carentan verwandelt sich in eine Hölle von niederheulenden Bomben und Granaten aus Schiffsgeschützen aller Kaliber. Die von Rommel eben inspizierten deutschen Verteidigungsanlagen des »Atlantikwalls« werden völlig umgewühlt. Die deutschen Minenfelder gehen im Hagel der Bomben und Granaten hoch, die Drahthindernisse zerfetzen, Bunkerstellungen werden zermalmt, die Nachrichtenverbindungen sind unterbrochen. Erst spät findet sich die deutsche Abwehr, weil immer noch damit gerechnet wird, daß die Hauptlandung des Gegners vielleicht an anderer Stelle erfolgt, an der engsten Stelle des Kanals zwischen Dover und Calais.

So gelingt es den Alliierten unter dem Oberkommando des späteren amerikanischen Präsidenten Eisenhower, dem der britische Feldmarschall Bernard Montgomery als Oberbefehlshaber der alliierten Landstreitkräfte unterstellt ist, schon am ersten Invasionstag einen Brückenkopf von 30 Kilometer Breite und 10 Kilometer Tiefe zu schaffen.

Zunächst geht es von da aus langsam voran, die deutschen Verteidiger haben sich allmählich gefangen. Aber bei der erdrückenden Luftüberlegenheit der Alliierten kann über den Ausgang des Kampfes kaum ein Zweifel bestehen. Die ursprünglich operative Absicht der deutschen Führung, den Gegner bereits am ersten Tag einer Invasion abzuwehren und ins Meer zurückzutreiben, ist schon gescheitert. Die zweite Absicht, den Gegner in seinem Landekopf festzunageln und dort auf engem Raum zu vernichten, muß ebenfalls scheitern.

Deutsche Truppen stehen Gewehr bei Fuß in Südfrankreich, wo eine zweite Invasion erwartet wird, die auch tatsächlich am 15. August bei Toulon erfolgt, in Belgien, in Holland, in Dänemark, in Norwegen bis nördlich des Polarkreises. Deutsche Truppen kämpfen an der 2000 Kilometer langen Ostfront von Lappland im Norden bis zum Schwarzen Meer im Süden, sie kämp-

fen mit dem Mut der Verzweiflung in Italien, wo eben zum Zeitpunkt der Invasion – am 4. Juni – die italienische Hauptstadt Rom kampflos aufgegeben worden ist, um die ehrwürdige Metropole zu schonen.

So kann die Kraft Deutschlands einfach nicht ausreichen, um an der Normandiefront standzuhalten. Am 25. Juli 1944, fünf Tage nach Stauffenbergs Attentat gegen Hitler, fünf Tage nach dem letzten Versuch, das Dritte Reich zu beseitigen und eine neue Regierung aufzurichten, führen die Alliierten den ersten großen Schlag gegen die deutschen Verteidiger. Im Raum der normannischen Stadt St. Lô wird mit 4700 Tonnen Sprengstoff ein dichter Bombenteppich von sieben Kilometer Breite und drei Kilometer Tiefe über die deutschen Stellungen gelegt. Nur wenige deutsche Soldaten überleben.

Der sofort danach einsetzende alliierte Vorstoß gelingt. Die deutsche Front wird durchbrochen, die amerikanischen Panzertruppen stoßen bis in den südwestlichen Winkel der Halbinsel Cotentin vor. Dort versteift sich noch einmal der deutsche Widerstand, denn wenn hier der amerikanische Durchbruch gelingt, dann ist für die Alliierten der Weg frei nach Süden und Westen in die Bretagne, nach Osten und Norden in das Herz Frankreichs, dann ist der Weg frei nach Paris – und nach Deutschland.

Aber am 31. Juli schon wird bei Avranches die deutsche Front durchbrochen. Die Panzer der Westmächte fluten unaufhaltsam in das Innere Frankreichs. Was danach noch an Abwehrkämpfen deutscherseits erfolgt, sind nur noch Verzweiflungstaten ohne Aussicht auf einen bleibenden Erfolg. Am 25. August wird Paris von Truppen de Gaulles besetzt.

An der Ostfront hat sich inzwischen eine noch schlimmere Katastrophe ereignet. Genau drei Jahre nach dem Beginn des »Unternehmens Barbarossa«, des deutschen Angriffs auf die Sowjetunion, am 22. Juni 1944, beginnt die bis dahin größte Offensive, die je geführt worden ist. Die deutsche Heeresgruppe Mitte wird sofort von den sowjetischen Armeen durchbrochen. Binnen weniger Tage gibt es keine deutsche Heeresgruppe Mitte mehr, sondern nur noch versprengte Divisionen, Regimenter, Bataillone, Kompanien und kleine Trupps von Landsern, die auf eigene Faust versuchen, sich zwischen den unaufhaltsam vorwärts stürmenden Rotarmisten nach Westen durchzuschlagen.

Die Sowjetarmee nähert sich erstmals der deutschen Grenze in Ostpreußen. Schon haben die Sowjets den Teil Polens zurückerobert, den sie sich im September 1939 durch das Geheimbündnis mit Hitler mühelos angeeignet hatten. Die deutsche Wehrmacht steht wieder dort, wo sie drei Jahre zuvor den Marsch nach Osten in das Riesenreich Stalins antrat.

In Warschau, das mehr als ein Jahr zuvor den Aufstand

der Juden im Ghetto erlebt hat, kommt es abermals zum Aufstand, diesmal zum Aufstand der Polnischen Heimatarmee. Am 1. August gibt der von der polnischen Exilregierung in London zum General ernannte bisherige Oberst Komorowski – der sich den Tarnnamen Bór zugelegt hat – das Signal.

Dieser Aufstand in Warschau ist weit besser organisiert als der erst zehn Tage zurückliegende Aufstand der deutschen Verschwörer in Berlin, die doch militärische Fachleute waren. Die Polen wissen besser, worauf es ankommt. Im Nu sind die wichtigsten deutschen Dienststellen erobert, wird der Warschauer Sender besetzt, werden die beherrschenden Häuser um Verkehrsknotenpunkte eingenommen.

Überall drängen Menschen auf die Straße, rot-weiße Fahnen tauchen auf. In die Ohren der völlig überraschten Deutschen dringen die Melodien der beiden polnischen Freiheitslieder, die 1794 im Kampf der polnischen Freiwilligen unter Dombrowski, an der Seite Napoleons gegen Rußland, und während des großen Aufstandes des freiheitsliebenden polnischen Volkes gegen die russische Fremdherrschaft 1830 bis 1831 entstanden sind: das Lied »Noch ist Polen nicht verloren!« und die berühmte »Warszawjanka«:

»Feindliche Stürme durchtoben die Lüfte,
drohende Wolken verdunkeln das Licht.
Mag uns auch Schmerz und Tod nun erwarten –
Gegen die Feinde ruft auf uns die Pflicht!
Auf, auf nun zum blutigen heiligen Kampfe,
bezwinge die Feinde, du Polenvolk!
Auf die Barrikaden! Auf die Barrikaden!
Bezwinge die Feinde, du Polenvolk!«

Aber diesmal geht es trotz der alten Lieder nicht gegen die Russen. Im Gegenteil, diesmal erwartet man von den Russen Hilfe im Kampf, Hilfe gegen die Deutschen. Die Rote Armee steht bereits in den Warschauer Vorstädten auf dem rechten Weichselufer. Der Aufstand hat nur den Zweck, Warschau von den Deutschen zu befreien und dann so lange auszuhalten, bis die Rote Armee in Warschau einrückt. Ohne Unterstützung durch die Sowjets ist Warschau verloren, der Aufstand sinnlos. Der Ministerpräsident der polnischen Exilregierung in London, Stanislaw Mikolajczyk, in Deutschland als Sohn eines Ruhr-Bergarbeiters geboren, hat den Aufstand befohlen, ohne der unbedingt notwendigen sowjetischen Unterstützung sicher zu sein.

Die Sowjetarmee hat in nur fünf Wochen einen Weg zurückgelegt, der nur mit dem der deutschen Truppen aus der Zeit der Blitzkriege zu vergleichen ist. Im Rücken der Roten Armee kämpfen noch immer die überrannten, eingekesselten und nach Westen drängenden zersprengten deutschen Einheiten mit aller Verzweiflung. Die Nachschubwege der Roten Armee sind durch den ungestümen Vormarsch nicht nur endlos lang geworden, sondern durch eben diese noch immer in ihrem Rücken kämpfenden deutschen Truppen gefährdet.

Dennoch hätte ein Angriff über die Weichsel durchaus Erfolgschancen. Gegen ihn aber sprechen politische Erwägungen Stalins. Wenn die Rote Armee in ein bereits von den Polen – von den »Londoner« Polen wohlbemerkt – befreites Warschau einrückt, dann ist damit fast zwangsläufig eine Anerkennung der Londoner Exilregierung verbunden, die dann nicht mehr ignoriert werden kann. In Lublin besteht aber bereits die von Stalin eingesetzte kommunistische Regierung unter Boleslaw Bierut. Stalin hat also mehrere Gründe, vor Warschau haltzumachen und die Aufständischen in der polnischen Hauptstadt ihrem Schicksal zu überlassen. Die Westmächte versuchen, mit Flugzeugen Waffen, Medikamente und Verpflegung über Warschau abzuwerfen. Aber das reicht nicht aus, zumal eine große Anzahl der Flugzeuge auf dem langen Weg nach Warschau oder über der Stadt selbst abgeschossen wird und die anderen ihre wertvollen Lasten zum Teil über den deutschen Stellungen rund um das Aufstandsgebiet niederwerfen. Für sowjetische Flugplätze erhalten die alliierten Maschinen keine Landeerlaubnis.

Über acht Wochen dauert der erbittert geführte Kampf in Warschau. Danach ist der größte Teil der Stadt nur noch ein Trümmerhaufen. Am 2. Oktober 1944 – Frankreich ist längst von den Alliierten befreit, die Rote Armee hat Reval besetzt, die Deutschen räumen die griechische Hauptstadt Athen – bittet General Komorowski die Deutschen, seine Kapitulation anzunehmen. Die Sowjets stehen am östlichen Weichselufer noch immer Gewehr bei Fuß.

Der deutsche Oberbefehlshaber in Warschau, General der Waffen-SS von dem Bach-Zelewski, nimmt die Kapitulation an und empfängt am 5. Oktober den Führer der Aufständischen, General Komorowski.

Von dem Bach-Zelewski, der selbst polnische Vorfahren hat, streckt dem besiegten Gegner die Hand entgegen und sagt:

»Sie haben tapfer gekämpft. Die Moral Ihrer Truppe hat meine volle Bewunderung!«

Die überlebenden Aufständischen wandern in Kriegsgefangenschaft. General Komorowski wird später von den Amerikanern befreit und zum Kommandeur der Streitkräfte der Londoner polnischen Exilregierung ernannt.

Die Sowjets halten noch immer im Weichselbogen. Von der ostpreußischen Grenze bis südlich der alten polnischen Festung Brest-Litowsk – in der 1918 der deutsch-sowjetische Friedensvertrag geschlossen worden ist –

hat sich die Front wieder beruhigt. Erst im Januar 1945 greifen die Sowjets dort wieder an.

Im Norden allerdings setzen Stalins Truppen die Offensive fort. Am 5. Oktober bricht die Rote Armee südlich von Riga, der alten Hauptstadt Lettlands, bis zur Ostsee durch. Damit ist die deutsche Heeresgruppe »Kurland« abgeschnitten. Dennoch wird diese deutsche Heeresgruppe diejenige sein, die bis zuletzt aushält – bis zum 10. Mai 1945. Aber für die Verteidigung Deutschlands ist sie seit diesem 5. Oktober 1944 verloren.

Am 14. Oktober 1944 geschieht etwas besonders Tragisches. Alle deutschen Zeitungen berichten am nächsten Tage wörtlich übereinstimmend darüber: Generalfeldmarschall Erwin Rommel, der populärste deutsche Heerführer, der Held von Frankreich und Nordafrika, ist als Folge seiner an der Invasionsfront erlittenen schweren Verwundungen auf der Fahrt von seinem Wohnort Herrlingen nach Ulm einem Gehirnschlag erlegen. Der Führer hat sofort ein Staatsbegräbnis für den großen Feldherrn angeordnet.

Rommel hat im Frühsommer 1944 regen Anteil an der Verschwörung gegen Hitler genommen. Auch er war einer der »Jungen«, die zunächst für Hitler und den Nationalsozialismus begeistert gewesen sind, dann aber immer mehr zu der Erkenntnis gelangten, daß Hitler den Untergang Deutschlands bedeutet.

Ein Teil der Verschwörer will Rommel zum deutschen Reichspräsidenten nach Hitlers Sturz machen. Die »Konservativen« – andere sagen »Reaktionäre« – unter den Verschwörern sind gegen Rommel. Aber diese Differenzen spielen ohnehin bald keine Rolle mehr, denn am 17. Juli, drei Tage vor Stauffenbergs Attentat auf Hitler, wird der Feldmarschall bei einem Jagdbomberangriff lebensgefährlich verwundet, kurz nachdem er Hitler bei einem Frontbesuch im Westen verhaften lassen wollte. Aber Hitler, wieder einmal von seinem unbegreiflichen Instinkt für Gefahren gewarnt, nimmt an der entscheidenden Besprechung in Rommels Gefechtsstand nicht teil.

Zwei Tage vor seiner schweren Verwundung hat Rommel als Oberbefehlshaber der Heeresgruppe B – der auch der »Atlantikwall« untersteht – im Einverständnis mit Generalfeldmarschall von Kluge, der als OB West unmittelbarer Vorgesetzter von Rommel ist, Hitler ein Fernschreiben geschickt, das an Deutlichkeit nichts zu wünschen übrigläßt. In ihm heißt es unter anderem:

»Die Lage an der Front der Normandie wird von Tag zu Tag schwieriger, sie nähert sich einer schweren Krise...«

Rommel zählt die unglaublich großen Verluste der deutschen Truppen auf, spricht von dem durch die pausenlosen alliierten Luftangriffe überhaupt nicht mehr an die Front gelangenden Nachschub und Ersatz jeder Art und schreibt dann weiter:

»Wie die Kämpfe gezeigt haben, wird bei dem feindlichen Materialeinsatz auch die tapferste Truppe Stück für Stück zerschlagen... Die Truppe kämpft allerorts heldenmütig, jedoch der ungleiche Kampf neigt sich dem Ende entgegen. Ich muß Sie bitten, die politischen Folgerungen aus dieser Lage unverzüglich zu ziehen. Ich fühle mich verpflichtet, als Oberbefehlshaber der Heeresgruppe dies klar auszusprechen.«

Erst lange nach dem Attentat erfährt der Generalfeldmarschall auf dem Krankenbett davon, daß nun endlich – ohne ihn – der Schlag gegen Hitler geführt worden und danebengegangen ist. Rommel hat sowieso nichts von einem Attentat, von einer Ermordung Hitlers gehalten. Er ist der Auffassung gewesen, Hitler müsse verhaftet und vor ein ordentliches Gericht gestellt werden. Anders würde das deutsche Volk niemals die Rechtmäßigkeit der Verschwörung anerkennen.

Am 14. Oktober greift Hitlers rächende Hand, verkörpert durch die beiden Generale Maisel und Burgdorf, auch nach Rommel. Die beiden bringen dem »Wüstenfuchs« die Nachricht, daß seine Beteiligung an der Verschwörung aufgedeckt sei und es für ihn nur zwei Möglichkeiten gäbe: entweder sich in Berlin dem unter Vorsitz von Rundstedt tagenden »Ehrengerichtshof« der Wehrmacht und danach dem »Volksgerichtshof« zu stellen und mit Sicherheit als »Verräter« zum Tode verurteilt zu werden, oder aber freiwillig aus dem Leben zu scheiden. Für den Fall, daß Rommel sich für das letztere entscheidet, hat General Burgdorf, der Chef der Personalabteilung des OKW, schon Gift mitgebracht. Rommel wird zugesichert, daß bei einem Selbstmord seiner Familie nichts geschehen werde, da man dann seine Beteiligung an der Verschwörung vertuschen könne.

Rommel besteigt mit Maisel und Burgdorf den Wagen, und schon eine halbe Stunde später kommt aus Ulm der Anruf, Rommel sei auf der Fahrt einer Gehirnblutung erlegen.

Die beiden Mörder in Generaluniform, Maisel und Burgdorf, begehen später Selbstmord. Hitler aber schickt ein Telegramm an Frau Rommel: »Zum Tode Ihres Mannes spreche ich Ihnen mein tiefstes Beileid aus. Der Name des Generalfeldmarschalls wird für alle Zeiten mit dem Heldenkampf des Afrikakorps verbunden sein.

Adolf Hitler«

Schon kurze Zeit nach Rommels schwerer Verwundung geht sein unmittelbarer Vorgesetzter, Generalfeldmarschall von Kluge, freiwillig den gleichen Weg. Hans von Kluge, von seinen Kameraden der »kluge Hans« genannt, hat schon viel länger als Rommel von der Verschwörung gewußt, weit eher als der »Wüstenfuchs« seine Beteiligung an der Verschwörung zugesagt. Aber

Am 11. März 1943 zeichnete Hitler Generalfeldmarschall Erwin Rommel (links) mit dem höchsten deutschen Tapferkeitsorden aus: Er erhielt die Brillanten zum Ritterkreuz mit Eichenlaub und Schwertern. Versüßen wollte ihm der Diktator damit auch, daß er den »Wüstenfuchs« nicht auf seinen afrikanischen Posten zurückkehren ließ. Er brauchte ihn jetzt zur Verteidigung des europäischen Kontinents, wo die Lage bald ähnlich verzweifelt war wie bei der Heeresgruppe Afrika, die am 13. Mai 1943 kapitulierte. Aus dem einstigen Kommandeur des Führerbegleitbataillons Rommel wurde der Widerstandskämpfer, als er sah, daß Hitler die Augen vor der sicheren Niederlage verschloß und sein Volk dem Elend von Flucht *(oben)* und Zerstörung preisgab.

er hat sich jedesmal, wenn es ernst zu werden schien, wieder zurückgezogen. Er ist nie, wie zunächst Rommel, ein Verehrer Hitlers gewesen, er hat schon seit langem Vorbehalte gegenüber dem »Führer«.

Aber er ist keine so in sich geschlossene Persönlichkeit wie der jüngere Rommel, der sich zu seiner einmal gefaßten Überzeugung bekennt, wenn es darauf ankommt. Man spürt das in dem Brief, den Kluge an Hitler schreibt, bevor er den Freitod als Ausweg wählt. Rommel hat zwei Tage vor seiner Verwundung – mit Kluges Zustimmung – in geradezu grobem, forderndem Ton Hitler seine Meinung mitgeteilt. Kluge schreibt kurz vor seinem Selbstmord durch Gift (der Brief erreicht Hitler erst, als Kluge schon tot ist) am 18. August 1944 an seinen Obersten Befehlshaber:

»Gestatten Sie, mein Führer, in aller Ehrerbietung... Ich weiß es nicht, ob der überall bewährte Feldmarschall Model (der Kluge an der Westfront auf Befehl Hitlers ablösen soll) die Lage noch meistern wird... Sollte es aber nicht der Fall sein und Ihre neuen heißersehnten Kampfmittel, insbes. die der Luftwaffe, nicht durchschlagen, dann, mein Führer, entschließen Sie sich, den Krieg zu beenden...

Es muß Wege geben, diese zu erreichen und vor allem zu erreichen, daß das Reich nicht dem Bolschewismus verfällt...

Mein Führer! Ich habe stets Ihre Größe, Ihre Haltung in diesem gigantischen Kampf und Ihren eisernen Willen... bewundert. Wenn das Schicksal stärker ist als Ihr Wille und Ihr Genie, so ist das Fügung. Sie haben einen ehrlichen, ganz großen Kampf gekämpft. Die Geschichte wird Ihnen das bescheinigen...

Ich scheide von Ihnen, mein Führer, der ich Ihnen innerlich näher stand, als Sie vielleicht geahnt, in dem Bewußtsein, meine Pflicht bis zum Äußersten getan zu haben.

Heil mein Führer!
von Kluge
Generalfeldmarschall«

Die »neuen Waffen« von denen Kluge spricht, können das Blatt nicht wenden. Weder die Düsenjäger Messerschmitt Me 262 »Schwalbe« noch die Düsenbomber Arado Ar 234 »Blitz«, weder die Raketenjäger Messerschmitt Me 163 »Komet« oder der »Volksjäger« Heinkel He 162, der mit Freiwilligen der Hitlerjugend bemannt werden soll, können die Niederlage des »Dritten Reiches« noch verhindern. Und auch die anderen Wunderwaffen – die Fernraketen, die elektrischen »Walther-U-Bote«, die ersten Fliegerabwehrraketen der Welt, die Einmann-U-Boote, die »Vater-und-Sohn«-Flugzeuge – kommen alle zu spät.

Der Untergang des »Dritten Reiches« ist besiegelt,

nachdem die feindlichen Armeen in Ost und West die deutsche Reichsgrenze erreicht und überschritten haben.

Die Sowjets haben am 16. Oktober 1944 bereits einen Teil Ostpreußens erobert, die Amerikaner marschieren am 21. des gleichen Monats in Aachen ein.

Noch einmal versucht Hitler das Blatt zu wenden. Er befiehlt die »Ardennen-Offensive«. Am 16. Dezember brechen wie am 10. Mai 1940 deutsche Panzertruppen durch die im Winter besonders unwegsamen Ardennen gegen die Westalliierten vor. Fast scheint es, als gäben das Schicksal und die Tapferkeit der deutschen Soldaten dem Dritten Reich und Hitler noch einmal eine Chance.

Die alliierten, vor allem die amerikanischen Truppen sind von der deutschen Offensive völlig überrascht. Zunächst können die deutschen Panzer weit in das feindliche Hinterland vorstoßen. Dann aber versickert die deutsche Offensive am Benzinmangel – und am Fehlen eigener Luftüberlegenheit. Auch diesmal, wie nun schon seit fast zwei Jahren, entscheidet die gegnerische Luftwaffe.

Waren in den vergangenen »Blitzkriegen«, die stets Deutschland als Sieger sahen, besonders gute Wetterbedingungen für den Angriffsbefehl ausschlaggebend, so sind es diesmal besonders schlechte gewesen. Die deutsche Unterlegenheit in der Luft, über die auch Hitler inzwischen keine Illusionen mehr hat, setzt für eine Offensive gegen die Anglo-Amerikaner im Gegensatz zu früher schlechtes Wetter voraus, um die feindliche Luftwaffe zu behindern, der man selbst nichts Entscheidendes mehr entgegenzusetzen hat.

Als das Wetter wieder besser wird, ist es auch mit der allerletzten deutschen Großoffensive des Zweiten Weltkrieges vorbei. Die gegnerische Luftwaffe, unbehindert von Görings längst zerschlagenen und zerfetzten »Adlern«, bringt die deutsche Offensive zum Stehen. Selbst eine Verteidigung ist nicht mehr möglich, weil den deutschen Panzern nicht nur der Treibstoff fehlt, den man beim Gegner zu erobern gedachte, sondern weil auch durch den gleichen Treibstoffmangel die Lastkraftwagen-Kolonnen nicht mehr bis nach vorn zur Front gelangen, um Nachschub an Munition und Verpflegung zur kämpfenden Truppe zu bringen.

Am 27. Dezember wird die bereits seit Tagen hinter der deutschen Front liegende belgische Stadt Bastogne von amerikanischen Truppen entsetzt – und damit ist das Scheitern der »Ardennenoffensive« bereits besiegelt, wenn es auch noch einige Tage dauert, bis die alte Frontlage wieder hergestellt ist. General Hasso von Manteuffel, der Oberbefehlshaber der 5. Panzerarmee, muß sich zurückziehen und viele seiner Panzer wegen Treibstoffmangels stehenlassen.

Letzte Reserven hat Hitler für diesen Schlag im Westen

mobilisiert. Er hofft, sich den Anglo-Amerikanern in letzter Minute als Bundesgenossen gegen die Russen zu empfehlen. Er erreicht genau das Gegenteil. Die nun unnötig noch weiter geschwächte Ostfront hat der Roten Armee nichts mehr entgegenzusetzen, die am 12. Januar 1945 zur Offensive aus dem Baranow-Brückenkopf antritt.

Die Weichsel, an der die Sowjets trotz des Warschauer Aufstandes schon ein halbes Jahr untätig stehen, wird nun überall überschritten. Am 18. Januar schon muß die deutsche Wehrmacht die polnische Hauptstadt Warschau räumen, und am 23. Januar erreichen die Sowjets bereits in Niederschlesien die Oder. Es gibt keinen Zweifel mehr, nachdem kurz darauf auch die Amerikaner zusammen mit französischen Einheiten de Gaulles am Oberrhein stehen: Deutschland ist verloren, nur ein Wunder könnte das Dritte Reich noch retten.

Die nationalsozialistische Führung klammert sich noch an den Gedanken, ein Wunder könne geschehen. Goebbels bestärkt seinen Führer in diesem Glauben und zieht die Parallele zu Friedrich dem Großen, der auch in allerletzter Not durch den Tod der russischen Zarin Elisabeth gerettet wurde. Die Führer des Dritten Reiches setzen ihre Hoffnung auf die erwartete Entzweiung zwischen den Anglo-Amerikanern einerseits und den Sowjets andererseits. Doch die Rechnung ist so falsch wie die der Ardennenoffensive, und Hitler selbst ist der Grund dafür. Seine Existenz schmiedet die längst brüchig gewordene Allianz zusammen.

Die Menschen in Deutschland geben sich jetzt, Anfang 1945, kaum noch solchen Illusionen hin, wie sie von der Führung noch gehegt werden. Vor allem nicht die Menschen im Osten Deutschlands und in den Gebieten Ost- und Südosteuropas, die seit Jahrhunderten von Deutschen bewohnt sind. Im Westen werden die Alliierten oft begeistert als Befreier begrüßt – nicht unbedingt als »Befreier vom Faschismus«, aber als Befreier von den Schrecken des Krieges, der nun mit dem Einmarsch der Sieger zu Ende ist.

Im Osten sieht das anders aus. Hier flüchtet die Bevölkerung in panischer Angst vor den sowjetischen Truppen in das Innere Deutschlands. Diese Fluchtbewegung ist schon seit einiger Zeit im Gange.

Ende des Jahres 1944 beginnt die größte Völkerwanderung der Weltgeschichte. Die Deutschen in Ost- und in Südosteuropa beginnen vor den immer näher heranrückenden Truppen der Sowjetarmee und vor den Partisanenarmeen Titos zu flüchten. Zunächst sind es »nur« Hunderttausende, denn Millionen wollen bleiben, trotz der zu erwartenden Schrecken die Heimat nicht aufgeben.

Noch weiß niemand, daß die, die schon jetzt die Heimat verlassen, das bessere Los ziehen. Denn sie haben noch Aussicht, lebend und gesund im Westen Deutschlands

anzukommen. Viel schlimmer wird es für die, die erst im Feuer sowjetischer Panzergranaten die Flucht ergreifen, und noch schlimmer für die, die selbst dann noch der Heimat treu bleiben wollen und erst nach dem Krieg mit Gewalt aus der Heimat gejagt werden.

Der endgültige Zusammenbruch steht bevor. Fast spürt man das in der Heimat eher als an der Front. Denn nicht nur daran ist das bevorstehende Ende zu spüren, daß immer mehr Städte zu glühenden Trümmerhaufen werden, sondern auch daran, daß immer mehr Flüchtlinge durch die Straßen auch der unzerstörten Städte und Ortschaften ziehen.

Viele dieser Flüchtlinge sind sogar Einheimische, es sind die Frauen und ihre Kinder, die vor dem erbarmungslosen Bombenkrieg nach Osten geflüchtet sind, nach Ostpreußen, nach Schlesien, dorthin, wo man damals noch vor Bomben sicher war. Aber jetzt kehren diese Menschen zurück. Lieber daheim den Bombenhagel über sich ergehen lassen, als im Osten von den Sowjets überrannt zu werden.

Aber noch ist jede Flucht der eigenen Initiative überlassen. Den die Behörden und Parteidienststellen unternehmen nichts zur Rettung der Bevölkerung, die durch den Vormarsch der Sowjetarmee bedroht ist. Manchmal ist sogar das Gegenteil der Fall: Die Behörden bemühen sich, die Bevölkerung von jeder Flucht abzuhalten und zum Bleiben zu bewegen.

Am 16. Oktober 1944 schon gelingt den Russen – nur elf Tage nach der Kapitulation der Warschauer Aufständischen – der erste Einbruch nach Deutschland hinein. Gumbinnen und Goldap sowie das berühmte Naturschutzgebiet der Rominter Heide werden von den Sowjets erobert.

Goldap wird noch einmal von deutschen Truppen zurückerobert. Was die deutschen Landser in den Dörfern vorfinden ist entsetzlich. In Nemmersdorf finden sie vergewaltigte und anschließend ermordete Frauen, mißhandelte Kinder, verstümmelte Soldaten und Bauern – Panik erfaßt alle die, die das sehen müssen und alle die, die davon hören.

Jetzt nützen Gauleiter Kochs Durchhalteparolen nichts mehr. Die Bevölkerung flüchtet. Noch ist der Weg nach Westen offen. Die Trecks setzen sich in Bewegung. Jeder kann nur einen Teil seiner Habe auf die schwerfälligen Pferdewagen laden, die mühsam über die Landstraßen, durch Schneestürme und über vereiste Wege entlangholpern. Sowjetische Tiefflieger stürzen auf die Flüchtlings-Karawanen herab. Frauen, Greise, Kinder, Pferde sterben im tödlichen Hagel ihrer Bordwaffen.

Bald kommt es noch schlimmer. Die Russen stoßen südlich an Ostpreußen vorbei nach Stettin vor, um Ostpreußen vom Reich abzuschneiden. Bald ist auch das gelungen. Die deutschen Truppen und die unzähligen Flüchtlingstrecks sind vom Kerngebiet Deutsch-

Wie Hitler 1940/41 die Engländer, so wollten die Engländer trotz der eigenen Erfahrungen nach einem Kabinettsbeschluß vom 14. Februar 1942 die deutsche Zivilbevölkerung kapitulationsreif bomben. Eine Stadt nach der anderen wurde mit Bombenteppichen belegt und eingeäschert. Doch das panische Entsetzen – *linke Seite:* Familie nach einer Bombennacht – kehrte sich gegen die Verursacher. Die Nationalsozialisten malten schwarz in schwarz, was den Menschen in Deutschland blühte, wenn auch nur ein feindlicher Soldat die Grenze überschreiten würde. Noch den schwersten Angriff des Krieges auf das mit Flüchtlingen überfüllte Dresden am 14./15. Februar 1945, der über 100 000 Opfer forderte – mehr als die Hiroshima-Atombombe –, schlachtete die NS-Propaganda aus, um den völlig unsinnig gewordenen, ja selbstmörderischen Widerstandswillen der Bevölkerung anzustacheln. Einer Bevölkerung, die durch die Ruinen der Heimat irrte und nach Verschütteten, Verschollenen, Erschlagenen suchte *(rechts)*. Zahllose Schicksale wurden nie aufgeklärt, darunter auch die vieler der Dresdener Opfer, die wegen der Seuchengefahr in den Tagen nach der Katastrophe auf behelfsmäßigen Rosten in der Stadt verbrannt wurden *(oben)*.

lands getrennt. Es gibt nur noch den Weg über die Ostsee.

Zwar gelingt es der deutschen 4. Armee, die in Ostpreußen steht, in aufopferungsvollem Kampf die sowjetischen Stellungen in ihrem Rücken noch einmal zu durchbrechen und damit vielen Flüchtlingen doch noch ein Entkommen zu ermöglichen, aber diese Lücke kann nur kurze Zeit offengehalten werden. Dann beginnt der große Treck über die Ostsee.

Großadmiral Dönitz, der Oberbefehlshaber der deutschen Kriegsmarine, seitdem Großadmiral Raeder am Tag der Kapitulation Stalingrads zurückgetreten ist, setzt alle nur verfügbaren Einheiten der Kriegsmarine für den Abtransport der Flüchtlinge ein. In pausenlosem Einsatz, von sowjetischen Flugzeugen beschossen und bombardiert, von sowjetischen U-Booten und Schnellbooten angegriffen, gelingt es den deutschen Seeleuten, Hunderttausende von Menschen zu retten. Dennoch fallen eine ganze Anzahl Transportschiffe, die nur Frauen, Kinder und Verwundete an Bord haben, den Sowjets zum Opfer. So versinken nach Torpedoangriffen auf die »Wilhelm Gustloff« und die »Goya« viele Tausende, die sich schon gerettet glaubten, im eisigen Wasser der Ostsee.

Die Tragödie nimmt, je mehr der Krieg sich seinem Ende nähert, immer schrecklichere Ausmaße an. Ende Januar sind die meisten Bahnlinien aus dem Osten ins Innere Deutschlands schon unterbrochen. Die Kämpfe zwischen deutschen und sowjetischen Truppen toben mitten zwischen den Flüchtlingskolonnen.

Hunderttausende der Flüchtlinge werden von der Front überrollt und müssen erkennen, daß ihre Flucht vergebens war. Mit denen, die freiwillig zurückgeblieben sind, weil sie ihre schlesische, pommersche und ostpreußische Heimat nicht verlassen wollen, sind es rund drei Millionen Menschen, die sich nun wehrlos in der Hand der Sowjets und der Polen befinden. Nach dem namenlosen Elend, das die Deutschen über diese Völker gebracht haben, können viele ihrer Soldaten im Gegner nicht mehr den Mitmenschen sehen. Die aufpeitschende Propaganda eines Ilja Ehrenburg tut ein übriges, niedrigste Rachegefühle zu entfesseln.

Ganze Familien werden erschossen. Andere, denen es sogar gelingt, bis in die Heimat zurückzukehren, finden nur noch die Ruinen ihrer Häuser und Stallungen vor, im günstigsten Fall sind die Gehöfte »nur« geplündert. Die Polen sind im Gefolge der Sowjet-Armee nach Deutschland eingedrungen und herrschen dort uneingeschränkt. Mißhandlungen, Vergewaltigungen, Raub und Mord an den Deutschen sind nicht selten. Oftmals, so wie ein Vierteljahr später in der Tschechoslowakei, sind es sogar die sowjetischen Militärbehörden, die sich schützend vor die Deutschen stellen.

Aber selbst diese vielfach verbürgte sowjetische Hilfe für die Deutschen ändert nichts daran, daß sowieso schon längst ihre Vertreibung aus ihrer Heimat beschlossen worden ist. Die Sowjets haben Ostpolen annektiert, die von dort vertriebenen Menschen sollen in Ostdeutschland angesiedelt und die deutschen Einwohner dafür verjagt werden.

So geschieht es, und mancher muß sich zum zweiten Male auf den Weg ins Ungewisse machen. Mehr als ein Viertel der Verjagten wird unterwegs ermordet oder stirbt an Hunger und an Seuchen.

Während der Strom der Flüchtlinge aus dem Osten immer weiter anschwillt, während der Bombenkrieg immer vernichtender wird und während die alliierten Streitkräfte immer weiter auf deutschem Boden vordringen, will Hitler, der sich im Bunker der Reichskanzlei vergraben hat, noch immer nicht einsehen, daß seine Sache verloren ist.

»Noch am 12. April 1945, bei meinem letzten Vortrag bei Hitler«, so berichtet Generalfeldmarschall Kesselring, »hatte er eine optimistische Auffassung: Inwieweit er dabei schauspielerte, ist schwer zu ergründen. Rückblickend möchte ich sagen, daß er von der Idee irgendeiner Rettungsmöglichkeit geradezu besessen war, daß er sich daran klammerte wie ein Ertrinkender an einen Strohhalm. Er glaubte m. E. mit Sicherheit an einen erfolgreichen Kampf im Osten, er glaubte an seine in Aufstellung begriffene 12. Armee, an verschiedene neue Waffen und vielleicht auch an das Zusammenbrechen der feindlichen Koalition. Alle diese Annahmen trogen; vom Beginn des russischen Angriffs an lebte Hitler, immer mehr sich selbst abschließend und vereinsamt, nur mehr in einer irrealen Welt...«

Jetzt, in der Endphase des Zweiten Weltkrieges, in der Endphase des Dritten Reiches, zeigt sich noch einmal, wie verhängnisvoll diese irreale Welt Adolf Hitlers ist, mit der er die reale Welt bestimmen will. Er, der als Feldherr immer wieder beteuert: »Ich habe alles einkalkuliert«, hat eben doch nicht alles berechnet. Er, der seinen Krieg 1939 ohne strategische Gesamtkonzeption begann, er, der glaubte, auch Rußland in einem Blitzkrieg besiegen zu können, hat weder die eigenen noch die gegnerischen politischen, wirtschaftlichen, psychologischen und militärischen Möglichkeiten so planmäßig durchdacht, daß er seine maßlosen Ziele hätte verwirklichen können. Er, der ohne Zweifel über wesentliche Eigenschaften eines Feldherrn verfügt hat und der auch zu Beginn des Krieges in der Offensive glänzende Erfolge erringen konnte, muß jetzt in der Defensive völlig versagen. Aber weder will er aus diesem Versagen die realistischen Konsequenzen ziehen, den Krieg möglichst schnell zu beenden, um das Volk vor weiteren Schrecken zu bewahren, noch will er zugeben, daß er selbst die Hauptschuld an diesem Versagen zu tragen hat.

Überall wittert er jetzt »Verrat und Sabotage«. Sein Mangel an Selbstkritik, der ihn immer dann nach Schuldigen suchen läßt, wenn ihm etwas mißlungen ist, steigert sich am »Schluß des Dramas in dem Maße, in dem sich seine Niederlagen und seine Fehlentscheidungen« häufen, bis zum »Amoklaufen gegen alles und jedes«. Als Ursache erscheint ihm zunehmend das, »was in so vielem nur die Folge seiner eigenen Unzulänglichkeit, seiner Übertreibungen und Maßlosigkeiten, seiner Kränkungen und Beleidigungen, seiner Ungerechtigkeiten« gewesen ist, schreibt rückblickend sein eigener Reichspressechef Otto Dietrich.

Das, was Hitler als seinen »unbeugsamen Willen« ansieht, steigert sich jetzt zu einem Starrsinn, der ohne die rechte Einsicht in die tatsächliche Situation davon überzeugt zu sein scheint, daß allein sein festentschlossener und fanatischer Wille zusammen mit dem ebenso entschlossenen und fanatischen Willen des Volkes in der Lage sei, gegen einen bei weitem überlegenen Gegner doch noch einen Sieg erringen zu können. Von den Drogen seines Leibarztes Morell zerrüttet, auf die »Spannungen« zwischen den Alliierten hoffend, die Bedeutung und die Möglichkeit einer »eisernen Willensnatur« völlig überschätzend, will Hitler seinen Kampf nicht aufgeben. Das, was er zu Beginn des Krieges vor dem Reichstag verkündet hat – »Ein Wort habe ich nie kennengelernt, es heißt Kapitulation« –, das will er jetzt wahrmachen. Durch eine verstärkte Anwendung derjenigen Mittel, die schon immer Hitlers Macht ausgemacht haben, durch Terror und Propaganda, will er auch jetzt noch in einer objektiv völlig hoffnungslosen Situation die gesamte Bevölkerung zu einer bis zum Letzten kämpfenden Gemeinschaft zusammenschweißen.

Mit den in den feindbedrohten Reichsbezirken eingerichteten Standgerichten und der Einführung der Sippenhaft – »Es ist ein Gesetz erlassen, nach dem alle Familienangehörigen von Soldaten, die im Gefecht überlaufen oder sich feige verhalten, verhaftet und anstelle der Soldaten zur Rechenschaft gezogen werden« – erreicht der Terror gegen die kämpfende Truppe, gegen den »Volkssturm«, der alle Männer von 16 bis 60 umfaßt, und gegen die Zivilbevölkerung seine letzte Stufe. Daneben läuft die Propagandamaschine des Dritten Reiches ununterbrochen auf Hochtouren weiter. Sie behält das Volk im Griff und fordert es unermüdlich dazu auf, an das Genie des Führers und an den Endsieg zu glauben.

»Die Geschichte bietet kein Beispiel dafür, daß der bis zur letzten Stunde ungebrochene Mut eines Volkes am Ende doch von der rohen Gewalt überwältigt werden könnte. Im entscheidenden Augenblick schaltet sich immer rechtzeitig jene den Menschen unerklärliche Macht der Vorsehung ein, die es nicht zuläßt, daß die ewigen Gesetze der Geschichte außer Kurs gesetzt werden«, schreibt Goebbels am 11. März 1945 in seiner Zeitschrift »Das Reich«. Und die überall propagierte Aufforderung zum Endkampf liest sich in der gleichgeschalteten Presse zum Beispiel so: »Nutzt daher jede freie Minute zur Waffenausbildung und Pflege der Waffen! Die Waffe ist euer Leben! Sie zu beherrschen ist euer Sieg! Wer seine Waffe oder Panzerfaust im Stich läßt und vor dem Feinde aus der Hand legt, ist ein Verräter und muß sterben! Nutzt jede Minute zum Ausbau und Verbessern der Stellungen! Jeder Spatenstich tiefer in die Erde kann euch das Leben retten! Grabt euch stets sofort ein und krallt euch an jedes Stück Heimaterde. Schweiß spart Blut! Kämpft wie die Indianer, schlagt euch wie die Löwen! Seid listig! Schießt bis zur letzten Patrone und kämpft bis zum letzten Kolbenschlag!

Jedes Mittel, mit dem ihr die Stellung haltet und die Bolschewisten vernichtet, ist recht und heilig. Zurückgegangen wird nicht! Wer nicht kämpfen will und abhaut, wird umgelegt! ...

Der Führer sagt: Das letzte Bataillon auf dem Schlachtfeld wird ein deutsches sein. Wir wollen die Kraft und den Stolz besitzen, uns zu diesem Bataillon zählen zu dürfen ...«

Aber weder die von Goebbels strapazierten »ewigen Gesetze der Geschichte« noch die zahllosen Durchhalteparolen noch die Partisanenbewegung »Werwolf« und die bewußt ausgestreuten Gerüchte von den »Wunderwaffen« können die Niederlage Deutschlands aufhalten.

Aber noch immer will Hitler nicht kapitulieren. Für seinen Starrsinn, dem jede vernünftige und sittliche Einsicht fehlt, gibt es nur das »Entweder – Oder«. Entweder Sieg oder Untergang. Ein Untergang, vor dem er dann auch das deutsche Volk nicht mehr verschonen will. Seinem Zerstörungsbefehl vom 19. März 1945, das von den Truppen preisgegebene Gebiet in eine »Verkehrswüste« zu verwandeln, widersetzt sich Albert Speer, seit 1942 Minister für Bewaffnung und Munition, dessen außerordentlich geschickte Rüstungsplanung mit dazu beigetragen hat, daß der Krieg nicht schon 1942/43 verlorenging. In einem äußerst mutigen Schreiben an Adolf Hitler vom 29. März 1945, das ihn normalerweise das Leben gekostet hätte, heißt es unter anderem: »Als ich Ihnen am 18. März meine Schrift übergab, war ich der festen Überzeugung, daß die Folgerungen, die ich aus der gegenwärtigen Lage zur Erhaltung unserer Volkskraft zog, unbedingt Ihre Billigung finden werden. Denn Sie hatten selbst einmal festgelegt, daß es Aufgabe der Staatsführung ist, ein Volk bei einem verlorenen Krieg vor einem heroischen Ende zu bewahren. Sie machten mir jedoch am Abend Ausführungen, aus denen, wenn ich Sie nicht mißver-

Hitlers letztes Aufgebot: Frauen *(oben links)*, Kinder *(oben rechts)*, alte Männer *(unten)*. Sie sollten die alliierten Armeen aufhalten, die in unermeßlicher Übermacht über die deutschen Grenzen fluteten. Den Geist der Zeit geben am besten die Originalunterschriften wieder, die damals zu diesen Bildern veröffentlicht wurden. So hieß es zum Bild unten: »Volks-

sturmsoldaten im bedrohten Ostpreußen in voller Ausbildung. Erfahrene Kämpfer aus dem Osten und Westen führen die Volkssturmsoldaten, jung und alt, in die Kampfweise dieses Krieges ein. Unterricht an der Panzerfaust. Die Volkssturmsoldaten werden in kurzer Zeit mit der Handhabung der modernsten Nahkampfwaffen vertraut gemacht.« Oder zum

Bild oben: »Panzergräben an allen Grenzen. Im Westen, Osten und Südosten des Reiches hat die Bevölkerung, unbeirrt von Bombenterror und Tieffliegern, zu Spaten und Schaufel gegriffen, um dem Ansturm unserer Gegner zusätzliche Hindernisse entgegenzustellen. Ungezählte Tausende sind dem Ruf der Grenze gefolgt . . .«

standen habe, klar und eindeutig hervorging: Wenn der Krieg verlorengeht, wird auch das Volk verloren sein. Dieses Schicksal ist unabwendbar. Es sei nicht notwendig, auf die Grundlagen, die das Volk zu seinem primitivsten Weiterleben braucht, Rücksicht zu nehmen. Im Gegenteil sei es besser, selbst diese Dinge zu zerstören. Denn das Volk hätte sich als das schwächere erwiesen und dem stärkeren Ostvolk gehöre dann ausschließlich die Zukunft. Was nach dem Kampf übrigbleibt, seien ohnehin nur die Minderwertigen; denn die Guten seien gefallen!
Nach diesen Worten war ich zutiefst erschüttert. Und als ich einen Tag später den Zerstörungsbefehl und kurz danach den scharfen Räumungsbefehl las, sah ich darin die ersten Schritte zur Ausführung dieser Absichten . . .
Die planmäßige Zerstörung der Grundlage unseres Volkslebens ist ein so großes Unrecht unserem Volk gegenüber, daß das Schicksal es mit uns dann nicht mehr gut meinen kann. Das, was Generationen aufgebaut haben, dürfen wir nicht zerstören.«
Während sich Speer seiner eigenen Überzeugung folgend den Befehlen Hitlers widersetzt und im Verein mit den militärischen Stellen darum bemüht ist, die Ausfüh-

rung dieses Zerstörungsbefehls möglichst zu verhindern, geht der nun vollends sinnlos gewordene Krieg unbarmherzig weiter. Im sogenannten »Flaggenbefehl« vom 3. April 1945 befiehlt der Reichsführer SS Heinrich Himmler:
»1. Im jetzigen Zeitpunkt des Krieges kommt es einzig und allein auf den sturen unnachgiebigen Willen an zum Durchhalten.
2. Gegen das Heraushängen weißer Tücher, das Öffnen bereits geschlossener Panzersperren, das Nichtantreten zum Volkssturm und ähnliche Erscheinungen ist mit härtester Maßnahme durchzugreifen.
3. Aus einem Haus, aus dem eine weiße Fahne erscheint, sind alle männlichen Personen zu erschießen. Es darf bei diesen Maßnahmen in keinem Augenblick gezögert werden . . .«
Und am 12. April gibt das OKW bekannt:
»Städte liegen an wichtigen Verkehrsknotenpunkten. Sie müssen daher bis zum äußersten verteidigt und gehalten werden, ohne jede Rücksicht auf Versprechungen oder Drohungen, die durch Parlamentäre oder feindliche Rundfunksendungen überbracht werden. Für die Befolgung dieses Befehls sind die in jeder Stadt ernannten Kampfkommandanten persönlich verantwortlich. Handeln sie dieser soldatischen Pflicht zuwider, so werden sie wie alle zivilen Amtspersonen, die den Kampfkommandanten von dieser Pflicht abspenstig zu machen versuchen oder gar ihn bei der Erfüllung seiner Aufgabe behindern, zum Tode verurteilt.«
Trotz dieses unsinnigen Widerstandes mit allen Mitteln nähert sich die Rote Armee unaufhaltsam der Hauptstadt Berlin.
Erst am 30. April 1945 setzt sich bei Hitler die Erkenntnis durch, daß alles verloren ist. Die Sowjets kämpfen bereits im Stadtkern von Berlin, die von Hitler erhofften und heranbefohlenen Entsatzeinheiten kommen nicht, um Berlin aus der Umklammerung zu befreien – teils, weil es sie gar nicht mehr gibt, teils, weil sie sich ihrer eigenen Haut wehren müssen und nicht in der Lage sind, nach Berlin durchzubrechen.
Wozu auch nach Berlin durchbrechen? Für die verantwortungsbewußten Armeeführer gibt es nur noch eine Aufgabe. Und die besteht nicht darin, Hitler aus seinem Berliner Bunker herauszuholen, sondern darin, die ihnen anvertrauten Truppen möglichst zahlreich nach Westen zu bringen, um die Landser nicht in sowjetische, sondern in amerikanische oder britische Gefangenschaft gelangen zu lassen.
So kommt der Tag, der 30. April des Jahres 1945, an dem selbst Hitler einsieht, daß ihn und das Dritte Reich nichts mehr retten kann. Einen Tag zuvor hat er noch seinen »treuesten Paladin«, den Reichsmarschall Hermann Göring, aus der Partei und aus allen Ehrenämtern ausgestoßen, weil Göring ihn aus seinem Zufluchtsort

in den österreichischen Alpen telegrafisch gebeten hat,
ihm die Macht zu übertragen, da Hitler wohl durch das
Eingeschlossensein in Berlin an der realen Machtaus-
übung verhindert sei. Hitler befiehlt, Göring zu erschießen. Doch der Reichsmarschall wird von einer ihm treu
ergebenen Luftwaffeneinheit aus der Gefangenschaft
der SS befreit. Allerdings nur, um wenige Tage später
in amerikanische Gefangenschaft zu gehen.

Ebenfalls wegen Treuelosigkeit ausgestoßen wird der
gefürchtete Reichsführer SS, nachdem Hitler davon
erfahren hat, daß Heinrich Himmler auf eigene Faust
versucht hat, mit den Alliierten Verhandlungen anzu-
knüpfen.

Hitler selbst macht jetzt auch jene Worte wahr, die er
zu Beginn des Krieges vor dem Reichstag verkündet
hat. Entweder werde er den »Sieg« erringen »oder
dieses Ende nicht mehr erleben!« Er beschließt, Selbstmord zu begehen. Zuvor setzt er noch Großadmiral
Dönitz als Nachfolger ein. Dönitz wird zum Reichspräsidenten ernannt, jedoch nicht zum Regierungschef.
Reichskanzler und damit Regierungschef wird der wirklich treueste Gefolgsmann Hitlers Joseph Goebbels.

Hitler verfaßt noch zwei Testamente, ein privates und
ein politisches. In seinem politischen Testament spricht
er sich von aller Schuld am Kriege frei und prophezeit
entgegen den Ausführungen, die er Speer und anderen
gegenüber gemacht hat, dem deutschen Volke die
»strahlende Wiedergeburt der nationalsozialistischen
Bewegung«. Noch immer seinem Rassenwahn und
Rassenhaß verhaftet, schließt diese offizielle Verlautbarung Hitlers mit den Worten:»Vor allem verpflichte ich
die Führung der Nation und die Gefolgschaft zur peinli-
chen Einhaltung der Rassengesetze und zum unbarm-
herzigen Widerstand gegen den Weltvergifter aller Völker, das internationale Judentum.«

Dann, am 30. April – die Sowjets stehen bereits mitten
in Berlin, und die Reichskanzlei steht auf einer winzig
kleinen, von deutschen Truppen noch gehaltenen Insel
in der Innenstadt –, begeht Hitler in seinem Bunker
Selbstmord. Zuvor hat er noch seine langjährige
Lebensgefährtin Eva Braun geheiratet, die er vor vielen
Jahren als Angestellte seines Leibfotografen Hoffmann
kennengelernt hatte.

Am 2. Mai 1945 kapituliert Berlin vor der Sowjetarmee.
Schon eine Woche zuvor haben sich amerikanische und
sowjetische Truppen bei Torgau an der Elbe getroffen.
Auch Berlin hätte von den Amerikanern erobert wer-
den können, doch Oberbefehlshaber Eisenhower hält
Berlin für einen »strategisch uninteressanten Platz«.

In Italien ist schon kurz zuvor ein Waffenstillstand
zwischen den deutschen und den alliierten Truppen
geschlossen worden. Der Krieg scheint damit zu Ende,
obwohl noch kein allgemeiner Waffenstillstand abgeschlossen worden ist. In Flensburg-Mürwik residiert die

Götterdämmerung im Dritten Reich: Noch einmal treten der
»Führer« *(rechte Seite unten)* und seine Paladine Göring *(oben,
bei einem Jagdgeschwader)* und Goebbels *(rechte Seite oben am
11. März 1945 in Schlesien)* vor »ihr« Volk, um letzten Wider-
standsgeist zu mobilisieren. Doch ihre Stunde hat geschlagen,
Hitlers Macht ist gebrochen. »Kein anderer«, schreibt sein
Biograph Joachim Fest, »hat, in einem nur wenige Jahre
dauernden Alleingang, dem Zeitlauf so unglaubliche
Beschleunigung gegeben und den Weltzustand verändert wie
er; keiner hat eine solche Spur von Trümmern hinterlassen.
Erst eine Koalition fast aller Weltmächte hat ihn in einem
annähernd sechs Jahre dauernden Krieg gleichsam vom Erdboden getilgt: totgeschlagen, mit den Worten eines Offiziers
aus dem deutschen Widerstand, ›wie einen tollen Hund‹.«

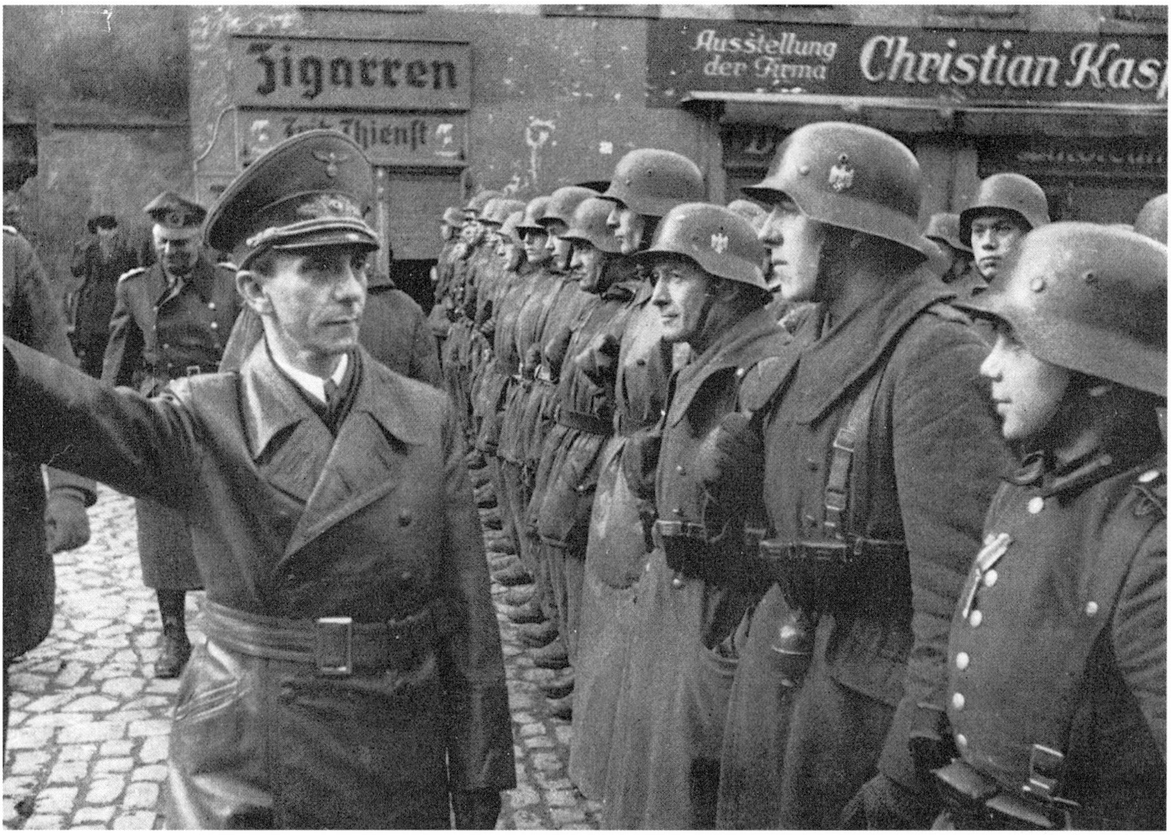
Zigarren
Ausstellung der Firma
Christian Kasp

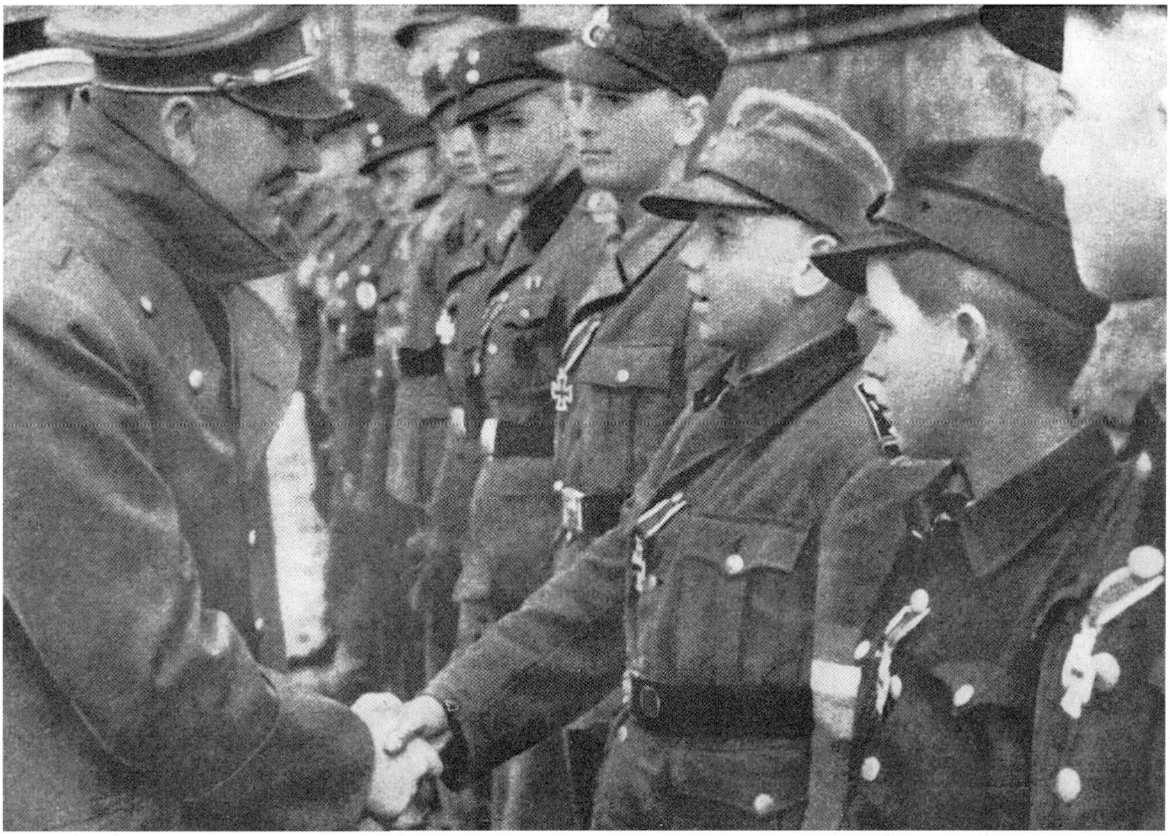

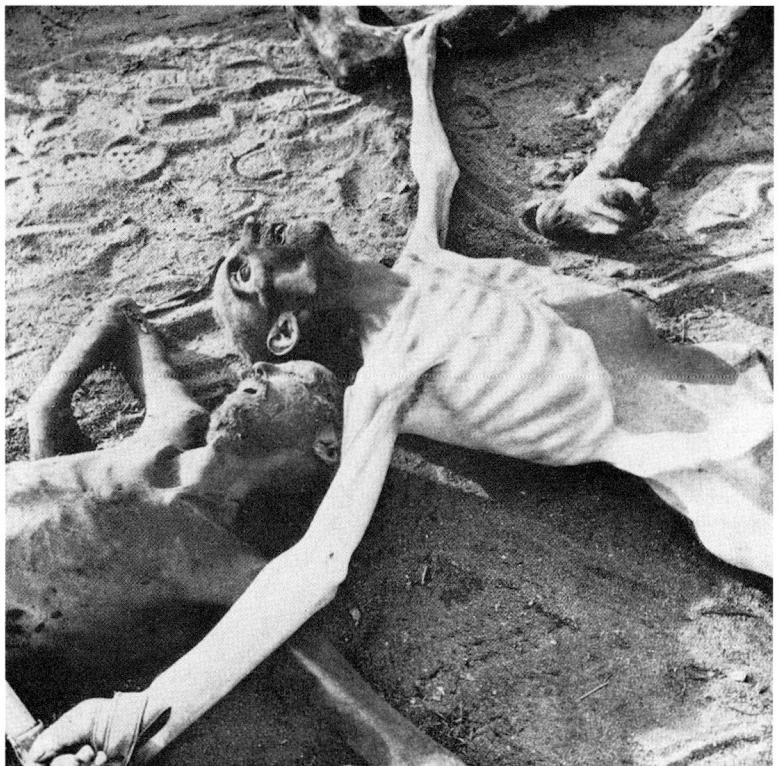

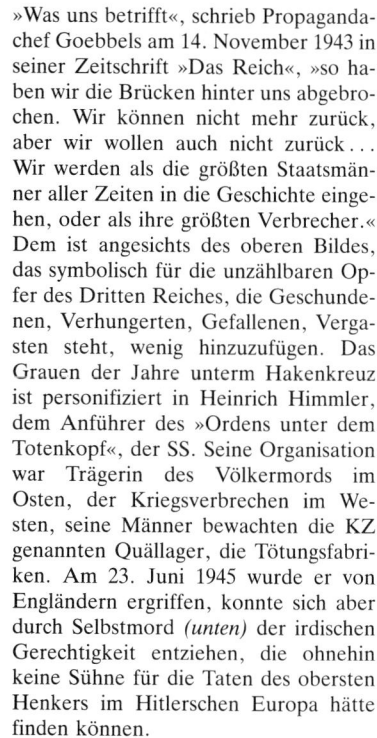

»Was uns betrifft«, schrieb Propaganda-chef Goebbels am 14. November 1943 in seiner Zeitschrift »Das Reich«, »so haben wir die Brücken hinter uns abgebrochen. Wir können nicht mehr zurück, aber wir wollen auch nicht zurück... Wir werden als die größten Staatsmänner aller Zeiten in die Geschichte eingehen, oder als ihre größten Verbrecher.« Dem ist angesichts des oberen Bildes, das symbolisch für die unzählbaren Opfer des Dritten Reiches, die Geschundenen, Verhungerten, Gefallenen, Vergasten steht, wenig hinzuzufügen. Das Grauen der Jahre unterm Hakenkreuz ist personifiziert in Heinrich Himmler, dem Anführer des »Ordens unter dem Totenkopf«, der SS. Seine Organisation war Trägerin des Völkermords im Osten, der Kriegsverbrechen im Westen, seine Männer bewachten die KZ genannten Quällager, die Tötungsfabriken. Am 23. Juni 1945 wurde er von Engländern ergriffen, konnte sich aber durch Selbstmord *(unten)* der irdischen Gerechtigkeit entziehen, die ohnehin keine Sühne für die Taten des obersten Henkers im Hitlerschen Europa hätte finden können.

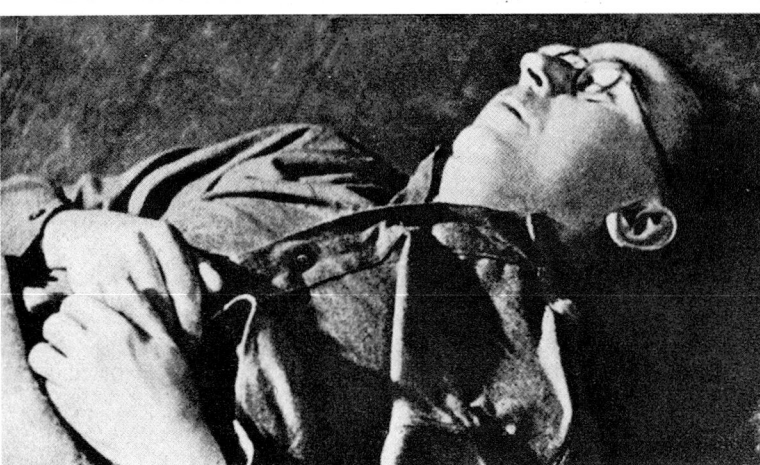

in Hitlers Testament bestimmte letzte deutsche Reichsregierung mit Großadmiral Dönitz als Reichspräsidenten an der Spitze.

»Reichskanzler« Joseph Goebbels ist mitsamt der Familie Hitlers Beispiel gefolgt: Er hat einen Tag nach Hitlers Selbstmord das gleiche getan. Seine Frau und die fünf Kinder enden im Bunker der Reichskanzlei durch Gift. In dieser Lage taucht bei Dönitz in Mürwik der Reichsführer SS Himmler auf und drängt auf Beteiligung an der Regierung.

Dönitz hat keine Ahnung von den wirklichen Vorgängen in Berlin, aber er kennt Himmler zu gut, um diesem Mann, der sich jetzt nach Hitlers Tod plötzlich bei ihm

anbiedert, zu trauen. So lehnt er Himmlers Forderung ab und ernennt den Reichsfinanzminister Graf Schwerin von Krosigk – neben von Neurath der letzte aus dem Papenschen »Kabinett der Barone« der Weimarer Republik – zum geschäftsführenden Reichskanzler, der allerdings mangels einer realen Macht kaum noch etwas zu führen hat.

Was nun noch zu tun bleibt, ist eine Aufgabe der Militärs. Und diese Aufgabe löst der letzte deutsche Reichspräsident in seiner Eigenschaft als Großadmiral und Oberbefehlshaber nicht nur der deutschen Kriegsmarine, sondern auch der gesamten deutschen Wehrmacht selbst.

Der eigentliche Sieger des Zweiten Weltkriegs war Stalin *(oben links)*, der den Machtbereich der Sowjetunion bis an die Elbe ausdehnen konnte. Er verdankte das letztlich dem amerikanischen Präsidenten Roosevelt *(oben Mitte)*, der mit dem übermächtigen US-Rüstungspotential den Krieg entschieden und gegen den Rat des englischen Verbündeten Churchill *(oben rechts)* die von Stalin geforderte »zweite Front« in Frankreich und nicht auf dem Balkan aufgebaut hatte. Ein Vormarsch von Süden hätte die Rote Armee vor der deutschen Ostgrenze abfangen können. Jetzt war zwar die Nazi-Tyrannei in ganz Europa beseitigt, doch Roosevelts »Vier Freiheiten« – der Rede, der Religion, von Not und von Furcht –, die er am 6. Januar 1941 verkündet hatte, galten nur in halb Europa. Im sowjetischen Machtbereich wechselte die Unterdrückung nur die Farbe, aus braun wurde rot. Noch aber verdeckte die Schlußabrechnung mit dem Dritten Reich die kommenden Konflikte unter den Siegermächten, die in Nürnberg über die deutschen Hauptkriegsverbrecher zu Gericht saßen *(unten, von links 1. Reihe)*: Göring, Heß, Ribbentrop, Keitel, Kaltenbrunner, Rosenberg, Hans Frank, Frick, Streicher, Funk, Schacht; *(obere Reihe)*: Dönitz, Raeder, Schirach, Sauckel, Jodl, Papen, Seyß-Inquart, Speer, Neurath, Fritzsche. Das Tribunal der Sieger, juristisch eher fragwürdig, leistete dennoch unschätzbare Aufklärungsarbeit über die Schreckensherrschaft und setzte einen Bewältigungsprozeß in Gang, der vielleicht dereinst das deutsche Trauma überwinden wird.

Dönitz organisiert den Rücktransport noch vieler Tausenden deutscher Verwundeter, Frauen und Kinder aus den von den Sowjets bedrohten Gebieten über die Ostsee nach dem Westen. Er tut, was er kann, um soviel wie möglich deutsche Soldaten vor sowjetischer Gefangenschaft zu retten und ihnen zu ermöglichen, in britische oder amerikanische Gefangenschaft zu gehen. Er tut das auch dann noch, als Deutschland bereits offiziell kapituliert hat. Das geschieht, mit Vollmacht des Reichspräsidenten zunächst am 7. Mai in der nordostfranzösischen Stadt Reims in einer Schule vor den westlichen Alliierten und am Tag darauf noch einmal vor den Sowjets in Berlin-Karlshorst.

Der Vertreter der deutschen Armee, die noch vor wenigen Jahren unbesiegbar schien, Generaloberst Jodl, der die bedingungslose Kapitulation in Reims unterzeichnet, kann nur noch eine Erklärung abgeben. Er bittet um das Wort und wendet sich an Eisenhower: »Herr General! Mit dieser Unterschrift sind das deutsche Volk und die deutsche Wehrmacht auf Gedeih und Verderben dem Sieger ausgeliefert. In diesem Kriege, der über fünf Jahre dauerte, haben beide mehr geleistet und mehr gelitten als vielleicht irgendein anderes Volk der Welt. In dieser Stunde bleibt mir nichts, als auf die Großmut des Siegers zu hoffen.«

In den Morgenstunden des 9. Mai 1945 tritt der Waffenstillstand überall in Europa in Kraft. Der Zweite Weltkrieg ist im Abendland zu Ende, nur im Fernen Osten wird noch gekämpft.

Die Schrecken des Krieges haben damit aber noch nicht aufgehört. Neben den Flüchtlingen aus Ostpreußen, Pommern, Schlesien und Jugoslawien werden die Reichsdeutschen in der Tschechoslowakei von Ausschreitungen besonders hart betroffen. Mord und Plünderung sind an der Tagesordnung. Die jahrelang drangsalierten Tschechen fragen wenig danach, ob ihre Opfer schuldig sind. Es beginnen die Todesmärsche der Sudetendeutschen.

Die Todesmärsche von Brünn, Tabor, Olmütz und aus anderen Städten, in denen seit Jahrhunderten die Deutschen wohnen. Am ersten Todesmarsch von Brünn müssen 34000 Deutsche teilnehmen. Nur 200 von ihnen erreichen das Ziel, ein Konzentrationslager.

Über einen anderen dieser Todesmärsche hat Rhoma Churchill am 6. August 1945 in der »Daily Mail« berichtet: »Letzten Monat beschlossen junge Revolutionäre der tschechischen Nationalgarde, die Stadt Brünn zu ›reinigen‹. Kurz vor 9 Uhr früh marschierten sie durch die Straßen und riefen alle Deutschen auf, sich bis 9 Uhr mit einem Stück Handgepäck vor ihren Haustüren einzufinden, um die Stadt für immer zu verlassen. Die Frauen hatten zehn Minuten Zeit, ihre Kinder anzuziehen und zu packen. Vor der Tür waren Schmuck, Uhren, Geld und Pelze an die Wachen abzugeben...

Dann ging unter Bewachung, mit gezogenen Revolvern, der Marsch zur österreichischen Grenze los, die bei Dunkelheit erreicht wurde. Aber die österreichischen Grenzwachen verweigerten ihnen den Einlaß. So blieben sie auf dem Feld, das sich in ein Konzentrationslager verwandelt hat. Sie leben von dem, was ihnen die Wachen von Zeit zu Zeit zukommen lassen, bestimmte Rationen erhalten sie nicht. Jetzt wütet eine Typhusepidemie unter ihnen. 25000 Frauen und Kinder mußten diesen Zwangsmarsch von Brünn machen.

Im ganzen Land entstehen jetzt Konzentrationslager für die Deutschen. Sogar deutsche Juden und Antinazis, die erst kürzlich aus den Konzentrationslagern der Gestapo befreit wurden, sind davor nicht sicher...«

In Deutschland ist es ähnlich. Auch hier werden Internierungslager errichtet. Es gibt keine deutsche Regierung mehr. Die Regierung Dönitz ist am 23. Mai von britischen Soldaten verhaftet worden. Die Regierungsgewalt wird von den vier Besatzungsmächten ausgeübt. Deutschland ist in vier Besatzungszonen aufgeteilt, Ostpreußen ist von den Sowjets und von den Polen ihrem Staatsgebiet einverleibt worden, deutsche Städte erhalten russische und polnische Namen. Aus Königsberg wird Kaliningrad, aus Memel Klaipeda, aus Allenstein Olsztyn, aus Breslau Wroclaw. Die Tschechen haben das Sudetenland wieder in Besitz genommen, Frankreich erhebt Anspruch auf das Saarland.

In den zerbombten Städten hungern die Menschen. Millionen Männer sind in Kriegsgefangenschaft. Noch immer ziehen Millionen aus ihrer Heimat Vertriebener über die Straßen in das klein gewordene Deutschland. Von den sechzehn Millionen Deutschen, die in Ostdeutschland und in Südosteuropa gelebt haben, sind fast vier Millionen umgekommen.

So also sieht das Ende des Dritten Reiches aus, des Staates, von dem noch vor wenigen Jahren viele glaubten, er sei der wahre deutsche Staat, der den Menschen Frieden und Arbeit gebracht hat, dessen Führung in so kurzer Zeit die Mehrzahl aller Deutschen in einem Reich vereinigt hat.

Nun gibt es nur noch Trümmer, Not und Elend. Bewußt wird den Menschen erst jetzt nach der militärischen Katastrophe die moralische in ihrem ganzen Ausmaß. Das Wort »deutsch« ist von den braunen Herren auf lange Zeit zum Fluch gemacht worden. Was in KZs und Vernichtungslagern ans Licht kommt, übersteigt jedes Vorstellungsvermögen. Es wird Generationen dauern, bis die seelischen Trümmer geräumt sind.

Die Ruinen werden im Westen dank alliierter Hilfe rasch verschwinden, und auch im Osten werden die materiellen Wunden des Zusammenbruchs, wenn auch sehr viel später, heilen. Unüberwunden aber bleibt die Spaltung einer Nation, die noch einen weiten Weg zurückzulegen hat zur Bewältigung ihres tiefen Falls.

DAZU brauchte Hitler 12 Jahre Zeit.

Anhang

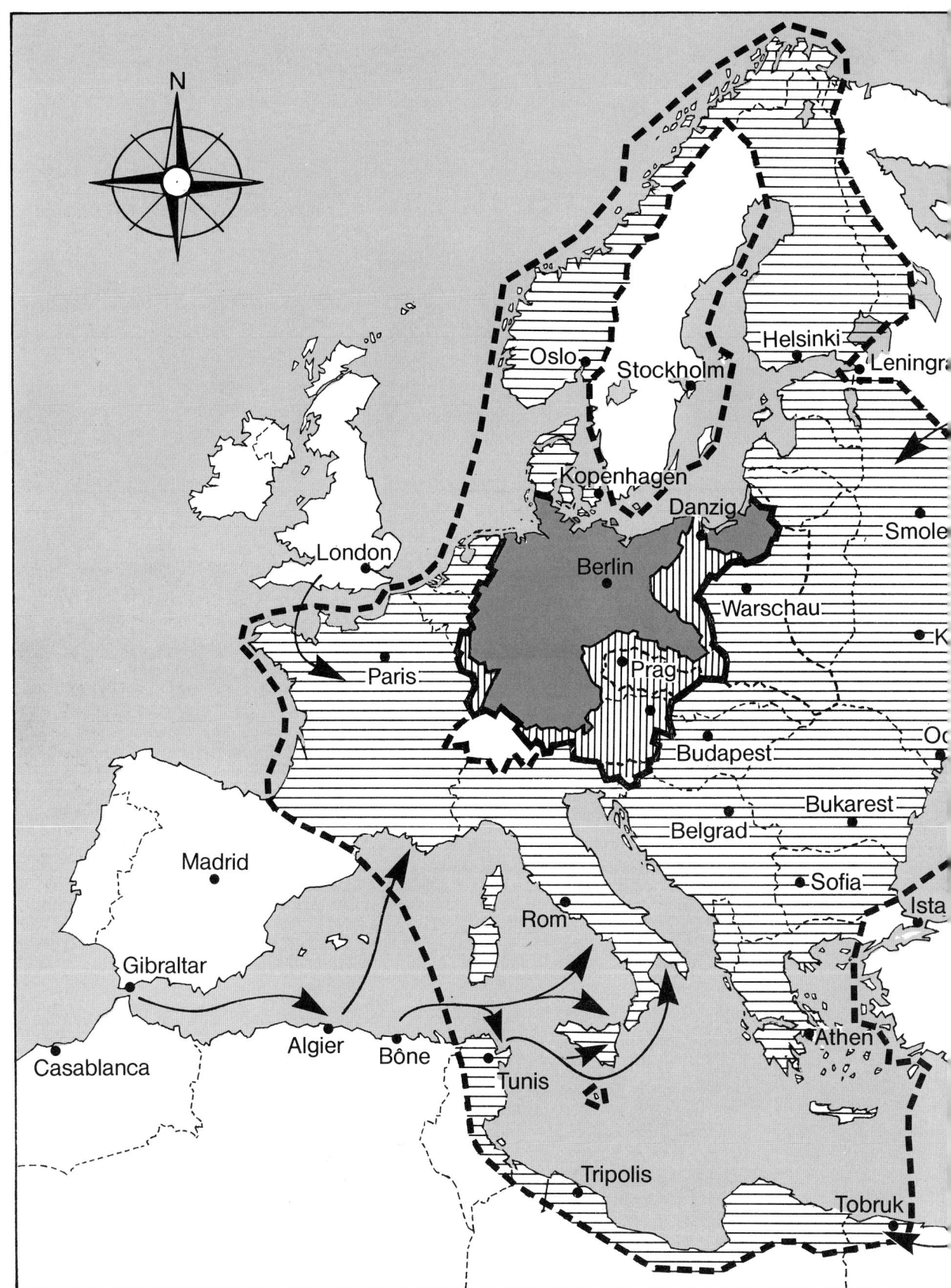

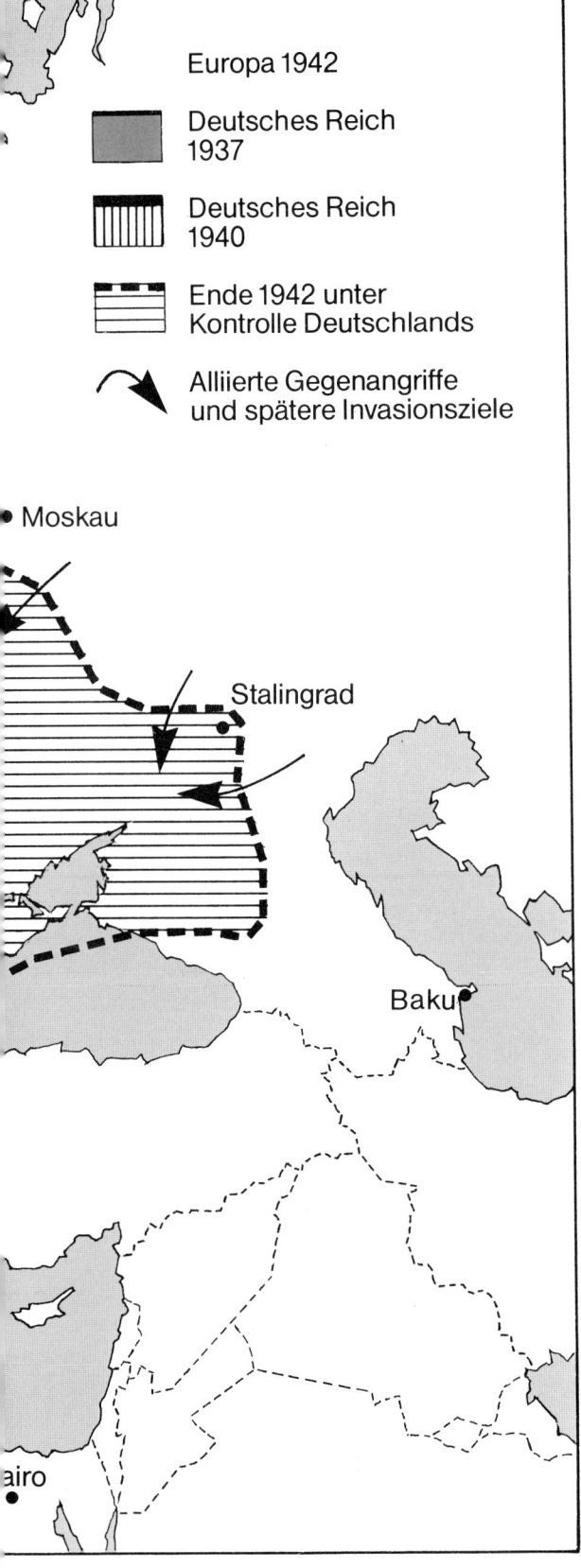

Europa 1942

Deutsches Reich
1937

Deutsches Reich
1940

Ende 1942 unter
Kontrolle Deutschlands

Alliierte Gegenangriffe
und spätere Invasionsziele

Moskau

Stalingrad

Baku

airo

»Weitermarschieren, bis alles in Scherben fällt« – diese Ankündigung im berüchtigten Marschlied »Es zittern die morschen Knochen« machten Hitlers Heere im Zweiten Weltkrieg buchstäblich wahr: Bis zum Kaukasus und nach Ägypten, zum Atlantik und ans Eismeer dehnten sie die deutschen Fronten, wie die Karte von 1942 zeigt. Genauer gesagt: Sie überdehnten die Kräfte, so daß der Kollaps nur noch eine Frage der Zeit war. Nach dem Beitritt der Vereinigten Staaten in die gegnerische Koalition ging die militärische Initiative unaufhaltsam an die Alliierten verloren. Der von Hitler mißbrauchte Opfer- und Heldenmut der deutschen Soldaten konnte das Verhängnis nur aufhalten, zu verhindern vermochte er es nicht. Das faßte der letzte Wehrmachtbericht treffend zusammen, der am 9. Mai 1945 im pathetischen Stil der Zeit bekanntgab:

Seit Mitternacht schweigen nun an allen Fronten die Waffen. Auf Befehl des Großadmirals hat die Wehrmacht den aussichtslos gewordenen Kampf eingestellt. Damit ist das fast sechsjährige heldenhafte Ringen zu Ende. Es hat uns große Siege, aber auch schwere Niederlagen gebracht. Die Deutsche Wehrmacht ist am Ende einer gewaltigen Übermacht ehrenvoll unterlegen.
Die einmalige Leistung von Front und Heimat wird in einem späteren gerechten Urteil der Geschichte ihre endgültige Würdigung finden.
Den Leistungen und Opfern der deutschen Soldaten zu Lande, zu Wasser und in der Luft wird auch der Gegner die Achtung nicht versagen. Jeder Soldat kann deshalb die Waffe aufrecht und stolz aus der Hand legen und in den schwersten Stunden unserer Geschichte tapfer und zuversichtlich an die Arbeit gehen für das ewige Leben unseres Volkes.
Die Wehrmacht gedenkt in dieser Stunde ihrer vor dem Feinde gebliebenen Kameraden. Die Toten verpflichten zu bedingungsloser Treue, zu Gehorsam und Disziplin gegenüber dem aus zahllosen Wunden blutenden Vaterland.

MILITÄRREGIERUNG–DEUTSCHLAND
KONTROLLGEBIET DES OBERSTEN BEFEHLSHABERS

PROKLAMATION Nr. I

AN DAS DEUTSCHE VOLK:

Ich, General Dwight D. Eisenhower, Oberster Befehlshaber der Alliierten Streitkräfte gebe hiermit Folgendes bekannt:

I.

Die Alliierten Streitkräfte, die unter meinem Oberbefehl stehen, haben jetzt deutschen Boden betreten. Wir kommen als ein siegreiches Heer; jedoch nicht als Unterdrücker. In dem deutschen Gebiet, das von Streitkräften unter meinem Oberbefehl besetzt ist, werden wir den Nationalsozialismus und den deutschen Militarismus vernichten; die Herrschaft der Nationalsozialistischen Deutschen Arbeiter Partei beseitigen, die NSDAP auflösen sowie die grausamen, harten und ungerechten Rechtssätze und Einrichtungen, die von der NSDAP geschaffen worden sind, aufheben. Den deutschen Militarismus, der so oft den Frieden der Welt gestört hat, werden wir endgültig beseitigen. Führer der Wehrmacht und der NSDAP, Mitglieder der Geheimen Staats-Polizei und andere Personen, die verdächtigt sind, Verbrechen und Grausamkeiten begangen zu haben, werden gerichtlich angeklagt und, falls für schuldig befunden, ihrer gerechten Bestrafung zugeführt.

II.

Die höchste gesetzgebende, rechtsprechende und vollziehende Machtbefugnis und Gewalt in dem besetzten Gebiet ist in meiner Person als Oberster Befehlshaber der Alliierten Streitkräfte und als Militär-Gouverneur vereinigt. Die Militärregierung ist eingesetzt, um diese Gewalten unter meinem Befehl auszuüben. Alle Personen in dem besetzten Gebiet haben unverzüglich und widerspruchslos alle Befehle und Veröffentlichungen der Militärregierung zu befolgen. Gerichte der Militärregierung werden eingesetzt, um Rechtsbrecher zu verurteilen. Widerstand gegen die Alliierten Streitkräfte wird unnachsichtlich geahndet. Andere schwere strafbare Handlungen werden schärfstens geahndet.

III.

Alle deutschen Gerichte, Unterrichts- und Erziehungsanstalten innerhalb des besetzten Gebietes werden bis auf Weiteres geschlossen. Dem Volksgerichtshof, den Sondergerichten, den SS Polizei-Gerichten und anderen ausserordentlichen Gerichten wird überall im besetzten Gebiet die Gerichtsbarkeit entzogen. Die Wiederaufnahme der Tätigkeit der Straf- und Zivilgerichte und die Wiedereröffnung der Unterrichts- und Erziehungsanstalten wird genehmigt, sobald die Zustände es zulassen.

IV.

Alle Beamte sind verpflichtet, bis auf Weiteres auf ihren Posten zu verbleiben und alle Befehle und Anordnungen der Militärregierung oder der Alliierten Behörden, die an die deutsche Regierung oder an das deutsche Volk gerichtet sind, zu befolgen und auszuführen. Dies gilt auch für die Beamten, Arbeiter und Angestellten sämtlicher öffentlichen und gemeinwirtschaftlichen Betriebe, sowie für sonstige Personen, die notwendige Tätigkeiten verrichten.

DWIGHT D. EISENHOWER
General
Oberster Befehlshaber
Allierte Streitkräfte

(39717r) 5.000

CA/GI 1rd.

Abbildung oben: Mit dem Zusammenbruch des Dritten Reiches hat Deutschland zum erstenmal in der Geschichte seine Souveränität verloren. Die höchste gesetzgebende, rechtsprechende und vollziehende Gewalt ist von den Siegern übernommen worden. — Abbildung rechts: Auf einem Plakat versuchen die Sieger unter Hinweis auf die Schrecken des Nationalsozialismus das deutsche Volk aus der Untertanenhaltung herauszuführen, um es für die demokratische Selbstverwaltung zu gewinnen. Ein Bemühen, das in der Bundesrepublik Deutschland auf fruchtbaren Boden fiel und bis heute ein blühendes und freiheitliches Staatsgebilde hervorgebracht hat, in dem es keine politischen Parteien mehr gibt, die dessen freiheitliche Grundordnung in Frage stellen.

Wieder Herr
im eigenen Hause werden!

Wir wollen uns doch nichts vormachen: wir sind es heute nicht, und wir waren es nicht seit 1933.

Weder in den kleinen, noch in den großen Dingen haben wir in den 12 Jahren Hitler-Herrschaft selbst entscheiden können.

Und

Was unsere Kinder mit ihrer Freiheit anfingen —
Welche Rundfunksender wir einstellen durften —
Welche Arbeit wir leisten sollten —
Ob wir aufrüsten, ob wir Krieg anfangen, andere Völker überfallen, andere Länder besetzen sollten oder nicht — —

Alles das hat da oben Hitlers Pack entschieden. Sie konnten es, weil 12 Millionen Naziwähler mithalfen, sie zur Macht zu bringen, und weil viele Millionen mehr ihnen Jahr um Jahr ihr „Ja" gegeben haben.

DESHALB verfluchen uns jetzt die Mütter von zwanzig Nationen, deren Söhne durch deutsche Kugeln gefallen, deren Häuser durch deutsche Bomben vernichtet sind.

DESHALB liegt heute jeder zehnte Deutsche im Massengrab oder im Krüppelheim.

DESHALB sind unsere Städte zerstört, unsere Fabriken lahmgelegt, unsere Reichskassen geleert.

DESHALB hungern wir, DESHALB frieren wir, DESHALB haben Millionen kein Heim,

und DESHALB haben wir fremde Truppen im Land, werden von Ausländern regiert und stehen unter Kuratel . . . weil sie kein Vertrauen zu uns haben.

Die Völker mißtrauen uns, weil wir uns mißbrauchen ließen, weil wir Hitler für uns entscheiden ließen, statt unsere Geschicke in unsere eigenen Hände zu nehmen.

Kopf in den Sand stecken hilft gar nichts. Frei sein, uns selbst regieren werden wir erst dann, wenn wir bewiesen haben, daß uns kein Hitler mehr mißbrauchen kann.

Hitler nahm uns nicht nur das Recht, über Krieg und Frieden zu entscheiden. Er entschied auch über Haus und Hof. Auch heute haben wir nicht das Recht, über Deutschland zu entscheiden.

Aber die Besatzungsmacht will, daß wir selbst bestimmen, wie es in Stadt und Land aussehen soll. Freie Regierung ist der erste Schritt zum freien Deutschland.

Von vorn müssen wir anfangen mit dem Selbstverwalten und dem Selbstregieren — von unten auf.

Im nächsten Jahr wird gewählt werden in den Gemeinden, sobald die Umstände es erlauben. Darauf müssen wir uns vorbereiten.

A B E R : Regierung durch das Volk heißt nicht nur Stimmvieh spielen.

D e r ist kein guter Bürger

D e r hilft nicht sich und Deutschland, der alle Jubeljahre einmal „wählt" und sich sonst überhaupt nicht darum kümmert, wie es in seinem Dorf und seiner Stadt aussieht.

Wenn wir uns selbst regieren wollen
— und wir müssen es wollen, um ein neues Drittes Reich zu vermeiden —

dann müssen wir selbst Hand anlegen, müssen uns kümmern. Arbeite mit in der Gemeinde, mach Vorschläge und hilf sie mit verwirklichen. Es gibt genug zu tun:

Kümmerst Du Dich darum, wie Deine Kinder in der Schule erzogen werden?

Kümmerst Du Dich darum, ob die Kranken, die Schwachen und die Alten versorgt werden?

Kümmerst Du Dich darum, daß die Gemeindefinanzen richtig verwendet werden, daß es Arbeit gibt?

Kümmerst Du Dich darum, daß die Lebensmittel gerecht verteilt werden, daß Dein Nächster ein Bett und ein Dach hat?

Da fängt es an mit dem Selbstregieren!   Da wirst Du gebraucht!   Da hilf mit!

Natürlich, es kann nicht ein jeder zum Rathaus laufen. Es wird nichts draus, wenn jeder nur in seine eigene Richtung zerrt. Der einzelne ist nicht immer stark genug; Zusammenschluß mit Gleichgesinnten ist nötig und sichert erst den Erfolg. Die politischen Parteien, die jetzt in allen Kreisen wieder erstehen, sind Sammelbecken für die Bürger, denen das Gemeinwohl am Herzen, nicht nur im Munde liegt.

Schließ Dich einer Partei an, informiere Dich politisch — — arbeite mit, hilf mit,

es gibt nur diesen einen Weg zur Freiheit.

Printed by the PRINTING AND DISTRIBUTION UNIT, Control Commission for Germany (B.E.)

Kurzbiographien

AMANN, MAX (1891–1957), Hitlers Kompaniefeldwebel im Ersten Weltkrieg. Übernahm 1921 die Geschäftsführung der NSDAP, 1922 den Parteiverlag Franz Eher Nachfolger GmbH; seit 1933 Präsident der Reichspressekammer. Mit Mitteln, die nicht immer korrekt waren, baute er den parteiamtlichen Eher-Verlag zu einem großen NS-Pressetrust aus.

BADOGLIO, PIETRO (1871–1958), italienischer Marschall und Politiker, Oberbefehlshaber im Abessinienkrieg. In den ersten Jahren des Zweiten Weltkrieges Generalstabschef, 1943 am Sturz Mussolinis beteiligt, bis 1944 Ministerpräsident, 1947 wegen Zusammenarbeit mit dem Faschismus verurteilt und aus dem Senat ausgestoßen.

BECK, LUDWIG (1880–1944); Generaloberst. Im Ersten Weltkrieg Generalstabsoffizier, 1933 Chef des Truppenamtes, 1935 Chef des Generalstabes des Heeres. Als solcher bekämpfte er Hitlers Kriegspläne, 1938 während der Sudetenkrise Rücktritt. Als Haupt der Widerstandsbewegung gegen Hitler nahm er sich nach deren Scheitern am 20. Juli 1944 das Leben.

BENESCH, EDUARD (1884–1948), tschechischer Staatsmann. 1918–1935 Außenminister, 1935–1938 Staatspräsident; ging nach dem Münchener Abkommen und der Abtretung der sudetendeutschen Gebiete ins Exil. Als Staatspräsident von 1945–1948 versuchte er vergeblich, die Sowjetisierung der Tschechoslowakischen Republik aufzuhalten, nach dem kommunistischen Staatsstreich im Februar 1948 Rücktritt.

BLOMBERG, WERNER VON (1878–1946), General. 1927 Chef des Truppenamtes, 1933 Reichswehrminister, 1935 Reichskriegsminister und Oberbefehlshaber der Wehrmacht, 1936 Generalfeldmarschall, 1938 wegen privater Verhältnisse verabschiedet. Starb in amerikanischer Haft im Nürnberger Gerichtsgefängnis.

BORMANN, MARTIN (1900–1945), nationalsozialistischer Politiker. Nach dem Ersten Weltkrieg in nationalistischen Bünden tätig, 1933 Stabsleiter im Amt Heß und Reichsleiter, seit 1938 im persönlichen Stab Hitlers, nach der Flucht von Heß (1941) Chef der Parteikanzlei und Mitglied des Ministerrates für Reichsverteidigung. Als Hitlers Sekretär übte er gegen Ende des Dritten Reiches bestimmenden Einfluß aus, vermutlich 1945 in Berlin umgekommen.

BRAUCHITSCH, WALTHER VON (1881–1948), Generalfeldmarschall. 1938 als Nachfolger von Fritsch Oberbefehlshaber des Heeres, 1941 von Hitler verabschiedet, der selbst den Oberbefehl übernahm.

BRAUN, EVA (1910–1945), Hitlers Geliebte. Über ihr Verhältnis zu Hitler liegen die widersprechendsten Berichte vor, doch erscheint sicher, daß es erst Ende der dreißiger Jahre intimer wurde. Hitler heiratete sie noch einen Tag vor dem gemeinsamen Tod.

BRIAND, ARISTIDE (1862–1932), französischer Diplomat und Staatsmann. Von 1906 an mehrfach Regierungsmitglied und Ministerpräsident. Nach 1926 Leiter der französischen Außenpolitik. 1926 Verleihung des Friedensnobelpreises gemeinsam mit Stresemann. Trat für eine Annäherung an Deutschland ein, entscheidend am Locarno-Vertrag beteiligt.

BRÜNING, HEINRICH (1885–1970), Zentrumspolitiker und Staatsmann. 1920–1930 Geschäftsführer des christlichen Gewerkschaftsbundes. 1924–1933 Reichstagsabgeordneter des Zentrums, 1929 Fraktionsführer, 1930–1932 Reichskanzler eines vorwiegend auf dem Vertrauen des Reichspräsidenten gestützten »Präsidialkabinetts«, 1933 Emigration in die USA.

CANARIS, WILHELM (1887–1945), Admiral, Leiter der Abwehrabteilung im Reichskriegsministerium. Als Angehöriger der Widerstandsbewegung wurde er im Zusammenhang mit dem 20. Juli 1944 durch ein SS-Standgericht zum Tode verurteilt und gehenkt.

CHAMBERLAIN, ARTHUR NEVILLE (1869–1940), britischer Staatsmann. 1918 konservativer Abgeordneter, 1937 Premierminister und Leiter der britischen Außenpolitik. Als Vertreter einer Beschwichtigungspolitik glaubte er den Krieg mit Hitler verhindern zu können.

CHURCHILL, WINSTON (1874–1965), britischer Staatsmann. 1900 konservativer Unterhausabgeordneter, bekleidete bis 1929 fast alle bedeutenden Regierungsstellungen, 1929 bis 1939 ohne Amt und ohne Einfluß, warnte er vergeblich vor den von Hitler drohenden Gefahren. 1940–1945 Premierminister und Führer der Konservativen, dann wieder nach dem konservativen Wahlsieg im Oktober 1951–1955.

CIANO, GALEAZZO GRAF (1903–1944), italienischer Politiker und Mitglied der faschistischen Partei; Schwiegersohn Mussolinis. 1936–1943 Außenminister; im Juli 1943 Beteiligung an Mussolinis Sturz. Nach dessen Befreiung durch deutsche Truppen zum Tode verurteilt und hingerichtet.

DALADIER, EDUARD (1884–1970), französischer Politiker. 1933/34 und 1938–1940 Ministerpräsident; unterzeichnete das Münchener Abkommen 1938, 1940 verhaftet und 1943 bis 1945 in Deutschland interniert, seit 1946 wieder Abgeordneter.

DARRÉ, RICHARD WALTER (1895–1953), 1930 agrarpolitischer Beauftragter der NSDAP, später Reichsbauernführer, 1933 Reichsminister für Ernährung und Landwirtschaft, Ideologe des »Blut- und Boden-Mythos«. 1942 ausgeschieden, 1949 zu 7 Jahren Gefängnis verurteilt, nach 16 Monaten freigelassen.

DELP, ALFRED (1907–1945), kath. Theologe, seit 1926 Jesuit. Ab 1942 Mitglied des Kreisauer Kreises, 1944 wegen Tätigkeit in der Widerstandsbewegung verhaftet, 1945 hingerichtet.

DIETRICH, OTTO (1897–1952), nationalsozialistischer Politiker. 1931 Pressechef der NSDAP, 1933 Gleichschaltung der Presse, 1937 Pressechef der Reichsregierung und Staatssekretär im Propagandaministerium, 1949 verurteilt, 1950 entlassen.

DIETRICH, SEPP (1892–1966), Generaloberst der Waffen-SS, seit 1928 Befehlshaber der SS-Leibstandarte Adolf Hitler, 1944 Oberbefehlshaber der 6. SS-Panzerarmee. 1946 zu 25 Jahren Gefängnis verurteilt, 1955 aus Landsberg entlassen.

DÖNITZ, KARL (1891–1980), Großadmiral. 1936 Befehlshaber der U-Boote, Januar 1943 Oberbefehlshaber der Kriegsmarine, bildet nach Hitlers Tod als dessen Nachfolger eine neue Reichsregierung; in Nürnberg zu 10 Jahren Gefängnis verurteilt.

DOLLFUSS, ENGELBERT (1892–1934), österreichischer Bundeskanzler, seit 1933 autoritäre Regierungsform, 1934 beim nationalsozialistischen Putsch im Bundeskanzleramt ermordet.

DUESTERBERG, THEODOR (1875–1950), Berufsoffizier. 1924 bis 1933 Zweiter Bundesführer des »Stahlhelm«, 1932 Kandidat für das Amt der Reichspräsidenten, 1934 als Hitlergegner vorübergehend in Haft.

EBERT, FRIEDRICH (1871–1925), sozialdemokratischer Politiker und Staatsmann. Lehrzeit als Sattler, 1912 Reichstagsmitglied, 1913 Wahl zum Vorsitzenden der SPD, 9. November 1918 Reichskanzler und Leiter des Rates der Volksbeauftragten, 11. Februar 1919 Wahl zum Reichspräsidenten durch die Nationalversammlung in Weimar.

EICHMANN, ADOLF KARL (1906–1962), SS-Obersturmbannführer, Leiter des Judenreferates im Reichssicherheitshauptamt, maßgeblich an der Judenvernichtung beteiligt, 1960 aus Argentinien entführt, von einem Jerusalemer Gericht zum Tod verurteilt.

ESENHOWER, DWIGHT D. (1890–1961), amerikanischer General und Politiker. 1942 Oberbefehlshaber der amerikanischen Streitkräfte in Europa, 1944 Oberbefehl bei der Invasion in der Normandie, 1952–1960 Präsident der Vereinigten Staaten.

FEDER, GOTTFRIED (1883–1941), Ingenieur. Gründete 1917 den »Deutschen Kampfbund zur Brechung der Zinsknechtschaft«, wesentlich beteiligt am 25-Punkte-Programm der NSDAP.

FRANCO, BAHAMONDE FRANCISCO (1892–1975), General. 1934 Chef des spanischen Generalstabes, 1936 Erhebung gegen die Regierung, 1939 mit deutscher und italienischer Hilfe Sieger im spanischen Bürgerkrieg, bis zu seinem Tod Chef des spanischen Staates mit diktatorischen Vollmachten (Caudillo).

FRANK, HANS (1900–1946), Rechtsanwalt. Seit 1926 Rechtsbeistand Hitlers, 1933 Reichsleiter, 1934 Reichsminister und »Reichsrechtsführer«, 1939 Generalgouverneur in Polen, in Nürnberg zum Tod verurteilt und gehenkt.

FREISLER, ROLAND (1877–1945), Rechtsanwalt. Seit 1925 Mitglied der NSDAP, 1942–1945 Präsident des Volksgerichtshofes, fanatischer Vertreter des NS-Strafrechts (besonders bei den Prozessen gegen die Widerstandsbewegung nach dem 20. Juli 1944), 1945 bei Luftangriff getötet.

FRICK, WILHELM (1877–1946), nationalsozialistischer Politiker. 1933–1943 Reichsinnenminister, 1943–1945 Reichsprotektor von Böhmen und Mähren, 1946 in Nürnberg zum Tod verurteilt.

FRITSCH, WERNER FREIHERR VON (1880–1939), Generaloberst. 1934–1938 Chef der Heeresleitung, 1935 Oberbefehlshaber des Heeres. 1938 diffamiert und seines Amtes enthoben, 1939 in Polen gefallen.

GAULLE, CHARLES DE (1890–1970), französischer General und Politiker. Kommandeur einer Panzerdivision, seit 1940 Organisator des französischen Widerstandes von London aus, 1945–1946 Chef der provisorischen Regierung, 1958–1969 Staatspräsident der V. Republik.

GOEBBELS, JOSEPH (1897–1945), nationalsozialistischer Politiker und Publizist. Seit 1922 Mitglied der NSDAP, Redakteur an nationalsozialistischen Zeitungen, 1926 Gauleiter von Berlin, 1928 Reichspropagandaleiter der NSDAP, 1933 Reichsminister für Volksaufklärung und Propaganda, 1944 »Generalbevollmächtigter für den totalen Kriegseinsatz«. Endete 1945 durch Selbstmord.

GOERDELER, CARL-FRIEDRICH (1884–1945), Verwaltungsbeamter. 1930–1937 Oberbürgermeister von Leipzig, führender Kopf der Widerstandsbewegung und von dieser als Reichskanzler vorgesehen, 1944 verhaftet und 1945 hingerichtet.

GÖRING, HERMANN (1893–1946), nationalsozialistischer Politiker. Jagdflieger im Ersten Weltkrieg, seit 1922 Mitglied der NSDAP, 1923 Teilnahme am Hitler-Putsch, 1928 Reichstagsabgeordneter, 1932 Reichstagspräsident, 1933–1934 preußischer Ministerpräsident und Innenminister, 1934 Reichsforst- und Reichsjägermeister, 1935 Oberbefehlshaber der Luftwaffe, 1938 Generalfeldmarschall, 1940 Reichsmarschall. 1946 in Nürnberg zum Tode verurteilt, beging er vor der Hinrichtung Selbstmord durch Gift.

GROENER, WILHELM (1867–1939), General und Politiker. Seit 1912 im Generalstab, 1928 Reichswehrminister, 1931 bis zum Sturz des Kabinetts Brüning auch Reichsinnenminister.

HACHA, EMIL (1872–1945), tschechoslowakischer Politiker. 1938 Präsident der Tschechoslowakei, beugte sich 1939 dem Ultimatum Hitlers und blieb in machtloser Stellung Staatspräsident des Protektorats Böhmen und Mähren, 1945 im Gefängnis gestorben.

HALDER, FRANZ (1884–1972), Generaloberst. 1938 Chef des Generalstabes des Heeres, 1942 abgesetzt, nach dem 20. Juli 1944 verhaftet, war er bis Kriegsende in Konzentrationslagern.

HENLEIN, KONRAD (1898–1945), sudetendeutscher Politiker. 1938 für den Anschluß des sudetendeutschen Gebietes an das Deutsche Reich; nach dem Münchener Abkommen Gauleiter der NSDAP im Sudetenland, seit 1939 Reichsstatthalter, 1945 von den Tschechen zum Tod verurteilt, beging er Selbstmord in einem alliierten Lager.

HESS, RUDOLF (geb. 1894), nationalsozialistischer Politiker. Seit 1920 Mitglied der NSDAP, 1923 Teilnahme am Hitler-Putsch, 1925 Hitlers Privatsekretär, 1933 »Stellvertreter des Führers« und Reichsminister, 1941 eigenmächtiger Flug nach Großbritannien, um mit England Frieden zu schließen. In Nürnberg zu lebenslänglicher Haft verurteilt, seitdem im alliierten Gefängnis in Spandau.

HEYDRICH, REINHARD (1904–1942), SS-Obergruppenführer. 1931 als Seeoffizier nach einem Ehrenverfahren entlassen, ab 1932 Chef des Sicherheitsdienstes (SD) der SS, ab 1936 Leiter der Sicherheitspolizei (Sipo) und der Geheimen Staatspolizei (Gestapo), ab 1939 Leiter des SS-Reichssicherheitshauptamtes (RSHA), 1941 Stellvertretender Reichsprotektor von Böhmen und Mähren, 4. Juni 1942 an den Folgen eines Attentates tschechischer Patrioten gestorben.

HIMMLER, HEINRICH (1900–1945), Diplomlandwirt. 1923 Teilnahme am Hitler-Putsch, 1929 Reichsführer der SS, 1935 Chef der Geheimen Staatspolizei im Reich, 1936 »Chef der deutschen Polizei«, 1943 Reichsinnenminister, 1944 Befehlshaber des Heimatheeres, Hauptorganisator der Konzentrationslager, der Judenvernichtung und des Terrors gegen die politischen Gegner des NS-Regimes. Endete durch Selbstmord.

HINDENBURG, PAUL VON BENECKENDORFF UND VON (1847–1934), Generalfeldmarschall. Teilnahme an den Kriegen von 1866 und 1870/71, 1914 Oberbefehlshaber der 8. Armee, die die Russen bei Tannenberg schlug, 1916 Chef der Obersten Heeresleitung, 1918 Forderung nach einem Waffenstillstand, 1925 Wahl zum Reichspräsidenten, 1932 Wiederwahl. Berief 1933 Hitler zum Reichskanzler.

HITLER, ADOLF (1889–1945), nationalsozialistischer Politiker. Hilfsarbeiter und Zeichner in Wien, kam 1913 nach München, 1914 Kriegsfreiwilliger und Gefreiter, seit 1919 Aufbau der NSDAP. 9. November 1923 Versuch, die bayerische und die Reichsregierung zu stürzen, Verurteilung zu fünf Jahren Festungshaft, jedoch schon Ende Dezember 1924 Entlassung. In der Festungshaft Abfassung von »Mein Kampf«. 1925 Neugründung der NSDAP, SA und SS, wachsende Wahlerfolge für seine Partei, 1932 Niederlage bei der Reichspräsidentenwahl,

30. Januar 1933 Ernennung zum Reichskanzler, Ausschaltung aller anderen Parteien, vereinigt nach dem Ableben Hindenburgs (2. August 1934) das Amt des Reichspräsidenten, des Reichskanzlers und des Obersten Befehlshabers der Wehrmacht in seiner Person, regierte mit absolut diktatorischen Vollmachten und endete durch Selbstmord am 30. April 1945.

HÖSS, RUDOLF FRANZ FERDINAND (1900–1947), SS-Obersturmbannführer. 1924 zusammen mit Bormann Zuchthausstrafe wegen Fememord, 1940–1943 Kommandant des Konzentrationslagers Auschwitz, 1944/45 Stellvertreter des Inspekteurs der Konzentrationslager, 1947 als Kriegsverbrecher hingerichtet.

HUBER, KURT (1893–1943), Professor für Tonpsychologie und Philosophie an der Universität München. 1943 im Zusammenhang mit der Aufdeckung der Widerstandsgruppe um die Geschwister Scholl zum Tode verurteilt.

HUGENBERG, ALFRED (1865–1951), Wirtschaftsführer und deutsch-nationaler Politiker. 1909–1918 Vorsitzender des Direktoriums der Firma Krupp, ab 1916 Aufbau des Hugenbergkonzerns durch Zusammenfassung von Tageszeitungen, Nachrichtenbüros und Filmunternehmen (UFA), 1928 Vorsitzender der DNVP, Bündnis mit Hitler in der »Harzburger Front«, 1933 Reichswirtschafts- und Ernährungsminister im ersten Kabinett Hitler. Im Juni 1933 zurückgetreten und seitdem ohne Einfluß auf die von ihm selbst geförderte Entwicklung.

JODL, ALFRED (1890–1946), Generaloberst. 1939–1945 Chef des Wehrmachtsführungsstabes, Hitlers Berater in allen strategischen und operativen Fragen, 1945 als Vertreter der deutschen Wehrmacht Unterzeichner der bedingungslosen Kapitulation in Reims. 1946 in Nürnberg zum Tod verurteilt.

KAAS, LUDWIG, (1881–1952), katholischer Priester und Politiker. 1924 Prälat, 1928–1933 Vorsitzender des Zentrums. Unter seiner Führung Zustimmung des Zentrums zum Ermächtigungsgesetz, seit 1933 in Rom, wirkte beim Abschluß des Konkordates zwischen dem Heiligen Stuhl und dem Dritten Reich mit.

KAHR, GUSTAV RITTER VON (1862–1934), Verwaltungsbeamter und Politiker. 1917–1924 Regierungspräsident von Oberbayern, 1923 Generalstaatskommissar in Bayern, im November 1923 zunächst kurze Zusammenarbeit mit Hitler, trug dann aber zum Mißlingen des Hitler-Putsches bei. 1934 im Zusammenhang mit der »Röhm-Affäre« von Nationalsozialisten ermordet.

KALTENBRUNNER, ERNST (1903–1946), Jurist. 1933–1938 Führer der österreichischen SS, 1943–1945 als Nachfolger von Heydrich Chef der Sicherheitspolizei, des Sicherheitsdienstes und des SS-Reichssicherheitshauptamtes. Als Kriegsverbrecher in Nürnberg zum Tod verurteilt.

KAPP, WOLFGANG (1858–1922), Politiker. 1906–1920 Generallandschaftsdirektor in Ostpreußen, gründete 1917 mit Tirpitz die Deutsche Vaterlandspartei, führte 1920 den »Kapp-Putsch« gegen die Reichsregierung, der, obwohl anfangs erfolgreich, schnell zusammenbrach.

KEITEL, WILHELM (1882–1946), Generalfeldmarschall. 1938 Chef des neuen Oberkommandos der Wehrmacht und damit Hitlers erster militärischer Berater, Spitzname »Lakeitel«, weil er sich Hitler widerstandslos unterordnete. 1945 Unterzeichnung der bedingungslosen Kapitulation in Berlin. 1946 in Nürnberg zum Tod verurteilt.

LAVAL, PIERRE (1883–1945), französischer Politiker und Jurist. 1925–1935 wiederholt Minister, 1931/32 und 1935/36 Ministerpräsident, 1940 und 1942 Ministerpräsident unter Pétain. 1945 wegen Kollaboration mit Deutschland zum Tod verurteilt.

LEBER, JULIUS (1891–1945), sozialdemokratischer Politiker, Mitglied des Reichstags. 1933–1937 in Haft, Mitglied der Widerstandbewegung im Kreisauer Kreis, wurde noch vor dem 20. Juli 1944 erneut verhaftet und vom Volksgerichtshof zum Tod verurteilt.

LEUSCHNER, WILHELM (1890–1944), Gewerkschaftsführer. 1928–1930 sozialdemokratischer Innenminister in Hessen, 1933 verhaftet, organisierte nach seiner Freilassung die gewerkschaftliche Widerstandsbewegung gegen Hitler. Nach dem 20. Juli 1944 vom Volksgerichtshof zum Tod verurteilt.

LEY, ROBERT (1890–1945), Chemiker, Gauleiter der NSDAP im Rheinland, seit 1934 Reichsorganisationsleiter, Leiter der Deutschen Arbeitsfront (DAF), beging 1945 in der Haft in Nürnberg Selbstmord.

LIEBKNECHT, KARL (1871–1919), sozialistischer Politiker und Rechtsanwalt. 1912 SPD-Mitglied des Reichstages, 1916 Austritt aus der sozialdemokratischen Fraktion, 1917 mit Rosa Luxemburg Gründer des Spartakusbundes, 1918 Mitbegründer der KPD, 1919 nach den Spartakus-Aufständen von Regierungstruppen erschossen.

LOSSOW, OTTO (1868–1938), General. Kommandeur des Reichswehrkreises München, 1923 an den Vorbereitungen zum Hitler-Putsch beteiligt.

LUDENDORFF, ERICH (1865–1937), General. 1908–1912 Chef der Operationsabteilung im Großen Generalstab, 1914 Generalstabschef Hindenburgs an der Ostfront, 1916 Erster Generalquartiermeister der Obersten Heeresleitung, neben Hindenburg einflußreichster Leiter der gesamten Kriegsführung, 1918 Verabschiedung. Nach der Revolution von 1918 politische Betätigung, Teilnahme am Hitler-Putsch, 1925 nationalsozialistischer Reichspräsidentschaftskandidat.

MOLOTOW (SKRJABIN), WJATSCHESLAW MICHAILOWITSCH (geb. 1890), sowjetrussischer Staatsmann. Seit 1906 Mitglied der Bolschewiki, 1925 als enger Mitarbeiter Stalins Mitglied des Politbüros der KPdSU, 1930–1941 Vorsitzender des Rates der Volkskommissare, 1939–1949 und 1953–1956 Außenminister.

Nach 1956 als Stalinist in verschiedenen einflußlosen Positionen.

MÜLLER, LUDWIG (1883–1945), protestantischer Theologe. 1926–1933 Wehrkreispfarrer in Königsberg, 1933 Landesbischof von Preußen, anschließend Reichsbischof der Deutschen Evangelischen Kirche, Führer der »Deutschen Christen«, endete durch Selbstmord.

MUSSOLINI, BENITO (1883–1945), italienischer Staatsmann. Volksschullehrer, Journalist, ursprünglich Sozialist, 1919 Gründung des ersten faschistischen Kampfbundes (Schwarz-Hemden) in Mailand, Übernahme der Macht nach dem »Marsch auf Rom« am 28. Oktober 1922, Ausbau Italiens zu einem autoritären Staatswesen, 1929 Ausgleich mit der Kurie durch die Lateranverträge; durch die Partnerschaft mit Hitler Teilnahme am Zweiten Weltkrieg. 1943 im Faschistischen Großrat überstimmt, verhaftet, aber von deutschen Fallschirmjägern befreit. Im April 1945 von Partisanen erschossen.

NEURATH, KONSTANTIN BARON VON (1873–1956), Diplomat und Staatsmann. 1919 Gesandter in Kopenhagen, 1922 Botschafter in Rom, 1930 in London, 1932–1938 Reichsaußenminister unter Papen, Schleicher und Hitler, 1938 durch Ribbentrop abgelöst und von Hitler zum Vorsitzenden eines »Geheimen Kabinettsrates«, der nie zusammentrat, ernannt, 1939–1941 Reichsprotektor von Böhmen und Mähren, 1946 in Nürnberg zu 15 Jahren Gefängnis verurteilt, 1954 aus der Haft entlassen.

NIEMÖLLER, MARTIN (geb. 1892), evangelischer Theologe. Im Ersten Weltkrieg U-Boot-Kommandant, studierte dann Theologie, 1931 Pfarrer in Berlin-Dahlem, 1933 Gründung des Pfarrernotbundes (Bekennende Kirche), 1937–1945 wegen seines Widerstandes gegen das nationalsozialistische Regime in den Konzentrationslagern Sachsenhausen und Dachau, 1947–1964 Kirchenpräsident der evangelischen Kirche in Hessen.

NOSKE, GUSTAV (1868–1946), sozialdemokratischer Politiker. Seit 1906 Reichstagsabgeordneter, 1918 Mitglied des Rates der Volksbeauftragten, 1919 wurde unter seinem Befehl der Berliner Spartakistenaufstand niedergeschlagen, 1919/20 Reichswehrminister, 1920–1923 Oberpräsident der Provinz Hannover.

OSSIETZKY, CARL VON (1889–1938), Schriftsteller. Seit 1927 Hauptschriftleiter der »Weltbühne«, seit 1933 im KZ, 1936 Friedensnobelpreis, dessen Annahme ihm verboten wurde. Starb kurz nach seiner Entlassung an den Folgen seiner KZ-Haft.

PAPEN, FRANZ VON (1979–1969), Politiker. 1921–1932 Zentrumsabgeordneter des preußischen Landtages (konservativ-monarchistischer Außenseiter), 1932 Reichskanzler und Reichskommissar für Preußen, 30. Januar 1933 Vizekanzler im Kabinett Hitler, nach dem Röhmputsch (30. Juni 1934) Niederlegung dieses Amtes, deutscher Gesandter in Wien, 1936–1938 deutscher Botschafter in Österreich, 1939–1944

Botschafter in der Türkei, 1946 in Nürnberg freigesprochen, jedoch im Spruchkammerverfahren zu acht Jahren Arbeitslager verurteilt, 1949 entlassen.

PAULUS, FRIEDRICH (1890–1957), Generalfeldmarschall. Oberbefehlshaber der 6. Armee, 1943 Kapitulation in Stalingrad, in sowjetischer Kriegsgefangenschaft Mitarbeit beim Nationalkomitee Freies Deutschland.

PÉTAIN, PHILIPPE (1856–1951), französischer Marschall. 1916 Verteidigung von Verdun, 1934 Kriegsminister, als Ministerpräsident Waffenstillstand mit Deutschland und Italien am 25. 6. 1940, Staatschef der Vichy-Regierung, 1945 wegen Kollaboration mit den Nationalsozialisten zum Tod verurteilt, von de Gaulle zu lebenslänglicher Haft begnadigt und auf die Insel Yeu verbannt.

PILSUDSKI, JÓZEF (1867–1935), polnischer Staatsmann. Mitbegründer der »Poln. Sozialist. Partei«, 1918–1922 Staatspräsident, 1926 Staatsstreich und Errichtung einer Diktatur mit Unterstützung der Armee, Befürworter einer unabhängigen Politik Polens (Nichtangriffsverträge mit Deutschland und der Sowjetunion).

PIUS XII., EUGENIO PACELLI (1876–1958), 1920–1929 Apostolischer Nuntius für das Deutsche Reich, 1930 Kardinalstaatssekretär, 1939–1958 Papst.

POINCARÉ, RAYMOND (1860–1934), französischer Staatsmann. 1887 Abgeordneter der Nationalversammlung, 1912 Ministerpräsident, 1913–1920 Präsident der Republik, 1922–1924, 1926–1929 Ministerpräsident, veranlaßte er im Januar 1923 die Besetzung des Ruhrgebiets, um die strikte Erfüllung der Verpflichtung des Versailler Vertrages von Deutschland zu erreichen.

QUISLING, VIDKUN (1887–1945), norwegischer Politiker. 1931–1933 Kriegsminister, 1933 Gründer der faschistischen Partei Nasjonal Samling, 1942–1945 unter deutscher Besatzung Chef einer nationalen Regierung, 1945 wegen Hochverrats zum Tod verurteilt.

RATHENAU, WALTHER (1867–1922), Industrieller und Politiker. 1915 Präsident der AEG, 1919 von der Reichsregierung zur Mitarbeit an der Vorbereitung der Versailler Friedenskonferenz berufen, 1921 Wiederaufbauminister, 1922 Reichsaußenminister, (Abschluß des Rapallo-Vertrages mit Sowjetrußland). Wegen seiner »Erfüllungspolitik« von antisemitischen und nationalsozialistischen Gruppen heftig befehdet, auf der Fahrt zum Auswärtigen Amt von Freikorpsoffizieren erschossen.

RAUSCHNING, HERMANN (1887–1982), Politiker. 1933/34 Präsident des Senats der freien Stadt Danzig, 1936 Emigration in die Schweiz, seit 1948 in den USA.

RIBBENTROP, JOACHIM VON (1893–1946), Kaufmann und Politiker. Seit 1930 im In- und Ausland für die NSDAP tätig, schloß 1935 als deutscher Bevollmächtigter das deutsch-britische Flottenabkommen ab, 1936 Botschafter in London, 1938–1945 Reichsaußenminister, 1946 in Nürnberg zum Tod verurteilt.

RÖHM, ERNST (1887–1934), Berufsoffizier. 1919 im Freikorps Epp, 1923 am Hitler-Putsch beteiligt, seit 1925 führend am Aufbau der SA beteiligt, 1931 Stabschef der SA, 1933 Reichsminister ohne Geschäftsbereich, 1934 in Bad Wiessee festgenommen und wegen angeblichen Hoch- und Landesverrats erschossen (plante eine zweite nationalsozialistische Revolution).

ROMMEL, ERWIN (1891–1944), Generalfeldmarschall, 1941 bis 1943 Befehlshaber des deutschen Afrikakorps, 1943 einer Heeresgruppe in Norditalien, 1943/44 der Heeresgruppe B in Nordfrankreich, 1944 wegen Zusammenarbeit mit der deutschen Widerstandsbewegung von Hitler zum Selbstmord gezwungen.

ROOSEVELT, FRANKLIN DELANO (1882–1945), amerikanischer Staatsmann. 1910 demokratischer Senator, 1928 bis 1932 Gouverneur des Staates New York, 1933–1945 Präsident der Vereinigten Staaten. Als entschiedener Gegner Hitlers Unterstützung der Alliierten noch vor dem Kriegseintritt der USA.

ROSENBERG, ALFRED (1893–1946), nationalsozialistischer Politiker. 1921 Hauptschriftleiter des »Völkischen Beobachter«, 1923 Teilnahme am Hitler-Putsch, neben Goebbels der ideologische Hauptpropagandist des Nationalsozialismus (Hauptwerk: »Der Mythus des 20. Jahrhunderts«), 1933 Reichsleiter des außenpolitischen Amtes der NSDAP, seit 1934 auch Beauftragter für die Überwachung der weltanschaulichen Erziehung der Partei, 1941 Reichsminister für die besetzten Ostgebiete. 1946 in Nürnberg zum Tod verurteilt.

SCHACHT, HORACE GREELY HJALMAR (1877–1970), Finanzfachmann und Politiker. 1923 Reichswährungskommissar, beteiligt an der Stabilisierung der Deutschen Mark, 1924 bis 1929 Reichsbankpräsident, 1930–1932 Förderer der »Harzburger Front«, 1933–1939 erneut Reichsbankpräsident, 1934–1937 zugleich Reichswirtschaftsminister, Finanzierung der Arbeitsbeschaffung und der Wiederaufrüstung, 1944/45 wegen seiner oppositionellen Haltung im KZ. 1946 in Nürnberg freigesprochen.

SCHIRACH, BALDUR VON (1907–1974), nationalsozialistischer Politiker. 1928 Leiter des NS-Studentenbundes, 1931 Jugendführer und Reichsleiter der NSDAP, 1933–1940 »Jugendführer des Deutschen Reiches«, 1940–1945 Gauleiter und Reichsstatthalter von Wien, 1946 in Nürnberg zu 20 Jahren Gefängnis verurteilt.

SCHLEICHER, KURT VON (1882–1934), General. 1919 politischer Referent im Stabe Groeners, 1929 Chef des Ministeramtes im Reichswehrministerium, 1932 Reichswehrminister, Dezember 1932 Reichskanzler, 1934 im Zuge des »Röhm-Putsches« von der SS ermordet.

SCHUSCHNIGG, KURT VON (1897–1977), österreichischer Politiker. Seit 1927 christlich-sozialer Abgeordneter im österr.

Nationalrat, 1932 Justizminister, 1933 Unterrichtsminister, 1934 nach der Ermordung Dolfuß' Bundeskanzler, 1938 nach dem »Anschluß« durch die Nationalsozialisten gestürzt und bis 1945 inhaftiert.

SEECKT, HANS VON (1866—1936), Generaloberst. 1920 bis 1926 Chef der Heeresleitung der Reichswehr, 1923/24 Inhaber der vollziehenden Gewalt zur Sicherung des Reiches gegen innere Gefahren, 1930—1932 Reichstagsabgeordneter der DVP, 1934/35 militärischer Berater Tschiang-Kaischeks in China.

SELDTE, FRANZ (1882—1947), Fabrikant. 1918 Gründer des »Stahlhelm« (Bund der Frontsoldaten). Bis 1933 Bundesführer dieser Organisation, beteiligte sich mit Hitler und Hugenberg an der »Harzburger Front«, 1933—1945 Reichsarbeitsminister. 1947 in alliierter Haft gestorben.

SEYSS-INQUART, ARTHUR (1892—1946), österreichischer Politiker. 1937 von Schuschnigg als Staatsrat berufen, 1938 Innenminister, nach Schuschniggs Rücktritt Bundeskanzler, Durchführung des Anschlusses Österreichs an das Deutsche Reich, bis 1939 Reichsstatthalter der »Ostmark«, 1940 bis 1945 Reichskommissar für die besetzten Niederlande. 1946 in Nürnberg zum Tod verurteilt.

SPEER, ALBERT (1905—1981), nationalsozialistischer Politiker und Architekt. 1942 Minister für Bewaffnung und Munition, Generalinspektor für das Straßenwesen und für Wasser und Energie, Leiter der Organisation Todt, seit Ende 1944 widersetzte er sich den sinnlosen Zerstörungsbefehlen Hitlers, 1946 in Nürnberg zu 20 Jahren Gefängnis verurteilt.

STALIN, JOSSIF WISSARIONOWITSCH DSCHUGASCHWILI (1879 bis 1953), sowjetrussischer Staatsmann. 1917 Mitglied des Politbüros und Volkskommissar für die Nationalitäten (bis 1923), 1922 Generalsekretär der KPdSU, nach Ausschaltung aller Gegner in der Partei ab 1930 unbeschränkter Diktator, Vorsitzender des Rates der Volkskommissare und Generalissimus der Roten Armee, nach seinem Tod Prozeß der »Entstalinisierung«, eingeleitet durch den XX. Parteitag der KPdSU.

STAUFFENBERG, CLAUS SCHENK GRAF VON (1907—1944), Offizier. Plante und führte das Attentat gegen Hitler am 20. Juli 1944 aus, von einem Standgericht zum Tod verurteilt und sofort hingerichtet.

STRASSER, GREGOR (1892—1934), nationalsozialistischer Politiker. Seit 1921 Mitglied der NSDAP, Teilnahme am Hitler-Putsch, 1932 Reichsorganisationsleiter der NSDAP, Dezember 1932 Trennung von Hitler wegen erheblicher Meinungsverschiedenheiten, 1934 während des Röhm-Putsches ermordet.

STREICHER, JULIUS (1885—1946), Volksschullehrer. 1923 Teilnahme am Hitler-Putsch, 1923 Gründung des antisemitischen Hetzblattes »Der Stürmer«, 1924—1940 Gauleiter von Franken, 1946 in Nürnberg zum Tod verurteilt.

STRESEMANN, GUSTAV (1878—1929), Staatsmann der Weimarer Republik. 1918/19 Mitbegründer und Führer der Deutschen Volkspartei, 1923 Reichskanzler, 1923—1929 Reichsaußenminister: Ausgleich mit Frankreich und Rückführung Deutschlands in den Kreis der Mächte durch Locarno-Pakt und Eintritt in den Völkerbund, 1926 Verleihung des Friedensnobelpreises gemeinsam mit Briand.

THÄLMANN, ERNST (1886—1944), Transportarbeiter. 1903 Mitglied der SPD, im Ersten Weltkrieg Mitglied der Unabhängigen, der KPD, 1924 Führer des Roten Frontkämpferbundes, 1925 Vorsitzender der KPD, 1925 und 1932 kommunistischer Reichspräsidentschaftskandidat. 1933 verhaftet und 1944 im Konzentrationslager Buchenwald ermordet.

WELS, OTTO (1873—1939), sozialdemokratischer Politiker. Seit 1913 Mitglied des Parteivorstandes der SPD, 1931 bis 1933 Vorsitzender der SPD, begründete 1933 die Ablehnung des Ermächtigungsgesetzes für seine Fraktion vor dem Reichstag, 1933 Emigration nach Prag, 1938 nach Paris, Leiter der Exil-SPD.

WILSON, THOMAS WOODROW (1856—1924), amerikanischer Historiker und Staatsmann. 1913—1921 Präsident der USA, 1918 Verkündung des Friedensprogramms der »Vierzehn Punkte«, 1919 Teilnehmer an der Versailler Friedenskonferenz, Initiator des Völkerbundes. 1919 Verleihung des Friedensnobelpreises.

WITZLEBEN, ERWIN VON (1881—1944), Generalfeldmarschall. 1941/42 Oberbefehlshaber West in Frankreich, als Hauptbeteiligter am Attentat gegen Hitler wurde er am 8. 8. 1944 vom Volksgerichtshof zum Tode verurteilt.

Literaturnachweis

Eine Auswahl aus der Menge des verwendeten Materials:

Adam, Uwe-Dietrich, Judenpolitik im Dritten Reich. Düsseldorf 1972

Adler, H. G., Die Juden in Deutschland. Von der Aufklärung bis zum Nationalsozialismus, München 1960

Anschläge. Deutsche Plakate als Zeitdokumente der Zeit 1900–1960, hrsg. von Friedrich Arnold, Ebenhausen/München 1963

Bennecke, Heinrich, Hitler und die SA, München und Wien 1962

Binder, Gerhart, Epoche der Entscheidungen. Eine Geschichte des 20. Jahrhunderts mit Dokumenten in Text und Bild, Stuttgart 1960

Bracher, Karl-Dietrich, Die Auflösung der Weimarer Republik, Villingen 1960

Bracher, Karl-Dietrich, Wolfgang Sauer, Gerhard Schulz, Die nationalsozialistische Machtergreifung. Studien zur Errichtung des totalitären Herrschaftssystems in Deutschland, Köln/Opladen 1960

Brenner, Hildegard, Die Kunstpolitik des Nationalsozialismus, Hamburg 1963

Broszat, Martin, Nationalsozialistische Polenpolitik 1939 bis 1945. (Schriftenreihe der Vierteljahreshefte für Zeitgeschichte). Stuttgart 1961

Broszat, Martin, Der Nationalsozialismus. Weltanschauung, Programm und Wirklichkeit, Stuttgart 1961

Broszat, Martin, Der Staat Hitlers. München 1969

Buber-Neumann, Margarete, Von Potsdam nach Moskau. Stationen eines Irrweges, Stuttgart 1958

Buchbender, Ortwin/Sterz, Reinhold, Das andere Gesicht des Krieges. Deutsche Feldpostbriefe. München 1982

Buchheim, Hans, Glaubenskrise im Dritten Reich, Stuttgart 1953

Buchheim, Hans, SS und Polizei im NS-Staat, Duisburg 1964

Buchheim, Hans, Das Dritte Reich. Grundlagen und politische Entwicklung, München 1960.

Bullock, Alan, Hitler. Eine Studie über Tyrannei, Düsseldorf 1960

20. Juli 1944. Bearbeitet von Hans Royce. Neubearbeitet und ergänzt von Erich Zimmermann und Hans-Adolf Jacobsen, Bonn 1960

Churchill, Winston S., Der Zweite Weltkrieg. Band I: Der Sturm zieht auf. 2 Bücher. I. Buch: Von Krieg zu Krieg (1948). 2. Buch: Drôle de Guerre (1948). Stuttgart o. J.

Coulondre, Robert, Von Moskau nach Berlin, 1936–1939, Bonn 1950

Craig, Gordon A., Germany 1866–1945. Dt.: Deutsche Geschichte 1866–1945. München 1980

Curtius, Julius, Sechs Jahre Minister der deutschen Republik, Heidelberg 1948

Dahlerus, Birger, Der letzte Versuch, London–Berlin 1939, München 1948

Daim, Wilfried, Der Mann, der Hitler die Ideen gab. Von den religiösen Verirrungen eines Sektierers zum Rassenwahn des Diktators, München 1958

Dallin, Alexander, Deutsche Herrschaft in Rußland 1941 bis 1945. Eine Studie über Besatzungspolitik, Düsseldorf 1958

Deuerlein, Ernst, Hitler. Eine politische Biographie. München 1970

Die Invasion 1944. Aus dem Kriegstagebuch des Oberkommandos der Wehrmacht, hrsg. von Percy Ernst Schramm, München 1963

Diels, Rudolf, Lucifer ante portas. Zwischen Severing und Heydrich, Zürich o. J.

Dietrich, Otto, 12 Jahre Hitler, München 1955

Domarus, Max, Hitler, Reden und Proklamationen 1932 bis 1945. Kommentiert von einem deutschen Zeitgenossen. I. Band: Triumph (1932–1938). II. Band: Untergang (1939 bis 1945), Würzburg 1962 u. 1963

Drews, Richard, Kantorowicz, Alfred, Verboten und verbrannt, Berlin/München 1947

Eilers, Rolf, Die nationalsozialistische Schulpolitik, Köln/Opladen 1963

Erbe, René, Die nationalsozialistische Wirtschaftspolitik 1933–1939 im Lichte der modernen Theorie, Zürich 1958

Eyck, Erich, Geschichte der Weimarer Republik. 2 Bände, Erlenbach-Zürich 1956

Faber du Faur, Macht und Ohnmacht. Erinnerungen eines alten Offiziers, Stuttgart 1953

Fest, Joachim, Das Gesicht des Dritten Reiches. München 1963

Fest, Joachim, Hitler. Eine Biographie. Berlin 1973

Foertsch, Hermann, Schuld und Verhängnis. Die Fritsch-Krise im Frühjahr 1938 als Wendepunkt in der Geschichte der nationalsozialistischen Zeit, Stuttgart 1951

François-Poncet, André, Von Versailles bis Potsdam. Frankreich und das deutsche Problem . . . 1919–1945, Berlin/Mainz 1949

François-Poncet, André, Als Botschafter in Berlin 1930 bis 1938, Mainz 1947

Frank, Hans, Im Angesicht des Galgens. Deutung Hitlers und seiner Zeit auf Grund eigener Erlebnisse und Erkenntnisse, München-Gräfelfing 1953

Frank, Anne, Das Tagebuch der Anne Frank. 12. Juni 1942 bis

1. August 1944. Vorwort von Albrecht Goes, Frankfurt a. M. 1955

Gamm, Hans-Jochen, Der braune Kult. Das Dritte Reich und seine Ersatzreligion. Ein Beitrag zur politischen Bildung, München 1962

Gamm, Hans-Jochen, Führung und Verführung. Pädagogik des Nationalsozialismus, München 1964

Gamm, Hans-Jochen, Judentumskunde. Eine Einführung, München/Recklinghausen 1960

Gamm, Hans-Jochen, Der Flüsterwitz im Dritten Reich, München 1963

Gaulle, Charles de, Memoiren 1942–1946, Düsseldorf 1961

Gaulle, Charles de, Memoiren. Der Ruf. 1940–1942, Frankfurt a. M. 1955

Geschichte des Zweiten Weltkrieges in Dokumenten. Herausgegeben von Michael Freund, 3 Bände, Freiburg/München 1955

Geschichte in Quellen, Band V, Weltkriege und Revolutionen 1914–1945, bearbeitet von Günter Schönbrunn, München 1961

Geßler, Otto, Reichswehrpolitik in der Weimarer Zeit, hrsg. von K. Sentner, Stuttgart 1958

Gilbert, Martin und Gott, Richard, Der gescheiterte Frieden. Europa 1933–1939, Stuttgart 1964

Gilbert, Martin, Auschwitz und die Alliierten. London 1981

Glaser, Hermann, Das Dritte Reich. Anspruch und Wirklichkeit, Freiburg i. Br. 1961

Goebbels, Joseph, Vom Kaiserhof zur Reichskanzlei. Eine historische Darstellung in Tagebuchblättern, München 1934

Görlitz, Walter, Der Zweite Weltkrieg. 2 Bände, Stuttgart/Göttingen 1960

Görlitz, Walter, Hindenburg. Ein Lebensbild, Bonn 1953

Görlitz, Walter, Der Zweite Weltkrieg. 2 Bände, Stuttgart 1951/52

Grebing, Helga, Der Nationalsozialismus. Ursprung und Wesen, München 1959

Güstrow, Dietrich, Tödlicher Alltag. Strafverteidiger im Dritten Reich. Berlin 1981

Gutachten des Instituts für Zeitgeschichte, München 1958

Haffner, Sebastian, Anmerkungen zu Hitler, München 1978

Halder, Franz, Tagebuch. Band I: 14. 8. 1939 bis 30. 6. 1940. Band II: 1. 7. 1940 bis 21. 6. 1941, bearbeitet von Hans-Adolf Jacobson, hrsg. vom Arbeitskreis für Wehrforschung, Stuttgart 1962/63

Hegner, H. S., Die Reichskanzlei von 1933 bis 1945, Frankfurt 1959

Hitlers Lagebesprechungen. Die Protokollfragmente seiner militärischen Konferenzen 1942–1945, hrsg. von Helmut Heiber, Stuttgart 1962

Heiden, Konrad, Geburt des Dritten Reiches. Die Geschichte des Nationalsozialismus bis Herbst 1933, Zürich 1934

Hesse, Fritz, Das Spiel um Deutschland, München 1953

Heydecker, Joe J. und Leeb, Johannes, Der Nürnberger Prozeß. Bilanz der tausend Jahre, Köln/Berlin 1958

Hilger, Gustav, Wir und der Kreml. Deutsch-sowjetische Beziehungen 1918–1941. Erinnerungen eines deutschen Diplomaten, Frankfurt a. M./Berlin 1956

Hillgruber, Andreas (Hrsg.) Staatsmänner und Diplomaten bei Hitler. 2 Bde. Frankfurt 1967 u. 1970

Hillgruber, Andreas, Die gescheiterte Großmacht. Düsseldorf 3. Aufl. 1982

Hitler, Adolf, Mein Kampf. 2 Bände. 1925/27, ab 1930 in einbändiger Volksausgabe

Hitler, Adolf, Hitlers zweites Buch. Ein Dokument aus dem Jahre 1928. Eingeleitet und kommentiert von Gerhard L. Weinberg. Stuttgart 1961 (Veröffentlichungen des Instituts für Zeitgeschichte)

Hofer, Walther, Der Nationalsozialismus. Dokumente 1933 bis 1945, Frankfurt a. M. 1957

Hofmann, Hanns Hubert, Der Hitlerputsch. Krisenjahre deutscher Geschichte 1920–1924, München 1961

Hoßbach, Friedrich, Zwischen Wehrmacht und Hitler 1934 bis 1938, Wolfenbüttel 1949

Höhne, Heinz, Der Orden unter dem Totenkopf. Gütersloh 1967

Höß, Rudolf, Kommandant in Auschwitz. Autobiographische Aufzeichnungen, eingeleitet und kommentiert von Martin Broszat, (Veröffentlichungen des Instituts für Zeitgeschichte). Stuttgart 1961

Huber, Karl-Heinz, Jugend unter dem Hakenkreuz. Frankfurt 1982

Huber, Heinz und Müller, Artur, Das Dritte Reich. Seine Geschichte in Texten, Bildern und Dokumenten. 1. Band: Der Aufbau der Macht. 2. Band: Der Zusammenbruch der Macht, München 1964

Irving, David J., Und Deutschlands Städte starben nicht, Zürich 1963

Jacobsen, Hans-Adolf, 1939–1945. Der Zweite Weltkrieg in Chronik und Dokumenten, Darmstadt 1959

Jacobsen, Hans-Adolf, und Jürgen Rohwer (Hrsg.), Entscheidungsschlachten des Zweiten Weltkrieges, Frankfurt a. M. 1960

Jacobsen, Hans-Adolf, und Werner Jochmann, Ausgewählte Dokumente zur Geschichte des Nationalsozialismus 1933 bis 1945 (Loseblattsammlung), Bielefeld 1961 ff.

Jacobsen, H.-A., und Dollinger, H., Der Zweite Weltkrieg in Bildern und Dokumenten. 3 Bände, München 1962

Jetzinger, Franz, Hitlers Jugend. Phantasien, Lügen und die Wahrheit, Wien 1960

Jung, Edgar J., Die Herrschaft der Minderwertigen. Ihr Zerfall und ihre Ablösung durch ein Neues Reich, Berlin 1930

Justiz im Dritten Reich. Eine Dokumentation, hrsg. von Ilse Staff, Frankfurt a. M. 1964

Kleist, Peter, Zwischen Hitler und Stalin 1939–1945, Bonn 1950

Klose, Werner, Generation im Gleichschritt. Ein Dokumentarbericht, Oldenburg 1964

Klönne, Arno, Hitlerjugend. Die Jugend und ihre Organisation im Dritten Reich, Hannover–Frankfurt a. M. 1960

Kordt, Erich, Wahn und Wirklichkeit. Die Außenpolitik des Dritten Reiches, Stuttgart 1948

Kogon, Eugen, Der SS-Staat. Das System der deutschen Konzentrationslager, Frankfurt a. M. 1959

Krebs, Albert, Tendenzen und Gestalten der NSDAP. Erinnerungen an die Frühzeit der Partei, Stuttgart 1959

Kriegstagebuch des Oberkommandos der Wehrmacht, 1940 bis 1945. Geführt von H. Greiner und P. E. Schramm, hrsg. von P. E. Schramm in Zusammenarbeit mit H.-A. Jacobsen u. a.

4 Bände, Frankfurt a. M. 1961–1963

Kuby, Erich (Hrsg.), Das Ende des Schreckens. Dokumente des Untergangs. Januar bis Mai 1945, München 1957

Lang, Jochen von, Das Eichmann-Protokoll. Berlin 1982

Leber, Annedore, Das Gewissen entscheidet. Bereiche des deutschen Widerstandes 1933–1945, Berlin/Frankfurt a. M. 1957

Leber, Annedore, Das Gewissen steht auf. Lebensbilder aus dem deutschen Widerstand 1933–1945, Berlin/Frankfurt a. M. 1956

Leber, Julius, Ein Mann geht seinen Weg. Reden, Schriften, Briefe, gesammelt und herausgegeben von seinen Freunden, Berlin 1952

Luftkrieg über Deutschland 1939–1945. Nach den Dokumenten deutscher Kriegsschäden vom Bundesministerium für Vertriebene, Flüchtlinge und Kriegsbeschädigte, hrsg. von Erh. Klöss, München 1963

Maschmann, Melita, Fazit. Kein Rechtfertigungsversuch, Stuttgart 1963

Maser, Werner, Die Frühgeschichte der NSDAP. Frankfurt 1965

Maser, Werner, Nürnberg – Tribunal der Sieger. Düsseldorf 1977

Maser, Werner, Adolf Hitler. München 1971

Matthias, Erich, Morsey, Rudolf, Das Ende der Parteien 1933, Düsseldorf 1960

Meinecke, Friedrich, Die deutsche Katastrophe. Betrachtungen und Erinnerungen, Wiesbaden 1955

Meissner, Hans Otto, und Wilde, Harry, Die Machtergreifung. Ein Bericht über die Technik des nationalsozialistischen Staatsstreichs, Stuttgart 1958

Meissner, Otto, Staatssekretär unter Ebert, Hindenburg, Hitler. Der Schicksalsweg des deutschen Volkes von 1918 bis 1945, wie ich ihn erlebte, Hamburg 1950

Merkes, Manfred, Die deutsche Politik gegenüber dem Spanischen Bürgerkrieg 1936–1939 (Bonner Historische Forschungen, 18), Bonn 1961

Mitscherlich, Alexander, Mielke, Fred. (Hrsg.), Medizin ohne Menschlichkeit. Dokumente des Nürnberger Ärzteprozesses, Frankfurt a. M. 1962

Murawski, Erich, Der deutsche Wehrmachtsbericht 1939 bis 1945. Mit einer Dokumentation der Wehrmachtsberichte vom 1. Juli 1944 bis 9. Mai 1945, Boppard 1962

Müller, Hans, Katholische Kirche und Nationalsozialismus. Dokumente 1930–1935, München 1963

Neuhäusler, Johann, Kreuz und Hakenkreuz. Der Kampf des Nationalsozialismus gegen die katholische Kirche und der kirchliche Widerstand, München 1946

Niemöller, Wilhelm, Die evangelische Kirche im Dritten Reich. Handbuch des Kirchenkampfes, Bielefeld 1956

Nolte, Ernst, Der Faschismus in seiner Epoche. Die Action française. Der italienische Faschismus. Der Nationalsozialismus, München 1963

Norden, Günther van, Kirche in der Krise. Die Stellung der evangelischen Kirche zum nationalsozialistischen Staat im Jahre 1933, Düsseldorf 1963

Papen, Franz von, Der Wahrheit eine Gasse, München 1952

Picker, Henry, Hitlers Tischgespräche im Führerhauptquartier 1941–1942, neu herausgegeben von Percy Ernst Schramm, Stuttgart 1963

Ploetz, Karl, Auszug aus der Geschichte, 26. Auflage, Würzburg 1960

Presse in Fesseln. Eine Schilderung des NS-Pressetrusts. Gemeinschaftsarbeit des Verlages Archiv und Kartei auf Grund authentischen Materials, Berlin 1947

Regensburger, Marianne, und Scholder, Klaus, 30 Jahre Deutschland und die Kirche, München 1964

Reichmann, Eva G., Die Flucht in den Haß. Die Ursachen der deutschen Judenkatastrophe, Frankfurt a. M. o. J.

Reitlinger, Gerald, Die Endlösung. Hitlers Versuch der Ausrottung der Juden Europas 1939–1945, Berlin 1961

Rothfels, Hans, Die deutsche Opposition gegen Hitler. Eine Würdigung, Frankfurt a. M. 1961

Schacht, Hjalmar, 76 Jahre meines Lebens, Bad Wörishofen 1953

Schäfer, Wolfgang, NSDAP, Entwicklung und Struktur der Staatspartei des Dritten Reiches, Hannover/Frankfurt a. M. 1957

Schellenberg, Walter, Memoiren, Köln 1959

Shepherd, Gordon, Engelbert Dollfuß, Graz/Wien/Köln 1961

Schlabrendorff, Fabian von, Offiziere gegen Hitler. Nach einem Erlebnisbericht von F. v. Schlabrendorff bearbeitet und herausgegeben von Gero von S. Gaevernitz, Frankfurt a. M. 1962

Schmidt, Paul, Statist auf diplomatischer Bühne 1923–1945. Erlebnisse eines Chefdolmetschers im Auswärtigen Amt mit den Staatsmännern Europas, Bonn 1953

Schnabel, Reimund, Macht ohne Moral. Eine Dokumentation über die SS, Frankfurt a. M. 1958

Schoenberner, Gerhard, Der gelbe Stern. Die Judenverfolgung in Europa 1933–1945, Hamburg 1961

Scholder, Klaus: Die Kirchen und das Dritte Reich. Berlin 1977

Scholl, Inge, Die weiße Rose, Frankfurt a. M. 1961

Schramm, Percy Ernst, Hitler als militärischer Führer. Erkenntnisse und Erfahrungen aus dem Kriegstagebuch des Oberkommandos der Wehrmacht, Frankfurt a. M./Bonn 1962

Schumann, Hans-Gerd, Nationalsozialismus und Gewerkschaftsbewegung. Die Vernichtung der deutschen Gewerkschaften und der Aufbau der »Deutschen Arbeitsfront«, Hannover/Frankfurt a. M. 1958

Schuschnigg, Kurt von, Ein Requiem in Rot-Weiß-Rot, Zürich 1946

Schüddekopf, Otto Ernst, Das Heer und die Republik. Quellen zur Politik der Reichswehrführung 1918–1933, Hannover/Frankfurt a. M. 1955

Schwertfeger, Bernhard, Rätsel um Deutschland, Heidelberg 1948

Seraphim, Hans-Günther (Hrsg.), Das politische Tagebuch Alfred Rosenbergs aus den Jahren 1934/35 und 1939/40, (Quellensammlung zur Kulturgeschichte), Göttingen 1956

Severing, Carl, Mein Lebensweg, Band I: Vom Schlosser zum Minister. Band II: Im Auf und Ab der Republik, Köln 1950

Shirer, William L., Aufstieg und Fall des Dritten Reiches, Köln/Berlin 1961

Sontheimer, Kurt, Antidemokratisches Denken in der Weimarer Republik. Die politischen Ideen des deutschen Nationalismus 1918 und 1933, München 1962

Stampfer, Friedrich, Die ersten 14 Jahre der deutschen Republik, Offenbach 1947

Thomas, Hugh, Der Spanische Bürgerkrieg, Berlin/Frankfurt a. M./Wien 1961

Tobias, Fritz, Der Reichstagsbrand. Legende und Wirklichkeit, Rastatt 1962

Toland, John, Adolf Hitler, Bergisch-Gladbach 1977

Vierteljahreshefte für Zeitgeschichte (VfZG). Im Auftrag des Instituts für Zeitgeschichte hrsg. von H. Rothfels und Th. Eschenburg, Stuttgart 1953 ff.

Vogelsang, Thilo, Reichswehr, Staat und NSDAP. Beiträge zur deutschen Geschichte 1930–1932 (Veröffentlichungen des Instituts für Zeitgeschichte), Stuttgart 1962

Vogt, Hannah, Schuld oder Verhängnis? Zwölf Fragen an Deutschlands jüngste Vergangenheit, Frankfurt a. M./Berlin/Bonn 1961

Vox populi, Geflüstertes, Die Hitlerei im Volksmund, Heidelberg 1948

Weisenborn, Günther, Der lautlose Aufstand. Bericht über die Widerstandsbewegung des deutschen Volkes, Hamburg 1962

Wickert, Erwin, Dramatische Tage in Hitlers Reich, Stuttgart 1952

Wilmot, Chester, Der Kampf um Europa, Frankfurt a. M./Berlin 1954

Winkler, Hans-Joachim, Legenden um Hitler (Schöpfer der Autobahnen – »Kraft durch Freude« für den Arbeiter – Überwinder von Versailles – Vorkämpfer Europas gegen den Bolschewismus). In der Reihe: Zur Politik und Zeitgeschichte des Otto-Suhr-Instituts an der Freien Universität Berlin, Berlin 1961

Wucher, Albert, Die Fahne hoch. Das Ende der Weimarer Republik und Hitlers Machtübernahme. Ein Dokumentarbericht, München 1963

Wucher, Albert, Seit 5 Uhr 45 wird zurückgeschossen. Ein Dokumentarbericht über Vorgeschichte und Beginn des Zweiten Weltkrieges, Freiburg 1962

Wulf, Joseph, Theater und Film im Dritten Reich. Eine Dokumentation, Gütersloh 1964

Wulf, Joseph, Musik im Dritten Reich. Eine Dokumentation, Gütersloh 1963

Wulf, Joseph, Literatur und Dichtung im Dritten Reich. Eine Dokumentation, Gütersloh 1963

Wulf, Joseph, Poliakov, Léon, Das Dritte Reich und seine Denker. Dokumente, Berlin 1959

Wulf, Joseph, Die bildenden Künste im Dritten Reich. Eine Dokumentation, Gütersloh 1963

Wulf, Joseph, Poliakov, Léon, Das Dritte Reich und die Juden. Dokumente und Aufsätze, Berlin 1961

Zeller, Eberhard, Geist der Freiheit. Der 20. Juli, München 1952

Zentner, Christian, Adolf Hitler, München 1979

Zentner, Christian, Anmerkungen zu Holocaust. München 1979

Zentner, Kurt, Nur einmal konnte Stalin siegen, Hamburg 1952

Zentner, Kurt, Die ersten fünfzig Jahre des XX. Jahrhunderts. Eine Schau in Bild und Wort in drei Bänden, Offenburg 1950

Zentner, Kurt, Illustrierte Geschichte des Zweiten Weltkriegs, München 1963

Dazu Material aus zahlreichen Zeitschriften und Tageszeitungen ebenso wie Dokumente aus dem Archiv des Verfassers und anderen Privatarchiven.

Register